El Ser Sin Ser

Conversaciones Con

Shri Ramakant Maharaj

Shri Ramakant Maharaj

El Ser Sin Ser

Conversaciones

Con

Shri Ramakant Maharaj

Primera Edición en Inglés:
Selfless Self: Talks with Shri Ramakant Maharaj
© 2015 Ann Shaw

Publicado por Selfless Self Press UK
© 2016 Edición en Español:

ISBN: 978-0992875671

www.ramakantmaharaj.net
admin@ramakantmaharaj.net
www.selfless-self.com

Todos los derechos reservados. Ninguna parte de esta publicación podrá ser reproducida, almacenada, traducida o transmitida en cualquier forma o medio electrónico, de copia mecánica, grabación o similar, sin el consentimiento explícito y por escrito del propietario de los derechos de autor o del editor de Selfless Self Press, exceptuando a críticos literarios, que podrán usar extractos breves.

Comentarios

Alan Jacobs
Presidente de la Fundación Ramana Maharshi (Gran Bretaña)

"Ann Shaw ha hecho un trabajo verdaderamente excepcional al editar esta gran enciclopedia espiritual a partir de la grabación de las Enseñanzas del Auto-realizado Sabio y Jnani, Sri Ramakant Maharaj, sucesor del querido Jnani Nisargadatta Maharaj. En alrededor de 500 páginas, Sri Ramakant explora cada uno de los aspectos de las Prácticas Espirituales o Sadhanas, necesarias para el aspirante que anhela alcanzar la Auto-realización. En este relevante libro, las cuestiones son presentadas al Sabio y lúcidamente respondidas de manera adecuada a la pregunta. El aspirante serio seguramente encontrará en este libro preguntas y respuestas adecuadas a sus necesidades. Al leer esta obra, el lector encontrará todo lo esencial para hacer su propia síntesis y su gran viaje hacia la Iluminación. Este es un gran libro y un digno sucesor del famosísimo *Yo Soy Eso*, las conversaciones con Sri Nisargadatta Maharaj, Maestro de Sri Ramakant Maharaj."

New World Library, California

"Un libro que penetra. Un libro provocativo."

Ricky James
Director de Watkins Books (Londres)

" *El Ser Sin Ser* será, sin duda, un clásico de la Vía Directa. Si tienes un ejemplar de *Yo Soy Eso* de Nisargadatta Maharaj en tu biblioteca, merece un lugar junto a él en la estantería. El autor, Sri Ramakant Maharaj, estuvo diecinueve años en proximidad física con su Gurú. Estas conversaciones no han sido filtradas por un traductor, ya que han sido dadas en inglés. Escritas por El Ser sin ser para el Ser sin ser. Página a página, estas conversaciones te golpean directamente entre los ojos."

"El buscador es aquél que se busca a sí mismo."

Sri Nisargadatta Maharaj

"Soy uno con el devoto. No hay otro Ser en ningún ser excepto Mi Ser. Esto es Ser Uno sin segundo."

Sri Siddharameshwar Maharaj

"Decir Yo es ilusión, decir Tú es ilusión, decir Dios es ilusión. Todo es ilusión."

Shankaracharya

"Cuando la felicidad no te haga falta, habrás alcanzado tu destino."

"Sé un Maestro de la realidad, no un Maestro de filosofía y espiritualidad. Un profesor puede enseñar hablando de la verdad, mientras que un Maestro vive en ella."

"¡Tenlo claro! No hay un Yo Soy ni un Tú Eres. Son sólo palabras. La Realidad no tiene nada que ver con las palabras."

Sri Ramakant Maharaj

ÍNDICE

Prefacio xiv
Notas sobre esta traducción xvi
Nota de la editora xvii
Introducción xix
¿Quién es Ramakant Maharaj? xxii
El Linaje Inchegiri Navnath Sampradaya xxiii

PRIMERA PARTE:
AUTO-INDAGACIÓN

1. *Tú ya estás Realizado* 1
2. *¿Cuál es el propósito de la espiritualidad?* 3
3. *El Ser sin ser* 5
4. *Tres Etapas* 6
5. *Tú no eres el cuerpo, eres el sustento del cuerpo* 9
6. *Eres un millonario, no un mendigo* 12
7. *¿Por qué seguir viajando cuando Tú eres el destino?* 15
8. *El mundo es tu Proyección Espontánea* 18
9. *Esencia de Dios* 20
10. *¿Quién quiere vivir para siempre?* 23
11. *Ni experimentador y ni experiencia* 25
12. *Encuentro con Nisargadatta Maharaj* 29
13. *La historia del Oyente* 33
14. *La meditación es aburrida* 36
15. *El cuerpo es el hijo del vecino* 39
16. *Escapar del conocimiento del cuerpo* 41
17. *Borrar todos los recuerdos* 43
18. *No tienes forma* 47
19. *El Secreto de La Vida Espiritual* 49
20. *El Gurú es más que un espejo* 50
21. *El Maestro regenera Tu Poder* 53
22. *Visita tu propio sitio web* 58
23. *Nada en el mar, no en un charco* 60
24. *Plántate sobre tus propios pies* 61
25. *Batir, batir, batir* 64
26. *Poder Espontáneo* 66
27. *La mente, flujo de pensamientos* 68

28. ¡Sólo Tú eres! ¡Sólo Tú eres!   71
29. Limpia tu casa   74
30. La meditación es el antivirus contra la ilusión crónica   78
31. Mi Presencia está en todas partes   82
32. El Naam Mantra, la Llave Maestra   84
33. Haz de la meditación una obsesión   86
34. El Maestro no es uno que hace milagros   89
35. El paciente enfermo   92
36. Cuando llueva coge un paraguas   95
37. Jugando con muñecas   99
38. Tu Presencia es como el cielo   101
39. ¿Está usted Realizado?   105
40. El conocimiento del cuerpo hecho de alimentos   108
41. El Maestro es lo Último   111
42. La Soga y La Serpiente   114
43. Todo surge de nada   118
44. La Realidad está grabada en el Oyente Invisible   121
45. Concéntrate en el Concentrador   126
46. Las palabras son sólo indicadores   129
47. Todo empieza y termina contigo   130
48. ¿Quién quiere Darshan?   132
49. Estás cubierto de cenizas   136
50. El proceso de fusión se dirige hacia la Unidad   138
51. No hay "Mi pasado"   140
52. Este es un largo sueño   143
53. ¡Sé independiente y vuela!   146
54. Graba la Realidad como un tatuaje   147
55. Disfruta de los Dulces del Conocimiento   149
56. ¿Quién cuenta los años?   152
57. Los archivos buenos están dañados   155
58. La Unidad no tiene ni padre, ni madre   157
59. Di ¡Boo! al fantasma de la muerte   159
60. ¿Dónde estaba tu familia antes de ser?   162
61. ¿Quién está sufriendo?   164
62. Picor en los pies   167
63. "Soy Alguien" es muy peligroso   168
64. "Tú" estás perturbando la paz   170

SEGUNDA PARTE:
AUTO-CONOCIMIENTO

65. *El Espíritu no conoce su propia Identidad* 173
66. *Uno entre un billón* 177
67. *¿Quién es bueno y quién es malo?* 179
68. *Palabras pulidas* 183
69. *Dios Todopoderoso* 188
70. *El universo está en ti* 191
71. *Nada está sucediendo* 195
72. *Lavar el cerebro* 198
73. *La Verdad Perdida te ha encontrado* 202
74. *Tú eres la Verdad* 205
75. *¿El corazón de quién?* 207
76. *Tratando de atrapar al "Yo"* 211
77. *Moneda falsa* 213
78. *El árbol del néctar ha sido plantado en ti* 215
79. *¿Necesitamos un Maestro?* 219
80. *Visión del Maestro* 221
81. *Realidad sin palabras* 223
82. *Ahora sonríes* 225
83. *La Realidad Última no tiene rostro* 226
84. *El Maestro te muestra a "Dios" en ti* 228
85. *Tu disco duro está lleno* 231
86. *Son sólo p-a-l-a-b-r-a-s* 234
87. *Justicia de Insectos* 237
88. *Bendícete a ti mismo* 241
89. *¿Quién se enamora?* 244
90. *Olvida todo lo que has leído* 246
91. *Mi Maestro es grande* 249
92. *Entrenamiento Comando* 250
93. *Eres más sutil que el cielo* 252
94. *El buscado es la Realidad Última* 254
95. *Has dejado aparte al "Lector"* 256
96. *Las Gafas de Dios* 258
97. *¿Debo abandonar mi trabajo?* 261
98. *En el cielo no hay "Yo"* 263
99. *Amor por uno mismo* 265
100. *Ha de haber una parada total* 268
101. *Adicto a las palabras* 270
102. *¿Para quién son todas estas lecturas de libros?* 275
103. *Yo Soy* 278

104. "Yo Soy" es ilusión   281
105. Más allá de las palabras, más allá de los mundos   283
106. Un Maestro hasta los huesos   287
107. Rodéate de tu Maestro Interior   292
108. Eres un "Sadhu". Eres un Maestro   295
109. Ni arriba, ni abajo   297
110. La pelota está en tu campo ¡Remata!   300
111. Atrévete a vivir sin conceptos   302
112. Conocimiento más allá de los milagros   304
113. Nadando en un mar de miedo   307
114. Lee tu propio libro   309
115. Tu Historia   311
116. Tú eres el administrador   313
117. La Realidad ha de tocar tu corazón   316
118. La cima de la montaña   317
119. El Maestro es el Dios de Dios   321
120. El Maestro enciende el fuego   324
121. Maya no quiere que vayas a la Realidad Última   326
122. Martilleando más y más   328
123. Inclínate ante tu grandeza   329
124. Has de conocer el secreto, Tú Secreto   331
125. Transferencia de Poder   334
126. Entretenimiento Espiritual   336
127. Cayendo otra vez en la zanja   339
128. ¿Puede vaciar mi disco duro?   342
129. ¡Mírate! ¡Mírate!   343
130. Ni países, ni nacionalidades   345
131. Echa una mirada dentro de ti   350
132. El ardiente deseo de saber   351
133. Enfado   353
134. Tú has hecho nacer al mundo   354
135. Amor de corazón   355
136. Actúa en tu propia película   358
137. ¿Quieres otro sueño?   361
138. Estás separado del mundo   362
139. Silencio tangible   365
140. Fúndete con el mar   366
141. Nada significa Nada   369
142. Escuchando con los oídos frescos   371
143. Un Rey en Su Trono   373
144. Esto no es una idea – Tú Eres la Verdad Última   376
145. Secreto Abierto   377
146. La enredadera   379

147. El Mantra de incalculable valor   381
148. La Muerte   383
149. Tú Eres antes de Dios   387
150. Hablan desde la Existencia Invisible   391
151. Círculos de Luz   393
152. El pollo y el huevo   397
153. ¿Dónde estaba el karma antes del primer nacimiento?   400
154. Convicción   403
155. No más viajando   405
156. Deja de hacer tonterías   409

TERCERA PARTE:
AUTO-REALIZACIÓN

157. Mastica el chocolate   411
158. Lenta, silenciosa, permanentemente   414
159. ¡Sé leal a ti mismo!   415
160. Abraza tu Realidad   418
161. Identifica a tu Ser sin ser   421
162. Uno con el Ser sin ser   424
163. A Plena Luz   427
164. Haz que el Último Momento Sea Dulce   429
165. Felicidad Excepcional   436
166. La Realidad no tiene nada que ver con las palabras   439
167. Quédate en el Ser sin ser   442
168. Sé un Maestro de la Realidad   445
169. Realidad Sin Pensamiento   447
170. Disfruta del Secreto   449
171. Mantén la compañía del Ser sin ser   451
172. Tu felicidad es mi felicidad   453
173. Intenso anhelo   455
174. No sé nada   456
175. Desbordante de satisfacción   458
176. La mente ida   460
177. Tu Historia: La Historia Más Grande Jamás Contada   463

Glosario   466
Sobre la editora   468

PREFACIO

Somos muy afortunados de tener entre nosotros a Sri Ramakant Maharaj, uno de los raros Maestros Auto-realizados. Es un Maestro de habla inglesa y discípulo directo de Sri Nisargadatta Maharaj. El libro, *I Am That* (1973. Ed. Maurice Frydman), que contiene las enseñanzas de Nisargadatta Maharaj, fue de gran utilidad para presentar al resto del mundo las antiguas Enseñanzas Advaita sobre la No-Dualidad. Ahora es ampliamente considerado como uno de los grandes clásicos espirituales del siglo XX.

Esta obra, *El Ser Sin Ser*, sigue las huellas de *Yo Soy Eso*. Recoge las palabras del Maestro concentradas, palabra por palabra, en inglés, sin necesidad de traductor o intérprete ¡Fantástico! Este hecho reduce la posibilidad de que estas raras y preciosas enseñanzas sean malinterpretadas. Las conversaciones han sido grabadas y transcritas, para preservar las palabras originales de Maharaj de la manera más fidedigna posible. El objetivo de este libro es transmitir su significado de modo simple y claro. Estas enseñanzas son innovadoras, radicales y absolutas: "En nuestro linaje damos *Conocimiento Directo* a tu *Presencia Invisible*, no al cuerpo. La forma corporal no es tu identidad", dice el Maestro.

Este no es un libro más sobre el tema del despertar o la realización que alimente el intelecto. El Conocimiento que contiene no es un conocimiento intelectual sino *Conocimiento Espontáneo*, un Conocimiento Directo que va más allá del vocabulario con palabras tales como *Brahman, maya*, etc. "En sus enseñanzas, los Maestros de nuestro Linaje, minimizaron la importancia de las palabras pulidas a fin de facilitar el Conocimiento Directo", nos dice Ramakant Maharaj, que va un paso más allá, evitando tanto como sea posible las palabras "dulces" y enfocándose en la *Realidad*, la cual no tiene lenguaje igual que en el estado "anterior al lenguaje".

El Ser Sin Ser no está lleno de conceptos que ofrecen al buscador más indicaciones. Está más allá de las indicaciones, más allá del conocimiento, "más allá de las palabras y los mundos". El libro vibra con la Presencia del Maestro. Está ahí, guiando al lector de vuelta a sí mismo. Está tan cerca y presente como si estuvieras sentado a su lado.

"Es mi deber compartir este Conocimiento, el mismo que mi Maestro compartió conmigo". Con esta intención autorizó a la editora a llevar a cabo la tarea de presentar las enseñanzas de un modo práctico. Es un libro manejable tanto para principiantes como para quienes estén más avanzados y para aquellos que se acercan por primera vez al Advaita, la Unidad y la No-Dualidad. El título del libro, *El Ser Sin Ser*, fue elegido por el Maestro, así como su formato, para animar y permitir una reflexión, comprensión y absorción de la Realidad.

El *Hablante Invisible* en el Maestro y el *Oyente Invisible* en ti, son uno y son lo mismo. El Maestro se dirige al Oyente Invisible en ti. La grabadora del Oyente Invisible está siempre en marcha, totalmente presente y receptiva. Cuando el Maestro habla, lo hace desde el fondo insondable de la Realidad, desde la *Realidad sin Pensamiento*.

"Este libro cuenta tu historia, la historia del 'Ser sin ser'", dice el Maestro. "Es un libro que transmite tu Realidad de forma simple y directa, impulsado por la fuerza, el poder y la energía de mi Maestro Sri Nisargadatta Maharaj. Nos estamos relacionando con una energía que viene de la *Unidad*. Lo cual significa que *el Lector, el Oyente* y *el Escritor* son Uno. No hay diferencia ni separación. Todo es Uno. Así es la vida de este libro. Te vuelves uno con esa energía. Esta cuestión, esta energía, está incorporada al libro".

Y dice más: "Es como si alguien escribiese tu historia y exclamases: ¡Ah, es mi biografía! Cuando lees este libro, *sabes* que habla de ti: ¡Ah, este es mi Conocimiento! Este inusual estado de Conocimiento, comprensión y Unidad, está entretejido en el libro, de hecho es lo que lo hace único. Mientras lo lees eres uno con el contenido, hay un reconocimiento".

Las palabras de Sri Ramakant Maharaj no son para debatir. Es un "Conocedor", un *Jnani*, cuyas palabras tienen el potencial de volver a despertar a tu Maestro Interior. Para hacer que esto suceda se utiliza el método de martillear y repetir para penetrar en las capas de ilusión, así como la Auto-indagación y la Meditación.

El cuerpo es un cuerpo material y todo el conocimiento es conocimiento material. Ningún conocimiento es Conocimiento. "Eres no-nacido. No eres el cuerpo, no eras el cuerpo y no seguirás siendo el cuerpo", es lo que dice el Maestro. Cuando esta Realidad, lo que tú no eres, es completamente aceptada, se denomina *Convicción Espontánea*.

"Todo está dentro de ti. Tú eres la Fuente". Lo que sigue es tu historia, la historia del Ser sin ser. De algún modo, hasta ahora, este Libro de Fuente sumamente importante, *Tú*, ha sido eludido, esquivado o no tenido en cuenta en absoluto. En un mundo lleno de '*Selfies*' y cosas así, puede que no sea sorprendente que Tu Historia, la historia del Ser sin ser haya sido completamente pasada por alto.

¿Cómo sucedió? El Maestro cita a Nisargadatta Maharaj: "Olvidaste tu Ser sin ser. Excepto tu Ser sin ser, no hay Dios, ni *Brahman*, ni *Paramatman*, ni Maestro". Todos los libros espirituales adecuados han sido leídos, con sus historias sobre la Realidad, Maestros, Dios, *Brahman*... y el Maestro pregunta "Has leído todos los libros, pero ¿has leído al lector?"

Has obtenido conocimiento de todos esos conceptos relacionados con el cuerpo, pero es un conocimiento árido, no es Verdadero Conocimiento, ni Auto-conocimiento, ni Tú Conocimiento. Antes de ser no tenías forma; no había conocimiento ni libros. Nisargadatta Maharaj decía: "Mantente como eras antes de ser, y no tendrás problemas".

El Maestro nos desafía preguntando para quién son todos esos libros y lecturas "¿Cuál es tu conclusión?" La conclusión es que leyendo todos esos libros espirituales olvidaste leer tu propio libro. Olvidaste tu Libro de Fuente, ese Manual básico, el Libro Fundamental que eres Tú sin la forma. ¡Tú sin forma!

Este libro, la edición final del *Ser Sin Ser*, resbaló tu atención. No era para ser encontrado en librerías o bibliotecas. Te has olvidado del Ser sin ser. Olvidaste poner tu propia y excepcional biografía en la lista de libros que debes leer ¡Más vale tarde que nunca! El libro ha sido al fin encontrado por la gracia del Maestro.

El libro ha sido escrito por el Ser sin ser para el Ser sin ser. El Hablante, Ramakant Maharaj, y el Lector Invisible, son Uno y lo mismo. Ésta es Tu historia, la Única Historia Verdadera. El Maestro abre el libro del *Ser Sin Ser* y empieza a contarte Tu historia, sin principio, sin fin.

Sus páginas son un recordatorio de la Identidad que olvidaste, tu Realidad Definitiva. *El Ser Sin Ser* es tu Maestro portátil, tu Gurú, tu *Espiritugrafía* que te guiará al Hogar, lenta, silenciosa y permanentemente.

~~~~~~

Notas sobre esta traducción:

En ocasiones el lector puede encontrar lo que aparentemente son frases peculiares y usos no habituales del lenguaje y la gramática en el texto. Su única intención es la de preservar el mensaje original en su forma más pura y ser leales al Maestro. Donde se consideró esencial, las palabras del Maestro se tradujeron de manera literal. Algunas expresiones pueden sonar algo extrañas, sin embargo se eligieron cuidadosamente para transmitir el significado exacto del mensaje de Maharaj. Esto no es, de ninguna manera, una reflexión sobre la habilidad del traductor sino más bien la necesidad de comunicar ideas particulares, enseñanzas y en algunos casos, expresiones únicas y sin precedentes del Maestro, tales como "hacer clic con el cuerpo", "cuerpo hecho de alimentos", etc.

Como Maharaj suele decir: "Las palabras no son lo importante, sino lo que trato de transmitir: el significado detrás de las palabras".

NOTA DE LA EDITORA

El Ser Sin Ser: Conversaciones con Sri Ramakant Maharaj, está dividido en tres partes: Auto-indagación, Auto-conocimiento y Auto-realización, con la comprensión de que no hay proceso ni orden establecido. El libro brilla con una sencillez sin precedentes. Su claridad se complementa con una presentación metódica de estas elevadas enseñanzas.

Leer y escuchar: Las conversaciones están organizadas sistemáticamente como un todo cohesionado para ser leídas como un manual o guía para llevar al lector desde la misma base a la cima y más allá. Se recomienda mejor leer y absorber lentamente, de principio a fin.

El Maestro no se dirige a ti, sino al *Oyente Invisible* en ti. Escucha la música de estas enseñanzas con el oído interior, y absorberlas sin dudar. Deja que las palabras se disuelvan en ti. El Maestro está exponiendo el más alto conocimiento de forma clara y directa. Te martillea con la Realidad tratando de convencerte. Permanece abierto, aceptando y creciendo en la Auto-convicción.

Para sacarle el mayor partido, la Auto-indagación es esencial. La meditación es fomentada como una herramienta para la concentración. Utiliza cualquier mantra de tu elección. Puede ser "Yo soy *Brahman*, *Brahman* soy Yo" o "*Aham Brahmasmi*", o cualquiera que te funcione. Si te gusta, canta canciones devocionales, ya que elevan el espíritu, o también puedes escuchar los *bhajans* del sitio web de Maharaj ¡No te sientas obligado! Haz lo que te venga bien.

Método de enseñanza: Martillear es el método utilizado para cambiar la ilusión y los conceptos arraigados, y convencer al lector / oyente. Esta repetición puede parecer un poco tediosa a veces, pero de hecho es esencial en el proceso de aclarar el *conocimiento relacionado con el cuerpo*. Las impresiones de toda una vida han de ser eliminadas, para lo cual la perseverancia es crucial.

Sin indicadores: Las enseñanzas de este libro NO son para ser leídas como conceptos o tomadas como meros indicadores o ideas. No hay dudas a debatir. El Maestro dice: "La Realidad no es objeto de discusión o debate". Busca el significado que encierran las palabras. Este libro está lleno de Conocimiento Espontáneo que transmite directamente la Realidad. El Maestro habla desde "lo más profundo de la Realidad". El Conocimiento Espontáneo no tiene nada que ver con el conocimiento intelectual. Este tipo de Conocimiento, procedente de un Maestro Realizado, es muy raro.

El Conocimiento Espontáneo es inseparable de la Realidad y del Maestro Realizado. Es Unidad más allá del conocimiento, por lo que no puede ser entendido con el intelecto. Sé como una página en blanco y trata de leer este libro como si fuese el primer libro que hayas leído nunca. "Todo lo que hayas leído u oído hasta ahora, olvídalo, simplemente escucha".

Confía en el Maestro: Sus palabras son Verdad, y de nuevo, no para debatirlas. Esas palabras tienen un inmenso potencial para penetrar y despertar al Maestro Interior. No te dejes atrapar por las palabras y las tomes demasiado literalmente. Maharaj trata de convencerte, acepta lo que oyes, convéncete a ti mismo y deja que la Convicción se haga más profunda.

Si lees estos discursos regularmente y reflexionas sobre ellos, seguro que tu Poder Espiritual se regenerará. La Presencia del Maestro palpita en cada línea del libro con destellos de Verdad Espiritual. Concentra los rayos de luz que proceden de las palabras del Maestro para encender la esencia de tu Maestría. Este Conocimiento es tu Conocimiento, tu legítima herencia ¡Reclámala para ti!

El Maestro de Nisargadatta Maharaj, Siddharameshwar Maharaj, dijo: "Los Realizados hablan verdaderamente desde el origen de su propia experiencia, y hay una gran Convicción en lo que dicen. Lo que dicen tiene la capacidad de disipar la ignorancia del ego. Cada línea dicha tiene el poder de erradicar la ignorancia del lector sobre su Verdadero Ser y manifestar su Verdadera Naturaleza".

A petición de Maharaj, este libro contiene muy pocos términos sánscritos. El propósito de estas enseñanzas es erradicar los conceptos, todo el conocimiento relacionado con el cuerpo, y volver al estado *Anterior a la Existencia*: sin lenguaje ni palabras, sin conocimiento, nada.

Es un gran honor y un extraordinario privilegio, presentar estas Enseñanzas Directas, este Conocimiento Espontáneo. La única intención ha sido seguir las indicaciones del Maestro, confiar y estar abierta a que el Ser sin ser guiara la pluma. Mis sinceras disculpas por cualquier omisión o error.

Ann Shaw Editora   Londres, 10 de marzo de 2015

"No te estoy haciendo discípulo, te estoy haciendo Maestro."

INTRODUCCIÓN

Sri Ramakant Maharaj es como un médico. Viene alguien nuevo. El buscador no es diferente de otros que han venido antes buscando curación. El diagnóstico es uno: *Identidad Equivocada*. El estado del paciente es universal, sufre de *Ilusión Crónica*, no sabe que es no-nacido.

Como encarnación de la Verdad Última, el Maestro es también un gran desenmascarador, que sabe lo que debe hacerse. Sin perder tiempo comienza a trabajar. Con la habilidad y precisión de un experto cirujano, el Maestro comienza la intervención. Opera cada día a los pacientes. En algunos casos es cirugía menor, pero lo necesario para la mayoría es un tratamiento intensivo, una reparación integral. Hace un par de cortes, corta en el *cuerpo* que tiene delante, luego, sin vacilar, penetra en las numerosas capas de conocimiento relacionado con el cuerpo, hasta que llega al fondo del problema, al origen de la enfermedad.

Los valores profundamente arraigados y los apegos se desechan, tanto si son intelectuales, egoístas, personales, sociales, familiares, éticos, experienciales o espirituales, etc. El conocimiento teórico y el adquirido en los libros, incluyendo las diferentes filosofías y religiones del mundo, etc., es arrojado al contenedor, quedando preparados para el proceso de disolución.

Los rituales convencionales y los códigos de conducta, junto con el conformismo o no-conformismo, y los sistemas alternativos o de creencias poco convencionales, saltan por los aires. La espiritualidad, en su miríada de formas, es puesta en el punto de mira.

El Conocimiento del Maestro es un Conocimiento Vivo, Espontáneo, práctico. Desafía la validez de todas las ideas, preconcepciones y todo aquello que haya sido aprendido desde la infancia hasta hoy.

En su conjunto, todo lo que es *conocido*, es conocimiento del cuerpo y conocimiento relacionado con el cuerpo. Antes de ser no había cuerpo, ni conocimiento relacionado con el cuerpo, por lo tanto y hasta la fecha, todo el conocimiento adquirido es de segunda mano, procedente de un origen externo, ilusión sin utilidad.

"Tus cimientos han sido construidos sobre la ilusión, no sobre la realidad". Este es el diagnóstico dado por el médico al último paciente. "Antes de ser no necesitabas lenguaje, ni conocimiento, ni espiritualidad". Por lo tanto, el único tratamiento disponible para este estado, es la disolución de todas la ilusiones, de todo el conocimiento relacionado con el cuerpo, incluyendo conceptos, recuerdos, experiencias, etc. "¡Olvídalo todo!"

"¿Entonces qué pasa con la espiritualidad?" pregunta el recién llegado, y él responde: "El propósito de la espiritualidad es conocerte a ti mismo en un sentido real, eliminar la ilusión y disolver el conocimiento relacionado con el cuerpo. Por ahora sólo te conoces en la forma corporal. Esa no es tu identidad. Tu Presencia Espontánea es Silenciosa, Invisible, Anónima, Identidad no Identificada".

El médico pone fuera de combate a lo falso y socava todo lo que aparentemente sostenía la realidad de la persona y, en el fondo, todo lo que sostenía el tejido de la sociedad. Todo lo que se puede percibir y concebir, todo eso que es normalmente aceptado y considerado como normas sociales, son puestas bajo observación y diseccionadas. El Maestro hace explotar del mismo modo el mito de la identidad corporal, el sentido del yo y la percepción del mundo. De hecho, sistemáticamente, desafía y anula las estructuras de la realidad y la autoimagen desde su mismo centro.

Uno a uno, abate los conceptos ilusorios que se han convertido en indicadores de la así llamada *realidad*. Pincha la razón de ser, los globos que llevan a la gente a la deriva a través del largo sueño de la vida. Secciona a través de las muchas capas de ilusión con gran maestría, revelando finalmente la Realidad al paciente, la Realidad Última, la Realidad Definitiva.

El Maestro sacude los frágiles cimientos de lo que se conoce como persona, sus autopercepciones y auto-identificaciones, demoliendo lo que una vez fue su confortable hogar. En su momento, los cimientos con los que fue construida la ilusión, comenzarán a colapsarse, preparando el camino para que la Realidad se establezca sobre unos fundamentos sólidos.

¿Qué valoración hace el médico y qué nos aconseja? "Este cuerpo es un cuerpo material", dice. "Todo lo que este cuerpo material sabe es conocimiento material y, por lo tanto, ilusión". Al paciente le aconseja: "Elimina todo desde la infancia hasta hoy. Sé como una pantalla en blanco, así encontrarás el Conocimiento real desde tu interior". El Conocimiento Real es Auto-conocimiento. Es lo que queda "después de despertar del estado de sueño".

"Al principio tienes que cooperar. Descubrir por ti mismo que tú eres la Realidad Última. En segundo lugar, este Conocimiento ha de ser práctico. Para erradicar la enfermedad de tu organismo, te prescribo una pastilla muy potente, el *Naam Mantra*. Tómala y utilízala en tu vida diaria".

Si estas instrucciones son aceptadas y seguidas con seriedad, el resultado del tratamiento será muy favorable, excelente ¿Cuál es el pronóstico? El Maestro nos plantea un panorama muy prometedor. El paciente será curado, y señala que habrá abundante felicidad sin causa concreta, y un pacífico final para el cuerpo, sin sentimientos de apego, pérdida o miedo.

Cuando sea el momento de poner fin al sueño, el Conocimiento estará grabado: Nunca hubo principio ni habrá fin porque eres no-nacido ¡Siguiente paciente, por favor!

A medida que más gente es inexorablemente conducida a estas eternas enseñanzas, la enfermería va a estar muy llena. En los años setenta, Sri Nisargadatta Maharaj visitó a su discípulo Babusav Jagtap, en su casa en Nashik, e hizo un anuncio auspicioso:

"Haced de este día, el 25 de enero, un día festivo. En el futuro, cosas grandes y maravillosas sucederán en este rincón de Nashik ¡Construid un ashram! Un día, será un ashram muy atareado, con visitantes de todo el mundo".

El actual ashram de Nashik Road fue construido en 2002. En él, siguiendo los deseos de Nisargadatta Maharaj, se realiza una celebración anual el día 25 de enero. El área se denomina ahora *Jagtap Mala*, en honor al discípulo y a su Maestro.

En 1977 con su Maestro Sri Nisargadatta Maharaj

¿QUIÉN ES SRI RAMAKANT MAHARAJ?

Sri Ramakant Maharaj nació el 8 de julio de 1941. Es discípulo directo de Sri Nisargadatta Maharaj, fallecido el 8 de septiembre de 1981, con quien permaneció diecinueve años. Es un Maestro de las enseñanzas Advaita, la No-dualidad. Es también un Gurú perteneciente a la rama Inchegiri del linaje Navnath Sampradaya, y da la *iniciación* de este Sampradaya.

Ramakant Sawant creció en la zona rural de Phondaghat, Gadgesakhal Wadi, (Estado de Maharashtra, India). En 1965 asistió al prestigioso Elphinstone College a petición de Nisargadatta Maharaj. Se licenció en la Universidad de Bombay en 1972 como Máster en Historia y Política. En 1976 se graduó en Derecho por el Siddhartha Law College, de Bombay. Trabajó en el sector bancario, en un departamento jurídico del que llegó a ser directivo, hasta su jubilación en el año 2000.

Está casado con Anvita Sawant, discípula de Sri Nisargadatta Maharaj durante muchos años, con quien tiene dos hijos.

En 1962 Ramakant Maharaj fue presentado por unos familiares a su futuro Gurú Sri Nisargadatta Maharaj. Después de pasar varios meses con su Maestro, el día 2 de octubre de 1962, recibió el *Naam Mantra*, el mantra del Gurú. Desde entonces asistió fielmente a Nisargadatta Maharaj y escuchó sus enseñanzas regularmente. Estuvo presente en el *Mahasamadhi* de su Maestro en 1981.

Durante la última década aproximadamente, en el Ashram de Nashik Road, Sri Ramakant Maharaj ha ido presentando estas enseñanzas a estudiantes, discípulos y devotos de todo el mundo y, a veces, iniciándoles en el linaje Inchegiri Navnath Sampradaya.

Maharaj dice sobre su vida: "Conozco mi pasado y de dónde vengo. Soy un milagro. Todo gracias a mi Maestro Sri Nisargadatta Maharaj".

EL LINAJE INCHEGIRI NAVNATH SAMPRADAYA

El origen del linaje Navnath Sampradaya se remonta a Dattatreya, mil años atrás. Una rama del linaje Navnath se convirtió al final en el Inchegiri Navnath Sampradaya, fundado por Sri Bhausahaeb Maharaj. Esta es la línea recta que nos conduce a Ramakant Maharaj.

Es un linaje relativamente poco conocido ya que sus Maestros fueron todos muy humildes. No se dieron a sí mismos importancia, sino que se dedicaron a difundir el Conocimiento y enseñar. Sri Bhausaheb Maharaj, Sri Siddharameshwar Maharaj y Sri Nisargadatta Maharaj fueron personas comunes y corrientes.

La unidad entre el Conocimiento y la Devoción (*jnana* y *bhakti*) es la clave de las enseñanzas del linaje. La Devoción es la madre del Conocimiento. Sólo con una intensa devoción por el Gurú, adorándole con fe total, el Conocimiento de la Auto-realización será revelado. Al final habrá una unidad total entre Conocimiento y Devoción.

El linaje, en el que el Maestro hace Maestros en lugar de discípulos, está centrado en el Gurú. El Gurú inicia al discípulo con el Mantra del Gurú, *Naam Mantra*, La Llave Maestra. El Mantra, el Gurú y la Iniciación son inseparables. La completa aceptación y la fe en el Gurú y su Mantra son esenciales. Los Maestros de este linaje han recitado todos el mismo Mantra. Mediante el sagrado *Naam*, uno está recibiendo la ayuda y la energía de los Maestros del Linaje. Por último, se alcanza la Unidad con el Maestro, el *Sadguru*. Ramakant Maharaj dice: "Recitar el Mantra del Gurú lleva al verdadero Auto-conocimiento, siendo el único camino eficaz de retorno al Estado Original".

Siddharameshwar Maharaj le atribuía todo el mérito a Bhausaheb Maharaj. Nisargadatta Maharaj hizo lo mismo con Siddharameshwar Maharaj. Del mismo modo Ramakant Maharaj le da todo el crédito a su Maestro, Nisargadatta Maharaj. Hay una conexión muy fuerte a lo largo de todo el Linaje: "Sólo soy un esqueleto, una marioneta de mi Maestro", dice Ramakant Maharaj.

"En nuestro Linaje damos *Conocimiento Directo* a tu *Presencia Invisible*, no a la forma corporal", dice el Maestro. "Este Conocimiento es un Conocimiento Espontáneo, no un conocimiento de libros, es Conocimiento Espontáneo. Las palabras son diferentes, la forma de hablar puede ser diferente, pero el principio es el mismo: No hay nada excepto el Ser sin Ser". Es un Conocimiento raro, ya que el Maestro no sólo habla de la Realidad, sino que le muestra la Realidad a uno, al discípulo. Este Conocimiento Directo, viniendo como viene, de esta larga línea de brillantes Maestros, está aún más fortalecido por el sagrado *Naam Mantra*.

Las enseñanzas son sólidas y fuertes, con todo el Linaje tras ellas. Son puras y extremadamente potentes. Los Maestros comparten todos los secretos, no se esconde nada. Es una Verdad abierta, que ha sido siempre compartida libremente, sin excepciones. No ha de haber un uso comercial indebido de un Conocimiento que es nuestra Verdad por derecho propio. Bhausaheb Maharaj dijo: "En nuestro Linaje no has de recibir dinero de los devotos. Cualquier asociación con el dinero echa a perder el *Naam Mantra*. El *Sampradaya* no pide nada".

Bhausaheb Maharaj (1843-1914), fue iniciado por Sri Raghunathpriya Maharaj. Su Sadguru fue Sri Gurulingajangam Maharaj, al que amaba profundamente. Era conocido como el santo de Umadi y era padre de familia. Bhausaheb Maharaj tuvo muchos discípulos, incluyendo a Sri Siddharameshwar Maharaj, Sri Gurudev Ranade y Sri Amburao Maharaj, por mencionar sólo algunos.

Su vía utiliza la meditación, la ecuanimidad y la renuncia, siendo conocida como la *Vía de la Hormiga*. Ponía más énfasis en la meditación que en el conocimiento, debido a que muchos discípulos venían de comunidades rurales y no tenían formación. Bhausaheb Maharaj soportó grandes penurias mientras se esforzaba por encontrar la realidad. Pasó dieciocho años en el bosque meditando sin descanso durante doce horas diarias. Subrayando la importancia de recordar el Nombre Divino, diría: "Llévalo hasta los huesos, meditando intensamente con el Nombre Divino en tu mente".

Siddharameshwar Maharaj (1888-1936), nació en Pathri, Sholapur. Cuando Bhausaheb Maharaj vio por primera vez a Siddharameshwar Maharaj, anunció: "Este hombre está enormemente bendecido", y le dio la iniciación ese mismo día.

Pasó siete años en compañía de su Maestro. Después de la muerte de éste, estaba tan determinado a alcanzar la Auto-realización que estaba dispuesto a entregar su vida por ello. Empezó a meditar intensamente y hacer penitencia. Se dice que alcanzaba tan elevados estados meditativos que emitía una agradable fragancia que perfumaba el aire a su alrededor.

Siddharameshwar Maharaj, como otros Maestros de este Linaje, trabajaba y tenía familia. Ser cabeza de familia no era visto como un obstáculo sino al contrario, como una oportunidad para la ausencia de ego y el desapego.

A través de su práctica se fue percatando que la meditación era sólo la etapa inicial en el proceso de alcanzar la Realidad Final, haciendo así avanzar las enseñanzas desde la *Vía de la Hormiga* a la *Vía del Pájaro*. La Realidad puede ser alcanzada mediante el discernimiento y la ecuanimidad: "Ilusorio significa que uno no puede deshacerse de ello. Uno sólo ha de entender su apariencia engañosa y ponerlo en práctica en la vida diaria. De otro modo, incluso si el conocimiento del Yo es entendido intelectualmente, nunca se imprimirá del todo en la mente y el corazón, No estará activo". Su espiritualidad, como antes la de su Maestro, era una espiritualidad práctica.

Dos años después, su querido Maestro, Bhausaheb Maharaj, le bendijo con una visión en la que le comunicó: "Has alcanzado la Realidad Final. No te queda nada por hacer".

Gurulingajangam Maharaj

Bhausaheb Maharaj

Siddharameshwar Maharaj

Nisargadatta Maharaj

Empezó a enseñar utilizando un lenguaje sencillo para comunicar el conocimiento y la devoción. Se dice que inició a mucha gente de toda condición social. No se conoce la cifra exacta, pero se cree que docenas de personas se realizaron a través de este extraordinario Maestro, incluyendo a Ganapatrao Maharaj, Bainath Maharaj, Nisargadatta Maharaj, Ranjit Maharaj, Muppin Kaadhsiddheshwar Maharaj y

Balkrishna Maharaj.

Mantuvo prácticas sus enseñanzas a través de ejemplos de la vida diaria. Fomentaba la Auto-indagación, el discernimiento y la ecuanimidad.

Para evitar que el Conocimiento se volviese árido y vacío, Siddharameshwar Maharaj subrayó la importancia de la devoción y de honrar al propio Maestro. El libro *Master of Self-Realization*, que contiene sus enseñanzas, es un clásico espiritual.

Nisargadatta Maharaj (1879-1981) era devoto de su Maestro, Sri Siddharameshwar Maharaj. Tuvo la suerte de encontrarle tres años antes de que éste muriese a los cuarenta y ocho años de edad. Fue extraordinario que el propio Nisargadatta alcanzase la Auto-realización pocos años después.

Maharaj hizo nuevamente avanzar las enseñanzas, con su a veces enérgico y siempre penetrante Conocimiento Directo. Sus extraordinarias enseñanzas despertaron a muchos buscadores. *Yo Soy Eso*, el famoso libro publicado en 1973, con la llamada de atención de que "El buscador es el que está en busca de sí mismo", atrajo una oleada de visitantes occidentales.

Sobre el *Naam Mantra*, Nisargadatta Maharaj dijo: "El mantra es muy poderoso y efectivo. Mi Gurú me dio este Mantra y el resultado son todos estos visitantes de todo el mundo. Esto os muestra su poder".

*El Gurú No es una persona.
Es Impersonal, Lo Absoluto
No-Manifestado
en forma Manifiesta."*

Sri Ramakant Maharaj

Ramakant Maharaj (nacido en 1941) fue iniciado en 1962 por su Maestro, Nisargadatta Maharaj, haciendo evolucionar el Linaje una vez más. Su acercamiento es innovador, radical y absoluto. No se entretiene en conceptos, enseguida abre paso a través de todo, incluyendo el concepto de *Yo Soy*. Proporciona un atajo hacia la Auto-realización, presentando estas elevadas enseñanzas en un lenguaje realista.

Este Linaje de Maestros está transmitiendo el Conocimiento más elevado, abierta y desinteresadamente. La dependencia del Maestro y de la forma del Maestro no se recomienda en absoluto. Su sincero y noble deseo es transformar al discípulo en Maestro. En ello reside la singularidad del Inchegiri Navnath Sampradaya.

*"Es por la Gracia de mi Maestro,
Shri Nisargadatta Maharaj,
Que comparto este Conocimiento contigo,
El mismo Conocimiento
Que el compartió conmigo"*

Shri Ramakant Maharaj

PRIMERA PARTE:

AUTO-INDAGACIÓN

1. *Tú ya estás Realizado*

Ramakant Maharaj: Mi Maestro, Nisargadatta Maharaj, dijo: "No os estoy convirtiendo en discípulos, os estoy convirtiendo en Maestros". La Esencia Magistral ya está en tu interior. Todo está en tu interior.
        YA ESTÁS REALIZADO,
        SOLO QUE NO LO SABES.
    No eres el cuerpo, no eras el cuerpo y no vas a seguir siendo el cuerpo.
        EL CUERPO NO ES TU IDENTIDAD,
        ESTE ES UN LARGO SUEÑO.
        REALIZACIÓN SIGNIFICA:
        DESPUÉS DEL SUEÑO.
    ¡Escucha y contempla! ¡Has de saber lo que no eres! Estoy señalando a tu lugar original, a cómo eras antes de ser. Me refiero a *antes de*, antes de que el espíritu hiciera clic con el cuerpo, antes de que tu Presencia Espontánea fuera cubierta por capas de ilusión.
        EL MODO EN QUE ERAS ANTES DE SER
        ES LA REALIZACIÓN.
    No hay ninguna diferencia entre tú y yo, excepto que yo sé que no soy el cuerpo, mientras que tú no lo sabes. Olvidaste tu Identidad.
        EL HABLANTE INVISIBLE EN MÍ,
        Y EL OYENTE INVISIBLE EN TI,
        SON UNO Y EL MISMO.
    Estás cubierto por las cenizas de conceptos ilusorios. El Maestro retira las cenizas, vuelve a despertar y regenera tu Maestro Interior.
    Estamos compartiendo un Conocimiento Directo. Me estoy dirigiendo al Interrogador Invisible que formula la pregunta. Antes de

ser no tenías preguntas. Ni siquiera conocías la palabra conocimiento.
¡ERES NO-NACIDO! NADA HA SUCEDIDO, NADA ESTÁ SUCEDIENDO, NADA VA A SUCEDER. TODAS TUS PREGUNTAS ESTÁN BASADAS EN EL CUERPO.

No hay ni nacimiento ni muerte para ti. Tu Presencia estaba ahí antes de ser y estará ahí después de que el ser se disuelva. Tu Presencia está aquí y ahora como aquello que sostiene el cuerpo.

Conocimiento no significa conocimiento intelectual, conocimiento experiencial, conocimiento de libros, conocimiento árido o de segunda mano. Todo lo que sabes, todo el conocimiento que has acumulado desde la infancia hasta hoy, es un conocimiento basado en el cuerpo, el cual surge de las impresiones, de los conceptos ilusorios, las condiciones y las presiones. Te ha mantenido atrapado en el círculo del conocimiento relacionado con el cuerpo ¡Sal del ese círculo y conócete en un sentido real!

TODO HA DE SER BORRADO, INCLUYENDO TODOS LOS RECUERDOS Y EXPERIENCIAS DESDE LA INFANCIA HASTA HOY.

Necesitas un Maestro realizado que te saque de la ilusión. El Maestro conoce todos los detalles de primera mano, por lo tanto puede guiarte. Para eliminar la ilusión y regenerar tu poder, necesitarás someterte a un proceso de Auto-indagación, Meditación, Conocimiento y a la práctica devocional de los *Bhajans*.

Éste es tu momento. Tienes una oportunidad de oro para conocer la Realidad.

PERO A MENOS QUE TODO EL CONOCIMIENTO RELACIONADO CON EL CUERPO SE DISUELVA, LA REALIDAD NO SURGIRÁ.

Tienes que olvidarte de todo lo que alguna vez leíste y aprendiste. Sé como una pantalla en blanco, y después escucha y absorbe. Es evidente que tu cuerpo no es tu identidad en absoluto. Antes de ser no había nada. No hay nada distinto de ti, separado de ti o fuera de ti. Todo está dentro de ti. No hay nada excepto tu Ser sin ser. Mi *Sadguru*, Nisargadatta Maharaj, resumió la realidad en una sola frase:

EXCEPTO TU SER SIN SER, NO HAY DIOS, NI *BRAHMAN*, NI *ATMAN*, NI *PARAMATMAN*, NI MAESTRO.

2. ¿Cuál es el propósito de la espiritualidad?

Maharaj: El propósito de la espiritualidad es conocerse a sí mismo de modo real, borrar la ilusión y disolver el conocimiento basado en el cuerpo. Escucha nuevamente:
**EL PROPÓSITO DE LA ESPIRITUALIDAD
ES CONOCERSE A SÍ MISMO EN UN SENTIDO REAL,
BORRAR LA ILUSIÓN
Y DISOLVER EL CONOCIMIENTO
BASADO EN EL CUERPO.**

Debemos saber cuál es el propósito de la vida humana, y qué es exactamente lo que queremos ¡Tenemos que saberlo! Los seres humanos están dotados de intelecto, de modo que podemos hacer descubrimientos. Estás interesado en la espiritualidad, estás investigando, buscando, y buscando llegaste aquí ¿Qué es lo que buscas? ¿Qué quieres? "Quiero felicidad" es habitualmente la respuesta. Todos quieren felicidad. Necesitamos paz, vivir sin temor, vivir sin tensión.
**NO ENCONTRARÁS LO QUE BUSCAS
EN FUENTES EXTERNAS.**

Aquí escucharás y redescubrirás tu propio Conocimiento, tu Conocimiento Espontáneo. Tu Presencia Espontánea e Invisible es tu Fuente de Felicidad. Todo está dentro de ti, pero no eres consciente de ello. Tu Presencia es un Secreto Abierto.
**TU PRESENCIA NO NECESITA NADA, POR LO TANTO
¿QUIÉN QUIERE PAZ?
¿QUIÉN QUIERE FELICIDAD?
TU PRESENCIA ESPONTÁNEA
ES DESCONOCIDA PARA SÍ MISMA
TU PRESENCIA ESPONTÁNEA ES SILENCIOSA,
ANÓNIMA,
INVISIBLE,
IDENTIDAD NO IDENTIFICADA.**

Después de años de espiritualidad ¿has llegado a alguna conclusión? Sólo leer libros no es suficiente, es conocimiento árido, material.
**¿PARA QUIÉN LEES TODOS ESOS LIBROS?
NO TIENES FORMA,
ERES LA REALIDAD ÚLTIMA.**

No eres el cuerpo, no eras el cuerpo y no seguirás siendo el cuerpo. Ésta ha de ser tu Convicción. La única vía para establecer esta

Convicción es a través de la meditación y la Auto-indagación. Olvida la espiritualidad por un momento. El cuerpo no es tu identidad porque experimenta cambios. El cuerpo tiene un tiempo limitado ¡Es un hecho! Algún día será enterrado o incinerado.

**LO DESCONOCIDO SE VOLVIÓ EXISTENTE Y LLEGÓ A SER CONOCIDO A TRAVÉS DEL CUERPO.
LO DESCONOCIDO SE HIZO CONOCIDO.
LO CONOCIDO SERÁ ABSORBIDO
POR LO DESCONOCIDO.
¡ENSEÑANZAS SENCILLAS!**

Cuando la Presencia Espontánea se comenzó a existir en forma de cuerpo, comenzó el dolor físico y mental. La espiritualidad te da el valor para afrontar el dolor. El apego y la pérdida son causa de dolor. Los problemas psicológicos y emocionales, todas las molestias físicas, se disolverán con la ayuda de la meditación.

Nisargadatta Maharaj decía: "Aunque tengas un buen conocimiento, un buen conocimiento espiritual, el único camino para que este Conocimiento pueda ser absorbido, es con la ayuda de la meditación".

Antes de ser no había cuerpo, ni problemas ni necesidades, ni lenguaje, ni palabras, ni conceptos. No tenías necesidad de comida, ni de conocimiento ni de espiritualidad. No había Maestro, ni discípulo ni necesidad de Realización. No tenías nombre, ni esposa ni marido, ni madre ni padre, ni hermano ni hermana, ni amigos. Todas las relaciones son relaciones del cuerpo. El mundo es la Proyección Espontánea de tu Presencia Espontánea.

**ÉSTE ES UN CONOCIMIENTO DIRECTO.
NO ES UN ACERCAMIENTO INTELECTUAL,
NI LÓGICO NI EGOÍSTA,
PORQUE TODAS ESTAS COSAS SURGEN
DESPUÉS DE TU PRESENCIA.**

Estás aquí para conocerte en sentido real, para conocer la Realidad. Para que esto suceda espontáneamente, tienes que eliminar todo lo que no eres con la ayuda de la meditación y la Auto-indagación, y con el Conocimiento del Maestro.

**NUNCA ESTUVISTE ATADO.
ERES LIBRE COMO UN PÁJARO
SOLAMENTE OLVIDASTE TU IDENTIDAD.
EL MAESTRO ESTÁ AQUÍ PARA RECORDÁRTELA.**

Tú eres la Verdad Última, la Realidad Última, la Verdad Final ¡Eres Dios Todopoderoso!

**TÚ ERES TODO Y
TODO ESTÁ DENTRO DE TI**

3. El Ser sin ser

Pregunta: ¿Qué quiere decir con El Ser sin ser?
Maharaj: El segundo *ser* se refiere al conocimiento relacionado con el cuerpo. Lo cual significa todo aquello que surge con el cuerpo. Cuando todo este conocimiento relacionado con el cuerpo se disuelve, a lo que queda le llamamos *El Ser sin ser*: Ser sin contenido, Ser sin ilusión.

El Ser sin ser es nuestra Presencia Espontánea, Invisible y Anónima más allá de cualquier identificación. Todas estas palabras que señalan a la Identidad Desconocida, deberían disolverse totalmente una vez que se alcance el destino que indican. Cuando hayan hecho su trabajo, desprenderte de ellas ¡Recuerda! El Ser sin ser está más allá de las palabras.

Ser está relacionado con el conocimiento basado en el cuerpo y todas sus ilusiones: "Soy alguien, soy alguien distinto, soy una persona". No hay *alguien*. Eso es conocimiento basado en el cuerpo. Ser se refiere a la identificación con el cuerpo: *yo mismo, él mismo, ella misma*. Ser sin ser se refiere a *nada*. Significa que no hay nada ahí: ni testigo, ni experimentador ¡Nada!

P: Sí, y usted también dijo que nuestra Presencia es un secreto a voces ¿Qué quiere decir?
Maharaj: Sí, tu Presencia es un Secreto Abierto. Tu Presencia Espontánea ha sido cubierta por el cuerpo. Puede que no seas consciente de ello, pero tu Presencia está ahí. No te estás prestando atención, te descuidas a ti mismo. Estás dirigiendo tu atención al exterior todo el tiempo en lugar de mirar hacia adentro. Todo está dentro de ti, nada está fuera.

P: ¿Entonces es un secreto a voces para el Ser sin ser?
Maharaj: Sí, para el Ser sin ser, no para el ser. Todo surge de nada y todo se disuelve otra vez en nada. Y en esa nada, parece que hay algo. Cuando no lo sabes, cuando no eres consciente de tu Presencia antes de ser, aceptas esta nada como algo.

**ANTES DE SER NO ERAS CONSCIENTE
NI DE TODO NI DE NADA, NO SABÍAS NADA
NI SIQUIERA LA PALABRA *CONOCIMIENTO*.**

Tras abandonar el cuerpo no sabrás qué sucede en el mundo. Tras abandonar el cuerpo permanecerás desconocido. Por lo tanto todo surge de nada y todo se volverá a disolver en nada.

**TODO VIENE DE NADA
Y SE VOLVERÁ A DISOLVER EN NADA.**

Mientras tanto, consideramos al cuerpo como *algo*. Creemos

que somos algo. Sin embargo, este *algo* sólo está relacionado con el conocimiento basado en el cuerpo. De hecho, este cuerpo no va a durar siempre, de modo que aunque aparezca como *algo*, no es nada. Antes del cuerpo no había nombre, ni figura ni forma, ni experiencia ni experimentador, ni testimonio ni testigo.

Esta verdad abierta se irá aclarando a través de la meditación. El mundo te ha engañado haciéndote aceptar que eres un hombre o una mujer, que has nacido y que morirás.

**EL CUERPO TIENE LA APARIENCIA DE ALGO
PERO NO ES NADA,
ES ILUSIÓN.**

¡Escucha con atención! Antes de ser eras desconocido para ti mismo, y volverás a serlo tras abandonar el cuerpo. Ahora te conoces en la forma corporal. Esta forma corporal no perdurará. Este cuerpo no es tu identidad permanente y no va a durar. Este algo, sea lo que sea, que consideras que eres tú, debe haber surgido de la nada. Por lo tanto, lo que consideras que es algo es, de hecho, ilusión.

**LA REALIDAD ES ANTERIOR A SER.
LA REALIDAD ES ANTERIOR A SER.
ESTE LAPSO DE TIEMPO
EN LA FORMA CORPORAL ES ILUSIÓN.
PUEDE SER VISTO COMO UN INTERVALO,
UNA INTERRUPCIÓN,
UNA ALTERACIÓN DE LA REALIDAD.**

Mi Maestro, Nisargadatta Maharaj, afirma: "Tú eres la Realidad". Aparte de ti no hay nada más. La Realidad no existe en ninguna otra parte. Nisargadatta resumió estas enseñanzas en una frase: "No hay Dios, ni *Brahman*, ni *Atman*, ni *Paramatman*, ni Maestro, excepto el Ser sin ser". Por ejemplo, no hay nada excepto Tú sin forma. No hay nada excepto tu Ser sin ser. Aparte del Ser sin ser no hay nada.

**NO HAY NADA
EXCEPTO EL SER SIN SER.**

4. *Tres Etapas*

P: Usted dijo que había tres etapas: Primero Auto-indagación, segundo Auto-conocimiento y tercero Auto-realización.

Maharaj: Hay tres etapas y al mismo tiempo no las hay. En realidad, no hay etapas. Son sólo palabras que utilizamos al principio para guiarnos. Con la finalidad de enseñar, podemos decir que hay tres etapas. No hay una clara línea divisoria como uno, dos, pero son útiles como marco flexible.

La Auto-indagación conduce al Auto-conocimiento, después el Auto-conocimiento nos lleva a más Auto-indagación, etc. De modo que se parece más a ir hacia adelante y después retroceder sobre nuestros pasos, una especie de ir y venir. Pero sí, más o menos se puede decir que hay tres etapas.

En pocas palabras, cuando el espíritu hace clic con el cuerpo y el ser humano aparece, tiene mucho miedo. Además de miedo y confusión, no sabe quién era. Lo cual plantea el siguiente dilema: "¿Quién soy Yo? ¡Tengo una forma corporal! Pero si el cuerpo no es mi identidad ¿quién soy?" Esta es la raíz de la Auto-indagación y de la eterna búsqueda del hombre. Trata de averiguar: "¿Quién soy Yo?" y "¿Por qué tengo tantas necesidades?". La pregunta surge porque antes del conocimiento relacionado con el cuerpo no había necesidades. En la etapa inicial el hombre trata de descubrir "¿Quién soy Yo? ¿Cuál es el significado de *Yo*?". Esta es la Auto-indagación básica.

Mientras busca respuestas, comienza a reunir conocimientos de distintas fuentes: libros, amigos, cursos, retiros, talleres, profesores, puede que incluso de Maestros. Mediante este conocimiento, llega a la Realización, a saber que "no soy nada". Lo aprende en un lenguaje espiritual, esta *nada* se denomina *Brahman*, *Atman*, *Paramatman* o Dios. El conocimiento que el buscador ha encontrado es un conocimiento literal.

El cuerpo es un cuerpo material y el conocimiento que ha estado reuniendo es literal. Es un conocimiento que se ha obtenido de fuentes artificiales que no estaban antes de ser. Por eso es conocimiento relacionado con el cuerpo. Este conocimiento o conocimiento de segunda mano, no es Conocimiento. El Conocimiento es Auto-conocimiento Espontáneo e implica conocerse a uno mismo en un sentido real.

Cuando sabes que eres *Brahman* y no el cuerpo, y ese Conocimiento que ya tienes es absorbido, se vuelve Convicción. Puede que hace mucho tiempo hayas llegado a la conclusión de que el cuerpo no es tu identidad, aceptándolo intelectualmente, pero tienes que profundizar. ¡Conócete a ti mismo! Estoy compartiendo el Conocimiento que mi Maestro compartió conmigo y te muestro tu Realidad. Te librarás del miedo y te conocerás en un sentido real.

CUANDO EL CONOCIMIENTO SE VUELVE CONVICCIÓN, SE CONVIERTE EN AUTO-CONOCIMIENTO. AUTO-CONOCIMIENTO SIGNIFICA QUE ESTÁS ABSORBIENDO EL CONOCIMIENTO DE QUE "NO SOY EL CUERPO".

A partir de libros espirituales y otras fuentes secundarias descubriste que "No soy el cuerpo".

CUANDO ESTE CONOCIMIENTO ES ABSORBIDO, ES EL ESTADO DE AUTO-REALIZACIÓN.

Recapitulando, la Auto-indagación nos lleva al Auto-conocimiento. Con la ayuda del intelecto y algunas palabras, alcanzas el conocimiento de que "No soy el cuerpo y he sido llamado *Brahman*, *Atman*, *Paramatman*, Dios, etc.", pero es sólo conocimiento literal. Alcanzarás el estado de Realización cuando este conocimiento sea absorbido. En esa etapa no quedará nada: ni experiencia ni experimentador, ni testimonio ni testigo, nada.

ESTO SIGNIFICA QUE, EN EL NIVEL DE AUTO-REALIZACIÓN ESTARÁS COMPLETAMENTE DESPREOCUPADO DEL MUNDO. CÓMO ERAS ANTES DE SER ES LA ETAPA DE AUTO-REALIZACIÓN.

P: De modo que como usted dijo, no es un proceso lineal, porque el Auto-conocimiento te lleva de vuelta a más Auto-indagación y viceversa. Así que en este proceso estamos yendo constantemente de la Auto-indagación al Auto-conocimiento, lo que de algún modo no tiene final. Siempre hay más conocimiento que está siendo revelado y más por dejar al descubierto.

Maharaj: Como dije, Conocimiento significa conocerse a sí mismo en un sentido real. Nos conocemos en la forma corporal. Esa no es nuestra identidad. Para ayudar en este proceso el Maestro *prescribe la medicina de la meditación* para superar todos los problemas físicos, espirituales, mentales y egoístas. Después de un período de intensa y profunda concentración, surge el convencimiento espontáneo y la Realidad surgirá en tu interior.

¡HABRÁ UNA GRAN SORPRESA! ¡UNA EXPERIENCIA MILAGROSA, MÁGICA E IMPRESIONANTE!

Cuando esto suceda sentirás que: "No estoy preocupado por el cuerpo en absoluto. El cuerpo no es mi identidad". Y aunque vivas en el cuerpo, te mantendrás despreocupado, desinteresado y no involucrado.

LA MEDITACIÓN CONTRIBUYE A TENER UNA BASE PERFECTA.

Todo está dentro de ti. Todo está ahí, pero enterrado, cubierto de cenizas, de capas de ilusión y conceptos. Pincha ese globo de conceptos. Ocurrirá de forma automática y explotará espontáneamente.

5. Tú no eres el cuerpo, eres el sustento del cuerpo

P: Usted dijo que nos conocemos como el cuerpo y que necesitamos conocer nuestra Identidad Real ¿Cuál es nuestra Identidad, nuestra Existencia?
Maharaj: Tu Existencia es una Existencia Espontánea, una Presencia Espontánea. Tu Presencia Espontánea es Silenciosa, Invisible, Anónima, Identidad no Identificada. El mundo es proyectado por tu Presencia Espontánea.

TU PRESENCIA ESPONTÁNEA ES SILENCIOSA, INVISIBLE, ANÓNIMA, IDENTIDAD NO IDENTIFICADA.
EL MUNDO ES PROYECTADO POR TU PRESENCIA ESPONTÁNEA.

Eres completamente no-nacido, pero piensas "He nacido y voy a morir". Eso son conceptos, pensamientos ilusorios.

¡ERES NO-NACIDO!
¡ERES LA VERDAD ÚLTIMA!

Estoy llamando la atención del Oyente Silencioso e Invisible en ti.

ESTOY LLAMANDO LA ATENCIÓN DEL OYENTE SILENCIOSO E INVISIBLE
EN TI, QUE ES LA VERDAD ÚLTIMA.

Es la Verdad Última, no-nacido. No conoce ni el nacimiento ni la muerte. No sabías nada sobre *Dios*. Fue sólo cuando el espíritu hizo clic con el cuerpo cuando en el ser aparecieron los conceptos e ilusiones. Tu padre, tu madre, hermano y hermana, por nombrar unos cuantos, son relaciones del cuerpo que salieron de esta sensación de cuerpo.

Te han contado que "Dios existe, Dios Todopoderoso está aquí o allí. Se le encuentra en esta religión o en esta otra, en esta iglesia o en ese templo". Cuando no había sensación de cuerpo, no había existencia. Antes de ser no había nada, ni otro, ni relaciones, nada.

NO ERES EL CUERPO, NO ERAS EL CUERPO
Y NO SEGUIRÁS SIENDO EL CUERPO.
ES UN HECHO EVIDENTE.

Un sencillo ejemplo: Tus padres te dijeron: "Este cuerpo se llama *niño* y este otro *niña*", y aceptaste esta información. Te dieron un nombre como Ravi, Sita, Susan o Paul, y aceptaste esta identidad sin cuestionarla. Pasaste por las etapas del cuerpo, del hombre o mujer joven a la mediana edad y a la vejez. Durante el camino hiciste muchas preguntas como: "¿Soy este cuerpo con el nombre marcado en él? Y si no ¿quién soy?".

Ahora que has venido aquí, puedes profundizar ¡Detente y mira dentro! ¡Encuentra qué eres! ¡Libérate de la ilusión y tu realidad será desvelada! ¡Auto-indagación, discriminación! Todo está dentro de ti.

EL MAESTRO DICE:
"TÚ ERES LA REALIDAD ÚLTIMA,
LA VERDAD ÚLTIMA,
DIOS TODOPODEROSO".
TIENES UN PODER Y UNA FUERZA ENORMES,
PERO NO ERES CONSCIENTE DE ELLO PORQUE
HAS ACEPTADO LA FORMA CORPORAL.

¡El Maestro dice que tú eres la Realidad, Dios! Tienes que aceptar lo que el Maestro dice. Espiritualidad aparte, sabes que el cuerpo no es tu identidad porque sólo dura unos años. El Maestro te está mostrando tu Realidad.

P: De modo que lo que dice, Maharaj, es que tenemos que escuchar al Maestro y aceptar sus enseñanzas y permanecer enfocados en la Realidad, pero ¿no es necesario hacer un esfuerzo al principio para disolver la ilusión?

Maharaj: Sí, al principio tienes que trabajar para eliminar las ilusiones y establecer la Realidad. Mira, cuando diste con todos esos conceptos, los aceptaste ciegamente. Por ejemplo "Soy un hombre o una mujer", "Pertenezco a esta o a esa religión". Nadamos en un mar de conceptos: pecado y virtud, salvación y condena.

Hay interminables conceptos sobre infierno, cielo, *moksha*, *prarabdha*, nacimiento y muerte. Todos ellos se encuentran en las escrituras, libros, Gurús, profesores y Maestros ¡La ilusión está en todas partes! Hay demasiados conceptos que te hacen sentir atado cuando en realidad no lo estás. No estás atado, eres un pájaro libre.

TODOS ESOS CONCEPTOS VINIERON CON EL CUERPO.
ANTES DE SER NO HABÍA CONCEPTOS.
NO HABÍA CONOCIMIENTO.
NO SABÍAMOS NADA SOBRE FELICIDAD O PAZ.
DESPUÉS DE QUE LA PRESENCIA INVISIBLE [ESPÍRITU]
HICIERA CLIC CON EL CUERPO,
EMPEZARON LOS CONCEPTOS.
COMENZARON TODAS LAS NECESIDADES.

Queremos estar vivos. Todos tienen miedo a la muerte, pero en lugar de engancharnos a ese miedo, por qué no preguntarnos: "¿Qué es la muerte?" ¿Tienes miedo de dormirte cuando te vas a la cama? Dices: "Dejadme dormir, no me molestéis" ¿Qué hace diferente la muerte? ¡Es lo mismo! ¡Auto-indaga! Cada día puedes haber oído o leído, incluso haber estado con alguien que haya muerto. La muerte del cuerpo es en verdad inevitable. Los cuerpos muertos son enterrados o incinerados.

**EL CUERPO SE IRÁ, ES INEVITABLE.
PERO TÚ NO VAS A IR A NINGÚN SITIO.
NO ERES EL CUERPO,
ERES EL SUSTENTO DEL CUERPO.**

Tú no eres el cuerpo, eres el sustento del cuerpo. Eres espíritu, completamente diferente del cuerpo. El cuerpo es sólo la parte visible de carne, huesos y sangre ¿Quién actúa a través del cuerpo? ¿Quién experimenta pensamientos tales como "Tengo malos pensamientos, pensamientos horribles"?

**¿QUIÉN ESTÁ SIENDO TESTIGO DE TODO ESO?
LA SILENCIOSA, INVISIBLE Y ANÓNIMA IDENTIDAD
NO IDENTIFICADA, LLAMADA VERDAD ÚLTIMA".**

P: Lo tendré en cuenta. Durante años he leído muchos libros espirituales y también he meditado. Cuando voy a ver a un Maestro o asistir a un *Satsang*, la experiencia es bastante edificante. Me siento feliz cuando estoy ahí, en ese momento, sentado en silencio, pero esa sensación no parece durar.

Maharaj: De acuerdo, has leído algunos libros, escuchado a algunos Maestros y has hecho un poco de meditación ¡Haz balance! ¿Qué efecto ha tenido todo eso en ti? ¿Has encontrado una paz completa? ¿Estás libre de tensión? ¿Eres valiente? ¿Eres feliz? Si la respuesta es *No*, tienes que hacer Auto-indagación, de modo que encuentres felicidad real y permanente. Me refiero a una felicidad completa sin causa material.

Si estás continuamente leyendo libros que añaden más y más conocimiento externo, tienes que parar. Para por un momento y pregúntate: "¿Este conocimiento me está dando felicidad y plenitud? ¿Soy valiente, sin miedo?" Sé honesto en tu Auto-indagación "¿Me servirá de algo este conocimiento cuando tenga que abandonar el cuerpo?"

Si el conocimiento que estás reuniendo no te da paz y felicidad, significa que no te está funcionando ¡Así de fácil! ¿Si no te está ayudando ahora, te ayudará en tu lecho de muerte? Por lo tanto ¿de qué te sirve?

**ENCUENTRA DE QUIÉN ES LA HISTORIA QUE SE CUENTA
EN TODOS ESOS LIBROS EN NOMBRE
DE LA ESPIRITUALIDAD.
ESO ES AUTO-INDAGACIÓN.**

P: ¿Qué quiere decir con la historia de quién?

Maharaj: ¡Es tu historia! No te estoy contando una historia sobre *Brahman*, *Atman*, *Paramatman* o Dios.
TE ESTOY CONTANDO TU HISTORIA.
ES LA HISTORIA DEL OYENTE, DEL OYENTE INVISIBLE,
EL OYENTE ANÓNIMO EN TI.
ES LA HISTORIA DEL SER SIN SER, TU SER SIN SER.

Mi Maestro, Nisargadatta Maharaj, dijo claramente que no hay nada excepto el Ser sin ser. Aparte del Ser sin ser, no hay nada. Sólo el Ser sin ser es la Realidad Última, la Verdad Final. En sus propias palabras: "Excepto el Ser sin ser, no hay Dios, ni *Atman*, ni *Brahman*, ni *Paramatman*, ni Maestro".
ESTE RARO CONOCIMIENTO, LA ILUMINACIÓN,
TE AYUDARÁ A ENTENDER LO QUE ES
LA VERDAD ÚLTIMA,
LO QUE ES LA VERDAD FINAL.
¡TÚ ERES ESO!

6. *Eres un millonario, no un mendigo*

Maharaj: Descubre y CONOCE en un sentido real que eres la Verdad Última. Tenemos que llegar a la raíz y preguntar: "¿Qué eras antes de tener forma corporal? ¿Qué eras antes de ser? ¿Cómo eras? ¿Cómo eras antes de ser?".
Visitante: No lo sé.
Maharaj: Correcto ¿Y cómo serás después de dejar el cuerpo?
V: No lo sé.
Maharaj: "No lo sé" es la respuesta correcta.
"NO LO SÉ" SIGNIFICA QUE SABES
QUE TU PRESENCIA ESTABA AHÍ,
PERO SIN NINGÚN ASPECTO NI FORMA.

No hay forma de conocerlo, pero sabes que la Presencia Invisible y Silenciosa estaba ahí. De hecho, la raíz del Conocimiento, la Verdad Última, está dentro de ti, pero has estado ignorando y descuidando esta Verdad. Te has estado subestimando. En otras palabras, aunque seas un millonario, te has estado comportando como un mendigo.

Voy a contar la historia del joven mendigo: Un joven estaba mendigando en la calle. Un día su tío se le acercó y le preguntó: "¿Por qué estás mendigando? ¡No eres un mendigo, eres un millonario!". Naturalmente el chico no le creyó y le dijo: "Estás de broma, tratas de engañarme ¡Eres un mentiroso! ¡Eso no es posible!". Finalmente su tío le convenció para ir juntos al banco, donde le enseñó una cuenta a su nombre con un montón de millones. Al final, con todas las evidencias delante, el joven mendigo se convenció y aceptó su nuevo estatus recién adquirido.

Del mismo modo, el Maestro dice: "Tú eres *Brahman, Atman*", pero no le crees ni aceptas sus palabras. Puede que no lo verbalices, pero en algún lugar muy dentro de ti puede que haya una vocecita que diga: "¿Yo? ¡No, estás de broma!".

¿Cómo se te puede convencer? A fin de alcanzar la Convicción, necesitas pasar por el proceso de la meditación. La meditación tiene el efecto de disolver todas las capas ilusorias. Luego encontrarás tu Perfección: "¡Oh, Yo soy Eso!" [El Maestro gesticula con placentera sorpresa]. El Maestro es perfecto. Te muestra la Verdad Última y por ello merece tu respeto.

Así que para tener esta Convicción y conocer tu Perfección, la meditación es esencial. Es la única forma de absorber el Conocimiento y al mismo tiempo eliminar la ilusión. Ha llegado la hora de que dejes de mendigar y descubras tu valía.

**ERES UN MILLONARIO, PERO VIVES
Y TE EXPRESAS COMO UN MENDIGO, DICIENDO:
"¡OH DIOS, HAZ ALGO, BENDÍCEME, AYÚDAME!".**

Pedir de otro la gracia y las bendiciones puede que te dé una paz momentánea, una felicidad espiritual momentánea, como tomar un analgésico especial, pero no te dará satisfacción ni alegría duraderos. Ahora es el momento de ser fuerte ¡Sé firme! Ha llegado el momento de conocer tu propia fuerza y poder; conocer tu fuerza y revelar tu poder.

El Maestro te dice: "Ya no serás más un discapacitado". Tu existencia está llena de Conocimiento. Eres la Fuente del Conocimiento, pero no eres consciente de ello. No eres consciente de que eres la Verdad Última, Dios Todopoderoso.

**ERES TODOPODEROSO. DIOS TODOPODEROSO,
OMNIPRESENTE.
TU PRESENCIA ESTÁ EN TODAS PARTES.
ESTÁS MÁS ALLÁ DEL CIELO.
NO HAY UN SER INDIVIDUAL.**

P: [Riendo] Encuentro difícil de creer que este *pequeño yo* sea todo eso. Si lo soy, como usted dice ¿cómo es que no soy consciente de ello? Y si no lo soy ¿cómo puedo empezar a tener conciencia de mi Ser?

Maharaj: ¿Cómo puedo "YO"? No hay Yo en absoluto. No hay Tú y no hay Yo. Todo es como el cielo. Ves que aunque el Maestro te diga que eres todopoderoso, que eres la Verdad Última, no lo aceptas. No eres capaz de aceptar esa Verdad porque estás atrapado en todo tipo de pensamientos ilusorios. Te consideras a ti mismo como un *pequeño yo*, lo cual te ciega para ver tu Poder Innato.

El remedio para ello, un remedio muy simple, como he dicho, es la meditación. La meditación es el antivirus para la ilusión. Es uno de los mejores remedios en la etapa inicial. Es como una potente medicina que necesita un tiempo para llegar a todas partes del cuerpo. Luego se notarán los beneficios. El tiempo que nos lleve este proceso de Auto-curación depende del cuerpo espiritual. La disciplina de la meditación ayudará a disolver todo el conocimiento relacionado con el cuerpo, de modo que con el tiempo todo se eliminará completamente.

A MENOS QUE TU CONOCIMIENTO BASADO EN EL CUERPO SE DISUELVA Y DESAPAREZCA COMPLETAMENTE, NO TE SERÁ POSIBLE CONOCERTE EN UN SENTIDO REAL.

Esto es muy importante, escucha de nuevo: A menos que tu conocimiento basado en el cuerpo se disuelva y desaparezca completamente, no te será posible conocerte en un sentido real. Te lo digo para darte una sacudida, de modo que te lances de todo corazón al asunto de disolver la ilusión.

Esto significa que todo ha de desaparecer, disolverse, desaparecer, incluyendo las impresiones, condicionamientos y recuerdos desde la infancia hasta hoy ¡Todo!

P: Maharaj, he venido aquí para que me recuerden que soy la Verdad Última.

Maharaj: TÚ ERES la Verdad Última. TÚ ERES la Verdad Última, pero a causa de la prolongada asociación con el cuerpo, la Realidad no está siendo aceptada por ti. Puede que muevas la cabeza y digas OK, OK, OK, pero lo que necesitas es una implicación total. No es difícil, es realmente sencillo. Piensa en ello ¡Auto-indaga!

EL CUERPO NO ES TU IDENTIDAD, ESO ESTÁ CLARO.

Tu conocimiento relacionado con el cuerpo será disuelto y eliminado con la ayuda de la meditación. Al mismo tiempo has de querer averiguar "¿Quién soy?". Has de estar motivado, tener un impulso, un fuego interior. Necesitas se conducido para encontrar "¿Quién soy?". Sólo con una espiritualidad casual no funcionará.

P: Mi ego es muy fuerte, Maharaj, no da señales de disolverse.

Maharaj: Eso se debe a que tienes mucho apego al cuerpo, a la mente, al ego y al intelecto. Estás suministrándole energía a la mente, al ego y al intelecto. Todo el tiempo estás suministrando energía a la mente, al ego y al intelecto.

**EN REALIDAD,
TÚ ERES EL MAESTRO,
PERO ACTÚAS COMO UN ESCLAVO
DE LA MENTE,
EL EGO Y EL INTELECTO.**

P: Toda mi vida he estado interesado en la espiritualidad, ya sabe, buscando paz y felicidad. Es decepcionante y deprimente haber llegado a esta etapa de mi vida y no haber encontrado todavía lo que estaba buscando.

Maharaj: Todos esos problemas de depresión, decepción, confusión, conflictos, etc, son conceptos basados en el cuerpo. Las expectativas crecen porque te consideras a ti mismo como una persona, alguien distinto, separado de la Realidad que eres. "Quiero paz, quiero felicidad, quiero ser espiritual". Cuando llegues a conocer la *espiritualidad*, encontrarás que también es ilusión.

**¿PARA QUE SE NECESITA LA ESPIRITUALIDAD?
PORQUE HAS OLVIDADO TU IDENTIDAD.
PARA ESO SE NECESITA LA ESPIRITUALIDAD.**

Antes de ser no había espiritualidad. Hay tantos libros sobre espiritualidad, tantos Maestros espirituales, reivindicando: "Soy un Maestro excepcional" ¿Dónde estaban todos ellos antes de ser? La necesidad de espiritualidad surge porque te consideras a ti mismo como el cuerpo, como la forma corporal. Cuando todas las capas de ilusión se disuelven, entonces:

**LLEGAS A CONOCER TU PERFECCIÓN
"¡OH, YO SOY ESO!"
PERFECCIÓN ESPONTÁNEA:
"¡OH, YO SOY ESO!"**

7. *¿Por qué seguir viajando cuando Tú eres el destino?*

P: Cuando medito, Maharaj ¿cómo debo hacerlo?
Maharaj: Te enseñaré una técnica, pero has de tener una fuerte confianza en ti mismo y, después de haberte mostrado qué hacer, no debes tener ninguna tentación de ir a ningún otro sitio. Este es tu último viaje.

**¿POR QUÉ SEGUIR VIAJANDO
CUANTO TÚ ERES EL DESTINO?**

Esta es la última estación. No hay ningún sitio más al que ir. Si te implicas profundamente en seguir la práctica, obtendrás un cien por cien de resultados. Obtendrás un cien por cien de resultados en respuesta a tus esfuerzos.

P: Estas enseñanzas parecen sencillas al oírlas porque usted no utiliza muchas palabras. Me gusta la sencillez, y tengo la sensación de que no son enseñanzas verbales en absoluto. Algo está sucediendo en un nivel diferente.

Maharaj: Si tienes experiencia, puedes comprender el lenguaje. El lenguaje usado aquí es sencillo, con un acercamiento simple y directo. A veces hago recomendaciones en forma de historia, sólo para ilustrar cierto significado o dar alguna indicación que ayude a entender.

En la época actual, la gente tiene espiritualidad *en casa*. Leen un montón de libros, escuchan a muchos Maestros distintos y realizan diferentes rituales y prácticas. Eso está bien por un tiempo, pero luego ha de haber un momento en el que hagas una pausa y te detengas a valorar, a sopesar las cosas, y te preguntes:

**TENGO QUE SABER POR QUÉ
ESTOY HACIENDO TODO ESTO.
¿QUÉ OBTENGO DE TODAS ESTAS LECTURAS?
¿QUÉ OBTENGO DE ESCUCHAR A
TODOS ESTOS MAESTROS?
¿QUÉ OBTENGO DE VISITAR TODOS
ESOS LUGARES SAGRADOS?**

Has de conocer el propósito que hay detrás de tus acciones ¿Por qué estás haciendo todas estas actividades y cosas? La respuesta será generalmente: "Para tener paz y felicidad", o bien "Para vivir sin miedo y libre de tensión".

**SIN EMBARGO ¿QUIÉN QUIERE ESTO?
¿QUIÉN QUIERE VIVIR SIN MIEDO?
¿QUIÉN QUIERE PAZ?
¿QUIÉN QUIERE VIVIR SIN TENSIÓN?**

P: ¡Yo, yo quiero!

Maharaj: ¿Quién es este *Yo* que lo quiere? Haz otra vez la pregunta.

P: Aunque haga la misma pregunta, la respuesta parece estar más allá de las palabras.

Maharaj:

**TRAS LA AUTO-INDAGACIÓN,
EL INDAGADOR LLEGA AL PROPIO CENTRO,
EN EL QUE HABRÁ
UN SILENCIO EXCEPCIONAL,
EN EL QUE EL INDAGADOR DESAPARECERÁ.**

De modo que, primero: Pregúntate "¿este *Yo*, este *mí*, a qué se parece? ¿Cómo es?" ¿Puedes localizar este *mí*? Respuesta: No.

ES ANÓNIMO, INVISIBLE, NO IDENTIFICABLE.

Segundo: "Todos estos requisitos y necesidades que tenemos a fin de obtener paz y felicidad, ¿Los necesitábamos antes de ser?" Respuesta: No.

Y tercero: "¿Serán necesarios cuando el cuerpo desaparezca?" Respuesta: No.

**ES SÓLO PORQUE TIENES ESTE CUERPO
QUE TODAS ESTAS NECESIDADES COMENZARON.
TODO EL CONOCIMIENTO QUE TENEMOS
ESTÁ BASADO EN Y
RELACIONADO CON EL CUERPO.**

Tú eres total y completamente desconocido para ti mismo debido a esa relación con el cuerpo te ha separado de la Realidad. Esta separación ilusoria te ha hecho pensar que estás separado y eres diferente de la Fuente que realmente eres. Puedes pensar "Soy alguien, soy una persona". "Soy un hombre o una mujer, *Brahman* o *Atman, Paramatman*, Dios".

P: Me gusta cómo suena "*Brahman*" y "Yo soy *Brahman*". Me gusta y me sienta bien. He estado repitiéndolo una y otra vez, como un mantra, durante años.

Maharaj: Da lo mismo cómo te llames a ti mismo, o qué nombres prefieres. *Brahman* es sólo una palabra. Tenemos que utilizar algunas palabras, algún lenguaje, para comunicarnos. Son sólo nombres, y por tanto son uno y el mismo.

P: Todavía prefiero *Brahman*.

Maharaj: OK, OK, está bien mientras recuerdes que somos NOSOTROS quienes damos nombres a las cosas. Creamos el alfabeto, ABC. Se le ha dado nombre a todo. "Esto es un B-U-R-R-O", y "esto es D-I-O-S", pero recuerda:

**ANTES DE SER NO HABÍA NOMBRES.
LO CUAL SIGNIFICA QUE
EL SER ESPONTÁNEO E INVISIBLE,
QUE NO TIENE NOMBRE,
ES QUIEN HA PUESTO
LOS NOMBRES DE
"BRAHMAN, ATMAN, PARAMATMAN, DIOS".
ÉSTA ES LA FORMA DE HACER LA AUTO-INDAGACIÓN.
EL INDAGADOR SE VUELVE SILENCIOSO,
INVISIBLE Y EL CONOCIMIENTO LITERAL
SE TRANSFORMA EN REALIDAD.**

8. *El mundo es tu Proyección Espontánea*

P: ¿Qué pasa con el mundo? El mundo es *maya*, ilusión ¿No?
Maharaj: Eres completamente diferente del mundo porque el mundo es tu Proyección Espontánea.
**EL MUNDO ES PROYECTADO
POR TU PRESENCIA ESPONTÁNEA.**
Sin tu existencia, sin tu Presencia, no puedes ver el mundo.
**ERES ANTERIOR AL MUNDO, ANTERIOR AL UNIVERSO, ANTERIOR A TODO. PARA DECIR *BRAHMAN*, *ATMAN*, *PARAMATMAN*, DIOS, UNIVERSO, ETC.,
ES NECESARIA TU PRESENCIA.**
Tu Presencia no tiene límites ni está limitada en el tiempo ni por ningún círculo alrededor. Está más allá del círculo. Es un Conocimiento muy simple.
**ESTÁS DANDO VUELTAS Y VUELTAS DENTRO
DEL CÍRCULO DEL CONOCIMIENTO RELACIONADO
CON EL CUERPO
¿POR QUÉ? ¡SAL DEL CÍRCULO!**
P: ¿Cómo salgo de lo que usted denomina *el círculo del conocimiento relacionado con el cuerpo*? ¿No es demasiado difícil? Está firmemente arraigado ¿Cómo puedo cambiar?
Maharaj: Aceptando que no eres el cuerpo, que no eras el cuerpo y que no seguirás siendo el cuerpo. Eres no-nacido. Eres la Verdad Última, la Verdad Final.

Aparta la espiritualidad por un momento. Tira un poco para atrás y echa un vistazo fresco y razonable ¡Discrimina! Sabes que el cuerpo no es tu identidad, ya que has visto los cambios que han tenido lugar, desde la niña a la señora vieja ¿Cómo puede ser ésta tu Identidad? No es permanente.
P: Es verdad. De modo que lo que usted dice es que, si acepto que no soy el cuerpo, que soy no nacida, que soy la Realidad Última, ese es el camino.
Maharaj: Sí, con discriminación y desapego.
P: ¿Incluso si no me lo creo o no lo siento del todo o tengo interrogantes sobre ello?
Maharaj: Sí, sí, vendrá. La Convicción vendrá, pero será una Convicción Espontánea. Todas las cuestiones que surgen tienen su base en el cuerpo. Todo conflicto, confusión y duda tienen su base en el cuerpo.
ANTES DE SER NO HABÍA DUDAS,

NO HABÍA CONOCEDOR.
LAS DUDAS SURGIERON CON EL CUERPO.
PERO TÚ NO ERES EL CUERPO.
DEL CUERPO NO QUEDARÁ NADA EN ABSOLUTO.

Eres la Verdad Última, pero lo has olvidado. Ahora crees que eres alguien, un hombre o mujer común, que ha de pedirle a otro: "Por favor, bendíceme. Pon tu mano en mi cabeza y bendíceme" ¿Por qué?

P: ¿Dice usted que eso sucede por sí mismo?

Maharaj: Es muy simple, pero se requiere una total implicación. Para conocer este principio en ti, para descubrir algo más sobre la Realidad Última, la Verdad Última, ha de haber seriedad, auto-implicación, como una sed insaciable, o un fuego interior que te haga buscar, que te empuje a Conocer la Realidad.

LA DEVOCIÓN ES ESFORZARSE SIN DESCANSO
EN CONOCER LA REALIDAD.

Te pondré un ejemplo: Si alguien te trata mal, atacándote con un lenguaje desagradable, esas palabras se reflejarán automáticamente en tu interior, en todas y cada una de tus células. Cuando alguien nos trata mal, surgen intensas olas de sentimientos que pueden entrar en erupción. Todos conocemos este sentimiento: "Alguien ha dicho algo contra mí. Me vengaré. Dejadle que se acerque y se lo devolveré. Le trataré del mismo modo que él me trató a mí ¿Cómo se atreve?... y todo eso.

LA DEVOCIÓN ES ASÍ.

P: Entiendo [Ríe]. Necesitas determinación y total implicación, como si no pudieras pensar en nada más ¡Me ha pasado unas cuantas veces!

Maharaj: Como en el ejemplo, es esencial una implicación total mientras tratas de conocerte a ti misma en un sentido real, es la única forma. La dedicación completa a la búsqueda del Auto-conocimiento es devoción. No vas a parar y olvidarte, tienes que encontrarlo. No hay forma de parar "Quiero saber, tengo que saber quién soy".

LÁNZATE DE LLENO
A LA AUTO-REALIZACIÓN.

Cuando dices "Soy un hombre" o "Soy una mujer", no es cierto. Cuando dices "Soy *Brahman*", no es verdad. No eres ni *Brahman*, ni *Atman*, ni *Paramatman*. Estos nombres han sido asignados. Son buenos nombres, pero sólo sirven para indicar la Verdad Última, tu Identidad Última. Estas palabras *Brahman*, *Atman*, *Paramatman* tienen limitaciones.

SON SÓLO PALABRAS,
SIMPLEMENTE PALABRAS.
TÚ ESTÁS MÁS ALLÁ DE LAS PALABRAS.

9. Esencia de Dios

P: Estoy apegado a los pensamientos, sentimientos y emociones. Siento como siente un cuerpo.

Maharaj: Todos esos sentimientos fluyen porque tienes un cuerpo. La Presencia no sabe quién es Steven, o si es hombre o mujer, porque la Presencia es invisible, es como el cielo, no sabe su nombre, ningún nombre.

La Verdad ha sido puesta delante de ti, pero por desgracia no la aceptas. Aceptas todos esos sentimientos tristes y de temor, los sentimientos tensos los aceptas muy dentro. Esos sentimientos, por así decirlo, colorean la Presencia y el resultado es *soy alguien*.

Estamos intentando atraer la atención del Oyente Invisible que hay dentro de ti. Eres Dios todopoderoso, omnipresente, en todas partes.

ESA ESENCIA DIVINA NO TIENE LA EXPERIENCIA DE SER UNA PERSONA.

Has aceptado que Steven es *alguien*, pero si el cuerpo y la Presencia no están ahí ¿quién va a hablar de este Steven? El cuerpo no puede tener ninguna actividad sin el poder del espíritu. La combinación cuerpo-espíritu es esencial. Este es un Conocimiento muy directo.

**LA PRESENCIA NO CONOCE SU EXISTENCIA.
LA PRESENCIA NO TIENE CONOCIMIENTO.
NO TIENE EXPERIENCIA
NI EXPERIMENTADOR, NI TESTIGO, NI CONCIENCIA.**

En el momento en que el espíritu hace clic con el cuerpo, dices "Yo Soy". Un ventilador sólo funciona si hay electricidad. Sin el poder de la corriente no hay electricidad. Tu poder es invisible como la electricidad, pero miras sólo al cuerpo en lugar de mirar al Poder.

Por lo tanto, lo que tenemos que hacer es borrar todos los recuerdos, todos los recuerdos basados en el cuerpo. Esto nos llevará un tiempo. Después de que todo haya sido eliminado habrá completo silencio.

Has de tener una base fuerte para comprender esto, este saber. Para hacer que tu base sea fuerte, tienes que someterte a la disciplina de la meditación. El conocimiento literal no te será de ayuda. El conocimiento de libros no es suficiente, es sólo un intento basado en el cuerpo de señalar cuál es tu Identidad.

TODO SE ACLARARÁ CUANDO SE DISUELVA TODO EL CONOCIMIENTO DEL CUERPO HECHO DE ALIMENTOS.

P: Cuando el conocimiento basado en el cuerpo desaparezca

¿desaparecerán también todas esas intensas emociones?

Maharaj: ¡Sí! ¡Espontáneamente! Utilizo palabras como *eliminar* y *desaparecer* sólo para comunicarme. Este proceso es un proceso espontáneo que desvelará tu Omnisciencia, haciendo evidente tu Presencia en todas partes. Todos los pensamientos ilusorios se irán, todo desaparecerá.

En sueños, unas veces ves cosas buenas y otras malas. Al despertar puede que digas "¿Qué he hecho?" Una vez que conoces la Realidad, todos los conceptos se disuelven. Cuando te despiertes sabrás que no tienes nada que ver con esos sueños y no harás nada. Del mismo modo, a través del conocimiento, entenderás que todo lo que creías y pensabas que eras, no lo eras en realidad ¡Era un sueño!

P: ¿Debido a que me consideraba como la forma corporal?

Maharaj: ¡Correcto! Si dejas de suministrarle comida al cuerpo, adelgaza ¿Quién consume la comida? Es comida para la carne, como el aceite para una lámpara que cuando se acaba deja de arder. Cuando se acaba el aceite, se apaga la luz. La comida es como el aceite ¿Quién usa el aceite?

P: Tu fuego interno ¿Estoy alimentando mi Existencia Espontánea?

Maharaj: No estás haciendo nada. Sólo te estoy dando ejemplos. Si una lámpara arde, es que hay aceite. Tu Presencia será percibida mientras no pares de suministrar comida al cuerpo. Si dejas de darle agua y alimento, el cuerpo se irá ¿Dónde se va la luz de la lámpara? ¿Al cielo o al infierno? Se sentirá tu Presencia hasta que, como la luz, el cuerpo expire.

La luz está en todas partes, todo lo que se necesita es un roce, como la cerilla con la caja. Todo lo que se necesita es un roce, y a partir de él verás la llama. La luz está en todas partes, el fuego está en todas partes, con un roce lo puedes ver. Es invisible, pero con un simple clic se hace visible.

LA PRESENCIA ES OMNIPRESENTE
EL FUEGO QUE ESTÁ EN TODAS PARTES.

El contacto trae a la vista el fuego por un tiempo, mientras dure la vida del cuerpo, después el aceite se acaba y de nuevo desaparece.

P: ¿Cómo un fuego o una llama visibles?

Maharaj: Tu Presencia Espontánea es fuego invisible. Es sólo gracias a esta combinación, del contacto del espíritu con el cuerpo, que puedes decir *Yo*. Conoces tu Presencia a través del cuerpo. Sin él, no puedes decir *Yo*.

Después de conocer la Realidad, tendrás una valentía espontánea y una intrepidez total. Saldrás de esta horrenda atmósfera del nacimiento y la muerte, de modo que cuando dejes el cuerpo, no habrá miedo.

P: ¿El sentimiento de miedo surgió con el cuerpo?

Maharaj: Tengo que utilizar algunas palabras.

ESTE SENTIMIENTO ESPONTÁNEO, ESTE MIEDO SE DEBE A TU AMOR POR EL CUERPO.

Cuando sabes que "No soy el cuerpo", no hay miedo. Ti tienes algo en el bolsillo, tendrás miedo de los ladrones. Si tus bolsillos están vacíos, no hay nada que temer.

TIENES MIEDO DE LA MUERTE PORQUE CREES QUE ERES ALGUIEN.

Lo que ganas, tus bienes, te hacen pensar que tienes mucho que perder.

P: ¿Está diciendo que no tengo este conocimiento a causa del miedo?

Maharaj: Sí. Tienes que practicar meditación para salir de la ilusión. En el momento en que el Conocimiento sea digerido, verás los efectos habrá milagros. Se necesita un poco de tiempo.

P: Ramana Maharshi tuvo una experiencia de muerte. Después de ella se Realizó ¿Es necesario pasar por esta experiencia o no?

Maharaj: No. Cada uno tiene diferentes experiencias. Olvídate de Ramana Maharshi y de otros Maestros.

EL EXPERIMENTADOR ES UNO Y EL MISMO. ENFÓCATE EN EL EXPERIMENTADOR Y NO EN LA EXPERIENCIA.

Las experiencias pueden ser diferentes, no son importantes. Estoy llamando la atención de ese Experimentador que es Invisible y Anónimo.

MÍRATE A TI MISMO, NO A OTROS.

Esta vida es como un gran océano. Muchos se ahogan. Todo se ha vuelto oscuro. Estás buscando vías para salir de este mundo ilusorio, de este océano ilusorio. Sigues a otros y esperas que sus métodos funcionen en ti. No vayas de aquí para allá ¡Has de evitar el ir de aquí para allá!

DEJA DE PRESTAR ATENCIÓN A CÓMO ÉL O ELLA ESTÁN NADANDO, O TE AHOGARÁS

Has sido lanzado al océano del mundo ilusorio, has de nadar para salir de él.

EL MAESTRO TE HA DICHO CÓMO ESCAPAR. TE HA ENSEÑADO A NADAR ¡HAZLO!

Primero sálvate a ti mismo, luego salva a otros. El *Naam Mantra* es una técnica que enseña cómo nadar fácil y cómodamente. El conocimiento a medias, prestado, y el depender de otros, siempre son peligrosos.

P: Hablando de saber a medias... Durante años he estado buscando un Maestro Realizado, alguien como usted. Hay toneladas de maestros auto-proclamados ahí fuera, pero son lo que podría llamarse neo-advaita o parte de la cultura del *Satsang*.

Encontré que las enseñanzas neo-advaita son insustanciales y confusas porque ni ofrecen un plano detallado ni dan una visión de conjunto. Pueden dar indicaciones, pero su conocimiento sigue siendo superficial, porque no tienen Auto-conocimiento. Sólo te muestran una parte del elefante. El acercamiento de esas enseñanzas es comercial, mucho dinero cambiando de mano y a veces a precios elevados. Estoy encantado de haberle encontrado a usted por fin. Según mi propia búsqueda, usted es el único que habla desde el Estado Realizado.

Maharaj: Me alegra que estés aquí. Esta la estación final ¡Última parada!

10. ¿Quién quiere vivir para siempre?

P: He estado haciendo la práctica de la Auto-observación.
Maharaj: Eso son sólo palabras. Todos esos conceptos son capas sobre tu Presencia. Antes del cuerpo no había Auto-observación, ningún ser en absoluto. No había ningún ser antes de ser. Este concepto de observar surge sólo a causa del cuerpo.
NO NADES EN EL MAR DE LAS PALABRAS ESPIRITUALES.
MIRA A TU SER SIN SER.
Es una verdad evidente.
P: ¡Y difícil!
Maharaj: ¡No es difícil en absoluto! Este cuerpo no es tu identidad ¿Qué dificultad hay en ello? Es una verdad evidente ¿Puedes retrasar tu muerte? En absoluto ¿Dónde está entonces la dificultad?
MÍRATE A TI MISMO
¿DÓNDE ESTABAS ANTES DE TENER UN CUERPO?
Estas palabras como *ser*, *mí mismo*, *él mismo*, *sin ser*, son sólo palabras que aparecen. El concepto de *ser* aparece ante ti cuando el espíritu hace clic con el cuerpo.
TÚ YA ERES LA VERDAD FINAL
SIN IMAGINACIONES
NI CONCEPTOS.
Todas estas palabras se utilizan para indicar tu Verdad Final. Las palabras espirituales no son más que indicadores que puede

confundirte y añadir más ego.
NO HAY SEPARACIÓN, NI INDIVIDUALIDAD. CUANDO ERES UNO CON LA VERDAD ÚLTIMA, ¿QUÉ SENTIDO TIENE LA AUTO-OBSERVACIÓN?

El cielo no se conoce a sí mismo. Tu Existencia, tu Presencia, están más allá del cielo. Hemos estado recibiendo impresiones del conocimiento relacionado con el cuerpo desde la infancia hasta hoy. Un niño acepta inmediatamente lo que dicen sus padres, ya que está muy abierto e impresionable. Los adultos son más desconfiados, analizan y dan vueltas a todo, de modo que no lo aceptan fácilmente. Decenas de miles de conceptos están grabados en nosotros, por eso es necesario el *Naam Mantra,* para eliminarlos.

P: ¿El *Naam Mantra* es Auto-observación?

Maharaj: La Convicción total es Auto-observación. El *Naam Mantra* le dice al Meditador Invisible que tú eres la Verdad Última.

NO PUEDES DECIR NADA SOBRE CÓMO ERAS ANTES DE SER, PORQUE ERAS DESCONOCIDO PARA TI MISMO, Y POR LO TANTO NO LO SABÍAS. SABERLO VINO DESPUÉS.

Antes de ser en el cuerpo, tu Presencia estaba ahí, invisible y anónima. Antes de ser, el fuego estaba ahí, pero es sólo cuando el espíritu hace clic con el cuerpo que las llamas pueden ser vistas. La combinación de una caja de cerillas y una cerilla produce fuego con un solo roce. Del mismo modo, la combinación de Espíritu y cuerpo es necesaria para decir *Yo*.

P: ¿La Existencia Espontánea es la llama en sí o la llama en potencia?

Maharaj: La existencia del fuego está ahí, pero no es conocida. Rascas y la ves, luego desaparece. No va a ningún sitio. En el momento en que el espíritu hace clic con el cuerpo dices *Yo Soy,* pero no te consideres como la forma corporal. El principio básico de la espiritualidad dice que tú no eres el cuerpo. El cuerpo está sujeto al nacimiento y la muerte, tú no.

EL CUERPO ESTARÁ AGOTADO CUANDO LLEGUE EL MOMENTO DE DEJARLO, PERO TU PRESENCIA NO LO ESTARÁ. LA PRESENCIA CONTINÚA.

Tu Presencia invisible tiene una importancia excepcional, la cual estás ignorando, subestimando. Le das importancia a las cosas externas. Mírate, mira en tu interior, observa en tu interior. Es necesaria una implicación seria con tu práctica de meditación, después todas las preguntas serán respondidas dentro de ti. Tu Maestro Interior es muy poderoso. Por eso es necesaria la implicación.

**EL PODER QUE HAY EN TI ES EL MISMO PODER
QUE HAY DETRÁS DE MIS PALABRAS.**

Los cuerpos son diferentes, el Espíritu es Uno, ya te lo dije.
LA CONVICCIÓN TOTAL ES LA AUTO-OBSERVACIÓN.

Del mismo modo que no puedes recuperar el agua de un cubo después de haberla echado al mar, todo se vuelve claro y cristalino cuando recitas el Mantra.

Este Conocimiento espiritual es muy, muy sencillo. Debes confiar en tu Ser sin ser y al mismo tiempo, confiar en tu Maestro.
**ESTÁS MENDIGANDO ¡OH, POR FAVOR, AYÚDAME!
PORQUE NO SABES LO GRANDE QUE ERES.**

Todas las criaturas luchan por su supervivencia porque el Espíritu sólo se conoce a sí mismo a través del cuerpo. El Espíritu quiere conservar el cuerpo porque teme la muerte. Esto es verdad tanto para la criatura más grande como para la más pequeña. Mira las hormigas, por ejemplo, ellas también quieren sobrevivir. Una vez que han probado el sabor de lo dulce, se enganchan a la vida.

Había un santo con visión premonitoria, que le dijo a sus devotos que en tal y tal fecha y momento, dejaría su cuerpo. "Voy a renacer en una localidad cercana. Estoy sintiendo la presión de algún animal, un jabalí ¡Cuando me veáis como el jabalí, matadme! No quiero quedarme en forma de jabalí. Acordaos ¡Matadme!

Más tarde murió y renació como un jabalí. Los devotos fueron a aquella localidad y tal como había contado, el jabalí estaba allí, lo cogieron y chilló: "Por favor, no me matéis. Me gusta este cuerpo. Olvidaos de lo que os dije, olvidaos, no me matéis, quiero quedarme así".

Esto ilustra la condición humana. El Espíritu se apega a la forma corporal. Al Espíritu, al principio que hay detrás de la vida, le gusta la forma del cuerpo y desea permanecer en un cuerpo particular. El Espíritu no conoce su Identidad. Sólo se conoce a sí mismo a través del cuerpo. La Presencia Espontánea es Identidad no Identificada. A pesar de esto, todos los seres vivos desean preservar la forma corporal de su existencia ¡Quieren vivir para siempre!

11. *Ni experimentador, ni experiencia*

Maharaj: Nos conocemos desde una perspectiva basada en el cuerpo.
**EL CONOCIMIENTO DESDE LA PERSPECTIVA
DEL CUERPO SE HA DE DISOLVER.
ESTE ES EL PRINCIPIO QUE HAY**

TRAS LA ESPIRITUALIDAD.

Aunque puedas saber que *No soy el cuerpo*, este saber ha de transformarse en Convicción. La gente dice "No soy el cuerpo, soy *Brahman*, soy *Atman*, soy *Paramatman*, soy Dios". Es muy fácil de decir, pero este Conocimiento ha de ser real, integrado, totalmente integrado.

Es verdad que todos saben que el cuerpo no es nuestra Identidad porque está sometido a cambios. Vemos los cambios: primero viene la infancia, luego la juventud, después la vejez. Después, un día u otro, queriendo o sin querer, tendremos que dejar nuestros cuerpos.

EL CUERPO NO ES TU IDENTIDAD,
LO CUAL ES UNA VERDAD ESTABLECIDA.

P: Sí, lo sé. Es evidente.

Maharaj: Dices que esta verdad es evidente, pero no la aceptamos ¿Vives según esa realidad? Tenemos mucho amor y afecto por el cuerpo, que han de ser disueltos.

P: ¿Por qué estamos tan apegados al cuerpo?

Maharaj: El Rey Bharat preguntó una vez a su ministro: "¿Quién tiene el amor más fuerte por otro? ¿El amor de la madre por el hijo, de la hermana por el hermano, del marido por la esposa, y así? ¿Quién?" El ministro contestó: "Lo que más ama cada uno es a sí mismo. Lo que más ama la gente es a sí misma".

Hay otra historia sobre el mismo tema de una madre mono y su cría. Un día estaban sentados, jugando felizmente en un estanque. De pronto el agua empezó a subir y subir. La madre mono apartó rápidamente a su cría del peligro. Como el agua seguía subiendo, la madre subió a la cría mucho más alto para evitar que se ahogara. El agua seguía subiendo, hasta que al final la madre mono, desesperada, soltó a su cría para salvarse ella. Sacrificó a su bebé para su propia supervivencia. Esta historia es para demostrar que nadie ama más a otro que a sí mismo.

P: ¿Amor por sí mismo?

Maharaj: Nadie ama a otro más que a sí mismo. Hay mucho amor y afecto por el cuerpo, la mente, el ego y el intelecto. Por lo tanto, se deduce que nuestras expectativas son con frecuencia tan altas que no pueden ser alcanzadas por los demás.

P: ¿Todo este amor es para el cuerpo?

Maharaj: ¡Sí! Pero cuida de tu cuerpo, no lo desatiendas, y al mismo tiempo has de saber que el cuerpo no es la Verdad Última. Mientras te veas como el cuerpo, estarás bajo la ilusión del miedo y todo eso.

P: ¿Si no soy el cuerpo, quién soy? He tenido experiencias, como luces brillantes en mi cabeza, viajes astrales, premoniciones, visiones, sentimientos de calidez espiritual y así. Sé que soy mucho más que el cuerpo. Estoy más allá, algo más allá. Es difícil de explicar.

Maharaj: La experiencias no son importantes. Cuando estés cerca del Ser sin ser, descubrirás que no hay experimentador ni experiencia, tampoco testigo ni testimonio ¡No te consideres como la forma corporal!

**ERES LA VERDAD ÚLTIMA, LA VERDAD FINAL
ERES *BRAHMAN, ATMAN, PARAMATMAN*, DIOS.**

P: ¿Entonces cómo experimento *Brahman*?

Maharaj: Brahman es Invisible, Anónimo, no Identificado.

**NO HAY EXPERIENCIA NI EXPERIMENTADOR,
NO HAY EXPERIENCIA NI EXPERIMENTADOR,
NO HAY TESTIGO NI TESTIMONIO.**

Tenemos que olvidar el cuerpo físico, el cuerpo biológico. Tenemos un cuerpo espiritual que es invisible, que no es biológico ni físico. Todas tus preguntas están relacionadas con el cuerpo físico.

**EN EL NIVEL ESPIRITUAL
NO HAY PREGUNTAS.**

P: ¿Las preguntas seguirán viniendo mientras me considere a mí mismo en la forma corporal?

Maharaj: Sí, sí. En realidad, antes de ser no eras el cuerpo y no seguirás siendo el cuerpo. La existencia empezó e inmediatamente dijiste *Yo*. Antes del *Yo* tu Presencia estaba ahí.

De modo que todas las preguntas, junto con la *espiritualidad*, vinieron después por así decir, cuando te atrajo la Verdad Última. Recuerda que las palabras que utilizo son sólo palabras, no te enganches a ellas.

P: ¿Entonces es el cuerpo el que ha causado todos los problemas?

Maharaj: El cuerpo te ofrece la posibilidad de conocerte a ti mismo. La Realidad se volvió desconocida para ti cuando el cuerpo, de pronto, puso una distancia ilusoria que te hizo olvidar tu Identidad.

Sé fuerte, ten valor, no vivas la vida de modo cobarde ¡Sé como un león! ¿Sabes la historia del león? Un cachorro de león fue criado en un rebaño de ovejas. El cachorro de león empezó a pensar que él era una de las ovejas. Tenía miedo de los perros y de los lobos. Un día apareció un segundo león que trató de hacerse amigo del primero. El cachorro de león empezó a gemir: "No me hagas daño, por favor, soy una oveja. El segundo león llevó al cachorro a la orilla del río y dijo: "¡Mírate en el agua, mira tu cabeza, mira el resto del cuerpo! Te lo digo en serio ¡Eres un león como yo! Con una sola mirada vio su reflejo, primero el cuello, luego el cuerpo, cada parte, "¡OH, AH, OK!". Al mirarse, lo comprendió y aceptó: "¡Soy como tú, no hay diferencia! Todo el tiempo he estado viviendo como una oveja, pero no lo soy en absoluto". Miró su reflejo una vez más y rugió "¡Soy un león!" Convencido, se comportó como un león y no como la oveja que nunca fue.

El Maestro dice lo mismo: "No eres un hombre, no eres una mujer, eres *Brahman*" ¿Por qué tener miedo cuando puedes rugir?

ESTO SIGNIFICA QUE, DESPUÉS DE CONOCER LA REALIDAD, VAS A TU LUGAR ORIGINAL.

Es una bonita historia que señala al León Espiritual. Te estamos persuadiendo para que salgas y empieces a rugir: "¡Soy un león, eso soy!" Tú eres ya un león, pero olvidaste tu Identidad. Debido a la dilatada asociación con el cuerpo, empezaste a verte como *alguien*.

El Maestro te dice: "Tú eres la Verdad Última". Tú dices: "¿Cómo puedo serlo?" Por eso él te instruye. Esto se llama Conocimiento. Estas historias que te dan confianza, son apropiadas para las etapas iniciales. Tienes que aceptar el principio que encierra la historia. Tienes que mostrarte a ti mismo sin miedo, no deprimirte ni sentirte afectado. No tomes contacto con esos sentimientos, Sufres porque entras en contacto con ellos.

P: Personalmente, he experimentado mucho sufrimiento.

Maharaj: ¿Quién sufre? ¡Presta atención a lo que trato de transmitir! Tienes una sensación de separación, alienación y distancia de tu Fuente, que te ha hecho sentir que eres algo separado, alguien, con una existencia independiente.

POR LO TANTO, ES NECESARIA LA ESPIRITUALIDAD, MEDITACIÓN, *BHAJANS* Y TAMBIÉN CONOCIMIENTO ¿POR QUÉ? PORQUE OLVIDASTE TU IDENTIDAD.

P: ¿Cuándo recuperaré la memoria y recordaré mi Identidad?

Maharaj: No funciona así. No tiene nada que ver con recordar o con recuerdos ¡No tomes mis palabras literalmente! Cada día digo lo mismo. No estoy hablando de recordar o recuerdos en sentido literal.

Sucederá espontáneamente cuando SEPAS. En el momento en que la Identidad no Identificada es conocida, hay Convicción, Convicción Espontánea.

CUANDO ESTA CONVICCIÓN ESPONTÁNEA OCURRA, LA PERSONA YA NO ESTARÁ AHÍ, PORQUE "ESTO" ESTÁ MÁS ALLÁ DE LAS PALABRAS.

Ahora, hablando juntos, nos vemos como dos cuerpos, un discípulo y un Maestro. Si echas un cubo de agua al mar, no podrás recoger de nuevo el agua del cubo porque se ha mezclado con el mar. Se denomina *Proceso de Fusión*. Cuando hay Realización, es igual.

Si uno está absorbido en la Realidad –el cubo de agua lanzado al mar – no puedes luego recoger el agua, es imposible. El agua de este cubo ya no está individualizada. Lo mismo sucede en el proceso de absorberse y fundirse en nuestra Verdad Última. Tú eres la Verdad Última, la Verdad Final.

P: ¿Cuánto tiempo dura el proceso de fundirse?

Maharaj: La espiritualidad es necesaria mientras dure es este proceso de experiencia de ser, absorber la existencia y disolverla. Cuando nos encontramos con este cuerpo ilusorio, aparecieron todas las necesidades. En el momento en que te convences de que el mundo ilusorio no tiene base, te das cuenta de que es la Proyección Espontánea de tu Presencia Espontánea.

**EL MUNDO ES LA PROYECCIÓN ESPONTÁNEA
DE TU PRESENCIA ESPONTÁNEA.
ES INVISIBLE, ANÓNIMA,
IDENTIDAD NO IDENTIFICADA.
SABERLO ES SUFICIENTE.**

El cuerpo no es nuestra identidad en absoluto, eso está claro. Todo lo relacionado con el cuerpo son conceptos ilusorios. Puedes utilizar tu cuerpo, pero no le prestes mucha más atención. No dependas demasiado de tu forma corporal. El cuerpo tiene su propio límite temporal.

12. *Encuentro con Nisargadatta Maharaj*

Maharaj: ¿Preguntas?

P: Maharaj ¿Puede contar un poco cómo llego a encontrarse con Nisargadatta Maharaj?

Maharaj: En 1962 vivía con unos familiares. En aquél momento estaba desempleado, buscando trabajo y era un poco pobre. Mi hermana me dijo: "Estás aquí sentado, ocioso. Ven conmigo a ver a Maharaj". No estaba seguro, pero fue así como pasó, como llegué a Nisargadatta Maharaj.

En aquella época, no daba el *Naam Mantra* inmediatamente a los nuevos visitantes. Solía observarte a ver cuánta devoción tenías. Más o menos un mes después, el 2 de octubre de 1962, estando sentado en el suelo en casa de Maharaj, meditando en el nombre de una deidad, Nisargadatta Maharaj me dio el *Naam Mantra*, el Mantra del Gurú.

Posteriormente, Maharaj se enteró de que era pobre y no tenía trabajo. Preguntó a todo el mundo si tenían un trabajo para este *pobre chico*. Fue como un padre, pidiendo en mi favor. Cuando me las arreglé para tener un trabajo temporal por unos días, sugirió que debía tener una cuenta bancaria. Abrió una para mí. También me compró un reloj. Sus bondadosas acciones fueron como el amor y afecto de los padres.

Seguí yendo a su casa cada día, por la mañana y por la tarde. En aquella época no era capaz de entender de lo que Maharaj hablaba porque estaba fuera de mi alcance. Maharaj decía con frecuencia: "Escúchame, escúchame", y lo hice. También me ayudaba dándome consejos buenos y prácticos, y cosas así. Lenta y silenciosamente, absorbí el Conocimiento hasta cierto punto.

Después fui al instituto y a la universidad, empecé a trabajar en un banco y me casé. Estaba de nuevo en pie. Unos diez años después, llegué a SABER lo que Maharaj había estado diciendo, lo que me contó tiempo atrás.

Cuando Nisargadatta Maharaj venía a vernos a casa, solía decir: "El Conocimiento es parte de ti". Tenía un carácter muy práctico, simple y directo. Yo era muy inquieto y cambié de trabajo varias veces. En mi primer trabajo me pagaban una rupia diaria. Tenía que caminar diez kilómetros para ganar una rupia. La razón por la que lo explico es para daros información, de modo que sepáis la importancia de la lucha y el rol vital que ésta juega.

**NO ES FÁCIL LUCHAR EN LA VIDA,
PERO ES MUY IMPORTANTE.
LA LUCHA ES UN MAESTRO PORQUE
EXIGE TOTAL IMPLICACIÓN.
EN LA BATALLA HAS DE TENER
UNA IMPLICACIÓN TOTAL.**

Lo mismo pasa con la espiritualidad.

**DEBES LUCHAR PARA CONOCER TU REALIDAD:
"QUIERO CONOCERME.
¿QUIÉN SOY?
TENGO QUE SABERLO".**

P: Para muchos santos, la necesidad de saber, se convirtió en un asunto de vida o muerte.

Maharaj: He estado diciéndole a la gente que un compromiso casual, una espiritualidad casual, no funcionará. Debes ser conducido, debes querer saber el secreto de "¿Quién Soy?" "¿Soy simplemente este cuerpo?"

En mi infancia surgieron algunos pensamientos como ¿dónde estaba antes de nacer? Fue entre los ocho y los diez años. Aparecieron algunos pensamientos como ese, pero las respuestas no llegaban. Del mismo modo tienes que esforzarte y buscar dentro de ti. Al final, con el verdadero Conocimiento, la búsqueda habrá terminado, habrá terminado de verdad.

**ESTÁS TRATANDO DE ENCONTRAR RESPUESTAS
FUERA DE TI,
CUANDO EN REALIDAD
EL BUSCADOR ESTÁ EN TI.
OLVIDASTE AL BUSCADOR.
TÚ ERES LA VERDAD ÚLTIMA.**

Lo que estoy diciendo es muy sutil. Tenemos mucho apego por el cuerpo, mucho cariño y mucho apego, incluso sabiendo que el cuerpo no va a sobrevivir mucho tiempo ¡Todo el mundo lo sabe! Aun así, seguimos acudiendo a numerosas peregrinaciones, yendo de aquí para allá en busca de entretenimiento espiritual. Muchos siguen con todos estos pasatiempos hasta el momento en que el espíritu ha de partir, hasta que el cuerpo no puede funcionar por más tiempo. Luego es quemado como cualquier otra cosa común y corriente ¡La vida terminó! ¡Oportunidad perdida!

El cuerpo está vivo sólo gracias al Espíritu. Este poder, esta energía, se llama *Brahman, Atman, Paramatman,* Dios. Conocimiento significa simplemente conocerse a sí mismo en un sentido real, saber que eres la Verdad Última.

Hasta ahora nos hemos conocido en la forma corporal, como la forma corporal. El Conocimiento ha de ser absorbido: "Yo no era el cuerpo, no soy el cuerpo y no voy a seguir siendo el cuerpo".

Es la Verdad, la Verdad Desnuda, la Verdad abierta conocida por todos y al mismo tiempo, una Verdad que todos prefieren ignorar. Cada día nos enteramos de gente que muere, es inevitable.

El Conocimiento de la Verdad Última, de la Realidad Última, significa que habrá una paz completa, sin necesidad de causa material para ello. En general, las tres causas de la felicidad en la vida humana son la fama o el poder, el sexo y el dinero. Mucha gente va detrás de la fama y hacen lo que sea para ser famosos, para tener poder. Matarán por el poder, matarán por el dinero y matarán por sexo. Los seres humanos están siempre tratando de obtener paz y felicidad de estas tres cosas.

**¿QUIÉN DISFRUTA ESTA PAZ?
PUEDES DECIR "¡OH, YO!
SIN EMBARGO,
ESTA PAZ SE BASA
EN UNA CAUSA MATERIAL,
Y POR TANTO,
ES TEMPORAL.**

Ninguna causa material es necesaria en absoluto para la paz y la felicidad. Puedes tener Paz y Felicidad Espontáneas, *"Om Shanti"*, sin dinero, sexo o fama. Esto es real, es Paz Espontánea sin preocupaciones ni tensión ¿Por qué tenemos tensión? Sólo porque tenemos apego al cuerpo. Necesitas madurar en tolerancia y paciencia.

P: ¿Cómo puedo cambiar? Me digo a mí mismo que "Yo soy *Brahman*" todo el tiempo.

Maharaj: El cambio se producirá. No es difícil si tienes una fuerte devoción y voluntad, y te preparas para un pequeño sacrificio. Este es un momento muy importante para ti, cada momento de tu vida es muy, muy importante.

NO VAYAS TRAS LA VERDAD ÚLTIMA POR CASUALIDAD.
CADA DÍA,
CADA MOMENTO,
SON IMPORTANTES.

Haz tu trabajo y sé práctico. Cruzarse de brazos diciendo: "Yo soy *Brahman*, *Brahman* soy Yo", no es conocimiento. Estás buscando a Dios en algún otro sitio, buscando y esperando a Dios en algún lugar del cielo, un Dios que administra el mundo. Eso es un concepto, una ilusión.

DIOS NO ESTÁ EN EL CIELO GOBERNANDO EL MUNDO,
CASTIGANDO A AQUELLOS
QUE HACEN COSAS MALAS Y
BENDICIENDO A AQUELLOS
QUE HACEN COSAS BUENAS.
ESO ES UN CONCEPTO,
UNA ILUSIÓN.

Ninguna religión es mala en sí misma, pero el modo en que la religión es aplicada por los así llamados Maestros de la Religión, no es bueno, ya que básicamente se hace por motivos egoístas ¡Sé práctico! Este es el momento adecuado. Es el momento correcto para ti. El fantasma del miedo te está rodeando.

ROMPE EL CÍRCULO VICIOSO
DEL FANTASMA DEL MIEDO,
Y ACEPTA QUE
"NO ESTOY MURIENDO Y
TAMPOCO HE NACIDO".
LA VIDA Y LA MUERTE LE OCURREN SÓLO AL CUERPO,
SÓLO AL CUERPO HECHO DE ALIMENTOS.
ESTA CONVICCIÓN ES MUY IMPORTANTE.

Tienes que someterte a un proceso que haga fácil para ti tener la Convicción y se haga más profunda. Este proceso incluye recitar el *Naam Mantra*, *bhajans* y meditación ¡Es una oportunidad dorada para ti, no la malgastes!

13. La historia del Oyente

Maharaj: Tu implicación es muy importante. Sólo escucha y olvídalo. Trata de conocer el principio que encierran las palabras, de lo que estoy comunicando, sobre lo que hablo contigo, las palabras que he pronunciado.

**NO ANALICES LAS PALABRAS.
LAS PALABRAS NO SON IMPORTANTES.
CONCÉNTRATE EN EL SIGNIFICADO
QUE HAY DETRÁS DE LAS PALABRAS,
TRATA DE CONOCER EL PRINCIPIO
QUE HAY DETRÁS DE LAS PALABRAS.**

Te hablo a ti, contándote la historia del Oyente, no la historia de la persona. Estoy hablando del Oyente Invisible que hay en ti.

**TE ESTOY CONTANDO TU HISTORIA
LA HISTORIA DEL OYENTE INVISIBLE QUE HAY EN TI.**

P: De modo que es una experiencia, pero es una experiencia sin experimentador.

Maharaj: Al principio, *experiencia*, *testigo*, todas esas palabras están ahí, pero TÚ estás más allá de la experiencia. Tu Presencia está detrás de cada experiencia. Incluso si dices: "Yo soy *Brahman*", es también ilusión porque tu Presencia es necesaria para decir *Brahman*. El nombre *Brahman* ha sido dado, *Atman* ha sido dado, *Paramatman* ha sido dado, Dios ha sido dado, todos esos nombres han sido utilizados para designar a la Verdad Última.

**SIN EMBARGO, LAS PALABRAS
NO SON LA VERDAD ÚLTIMA.
ESE ES EL ERROR QUE COMETE MUCHA GENTE.
TOMAN ESAS PALABRAS COMO
SI FUERAN LA REALIDAD ÚLTIMA.
LAS PALABRAS NO SON LA VERDAD ÚLTIMA.**

Le damos significado a todas esas palabras. Las hemos creado y con ellas podemos entender, podemos hablar y conversar unos con otros.

P: Así que no se trata de utilizar palabras para tenerlo más claro, más bien es sobre estar siempre en ese lugar silencioso donde todas las preguntas son respondidas.

Maharaj: Sí, todas las respuestas a todas las preguntas están dentro de ti.

**EL INTERROGADOR EN SÍ MISMO ES LA RESPUESTA.
EL PROPIO INTERROGADOR INVISIBLE QUE HAY EN TI,**

ES LA RESPUESTA.
SIN EL INTERROGADOR NO PUEDES PREGUNTAR.

P: ¡Eso me ha parado en seco! Esa es la respuesta a todas mis preguntas. Es, sin duda, el lugar al que hay que ir con todas ellas. Es lo que lo vuelve tangible y claro para mí.

Maharaj: Ahora trata de digerir y absorber lo que se ha dicho. Te dará Felicidad Espontánea y Paz. Felicidad, Paz, todo está dentro de ti. Simplemente has olvidado que tú eres la Fuente de Todo.

Hemos perdido nuestra Felicidad porque nos estamos considerando como la forma corporal. En resumen, te subestimas todo el tiempo, pensando que "Soy alguien, soy uno de los miembros de la familia, soy una persona en el mundo".

P: ¿Puedo preguntarle sobre las obligaciones familiares? Usted dijo: "Cumple con tus deberes familiares", y leí que Nisargadatta Maharaj volvió con su familia cuando lo entendió ¿Puede explicar un poco más, por favor? Me cuesta un poco entenderlo.

Maharaj: Si estás actuando en una obra dramática, sabes que no tienes nada que ver con el drama. Sabes que es un papel que estás interpretando por dos o tres horas. Tu Presencia es Espontánea. Junto con la Presencia vino la familia, la sociedad y el mundo. Cumples con aquellas obligaciones para las que eres requerido, pero al mismo tiempo has de mantenerte despreocupado del mundo, porque antes de ser no había nada.

ANTES DE SER NO ESTABAS DESPREOCUPADO DEL MUNDO.
NO HABÍA VIDA FAMILIAR,
NI ASOCIACIÓN O INTERACCIÓN
CON NINGUNA OTRA PERSONA.

Este sueño comenzó en el momento en que el Espíritu hizo clic con el cuerpo. Igual que cuando estás en un profundo sueño y actúas en él como otra persona. Ves a tu gran familia, estás de vacaciones junto al mar, brilla el sol, ves diferentes paisajes, etc. Tras despertar, el sueño del mundo simplemente se desvanece ¿Qué pasó con la familia? ¿Y con las vacaciones?

Del mismo modo cada día ves diferentes sueños. Esta vida es simplemente un gran sueño. Es un hecho claro, una verdad evidente ¿Dónde estabas antes de que surgiera el conocimiento relacionado con el cuerpo? ¿Cómo eras antes de ser?

Después de la disolución del cuerpo, después de su desaparición o después de la muerte "¿Preguntarás qué ha sido de mi familia? ¿Dónde se fue el mundo? ¿Dónde se fue mi conocimiento?" Conocimiento significa conocerse a sí mismo en un sentido real. Nos conocemos en la forma corporal y es ésta la causa de toda nuestra confusión y nuestros conflictos.

P: Gracias.

Maharaj: No ha de haber un apego tal a esta vida material que sirva para llevarnos o propulsarnos a otro sueño. Este será el último sueño. Este será el último sueño. No debería haber otro sueño.

¡Conócete! El cuerpo te ha dado la oportunidad de conocerte en un sentido real. Si pierdes esta oportunidad, bueno, no sabemos ¿Quieres tener otro sueño, y otro? ¡Sal de ahí!

SAL DE TODOS ESOS SUEÑOS.

Para ello, lo más importante es el Convencimiento de la Realidad.

P: ¿Convencimiento?

Maharaj: Convicción. Convicción de la Realidad.

P: Con la meditación y más allá de la meditación, has de tener esa Convicción y a través de ella ¿se desmorona lo que queda?

Maharaj: Mediante la meditación estás recordando a tu Ser sin ser, al Meditador, que tú eres *Brahman*, que eres *Atman*. Estás recordando a tu Ser sin ser.

P: ¿La meditación ayuda a que crezca la Convicción y entonces la Convicción se vuelve la propia naturaleza de la meditación?

Maharaj: Tómatelo como quieras, pero ten en mente que tú eres la Verdad Última, la Verdad Final. Es tu historia, te estoy contando tu historia, tu Realidad, no lo que has leído en los libros.

TE ESTOY CONTANDO TU HISTORIA, TU REALIDAD, NO LO QUE HAS LEÍDO EN LOS LIBROS.

Es la historia del Oyente, la del Oyente Invisible que hay en ti. Cuando leas un libro, debes leerlo como si se tratara de la historia del que lee.

LOS LIBROS ESPIRITUALES CUENTAN LA HISTORIA DEL OYENTE INVISIBLE QUE HAY EN TI. HAS DE LEERLOS COMO SI LEYESES SOBRE TI MISMO. ES TU HISTORIA, LA HISTORIA DEL LECTOR.

Cuando te hablo, no estoy dirigiéndome a ti como un cuerpo, estoy hablando con el Oyente Invisible que hay en ti. La gente comete el error de leer libros espirituales como si contasen la historia de *Brahman* y *Atman*, la historia de otro, algo separado del lector.

P: Creo que una de las cosas más importantes que usted ha hecho, Maharaj, es quitar un montón de conocimiento de libros y poner énfasis en cierto tipo de prácticas y lecturas. Viene de usted con mucha firmeza y esta firmeza en sí misma es una importante forma de énfasis. Es una gran diferencia, una experiencia diferente de la que estamos acostumbrados.

También da una nueva perspectiva y mayor fe en el proceso.

Confiar en este proceso no es fácil. Todas las palabras de los Maestros son filtradas cuando las lees, pero usted ha puesto un énfasis más allá que es de mucha ayuda y muy clarificador.
Maharaj: Es la Verdad Abierta, la Verdad Final.
P: ¡Maravilloso!

14. *La meditación es aburrida*

P: El año pasado tuve una experiencia muy profunda y sentí que debía estar en la última etapa.
Maharaj: No hay última etapa ¿La etapa de quién? ¿Quién pone las etapas? No hay etapas en absoluto, eso es el impacto de todo lo que has leído. Lo que leíste, es reflejado.
P: Si este mundo es ilusión ¿Qué importancia tienen las experiencias? Como dije, esta experiencia espiritual fue muy profunda. He perdido muchos amigos y mi interés por el mundo ha disminuido a causa de ella ¿Debo forzarme a interesarme por el mundo como antes de la experiencia? Yo era muy activo en causas sociales y de caridad.
Maharaj: ¿Quién actúa a través del cuerpo? Tu Identidad está cubierta por el cuerpo, de modo que lo que haces es hecho por el conocimiento basado en el cuerpo. En espiritualidad decimos: "Tú no eres el cuerpo y no vas a seguir siendo el cuerpo". Por lo tanto ¿quién actúa a través del cuerpo? Dices que hablas, que ves, que haces.

DICES "ESTOY HACIENDO ALGO"
¿QUIÉN LO DICE?

El que Ve, el Hablante, el Hablante Invisible es tu Identidad, lo cual se llama *Brahman, Atman*, Dios, Maestro o cualquier otro nombre. Pero mientras te creas que eres la forma corporal, la consecuencia será la imposibilidad de conocerte a ti mismo en un sentido real. De modo que todas tus preguntas son preguntas relacionadas con el cuerpo.

Tu trabajo social, tus amigos, tus parientes, están relacionados con el cuerpo. Antes de ser ¿qué clase de trabajo social hacías? ¡Ninguno! Tras la disolución del cuerpo ¿qué clase de trabajo social harás? ¡Ninguno! Haz trabajo social, pero no lo relaciones con el ego. El ego sutil es un gran problema. Haz el trabajo si quieres, haz cosas normales, pero al mismo tiempo, trata de conocerte a ti mismo en un sentido real.

NO TIENES FORMA
NO ERES LA FORMA CORPORAL EN ABSOLUTO
¿DÓNDE ESTABA EL CUERPO ANTES DE SER?

Sigue haciendo Auto-indagación: ¿Quién actúa a través del cuerpo? ¿Quién escucha? ¿Quién lee? ¿Quién me mira? El mundo es una proyección de tu Presencia, la Presencia Espontánea. Este es el principio de toda espiritualidad.

ESPIRITUALIDAD SIGNIFICA SIMPLEMENTE CONOCERSE A SÍ MISMO EN UN SENTIDO REAL.

P: Estoy dividido entre cuidar del cuerpo y olvidarme de él.

Maharaj: No te olvides del cuerpo, cuídalo. El cuerpo es un medio. Sólo has de saber que antes del conocimiento relacionado con el cuerpo, antes de ser el cuerpo, tu Presencia estaba ahí, Invisible, Anónima. Hablo de la Presencia antes de ser. El mundo es una proyección de tu Presencia. Lo que tú dices sólo está relacionado con el cuerpo.

ERES ALGO TOTALMENTE SEPARADO DEL CUERPO. TIENES QUE CONVENCERTE DE ESTA REALIDAD. ES UNA VERDAD EVIDENTE.

Cualquier conocimiento que tengas, cualquier conocimiento espiritual, cualquier cosa que hagas, son acciones relacionadas con el cuerpo.

NO PUEDES HACER NADA. ANTES DE SER NO HABÍA UN *YO*. SIN TU PRESENCIA, NO PUEDES DECIR *YO*.

Estoy hablando de la Presencia Invisible, la Presencia Anónima que llamamos *Brahman, Atman, Paramatman*, Dios. No hay límite. Está más allá del cielo. No está rodeada ni confinada. No tiene limitaciones.

P: ¿Con la meditación sólo tengo que concentrarme en "Yo soy *Brahman*"? ¿Eso es todo lo que debo hacer?

Maharaj: Puedes hacerlo. Sé claro, la meditación es llevarte más y más cerca del Ser sin ser. La meditación es imprescindible, es un medio.

P: Estoy seguro de que la meditación que estaba haciendo era errónea. Practicaba la meditación budista en la que simplemente observas el flujo de pensamientos, algo así como observarlos, sin hacer nada, los pensamientos continúan a su voluntad. Como en la meditación Zen, disciplinar el cuerpo y dejar fluir los pensamientos. Eso es todo. No me hizo ningún bien en absoluto, era muy aburrido, tanto que me dormía.

Maharaj: La meditación debe traernos felicidad. El propósito de la meditación es olvidar el mundo. Lo estás limitando a tu cuerpo al decir que la meditación es aburrida. Desde el momento en que te limitas a la forma corporal o a la persona, es eso lo que hace aburrida la meditación.

No hay aburrimiento ¿Quién está aburrido? Concéntrate en "¿Quién está aburrido?" Tienes que concentrarte en el meditador. Concéntrate en el meditador cuando estés meditando y al final el meditador desaparecerá.

CONCÉNTRATE EN EL MEDITADOR CUANDO ESTÉS MEDITANDO Y AL FINAL EL MEDITADOR DESAPARECERÁ.

P: Ya no creo en la felicidad, la tristeza o la emoción.

Maharaj: Felicidad, tristeza, emoción, paz, tensión, depresión, estas palabras no estaban antes de ser. No había felicidad, ni paz, ni aburrimiento, ni depresión.

P: No estoy tratando de ser feliz ni nada, sino de encontrar quién o qué soy, eso es todo. No me preocupa la paz y todo eso ¿Puede estar silenciosa la mente alguna vez? ¿Es imposible para la mente mantenerse en la quietud?

Maharaj: Tú has hecho nacer a tu mente. No hay mente ni intelecto. Estoy llamando tu atención sobre cómo eras antes del conocimiento relacionado con el cuerpo. Esa es tu Identidad. Nuestros problemas comenzaron debido a que surgimos a partir del conocimiento relacionado con el cuerpo. Mente, ego, intelecto, felicidad, infelicidad, depresión, tensión, aburrimiento, el mundo apareció. Le dimos significado a esas palabras ¿Qué quieres decir con aburrimiento, con depresión? ¿Quién está aburrido? ¿Qué quieres decir con paz?

¿QUIÉN QUIERE PAZ?

P: El cuerpo-mente quiere paz.

Maharaj: La mente sólo significa el flujo de pensamientos. No tiene ninguna identidad. Tú hiciste nacer a la mente, al flujo de pensamientos. Sabes que tú eres el testigo de los pensamientos. Eres totalmente diferente de los pensamientos, la mente, el ego y el intelecto ¿Cuándo aprendiste esas palabras?

P: Probablemente en libros inútiles.

Maharaj: Te encontraste con las palabras cuando tuviste el cuerpo. Antes de ser no sabías "¿Quién soy yo?" Tu Presencia estaba ahí, pero eras desconocido para esa Presencia. Toda esta conversación sobre mi mente y mi ego, es conocimiento con base en el cuerpo. Estoy tratando de conducirte fuera de ese conocimiento.

P: ¿Entonces tengo que soltarlo todo completamente?

Maharaj: No hagas ningún ejercicio físico ni mental. Trata de conocerte en un sentido real.

P: Le escucharé al cien por cien. Puedo ver dónde estoy atrapado. Hablando con usted puedo ver cómo he llegado a estar tan atrapado.

P: No estreses la mente. Sé normal.

15. *El cuerpo es el hijo del vecino*

P: Maharaj, tengo algunos problemas importantes.
Maharaj: Todos los santos como Jnaneshwar, Tukaram y Nisargadatta Maharaj afrontaron muchos problemas, muchos. Sabían que todas las dificultades que surgieran en su camino se desvanecerían rápidamente. Todos dicen: "Mi problema es un gran problema, mayor que el de los demás". Estos santos afrontaron grandes desafíos en un momento u otro pero no tuvieron preocupaciones por ellos porque su Convicción era fuerte. Los problemas eran vistos como nubes que pasan por delante del cuerpo.

Nisargadatta Maharaj solía contar una buena historia: En la puerta de al lado, el hijo del vecino sufre porque tiene fiebre alta, muy intensa. Sientes lástima por ese chico, mucha lástima. La temperatura del chico es muy alta y no puedes hacer nada. Lo sientes por el chico y su familia, pero al mismo tiempo sabes que no es tu hijo, sino el hijo del vecino. Del mismo modo, este cuerpo [tu cuerpo], ha de ser visto y considerado como si fuera el hijo del vecino.

P: ¿Tu cuerpo es como el hijo del vecino? ¿Tienes que verlo como si no fuera el tuyo, sino como el de otro?
Maharaj: Sí, este cuerpo, formado por los cinco elementos, es el hijo del vecino. Sientes algo desagradable, puede que triste, incluso lástima, pero al mismo tiempo sabes que no es tu hijo: "Estoy al margen". Has de convencerte a ti mismo de esta manera porque tú eres tu propio arquitecto y tu propio Maestro.

Por lo tanto, considera al cuerpo como al hijo del vecino. Todos los sentimientos y conceptos están enraizados sólo a causa del cuerpo. Tú eres el testigo de ello y el que lo experimenta. Antes del cuerpo, no había nada.

La espiritualidad te enseña a salir de todos los problemas que van apareciendo. Antes del cuerpo, no había problemas. Después del cuerpo, no habrá problemas. Ahora, mientras tienes el cuerpo, no será difícil quitarse de encima los problemas si pones esto en práctica.

QUÉDATE CON EL PRINCIPIO DE QUE
ERES LA VERDAD ÚLTIMA.
ERES LA FUENTE DEL MUNDO.

Tú eres la fuente del mundo. Son necesarias la firmeza y la Convicción de que "No tengo nada que ver con éste mundo". No pidas prestados los pensamientos de otros. Sólo te creará problemas y alterará tu equilibrio.

QUÉDATE CONTIGO Y ESCUCHA DESDE LO ABSOLUTO.

LEE TU LIBRO.
¡TU EDICIÓN ES LA ÚLTIMA!

Todos tienen conceptos diferentes, por lo tanto nada es imposible ¡Eres la Verdad Última! ¿Por qué tener ego? ¿Para qué los celos? ¿Por qué hay que luchar? Todo ello afecta a la Verdad Última porque el Espíritu es muy sensible, muy sensible. Si pones colorante rojo o azul en el agua, se vuelve de ese color. El Espíritu igual. Ignora lo que ha de ser ignorado. Moldéate así.

Si prestas demasiada atención a todo lo que sucede en este mundo ilusorio, acabarás alterado de verdad.

ERES EL ARQUITECTO DE TU PROPIA VIDA ESPIRITUAL.

Si sigues este sencillo principio, nada será imposible. Los Himalayas están dentro de ti ¿Por qué dar tumbos de aquí para allá? Estás ignorando a tu propio Maestro y mendigando de otros Maestros.

QUÉDATE CON TU MAESTRO INTERIOR,
SÓLO ENTONCES SE DISOLVERÁN TUS PREGUNTAS.

En tu Presencia Invisible hay capas. Sólo te conoces en la forma corporal, sin saber "¿Quién soy Yo?"

P: ¿Qué significa "Yo soy"? ¿Es algo que está detrás de todo?

Maharaj: ¡No está detrás! ¡No hay detrás! Significa que has de mantener puesta tu atención en la Verdad Última. A través del "Yo soy" experimentas tu Presencia Espontánea. Sin el Espíritu, sin *Atman*, no puedes experimentar el Ser sin ser.

LA EXISTENCIA ESPONTÁNEA NO ESTÁ DETRÁS.
ESTÁS EN TODAS PARTES, COMO EL CIELO.
¿EL CIELO ESTÁ DELANTE O DETRÁS?

Considerarte en la forma corporal significa que no eres consciente de tu existencia. Todo es un indicador de tu Presencia. Sin tu Presencia no puedes ver el mundo o pronunciar una sola palabra. Eres totalmente desconocido y, de repente, sientes el "Yo soy".

NO PUEDE HABER NADA SIN TU PRESENCIA INVISIBLE.
SIN LA PRESENCIA NO TIENES PODER
Y ERES INCAPAZ DE HABLAR DEL MUNDO.
ESTE ES EL SIGNIFICADO DE:
"EXCEPTO TU SER SIN SER NO HAY DIOS…"
SIN SER SIGNIFICA SIN "YO",
SIN SER, COMO EL CIELO.

El gran santo y filósofo Shankaracharya dice: "No soy el cuerpo, soy *Mahatma*, el Gran Espíritu". Ha de haber esta Convicción.

Tú eres la causa y el resultado del mundo, pero eres desconocido para ti mismo. *Testigo* es sólo una palabra que se ha dado para designar a la Verdad Última. El Testigo y el Experimentador no tienen forma.

Esta vida es sólo un largo sueño, como una sesión de cine, pero ¿quién pone el vídeo, hace las fotos o graba las imágenes? Podemos decir "No sé", porque somos desconocidos para nosotros mismos. No tenemos forma alguna ¿De quién son los recuerdos? ¿De quién los sentimientos? ¡De nadie! Son sentimientos del cuerpo, los bytes malos que hay en nuestro disco duro.

EL CUERPO PUEDE SUFRIR, PERO TÚ NO.
ESTOY LLAMADO LA ATENCIÓN DE *ESO*:
A CÓMO ERAS ANTES DE TENER
EL CONOCIMIENTO RELACIONADO CON EL CUERPO.

P: ¿La Presencia Invisible está en lo manifiesto o no?
Maharaj: ¡Ni una cosa ni otra! Esto no es un debate. No hay nada que analizar. Todo está en silencio y en paz.

16. *Escapar del conocimiento del cuerpo*

P: Maharaj ¿Cómo puedo escapar de todo este conocimiento? Quiero la liberación ahora mismo ¿Hay alguna salida de la mente, de los sentimientos, de la vida, de todo?
Maharaj: ¡Por supuesto! ¿Por qué no? Ni eres ni tienes nada que ver con todo ello. De lo que hablas es de simples capas de tu Presencia Espontánea. Incluso si abandonas este cuerpo, estando separado de él, estás completo. Dices que quieres la liberación ahora mismo. Depende de ti. Quieres felicidad instantánea como si fuera comida rápida.

CUANDO ACEPTES QUE NO ERES EL CUERPO,
TODOS LOS SENTIMIENTOS DE LOS QUE HABLAS,
DESAPARECERÁN.

Todo lo que quieres está dirigido por el cuerpo ¿Quién querrá felicidad y paz cuando la Presencia desaparezca?

LA FELICIDAD YA ESTÁ EN TI.
TÚ TIENES LA LLAVE,
COMO ALÍ BABÁ: ¡ÁBRETE SÉSAMO!
LA CUEVA DEL TESORO ESTÁ AHÍ PARA QUE LO COJAS.
ESTOY ALIMENTANDO TU FELICIDAD
Y HACIÉNDOLA CRECER.

El propósito de la espiritualidad es abandonar del cuerpo con un estado de ánimo feliz ¿Quién deja el cuerpo? ¿Por qué? No te tomes esto literalmente. No tiene sentido aplicar el intelecto cuando todo es Presencia Espontánea. Tengo que utilizar palabras para convencerte.

ERES NO-NACIDO, INMORTAL, INMORTAL.

Estamos eliminando todos los archivos no deseados del disco duro. Hay muchos virus dentro, como bacterias que se propagan con rapidez. La meditación es el software antivirus.

**UNA VEZ INSTALADO,
DURA PARA SIEMPRE,
SIN NECESIDAD DE SUSCRIPCIÓN ANUAL.**

P: ¿Esa Presencia Invisible de la que habla, es amor?

Maharaj: Estás enamorado de ti mismo. El amor y el apego empezaron en el momento en que el Espíritu hizo clic con el cuerpo. Antes de ser, no había amor ni apego, no había nada. Esos términos son posteriores.

Este es el cuerpo más sucio, pero cubierto con una piel bonita ¿Qué hay dentro? Maquinaria. La maquinaria hace su trabajo: corazón, pulmones, hígado, con la energía suministrada a cada órgano. Si el Espíritu no estuviese ahí durante un solo segundo, el cuerpo se deterioraría. Por lo tanto, estás totalmente separado de este cuerpo.

**NO ERES EL CUERPO,
NO TIENES FORMA,
¿QUIÉN ESTÁ AMANDO A QUIÉN?**

Eres como el cielo o el espacio. La palabra *amor* apareció cuando tu Presencia estaba limitada a la forma corporal. *Amor y afecto* son términos relacionados con el cuerpo y relevantes sólo para la forma corporal.

**TÚ NO ERES LA FORMA CORPORAL,
POR LO TANTO NO HAY NADIE AHÍ
PARA HABLAR DE AMOR Y AFECTO.**

P: Hay una hermosa cita de Nisargadatta Maharaj que habla de sabiduría y amor...

Maharaj: ¡Olvídate de lo que han dicho otros!

**LO IMPORTANTE ES LO QUE TÚ DICES.
ES LO ÚNICO QUE CUENTA.**

Te he dicho que,

NADIE ES MÁS GRANDE QUE TÚ.

Si eres firme y tienes una fe y una implicación fuertes, serás capaz de encarar las dificultades que surjan.

La espiritualidad no es dar palmadas y poner guirnaldas aquí y allá, es un marco de referencia para vivir la vida diaria. Mira el ego, siempre creando problemas como "Soy una persona espiritual". No hay necesidad de luchar ni de tener celos, porque tu Presencia está en todas partes. Quédate tranquilo y silencioso, despreocupado del mundo.

**CUANDO ERES UNO CON TU DEVOCIÓN,
ERES UNO CON TU SER SIN SER.**

Significa que está saliendo tu fuerza, una especie de intoxicación espiritual. Pero no has de tener ningún ego o dejarle que haga un mal uso de tu poder.

VERÁS EL PROGRESO.
SERÁ UN TOTAL Y
COMPLETO SILENCIO INTERIOR.
ESTÁS MÁS ALLÁ DE ESTE MUNDO.

A veces eres víctima de circunstancias externas por dinero, poder o sexo. Recuerda que cuando el cuerpo expire, no nos llevaremos nada de este mundo con nosotros. Un gran poder vendrá con tu devoción. Aquello que digas, sucederá. Se sincero y auténtico contigo mismo y sé sincero con tu Maestro.

NO ESPERO NADA DE TI.
TE PIDO QUE
ENTREGUES TODA TU DEVOCIÓN A TI MISMO.

Mi felicidad viene de tu progreso espiritual.

¡BRILLA!
¡SIGUE BRILLANDO
Y HAZ QUE OTROS BRILLEN!

Sé feliz y haz que otros sean felices. No malgastes este Conocimiento Excepcional. Después de haber conocido la Verdad Última, serás feliz y querrás compartir esta felicidad con otros. No seas egoísta ¡Compártela! No malgastes este delicioso alimento. Después de comer, si queda algo, tienes que repartirlo entre los necesitados. Al mismo tiempo, ten cuidado. Estate atento a la gente que alimente tu ego diciendo, por ejemplo, que eres un gran hombre.

NO TIENES QUE ESPERAR O ACEPTAR
NINGÚN CONCEPTO RELACIONADO CON EL CUERPO,
PORQUE TODO ESTÁ EN TI.
NO HAY NADA EXCEPTO EL SER SIN SER.
NADA ES MÁS GRANDE QUE TÚ.
TODO EL UNIVERSO ESTÁ EN TI.
¡ES UNA VERDAD EVIDENTE!

17. *Borrar todos los recuerdos*

P: Maharaj ¿Aparte del ego hay también un ego sutil?
Maharaj: El ego sutil está conectado con el conocimiento basado en el cuerpo. El ego, la mente y el intelecto, son conceptos ilusorios. Antes de ser, no había ego ni ego sutil. El ego sutil aparece porque adoptamos la forma corporal. En el momento en que el conocimiento

relacionado con el cuerpo se disuelve y desaparece, no queda ningún ego. La meditación es necesaria para reducir la fuerza del ego. Insisto, el ego sutil y todo eso, son sólo palabras.

**EL EGO EN SÍ MISMO ES ILUSIÓN,
PORQUE NO HAY UN *YO*
NO HAY UN *TÚ*, NO HAY UN *ÉL* O *ELLA*.
NO HAY NADA AHÍ.
LA PANTALLA ESTÁ COMPLETAMENTE EN BLANCO.**

P: ¿Y la mente?

Maharaj: No hay mente en absoluto. La mente no existe por sí misma. Es sólo el flujo de pensamientos. Ni mente ni ego. Tú has hecho nacer al ego. Antes de nacer no había ego en absoluto. Antes de ser no había ni ego ni mente ¡Nada!

**EN ESE *ESTADO* ÉRAMOS
DESCONOCIDOS PARA NOSOTROS MISMOS.**

¿Dónde va el ego después de dejar el cuerpo? Estamos hablando de ego, mente, intelecto y todas esas cosas que están dentro del círculo, la carga del conocimiento relacionado con el cuerpo.

Quiero llamar tu atención sobre las palabras de Shankaracharya: "Decir Yo es ilusión, decir Tú es ilusión, decir *Brahman* es ilusión. Todo es ilusión" ¿Dónde está el ego? ¿Dónde se ubica?

P: Si una persona es humilde y otra está llena de ego ¿Significa eso que para el humilde es más fácil desprenderse del ego? Me he dado cuenta de que a menudo en los que se consideran humildes, el ego sutil está trabajando, lo sepan o no.

Maharaj: El cuerpo está ahí y el ego está ahí, pero no hay ni cuerpo ni ego. No prestes especial atención al cuerpo ni al ego, tanto si el ego es grande como pequeño ¿Para qué quieres calibrar o comparar si tu ego es más grande que el mío?

Mantén este principio en la mente: El cuerpo no es tu identidad, el cuerpo no era tu identidad y no va a seguir siendo tu identidad. Meditación, Conocimiento, *Bhajans* ¿Para qué son necesarios? Porque al tener el cuerpo, empezaste a verte como la forma corporal, como una persona separada. Ello condujo a un fuerte apego al cuerpo, resultando que ahora tienes mucho amor y afecto por la forma corporal. Se ha convertido en algo muy querido para ti.

**PIENSA EN ELLO.
ANTES DEL CUERPO,
NO HABÍA NADA.
NO HABÍA NOMBRE, NI NECESIDADES NI EXIGENCIAS.
NO SABÍAMOS LO QUE ERA LA FELICIDAD
O INFELICIDAD NI LA PAZ.**

NO HABÍA NADA EN ABSOLUTO.

P: Usted dijo que la mente es sólo el flujo de pensamientos. Mi problema es que tengo un montón de pensamientos dando vueltas y vueltas en mi cabeza. Nunca paran. Parecen llevarme, arrastrarme ¿Qué puedo hacer?

Maharaj: Es natural. No le des mucha importancia. Los pensamientos van a fluir, pero no los tengas en cuenta. Es sencillo:

ANTES DE SER
NO HABÍA PENSAMIENTOS.
EN EL MOMENTO EN QUE TUVISTE UN CUERPO,
LOS PENSAMIENTOS COMENZARON A FLUIR.

¡Ahora lo tienes más claro! Sabes que el cuerpo no es tu identidad, así que utiliza los pensamientos que te parezcan prácticos y restringe los que no lo sean ¡Así de simple!

P: Lo tengo más claro. Estoy empezando a cambiar mi visión de las cosas, pero pienso que llevará tiempo. Aunque sepa que es diferente, todavía estoy deprimido y me siento ansioso por las cosas.

Maharaj: Eso le pasa al cuerpo porque se ve afectado por los ambientes externos e internos.

ERES TOTALMENTE DISTINTO,
COMPLETAMENTE DIFERENTE DE TODO ESO.

Los sentimientos y el estado de ánimo de hoy puede que no sean los de mañana. Felicidad e infelicidad son como velos sobre tu Presencia. Desde que el cuerpo te pertenece, está destinado a ser afectado por el entorno. Este tipo de experiencias, estos sentimientos o capas de sentimientos, suceden, pero no son duraderas.

HOY SIENTES DEPRESIÓN,
MAÑANA TE SENTIRÁS FELIZ,
PERO EL TESTIGO ES EL MISMO.
ESA PRESENCIA QUE ESTÁ ATESTIGUANDO
LA FELICIDAD O INFELICIDAD,
ES SIEMPRE LA MISMA.

En pocas palabras, felicidad es el nombre dado a los sentimientos agradables que vienen de cosas que encuentras tolerables. Y a la inversa, a las cosas que no toleras y te producen sentimientos desagradables, lo llamamos infelicidad. Por ejemplo, cuando te duele la cabeza, piensas "No estoy cómodo". Pero si te tomas una pastilla, un analgésico, hay un alivio: "Ahora estoy cómodo". Los pensamientos y sentimientos son ilusiones momentáneas y no merecen tu atención.

PARA TIEMPOS COMO ESTOS,
HAS DE TOMAR UNA PASTILLA ESPIRITUAL
PARA RECORDAR TU IDENTIDAD.

Cuando tienes algún dolor, te tomas enseguida una pastilla que te alivia instantáneamente. Del mismo modo, si te sientes deprimido, apático o infeliz, toma tu pastilla espiritual lo antes posible. Así sentirás que no tienes nada que ver con los sentimientos de depresión, ansiedad o apatía.

LAS NUBES NEGRAS VIENEN,
LAS NUBES NEGRAS SE VAN,
EL SOL ES COMO ES.

P: ¿Y la pastilla espiritual es?

Maharaj: La pastilla espiritual significa volver tu atención al hecho de que:

NO SOY NADA QUE TENGA QUE VER
CON LA FORMA CORPORAL.
NO TENGO NADA QUE VER CON LA FORMA CORPORAL.
NO SOY EL CUERPO, NO ERA EL CUERPO,
Y NO VOY A SEGUIR SIENDO EL CUERPO.
LO QUE LE ESTÉ SUCEDIENDO AL CUERPO
ES DUDOSO,
NO ES REALIDAD.

P: ¿Tenemos que apartar nuestra atención de lo que vemos y dársela al Observador, quedarnos en lo permanente y no en lo impermanente?

Maharaj: ¡Sí! Vamos a ser claros respecto a la espiritualidad y por qué hacemos lo que hacemos aquí. Leemos, escuchamos, estudiamos, meditamos, cantamos *bhajans* ¿Para qué?

TENEMOS QUE ELIMINAR TODOS LOS RECUERDOS
DESDE QUE EL ESPÍRITU HIZO CLIC
CON EL CUERPO HASTA HOY.

Tienes que someterte a un proceso de meditación, *bhajans* y Conocimiento, de modo que puedas absorber la Verdad. Estas prácticas son también ilusión, pero son la base, y por lo tanto son necesarias al principio. Bhausaheb Maharaj subrayó la importancia de la devoción inocente, sin conceptos, ego, intelecto o mente.

ESTAS PRÁCTICAS SON COMO ESCALERAS,
PELDAÑOS PARA ELEVARTE.
UNA VEZ ARRIBA,
PUEDES DESHACERTE DE LA ESCALERA.

Con diferentes palabras, en diferentes modos y desde diferentes ángulos, el Maestro trata de convencerte de tu Realidad.

ERES LA REALIDAD ÚLTIMA.
ERES LA VERDAD ÚLTIMA,
LA VERDAD FINAL.

18. No tienes forma

P: ¿Puedo alcanzar la Verdad Final por mí mismo, sin la meditación?
Maharaj:
LA MEDITACIÓN ACTÚA COMO UNA ESCALERA O UN ASCENSOR
¿PUEDES SUBIR DIEZ PISOS SIN ASCENSOR?

La meditación no es necesaria después de la Convicción porque cuando tienes Convicción, SABES. Este cuerpo se llama John ¿Tienes que estar repitiendo tu nombre? ¡No! El nombre te lo dieron tus padres y es para siempre. Tienes la Convicción de que eres John.

Del mismo modo, después de la Convicción, SABRÁS que "Yo soy *Brahman, Brahman*". Después de algún tiempo, sin que te des cuenta, lo recitarás durante las veinticuatro horas de forma automática, espontáneamente. El mantra es necesario para olvidar la Identidad corporal.

P: ¿Y los mantras de otras tradiciones?
Maharaj: ¡Olvídate de los otros mantras! Lo que me pasó a mí te puede pasar a ti también. Cuando abraces completamente la Realidad, serás capaz de hablar espontáneamente ¡Como yo! Los cuerpos son diferentes, pero el Espíritu es el mismo. John es el nombre de la cubierta externa ¿Hablamos de un cielo indio, un cielo chino o uno ruso? ¡No! El cielo es el mismo.

TU PRESENCIA ESPONTÁNEA
NO TIENE EGO, INTELECTO
NI MENTE.

El único propósito de la meditación y todo lo que oyes sobre el Conocimiento, es disolver el conocimiento relacionado con el cuerpo. Has de tener una voluntad firme y fuerza interior. Tienes una energía oculta. Permanece tranquilo y en silencio.

¡NO LO PIENSES!
¡NO APLIQUES EL INTELECTO NI LA MENTE!
QUÉDATE CONTIGO.
NO TENGAS MENTE,
EGO NI INTELECTO.

Sé tu propio Maestro. Sabes que eres la Verdad Última, más allá de la felicidad, más allá del silencio. Olvida y perdona, porque tú eres la Fuente de este mundo. Piensa que todos estos discursos e historias están conectados con el Ser sin ser.

VIVE TAL COMO ERAS ANTES DE SER.

P: No sé cómo era.
Maharaj: No, no lo sabes. "No lo sabes" significa que no tenías

ninguna forma. Significa que no tienes forma, como el cielo. Y como el cielo, no puedes morir. Cuando digo "No lo sé", estoy diciendo "No soy la forma corporal". Si digo "Lo sé", hay en ello alguna ilusión. "No lo sé" es la respuesta perfecta. Puedes disfrutar de ello y luego profundizar más y más ¡Disfruta nadando! Es algo raro, muy raro.

P: ¿Necesitamos paciencia y práctica?

Maharaj: La cuestión de la paciencia nunca surge, porque tú no eres un paciente ¡La paciencia sólo la necesita el paciente!

P: Las conversaciones diarias son como una inyección ¡Funcionan!

Maharaj: Es la gracia de mi Maestro.

P: Es un honor.

Maharaj: Es un Conocimiento raro, el más raro de todos.

P: Y el Conocimiento ha de disolverse también.

Maharaj: Sí, sí.

Escucha atentamente. Para decir "Yo soy" es necesaria la Presencia, pero esta Presencia Espontánea no tiene identidad individual, porque es Anónima, Identidad no Identificada. Excepto tu Ser sin ser, no hay Dios, ni Maestro, ni *Brahman*, ni *Atman*, ni *Paramatman*. Esta Convicción ha de aparecer espontáneamente.

HASTA AHORA,
TODO LO QUE SABES,
LO SABES PORQUE TIENES UN CUERPO.

La respuesta "No lo sé" tiene muchos significados. La Presencia Espontánea entró en la existencia con la forma corporal. Más importante es que "No lo sé" indica el hecho de que tu Presencia estaba ahí antes de ser, pero no en cualquier forma. No tienes forma.

El conocimiento egoísta hace referencia a confusión y conflicto. El Conocimiento Espiritual se refiere a la propia Identidad Invisible, no Identificada. La vida rutinaria puede ser llevada a cabo con normalidad, pero puedes vivir pacíficamente después de conocer la Realidad. Por supuesto, no hay obligación de aceptar esta Realidad. Puedes actuar en ella o reaccionar a ella ¡Depende de ti! La Realidad es la Realidad, no es algo para debatir, discutir o argumentar.

P: Usted dice que hay que tener fe.

Maharaj: Sí, has de tener fe en ti mismo. Si soy un hombre, lo acepto, así.

LA FE ESTÁ EN REALCIÓN CON LO QUE
ESTÁ IMPRESO EN TI.
TEN FE EN QUE ERES
LA VERDAD ÚLTIMA.
MANTÉN LA FE EN LAS PALABRAS DEL MAESTRO.

19. El secreto de la vida espiritual

Maharaj: Un chico, Eklavya, quería aprender tiro con arco. Tenía unos doce años y era de una casta muy baja. El Maestro Dronacharya era el Maestro mayor de arquería y solía enseñar a la familia real. Eklavya vio a Dronacharya enseñar a unos chiquillos, se acercó y le pidió al Maestro que le enseñara a tirar con el arco. El Maestro le rechazó diciéndole que no entendería sus instrucciones.

Eklavya estaba empeñado en aprender y decidió construir una estatua de Dronacharya, un ídolo, al que tomó por su Maestro. Puso toda su fe en el Maestro y aprendió las habilidades de la arquería del ídolo que le servía de Maestro. La estatua tenía el poder que le había dado la fe de Eklavya en su Maestro.

Guiado por él, practicó tiro con arco todos los días. Le preguntaba a la estatua: "¿Tengo buena puntería?" Su voz interior le respondía "¡Sí, correcta, hijo mío!" De esta forma, mediante el Conocimiento Directo, perfeccionó las habilidades para el tiro con arco.

Algún tiempo después hubo un torneo. Dronacharya anunció: "¿Veis ese perro de allí? Mantendrá su boca abierta. Debéis disparar la flecha recta, de tal modo que ni toque nada ni cause daño". Arjuna fue el primero en disparar. Había aprendido de su Maestro. Lanzó la flecha pero no dio en el blanco. Llegó el turno de Eklavya. Lanzó la flecha perfectamente y ganó el torneo.

Dronacharya estaba asombrado. Le preguntó a Eklavya: "¿Dónde aprendiste tanta destreza?" Eklavya contestó: "Maestro, usted me ha dado este conocimiento". Dronacharya replicó: "¡Eso no lo aprendiste de mí!" Eklavya le explicó que había hecho un ídolo de su Maestro y fue así cómo recibió el conocimiento.

La siguiente parte de la historia es más importante. Dronacharya dijo, "Bien, ahora eres mi discípulo, pero has de ofrecerme algo". "Le daré lo que me pida", dijo. Para probar su fe, Dronacharya le pidió a Eklavya su pulgar [En este caso, cortar el pulgar significa reconocer la Fuente del Conocimiento: es el Conocimiento del Maestro y no el suyo] Eklavya obedeció.

La historia tiene un profundo significado. Has de tener una fe firme en el Maestro, tanto si está en su cuerpo como si no. Con una concentración completa, fe completa y completa confianza como Eklavya, el Conocimiento Espontáneo surgirá. Este es el ejemplo del diálogo interior que se da cuando uno se implica plenamente. Es la devoción más alta, la última: "Hablar con el Ser sin ser" (*Atma Nivedanam Bhakti*). Has de convencer a tu Ser sin ser, lo cual significa que hables contigo mismo, dirige la pregunta a tu interior.

**HABLA CONTIGO MISMO,
DIRIGE LA PREGUNTA A TU INTERIOR.**

El preguntar y responder interiormente tendrán lugar. Convéncete. Preguntas y respuestas aparecerán al instante, sin la ayuda de nadie. Sucede porque el Maestro ya está dentro de ti. Es una conversación con el Ser sin ser.

Tu fe y confianza son esenciales, de modo que tu Convicción pueda crecer hasta ser como la que demostró Eklavya. No se puede enfatizar lo suficiente la necesidad de una completa fe en ti y en el Maestro. En India y en cualquier otro lugar, los milagros le ocurren a mucha gente que tiene esa tremenda fe en ídolos de piedra. Puede que te preguntes cómo es esto posible.

**LA PIEDRA ES SÓLO UNA RÉPLICA DEL MAESTRO.
LOS MILAGROS SUCEDEN PORQUE
TÚ ERES EL PRINCIPIO.
PRIMERO TEN FE EN TI, DESPUÉS FE EN DIOS.**

Con el intelecto puedes hablar de todo lo que hay bajo el sol.

**PERO CON UNA FE INTENSA
PUEDES HACER QUE ALGO SE MANIFIESTE.**

Una fe real significa servir al Maestro sin ningún ego. No malgastes tu energía. A veces las cosas suceden como querías que pasaran. Si esto ocurre, no te enorgullezcas, ya que el ego echará a perder tu vida espiritual. La personalidad debe desaparecer.

**SI TIENES COMPLETA FE EN TI MISMO,
SIGNIFICA QUE TE HAS HECHO UNO CON EL UNIVERSO.
LO QUE ES, EN SÍ MISMO, DEVOCIÓN.**

Todos los grandes santos han tenido una fe inmensa en su Maestro, tanta que nada podía afectarles. Sé devoto a tu Ser sin ser y observa cómo se despliegan los milagros. No compartas esto con nadie, ya que permitirá al ego tomar el control espiritual. Entonces puede que digas: "He tenido esta o aquella experiencia". Lo cual te llevará a un sentimiento de superioridad. Puede que pienses o digas algo como: "Tú no sabes nada", y empieces a hacer comparaciones. Esto no es bueno para el Espíritu y complicará y echará a perder tu devoción. Ten fe y confía en este sencillo Conocimiento.

20. *El Gurú es más que un espejo*

Maharaj: Es muy raro encontrar un Maestro con Conocimiento Directo que pueda mostrarte que tú eres la Realidad, la Verdad Última, la Verdad Final. Nisargadatta Maharaj decía: "No os hago discípulos, os hago Maestros". Swami Vivekananda buscaba un Maestro así.

P: ¡Sí! Conozco la historia muy bien. Leí que Vivekananda buscó durante un tiempo, preguntando a varios Maestros si habían experimentado a Dios y si podían mostrárselo dentro de ellos. Ninguno dijo "Sí", incluyendo a Devendranath Tagore [Padre de Rabindranath Tagore], pero le dijo: "Tienes los ojos de un Yogui, y seguramente vas a Auto-realizarte en esta vida".

Sólo cuando se encontró con Ramakrishna Paramahamsa, obtuvo la respuesta que buscaba. Ramakrishna dijo: "Sí, he visto a Dios. Puedo mostrártelo".

Maharaj: Nisargadatta Maharaj decía: "El Maestro está ya dentro de ti, pero no eres consciente de ello".

P: ¿El Maestro está dormido?

Maharaj: Has olvidado tu Identidad a causa de fuerzas externas. Has llegado a no ser consciente de tu Realidad a causa de las muchas y variadas experiencias e impresiones recibidas a lo largo de la vida.

P: ¿El papel que desempeña el Gurú es hacerte capaz o ayudarte y darte ánimos para despertar lo que ya está en ti?

Maharaj: El Maestro o Gurú te anima e imprime la Realidad en ti. Planta delante de ti la Realidad Última que olvidaste. Te estás subestimando.

PIENSAS QUE ERES ALGUIEN
NO ERES NADIE, Y A LA VEZ, ERES TODOS.

Este Conocimiento ha de ser espontáneo, una Convicción Espontánea. Es algo que puede ocurrir, igual que le ocurrió a Nisargadatta Maharaj. No es difícil, especialmente con tu fe firme y profunda. Entiende esta Verdad, es una verdad evidente. Por ejemplo [Maharaj, levanta un pañuelo], esto se llama *pañuelo* ¡Lo sé! Igualmente, cuando entiendas la Realidad, dirás: "¡Lo sé!" Simplemente así.

TU PRESENCIA ESPONTÁNEA
SE LLAMA *BRAHMAN*, *ATMAN*, *PARAMATMAN*, DIOS.
ESTE CUERPO ES SÓLO LA CUBIERTA EXTERIOR.

Una vez que conoces la Realidad, puedes seguir como antes, viviendo con el cuerpo, sabiendo al mismo tiempo que *No es mi identidad*. El efecto de este Auto-conocimiento te volverá valiente. No tendrás miedo a la muerte en absoluto y los conceptos de cielo e infierno, relacionados con el cuerpo, desaparecerán.

P: ¿No es el Gurú como un espejo en el que podemos ver nuestro reflejo, en el que vemos con claridad lo que somos?

Maharaj: El Gurú es más que un espejo. Un espejo sólo tiene un lado, el Gurú te muestra todos los lados.

P: Usted nos recuerda nuestra Verdadera Identidad, ayudándonos a discernir entre lo verdadero y lo falso, lo permanente y lo impermanente. Con esta discriminación nos volvemos menos apegados…

Maharaj: ¡Olvida todo lo que has leído! Es un gran cuento. Olvida esta forma corporal con todo su conocimiento. Sólo juegas con las palabras, con todos esos nombres literales que encontraste en los libros ¡Has estado jugando con muñecas! Te has estado asombrando a ti mismo, jugando juegos infantiles en tu pequeño mundo lleno de coloridas palabras con sentido literal.

ERES LO DEFINITIVO.
ERES NO-NACIDO.

P: ¿Cuál es la relación entre Gurú y discípulo, o entre Maestro y estudiante?

Maharaj: Es un hecho que no hay Gurú ni discípulo. No hay relación. Sólo hay Ser sin ser, Unidad, Verdad Última. Tengo que bajar, por así decir, y adoptar el papel de Gurú a fin de enseñar, mientras que tú adoptas el rol de discípulo, pero sólo nos hacemos pasar por ellos un rato. Al final no hay Gurú ni discípulo. Nisargadatta Maharaj solía decir:

EXCEPTO [PARA] TU SER SIN SER,
NO HAY DIOS,
NI *BRAHMAN*, NI *ATMAN*,
NI *PARAMATMAN*, NI MAESTRO.

P: Siento que cuando usted está hablando y enseñando, algo está sucediendo en un nivel más profundo que es difícil de explicar. Si no ha de entenderse como una relación entre Gurú y discípulo ¿qué es lo que sucede entonces?

Maharaj: Sólo hay Ser sin ser. Tu Presencia Espontánea es Invisible, Anónima, Identidad no Identificada. Con la finalidad de entendernos, podemos decir que:

EL MAESTRO ES EL HABLANTE INVISIBLE Y
EL DISCÍPULO ES EL OYENTE INVISIBLE.

El Maestro le habla al Oyente Invisible que hay en ti. Ambos son uno y el mismo: Realidad Última. Lo único que siempre ha habido es la Unidad.

NO TE ESTOY HABLANDO A TI,
ME DIRIJO AL OYENTE
SILENCIOSO E INVISIBLE QUE HAY EN TI.

P: No entiendo por qué, Maharaj, pero en su Presencia, hay un sentimiento de paz y felicidad.

Maharaj: ¡No trates de entender! Al Oyente Invisible, llámale Espíritu si quieres, le gusta oír su propia historia. El Maestro le refresca la memoria de su Identidad y le lleva a despertar de nuevo.

**PUEDE QUE NO LO ENTIENDAS,
PERO LA REALIDAD INVISIBLE SÍ LO HACE.**

Y es una con las palabras del Maestro. Estás cubierto de cenizas. El fuego sigue ardiendo bajo ellas. El Maestro aparta la ceniza.

P: ¿Lo que usted dice, Maharaj, es que nuestra Verdadera Identidad ha sido enterrada bajo capas y capas de ilusión?

Maharaj: No somos conscientes de nuestra importancia, de nuestro valor real. Desde la infancia, hemos recibido impresiones sin parar, que nos han dado una imagen falsa de nosotros mismos, una identidad falsa. Te percibes a ti mismo como alguien, una entidad separada, que está aparte y es diferente de la Realidad, lo cual no es cierto.

E incluso aquellos de vosotros que reivindican tener conocimiento espiritual, tienen un conocimiento que en realidad es de poca utilidad, porque es sólo conocimiento literal.

**DECIR "YO SOY *BRAHMAN*" ES TAMBIÉN ILUSIÓN,
PORQUE TE ESTÁS CONSIDERANDO COMO *BRAHMAN*,
POR MEDIO DE LA FORMA CORPORAL.**

Brahman es sólo un nombre.

**TODO ESTE CONOCIMIENTO HA DE SER ABSORBIDO.
TODO ESTE CONOCIMIENTO HA DE SER ABSORBIDO.**

El ciervo almizclero es famoso por el olor que produce. A veces enloquece a causa de su poderosa fragancia. Persigue el intenso aroma por todas partes, sin saber que el perfume viene de él mismo. El ciervo tiene esa fragancia. Sin embargo, como no es consciente, trata de encontrar su fuente en otro lugar. Los discípulos se comportan igual que el ciervo, hasta que alguien [por ejemplo el Maestro], llega para iluminarles diciendo: "Esta fragancia viene de vosotros".

**TÚ ERES EL PRINCIPIO, TÚ ERES EL MAESTRO.
TÚ LO ERES TODO.
ERES ILIMITADO.**

Necesitamos decir lo mismo pero de diferentes maneras a fin de establecer la Verdad Última. Tú eres la Verdad Final. OK.

21. *El Maestro regenera tu Poder*

Maharaj: El Gurú o Maestro SABE. Ni se limita a sí mismo ni se ve como la forma corporal. Está fuera del círculo del conocimiento relacionado con el cuerpo. Es la Realidad Última, desde esa posición llama la atención del Oyente Invisible y Anónimo en ti, y te recuerda tu Realidad: "Eres la Realidad Última, la Verdad Final". El Maestro te dice que no hay nada que temer puesto que tú eres la Fuente. Por lo tanto, cuando todas las actividades cesan, la búsqueda finaliza, parada completa, alto total, se acabó la búsqueda.

DE HECHO, NO HAY BÚSQUEDA, PORQUE EL BUSCADOR ES YA LA REALIDAD ÚLTIMA.

P: ¿Y todos estos años de búsqueda? He sido un buscador desde que puedo recordar.

Maharaj: No hay *buscador*. No trates de encontrar al buscador desde el conocimiento relacionado con el cuerpo; tampoco intentes hacerlo intelectual, lógica o egoístamente. Sólo hay Realidad Espontánea. Esa realidad no piensa: "¡Oh, soy *Brahman*, soy *Atman*, soy *Paramatman*!". Es Realidad Espontánea. Para mantenerte en la Realidad has de evitar distraerte con todas las circunstancias externas que hay siempre alrededor.

P: Por eso es importante para usted martillear y repetir las mismas cosas una y otra vez.

Maharaj: Las mismas cosas, sí, porque es necesario. El Maestro regenera tu poder. El poder está ahí, pero cubierto de cenizas. El Maestro quita las cenizas, las cuales tienen la forma de pensamientos ilusorios, conceptos, etc.

P: Durante el día, los pensamientos me molestan más que por la noche ¿Qué pasa con el tiempo? Hoy es el último día del año.

Maharaj: No hay de día ni de noche. Los límites del tiempo no te son aplicables. Como sabes, no eres el cuerpo ¿Por qué prestar atención al día y la noche? Tu día es la noche de otro y viceversa. El tiempo está sólo relacionado con el cuerpo. Muchos conceptos vienen a través del cuerpo ¿Había tiempo antes de ser? No, no había nada. Créelo y Convéncete.

Antes del conocimiento relacionado con el cuerpo, no había conceptos, ni Dios, ni necesidad de alimentos ¿Dónde estaban la mente, el ego y el intelecto? ¡En ningún sitio! Tampoco había necesidad de Maestro porque no había discípulo. Tú no eras discípulo. El concepto Maestro-discípulo llegó cuando tu Presencia apareció en el mundo.

P: ¿Entonces, necesitamos un Maestro ahora?

Maharaj: Un Maestro realizado es esencial en la etapa inicial.

EL MAESTRO ES BÁSICAMENTE UN MEDIO, UN CANAL, UN MEDIO A TRAVÉS DEL CUAL PUEDES CONOCERTE.

Sin él, no eres capaz de conocerte en un sentido real. El Maestro está llamando la atención del Oyente Silencioso e Invisible: ¡Tú eres *Brahman*!

P: Antes de venir a verle, Jenny me dijo: "Tenemos que tener un

Gurú". Yo estuve en desacuerdo, como lo he estado siempre con el tema de los Gurús, diciendo: "No, no, no. Puedes hacerlo por ti mismo como lo hizo Ramana Maharshi, o Buda". Y ella me preguntó cuántos, aparte de Ramana Maharshi, se Auto-realizaron, y estuve de acuerdo en que es muy raro ser capaz de hacerlo por uno mismo, es casi imposible ¿No?

Maharaj: Habéis llegado al lugar en el que el Conocimiento es Directo. Conocerte a ti mismo en un sentido real es Conocimiento. No hablo de un conocimiento de segunda mano ni de todo el conocimiento que habéis acumulado mediante el estudio y el aprendizaje ¡No! Ese conocimiento no os ayudará.

¿PARA QUÉ SIRVE TODO ESTE CONOCIMIENTO?
¿PARA QUIÉN ES?
ES PARA EL *NIÑO NO-NACIDO*.

Todo está dentro de ti. Tú eres la Fuente del Conocimiento. De eso es de lo que hablo. Estoy hablando de tu Conocimiento innato. Puede que seas un Maestro espiritual. Puedes haber leído miles de libros y haber alcanzado maestría sobre las palabras. Puedes ser un Maestro de las palabras espirituales, pero:

¿TE SIRVE?
¿TE AYUDARÁ CUANDO LLEGUE
EL MOMENTO DE DEJAR EL CUERPO?

P: No lo sé. He leído mucho, así que espero que sea así ¡Con los dedos cruzados!

Maharaj: Ahora es tu momento de averiguarlo ¡No lo dejes para cuando sea demasiado tarde! ¡Practica la Auto-indagación y averigua cuál es tu situación! ¡Punto! Aparta los libros. Ve hacia dentro. Lee tu propio libro.

P: ¡Lo sé, lo sé! ¡Lo haré! Lo haré más. Maharaj, la gente dice que la espiritualidad es contraria a la vida y cosas así porque hay una especie de alejamiento del mundo y una introspección ¿No? Miras hacia dentro cuando todo el mundo mira hacia fuera, no todos pero casi.

Maharaj: No hay dentro ni fuera ¡No hay ningún lado en absoluto! No es necesario hacer ningún esfuerzo deliberado por conocerte. No necesitas hacer un esfuerzo para conocerte. Es un acercamiento directo. Todo es Espontáneo.

Al principio, para alcanzar la Verdad Última, para tenerla, tienes que someterte a la disciplina de la meditación. No hay diferencia entre el Hablante Invisible y el Oyente Invisible.

TRAS LA CONVICCIÓN
HABRÁ UNA PAZ ABSOLUTA,
UNA PAZ COMPLETA.

Serás completamente libre. Entonces verás que:

MI PRESENCIA ESTÁ EN TODAS PARTES.
MI PRESENCIA ESTÁ EN TODOS LOS SERES.

¡Sé sencillo y humilde! Ten cuidado de cualquier alteración producida por la mente, el ego o el intelecto, con pensamientos tales como: "Pronto estaré Auto-realizado", o "Soy una persona iluminada". Ten cuidado de las dificultades que te acechan para hacerte regresar a la ilusión.

Nisargadatta Maharaj solía decir: "Cuando las circunstancias no deseadas aparecen en tu vida, te diriges hacia la Verdad Última". Por lo tanto veía que las dificultades y los desafíos eran de agradecer. Solía decir: "Invito a los entornos y las cosas incómodas. Si tengo suerte, podré celebrar todas esas dificultades".

P: Bueno, tuvo suerte de encontrar a Siddharameshwar Maharaj aunque un poco tarde.

Maharaj: Sólo pudo estar con Siddharameshwar Maharaj tres años, como mucho.

P: Por eso, tuvo suerte de conocerle antes…

Maharaj: Los fundamentos ya estaban en él, de modo que todo hizo clic en su sitio. Decir *hizo clic con el cuerpo* es correcto porque tenía un Conocimiento excepcional. Cuando escuchó los discursos de Siddharameshwar Maharaj, quedó tan enormemente impresionado que le aceptó total y completamente. Tenía una fe muy, muy grande en su Maestro. Tenía una fe tan grande en Siddharameshwar Maharaj, que decía: "Mi Maestro es la Realidad Última".

Más tarde, cuando los cultísimos extranjeros le hacían preguntas muy complicadas, él les respondía inmediatamente, de forma espontánea, sin ninguna dificultad. Respondía instantáneamente diciendo: "Sucede por la gracia de mi Maestro".

P: Asombroso, sí, absolutamente fantástico. Me refiero a lo que pasaba con los occidentales. ¿Era como si cualquiera pudiese venir y preguntar, sabe?

Maharaj: Maurice Frydman solía hacer preguntas muy complicadas porque había estudiado diferentes filosofías y disciplinas espirituales. Había estado con muchos Maestros, Ramana Maharshi, J. Krishnamurti y otros. Estaba muy impresionado por Nisargadatta Maharaj, y decía que tenía un Conocimiento excepcional.

P: ¿El Conocimiento del Maestro?

Maharaj: No encontrarás este Conocimiento en ningún libro. Los libros dan vueltas, te hacen dar vueltas y vueltas. Este es un Acercamiento Directo, Conocimiento Directo.

P: El propio Siddharameshwar Maharaj le daba todo el reconocimiento a Bhausaheb Maharaj ¿Por eso hay una conexión tan fuerte a lo largo de todo el linaje?

Maharaj: Siddharameshwar Maharaj tenía una fe fuerte y profunda en Bhausaheb Maharaj. Este Conocimiento es Espontáneo, no un saber de libros, es Conocimiento Espontáneo.

P: ¿Y la única diferencia es?

Maharaj: Claro, claro, las palabras son diferentes, la forma de hablar es diferente, pero el principio es el mismo: "No hay NADA MÁS que tu Ser sin ser. No hay Dios, ni *Brahman*, ni *Atman*, ni *Paramatman*, ni Maestro DISTINTOS de tu Ser sin ser. Tú eres la fuente. Todo está dentro de ti. El fuego está ahí aunque esté cubierto de cenizas. El Maestro retira las cenizas.

P: ¡Luego hay una explosión, *Boom*, un gran fuego!

Maharaj: ¡Sí! Es el proceso de fundirse, como el ejemplo que mencioné del cubo de agua con el mar. Si viertes un cubo de agua en el mar, no serás capaz de sacarla de nuevo porque se ha mezclado con el mar. Lo mismo sucede cuando lo Entiendes.

**CUANDO TE DAS CUENTA,
TU IDENTIDAD SEPARADA NO PERMANECE.
CUANDO TE DAS CUENTA,
LA IDENTIDAD SEPARADA,
SER UNA PERSONA,
NO PERDURA, SE DISUELVE. EN ESE MOMENTO,
EN ESA ETAPA CONCRETA,
OLVIDARÁS COMPLETAMENTE TU IDENTIDAD.**

Es tu Presencia. Está ahí. Tu Presencia y no la de alguien o algo. Sin desatender al cuerpo, sabrás. Sabrás de esta manera que:

**ESTOY VIVIENDO EN ESTA CASA [En el cuerpo],
ESTE ES MI LUGAR
DE RESIDENCIA TEMPORAL,
PERO YO SOY ETERNO.**

Empleando diferentes ángulos y dimensiones, el rol del Maestro es tratar de convencerte de tu Realidad. Tu rol es aceptar lo que el Maestro está tratando de transmitir, y también convencerte a ti mismo.

P: Quiero preguntar una cosa más, sobre la parte de los cantos devocionales denominada *Aarti*. Llegué tarde esta mañana y unas cuantas personas se alborotaron porque estaba a punto de cruzar al otro lado de la sala durante lo que parecía ser una parte importante del ritual.

Maharaj: En primer lugar, cuando se enciende el fuego y su significado, el ritual del *Aarti*, es una tradición, un concepto. La tradición dice que no se debe cruzar la línea que hay señalada en el centro de la sala, en el suelo, cuando el fuego está encendido, porque todas estas deidades, todas ellas, están presentes en ese momento de un modo muy, muy sutil. De modo que no has de molestarlas cruzando la línea. Como en los *bhajans* y la meditación, es un aspecto devocional, la concentración. Te estás recordando a ti mismo que eres la Verdad Última.

22. *Visita tu propio sitio web*

Maharaj: Sin la Presencia ¿Quién puede estudiar filosofía o espiritualidad, cientos de miles de palabras, la disciplina de *Brahman*, *Atman*, *Paramatman*, y el Maestro? ¡Nadie! ¿Cuándo encontraste todas esas palabras? ¿Para qué sirven? ¡Auto-indaga! ¡Busca! No sigas simplemente leyendo, leyendo y leyendo.

"¿Cómo eras antes de ser? ¿Qué sucederá contigo cuando la existencia se disuelva? ¿Quién quiere una vida pacífica y sin miedo?" Estas cuestiones han de ser aclaradas, y por eso te sometes a la disciplina del estudio filosófico, el conocimiento y el conocimiento espiritual. Has de profundizar más.

**HAS DE LLEGAR A LA RAÍZ MÁS PROFUNDA,
EN LUGAR DE PENSAR EN LAS CONSECUENCIAS.
VE A LA RAÍZ Y DESCUBRE POR QUÉ
ESTÁS LEYENDO
TANTOS LIBROS ESPIRITUALES.
VE A LA RAÍZ,
Y BUSCA POR QUÉ
ES NECESARIO TODO ESE CONOCIMIENTO ESPIRITUAL.**

El propósito del conocimiento es un propósito basado en el cuerpo. La necesidad de conocimiento está basada en el cuerpo, y ese conocimiento es sólo para el cuerpo. Ahora que sabes que no eres el cuerpo, entenderás que el propósito de todos los conocimientos y lecturas espirituales era simplemente llevarte a que te conozcas a ti mismo en un sentido real, llevarte a tu Identidad ¿Cuál es tu Identidad?

**TU IDENTIDAD ACTUAL ES LA IDENTIDAD
NO IDENTIFICADA.
TU IDENTIDAD ACTUAL NO ESTÁ IDENTIFICADA,
ES UNA IDENTIDAD NO IDENTIFICADA.**

Puede que te preguntes: "¿Para qué todas esas lecturas?" TÚ no te vas a encontrar en los libros. TÚ no estás en las palabras. Lo único que has de hacer es saber y aceptar que "Tú eres la Realidad Última". Todo está dentro de ti, así que:

CONÓCETE A TI MISMO Y QUÉDATE

DENTRO DEL SER SIN SER.
Conócete a ti mismo y quédate dentro del Ser sin ser.
MIRA EN TU INTERIOR.
LEE TU LIBRO. VISITA TU TEMPLO.
BUSCA EN TU PROPIO SITIO WEB.

El conocimiento espiritual te indica cuál es tu Verdad Última, pero no es la Verdad Última.

LA VERDAD ÚLTIMA ERES TÚ.

Has de tener esta Convicción. Eres anterior a cualquier otra cosa. El Conocimiento vino después. Antes del conocimiento estaba tu Presencia. Incluso para hablar de este Conocimiento, es necesaria tu Presencia. Tu presencia es Invisible y Anónima.

P: ¿Habla usted de un misterio o de algo que está más allá de la comprensión?

Maharaj: No es exactamente comprensión, es Realidad.

CUANDO ENTIENDES ALGO,
ESTÁ SEPARADO DE TI.
TÚ ERES LA REALIDAD.

Cuando ves una palabra como comprensión, es decir, cuando entiendes algo, recuerda que tu Presencia está detrás de todo. Estoy llamando la atención de esa Presencia Espontánea, a través de la cual hablas, a través de la cual el mundo es proyectado.

SIN TU PRESENCIA NO PUEDES DECIR
NI UNA SOLA PALABRA.
NO PUEDES HABLAR
DE NINGÚN CONOCIMIENTO ESPIRITUAL
NI DE NINGÚN MAESTRO ESPIRITUAL.

Te has convertido en víctima de las palabras. Como te dije antes, atribuimos significados a todas las palabras ¿Dónde estaba el alfabeto antes de ser? Estoy hablando sobre cómo eras antes de ser. No había confusión, ni conflicto, ni palabras, ni lenguaje, nada. Eras, pero no en forma visible. Estoy hablando de *Eso* que existía antes.

EL CONOCIMIENTO DE LIBROS
NO ES LA REALIDAD ÚLTIMA.
AHÍ FUERA HAY MILES Y MILES DE LIBROS
¿CUÁNTOS DE SUS LECTORES
SE HAN AUTO-REALIZADO?

Trato de simplificar el conocimiento a través de varios ejemplos.

P: Lo está logrando.

23. Nada en el mar, no en un charco

Maharaj: Todas las experiencias son etapas progresivas y no la Verdad Última. Cualquier cosa que sea experimentada, no es la Verdad Última.

¡MÍRATE!

Mira cómo eras antes de ser. La Verdad básica es que tú eres *Atman, Brahman, Paramatman*. Olvidaste tu Identidad.

Con la ayuda de la meditación, estamos llamando la atención de la Verdad Última, que ya está en ti pero cubierta por la forma corporal. Cuando al final aparezca la Realidad, será una experiencia excepcional: "Estoy en todas partes, Inmortal, Omnipresente". Después todos los conceptos se habrán desvanecido y no se atreverán a entrar en la vida espiritual.

P: ¿Así que será pura Presencia sin conceptos?

Maharaj: Correcto. Ni experiencia ni experimentador.

P: ¿Por qué las circunstancias externas todavía nos crean problemas?

Maharaj: Porque aún estás considerándote como la forma corporal. Las dificultades estarán ahí, déjalas venir y déjalas irse. Las cosas cambian, como en las películas. La pantalla es blanca, pero hay muchas cosas sucediendo en ella. Después te levantas y te vas del cine. Te has de convencer a ti mismo de esa manera. Simplemente te vas. Cualquier cosa que suceda en el circo, la Realidad no se altera por la actuación.

Te voy a martillear otra vez:

TODO LO EXTERNO APARECE SOBRE TU PRESENCIA ESPONTÁNEA.

Tu Presencia Espontánea está libre de conceptos. Antes de ser, no estaba lo externo, ni lo interno. El conocimiento relacionado con el cuerpo se ha de disolver. Esta es la base de la espiritualidad.

ACEPTA LA VERDAD DE QUE TÚ ERES LO ABSOLUTO, SIN DECIR UNA SOLA PALABRA.

P: Usted dice a menudo que el conocimiento literal no es suficiente.

Maharaj: El conocimiento literal es el que está conectado con las palabras, el conocimiento teórico. Todas vuestras preguntas están relacionadas con el conocimiento literal. La teoría y la práctica siempre difieren. Puedes entender la teoría que hay detrás de nadar, por lo tanto sabes cómo nadar, pero todavía no puedes hacerlo en la práctica.

Hay bibliotecas llenas de libros que te hablan del conocimiento espiritual. Te pueden indicar alguna verdad, pero:

**TIENES QUE IMPLICARTE
Y LANZARTE AL OCÉANO ESPIRITUAL.
SÓLO ENTONCES PODRÁS DECIR QUE ESTÁS NADANDO.**

Conocer las palabras es sólo conocimiento teórico.

Hay una historia sobre una imprenta, hecha en Alemania, que se estropeó en Bangalore (India). Distintos empleados e ingenieros trataron de arreglarla, sin éxito. No consiguieron ponerla en marcha. Al final llamaron a un simple empleado con poco conocimiento pero con sentido común. El empleado dijo: "¡Dadme un martillo!" Golpeó la máquina y dio una sacudida. Inmediatamente empezó a funcionar. Muchos ingenieros fueron incapaces de arreglar la máquina, pero un solo hombre, con experiencia práctica tuvo éxito ¡Eso es conocimiento práctico!

Los conocimientos literal y de libros, no son conocimiento práctico. Hay muchos Maestros que hablan sobre libros espirituales, *Vedanta*, etc., pero no tienen conocimiento práctico.

**CONOCIMIENTO PRÁCTICO SIGNIFICA
QUE TIENES LA CONVICCIÓN DE QUE
"NO SOY EL CUERPO".**

¡Conocimiento Práctico! La Convicción Espontánea no es una convicción literal. Igual que si vives como John. Si alguien escribe tu biografía, puede estar perfecta, pero a pesar de eso sólo tú vives la vida de John. O si alguien ve el Ashram de Nashik y escribe sobre lo que sabe de él, es muy diferente de tu día a día, de la experiencia práctica, de la vida práctica en el Ashram de Nashik ¡Los sabes! ¡Tienes conocimiento práctico! De lo que hablo es de conocimiento práctico y no de conocimiento de libros.

**POR AHORA ESTÁS DE PIE A LA ORILLA DEL MAR,
NO ESTÁS NADANDO EN
EL OCÉANO ESPIRITUAL DE VERDAD.**

24. *Plántate sobre tus propios pies*

Maharaj: Cuando te encuentres a un Maestro Realizado, te confirmará lo que ya has leído en los libros, y te dirá que el mundo es ilusorio. Te lo demostrará poniendo las pruebas delante de ti.

Hay dos tipos de despertar: físico y espiritual. El despertar físico es cuando el Espíritu hace clic con el cuerpo y ves el mundo. El despertar espiritual significa que desde el principio has estado bajo la influencia del mundo ilusorio.

Crees en el concepto de Dios como algún tipo de poder

sobrenatural que gobierna el mundo ¿Quién es Dios? ¿Qué es Dios? No lo sabes. Tienes una idea de Dios como alguien que está controlando el mundo, castigando el mal y bendiciendo el bien. No hay nada malo en ello, excepto que:

NO SABES QUIÉN ERES.
NO SABES QUIÉN ES DIOS.
ESTÁS VIVIENDO TU VIDA BAJO ESTA INFLUENCIA,
A VECES EN PAZ, A VECES DEPRIMIDO.
EN REALIDAD NO SABES LO QUE ESTÁ PASANDO.

Tan pronto como te encuentres a un Maestro Realizado, te iluminará diciendo: "Estás viviendo en un mundo ilusorio. El cuerpo no es tu identidad. Eres diferente de todo eso".

ERES EL MAESTRO DE MAESTROS.
ERES EL PADRE DE ESTE MUNDO.
ERES EL PADRE DE DIOS.
DIOS ES TU REFLEJO.

No sabes que tu existencia tiene este enorme poder. No eres consciente de tu Realidad y por eso estás desatendiendo tu Existencia Espontánea. Vives, bajo fuerzas e influencias ilusorias, como una persona deprimida e infeliz, que siempre está luchando, tratando de encontrar felicidad, paz y una vida sin miedo.

Cuando te encuentres a un Maestro Realizado, te martilleará con la Realidad, diciéndote una y otra vez que no tienes nada que ver con toda esta ilusión, porque eres no-nacido. Te estás midiendo en la forma corporal, y eso es ilusión. No eres el cuerpo, no eras el cuerpo y no vas a seguir siendo el cuerpo.

EL CUERPO ES EL MEDIO POR EL CUAL
PUEDES CONOCERTE A TI MISMO.
SIN EL CUERPO,
NO PUEDE HABER DESPERTAR.

Sin el cuerpo no hay existencia y por tanto no puedes conocerte a ti mismo. La combinación del cuerpo y el Espíritu, o Presencia, llámalo como quieras, es el catalizador.

ESTÁ CLARO QUE NO ERES EL CUERPO EN ABSOLUTO.
ESTA REALIDAD HA DE SER GRABADA.
HAS DE ESTAR CONVENCIDO DE ELLO.

Cuando esta Convicción Espontánea surja, sabrás que tu Identidad es Invisible y Anónima, y que cualquier miedo que tengas, se desvanecerá. No deberá haber miedo a la muerte porque sabrás que eres no-nacido, como el cielo. El cielo no tiene sentimientos, ni hermano ni hermana ¿Quiénes son Dios, el Maestro y el discípulo? ¿Quiénes son el marido y la mujer? Todas las relaciones están basadas en el cuerpo.

P: ¿A qué se refiere cuando habla del segundo despertar?
Maharaj: Son sólo palabras que utilizo para comunicarme ¡No las toméis literalmente! De hecho, no hay primer ni segundo despertar. El segundo despertar te da el Conocimiento, el primer despertar no existe. El primer despertar está conectado con el conocimiento relacionado con el cuerpo, el segundo está conectado con la vida espiritual.
P: ¿Podemos decir que antes de encontrar un Maestro, estábamos bajo las impresiones el mundo ilusorio?
Maharaj: Eso son conceptos. Cuando vas a ver al Maestro, el despertar sucede.

ESTE DESPERTAR TIENE LUGAR PORQUE ESTÁS RECIBIENDO CONOCIMIENTO, Y SE TE ESTÁN DANDO PERSPECTIVAS A TRAVÉS DE LAS CUALES PUEDES VER EL MUNDO. A LA LUZ DE ESTE CONOCIMIENTO, PUEDES VERTE A TI MISMO. "¡SÍ! ¡NO SOY EL CUERPO!"

El cuerpo es sólo un cuerpo material que atraviesa el proceso de infancia, juventud, vejez y fin. Si no soy el cuerpo, entonces soy no-nacido. El miedo al nacimiento y la muerte está conectado sólo con el cuerpo, como si fuese tu ropa. Si algo no está bien en la ropa, te la quitas. Siddharameshwar Maharaj solía decir que el cuerpo es tu parte externa, como un *dagla*...un abrigo grueso de lana. El cuerpo es un *dagla*.

El Conocimiento está en ti, como el fuego que está cubierto de cenizas, cubierto de conceptos. Mantén ardiendo la llama, el fuego espiritual. El *Naam Mantra* eliminará los conceptos de modo que el fuego brille intensamente.

SÉ FUERTE, TEN VALOR.

Tienes mucha fuerza interior, pero todavía te consideras dañado, incapacitado y necesitado de ayuda. Puedes caminar con tus dos piernas ¡Plántate sobre tus propios pies! Tienes que abandonar el hábito de sentirte siempre dependiente, de estar constantemente buscando asistencia externa y depender de los conceptos de Dios, *Atman*, *Brahman*.

P: Nisargadatta Maharaj dijo: "Reconoce lo falso como falso y el Conocimiento llegará".
Maharaj: Te hablaré del tema. Una noche, el Rey Janaka estaba dando vueltas en la cama, tuvo una pesadilla. Era un gran rey, pero esa noche soñó que era un mendigo en el bosque. Cuando se despertó estaba muy confuso. El sueño le dejó enormemente intrigado ¿Qué significaba? El rey quería saber: "¿Cuál es la Verdad? ¿Quién soy? ¿Soy un rey en su palacio gobernando su reino, o soy un mendigo perdido y hambriento

en el bosque?"

A fin de encontrar una respuesta, invitó a los eruditos de todas partes. El rey quería respuestas a sus preguntas, y anunció: "¡Quienquiera que responda satisfactoriamente a mis preguntas será recompensado con mi reino!" Y preguntó: "¿Es cierto esto, es cierto aquello? ¿El estado despierto o el estado de sueño?"

Nadie pudo dar con una respuesta. Al final, un joven llegó a la sala principal de palacio tras haber dejado atrás a los guardias que le impedían el paso. El joven tenía varias articulaciones deformadas, por lo que era llamado Ashtavakra [Ocho Curvas]. "¡Quiero responder a la pregunta!", gritó. Cuando los *sabios* leales del Palacio Real le vieron, empezaron a reírse y a hacer chistes burlones sobre sus deformidades. El Rey Janaka le dijo que avanzase y hablara.

Ashtavakra comenzó también a reír mientras recorría la asamblea con su mirada, y dijo: "¡Oh, Rey Janaka, estos son zapateros remendones! Creía que estaba en compañía de sabios, pero me doy cuenta de que sólo ven mi exterior, la piel".

El rey le preguntó: "¿Soy un mendigo o un rey?" Ashtavakra contestó: "Ninguno es verdadero. Ambos son ilusión. Si esto es verdad o aquello es verdad, entonces esto es también falso y aquello es igualmente falso".

¿Un mendigo o un rey? ¿Cuál es verdadero? ¿Es verdadero el sufrimiento o lo es la ausencia de sufrimiento? ¡Es una pregunta interesante! Hazte estas preguntas. Auto-indaga. Discrimina. Quédate con el Observador.

ANTES DE SER, ERAS DESCONOCIDO PARA TI MISMO. CUANDO EMPEZASTE A VER, CUANDO TUVISTE EL CUERPO, EMPEZASTE A SUFRIR.

La gente sufre, situaciones malas, situaciones buenas. Sin tu Presencia, no puedes ver el mundo. Directa o indirectamente, el mundo es tu Proyección Espontánea. Aquello que ha visto lo falso, no es falso. Y para ello, es necesario todo el Conocimiento espiritual.

25. *Batir, batir, batir*

Maharaj: Es muy sencillo. Tienes un poder enorme pero no eres consciente de ello. Al comenzar a practicar la meditación, el ego, el intelecto y la mente, lucharán contra el Mantra y patalearán. Pero después, si sigues con determinación, conquistarás la mente, comenzará a cambiar y aceptará que "Yo soy *Brahman*, *Brahman* soy Yo".

En pocas palabras, digiere lo que te he dicho. Estoy repitiendo lo mismo todo el tiempo. Estoy repitiendo, repitiendo y repitiendo todo el tiempo. Las palabras pueden ser diferentes pero el principio es el mismo.

En el momento en que las sensaciones corporales desaparecen, todo desaparece. En el momento en que las sensaciones corporales desaparecen, la existencia desaparece. Siempre y cuando la sensación de *Yo soy* esté ahí, el mundo estará ahí. El santo Kabir dijo: "En el momento en que *Yo* desaparezco, el mundo desaparece".

TODO LO QUE DECIMOS AQUÍ ES SÓLO ENTRETENIMIENTO.

El enfoque de Shankaracharya era también directo: "Decir *Yo* es ilusión, decir *Tú* es ilusión, decir *Brahman* es ilusión, el mundo es ilusión".

Tú no eres la forma corporal. Esta Convicción aparecerá espontáneamente en ti. Tú y yo tenemos que utilizar palabras para hablar de ello.

ME DIRIJO AL OYENTE,
EL OYENTE SILENCIOSO E INVISIBLE QUE HAY EN TI,
EL CUAL NO TIENE FORMA ALGUNA.

Ni hombre, ni mujer, nada, nada, así, *Yo* [El Maestro sostiene elevada su mano en un estado como de trance]. En la Última etapa, no habrá experiencia ni experimentador, ni testimonio ni testigo, nada. Debido al cuerpo nos vemos como "Soy alguien", hombre, mujer, *Brahman*, *Atman* y todos esos conceptos. Tenemos tantos conceptos a nuestro alrededor.

TÚ NO ERES NADA, NO ERAS NADA.
NO VAS A SEGUIR SIENDO ALGO.
SIN NADA, LO VES TODO.
NADA SE DISOLVERÁ EN NADA.

¿Quién es el testigo? ¿Quién atestigua? No hay experimentador.

ESTE ES UN CONOCIMIENTO EXCEPCIONAL Y RARO.
ES EL CONOCIMIENTO DEL OYENTE INVISIBLE.

Lo repito: Para establecer la Verdad, has de pasar por cierta disciplina.

LA VERDAD ESTÁ EN TI. LA VERDAD ESTÁ AHÍ.
HAS LLEGADO AL DESTINO.
SIMPLEMENTE OLVIDASTE TU VERDADERA IDENTIDAD BUSCANDO AQUÍ Y ALLÁ:
"¿DÓNDE ESTÁ MICHAEL, DÓNDE ESTÁ MICHAEL?"
TÚ ERES MICHAEL.

Has de enseñarte a ti mismo. Después de leer libros

espirituales y acercarte a varios Maestros, tienes un montón de conocimiento, pero:
HAS DE SABER QUE LA ESENCIA MAGISTRAL ESTÁ DENTRO DE TI.
LA ESENCIA MAGISTRAL ESTÁ EN TI.

Simplemente lo olvidaste. Como Nisargadatta Maharaj solía decir: "No te estoy haciendo discípulo, te estoy haciendo Maestro". Es muy fácil escuchar este Conocimiento, cualquiera puede hacerlo, pero es un poco difícil de absorber. Por eso se requiere una dedicación perfecta. Un compromiso parcial no se materializará en nada.
TIENES QUE DISTINGUIR AL SER SIN SER TOTAL Y PROFUNDAMENTE.

Algunas trazas de ego te crearán problemas. Un poco de ego te creará problemas pensando "Soy alguien". Tu experiencia de *Brahman* y de Dios es también ilusión. No hay experiencia. *Brahman*, Dios, etc., son sólo palabras pulidas que utilizamos en el discurso. Tú eres el Principio. Quédate con el principio expresado por Nisargadatta Maharaj, que dice:
NO HAY NADA APARTE DE TU SER SIN SER. EXCEPTO TU SER SIN SER, NO HAY DIOS, NI *BRAHMAN*, NI *ATMAN*, NI *PARAMATMAN*, NI MAESTRO.

26. *Poder Espontáneo*

P: He oído decir que algunas personas pasan veinte o treinta años con el Maestro. Yo estaré aquí sólo una semana ¿Tan beneficioso es estar tanto tiempo con el Maestro?
Maharaj: ¿Los veinte o treinta años de quién? Habla de ti solamente ¿Cuándo empezaste a contar los años? Empezamos a contar los años desde el momento en que el Espíritu hace clic con el cuerpo. El momento en el que vas a los Maestros, a los Maestros realizados, iluminados, es instantáneo. Habrá una Convicción instantánea.
P: Ayer estaba tan liado con un problema familiar que volví al mundo. Perdí mi desapego. No había separación con lo que estaba sucediendo y me enfadé conmigo mismo por volver a caer en el hoyo. Para colmo, tuve un dolor de cabeza enorme ¿Qué se puede hacer en estas circunstancias?
Maharaj: ¡Sé normal! ¡Ponte cómodo! ¡Ni te esfuerces ni te estreses! Lo que pasó o no pasó, se fue ¡No sigas cargando con ello! No pienses en ello. Todo sucede espontáneamente, por lo tanto, quédate tranquilo.

Quieres saber cómo comportarte. Las respuestas las encontrarás dentro de ti. Todas las preguntas surgen automáticamente en ti y serán automáticamente resueltas.

¡No pienses! ¡Sé normal! ¡Permanece en silencio!

¡NO PIENSES DEMASIADO! ¡OLVÍDALO!
¡TU PODER INTERNO CUIDARÁ DE TI!
TIENES UN PODER ENORME.

P: Usted dice que tenemos este poder asombroso ¿Puede ser utilizado de un modo físico? En caso contrario ¿Qué sentido tiene tenerlo? ¿Para qué lo necesitamos?

Maharaj: ¿Para qué necesitamos este poder si no podemos usarlo? Todavía te ves como el cuerpo.

EL CUERPO ES UN CUERPO MUERTO.

Todavía te consideras el cuerpo ¡No eres el cuerpo! ¡Eres el sustento del cuerpo! Haces estas preguntas desde la orientación y perspectiva de la forma corporal.

¿QUIÉN QUIERE PODER?
TÚ NO ERES EL CUERPO, ENTONCES
¿PARA QUÉ QUIERES USAR EL PODER?

No, no puedes utilizar el poder de esta manera. El poder del Maestro actúa automáticamente. No piensa en hacer que algo suceda con su poder. Si quieres usar este poder, significa que estás usando el ego y tomándote a ti mismo como un cuerpo.

Te he dicho que eso es ilusorio. El Maestro no piensa en hacer que algo suceda. Lo que ocurra, ocurrirá espontáneamente. Para los ojos del Maestro, todo es igual. No concede favores especiales a nadie.

EL MAESTRO NO USA ESE PODER.
SUCEDE POR SÍ MISMO,
POR DEVOCIÓN.

La Presencia del Maestro está en todas partes. Si uno de sus devotos se encuentra en dificultades, él estará ahí para cuidarle. El Maestro no se ve a sí mismo en la forma corporal. Ese es el atributo de la iluminación.

COMO ESPERAS ALGÚN PODER, SIGNIFICA QUE
TODAVÍA TE VES COMO UNA FORMA CORPORAL.

Consideras que el poder es algo distinto de ti. No es así. El sol tiene un enorme poder y brilla en todo el mundo. No debe haber ninguna expectativa de poder.

NO ESPERES NINGÚN PODER. NO ESPERES NADA.
EL CUERPO-MENTE SIEMPRE
ESTÁ TRATANDO DE ENGAÑARTE.
LOS PENSAMIENTOS VIENEN
Y CONSIGUEN DISTRAERTE DEL CAMINO CORRECTO.

El combate se está produciendo, has de tener completa fe en ti mismo y en el Maestro. No esperes algo así como tener poder. Ya está ahí ¡Permanece tranquilo y en silencio!

La gente le solía decir a Nisargadatta Maharaj: "Esto o aquello sucedió gracias a su poder". Él contestaba: "No tengo poder. El poder no es mío, es el de mi Maestro, es el poder de Siddharameshwar Maharaj". Del mismo modo, si el poder viene de tu devoción, no hagas mal uso de él ni te sientas orgulloso.

SI LO HACES, SERÁ TU RUINA, Y TU EGO SE HARÁ CON EL CONTROL DE TU CUERPO ESPIRITUAL.

Tienes que esforzarte para que el poder espiritual crezca. Si alguna vez eres seducido por algo que te atraiga, te hundirás. Cuando esto suceda, será muy difícil volver a salir a flote.

Un verdadero devoto no usará su poder, ni lo mostrará ni lo exhibirá. Dirá: "No es mi poder, es el de mi Maestro". Ese es el camino de la humildad, ya que no te consideras como la forma corporal. No seas víctima de la mente, el ego o el intelecto. La mente, el ego y el intelecto están siempre tratando de atacar al cuerpo espiritual.

27. La mente, flujo de pensamientos

P: Hoy me siento relajado y tranquilo, mucho mejor que ayer. A veces los pensamientos van más rápido de lo habitual.

Maharaj: ¡Bien! ¡Ignora los pensamientos, no luches! ¡Déjalos fluir! Simplemente, déjalos fluir ¡Observa! No prestes atención a los pensamientos. Sólo van y vienen, ir y venir. Tú no eres los pensamientos. Quédate detrás, como espectador y observa.

P: Ahora soy consciente del proceso del pensar. Me he dado cuenta. Pero me pregunto: "¿Quién se da cuenta y quién piensa?"

Maharaj: Tu Ser sin ser. Vienen de ti solamente y surgen espontáneamente. No eres los pensamientos, ni el proceso de pensar, ni el flujo de pensamientos. Todo se proyecta desde ti y sólo desde ti, de modo que no prestes atención al flujo.

Eres la Verdad Final, la Verdad Última. Esta es la Convicción. Te estoy mostrando el camino más corto a la Verdad Última, a la Verdad Final, a la Verdad Desnuda. No puedes entenderlo intelectualmente. Todo puede ser entendido intelectualmente, pero la comprensión intelectual no servirá para tu propósito. La Convicción ha de convertirse en Convicción total. Todos los conceptos, todo el conocimiento relacionado con el cuerpo, precisa ser disuelto.

Para establecer la Verdad Última, tienes que pasar por a la meditación, *bhajans*, y concentración para que el conocimiento relacionado con el cuerpo, que has tenido hasta hoy, ceda. Cuando varios pensamientos traten de presionarte, no les des cabida en tu atención porque tú estás detrás de ellos.

Tu Presencia Espontánea está ahí. No te limites a la forma corporal. Tu apariencia externa es como estas ropas ¡Permanece en silencio! Cumple con tus deberes habituales. No hay reglas estrictas ni a rajatabla. Mantén tu atención en TI y no en otros.

ESCÚCHATE A TI Y NO A OTROS.
ESCUCHA TU VOZ INTERIOR.
AHORA EL ESPÍRITU ESTÁ ABIERTO.
PERMANECE TRANQUILO Y EN SILENCIO.

Puedes ver que tu Identidad no Identificada está totalmente separada del mundo. Mediante palabras me dirijo, le hablo, a tu Identidad no Identificada. Tú eres la fuente de toda la fuerza y la energía.

NO BUSQUES PODER EN EL MUNDO,
YA QUE EL MUNDO ES UN REFLEJO
DE TU PODER Y ENERGÍA.
PUEDES VER ESTE SECRETO EVIDENTE.
ESTOY PONIENDO ANTE TI ESTE SECRETO EVIDENTE.
ES TUYO.

Por lo tanto, estás completamente separado del cuerpo. No hay mente, ni ego, ni intelecto. En la etapa final, el experimentador y todo lo experimentado se disolverán, junto con los miedos sobre *la muerte*. Eres fuerte, no te subestimes.

NO HAY NADIE EN EL MUNDO QUE TE DÉ
ESTE TIPO DE
CONOCIMIENTO VIVO Y DIRECTO.
DE LO QUE SEGUIRÁN HABLANDO
ES DE *BRAHMAN, ATMAN*.

La discusión espiritual árida no te dará felicidad ¡Sé práctico! Te estoy dando conocimiento práctico.

TE ESTOY LANZANDO AL MAR
Y ENSEÑÁNDOTE CÓMO NADAR,
NO SIMPLEMENTE HABLANDO DE ELLO.

Has de tener un poco de valor ¡Sé feliz! ¡Sé firme! No seas víctima de los pensamientos de nadie. Dondequiera que estés, sé fuerte con tu Verdad Última. No hay nada mal ni perdido en ti. No eres débil en absoluto. Eres perfecto.

NO ESTOY HACIENDO NADA.

TE MUESTRO LA VERDAD ÚLTIMA.
TE ESTOY TRANSFIRIENDO
EL MISMO CONOCIMIENTO QUE
MI MAESTRO COMPARTIÓ CONMIGO.

Él [Maharaj señalando a una imagen de Nisargadatta Maharaj] lo hace todo. Yo no hago nada. Sólo soy una marioneta, la de mi Maestro ¡Soy un esqueleto! Este es un cuerpo muerto. Yo no hago nada.

Tu vida espiritual tiene un valor muy elevado. No pierdas tu tiempo. El poder, el dinero o el sexo no te darán felicidad permanente. Ahora tienes que venir al sitio correcto. Tienes que ser intrépido sin reservas, de modo que cuando llegue el momento de dejar el cuerpo, digas: "Vamos ¡Soy feliz!" Estarás de buen humor cuando dejes el cuerpo.

P: ¿Sólo es posible morir mientras estás vivo?

Maharaj: La muerte sólo se refiere al cuerpo. No hay nacimiento ni muerte. Muerte y nacimiento presuponen una figura o forma. Algo ha de haber ahí para morir. Tú no tienes forma, ni figura.

NO HAY SINO UN DESTELLO DEL *YO SOY*
EN ESTE CUERPO, SÓLO UN DESTELLO.

Eres completamente invisible. Mira por un momento a un elefante, un gran elefante caminando. Si el Espíritu no estuviese ahí, sería necesaria una grúa para mover a un animal tan grande. El espíritu tiene un poder enorme, así que no hay que tener miedo de nada.

P: ¿Entonces todo lo que existe se debe sólo al Espíritu?

Maharaj: ¡Muy bien dicho! Si no hay Espíritu, ¿quién pude decir "Soy *Brahman*, *Atman*, Dios"?

TU PRESENCIA ESPONTÁNEA ES
ANTERIOR A TODO.

Cada día ves el mismo sol, la misma luna y la misma gente, pero antes de todo te ves a ti. En el momento en que te ves, ves el mundo. Si *El que Ve* desaparece del cuerpo, no habrá nadie para hablar sobre el mundo ni la mente, el ego, el intelecto, ni sobre los dioses ni diosas. Por la mañana, cuando te levantas ¿quién ve el mundo? Si no hay despertar por la mañana ¿quién va a decir que el mundo está ahí? Lo visto y las proyecciones *Del que Ve*, son falsas. Sólo *El que Ve* es verdadero.

Tu Presencia está en todas partes y toma fotografías allí donde vayas, como una cámara automática. La Presencia está ahí, veinticuatro horas al día, grabándolo todo. No sólo eso, sino que también fotografía tus sueños. Las imágenes de todas y cada una de tus acciones son capturadas. Esta grabación nunca se detiene.

El que Ve es esa Presencia Invisible tan sutil, más sutil que el espacio o el cielo. Estás más allá del cielo y el espacio porque puedes VERLOS ¿Quién graba estos vídeos? Hay alguna fuerza ahí, algún Espíritu al que llamamos Verdad Última, Verdad Final, *Brahman*, *Atman*, *Paramatman*, Dios.

El cuerpo no es más que un medio, un instrumento. Los ojos, por sí solos, no tienen poder para ver el mundo. Los oídos y la boca son sólo instrumentos.

¿QUIÉN HACE QUE LAS MANOS SE MUEVAN?
¿QUIÉN VE CON LOS OJOS?
INCLUSO CUANDO ESTÁS DURMIENDO,
PUEDES VER EL MUNDO.
INCLUSO CON LOS OJOS CERRADOS, PUEDES VER.
EN SUEÑOS PRUEBAS DIFERENTES COMIDAS
¿QUIÉN LAS SABOREA? ¿QUIÉN VE EL MUNDO
EN SUEÑOS?
NO LO SABES. ES TU PRESENCIA ESPONTÁNEA,
QUE ESTÁ EN TODAS PARTES.

Tu Existencia es Espontánea, Existencia Espontánea. Siempre te consideras en tu forma corporal, lo cual origina la confusión ¡Sal de esa ilusión!

28. ¡Sólo Tú eres! ¡Sólo Tú eres!

P: No soy un *jiva*, ni soy Shiva.
Maharaj: Son palabras ¿Quién dice "Soy" o "No soy"? No eres nada de eso.
P: Mi lengua lo dice...
Maharaj: Porque el cuerpo está ahí. Para decir "Tú eres" o "Yo soy", alguien está ahí.
P: No hay nadie ahí. Sólo estoy observando.
Maharaj: Shiva es el nombre que se le da a las cosas externas.
P: OK. No soy nada. No he de decir *jiva* o *Shiva*.
Maharaj: ¡No! Para decir "No soy nada", has de quitar tu ego.
P: Es sólo a fin de comunicarme. Al final lo entiendo. El *Yo* es falso y no existe.
Maharaj: ¡Muy bien! ¿Quién entiende eso? Has de tenerlo claro, ni eres Shiva ni eres *jiva*. Eres algo más que no puede ser definido.
P: ¿Así que no es posible hacer ningún esfuerzo deliberado?
Maharaj: Como te dije, lo que esté sucediendo debido al cuerpo hecho de alimentos ¡Comida para la vida!
P: ¿Con esfuerzo?

Maharaj: Sí, esfuerzo, pero sin ego. Por ejemplo, como si levanto esta taza de té ahora y luego la dejo. No te pares ni te quedes enganchado a las acciones. Todo es espontáneo. Sucede. Si encuentras pensamientos útiles, mantenlos, si no, no.

P: ¿Qué pasa si encuentro útiles algunos pensamientos espirituales?

Maharaj: OK ¡Úsalos! Pero sabiendo que esos pensamientos no son lo Último. Tu vida espiritual es completamente diferente de eso. Te dije que todo está detrás de los pensamientos, sean espirituales o no.

TU PRESENCIA ESTÁ DETRÁS DE TODO.
SIN TU PRESENCIA, NO PUEDES PENSAR.

No apuntes los pensamientos, digamos "He tenido este o ese pensamiento". Después de usar un pensamiento, olvídalo. Desde el momento en el que tenemos el cuerpo y tenemos los cinco elementos y las tres *gunas*, muchos pensamientos van a aparecer y fluir desde el interior.

El problema surge porque luchamos con los pensamientos: "Quiero sólo este pensamiento y no este otro". Sé un espectador en lugar de decir continuamente: "¿Por qué me vienen continuamente estos pensamientos?" ¡Déjalos estar! Es algo natural. Cuando estás sentado, por ejemplo en un centro comercial, pasa mucha gente por delante. No te interesas por ellos. Así que cuando sucede algo que no quieres que pase, le prestas demasiada atención ¡Olvídalo!

Los pensamientos necesitan alguna energía para fluir. Sin energía, no habrá luz. Es necesaria la electricidad. Del mismo modo, este poder o energía está detrás de todo. Desde esta energía, se proyecta algo, se refleja algo.

NOS ENFOCAMOS Y PENSAMOS EN LO PROYECTADO,
EN LUGAR DE EN EL PROYECTOR.
QUÉDATE EN LA RAÍZ,
EN LA CAUSA PRINCIPAL
DESDE LA CUAL SURGE LO PROYECTADO.

Cuando te conozcas a ti mismo, sabrás que eres lo primario y que todo lo demás es secundario.

TÚ ERES LO PRIMARIO
TÚ ERES EL PRINCIPIO.

Usa tu cuerpo para la rutina diaria. Ayer tuvimos una comida, hoy no nos acordamos. Esta mañana hemos tomado té. No pienses en toda la preparación, en cómo se hizo el té ¡Te lo tomas y ya está!

En tu vida diaria, trabaja, pero no hagas una grabación de ello ni lo imprimas en tu interior. Imprimirlo en ti causa irritación. A la vez, no vivas como un mendigo, aprende algo, haz algo con tu vida. Seguir ciegamente la espiritualidad no tiene sentido, "¡Oh, soy una persona espiritual! ¿Cómo voy a ponerme a trabajar?" Para vivir necesitas trabajar. Si simplemente te sientas y dices "Yo soy *Brahman*" ¿de qué sirve? ¿Quién te alimentará si no tienes dinero? Ese no es el camino. Vive la vida de forma práctica, y al mismo tiempo, conócete a ti mismo en un sentido real.

HAS DE ESTAR EN CONTACTO CON TU SER SIN SER TODO EL TIEMPO.

Este es el propósito que subyace en los *bhajans*. Bhausaheb Maharaj decía que cantar regularmente las canciones devocionales te mantiene unido a ti mismo, en contacto con el Ser sin ser. De este modo, la así llamada *maya* no se atreverá a atacarte.

P: Cuando viene mucha gente a estos días de celebración, me siento molesto. Siento alguna molestia. Cuanta más gente, más distracción. Aunque al final la vibración es muy intensa. Si hay poca gente, la vibración es débil.

Maharaj: No hay vibraciones fuertes ni débiles, sólo hay vibraciones. Todas proceden de ti y tú las denominas *fuerte* o *débil*. Tu Presencia está detrás de las vibraciones. Es por esa Presencia que cuando estás más y más cerca, la llama es más brillante. Cuando estés cerca del Ser sin ser, lo sentirás intensamente. Esto son sólo palabras que utilizo para transmitir información.

Cuando estés cerca del Ser sin ser, habrá una felicidad excepcional y un excepcional silencio. En esa etapa no habrá preguntas, sólo una paz excepcional; no sentirás el cuerpo, ni la mente, ni el ego, nada, nada en absoluto.

SÓLO TÚ ERES.
SÓLO TÚ ERES.

Excepto tú mismo, no hay nada ahí, "Sólo Yo". No quedará envoltura de ningún tipo.

Ahora todavía quedan algunas capas: la mente es una capa, el intelecto es otra y el ego otra. Hay muchas capas.

CUANDO PROFUNDICES, VERÁS ESTA ENERGÍA PODEROSA Y ARDIENTE.

No estás separado de la energía, pero a causa del cuerpo, parece que haya una separación. Cuando estés más y más cerca, en ese momento, en ese particular momento, habrá un silencio excepcional.

P: Está describiendo el estado de *samadhi*.

Maharaj: No es *samadhi*, está más allá del *samadhi*. Con el *samadhi* todavía hay experiencia. Estás experimentando el *samadhi* diciendo: "Tengo un buen *samadhi*". Recuerda una vez más que *samadhi* es sólo una palabra. No te dejes atrapar por ella.

Este *estado*, en el que eres desconocido para ti mismo, al que llamas *samadhi*, es momentáneo. A lo que yo me refiero es algo duradero. No hay apego al mundo en el cual dices "Soy un hombre".

En la etapa Última, el Espíritu actúa espontáneamente, no dice "Soy *Brahman*". Con la meditación, tu Realidad se imprime en ti y crece, y llega a: "¡Eso soy Yo!"

**SAMADHI QUIERE DECIR EL MODO EN QUE ERAS ANTES DE SER.
EN ESE *ESTADO* PREVIO A SER,
NO HAY EXPERIENCIA.**

"No soy el cuerpo, no soy la mente, no soy el ego, ni el intelecto. No soy nada". Esta será tu Realidad. Sabrás que el mundo es tu proyección. Antes pensaba que estaba en el mundo, ahora, tras la realización:

"SÉ QUE EL MUNDO ESTÁ DENTRO DE MÍ"

De modo que no te midas en la forma corporal, con mente, ego e intelecto. Tu Presencia está ahí. Estoy llamando la atención de esa Presencia, en la que no hay ni testimonio ni testigo.

**LO QUE QUEDA ES ALGO EXCEPCIONAL
E INDESCRIPTIBLE.
EN LA ETAPA ÚLTIMA, UNO NO PUEDE
EXPERIMENTARSE A SÍ MISMO.**

Aunque estés viviendo en el mundo, estarás despreocupado de él, como si estuvieses actuando. Será como actuar en un sueño y ver los sueños pasar. Tu Maestro Interior es tu Maestro. Cuando estés más y más cerca de tu Ser sin ser, vendrán las instrucciones de tu Maestro interno debido a tu fuerte convicción en el Maestro externo.

Tendrá lugar un diálogo con tu Maestro Interno, que se denomina Auto-devoción. Mediante este diálogo, te enseñarás a ti mismo y serás tu propio Maestro. Esto es lo que Nisargadatta Maharaj quería decir con: "Excepto tu Ser sin ser, no hay Dios…", por lo tanto, quédate tranquilo.

29. *Limpia tu casa*

Maharaj: Para decir "Estoy realizado", para decir "Estoy iluminado", has de tener ego. Pero tu Presencia es Espontánea, no hay testigo ni palabras ni mundo. P-a-l-a-b-r-a-s   y   m-u-n-d-o. Ni mundo ni palabras. Cuando todas las preguntas se absorben y se responden en tu interior, estás tranquilo y en silencio, sin ansiedad ni tentación.

¿Dónde quieres ir y por qué? Donde vayas el cielo será el mismo. Si vas a América, India o China, el cielo es el mismo. En ningún sitio encontrarás otro cielo ¿Es diferente el cielo americano del australiano? ¿Dónde irás para encontrar el cielo? E igualmente ¿dónde irás para encontrar a *Brahman*? La gente va a este Maestro, ese Maestro, aquél, el otro, van al Himalaya y todo eso. Todo ello es un gasto innecesario de tiempo, porque todo está dentro de ti, lo cual estás ignorando. No estás prestando atención a tu Ser sin ser. Repetidamente llamo la atención al Oyente Invisible sobre que eres la Verdad Última.

LA VERDAD ÚLTIMA NO ESTÁ IMPRESA EN TI PORQUE LOS CONCEPTOS ILUSORIOS ABARROTAN TU INTERIOR.

La importancia de la Verdad Última ha sido eclipsada por *lakhs* de conceptos.

LA REALIDAD HA SIDO DESPLAZADA.

Os voy a contar una historia real sólo para ilustrarlo: Yo solía ir al Bombay National Park a pasear por las mañanas, y a veces me paraba a hablar con un amigo que era el dueño de un gran inmueble en Pune. En aquella época no estaba casado y no necesitaba todas las habitaciones, así que le dijo a un amigo: "Puedes quedarte aquí, en la planta baja, no hay problema, hay mucho sitio". De modo que su amigo vivía en la planta baja y él en el primer piso.

Más tarde mi amigo se casó, tuvo hijos, etc., todo ello en un período de veinte años. Llegó un momento en que se dio cuenta que necesitaba más espacio, y le dijo a su amigo: "Por favor, vete y busca otro sitio. Te daré algún dinero. Las dependencias que tengo ahora no son suficientemente grandes para mí y mi familia. El inquilino era reacio a irse y decía: "¿Cómo que he de irme? No puedo. Tengo derechos de inquilino. No me voy a marchar". El dueño se lo pidió cortésmente, pero aún así, su amigo rechazaba irse.

En consecuencia, mi amigo del parque, estaba siempre con el ánimo deprimido. Cuando iba a dar su paseo matinal, sus amigos le preguntaban por qué estaba tan alterado. Después de contarles la historia, le preguntaban sobre el inquilino amigo suyo, si era de la casta *Brahmin*, si comía carne o no, etc. "No, no, es estrictamente vegetariano".

Uno de ellos sugirió que cogiera un pescado seco y maloliente. En aquella época había un gran depósito de agua caliente y un hornillo cerca del apartamento de la planta baja. Todo el mundo iba allí a calentar agua y a atizar el fuego con leña seca. Siguió el consejo de sus amigos y puso un kilo de pescado seco en el hornillo cuando el agua estaba hirviendo. El inquilino no pudo soportar el olor. Se enfadó mucho y ¡en una semana se marchó!

Esta historia demuestra lo difícil que es librarse de los inquilinos no deseados. Son reacios a irse.

SI ERES EDUCADO NO SE MARCHARÁN. TENDRÁS QUE FORZAR UN POCO LA SITUACIÓN.

La mente, el ego y el intelecto son los inquilinos ilusorios. A fin de echarlos, necesitas la ayuda de otra ilusión. Nos ayudamos de la meditación, los *bhajans* y el Conocimiento para crear un entorno inaguantable para los inquilinos no deseados.

Estos *inquilinos* abusarán de ti hasta que se vayan. Algunos pensamientos depresivos seguirán rondando, como el pescado maloliente. Cuando limpies tu casa habrá malos olores, pero después la casa estará perfectamente limpia.

Es una casa grande. El cuerpo es una casa grande, con miles de conceptos. La única manera de quitarlos es con la meditación, el Conocimiento y los *bhajans*. Después de meditar todo se habrá deshecho: el ego, el intelecto y la mente –todos esos conceptos. Estarás completamente libre de conceptos. Estoy tratando de simplificarlo, como harías tú con un niño. Cuando recuerdes esta historia, dirás: "Ah sí, lo que está pasando es debido al proceso de limpieza".

Hasta que todas las dependencias estén libres, debes ser serio y tener determinación. El huésped no deseado está ahí, de modo que has de seguir limpiando la casa. Después será automático. Tendrás algunas dificultades al principio, vendrán pensamientos negativos, pero es una parte necesaria del proceso de limpieza. A menos que todo el lugar sea limpiado, no serás capaz de hacer algo.

SI TU PIZARRA ESTÁ COMPLETAMENTE LLENA, NO PODRÁS ESCRIBIR NI UNA SOLA PALABRA NUEVA.

Los *bhajans*, te mantienen en alerta creando una vibración en tu interior. Esta vibración ahuyenta las cosas desagradables e indeseadas, haciéndolas desaparecer ¡El ladrón es disuadido!

Es muy simple, olvídate de la espiritualidad. Supón que estás soplando algo en casa, una trompeta o un instrumento de viento. Eso alertará al ladrón. Sabrá que hay alguien dentro. Se lo pensará dos veces antes de entrar. Incluso si está en la puerta de atrás, se dará cuenta de tu presencia y no se atreverá a entrar. Del mismo modo, los *bhajans*, la meditación y el Conocimiento están avisando constantemente de que la Presencia está ahí, por lo que ningún pensamiento equivocado o ilusorio intentará entrar.

P: Mi mente está muy activa con los pensamientos dando vueltas aquí, allí y en todas partes. Obviamente no es bueno.

Maharaj: Sigues hablando de "Mi mente" ¡"Mi mente" ha de ser borrada! Desaparecerá. No hay mente, ni ego, ni intelecto, ni Yo. Son sólo pensamientos relacionados con el cuerpo. *Yo*, mente, *maya*, ilusión, *karma*, *parmartha*. Todas esas palabras y significados pertenecen al círculo del conocimiento relacionado con el cuerpo, y te mantienen dentro del círculo.

**ANTES DEL CONOCIMIENTO
RELACIONADO CON EL CUERPO,
NO HABÍA NADA.
CUALQUIER CONOCIMIENTO QUE AHORA TENGAS,
DESAPARECERÁ CUANDO DESAPAREZCA EL CUERPO.
¿PARA QUÉ SIRVE ENTONCES SI AL FINAL
TODO VA A DESAPARECER?**

P: ¿Necesitamos la mente, el ego y el intelecto para funcionar? ¿Cómo puedo no utilizar la mente?

Maharaj: Puedes utilizar la mente, pero úsala como si fuese salsa vinagreta... ¿Sabes lo que es? Cuando la usas, lo haces con moderación, no siempre.

P: OK ¡Lo he pillado!

Maharaj: Es como cuando tienes la compañía equivocada. Estás mal acompañado con el ego, con la mente y con el intelecto. No sigas en su compañía. Estás manteniendo las malas compañías. Como padre, puedes decirle a tu hijo: "No vayas con malas compañías, esto y aquello, ese chico, es un mal chico". Eso es lo que le enseñas a tu hijo. Guías a tu hijo mediante una psicología sencilla que él puede desarrollar luego.

Del mismo modo, el Maestro te habla de la mente, el ego y el intelecto, como si fuesen niños traviesos, elementos traviesos. Dices: "Mi mente, mi ego, mi intelecto", pero ¿quién lo está diciendo? ¿Quién lo dice?

**CUANDO DICES "MI MENTE",
SIGNIFICA QUE TÚ NO ERES LA MENTE.
MI MANO, MI PIERNA, ETC.
SIGNIFICA QUE ESTÁS SEPARADO DE ESO
MI NO ES *YO*, DICE EL MAESTRO.
MI NO ES *YO*.**

¿Por qué ser esclavo de la mente, el ego y el intelecto? Ellos son tus bebés. Les has traído al mundo. Les proporcionas alimento. Les suministras energía, y sin embargo, les temes ¿Por qué?

**MENTE, EGO, INTELECTO.
DEJA DE ALIMENTARLOS,
DEJA DE SUMINISTRARLES ENERGÍA
Y CRECERÁN MUDOS.
ESTARÁN EN SILENCIO.**

P: Mi mente está siempre muy activa, muy ocupada. No sé cómo parar la aceleración de mi mente.

Maharaj: Necesitas limpiar tu casa, hacer una buena limpieza. Coge la escoba del Conocimiento y pulveriza con algún limpiador bactericida sobre los gérmenes.

Somos víctimas de nuestros pensamientos porque los aceptamos a ciegas. "¡Oh! Estoy deprimido, soy infeliz, estoy de mal humor, así que dejadme solo, dejadme solo" ¿Por qué? Porque:

**DIRECTA O INDIRECTAMENTE,
CUANDO UN PENSAMIENTO APARECE EN EL CUERPO,
LO ACEPTAS.**

El resultado de aceptar indiscriminadamente los pensamientos, es que todo tu cuerpo físico, todo tu cuerpo mental y todo tu cuerpo espiritual, se ven afectados. Después viene la confusión, el conflicto, y tú estás cada vez más inquieto y agitado ¿Por qué? Porque a pesar de saber que no tienes nada que ver con todos esos pensamientos y que, de hecho, estás separado de ellos, queda algún ego sutil.

**EL EGO SUTIL ESTÁ TODAVÍA AHÍ,
SINTIENDO TODAVÍA QUE
"SOY ALGUIEN,
SOY ALGUIEN DISTINTO".
DESPUÉS, CON EL EGO SUTIL,
LOS PENSAMIENTOS SON ACEPTADOS
SIN TU CONOCIMIENTO.**

Un ejemplo muy sencillo. Digamos que un perro está ahí fuera ladrando. El ladrido es insoportable. El efecto es instantáneo, no te gusta. Sales, coges unas cuantas piedras y se las tiras al perro. Eso significa que los ladridos han sido aceptados y te resultan molestos. A pesar de todo, ladrar es la naturaleza del perro. Sin embargo, le prestas atención y piensas: "¿Oh, por qué ladra y me molesta tanto?"

**EN ESE MOMENTO, NACE EL EGO SUTIL.
TU MENTE ESTÁ LADRANDO,
TU MENTE ESTÁ LADRANDO
PORQUE LE PRESTAS ATENCIÓN AL PERRO QUE LADRA.**

P: ¿Entonces qué hago, no le presto atención a los pensamientos, o los acepto?

Maharaj: Si no los aceptas, no te crearán problemas, no te afectarán. Tienes que motivarte. Tienes que motivarte de esta manera:

**"SOLÍA PENSAR QUE YO ERA EL CUERPO.
AHORA SÉ QUE NO ERA EL CUERPO,
Y QUE NO VOY A SEGUIR SIENDO EL CUERPO,
QUE MI CUERPO NO ES MI IDENTIDAD.
POR LO TANTO, NO TENGO NADA QUE VER
CON ESTA PERSONALIDAD.
NO ESTOY PREOCUPADO POR EL MUNDO".**

¡Olvídate de todo lo basado en el cuerpo! ¡Olvídate de todo lo basado en el cuerpo!

TU PRESENCIA ESTABA AHÍ

ANTES DE EXISTIR EL CUERPO.
PERO ERA INVISIBLE, ANÓNIMA,
NO IDENTIFICADA,
POR LO TANTO ERES DESCONOCIDO.

Empezaste a limitar la vida cuando el Espíritu hizo clic con el cuerpo. Cuando tuviste el cuerpo, empezaste a pensar cosas como: "Mi edad es esta o aquella. Soy una mujer, nací en 1975 y por tanto tengo cuarenta años. Mi edad es cuarenta años". En el momento en que el Espíritu hizo clic con el cuerpo, empezaste a contar los años, pero antes de eso tu Presencia estaba ahí. Suelta el cuerpo, suelta la forma corporal.

NO ERES UNA MUJER.
NO ERES *SITA*, LA QUE TIENE CUARENTA AÑOS.
¡NO! ERES NO-NACIDA.

30. *La meditación es el antivirus contra la ilusión crónica*

P: ¿Cómo controlar la mente? ¿Cómo puedo ignorar la actividad mental? No parece posible.
Maharaj: Cualquier cosa es posible. Para casos como el tuyo, para tratar casos de ilusión crónica, el Maestro prescribe la medicina de la Meditación. La meditación es el software antivirus. La meditación es la base para limpiar el terreno, para despejarlo de los pensamientos ilusorios. Meditación significa concentración completa.

MEDITACIÓN SIGNIFICA CONCENTRACIÓN COMPLETA.
EL MANTRA ES UN INSTRUMENTO, UNA HERRAMIENTA.
MIENTRAS USAS EL MANTRA,
HACES PARTICIPAR A LA MENTE,
Y AL MISMO TIEMPO,
TU ESPÍRITU FLUYE EN TU INTERIOR
CON EL CONOCIMIENTO, CON LA REALIDAD.

P: ¿Qué sucede cuando haces participar a la mente y recitas el mantra?
Maharaj:
LA ACTIVIDAD MENTAL SE DETIENE,
LA ACTIVIDAD INTELECTUAL SE DETIENE,
LA ACTIVIDAD DEL EGO SE DETIENE
ESPONTÁNEAMENTE
CUANDO CONECTA CON EL MANTRA.

En la actualidad, todos tienen ordenadores y portátiles. Todos se infectan con algún virus informático tarde o temprano. Para solucionarlo necesitamos un programa antivirus. Del mismo modo, a menos que tus virus sean completamente eliminados, disueltos, la Realidad Última no se realizará.

P: ¿Cómo podemos quitarnos años y años, capas y capas de ilusión? Parece una tarea imposible.

Maharaj:
¡NADA ES IMPOSIBLE!

La meditación tiene un efecto en el cuerpo espiritual. El Espíritu es muy sensible y ha absorbido muchas impresiones. Cualquier cosa que se imprima en él, es inmediatamente reflejada. Desde la infancia, el Espíritu se ha considerado a sí mismo como la forma corporal: "Soy alguien, he nacido, voy a morir". Después están todas las impresiones y condicionamientos, aquellos con los que hemos sido educados, el entorno, las tradiciones, la conducta, la cultura, las buenas acciones, las malas acciones, *prarabdha*, *karma*, renacimiento, cielo, infierno, y los demás conceptos.

Hemos firmado en blanco y aceptado todo sin cuestionárlo.
ESTOS CONCEPTOS SE DISOLVERÁN CON LA MEDITACIÓN.
A TRAVÉS DE LA MEDITACIÓN, REGENERAS TU PODER,
Y REFRESCAS TU RECUERDO DE LA VERDAD ÚLTIMA.

P: ¡Eso suena maravilloso, casi milagroso!

Maharaj: [Sonríe] ¡Recuerda! No entiendas mis palabras de modo literal. Olvidaste la Verdad Última y abrazaste al cuerpo, y debido a los conceptos ilusorios, estás viviendo como el cuerpo, bajo la presión de una gran cantidad de conceptos ilusorios desde la infancia hasta hoy.

No sólo eso, sino que estás también sometida al miedo y la ansiedad que le acompaña, como "¿Qué pasa si me ocurre algo? ¿Qué pasa si fulano muere mañana? ¿Qué pasará en el futuro? ¿Qué está pasando ahora? ¿Qué ocurrió en el pasado? Si sólo esto..., si sólo aquello..., etc. Estás siempre preocupándote por una u otra cosa. Por eso es necesaria la meditación, para disolver todo ese equipaje ilusorio.

P: Estoy escuchando lo que dice, pero al mismo tiempo me pregunto si la meditación es realmente necesaria si uno lee y estudia mucho, como hago yo.

Maharaj: Leer libros y estudiar no es suficiente ¿Quién está leyendo? ¿Quién está estudiando?
LEER LIBROS NO ES SUFICIENTE.

ESTUDIAR NO ES SUFICIENTE.
¿QUIÉN ESTÁ LEYENDO?
¿QUIÉN ESTÁ ESTUDIANDO?

La gente está siempre en movimiento, visitando lugares sagrados, yendo de aquí para allá ¿Por qué?

VISITA TU PROPIO SITIO WEB, NO EL DE OTROS.
PRIMERO LIMPIA TU CASA.

P: Nunca he sido muy buena meditando. Cuando oigo la palabra, mi atención se dispersa. Siempre acabo abandonando. No parece que yo sea capaz de concentrarme durante mucho rato.

Maharaj: Lo primero es la concentración. Es esencial concentrarse con una implicación total. Este Conocimiento, esta Realidad, sólo se te abrirán con la ayuda de la meditación. Es la *Llave Maestra* para entrar en la casa del Auto-conocimiento. La Llave Maestra abrirá la puerta del Auto-conocimiento.

P: ¿Cómo he de meditar?

Maharaj: Lo más importante es el *Naam Mantra*. Si no tienes el *Naam Mantra*, usa otro mantra o el nombre de una deidad en la que creas y concéntrate en eso. Es necesario concentrarse completamente. Por ejemplo: "Yo soy *Brahman, Brahman* soy Yo" o "*Aham Brahmasmi*".

P: ¿Qué es el *Naam Mantra*?

Maharaj: En nuestro linaje se dan algunas palabras sagradas para meditar. El *Naam Mantra* es la Llave Maestra. Por eso el Maestro Sri Bhausaheb Maharaj, fundador del Inchegiri Navnath Sampradaya, insistió en que los principiantes debían primero someterse a la práctica de la meditación. Después de un tiempo meditando, la práctica se vuelve espontánea. Tómate dos horas al día para ti misma.

Debido a que el Espíritu es muy sensible, es receptivo a las vibraciones del *Naam Mantra*, y lo absorbe como una esponja. Al principio necesitas hacer algún esfuerzo para recitarlo, porque el ego se resistirá. Al principio saldrán problemas a la superficie, de modo que tendrás que luchar para mantener el Mantra activo. Pero al final se mantendrá de forma automática.

EL SIGNIFICADO DEL *NAAM MANTRA* ES:
"YO SOY *BRAHMAN, BRAHMAN* SOY YO".

La meditación es un proceso, un proceso de corrección que actúa como un recordatorio de quién somos realmente. A través de la eliminación de las capas de ilusión que hemos ido acumulando desde la infancia hasta hoy, el Espíritu se regenera. Las palabras utilizadas en la meditación, el significado del Mantra es, como he dicho: "Yo soy *Brahman, Brahman* soy Yo". Estamos martilleando estas palabras en tu interior, en tu Realidad interior, hasta que las aceptes.

P: Usted estaba diciendo que el ego tratará de resistirse a los efectos de la práctica ¿Se debe a que el ego piensa que es el jefe y no quiere ser destronado?

Maharaj: El ego no conoce nada mejor.

P: Usted habló sobre la ilusión ¿La meditación no es también una ilusión?

Maharaj: Sí, la meditación es también ilusión, todo es ilusión, pero debemos utilizar un clavo para sacar otro clavo. En la etapa avanzada, no habrá necesidad de meditar, de modo que podrás olvidarte de eso, pero al principio, para disolver y eliminar la ilusión, necesitas la ayuda de otra ilusión.

**A TRAVÉS DE LA MEDITACIÓN,
REFRESCAS TU IDENTIDAD.
HAS OLVIDADO TU IDENTIDAD,
POR LO QUE TIENES QUE REGENERAR TU PODER
RECORDÁNDOTE TU VERDADERA IDENTIDAD,
QUE ES INVISIBLE, NO IDENTIFICADA.**

31. *Mi Presencia está en todas partes*

Maharaj: Bhausaheb Maharaj, el fundador del Linaje, era un Arquitecto Espiritual. En lo que a la meditación se refiere, previó y planificó todo lo que pudiera suceder en ella. Comprendió que un poco cada vez es todo lo que se necesita para digerir el conocimiento, igual que una madre alimenta a su hijo. El gorrión alimenta a sus polluelos un poco cada vez, para que crezcan fuertes. Si les atiborrase de comida, de un solo golpe, no serían capaces de digerirla.

En la actualidad, no tienes que dejar tu casa para buscar conocimiento espiritual. Tampoco has de aprender en un entorno apartado. Antes había muchas restricciones, pero ahora hay libertad en la espiritualidad. Eres muy afortunado por tenerlo tan fácil ¡Sé serio y medita! La meditación es necesaria hasta que encuentras tu cuerpo espiritual.

P: ¿Cuánto tiempo durará eso?

Maharaj: ¿Cuánto? ¿Por qué dices "Cuánto"? El tiempo no existe. Después de una concentración continua, llegarás a saber: "Oh, no tengo nada que ver con el cuerpo. Yo no era el cuerpo, soy no-nacido".

**EL CUERPO VA Y VIENE.
EL CUERPO TIENE EL FACTOR DE LA EDAD Y
LIMITACIONES DE TIEMPO.
PARA "MÍ" NO HAY LIMITACIONES DE TIEMPO.**

ESTOY EN TODAS PARTES.
MI PRESENCIA ES OMNIPRESENTE.

P: ¿Sucede con rapidez?
Maharaj: ¡Instantáneamente! Depende de ti. No luches con la mente. Los pensamientos vienen y van. Acepta los que quieres y rechaza los que no quieres. Tienes pensamientos buenos y malos.

DESPUÉS DE UN TIEMPO, TODOS LOS PENSAMIENTOS
SERÁN BUENOS.

P: Probaré y veré cómo va.
Maharaj: Este "veré cómo va", esta espiritualidad casual, no funciona. Para tener la perfección hemos de tener una base perfecta, y para ello necesitamos la meditación. Mediante la meditación, olvidarás tu Identidad externa e interna, y sabrás:

¡SÍ! ESTA ES MI VERDAD ÚLTIMA,
MI PRESENCIA INVISIBLE Y ESPONTÁNEA
PROYECTA EL MUNDO.
ANTES DE SER NO ERA CONSCIENTE EN ABSOLUTO.

P: Suena impresionante, pero todavía pienso que se tarda en saber, en conocer de verdad la Realidad.
Maharaj: Le prestas demasiada atención a los pensamientos ¡Escucha al Maestro! Acepta lo que el Maestro dice sobre ti.

¡ESCUCHA TU HISTORIA!
ACEPTA LA REALIDAD - TU REALIDAD.
TÚ ERES LO DEFINITIVO, ERES LA VERDAD FINAL.
EL MAESTRO DICE QUE TÚ ERES LA VERDAD ÚLTIMA,
LA VERDAD FINAL.

Como ya dije, la meditación es como un software antivirus. Mediante este proceso de meditación, todo será clarificado, limpiado, eliminado. Llegarás al Estado sin Estado, a la Realidad sin Pensamientos.

P: ¿Tengo que sentarme en la posición del loto? Yo no puedo ponerme así. Podía cuando era joven, pero no ahora.
Maharaj: No pasa nada. Si el cuerpo o la edad no te permiten sentarte en la postura de meditación, está bien. Lo importante es la concentración.

P: ¿Entonces el propósito de la meditación es concentrarse?
Maharaj:
TÚ NO ERAS EL CUERPO. NO ERES EL CUERPO.
NO VAS A SEGUIR SIENDO EL CUERPO.
EL CUERPO NO ES TU IDENTIDAD.
LO QUE SE PRETENDE ES LLEGAR A ESA
CONVICCIÓN MEDIANTE LA MEDITACIÓN.
ESTA ES LA ESENCIA DE LA MEDITACIÓN.

**POR LO TANTO, EN LA ETAPA INICIAL,
LA CONCENTRACIÓN ES LO MÁS IMPORTANTE.**

P: Le escucho.

Maharaj: La meditación te traerá Conocimiento, tu Conocimiento.

**SÓLO CONÓCETE A TI MISMO EN UN SENTIDO REAL,
ESO ES CONOCIMIENTO.**

Tú eres la Verdad Última, la Verdad Final. No juegues con las palabras, con las palabras espirituales. Hay miles de palabras espirituales.

**TE ESTÁS AHOGANDO EN LA IGNORANCIA,
TE ESTÁS AHOGANDO EN UN MAR DE PALABRAS.**

Elimina todas las vestiduras externas, todas las capas ilusorias y mírate a ti mismo. Estás completo. Todo está dentro de ti. Olvidaste tu Identidad, eso es todo. Has de someterte a ciertas disciplinas en la etapa inicial. Al principio tienes que acordarte de repetir el mantra, pero una vez que aceptas tu Realidad, fluirá de forma natural por sí solo.

**TU MAESTRO DICE:
TÚ ERES *ATMAN*, ERES *BRAHMAN*, ERES DIOS.
AL MISMO TIEMPO, REPITES EL MANTRA,
QUE TIENE EL MISMO SIGNIFICADO.
AL FINAL, LLEGA UN MOMENTO EN QUE
LO ACEPTAS TOTALMENTE.
PERO HASTA QUE ESO SUCEDA,
DEBES LUCHAR, IR A LA BATALLA.**

¡Acepta que eres la Realidad Última! En algunos, la Convicción llega rápidamente; para otros tarda más debido a que las impresiones no han sido eliminadas adecuadamente ¡Medita con total y profunda implicación!

32. *El Naam Mantra, la Llave Maestra*

Maharaj: Los Maestros, en nuestro Linaje, inician a los buscadores sinceros con el *Naam Mantra*. No se lo puedes revelar a nadie. Es una de las reglas ¿Lo entiendes?

P: ¡Por supuesto! Y lo respeto.

Maharaj: Te explico un poco del trasfondo, algunas palabras sobre nuestro Linaje. Se remonta a Dattatreya, que es considerado como la cabeza del Linaje. Revanath Maharaj fue discípulo de Dattatreya, junto con los Nueve Maestros, las nueve deidades. Estos discípulos directos de Dattatreya fueron entrenados para transmitir conocimiento espiritual y compartirlo con otros, a fin de que se iluminaran. Desde Revanath Maharaj, el mismo Conocimiento ha pasado de discípulo en discípulo, ha sido compartido, ha habido una sucesión.

El Inchegiri Navnath Sampradaya se inicia con Sri Bhausaheb Maharaj, después vino Sri Siddharameshwar Maharaj, y más recientemente Sri Nisargadatta Maharaj y Sri Ranjit Maharaj. Es una breve descripción de nuestro Linaje. En este ashram, seguimos las mismas tradiciones del Linaje, y compartimos contigo el Conocimiento Directo, el Conocimiento del Ser sin ser.

P: ¡Suena fascinante! Por decirlo así, significa que todo el Conocimiento y Poder de estos maravillosos Maestros, ha sido pasado y continúa pasando a lo largo del Linaje como Conocimiento Vivo ¡Es asombroso! Lo veo como si todo el Linaje le hubiese conferido poder al *Naam Mantra*. Me siento privilegiado de formar parte de todo esto, Maharaj.

Maharaj: Después de recibir el *Naam Mantra*, debes mantener la disciplina. Como te dije, el Espíritu es muy sensible y así, teniendo en cuenta esa sensibilidad, se transmiten las palabras secretas. Cuando estas sagradas palabras hayan hecho su trabajo y ellas mismas se hayan impreso en el Espíritu, la Realidad será revelada.

LA REALIDAD SALDRÁ.
TODO EL CONOCIMIENTO FLUIRÁ.
NO ES UN CONOCIMIENTO INDIVIDUALISTA.
ES UN CONOCIMIENTO DEL *SER SIN SER*

Enseguida la práctica será automática, pero por ahora, la dedicación es más importante. Al mismo tiempo que cumples tus actividades físicas, has de mantenerte en contacto con tu Ser sin ser.

P: ¿Cuál es la mejor forma de hacerlo?

Maharaj: Tienes que emplear al menos dos horas, un mínimo de dos horas diarias. Puedes dividir el tiempo en dos partes de una hora de práctica o en cuatro de media hora, lo que mejor encaje con tu rutina diaria.

El Maestro Sri Bhausaheb Maharaj, se entregaba a la práctica durante diez o doce horas diarias, de pie junto a un pozo, atando su coleta a una noria de agua. Lo hacía para mantenerse despierto, de modo que si se quedaba dormido, se caería hacia delante y se despertaría de una sacudida.

Los Maestros se obligaron a practicar de forma extenuante e intensa, soportaron muchas dificultades en su tiempo. Es gracias a su lucha que lo tenemos tan fácil en la actualidad. Lo hicieron muy, muy fácil para nosotros.

P: Nos beneficiamos de su dedicación y su esfuerzo.

Maharaj: Todos los Maestros en el Linaje hicieron ese tipo de esfuerzo tremendo. Con una disciplina y dedicación estricta, trataron de encontrar los secretos del *Ser sin ser*. Eran muy, muy estrictos. Más tarde, Siddharameshwar Maharaj redujo el tiempo requerido de meditación a dos horas diarias.

Debido a su perseverancia, somos ahora capaces de compartir este elevado y poco frecuente Conocimiento de un modo simple y directo.

P: ¡Sólo puedo decir que estoy encantado de vivir en el siglo XXI! La práctica de ahora parece muy fácil en comparación.

Maharaj: Somos muy afortunados de que estos Maestros no se preocuparan mucho del *cuerpo*. Se sacrificaron, un sacrificio raro, pero no les importó por el poder tan elevado que tenían.

**ESE PODER SIEMPRE ESTUVO CON ELLOS,
Y LES HIZO OLVIDARSE DE LA FORMA CORPORAL.
UTILIZARON EL CUERPO,
SABIENDO SIEMPRE QUE ERAN
TOTALMENTE DIFERENTE DEL CUERPO.
SABÍAN QUE ERAN LA VERDAD ÚLTIMA,
Y VIVIERON ASÍ.
SU CONOCIMIENTO ERA REAL Y PRÁCTICO.**

Ahora, recibe la Llave Maestra, con la cual los anteriores Maestros alcanzaron la Perfección. La Llave Maestra es la base, el fundamento, para la Comprensión de la Verdad Última.

33. *Haz de la meditación una obsesión*

Maharaj: Es muy fácil, y a la vez muy difícil.

¿Qué es la meditación? Si alguien te trata mal, si alguien te insulta, dirás: "Me voy a vengar ¿Cómo se atreve? ¿Dónde está esa persona?" Y durante las siguientes veinticuatro horas, estarás pensando en la persona en concreto que te ha insultado y agredido ¡Te sientes furioso! Estás enfadado, indignado y quieres devolverle el golpe. Estás absorto en cómo hacerlo.

Igualmente, has de tener el mismo fuego y pasión por la meditación. Todo el tiempo, durante veinticuatro horas al día, has de tratar de encontrar quién eres. Estás decidido y obsesionado con el autodescubrimiento. Tu implicación es absoluta y profunda.

**NECESITAS ENCONTRAR QUIÉN ERES REALMENTE,
A CUALQUIER PRECIO.
¡NADA TE VA A PARAR!**

Todas y cada una de las células de tu cuerpo están ardiendo

con lo que te dijo el que te trató mal. "Le daré una lección ¡Me vengaré!".

P: ¿Con cada fibra de tu cuerpo?

Maharaj: ¡Sí! Todo tu cuerpo está hirviendo. Sólo puedes poner tu atención y concentrarte en ello.

¡ESO ES MEDITACIÓN!

P: Ya veo. Tenemos que estar totalmente implicados, porque hemos tenido impresiones durante toda la vida, como guiones que nos mantienen diciendo: "Soy Chris", con todas las asociaciones y todo el equipaje que acompañan a Chris. De modo que he de trabajar en ello constantemente y con una sola intención. Maharaj ¿está diciendo que ha de haber una dedicación a tiempo completo?

Maharaj: Todos estos grandes santos [Maharaj señalando las fotografías de las paredes], hicieron avanzar la meditación.

P: ¿Qué pasa con la meditación caminando o en cualquier otra forma?

Maharaj: No tienes que sentarte para meditar. La meditación puede practicarse mientras trabajas, te relajas, en cualquier momento y lugar. La Recitación continuará por sí misma. La mediación continuará en el fondo. El Espíritu es muy sensible, cualquier cosa que se imprima en él es reflejada.

RECUERDA QUE HACES LA MEDITACIÓN PARA TI, POR TU PROPIO BIEN, NO PARA LOS MAESTROS.

Una espiritualidad ocasional no funcionará ¿Involucrarse a tiempo parcial? ¡No! Es necesaria una total y absoluta auto-implicación. Te darás cuenta de que se producen en ti cambios radicales. Meditación significa simplemente "Concentrarse en el Concentrador". De este modo, estarás con el Ser sin ser todo el tiempo.

P: Tengo una pregunta sobre el aspecto devocional de la meditación.

Maharaj: Al principio no hay una devoción auténtica. En este caso, devoción significa rendirse y aceptar. Se necesita una devoción incesante.

DEVOCIÓN ES SACRIFICIO: "QUIERO CONOCERME A MÍ MISMO. QUIERO SABER QUIÉN SOY".

P: ¿Entonces, además de luchar y esforzarse, es también necesario rendirse?

Maharaj: Sí, porque para eliminar el conocimiento relacionado con el cuerpo, para salir de él, es necesaria la devoción. Es un acto deliberado. Al principio te ves a ti mismo como un devoto. Para alcanzar la Verdad Última, tienes que pasar por la devoción.

AL PRINCIPIO ERES UN DEVOTO.

DESPUÉS PASAS POR LA DEVOCIÓN Y LA MEDITACIÓN, Y TRAS LA DEVOCIÓN "PUEDES TOMAR CONCIENCIA DE LA DEIDAD".

Por lo tanto, hay un desplazamiento que va del Devoto a la Devoción, y a la Deidad. Pero recuerda que esto son sólo palabras. No caigas en la trampa de entenderlas literalmente. En realidad, no hay devoto, ni devoción, ni deidad.

P: Ahora lo entiendo, pero tengo que estar recordándomelo, porque la mente tiene la costumbre de querer entender, y soy consciente de que de vez en cuando me digo a mí mismo: "¡Lo tengo!". Trato de no hacerlo. También es una trampa, porque todo el asunto del que hablamos, la Realidad Última que somos, no tiene lenguaje. Es anterior al lenguaje, anterior a todo.

Maharaj: Cuando vienes aquí como devoto, dices: "Quiero conocerme. Quiero saber quién soy". Y el Maestro dice: "Tú eres la Verdad Última, pero no tienes fe en el Maestro debido a la larga asociación con el cuerpo". Tu fe, tu confianza fluctúa y es vacilante, no es firme. No hay estabilidad. El Maestro te dice que eres *Brahman, Atman, Paramatman*. Tienes que recitar el Mantra, de modo que la Realidad pueda penetrar y ser absorbida.

P: Volviendo a lo que decía antes sobre el lenguaje, si creamos unas palabras que son ilusorias, ¿cómo pueden funcionar o tener un efecto real y duradero en nosotros?

Maharaj: Sí, las palabras son ilusión, pero como dije, necesitamos una ilusión para quitar otra, [Yo soy *Brahman*, reemplaza a "Yo soy un hombre"]. Teniendo en cuenta la sensibilidad del Espíritu, lo que imprimes en él es reflejado.

P: ¿Seguro que funciona?

Maharaj: ¡Por supuesto! Al cien por cien mientras tengas una implicación total. Está demostrado que es un método científico y sistemático. La Verdad Última está siendo impresa en ti mediante el Mantra. Después sabrás: "¡Oh, Yo soy Eso!" Habrá un silencio excepcional. Excepcional y Espontáneo.

P: ¡Eso suena fantástico!

Maharaj: Donde todos los pensamientos se acaban, ahí estás tú. En el estado sin pensamientos, incluso el *Yo* también se acaba. No hay *Yo* ni *tú*. Pero no es un estado inconsciente. Aunque vivas en el cuerpo, estás total y completamente separado de él, sin prestar atención al mundo.

Estoy poniendo ante ti la Verdad del Oyente, tu Verdad ¡Puedes hacerlo! ¡Ten un poco de valentía! ¡Nada es imposible! No hay ninguna diferencia entre el Hablante en mí y el Oyente en ti salvo la forma corporal.

**AHORA TIENES QUE CONVENCERTE
A TI MISMO.
ANTE TI SE HAN PUESTO HECHOS EVIDENTES.
TÚ TIENES LA LLAVE,
HAS DE USARLA.
LOS PLATOS HAN SIDO SERVIDOS ¡COME!**

34. *El Maestro no es el que hace milagros*

Maharaj: Se te ha dado la llave. El Mantra del Linaje de los Maestros es ahora tu Mantra. Te he explicado cómo practicar con él, en adelante depende de ti. Será muy fácil para aquellos de vosotros que seáis serios. Para otros, con un acercamiento más ocasional a la meditación, no lo será tanto. Todo depende de hasta qué punto seáis conscientes de ello, de cuán importante y valioso lo veáis.

Tratad de recordar que:
**CADA MOMENTO DE VUESTRA VIDA
ES MUY IMPORTANTE.
NO SE VOLVERÁ A REPETIR.
Y, A MENOS QUE OS CONOZCÁIS EN UN SENTIDO REAL,
HABRÁ PÉRDIDA DE PAZ Y DE ALEGRÍA,
Y SERÁN SUSTITUIDOS POR EL MIEDO Y LA TENSIÓN.**

P: Entiendo lo que dice, Maharaj. Aprovecha el momento, no seas descuidado. Esfuérzate un poco y practica.

Maharaj: Esta práctica es necesaria debido a nuestro apego al cuerpo. Cuando no había apego al cuerpo, nada era necesario. Míralo de esta manera: Es un hecho que no hay NADA ahí, nada en absoluto.
**CUANDO NO HABÍA CUERPO,
NO HABÍA NECESIDAD DE DIOS,
NI DE *BRAHMAN*, NI DE NADA.**

P: ¿Es la nada y la plenitud al mismo tiempo?

Maharaj: Eso son palabras y es tu imaginación. Yo lo sé, tú no. Es como la historia de un hombre en lo alto de una colina moviendo sus brazos. Otro hombre abajo gritaba "¿Qué tal es ahí arriba?" Y el que estaba arriba decía: "Has de subir y verlo por ti mismo".

P: Sí, estaba usando mi imaginación, lo que usted llama conocimiento relacionado con el cuerpo, para tratar de comprender algo mientras que su Conocimiento surge espontáneamente. Es directo.

Maharaj: Todas las necesidades, todas la exigencias, todas las solicitudes surgieron con el cuerpo. Antes de ser, no conocíamos el significado de Dios, Maestro, discípulo, hermano o hermana ¡Ni nombres ni significados! Todas las relaciones están basadas en el cuerpo. Sabes que algún día, queriendo o sin quererlo, tendrás que dejar todo atrás. No podemos llevarnos el cuerpo con nosotros.

ES SÓLO GRACIAS AL ESPÍRITU QUE SOMOS CAPACES DE HABLAR, ESCUCHAR Y VER.
EL MUNDO ES LA PROYECCIÓN DE TU PRESENCIA ESPONTÁNEA,
LLAMADA VERDAD ÚLTIMA, *BRAHMAN*, *ATMAN*, DIOS.
ES UN HECHO EVIDENTE.

No esfuerces tu mente pensando: "¿Cómo puede ser esto?" Es muy sencillo. Muy, muy sencillo. En el momento en que los apegos del cuerpo se disuelven, puede ser visto. Entonces sabrás que no hay nadie ahí. Te lo estoy diciendo, martilleando lo mismo una y otra vez:

DENTRO DE TI YA HAY UN PODER INMENSO,
PERO NO ERES CONSCIENTE DE ESE PODER.

Funciona de un modo muy sencillo, directo. El Espíritu es muy sensible. Teniendo en cuenta la sensibilidad del Espíritu, el *Naam Mantra*, el Mantra del Gurú, se da como una herramienta. Tiene una doble función: elimina el conocimiento relacionado con el cuerpo y, al mismo tiempo, te recuerda tu verdadera Identidad.

Supón, por ejemplo, que alguien ha olvidado su Identidad por así decir, que ha perdido su memoria y tiene amnesia. Tenemos que recordarle y proporcionarle acontecimientos y recuerdos de su pasado, para lo cual le damos pistas, a fin de refrescar su memoria.

Si un niño olvida algo, se lo recordamos. Del mismo modo, el Maestro te trae un recuerdo. El recuerdo es:

ERES *BRAHMAN*, ERES *ATMAN*.
ERES *BRAHMAN*, ERES *ATMAN*.

No eres un hombre ni una mujer. Esa es la etapa preliminar, la etapa inicial. Después, cuando la Convicción se ha establecido, no necesitas posteriores disciplinas. Desde ese mismo momento, todo sucederá espontáneamente. Además, tras la Convicción, no sentirás la necesidad de buscar en ningún otro sitio. Tampoco te verás en la necesidad de utilizar palabras pulidas como *Brahman* o *Atman*.

MÍRATE A TI MISMO,
QUÍTA LA FORMA CORPORAL,
Y OBSERVA LO QUE ERES.

Olvídate de la mente, el ego y el intelecto. Elimínalo todo, pela todas las capas de ilusión, una a una ¿Qué queda tras quitarle todas las capas a una cebolla?

P: ¿Qué queda? Nada.

Maharaj: *Nada* es la respuesta correcta ¿Cuál es la palabra pulida con la que llamamos a la *nada*? Le llamamos *Brahman*.

P: ¿Hacemos todas estas prácticas, lo hacemos todo, para descubrir nada? Hmm! Otra pregunta. Si usted dice que todo es ilusión, ¿por qué tenemos que hacer meditación, cantar *bhajans*, etc.? ¡SÉ que soy *Brahman*!

Maharaj: Está bien que lo sepas, pero el conocimiento literal no es el camino. Este Conocimiento ha de ser absorbido. Cualquiera puede decir: "Soy *Brahman*". No son las palabras lo que importa, sino lo que hay detrás de ellas, la esencia, el significado profundo que el Maestro quiere transmitir. Lo que es transmitido es lo más importante.

Si tienes alguna duda, dilo. No asientas con la cabeza si no estás seguro. No debe quedar ninguna duda, en caso contrario, la base no sería firme ¿Me sigues?

P: Sí, le sigo.

Maharaj: Sólo puedes eliminar la ilusión con otra ilusión, como utilizando un clavo para sacar otro clavo. No pares de meditar hasta que hayas absorbido perfectamente el Conocimiento. Tienes la costumbre de poner todo en duda. Es la consecuencia del conocimiento literal: "¿Qué hago con esto?" o "¿Qué es lo importante de eso?" ¡No! No analices las instrucciones del Maestro.

LLEGARÁ UN MOMENTO EN EL QUE COMENZARÁS A RECIBIR INSTRUCCIONES ESPONTÁNEAS DESDE TU INTERIOR, GUIÁNDOTE DIRECTAMENTE SOBRE QUÉ HACER Y QUÉ NO HACER A CONTINUACIÓN.

En el lenguaje espiritual se denomina el Maestro Interno. En el lenguaje espiritual hablamos del *Maestro Interno* y del *Maestro Externo*. Son sólo palabras, sólo palabras que utilizo para comunicarme y explicar. El Maestro Externo tiene forma corporal, el Maestro Interno es el *Oyente Invisible*.

NO HAY DIFERENCIA EN ABSOLUTO ENTRE TÚ Y YO, EXCEPTO POR LA APARIENCIA FÍSICA. NUESTROS CUERPOS SON DIFERENTES, PERO EL OYENTE Y EL HABLANCE NO TIENEN FORMA.

Así que todo está en ti, pero no eres consciente de ello. Es por eso por lo que llamamos la atención de la Grandeza que hay en ti, del "Oyente Silencioso e Invisible que hay dentro de ti". Mírate y decide lo que este *Yo* es. En sí mismo, este cuerpo no tiene valor. En el momento en que el Espíritu no está ahí, decimos: "Cógelo, llévatelo. Se acabó".

¡Recuerda! ¡Cada momento es muy importante! Lo cual no significa que tengas que rechazar tus deberes y decir: "Soy una persona espiritual ¿Cómo voy a hacer tareas domésticas?" Cumple con tus deberes, haz tu trabajo y no descuides tu salud. Has de convencerte de este modo, luego no habrá dudas.

**LAS RESPUESTAS A TODAS TUS PREGUNTAS
ESTÁN EN TI SOLAMENTE.
POR ESO PROPORCIONA
LA LLAVE MAESTRA,
PARA AYUDARTE CON EL AUTO-CONOCIMIENTO.**

Utiliza sistemáticamente esta llave y todas tus preguntas serán respondidas espontánea y automáticamente, no quedará ninguna pendiente. También hablarás del mismo modo en que hablo yo. Lo harás. Sucede. Pero sé precavido y humilde porque puede que el ego se crezca y reclame: "Soy una persona iluminada".

No soy un hombre que hace milagros. No tengo ninguna varita mágica. El poder del que hablo es tu poder, ya está en ti.

**ERES LIBRE DE TODA ATADURA.
ERES LIBRE COMO UN PÁJARO.
¡PUEDES VOLAR!**

Estabas aprisionado por muchos conceptos y atado por los asuntos mundanos. Ahora has sido liberado. Todas las ataduras han sido eliminadas. Has sido desempaquetado y destapado. Puedes sentirte más libre, con sentimientos como: "¡Puedo volar con mis propias alas!" o "¡Soy totalmente independiente, completamente libre!"

**NO DEPENDES DE NADIE MÁS.
PERO ESTA INDEPENDENCIA HA DE SER
DIGERIDA Y ABSORBIDA.
DIGIERE Y ABSORBE ESTE CONOCIMIENTO
CON LA AYUDA DEL SAGRADO MANTRA.**

35. *El paciente enfermo*

Maharaj: Maestro Interno, Maestro Externo, OK, son términos que utilizamos con el único propósito de comprender. No hay interno ni externo. Decir *Maestro Interno, Maestro Externo*, significa que hay una división, una dualidad, algo que separa. Estás dividiendo el mundo en dos: "Estoy dentro, estoy fuera", o "El Maestro está separado de mí, soy alguien distinto" ¡No existe tal cosa!

**NOSOTROS HEMOS CREADO TODOS ESOS MUROS.
DERRIBA LOS MUROS.**

P: ¿No hay interior ni exterior?

Maharaj: A menos que aceptes completamente lo que el Maestro dice...

P: Está bien. No hay interior ni exterior. Ni externo ni interno, ni interior ni exterior.

Maharaj: Si dices *exterior*, significa que te estás viendo a ti mismo con forma, con figura. Yo soy alguien y el Maestro viviente está allí.

TU PRESENCIA ES COMO UN MAESTRO VIVIENTE.
TÚ ERES UN MAESTRO VIVIENTE.

Tu Presencia es como un Maestro viviente. Eres un Maestro viviente.

P: ¿Soy un Maestro viviente? ¿Hay alguna diferencia entre el Maestro viviente en usted y el Maestro viviente en mí?

Maharaj: Ninguna en absoluto.

P: ¿Es él el Maestro número uno?

Maharaj: ¿Qué significa uno, dos, tres, cuatro Maestros? No estamos jugando a contar. Es sólo para entender. Cuando enseñas a un niño, utilizas esas palabras. No hay un Maestro número uno, ni dos, ni tres. En realidad, tú eres el Maestro.

P: ¿Entonces por qué tenemos que inclinarnos ante usted, Maharaj? ¿Es porque pensamos que usted es el Maestro Realizado y nosotros no lo estamos todavía?

Maharaj: ¿Qué quieres decir con Realización? Tú ya estás Realizado, pero no prestas atención a tu estado Realizado. Sabes muy bien que *Atman, Brahman, Paramatman* es tu Verdad Última, pero no prestas atención a ello. No estás Convencido y por lo tanto vienes a mí. Tras conocer la Realidad, tras la realización, Iluminación o como quieras llamarlo, te conocerás a ti mismo en un sentido real. Realización significa sólo que te conoces en un sentido real, no en la forma corporal.

Eres la Verdad Última. No eres el cuerpo, no eras el cuerpo y no vas a seguir siendo el cuerpo. La cuestión de *Yo* o *tú*, es sólo para debatir.

LOS CUERPOS SON DIFERENTES
PERO EL ESPÍRITU ES UNO.

Las casas son diferentes, el cielo es uno. Esto es una casa de campo, esto es un edificio, Rusia, India, América – esos son los nombres – el cielo es uno. El cielo no es distinto en ningún sitio. Le hemos dado nombres: El cielo de Rusia, el cielo de América, el de Inglaterra. El cielo es el cielo.

P: Estamos aquí porque usted, Maharaj, está realizado. Nos puede ayudar a volver a despertar porque hemos olvidado nuestra Realidad. Si practicamos la Auto-indagación, utilizamos el Mantra y las enseñanzas, y todo aquello no verbal en la presencia del Maestro…

Maharaj: Nisargadatta Maharaj decía:

"DA EL PRIMER PASO, Y YO DARÉ SIGUIENTE POR TI."

P: Si usted levanta mi pierna por mí, puede que comience a correr ¿Hay entonces cooperación entre los dos? ¿El Maestro y el devoto están relacionados?

Maharaj: No es circulación en un solo sentido. Ya que eres médico. Lo entenderás. Cuando un paciente va a verte, debe cooperar contigo. Sólo habrá curación si él coopera contigo.

P: Sí, si sigue mis consejos.

Maharaj: Digamos que un paciente tiene uno u otro problema. Sabes que si el paciente no coopera, el tratamiento no servirá. Tu tipo de trabajo hay comunicación en las dos direcciones. Lo mismo pasa aquí.

P: Aquí soy un paciente que en realidad está muy enfermo. Tengo muchos problemas ¿Puede ayudarme?

Maharaj: ¡Haz preguntas!

P: Por ejemplo, problemas económicos.

Maharaj: No hay problemas. Los problemas son físicos, mentales, intelectuales o lógicos. Todos esos son problemas basados en el cuerpo, que aparecieron cuando empezó el conocerte a ti mismo en la forma corporal.

Cuando los pensamientos fluyen, acepta los que te sirvan para tu rutina diaria. Si los pensamientos no te sirven, échalos. No les prestes atención.

P: Es muy fácil estar en su compañía para sentirse libre de esos problemas, pero cuando vuelves a casa, los problemas surgen de nuevo y no siempre sabes cómo tratar con ellos.

Maharaj: ¡No, no! El mundo es tu casa.

EL MUNDO ES TU HOGAR.

No es América ni Inglaterra ni India ¿Tiene hogar el cielo?

P: Correcto, en ningún sitio. No hay separación entre aquí e Inglaterra.

Maharaj: ¿Tiene hogar el cielo? ¿Dice el cielo "Mi hogar está en India? ¡No! El cielo no conoce su propia identidad. Como te estás considerando en la forma corporal, dices "Mi hogar está en América". No te limites a la forma corporal. Todos tus problemas vienen porque eso es lo que haces.

ERES LA CAUSA DE TUS PROBLEMAS.
ERES LA VÍCTIMA DE TUS PROPIOS PENSAMIENTOS, PORQUE LE PRESTAS MÁS ATENCIÓN A TUS PENSAMIENTOS QUE A TU SER SIN SER.

Los pensamientos suceden: pensamientos buenos y malos, y después se dicen algunas palabras. A eso lo llamamos *mente*. La mente es el continuo flujo de pensamientos las veinticuatro horas del día. Hay pensamientos del presente, recuerdos del pasado y pensamientos sobre el futuro. Todos los recuerdos causan problemas.

Digamos que algo angustioso ocurrió hace diez años, y luego, en un momento, es recordado. De pronto, todo lo que sucedió es recordado vívidamente ahora, con todo detalle. Los recuerdos te empujan al pasado y al hoyo. Vuelves a experimentar dolor otra vez y dices "¡Oh cielos!". Sin darte cuenta te sientes deprimido una vez más y sufres de nuevo el tormento. Todo ello debido a un recuerdo.

Los pensamientos fluyen porque has olvidado tu Presencia. No estás siendo testigo de los pensamientos, sino que por desgracia los aceptas y en consecuencia, los pensamientos te crean problemas.

Tienes que enseñarte a ti mismo y decidir qué pensamientos aceptar y cuáles rechazar, dónde prestar atención y dónde no. Eres médico, sabes muy bien a qué prestar atención y a qué no.

P: Lo hago bien con mis pacientes, pero no muy bien conmigo. Mis hábitos son muy fuertes.

Maharaj: Te puedes curar a ti mismo. Eres tu propio médico. A lo que nos intoxica lo llamamos *hábitos*. Desarrolla el hábito de la espiritualidad. Intoxícate por completo con la espiritualidad ¡Sé un adicto! ¡Enséñate a ti mismo! Automedícate.

P: Soy muy feliz por tener ahora una práctica que realizar. De verdad siento la fuerza del Linaje.

Maharaj: La verdad ha sido puesta ante ti. La Realidad ha sido puesta delante de ti. Ahora la elección es tuya: qué pensamientos aceptar y cuáles rechazar. He aquí un ejemplo sencillo: Hay un gran plato del que puedes elegir distintas comidas. Algunas cosas no te gustan. Tal vez tienen demasiada grasa y dices: "No quiero esto, no quiero lo otro". Las cosas desagradables que no quieres se quitan, y las que te gustan, las dejas. No es complicado. Bajo esta luz has de enseñarte, enseñarte a ti mismo. Eres tu propio Maestro.

P: ¿También me ayudará el Mantra?

Maharaj: Por supuesto, por supuesto.

P: Y cuanta más fe tenga en el mantra...

Maharaj: ¡Claro que sí!

P: Lo más probable es que supere las situaciones difíciles.

Maharaj: La Llave Maestra te ha sido dada. Depende de ti lo que hagas con ella. La comida te ha sido servida, ahora tienes que comer. Tú eres el arquitecto, tu propio arquitecto, tu propio Maestro.

36. *Cuando llueva coge un paraguas*

P: Tengo problemas en el trabajo que me causan ansiedad y estrés. Trato de no prestarles atención, pero me resulta difícil.

Maharaj: La primera cosa que has de hacer es concentrarte en la meditación. Sabes que no tienes nada que ver con todo eso que está sucediendo. Tienes que verlo como un sueño y permanecer despreocupado. Si tienes un buen o mal sueño, no le des ninguna importancia. No dejes que el ego tome el control. Si puedes ignorar lo que está pasando, ignóralo. No aceptes los pensamientos de otros. Actúa de acuerdo con tu fuerza y tu habilidad ¡Utiliza tu energía natural! ¡Eres fuerte!

P: No me siento muy fuerte. Es muy difícil ignorar la situación.

Maharaj: ¡Sé fuerte! La meditación te hará más fuerte, de modo que podrás ser más valiente. Todos tus problemas se disolverán con la meditación. Obtendrás energía espiritual, la cual te fortalecerá, de modo que puedas abandonar los ambientes desagradables. Tendrás fuerza interior y valentía en cualquier circunstancia.

Todo el mundo está bajo presión, de la mente, del ego, del intelecto. A medida que tu poder se va regenerando lenta, silenciosa y permanentemente, incluso empezarás a darle la bienvenida a los problemas. Tu poder será regenerado cuando las impresiones corporales y sus consecuencias empiecen a disolverse, haciéndote sentir que te retiras de los asuntos mundanos. Cuando tengas la Convicción, sabrás que todos los pensamientos están relacionados con el cuerpo, y por tanto son ilusorios.

MIENTRAS TENGAS AMOR Y AFECTO POR EL CUERPO, LOS PROBLEMAS TE CAUSARÁN MOLESTIAS.

Tienes que aceptar y establecer este hecho: "Ni eres, ni eras, ni seguirás siendo el cuerpo". Lo cual significa que "Tú eres la Verdad Última". Todas las preocupaciones, todos los ambientes desagradables, están relacionados con el cuerpo ¡Permanece tranquilo y en silencio! No te enfades a causa de los sentimientos. No les des importancia ¿Acaso le prestas atención a cada perro que ladra?

No había problemas antes de ser y no existirán después de dejar el cuerpo. Lo cual significa que eres no-nacido. Esta idea tan básica es la base de tu vida espiritual. Conócete a ti mismo en un sentido real. No te limites a la forma corporal. Sé fuerte interna y externamente.

NO SEAS UN ESCLAVO DE TU MENTE, EGO E INTELECTO. VE CONTRA LA CORRIENTE.

Desarrolla fuerza interior y sé quien dirija tu vida. Esto llegará con la recitación continua del *Naam Mantra* ¡Conoce tu Realidad! ¡Tú eres el Maestro! Deja que tu Esencia Magistral te guíe en tus decisiones. Esta guía te llevará hacia delante. Es tu Guía Interior, la Verdad Última del Oyente.

P: Hace un rato me sentía sin esperanzas. Ahora me siento mejor.

Maharaj: El ambiente ha cambiado, no tú. Tú no cambias, es sólo el ambiente el que cambia: estados de ánimo alegre, triste, ansioso, pacífico. Tú eres como el cielo. Nubes de felicidad, inquietud, ansiedad, tranquilidad, depresión, bendición, todo viene y va, pero tú te mantienes igual, como es, como el cielo.

LAS ESTACIONES VAN Y VIENEN,
LAS ESTACIONES CAMBIAN.
TÚ NO CAMBIAS.

Cuando llueve usas un paraguas, y cuando hace frío te pones un jersey. Los diferentes pensamientos van y vienen. Limpia tu disco duro y obtendrás resultados. Tu ordenador portátil está lleno, está saturado de virus de pensamientos ilusorios. Te he dado el software antivirus, el *Naam Mantra*.

TE HE DADO EL DISCO CON EL PROGRAMA,
AHORA TIENES QUE INSERTARLO E INSTALARLO.

¡Espera y observa! Tras digerir la Realidad, verás los cambios. Toma la medicación multiusos. El *Naam Mantra* es un complejo vitamínico que sacará todos los virus de tu cuerpo y te hará inmune. Tus problemas se solucionarán si sigues las instrucciones que te han sido prescritas.

Desde diferentes ángulos, estoy tratando de convencerte. No te preocupes, deja tu mente, ego e intelecto, y todos tus problemas, en el ashram de Nashik y vete. Es simple, muy simple.

EL MAESTRO DICE: LÁNZATE AL OCÉANO PROFUNDO,
EL PROFUNDO OCÉANO ESPIRITUAL.
ENTONCES SERÁS UN BUEN NADADOR.
TE ESTAMOS ENTRENANDO PARA BUCEAR
EN AGUAS PROFUNDAS,
NO EN LAGOS PEQUEÑOS NI EN CHARCAS.

Ignora los problemas que encuentres al principio ¡Mantente en marcha simplemente! Nisargadatta Maharaj sufrió muchas pérdidas en la época en que se encontró con Siddharameshwar Maharaj y aún así tener la experiencia del Conocimiento. Afrontó muchos problemas: familia, dinero, salud, pero gracias al poder de su Maestro superó los desafíos y encaró de frente todos esos problemas mientras seguía llevando una vida modesta. A ti también te puede pasar.

CUALQUIER COSA QUE EL MAESTRO TE DIGA,
HAZLO Y OBSERVA SUS EFECTOS.
SIGUE ESTRICTAMENTE CUALQUIER COSA QUE OIGAS,
Y TE DARÁS CUENTA Y TE SORPRENDERÁS
CON LAS EXPERIENCIAS
QUE SUCEDERÁN INTERNAMENTE.

P: Estoy deseándolo, pero por ahora encuentro difícil concentrarme. No sé por qué, pero estoy sintiendo mucha ira.

Maharaj: ¡El proceso de limpieza ha comenzado! Supón que tu estómago está irritado y obstruido, tienes que tomar el remedio adecuado, puede que algún zumo para tratar de limpiarlo. Más tarde todo estará bien, arreglado.

Del mismo modo, vas a eliminar los viejos archivos, los archivos malos, con tu nuevo programa, el *Naam Mantra*. Cuando este programa esté instalado y en marcha, sus vibraciones surtirán efecto y producirán completa paz y silencio. La ira y el enfado que ahora sientes, significan que el programa está funcionando.

Has de perseverar, ya que algunos sentimientos están muy adheridos, muy rígidos, a causa de la larga asociación con el cuerpo. Una vez que se disuelvan, todo quedará en silencio.

P (2): Me he despertado varias veces durante la noche y he sentido como si amaneciera. Cada vez he sentido como si amaneciera. Había un fuerte, nuevo y fresco estado de *despertar* ¡Muy fresco!

Maharaj: Sentirás algunos cambios interiores impresionantes cuanto más y más cerca estés.

P(1): ¿El Mantra es un objeto en el que concentrarse?

Maharaj: ¡Sí! *Brahman* es el nombre que se le da a la Verdad Última, sin forma. Es necesario algún tiempo y tener paciencia ¡No te preocupes!

El Maestro dice: "Eres como el cielo. Tu Presencia está en todas partes". Pero hasta que tengas esa Convicción, es necesario que sigas con la práctica del Mantra.

P(1): ¿Realmente funciona el Mantra? ¡Sería estupendo!

Maharaj: Te voy a contar una historia, la historia del Mantra secreto acerca de la importancia del *Naam Mantra*, el Mantra del Gurú. Un Maestro estaba en el lugar donde nació Nisargadatta Maharaj, en su aldea, donde vivía gente sencilla del mundo rural con poca formación. El Maestro estaba con un discípulo al que acababa de darle el Mantra secreto y se le dijo que no lo revelase a nadie.

Al día siguiente, el discípulo fue paseando hasta el río para bañarse. Una vez allí, la gente que había repetía las mismas palabras ¡Su Mantra secreto! Estaba un poco perplejo: "Mi Maestro no está aquí y todos recitan mi Mantra, algo no funciona ¿Qué está pasando? Mi Maestro me dijo que era un secreto y resulta que todo el mundo lo conoce ¿Cómo puede ser?"

Muy confundido, fue a ver al anciano Maestro y dijo: "¿Qué tipo de palabras secretas son éstas? Fui al río y todos pronunciaban las mismas palabras". El Maestro sonrió y le dio una piedra a su devoto, una piedra redonda y brillante. "Trata de averiguar el valor de esta piedra. A ver si puedes encontrar su valor".

Durante los siguientes quince días, el discípulo fue muy lejos de aquí para allá para averiguar el valor de la piedra. El sutil juego del Maestro le causó muchas dificultades. Naturalmente estaba lleno de dudas y confusión, pero a pesar de ello, siguió las instrucciones de su Maestro.

Primero llegó a la casa de campo en la que vivía su abuela, y le preguntó: "Madre, tengo esta piedra ¿Cuánto crees que vale?" Ella le dijo: "Una o dos rupias". Luego se fue a un pequeño orfebre de la localidad. "Tengo una piedra y quiero saber su valor". El orfebre la miró con indiferencia y dijo: "Te doy cuatrocientas rupias". "No, gracias" Replicó. Después se fue a una ciudad pequeña y le dijo al propietario de una joyería: "No sé cuál es el valor de esta piedra". El joyero la miró con mucho detenimiento y dijo: "Señor, posiblemente dos mil rupias".

Otro comerciante, de un distrito acomodado exclamó: "¡Dos *lakhs* de rupias! Al final, el viaje del discípulo le llevó a una gran metrópoli, como Bombay o Nueva York, y llamó a la puerta de una lujosa joyería, la más grande que pudo encontrar. El dueño le preguntó muy excitado: "¿Quién te dio esto? ¡Su valor es incalculable! Es única, de un valor excepcional. Vale más que toda esta tienda".

En esta historia puedes ver que, quienes entienden el valor real de algo también sabrán más sobre ello y por ello aprecian completamente lo que vale.

Lo mismo pasa con el *Naam Mantra*. Tiene diferente valor según las distintas personas. Los que conocen el valor del Mantra, lo valoran muchísimo y le dan una enorme importancia.

**LOS QUE CONOCEN SU VERDADERO VALOR,
LE DAN LA MAYOR IMPORTANCIA.**

Estoy subrayando que el *Naam Mantra*, tiene un valor elevado, como en esta historia.

**TODOS LOS QUE POR ÉL SE HAN REALIZADO
LE HAN ATRIBUIDO EL MÁS ALTO VALOR,
COMO MI MAESTRO.**

Para aquellos que toman el Mantra despreocupadamente, tiene poco o ningún valor. No funcionará.

37. *Jugando con muñecas*

Maharaj: ¿Sabéis la historia del elefante y los ciegos? Un grupo de ciegos se reunió alrededor del enorme animal. Se les había dicho que era un elefante y ellos preguntaron cómo era un elefante y empezaron a tocar su cuerpo. Uno de ellos, que sólo había tocado una pata, dijo:

"Es como una columna". Otro, que había tocado su oreja, dijo: "Es como un cesto para el grano". Del mismo modo, los que tocaron su trompa o su barriga, lo describieron de diferente manera. Si tu visión de algo es limitada, sólo tendrás una pequeña comprensión de ese algo, que te llevará a la desinformación y a la confusión.

El Maestro te está enseñando el elefante entero. Todos se esfuerzan, luchan para encontrar la Realidad, se esfuerzan para ver el elefante completo, la Verdad Última. Está sucediendo por todo el mundo. Cada ciego siente una parte diferente, ninguno es capaz de ver el animal entero, la imagen completa.

Es aconsejable no mezclarse con gente que sólo tiene un conocimiento a medias. Están parcialmente en lo cierto. Hasta que hayas visto el elefante entero, no puedes debatir con ellos ¿OK? Cuando conozcas tu Verdad Última, el Secreto Último de tu Presencia ¿para qué discutir con otros? Si ere estable, sólido y firme, nadie en el mundo será capaz de distraerte.

No sé en occidente, pero en India la gente viaja a todas partes y se encierran en cuevas por largos períodos de tiempo, aislándose, buscando algún tipo de experiencia de *samadhi*, buscando bendiciones y cosas así.

¿TE METISTE EN UNA CUEVA ANTES DE SER?

P: Supongo que no.

Maharaj: Van de aquí para allá, dejándose largas barbas, pelo largo o cabezas rasuradas. Hay gente con guirnaldas y rosarios, deambulando y pasando las cuentas del rosario. Hace poco vino aquí una persona europea, vestida con una túnica larga. Contaba cuentas del rosario en nombre de Dios. Le pregunté:

"¿POR QUÉ ESTÁS JUGANDO CON ESAS MUÑECAS?"
¿DE QUÉ SIRVE PASAR LAS CUENTAS DEL ROSARIO?
NO VA A PASAR NADA.
NO VAS A HACER QUE SUCEDA NADA.
ES SÓLO UN EJERCICIO PARA LOS DEDOS.

Este tipo de cosas sucede muchas veces porque nadie le dice a nadie exactamente qué es qué. No son conscientes de la Verdad, de la Verdad Final. Alguien les dice que hagan eso y lo hacen, sin saber el propósito que encierra ¿Cuál es el propósito?

¿Qué sentido tiene hacer esas cosas? ¿Cuál es el resultado? Uno debe hacerse preguntas, y no seguir ciegamente lo que se dice. Si alguien te dice que hagas algo, pregúntale para qué, con qué propósito ¿Qué obtendré? ¿Cuáles son los beneficios? ¿Me darán felicidad? ¿Para qué sirve contar cuentas? Es un juego de niños, de niños jugando a muñecas.

Esta parte del proceso es de Auto-convicción o Auto-realización o Auto-iluminación. Los nombres no son importantes. La ciencia espiritual dice que el cuerpo está hecho de los cinco elementos y las tres *gunas*. Este es el conocimiento relacionado con el cuerpo, conocimiento material, relacionado con el cuerpo, conocimiento material. La ciencia espiritual es conocimiento relacionado con el cuerpo, conocimiento material. A menos que el conocimiento material se disuelva, no serás capaz de conocerte a ti mismo en un sentido real.

El cuerpo es sólo una envoltura, una gran cubierta hecha de huesos, sangre y carne. Si no comes durante una semana, se echará a perder ¿Quién come la comida? Digamos que pesas sesenta kilos, si no comes durante una semana, pesarás cincuenta y cinco kilos ¿Qué pasó con los otros cinco? ¿Quién se los llevó?

EL CUERPO ESTÁ HECHO DE ALIMENTOS,
DEL MISMO MODO QUE
UNA LÁMPARA NECESITA ACEITE.
EN EL MOMENTO EN QUE SE ACABA EL ACEITE,
LA LÁMPARA SE APAGA.
ES UN CONOCIMIENTO MUY, MUY SIMPLE,
PERO LA GENTE LO HACE COMPLICADO.

Este es un conocimiento directo, sin nada en medio.

TODO EMPIEZA CONTIGO,
Y TERMINA CONTIGO.
EL MUNDO ES PROYECTADO
POR TU ESPONTÁNEA E INVISIBLE PRESENCIA.
EN EL MOMENTO EN QUE TU CUERPO SE DISUELVE,
EL MUNDO DESAPARECE.

Tras la Convicción, tu apego al cuerpo material se reducirá, y de modo natural, no habrá ningún miedo.

P: Vuelvo al Reino Unido la próxima semana. Supongo que tengo algo de ansiedad.

Maharaj: Es natural estar un poco preocupado, pero al mismo tiempo, recuerda que no vas a ningún sitio. Lo que está contigo, está siempre contigo, es la Presencia.

38. *Tu Presencia es como el cielo*

Maharaj:

¿QUIÉN NACE? ¿QUIÉN MUERE?
AUTO-INDAGA.
NADIE MUERE, NADIE NACE.

Nisargadatta Maharaj definió el fundamento de la espiritualidad en una frase: "Excepto tu Ser sin ser, no hay Dios, ni *Brahman*, ni *Atman*, ni *Paramatman*, ni Maestro". Esta declaración tiene el mismo significado que el *Bhajan* que cantamos en el ashram cada mañana: *Chidananda Shivoham Shivoham*.

P: Es un *Bhajan* muy hermoso.

Maharaj: Los dos dicen lo mismo: no hay madre, ni hermano, ni hermana, ni Maestro, ni discípulo, ni relaciones. Todas las relaciones son relaciones del cuerpo.

ANTES DEL CUERPO, ANTES DE SER, TU PRESENCIA ESTABA AHÍ, PERO SIN FORMA ALGUNA. CUANDO EL SER ACABE, TU PRESENCIA ESTARÁ AHÍ, PERO SIN FORMA ALGUNA.

Si quieres compararte con algo, compárarte con el cielo. El cielo está en todas partes, omnipresente. Tú eres la Verdad Final, eres la Verdad Última. Por tanto, "decir *Yo* es ilusión, decir *tú* es ilusión, decir *Brahman* es ilusión. El mundo es ilusión", dijo Shankaracharya.

P: ¡Es todo un reto! Rechaza a todos y a todo lo que pensamos, a todo lo que vemos como nuestra realidad, y a cada persona a la que le tenemos cariño.

Maharaj:

TÚ LE HAS DADO FORMA AL MUNDO. EN EL MOMENTO EN QUE EL ESPÍRITU HIZO CLIC CON EL CUERPO, EL SUEÑO COMENZÓ. LA *VIDA* ES SÓLO UN SUEÑO.

Es como cuando estás durmiendo y sueñas. Esto es un sueño. Actúas en un sueño como si fueses alguien, un hombre o una mujer. En el sueño ves dioses, océanos, mares y templos. Ves a mucha gente, muchos paisajes.

Después de despertar del sueño, cuando todo se esfuma y desaparece, pregúntate: "¿Dónde fue toda esa gente? ¿Dónde fue a parar el escenario? ¿Qué pasó con la gente con la que te relacionaste en el sueño? ¿Fueron al cielo o al infierno?

P: Supongo que cuando despertamos, simplemente aceptamos que estábamos soñando.

Maharaj: Sí, cuando de despiertas del sueño ¿empiezas a sollozar diciéndote que tus amigos se han ido y les has perdido?

P: No, porque sé que es sólo un sueño.

Maharaj: Sabes que es un sueño, e incluso si sueñas con amigos cercanos y tienes apego a la gente que aparece en tu sueño, cuando te despiertas, son rápidamente olvidados ¿Correcto?

P: ¡Sí!

Maharaj: ¡Presta atención! Cuando despiertas del sueño, el mundo que ha sido soñado desaparece. Del mismo modo, este mundo es sólo un sueño, un largo sueño que también desaparecerá. Absorbe lo que te estoy diciendo:

**EL MUNDO ES UNA PROYECCIÓN
DE TU PRESENCIA ESPONTÁNEA.
EL MUNDO ES UNA PROYECCIÓN
DE TU PRESENCIA ESPONTÁNEA.**

El Conocimiento ha de ser absorbido completamente. No es un conocimiento intelectual, es la Realidad.

**ÉSTE ES TU CONOCIMIENTO,
NO EL CONOCIMIENTO DE *BRAHMAN*.
ES EL CONOCIMIENTO DEL OYENTE,
EL CONOCIMIENTO DE TU INVISIBLE Y ANÓNIMA
IDENTIDAD NO IDENTIFICADA,
QUE NO PUEDE SER DEFINIDA MEDIANTE EL LENGUAJE,
QUE NO PUEDE SER DEFINIDA
UTILIZANDO NINGUNA PALABRA.**

Es lo que se llama Conocimiento Directo. No hay nada en medio. Es Espontáneo y Directo. Sin ejemplos ni explicaciones prolijas que te tengan dando vueltas y vueltas en círculos, añadiendo confusión.

Los Maestros de este Linaje eran gente común, como tú y yo. Aceptaron sin reservas la Realidad que les mostraban sus Maestros. El Conocimiento vino de su lucha y determinación por encontrar la Realidad, y desvelar el Conocimiento del Ser sin ser. Tuvieron una intensa dedicación, un compromiso fuerte, una fe muy fuerte, su fe fue muy fuerte.

¡Sé absolutamente audaz! Cuando llegues a conocerte en un sentido real, serás audaz ¿Por qué tanto miedo al nacimiento y a la muerte?

NO HAY MUERTE NI NACIMIENTO. ERES NO-NACIDO.

¡Ten valor! No un valor egoísta, no un valor mental, ni intelectual, sino una valentía Espontánea, algo así como: "¡Sí! Ahora lo sé ¡Yo soy Eso!"

Con la comprensión que acabas de adquirir, sabrás que no es necesario mendigar nada de otros ¿Para qué ibas a hacerlo sabiendo que todo está en ti? ¿Por qué mendigar cuando sabes que tú eres la raíz de todo?

Una persona piadosa vino a verme el mes pasado y dijo: "Por favor, ponga su mano en mi cabeza". "¿Por qué?" le respondí. "Puedes poner tu mano sobre tu cabeza ¡Somos iguales!"

P: [Sonriendo] Cuando llegué aquí, eso mismo es lo que quería pedirle, pero estaba demasiado asustado. Estaba un poco ansioso, tenía miedo sobre un asunto concreto de mi vida y pensé que una bendición suya podría ayudarme.

Maharaj: ¡Eso es lo que pasa cuando no eres consciente de tu propio poder!

P: ¿También cuando crees que estás separado de él?

Maharaj: Sí, sí, como aquél santo que puede que ya haya mencionado. Había estudiado durante cuarenta o cincuenta años y tenía muchas interrogantes sobre lo que había leído en escrituras y libros espirituales. Tenía algunos miedos, impresiones que habían dejado huella en él, llevándole a proyectar sus miedos al exterior.

P: ¿Es como uno crea sus propios monstruos y luego se asusta con ellos?

Maharaj: En consecuencia, el hombre tenía miedo de determinados deidades y de Dios, y le pregunté:

"¿POR QUÉ TIENES MIEDO DE ESOS DIOSES?"
TU PRESENCIA ES NECESARIA PARA QUE PUEDAS DECIR *DIOS*.
SIN TU PRESENCIA NO HAY DIOS.
DIOS ES TU HIJO.

Lo primero es tu Presencia. Ha de estar ahí antes de nada, antes de cualquier otra cosa.

SIN TU PRESENCIA,
NO HAY SOL, NI LUNA, NI MARES, NI OCÉANOS,
NI GENTE, NI OTROS, NI MUNDO, NI DIOS.

De pronto, su cara se iluminó ¡La Verdad comenzaba a abrirse paso en él! Y de nuevo volvemos a lo que dijo mi Maestro: "Excepto tu Ser sin ser, no hay Dios, ni *Brahman*, ni *Atman*, ni *Parabrahman*, ni Maestro".

P: ¡Ah! Son palabras muy atrevidas, muy poco ortodoxas, controvertidas; pero en honor a la verdad, tengo que decir que son extraordinarias. No sólo eso, sino que todas las enseñanzas son radicales. He leído mucho, pero nunca he oído este tipo de saber expresado en la manera que usted lo hace ¡Es tan claro! ¡Impresionante! Me siento con deseos de decir: "¡Lo tengo!", pero sé que usted luego me replicará diciendo: "¿Quién lo tiene?"

Maharaj: Es un Conocimiento raro, unas enseñanzas elevadas. Nisargadatta Maharaj solía decir que cuando entiendas que sólo hay el Ser sin ser, dejarás de hacer daño a *otros*. No despreciarás a nadie. No habrá sentimientos de odio o celos hacia nadie, porque sabrás que no hay enemigos en ningún momento de tu vida. Sabrás que estás en todas partes. En ese momento, lo sabrás.

SABES QUE NO ERES LA FORMA CORPORAL,

**POR LO TANTO, NO HAY SITIO PARA LOS CELOS,
LA ENEMISTAD O EL ODIO.
EL ESPÍRITU QUE ESTÁ CONTIGO
ES EL ESPÍRITU QUE ESTÁ CON TODOS, CON CADA SER.
POR LO TANTO, PREGÚNTATE:
¿QUIÉN ES BUENO? ¿QUIÉN ES MALO?
¿QUIÉN ES GRANDE? ¿QUIÉN ES PEQUEÑO?**

Has estado buscando aquí y allá, como una persona con los ojos vendados. Ya no hay necesidad de ello. No tengas miedo ni huyas de tu vida ¡Sé valiente!

Sí, las dificultades y las situaciones desagradables estarán ahí, pero no hay problema, déjalos ir y venir. Eres firme y estable ¿OK? ¡Ahora siéntate y medita! Absorbe este Conocimiento.

P: Gracias Maharaj.

39. *¿Está usted Realizado?*

P: Durante los últimos años he estado yendo a *satsangs*, también he ido a ver a distintos, así llamados, maestros neo-advaita, lo cual me ha seguido dejando hambriento. Es difícil expresarlo con palabras, pero el conocimiento que usted da es absoluto, completo y satisfactorio. Hace resonar la verdad como un acorde interior que me deja satisfecho y en paz.

No sé si estar en su presencia tiene algo que ver con ello, pero es que no puedo parar de sonreír. Hay en el ambiente una sensación tangible de ser nutrido espiritualmente, y una llamada de la verdad en todo lo que dice. Simplemente sé que es Verdad. El Conocimiento que usted comparte aquí es muy fresco, vivo y raro, tal vez a causa de que es espontáneo...

Maharaj: Conocimiento significa sólo conocerse a sí mismo en un sentido real, no en ninguna forma corporal. Básicamente es Conocimiento Verdadero de Uno mismo, Auto-conocimiento, lo cual te identifica en un sentido real. Te conoces a ti mismo con la mente, el ego, el intelecto y todos los conceptos, pero estás más allá de eso.

**ESTÁS MÁS ALLÁ DE ESO.
TU PRESENCIA NO ES ESO.
ESTE CONOCIMIENTO ES UN ACERCAMIENTO DIRECTO
AL OYENTE ANÓNIMO E INVISIBLE.**

¿Desde cuándo te conoces como la forma corporal? ¿Cuánto tiempo va a durar esta forma corporal? OK, tenemos cierta información, pero pertenece a la esfera del conocimiento relacionado con el cuerpo, el conocimiento árido. A menos que te conozcas a ti mismo en un sentido real, el Conocimiento no estará ahí.

Nisargadatta Maharaj decía: "Todo eso, todas esa palabras que utilizamos sobre Dios, sobre la espiritualidad, sobre esta vida, sobre el más allá, sobre tantas cosas..., sobre esto, sobre aquello, sobre el futuro; todas esas palabras y conceptos, no son nada más que conocimiento relacionado con el cuerpo".

P: Lo que está diciendo es que todo lo que hemos aprendido, estudiado y experimentado, todo el conocimiento que hemos amasado durante años, no es conocimiento real, no es verdadero ¿Es sólo lo que usted llama conocimiento relacionado con el cuerpo?

Maharaj: Desde luego, desde luego. Mira, antes de ser, eras totalmente inconsciente. Eras totalmente inconsciente de nada y de todo. Ni siquiera sabías la palabra *conocimiento*, porque no te conocías a ti mismo. Tu forma corporal no te molestaba en absoluto, pero en el momento en el que el Espíritu hizo clic con el cuerpo, comenzó la Auto-identificación. El condicionamiento empezó cuando, por ejemplo, tu madre dijo "Eres una niña. Eres un cuerpo llamado Ravi, ésta es Sita y aquél es John", y así. Y como has estado oyendo todo lo que se ha dicho sobre ti, eso que se ha dicho te ha definido en gran medida y lo has aceptado sin cuestionártelo. A lo largo del tiempo, las capas de impresiones que se han formado desde la infancia, te han moldeado, y lo que pasó es que fuiste llevado al mundo ilusorio del conocimiento relacionado con el cuerpo y creíste que era real.

De modo que lo que hacemos aquí es llamar la atención del Oyente Silencioso, Invisible y Anónimo que hay en ti. Nos dirigimos a tu Realidad a antes de ser, a antes de la formación de las capas ilusorias que eran, por así decir, sobrepuestas o superpuestas a tu Realidad.

P: ¿La Realidad estaba cubierta por un manto de ilusión y creímos que este manto era la Realidad?

Maharaj: Recuerda, no tomes mis palabras literalmente. Lo que trato de transmitir es más importante. Estamos llamando la atención del Oyente Silencioso, Invisible y Anónimo. Tú eres la Verdad Última, la Verdad Final.

EL OYENTE SILENCIOSO, INVISIBLE Y ANÓNIMO, LA REALIDAD.
TÚ ERES ESO.

Aunque no puedas mostrar la Verdad Última, tenemos que utilizar algunas palabras para acercarnos y poder señalar esa Realidad, pero no te creas las palabras.

Cuando hablamos en una conversación o tenemos una discusión, tenemos que usar palabras que contengan el principio, el quid, el significado esencial de lo que queremos decir ¿Qué quiere decir una palabra concreta? La gente viene aquí y quiere discutir las cosas y sostener un debate. No hay debate.

EL CONOCIMIENTO QUE COMPARTIMOS AQUÍ ES DIRECTO, VERDADERO, NO PARA DEBATIR.

P: Maharaj, espero que no le importe que le pregunte si está usted Realizado.

Maharaj: Eso es una bobada ¿Cómo vas a evaluar si alguien está o no Realizado? Tienes que ver si tú estás Realizado en lugar de comparar éste, ese o aquél Maestro. Es una pregunta innecesaria, una pregunta basada en el cuerpo.

P: Lo siento, pensé que podía evitar preguntarle, pero no pude.

Maharaj: En lugar de preguntar eso, enfócate en ti ¿Cuál es tu propósito? Tienes que abandonar este mundo ilusorio, y cuando te conozcas a ti mismo, cuando eso suceda, el mundo, todo este conocimiento relacionado con el cuerpo, será gradualmente cada vez menor. Tendrá poco o ningún efecto en ti. Para ello, será necesario tener un compromiso serio.

De modo que has de hacer preguntas ¡Auto-indaga! Has de salir de esta imagen ilusoria, del mundo ilusorio. Has firmado en blanco y aceptado como reales cosas que no tienes delante, que no existen.

P: ¿Cómo me volveré autor-realizado? Quiero decir ¿cómo lo obtendré?

Maharaj: No hay un *volverse*, no hay un *tú* y no hay nada que *obtener*. En primer lugar, todo el conocimiento basado en el cuerpo se ha de disolver. Sólo después, tras aclarar el conocimiento, podrá la Verdad Última emerger y revelarse.

Lo que te estoy diciendo ahora mismo se revelará a ti espontáneamente, sin intervención de tu conocimiento, y exclamarás "¡Oh! El Conocimiento está fluyendo". Simplemente sucederá.

Deja de considerarte a ti mismo como la forma corporal. Las impresiones desde la infancia hasta hoy y todos los condicionamientos deben ser disueltos y eliminados.

DEBES TENER UNA TOTAL CONFIANZA EN TI MISMO, ASÍ COMO UNA TOTAL CONFIANZA EN TU MAESTRO.

Esto es básicamente lo que se necesita. Nisargadatta Maharaj tenía una fe muy fuerte en su Maestro, Siddharameshwar Maharaj, que a su vez la tuvo también en su Maestro. De modo que no estreses tu mente o tu cerebro, ya que sucederá espontáneamente.

P: Ayer, cuando usted estaba hablando, Maharaj, había claridad, y lo que se decía era lo apropiado para ese momento. Hablaba directamente a... no me di cuenta del todo, pero luego... era como ¡Ajá! ¿Sabe? Usted dijo lo adecuado en el momento adecuado. Sentí el Conocimiento Directo, pero no era sólo por lo que se decía... Por un momento fue como si el oyente y el hablante se unieran, se mezclaran, y hubo una pausa de Unidad, más allá de las palabras.

Maharaj: Más allá de las palabras, más allá de los mundos. Aquí se habla claramente de la verdad, no jugamos al escondite. Este Conocimiento es un Conocimiento Directo, y el acercamiento es un acercamiento directo.

**NO ES UN ACERCAMIENTO INTELECTUAL,
NO ES UN ACERCAMIENTO LÓGICO,
NO ES UN ACERCAMIENTO EGOÍSTA,
TODO ESO VIENE DESPUÉS DE TU PRESENCIA.**

40. *El conocimiento del cuerpo hecho de alimentos*

Maharaj: Debido a que no estamos mirando hacia nuestro interior, estamos ignorando al Buscador y al Descubridor, y en su lugar vamos corriendo de aquí para allá. Todos corren de aquí para allá buscando paz y felicidad. Van por caminos equivocados, unos por este camino, otros por aquél camino. La gente busca, mirando fuera de sí mismos, buscando respuestas fuera de sí mismos, en otras personas, en libros, en lugares sagrados.

P: ¿Buscamos las cosas en fuentes externas en lugar de tratar de encontrar las respuestas en nuestro interior?

Maharaj: Sí. Has de tener una fuerte voluntad de investigar, de saber, de encontrar respuestas a estas preguntas Definitivas: "¿Quién soy yo? ¿Qué significa la muerte? ¿Qué quieres decir con nacimiento? ¿Cómo era yo antes de ser?" Estas preguntas sin responder han de ser respondidas. A menos que profundices más y más, no serás capaz de conocerte a ti mismo.

P: Supongo que la mayoría de nosotros simplemente lleva adelante su vida, afrontamos con los altibajos y nos dejamos llevar. Muchos de mis amigos hacen lo mismo.

Maharaj: ¡Olvídate de los demás! ¡Habla de ti!

P: No consigo tener tiempo suficiente para hacer mucha Auto-indagación.

Maharaj: El tiempo sólo está conectado con el cuerpo. No hay tiempo en absoluto, de modo que olvídate de todos esos conceptos. Antes de

ser no había tiempo, no había nada. Todos los conceptos vinieron con el cuerpo. Debes ser consciente de ello. Convéncete y ten Convicción.
P: ¡Lo haré! Trataré de recordar.
Maharaj: Todos las personas tienen diferentes tipos de miedos y, a veces, en situaciones desagradables, se descubren a sí mismos agitados y temblando. Incluso cuando aparece un pequeño temor o estremecimiento, te alteras y deprimes ¡Entrénate en no caer en la ilusión!

Todo lo que tienes que hacer cuando hay un contratiempo es averiguar, preguntarte: "¿Cuál es la causa de mi depresión? ¿Quién está alterado? ¿Cuál es la causa de la infelicidad y la falta de paz? ¿Cómo puedo estar libre de tensión? ¿Cómo puedo ser valiente?" Estas preguntas han de ser respondidas. Todas las respuestas a las preguntas están dentro de ti, pero estás tratando de encontrarlas ahí fuera, en el mundo material.

ESTÁS TRATANDO DE ENCONTRAR PAZ Y FELICIDAD DE FUENTES MATERIALES QUE ESTÁN FUERA DE TI.

Con frecuencia la gente está mal aconsejada en el mundo espiritual. Escuchan a quienquiera que encuentran. Se les dice que hagan esto o aquello, que realicen tal sacrificio, donen algo de dinero, que vayan aquí y allá. Hay muchísimos rituales, no sólo en India, pasa lo mismo en todo el mundo.

La gente busca paz y felicidad en fuentes externas a ellos mismos, pero no saben cuál es su propia Identidad. Van deambulando, viajando, errantes, de aquí para allá, intentando encontrar fuera, sin éxito, dónde están la paz y la felicidad. Hasta cierto punto, son engañados por la espiritualidad, en nombre de la espiritualidad.

P: Es cierto. La espiritualidad es actualmente una actividad comercial, una mercancía. He perdido a muchos de mis amigos con los, así llamados, maestros neo-advaitas. Estos amigos no parecen entender que ellos es obra de *maya*. Incluso pagan por la, así llamada, *Verdad*. Seguramente es un mal comienzo, una base muy inestable para la espiritualidad y la verdad. Estos maestros fomentan la dependencia con ánimo de lucro. No puedo decir que sean todos, pero…

P (2): Bueno, creo que el movimiento "neo" no suele profundizar mucho, pero al menos hace a la gente consciente de que tú y el mundo sois irreales, digamos que no hay cuerpo ni hay nadie, ya sabes…

Maharaj: OK. El Maestro os está haciendo aquí Maestros, no discípulos. Os está haciendo independientes. No necesitáis nada de fuera. Todo está dentro de vosotros. Encontraréis paz y felicidad duraderas, sin un motivo material para ello.

DEBIDO A LA FORMA CORPORAL, DEBIDO A ESTE CONOCIMIENTO DEL CUERPO

HECHO DE ALIMENTOS, HEMOS OLVIDADO NUESTRA IDENTIDAD.

Y por eso, porque has olvidado tu Identidad, es por lo que has de realizar las prácticas de meditación y Auto-indagación. Uno ha de tener la Convicción de que "No tengo nada que ver con el conocimiento relacionado con el cuerpo ni con el cuerpo hecho de alimentos. Es sólo debido a que lo alimento que el cuerpo sobrevive." Más importante, escucha atentamente, si el Espíritu no está ahí en primer lugar, no es posible que el cuerpo funcione.

EL CUERPO NO PUEDE FUNCIONAR SIN ESPÍRITU.

P: ¿Espíritu es lo mismo que Presencia Espontánea?

Maharaj: Sí, sí, pero son sólo palabras, sólo nombres. No te enganches a las palabras, engánchate al significado que encierran. Sal del círculo vicioso del conocimiento relacionado con el cuerpo. Sal del nacimiento y la muerte. Conócete en un sentido real, porque el cuerpo no es tu identidad. Os estoy diciendo una y otra vez que:

NO SOIS EL CUERPO, NO SERÉIS EL CUERPO, NO VAIS A SEGUIR SIENDO EL CUERPO.

El cuerpo sólo tiene valor por tu Presencia Espontánea, la Presencia Anónima, la Presencia Invisible, que no es consciente de su propia identidad.

ESTA PRESENCIA ESPONTÁNEA, LA PRESENCIA INVISIBLE, NO ES CONSCIENTE DE SU PROPIA IDENTIDAD PORQUE ES VASTA, TODOPODEROSA, OMNIPRESENTE, COMO EL CIELO.

El cielo no sabe que él "es el cielo". Tú dices "Esto es cielo", "Esto es espacio". El cielo no sabe que él "es el sol", o "soy la Luna", o "soy agua". Tu Identidad está más allá, más allá de eso, más allá de eso.

Hay muchas limitaciones a causa del cuerpo. Has de salirte del círculo del conocimiento relacionado con el cuerpo. Eres el arquitecto de tu vida. Eres el Maestro de tu vida ¡Ten un poco de valor!

P: Cuando usted da este tipo de enseñanza directa, Maharaj, me viene un sentimiento de paz, pero después me pregunto: "¿Qué es el sentimiento? ¿Quién o qué lo está sintiendo?"

Maharaj: El Oyente está escuchando su propia historia. El Oyente Invisible está escuchando su propia historia y por tanto se siente completamente en paz. Si alguien habla de ti y te cuenta tu historia, digamos tu nombre, lugar de nacimiento, etc., cuando esto sucede, dirás: "¡Esta es mi historia!"

El Oyente Invisible está escuchando. El Conocimiento está siendo absorbido cuando esta Identidad Invisible no Identificada escucha. Entonces olvidas tu identidad, olvidas tu individualidad. Hay una paz Espontánea. Te despreocupas totalmente de la forma corporal y todos los sentimientos relacionados con el cuerpo. Aunque seas quien tiene el cuerpo, estás totalmente despreocupado, de modo que no hay sentimientos, sentimientos del Yo.

Sigue haciendo la práctica, ve cada vez más y más profundo. Sólo entonces, encontrarás una felicidad excepcional sin causa material alguna.

SÓLO HAY UNA FUENTE. TÚ ERES LA FUENTE.
SÓLO HAY EL SER SIN SER.

Como decía Nisargadatta Maharaj sobre la esencia de la espiritualidad, la culminación, el principio de la filosofía y la espiritualidad:

"EXCEPTO TU SER SIN SER,
NO HAY DIOS, NI *BRAHMAN*,
NI *ATMAN*, NI *PARAMATMAN*, NI MAESTRO."

41. El Maestro es lo Último

P: ¿Qué es la fe, Maharaj?
Maharaj: La fe es algo muy simple, es completa aceptación ¡Aparta el conocimiento espiritual por un momento! He aquí un ejemplo muy simple: Supón que te doy las indicaciones para ir a un sitio. Sigues las instrucciones con fe y llegas a la dirección. Si tienes fe y confianza, no puedes equivocarte.

La fe es simplemente devoción. Si una persona poco instruida puede revelar conocimiento espiritual ¿por qué va a ser difícil para ti? Has ido a la escuela, estás educado. Ellos no estaban muy cualificados, pero tenían una fe firme en los Maestros, como en la siguiente historia de la pescadora.

Era la estación de lluvias y en esa época, por la tarde, había enseñanzas y se cantaban *kirtans* en los alrededores. Una pescadora quería ir pese al clima tormentoso. Quien las daba, le dijo: "Mantén el nombre del Señor Krishna en tus labios, y llegarás a las lecciones sin incidentes". El barquero que la iba a llevar allí, estaba ansioso y renuente a salir con un mar tempestuoso. Ella no tenía miedo. La pescadora le tranquilizó y partieron. Durante el viaje la pescadora mantuvo el nombre del Señor Krishna en sus labios. La barca maniobró para esquivar grandes olas y llegaron al lugar sin sufrir ningún daño. El profesor la miró muy sorprendido y dijo: "¿Cómo has logrado venir con estas lluvias?" Y ella le respondió: "Usted me dijo que mantuviera el nombre del Señor Krishna en mis labios y todo iría bien".

La pescadora no aplicó su intelecto a la situación, tuvo una DEVOCIÓN INOCENTE. Esta historia es un buen ejemplo de cómo, si tienes una fe total, no necesitas nada más.

FE SIGNIFICA FE EN TI.
TU MAESTRO INTERIOR REGENERARÁ TU PODER,
Y TE GUIARÁ.
LAS INSTRUCCIONES APARECERÁN
ESPONTÁNEAMENTE.
SI TE DIGO QUE ERES BRAHMAN, QUE ERES ATMAN,
HAS DE ACEPTAR LO QUE EL MAESTRO HA DICHO.
HAS DE TENER FE EN LAS PALABRAS DEL MAESTRO.
NO HA DE HABER NINGUNA DUDA.

Siddharameshwar Maharaj solía contar esta historia sobre un santo que le dijo a su discípulo que fuese a dar hierba a la vaca. De modo que el discípulo salió y fue a buscar a la vaca. No había ninguna vaca, sólo pudo ver a un perro por allí. Él sabía que cuando su Maestro le dio instrucciones para alimentar con hierba a la vaca, tenía que darle la hierba al perro, tal vez creyendo que el perro era una vaca. Así que le dio la hierba al perro. Pasó la prueba porque no cuestionó a su Maestro, sino que siguió sus instrucciones. Tenía mucha fe, una fe total en el Maestro ¡Eso es fe!

P: ¿Incluso si encuentras las instrucciones un poco extrañas, has de seguirlas porque vienen del Maestro?

Maharaj: ¡Sí! Como sabes, en nuestro Linaje damos un Mantra. Has de tener fe en el Maestro, fe en la Iniciación y fe en el Mantra. No debe surgir en ti ninguna duda. Has de aceptar completamente ese Conocimiento, esa Realidad, sin dudar, sin ninguna confusión.

TEN UNA LEALTAD TOTAL AL MAESTRO,
Y AL SER SIN SER.

Si no tienes fe, serás fácilmente influenciado y surgirán el conflicto y la confusión, creándote problemas.

P: ¿Cuando dice que hay que tener fe, quiere decir fe en Dios?

Maharaj: En esta vida que vivimos, hemos de tener fe en algo, puede que en Dios o en el Maestro. Tener fe y confianza es esencial.

P: ¿También has de tener fe en ti?

Maharaj: Por supuesto. Has de tener fe en ti mismo, si no, no tendrás fe en otros. Si tú mismo estás confundido, no tendrás fe en otros. Por ejemplo, si tus padres te dicen que no hagas algo, no has de hacerlo. Sabes que al instruirte lo hacen con buena intención, por un buen motivo. Si vas en contra de sus deseos, es una señal de falta de respeto.

Has de tener algo en tu vida a lo que seas fiel y, al mismo tiempo, has de estar alerta. Eso por eso que les digo a todos que no asientan con su cabeza a menos que estén convencidos "¡Oh! Maharaj dijo... ¡Oh! No sé nada de eso", y empiezas a hacer preguntas. No, ese no es el camino. Si aceptas el Conocimiento cuando todavía tienes dudas, sólo crearás conflictos y problemas.

P: ¿La fe en el Maestro ha de ser total o no?

Maharaj: ¡Sí! Cuando aceptas a alguien como tu Maestro, has de tener dedicación, una relación conjunta. Has de tener una dedicación perfecta, hasta el punto en el que sientas de modo muy intenso que:

ESTE ES MI MAESTRO Y ES LO ÚLTIMO.

Si vas al médico y te receta un medicamento, has de tener algo de fe. Fe es aceptación, pero no fe ciega.

P: ¿Qué es fe ciega?

Maharaj: Magia y ese tipo de cosas, cuando la gente va buscando a otros para tener experiencias milagrosas. Los que dicen que hacen milagros, y los que compran lo que éstos les venden, eso es fe ciega. Puede que ayunes, que te rechaces a ti mismo o que tortures el cuerpo porque tienes fe en que este tipo de cosas puedan producir cambios en tu vida material.

Después de aceptar al Maestro, no debes relacionarte con quienes te puedan distraer. Nisargadatta Maharaj nos advirtió y dijo: "Sois devotos de vuestro Maestro. El Maestro os está dando la Verdad Última, por completo. Después de dároslo, no debéis cruzaros con gente que tiene un conocimiento a medias o con aquellos que os distraigan".

P: Por lo tanto, la fe en el Maestro, ¿significa estar comprometido con él de por vida?

Maharaj: Nisargadatta Maharaj dijo:

**INCLUSO SI DIOS APARECE ANTE TI,
NO DEBES REACCIONAR,
PORQUE TU MAESTRO ES LO ÚLTIMO.**

P: ¡El Maestro es lo Último! ¡Es hermoso!

Maharaj: Nisargadatta Maharaj solía contar una historia sobre un gran santo del Himalaya. Era muy viejo y débil. Envió a uno de sus discípulos a preguntarle a Nisargadatta Maharaj si querría recibir los poderes del santo. El santo dijo: "Usted es la única persona a la que puedo ofrecer mi poder, que he obtenido después de una práctica muy, muy larga".

Nisargadatta Maharaj dijo: "Dile a tu Maestro: Swami, no soy una viuda". Lo cual significa que aunque mi Maestro no está físicamente vivo, está conmigo, él es mi poder. Ve a decírselo". [Esto sucedió poco después de que su propio Maestro, Siddharameshwar

Maharaj, dejase su cuerpo]. El Maestro del Himalaya se enfadó mucho porque su ofrecimiento había sido rechazado y él mismo fue directamente rechazado. Se sintió insultado.

El santo envió otro mensaje, esta vez con amenazas: "Le haré algo, algo malvado, con mi poder." De nuevo, Nisargadatta Maharaj, dijo: "No puede hacer nada. Mi Maestro es muy grande, el más grande." El santo escuchó y dijo: "¡Oh, este chico está verdaderamente Realizado!"

Nisargadatta Maharaj no fue en absoluto tentado por el poder que le ofrecía el gran santo. Tenía completa fe y confianza.

NO HAY TRANSIGENCIA CON LA FE Y LA CONFIANZA.

Esta es una señal de alguien que está Realizado. Tienes fe y confianza en ti mismo y en el Maestro.

En otra ocasión, la entonces Primera Ministra Indira Gandhi, envió algunas personas a invitar a Nisargadatta Maharaj para que la visitara. Él rechazó la invitación. Nunca se inclinó ante nadie por expectativas, dinero u honores. Si alguien señalaba y decía a mi Maestro: "¡Aquí hay un gran santo!", él no se inmutaba, ni mostraba felicidad o tristeza. La misma cualidad se establecerá en ti.

Comparto lo mismo con todos. A algunos les gustan las enseñanzas, a otros no. Es irrelevante si la gente es importante o no. Pongo delante de ellos su propia Verdad, la Verdad Final. Puedes aceptarla o no.

Mira los dramas diarios para probar tu Conocimiento, y serás cada vez menos atraído por las cosas.

Incluso si Dios aparece ante ti, sabrás que Dios es una proyección de tu Presencia.

LA FIGURA DE DIOS ES TU REFLEJO.

Para decir Dios, se requiere tu Presencia. Dios no tiene una identidad independiente. Este es un poder directo. Aprendí muchas cosas de mi Maestro.

42. *La Soga y la Serpiente*

P: Creo haber entendido que el núcleo de la práctica es la fe y la Convicción de que la Presencia Espontánea es la Realidad, que ahí es donde estás, y que continúa hasta aniquilar el conocimiento relacionado con el cuerpo, el conocimiento relacionado con la mente.

Maharaj: Utilizamos palabras como *espontáneo* sólo para llamar la atención del Oyente Invisible. A pesar de que el Oyente no tiene ningún idioma.

Si te dedicas intensamente, no te será difícil absorber las enseñanzas. Ahora lo sabes. Sabes que esta identidad externa no va a mantenerse constante. La Convicción es esencial para la espiritualidad, la Convicción de que no eres el cuerpo.

Tu Presencia Espontánea es Anónima, Invisible, no Identificada. Puedes llamarla Espíritu, o Poder, si lo prefieres. Los nombres no son importantes. Un cierto Espíritu está ahí, mediante el cual estamos hablando. Algún poder está en el trasfondo cuando miramos, cuando escuchamos. Todas las actividades son para el cuerpo, todas las actividades son para el cuerpo.

HAY ALGÚN PODER, ALGUNA FUERZA, ALGÚN ESPIRITU AHÍ, COMO LA ELECTRICIDAD. ES INVISIBLE, ANÓNIMO, NO IDENTIFICADO.

Es lo que nos permite sentir. Sin él, no puedes pronunciar ni una sola palabra, ni siquiera puedes levantar tu mano. Utilizas el cuerpo, pero el cuerpo no te utiliza a ti. Sin tu Presencia Espontánea, ni siquiera puedes mover un dedo. Sin el poder, sin el Espíritu, no puede haber movimiento. Este Espíritu se llama *Brahman*, *Atman*, *Paramatman*, Dios, *Parabrahman*, Maestro. El espíritu, esa Invisible y Anónima Presencia no Identificada, ha sido llamada con nombres muy diferentes.

¡ESO ERES TÚ!

P: ¿Qué es la Presencia, ese Espíritu?
Maharaj:
NO TIENE MUERTE NI NACIMIENTO, SÓLO ESO, SÓLO ESO.

P: ¿Después de la muerte del cuerpo, qué queda?
Maharaj: Simple, simple:
**NO HAY NADA.
NI EXPERIENCIA,
NI EXPERIMENTADOR.
NI CONOCIMIENTO. NADA. NO QUEDA NADA.**

P: Somos sólo Presencia ¿Cuándo el cuerpo desaparece, todavía somos Presencia?
Maharaj: No hay nada antes ni hay nada después. Cuando el cuerpo de una persona desaparece, ¿cómo va a aparecer su mundo?
P: Sin la existencia, sin el cuerpo, obviamente no aparece, no hay mundo. No hay nada.
Maharaj: ¡Claro! Porque el mundo es la Proyección Espontánea de tu Presencia Espontánea. Por lo tanto ¡ni cuerpo, ni mundo! Nada. Utilizamos estas palabras sólo con el fin de comunicarnos. Ese *algo* que apareció como el cuerpo, desaparece. Ese algo se funde con nada. Algo se funde con nada. Están interrelacionados. En pocas palabras:

**A PARTIR DE NADA,
HAY ALGO.
LUEGO ESE ALGO
REGRESA A NADA.
NADA SE FUNDE CON ALGO,
ALGO SE FUNDE CON NADA.**

P: Pero en la realidad no hay *algo* ¿Ese algo es ilusión porque sólo hay Presencia Espontánea?

Maharaj: Sí, sí. Con este entendimiento, queremos tener la Convicción que dice:

"ESTOY TOTALMENTE DESPREOCUPADO DEL MUNDO".

P: ¿Quiere decir verlo todo bajo una nueva luz, con una nueva perspectiva?

Maharaj: No hagas ningún esfuerzo, sucederá espontáneamente. La Convicción es Espontánea. La Convicción es Espontánea.

**TODAS LAS NECESIDADES,
TODAS LAS RELACIONES Y EXPECTATIVAS
ESTÁN RELACIONADAS CON EL CUERPO.**

Queremos paz ¿Quién quiere paz? Queremos felicidad ¿Quién quiere felicidad? Queremos una vida libre de tensión ¿Qué es una vida libre de tensión? ¿Cuál es el significado de la felicidad? ¿Qué significa paz?

**NO CONOCÍAMOS ESOS TÉRMINOS ANTES DE SER.
VINIERON CON EL CUERPO Y
SE IRÁN CON EL CUERPO.**

Son los requisitos del cuerpo, no TUS requisitos. El cuerpo se disuelve ¡Está claro! Tienes miedo, todos tienen algún miedo debido al apego al cuerpo.

**NADIE QUIERE MORIR.
TODOS TIENEN MIEDO DE LA MUERTE.
PERO CUANDO LLEGUES A SABER LA VERDAD
SOBRE LA MUERTE,
YA NO TENDRÁS NINGÚN MIEDO.**

Pregúntate: "¿Por qué tengo miedo a la muerte?" A menos que conozcas la Realidad, este miedo te llevará a quejarte y multiplicarlo. La valentía en el momento de la muerte es un saber real, un Conocimiento práctico, la Verdad Última.

P: ¿Cuánto tiempo cree que llevará saber, saber realmente y aceptar la verdad sobre la muerte?

Maharaj: ¿Por qué dices cuánto? ¡Es instantáneo! ¿Conoces la famosa historia de la soga y la serpiente?

P: Sí

Maharaj: Por lo tanto, si la sabes, sabrás que es instantáneo. Al principio tienes miedo de lo que percibes como una serpiente. Eso es miedo. Luego, con luz, cuando ves que es sólo una soga, el miedo desaparece en un segundo. ¡Es un hecho que no había serpiente sino sólo una soga!

**DEL MISMO MODO,
CUANDO SABEMOS
QUE SOMOS NO-NACIDOS,
QUE LA MUERTE SÓLO ES APLICABLE AL CUERPO,
EL MIEDO QUE TENEMOS A LA MUERTE,
DEBIDO A QUE NO SABÍAMOS ESO,
DESAPARECERÁ.**

Simplemente se desvanecerá porque lo sabemos.

P: Puedo ver cómo he llevado ciertos miedos conmigo. Sé que no hay muerte. Lo he sabido, pero puede que sólo intelectualmente, supongo. Al mismo tiempo, he sido consciente de que estoy muy apegado al cuerpo, lo cual me ha causado miedo y ansiedad.

Maharaj: Sí, sí, pasa. Por eso insisto y le digo a todo el mundo:

**¡AUTO-INDAGA!
HAS DE CONOCERTE A TI MISMO
EN UN SENTIDO REAL.
NO ERES LA FORMA CORPORAL.
¿QUIÉN ESTÁ MURIENDO?
¿QUIÉN ESTÁ NACIENDO?
¡AUTO-INDAGA!
¡AUTO-INDAGA!
¡AUTO-INDAGA!**

Eres la raíz de todo Conocimiento. No eres el cuerpo. Eres la raíz del mundo. El Oyente Invisible es la raíz del mundo. El mundo entero es proyectado por tu Presencia Espontánea.

P (2): Maharaj, a menudo usted insiste en tener una base sólida. Bueno, mientras estaba recitando el Mantra, había una sensación de que un *yo* sin forma, era llevado más profundo. Surgió la imagen de una cueva. Era una estancia muy profunda. Iba más y más profundo dentro de mí mismo.

Es difícil hablar de ello. Al final alcancé el fondo. Era como una roca sólida, una base fuerte. Era el punto más bajo, lo más profundo que podía ir. Entonces me vi a mí mismo de pie en el fondo de la cueva. Era como la ausencia de forma mirando a la forma. Reconocí que había una base sólida, una base sólida para que el Conocimiento pudiera ser construido.

Sucedían muchas cosas en ese momento, espontáneamente. Justo antes de dormirme anoche, Bhausaheb Maharaj apareció en azul oscuro. La energía que venía de él era muy fuerte. Estuvo flotando

frente a mis ojos durante un rato. Entonces vi a Nisargadatta Maharaj al lado, de pie ¡Fue asombroso!
Maharaj: Sucede. Los Maestros te están animando.

43. *Todo surge de nada*

Maharaj: Todo surge de nada. Tu Presencia ya estaba ahí antes de ser.
P: ¿Qué hay de la consciencia? Me doy cuenta de que usted no habla de la consciencia.
Maharaj: La Consciencia viene después. Para que tú puedas decir *consciencia*, tu Presencia ha de estar primero. La Presencia es Presencia Anónima, Presencia Invisible. Ni siquiera tu *Yo* está presente ahí. La Presencia es necesaria para que puedas decir *Yo*. Sin utilizar el cuerpo no puedes decir *Yo*.

De modo que los nombres, las etiquetas, las señales y todas las palabras vinieron después. Antes de eso, tu Presencia estaba ahí. Estoy llamando la atención de esa presencia, de esa Invisible y Anónima Presencia.

**ERES ANÓNIMO
PORQUE "TÚ ERES",
SIN INTERVENCIÓN DE TU CONOCIMIENTO.
TU REFLEJO ESTÁ AHÍ.**

No hay mente, eso vino después. En el momento en que el espíritu hizo clic con el cuerpo, el mundo fue proyectado. Antes de eso estaba tu Existencia Anónima e Invisible. Estoy llamando, conduciendo tu atención a Eso. No hay razón, no hay significado para ello en absoluto. No estamos hablando de conciencia. Cuando dices *consciencia*, implica la existencia de algo, que hay alguna forma ahí. Tú no tienes forma.

¿Para qué sirven la boca, los ojos y las orejas? No puedes hablar, ver u oír sin la Presencia. Sin la Presencia, son sólo agujeros. Es muy importante entender esta enseñanza. Ten una concentración total, una implicación total y entenderás. Nos hemos convertido en víctimas del conocimiento relacionado con el cuerpo.

Son palabras. Estoy llamando tu atención a la Realidad utilizando algunas palabras, pero la Realidad está más allá de las palabras. Hemos creado las palabras y les hemos dado significado. Sin embargo, de lo que estamos tratando de hablar, está más allá de las palabras. Decimos *mente, conciencia, consciencia*. Sólo son distintas palabras: Esto es A, esto B, esto C y así. Por lo tanto, no entiendas las palabras literalmente.

Tienes que dejarte dirigir por el Maestro y escuchar las enseñanzas directas. Es fácil. La discusión árida no servirá para lo que quieres conocer. Es necesario un Maestro, el que tú elijas, pero cuando vayas y veas al Maestro, has de tener una fe fuerte y total en él.

He mencionado al gran santo que ofreció sus poderes a Nisargadatta Maharaj. Él los rechazó ¿Por qué? Porque tenía una fe y confianza totales en su Maestro. Incluso si Dios aparece ante ti, dirás: "No, lo siento". Esta Convicción nos lleva a la Realidad. Mis palabras son también ilusión, pero lo que trato de transmitir, lleva a la Realidad ¡La Convicción!

P: Sobre la meditación, Maharaj. Cuando estás meditando, empiezas a recitar el Mantra, lentamente al principio, después más y más despacio todavía. Quiero preguntarle si lo estoy haciendo correctamente. Después de mucho tiempo, el Mantra se vuelve casi imperceptible, pero está todavía ahí. Sientes tu cuerpo relajado, sientes tu mente aquietándose. Y así llegas a un punto en el que estás entre despierto y dormido, justo en el límite. En el sitio web usted tiene la imagen de un huevo con luz que procede del interior por una grieta ¿Es la misma grieta que está pasando en mi meditación? ¿Es eso?

Maharaj: ¡Todo es ilusión! Lo que ves después de tu Presencia es ilusión.

TODO LO QUE VES DESPUÉS DE TU PRESENCIA ES ILUSIÓN.

Todo es ilusión. Incluso si ves a Dios o a tu Maestro, es ilusión ¡No hay nada! No hay nada sino conceptos.

Te dije que el Espíritu a través del cual estás hablando, escuchando y aceptándolo todo, es muy sensible. Su naturaleza es aceptarlo todo espontáneamente. Si tu implicación es profunda y plena, eso será reflejado o proyectado.

Supón que tienes una fe fuerte en el Maestro y te has vuelto uno con él. Vives en otro sitio y tienes un problema. Debido a tu fe, incluso viviendo en otro sitio, el Espíritu puede tomar la forma o figura del Maestro. Puedes verme ahí, igual que un devoto que tuvo una intervención quirúrgica de siete horas, me vio de pie a su lado. Después me preguntó: "¿Cómo le dejaron entrar en el quirófano, Maharaj? ¡Fue un milagro!". Le dije que me vio porque él es Uno conmigo en Espíritu. El Maestro está ahí para protegerte en todos y cada uno de los momentos. Desde la Unidad, el Espíritu proyecta al Maestro y adquiere forma.

Cuando un Maestro que ha abandonado su cuerpo, se le aparece a un discípulo, no significa, como se ha malentendido frecuentemente, que el Maestro ha renacido ¡No! El Maestro es libre. No renace ni aparece como un Maestro muerto.

**CUANDO TE VUELVES UNO CON EL SER SIN SER,
TU IDENTIDAD ES OLVIDADA.
CUANDO PIDES ALGO,
TU IDENTIDAD SE PRESENTA COMO TU MAESTRO.
TOMA LA FORMA DE TU MAESTRO.**

Habrá problemas en tu camino, pero si tienes un amor profundo y recuerdas a tu Maestro, o Dios, cualquiera que sea su forma, tus problemas serán rápidamente olvidados.

**DIOS NO TIENE IDENTIDAD.
TU PRESENCIA ESPONTÁNEA ESTÁ TOMANDO FORMA.**

Luego dices: "¡Oh, he visto a Dios!" Esto es *Darshan*. Cuando tienes fe y confianza en el Maestro, recibes el toque del Maestro.

P (2): Hablando de la aparición del Maestro, hace poco estaba sentado tranquilamente, a mi aire. Era una pacífica tarde en mi casa y el Mantra estaba zumbando silenciosamente en segundo plano, sin que lo recitase deliberadamente. Me di cuenta de algo. Miré al lado y estaba Ramana Maharshi sentado en una de las sillas ¡Yo estaba sorprendido! Eso no es todo. Miré al otro lado y en el sofá, Nisargadatta Maharaj y Siddharameshwar Maharaj, los dos estaban sentados en él. Nada se dijo, pero su Presencia estaba ahí.

Al día siguiente estaban otra vez pensando en lo que había sucedido y preguntándome dónde estaba usted, Maharaj. Entonces entendí que usted estaba dentro de mí, que somos Uno, y por eso usted no apareció con los otros ¡Fue realmente extraordinario!

P: Es muy interesante. Yo solía pensar que los Maestros volvían, como *bodhisattvas*, para ayudarnos.

Como dije antes sobre la meditación ¿Es bueno estar en ese estado intermedio?

Maharaj: Sí, porque ese es el proceso. Estás llamando la atención del meditador. No hagas excesivo hincapié en ello, la meditación es sólo un proceso. Te estás saliendo de todas las impresiones ilusorias profundamente grabadas, por las que tienes tanto amor y afecto.

Conforme estés más y más cerca del Ser sin ser, olvidarás tu Identidad. Lo olvidarás todo. El mundo es ilusión y Dios es ilusión porque, para ver algo, tu Presencia ha de estar ahí. Sin Presencia, nada puede ser visto. Este es un Conocimiento muy elevado, el Conocimiento más elevado. No lo encontrarás en ningún otro sitio. La meditación es el proceso, y los *bhajans* son también parte del proceso para ayudarte a olvidar tu identidad externa.

P: ¿Las reacciones físicas a la meditación, como el dolor de cabeza, son normales?

Maharaj: ¡No prestes demasiada atención a eso!

NO TE PREOCUPES

NI SEAS TAN VEHEMENTE CON TODO.

No digas: "He de hacer meditación, recitar el mantra y cantar *bhajans*". Cuando pones énfasis y te preocupas de esa manera, estás creando ego.

¡Llévalo de manera normal! Todas las actividades, incluyendo la espiritualidad, deben ser normales. Tampoco debe haber ningún ego sutil. Es muy fácil y, al mismo tiempo, muy difícil, porque has leído un montón de libros que han dejado muchas impresiones. Has escuchado a demasiada gente: "Esto y esto dice uno. Eso y lo otro dice otro". Luego analizas y los comparas.

Todo está dentro del círculo de tu Presencia. No analices las cosas como lo hace un ordenador ¿Quién va a hablar sobre el mundo, la meditación los Maestros o Dios si la Presencia no estuviese ahí? Por lo tanto, la espiritualidad es en sí misma ilusión. Cuando llegue la Convicción encontrarás esto: "Sí, todo es ilusión, incluyendo la espiritualidad".

QUÉDATE CONTIGO, TODO EL TIEMPO.
SÉ NORMAL CON TODO.

La Realidad está ante ti. Vive una vida sencilla, una vida humilde "¡Oh, tengo el saber!" ¡No! Conocimiento no es saber. Todo viene de nada y todo se disuelve de nuevo en nada.

44. *La Realidad está grabada en el Oyente Invisible*

Maharaj: El Maestro está poniendo el *Naam Mantra* en tu computadora espiritual. Has de seguirlo con seriedad. Una vez que entiendes que no eres el cuerpo, estarás completamente despreocupado de él y del mundo. Te sentirás completamente indiferente.

TU PRESENCIA ES ESPONTÁNEA
COMO EL CIELO.

El mundo es proyectado por tu Presencia Espontánea. Sin nuestra Presencia, no podemos ver el mundo, no podemos ver nada.

ESTA PRESENCIA ES
ANÓNIMA, INVISIBLE, IDENTIDAD NO IDENTIFICADA.
ES LLAMADA *BRAHMAN*, *ATMAN*, *PARAMATMAN*,
Y A CAUSA DE LA PRESENCIA,
NO HAY NACIMIENTO NI MUERTE.

Cuando aceptas que eres no-nacido, que eres lo Último, no vuelven a surgir todas esas preguntas sobre el cielo o el infierno. No

son relevantes.
TAMPOCO HAY NECESIDAD DE SALVACIÓN PORQUE SABES QUE NO HAY NADIE AHÍ PARA SER SALVADO.

Se ha demostrado que todo lo que se dice sobre el *karma* y *prarabdha*, no tiene sentido.

P: Seguramente debe haber *prarabdha*.

Maharaj: El concepto de *prarabdha* es sólo para tranquilizar a la gente. No hay individualidad y por lo tanto no hay *prarabdha*.

P: ¿Y religión?

Maharaj: ¿Religión? Nosotros creamos la religión sólo para dar algo de paz y contentamiento a la gente. Está ahí para darles una identidad. Está ahí para controlar a las masas. Olvídate de todos esos conceptos. Olvídate de todo. Todas esas cosas están relacionadas con el cuerpo. Ese conocimiento es conocimiento de la forma corporal.

P: No sé qué decir, Maharaj. Siento que cuanto más escucho las enseñanzas, desmonta más y más y me lo quita todo. No va a quedar nada a lo que agarrarme, lo cual me hace sentir un poco nervioso. Usted tiene la habilidad de arrasar con todo lo que vemos como valioso, todo aquello por lo que vivimos.

Maharaj: Tienes que usar la discriminación para separar la Realidad de la ilusión, y también has de eliminar todo el conocimiento relacionado con el cuerpo. Recuerda lo que te dije:

LA REALIDAD ÚLTIMA NO SE REVELARÁ HASTA QUE TODO EL CONOCIMIENTO RELACIONADO CON EL CUERPO SEA DISUELTO.

Fue sólo después de ser que te encontraste con todas esas cosas a las que te has apegado: esta cosa, esa otra. Todo es conocimiento relacionado con el cuerpo, conocimiento de segunda mano. Los conceptos ilusorios aparecen con la forma corporal ¿Antes de la forma corporal, estabas familiarizado con la palabra *ilusorio*?

P: Supongo que no.

Maharaj: ¿Antes de ser, pertenecían a alguien los nombres que damos a las personas? ¿Te llamabas Michael antes de ser?

P: ¡No! Lo sé, no había nombres ni personas ¡Nadie!

Maharaj: Las religiones y el principio religioso se crearon sólo para facilitar una vida pacífica. El principio de la oración se formó igual. Eso está bien mientras

SEPAS Y ENTIENDAS EL SECRETO DE TU VIDA. HAS DE ENTENDER LO QUE SIGNIFICA. SÓLO ENTONCES, SERÁS COMPLETAMENTE VALIENTE.

¡Auto-indaga! "¿Por qué he de tener miedo a la muerte cuando es común a todos?"

P: ¡Es verdad!

Maharaj: Puedes pensar que nadie escapa de los conceptos de *muerte* y *la muerte*, pero averigua: "¿Quién está muriendo? ¿Quién está viviendo?" ¡Sólo Auto-indaga! Lo repetiré una y otra vez. Con el martilleo directo, al final entenderás el mensaje:

NADIE ESTÁ MURIENDO, NADIE ESTÁ NACIENDO.
NADIE ESTÁ MURIENDO, NADIE ESTÁ NACIENDO.
ERES NO-NACIDO. ERES NO-NACIDO.

El problema es que pensamos desde el punto de vista de la forma corporal y hemos aceptado a ciegas todos los conceptos, todos esos conceptos ilusorios: "Soy un hombre" o "Soy una mujer"; "Pertenezco a ésta religión" o "Pertenezco a aquella religión"; "Mi último nacimiento fue de esta manera y mi próximo nacimiento será de esta otra". Nacimiento actual, último nacimiento, próximo nacimiento, renacimiento... Estamos atrapados en el círculo de la ilusión, dando vueltas y vueltas y vueltas.

P: ¿El problema es que hemos aceptado conceptos, sistemas de creencias, filosofías, etc., sin darle demasiada importancia a ninguno?

Maharaj: Hemos aceptado a ciegas y firmado a ciegas, sin cuestionarlo. Seguimos firmando y aceptando esas ilusiones... por ejemplo, como si no hubieses cometido ningún crimen y aun así firmases una confesión que dijese: "Soy un criminal".

El Maestro te dice que no has cometido ningún crimen. Eso no es posible, y aun así aceptas los conceptos, las ilusiones, y dices: "Está bien, soy un criminal". El Maestro te está haciendo iluminarte. Nunca fuiste un criminal. No eres un criminal.

TU MAESTRO ES TU REFLEJO.
DE HECHO, NO HAY MAESTRO,
NI HAY DISCÍPULO.

Todo tu *conocimiento* se ha formado por el *conocimiento relacionado con el cuerpo*, y se ha enmarcado alrededor del cuerpo y de las relaciones del cuerpo:

EL CUAL NO ERES,
EL CUAL NO ERAS,
Y CON EL CUAL NO VAS A SEGUIR SIENDO.

P: ¿Cuál es el mejor modo de salir de la ilusión del cuerpo?

Maharaj: Eres el arquitecto de tu propia vida. Llegarás a saber que todo es un sueño. Compáralo con actuar en un drama, haciendo de héroe, heroína o villano. Sabes que estás actuando. Lo sabes bien. Durante unas pocas horas estás desempeñando un rol concreto. Sabes que ese es tu rol.

Del mismo modo, desempeñamos estos roles: "Soy un

hombre" o "Soy una mujer". Hemos aceptado esos conceptos, y sin embargo, no tenemos nada que ver en absoluto con todos o con alguno de ellos.

ERES NO-NACIDO.

Para conocer la Realidad, se requiere lo básico. Por eso es por lo que has de practicar las disciplinas de la meditación, la Auto-indagación y los *bhajans*.

P: Junto a esas disciplinas, se encuentra también estar en la presencia del Maestro y escuchar el Conocimiento. Ese es un cóctel realmente potente. Se podría decir que es el elixir de la inmortalidad porque al beber el néctar, hay Auto-conocimiento ¿Llegas a SABER, realmente a SABER, que eres no-nacido?

Maharaj: ¡Llegarás a intoxicarte! Estoy poniendo el mismo principio ante ti: Lo que llamamos *Dios* no existe fuera de ti. Todo está dentro de ti. Empleo diferentes palabras, diferentes maneras, diferentes ángulos, diferentes dimensiones…

P: ¿Con el fin de recalcar la verdad?

Maharaj: ¡Sí! Es un martilleo directo, martilleo directo. El mensaje es siempre el mismo. No hay nada más:

EXCEPTO TU SER SIN SER,
NO HAY DIOS, NI *BRAHMAN*, NI *ATMAN*,
NI *PARAMATMAN*

Este es el mensaje. A veces doy ejemplos sencillos para establecer la Verdad en ti. Es como contarle un cuento a un niño. A fin de relatar el principio que hay detrás de la historia tienes que, primero que todo, mostrarlo en forma de cuento. La madre o el padre cuentan el cuento y luego explican el significado.

Igualmente, el Maestro está presentándote tu Verdad Última en forma de cuento, utilizando cierto lenguaje, ciertas palabras.

Una vez que el Maestro te ha presentado tu Verdad Última, el resto depende de ti.

P: ¿Quiere decir que depende de nosotros mantener la práctica?

Maharaj: Es como un rompecabezas. Tienes el Conocimiento. A fin de tener la Convicción, y saber qué hacer y qué no hacer, el próximo paso depende de ti. Has de encajar las piezas:

DEBIDO A QUE CONOCES TU SER SIN SER
MÁS QUE NADIE.
CONOCES TU SER SIN SER MEJOR QUE NADIE.

Surgirá una Convicción Espontánea.

SURGIRÁ CUANDO TE VUELVAS UNO CON
LA VERDAD FINAL.
SERÁ LA CONVICCIÓN, ILUMINACIÓN, REALIZACIÓN O
LLÁMALO COMO QUIERAS LLAMARLO.

EL NOMBRE NO ES IMPORTANTE.

Mediante un proceso de martillear directamente, surgirá la Convicción. Sabrás que: "Soy no-nacido, ¿por qué he de temer a la muerte?" Después de comprender que no hay ni nacimiento ni muerte, exclamarás: "Todos mis miedos se han ido". No quedará ningún miedo. Este es el resultado del martilleo directo.

P: A veces, cuando le estoy escuchando, Maharaj, puede que no escuche, que realmente no escuche lo que se está diciendo. Pero en otros momentos, cuando escucho, hay una seguridad, un "¡Sí!", un chispazo de entendimiento.

Maharaj: El Oyente Invisible en ti está escuchando silenciosa y tranquilamente.

EL OYENTE INVISIBLE EN TU INTERIOR ESTÁ ESCUCHANDO SILENCIOSA Y TRANQUILAMENTE.
LA REALIDAD SE ESTÁ GRABANDO EN EL OYENTE INVISIBLE, Y NO PUEDE SE BORRADA.

Puede que no seas consciente, o quizás no entiendas algunas cosas, pero no importa, el Oyente Silencioso lo acepta todo, como una grabadora.

P: ¡Me gusta cómo suena eso!

Maharaj: Silenciosamente, el procedo de grabación está en marcha. Silenciosamente, el proceso de analizar está en marcha, sin tu conocimiento, sin la mente, el ego o el intelecto.

SIN EGO,
SIN INTELECTO,
SIN MENTE.

P: La mente, el ego y el intelecto tratan de bloquear...

Maharaj: Son capas externas. Puedes usarlas, no es malo. Úsalas cuando y como quieras. Puedes usarlas, pero no ser su esclavo. El uso excesivo de cualquier cosa es veneno. El uso excesivo de cualquier cosa será veneno. Si comes más de lo necesario, será venenoso. Cualquier cosa llevada al exceso será veneno.

P: Demasiada mente, demasiado mental...

Maharaj: ¡No hay mente en absoluto!

ESTE ES UN CONOCIMIENTO EXCEPCIONAL.
ES LA REALIDAD.
NO ES CONOCIMIENTO DE LIBROS.
NO ES CONOCIMIENTO LITERAL.

P: Está más allá de cualquier conocimiento. He encontrado y leído toneladas de libros espirituales.

Maharaj: Está más allá de todo.

ESTÁ MÁS ALLÁ DEL CONOCIMIENTO,

**MÁS ALLÁ DE CUALQUIER COSA.
MÁS ALLÁ DE LAS PALABRAS,
MÁS ALLÁ DE LOS MUNDOS,
MÁS ALLÁ DE LA IMAGINACIÓN.**

Nisargadatta Maharaj solía decir: "Mantente tal como eras antes de ser, permanece así" ¿Cómo eras antes de ser?
P: Honestamente, no lo sé.
Maharaj: Correcto. Tú eras "no saber". Eras completamente inconsciente de todo. No sabías nada en absoluto. Pero desde que tuviste el cuerpo, empezaste a conocer muchas cosas. Por lo tanto:

**LA MENTE ES CONOCIMIENTO RELACIONADO
CON EL CUERPO.
¿QUÉ QUEDA? EL CUERPO HECHO DE ALIMENTOS.**

No eres ni la mente ni el cuerpo. No hay mente y el cuerpo es un cuerpo hecho de alimentos ¿Qué queda pues? Un día u otro dejarás este cuerpo. No es tu identidad.

45. *Concéntrate en el Concentrador*

P: He oído que Nisargadatta Maharaj inició a muy pocos occidentales en el Linaje, ya que consideraba que eran *viajeros espirituales*. Usted es de los pocos, si no el único, que ofrece el *Naam Mantra* ¿Qué le hizo decidirse a hacerlo?
Maharaj: Para hacer que se iluminaran los buscadores. Para compartir el Conocimiento con ellos y apartarlos del mundo ilusorio.
P: ¿De verdad necesitamos practicar?
Maharaj: Mucha gente hace esta pregunta. Mira, desde la infancia hasta ahora, ha habido mucho apego al cuerpo. Hay mucho amor y afecto por el cuerpo y por todas las relaciones que vienen con el cuerpo. Esto ha de ser disuelto. Por supuesto, la meditación es también una ilusión, pero necesitamos un clavo para sacar otro clavo. Es sólo necesaria en la etapa inicial para mantener el foco y la concentración.

CONCÉNTRATE EN EL CONCENTRADOR.

El cuerpo no es tu identidad. Tú eres la Verdad Final, la Verdad Última. Pero, a fin de tener la Convicción definitiva, todos los conceptos y el conocimiento relacionado con el cuerpo, han de ser disueltos.

**INTELECTUALMENTE PODEMOS
COMPRENDERLO TODO,
PERO LA COMPRENSIÓN INTELECTUAL
NO ES SUFICIENTE.**

Por eso has de practicar la meditación. Es esencial al principio. Después, en la etapa avanzada, ya no es necesaria.

En nuestro Linaje, el Inchegiri Navnath Sampradaya, damos un Mantra, pero no a aquellos que ya tienen un Maestro. Uno debe ser fiel y leal a un sólo Maestro.

P: ¿Cómo funciona el Mantra?

Maharaj: El Mantra produce vibraciones en ti. A través de esas vibraciones, llegarás a conocer la Realidad.

**LENTA, SILENCIOSA Y PERMANENTEMENTE,
SENTIRÁS ALGUNOS CAMBIOS
PRODUCIÉNDOSE EN TU INTERIOR.**

Tu conocimiento relacionado con el cuerpo será disuelto. Serás muy valiente debido a que sabrás que "No soy el cuerpo". Cada día digo lo mismo:

**TODAS LAS NECESIDADES
SON NECESIDADES DEL CUERPO:
NECESIDADES DEL EGO,
NECESIDAD DE COMIDA, NECESIDAD DE FELICIDAD
Y NECESIDAD DE PAZ.
TODO ESO ESTÁ RELACIONADO CON EL CUERPO.**

Cuando te encontraste con el cuerpo, todas las necesidades comenzaron.

**ANTES DE SER NO HABÍA NECESIDADES,
NO HABÍA MIEDO.**

P: ¿Meditar regularmente nos ayudará a producir una reorientación, un cambio?

Maharaj: La meditación es la base, el proceso inicial para asegurar que se ha puesto una base perfecta, una base fuerte. Mientras recitas el Mantra:

**LE ESTÁS RECORDANDO TU IDENTIDAD
NO IDENTIFICADA,
QUE ERES *ATMAN*, *BRAHMAN*, *PARAMATMAN*.**

Conoces la Realidad, pero la has olvidado. Todos tienen en su interior el Conocimiento de la Realidad.

**EL PROCESO DE LA MEDITACIÓN
ES NECESARIO PARA LA CONVICCIÓN,
PARA ESTABLECER Y ABSORBER
EL CONOCIMIENTO.
EL CONOCIMIENTO ÁRIDO,
EL CONOCIMIENTO DE LIBROS Y
EL CONOCIMIENTO LITERAL,
NO SON AUTO-CONOCIMIENTO.
SÓLO LA MEDITACIÓN**

TE LLEVARÁ AL AUTO-CONOCIMIENTO.

P: Maharaj, durante la recitación del Mantra, surge a veces la cuestión de "¿Quién está recitando?"

Maharaj: ¡Ah! ¿Quién está recitando? La cuestión surge debido al apego al cuerpo. No hay "quién", no hay Él o Ella. No hay nada. Son sólo términos, términos relacionados con el cuerpo.

**¿QUIÉN ESTÁ RECITANDO EL MANTRA?
EL CONCENTRADOR,
LA PRESENCIA INVISIBLE.
¿POR QUÉ LO ESTÁS RECITANDO?
PORQUE HAS OLVIDADO TU IDENTIDAD.**

¿Cómo funciona?

**MIENTRAS RECITAS EL MANTRA,
ESTÁS LLAMANDO LA ATENCIÓN DE
LA PRESENCIA INVISIBLE,
TU VERDAD ÚLTIMA.**

En la etapa inicial, has de hacer algún esfuerzo para recitarlo. Después, se producirá espontáneamente, sin tu conocimiento, veinticuatro horas al día, despierto, soñando, dormido, todo el tiempo. Conocerte en un sentido real no puede hacerse mediante el intelecto, la lógica, la deducción o las suposiciones, ni mediante ninguna otra actividad relacionada con la mente ¿Por qué?

**PORQUE TU EXISTENCIA ES
UNA EXISTENCIA ESPONTÁNEA.**

¿Cómo eras antes de ser? ¿Cómo serás después de dejar el cuerpo? ¿Cuál es tu Identidad? Así llegamos a la conclusión de que la Identidad ha sido siempre la misma. Es la misma hoy y lo ha sido antes de ser.

**LA ÚNICA DIFERENCIA ES QUE
ERES EL QUE SOSTIENE EL CUERPO.**

Y repito de nuevo:

**EL CONOCIMIENTO RELACIONADO CON EL CUERPO
HA DE SER ELIMINADO COMPLETAMENTE.
PARA QUE ESTO SUCEDA, HAS DE MEDITAR.
LA MEDITACIÓN ES ESENCIAL.**

P: Maharaj, he estado recitando el Mantra durante un tiempo y ahora la recitación es espontánea, tal como usted dijo que sería. Además, los efectos de la meditación, se están mostrando. Hay una cualidad presente, casi tangible, un silencio tan impresionante, una paz, un vacío. Usando sus palabras, una *Realidad clara*. Simplemente hay Felicidad Espontánea sin causa alguna.

Maharaj: Estás operando la Llave Maestra, el *Naam Mantra*, con profunda implicación, de modo que te está llevando más cerca del Ser sin ser. La Felicidad Espontánea es el aroma del Ser sin ser. También significa que el Conocimiento está siendo absorbido ¡Qué bueno! Abraza el Ser sin ser y ve más y más profundo. Mira, cuando vas más y más profundo en el Ser sin ser, encontrarás muchas cosas, más allá de tu imaginación. Olvidarás la Identidad interna/externa.

**SEGUIRÁS SIENDO DESCONOCIDO PARA TI MISMO.
NO SABER ES CONOCIMIENTO.
NO SABER ES CONOCIMIENTO.
CUALQUIER CONOCIMIENTO QUE TENGA
SUS RAÍCES EN EL CUERPO
ES ILUSIÓN.
TU CONOCIMIENTO DE *BRAHMAN*,
ATMAN Y *PARAMATMAN*
ES TAMBIÉN ILUSIÓN.**

Éstas son sólo palabras, sólo las P-A-L-A-B-R-A-S [El Maestro deletrea]. Está bien, puede que te den algún placer, una felicidad momentánea, un corto entretenimiento, pero:

NO ES LA VERDAD ÚLTIMA. NO ES LA VERDAD ÚLTIMA.

46. *Las palabras son sólo indicadores*

P: ¿Maharaj, cuál es el significado de Presencia?
Maharaj: Presencia significa *Eso* que te hace posible vivir, caminar. Cuando *El preguntador* en ti pregunta qué es la Presencia, eso es Presencia.
P: ¿Entonces mi presencia continuará ahí después de mi vida?
Maharaj: No hay *después de mi vida* porque la Presencia es como el cielo.
P: ¿Eso es lo que soy, Presencia?
Maharaj: Por supuesto, por supuesto.
P: ¿Es lo mismo que decía Ranjit Maharaj: *Yo soy Él*?
Maharaj: Las palabras son sólo indicadores, no la Verdad Última. *Yo soy Eso, Eso, eres Tú, Yo soy Él*, puedes darle el nombre que quieras. La gente viene aquí y comete ese error. Los indicadores, los consejos, son tomados como algo real, cuando en realidad son sólo P-A-L-A-B-R-A-S que hemos creado. Son solamente nombres que le hemos dado a la Verdad Última, a la Realidad Última, o lo que sea que queramos llamarle sólo con la intención de entender.

**NO TOMES LITERALMENTE LAS PALABRAS
DEL MAESTRO.
TU PRESENCIA ES ESPONTÁNEA,**

**SILENCIOSA, ANÓNIMA, NO IDENTIFICADA,
POR TANTO, *YO SOY ÉL* ES SÓLO UNA PISTA,
UNA INDICACIÓN.**

P: Yo prefiero *Yo soy Él*…

Maharaj: Está bien, OK, OK, mientras que entiendas que esa expresión es sólo un indicador, una pista, un indicio. No lo tomes por la Realidad Última.

P: Si es una presencia anónima y no se puede percibir, ¿cómo puede alguien llegar a saber algo sobre ella?

Maharaj: Olvídate de *alguien* ¡Habla de ti!

P: OK ¿Cómo puedo llegar a saber algo de la Presencia?

Maharaj:
**TÚ ERES LA FUENTE DEL CONOCIMIENTO.
TIENES UN PODER EXCEPCIONAL.
TU MAESTRO INTERIOR ES LA VERDAD ÚLTIMA.
¿TÚ Y YO?
LOS DOS SOMOS LO MISMO.**

P: Usted dice que limitarnos a la forma corporal es ilusión ¿Es debido a que el Ser sin ser no puede ser percibido?

Maharaj: Cuando trates de verlo, *El que ve* desaparecerá.
**CUANDO TRATES DE VERLO,
EL QUE VE DESAPARECERÁ**

¡Trata de ver cómo eras antes de ser! ¡Sé como eres! ¡Sé como eras antes de ser!
**ESTOS CONCEPTOS: PERCEPTIBLE, IMPERCEPTIBLE,
CONOCIMIENTO, HOMBRE, MUJER,
NACIMIENTO, MUERTE,
SON CONOCIMIENTO BASADO EN EL CUERPO.
¡OLVÍDALO!**

Todos dicen: "Soy *Brahman*. Soy *Atman*", pero ese Conocimiento ha de ser completamente absorbido dentro de ti, en un sentido real. Eres el Maestro de los Maestros. Cuando tengas la Convicción, te olvidarás de tu identidad. Pero recuerda, la Convicción es espontánea ¡No uses la fuerza! Aparecerá espontáneamente.

47. *Todo empieza y termina contigo*

P: Maharaj, usted dijo que soy un Maestro. Yo no me siento como un Maestro.

Maharaj: El cuerpo es la causa de la tensión. Lo basamos todo en el nivel del cuerpo. Pero el cuerpo no era tu identidad. El cuerpo no es tu identidad. El cuerpo no va a seguir siendo tu identidad ¿Por qué preocuparse de los sentimientos: Nubes de ansiedad, de bendiciones, temiendo esto o aquello, temiendo a la muerte? Has olvidado tu identidad.

P: ¿Cómo puedo recordarla?

Maharaj: En nuestro Linaje damos unas palabras como Mantra para que las recites. El Espíritu es muy sensible. Lo que se imprima en él será reflejado. Dicho de un modo sencillo:

EL OYENTE INVISIBLE OLVIDÓ SU IDENTIDAD.
MEDIANTE EL PROCESO DE LA MEDITACIÓN,
SOMOS CAPACES DE RECORDAR AL OYENTE INVISIBLE.

La meditación es como una escalera. Una vez que ha sido usada, puedes tirarla. Sólo es necesaria al principio.

P: ¿Puedo preguntarle un poco más sobre el Ser sin ser? ¿Si busca al Ser sin ser desde la mente, quiere decir que no podrá verlo?

Maharaj: Es una pregunta relacionada con el cuerpo ¡Mente! No trates de buscar. Eso traerá ego. Es Espontáneo.

ESTÁS TRATANDO DE IMAGINAR LA PRESENCIA
EN ALGUNA FORMA.

Utilizamos nombres como *Brahman* y *Paramatman*, sólo para identificar esta Identidad no Identificada.

EN REALIDAD, NO HAY EXPERIENCIA
NI EXPERIMENTADOR,
NI TESTIMONIO NI TESTIGO, NADA.

P: Supongo que la mente sólo trata de saber.

Maharaj:
ANTES DE SER
Y DESPUES DE SER,
NO HAY MENTE, NI EGO, NI INTELECTO.
ES UNA ESPECIE DE SUEÑO.
DESPUÉS DE DESPERTAR, EL SUEÑO SE DESVANECE.

Esta vida es como un sueño.

EL SER SIN SER SIGNIFICA *DESPUÉS DEL SUEÑO*.
UNA VEZ QUE EL SUEÑO SE ACABA,
LO CONSTRUÍDO EN ÉL SE DERRUMBA,
TRAS EL SUEÑO TODO ES DEMOLIDO,
Y LO QUE QUEDA ES EL CIELO, EL ESPACIO.

P: ¿Cómo era antes la Presencia?

Maharaj: Antes del mundo, tu Presencia estaba ahí, pero era una *Presencia desconocida*. Cuando empezaste a saber que *Yo soy*, añadiste un poco de ego sutil.

PERO EN REALIDAD,
NO ERES NADIE,

LO CUAL SIGNIFICA QUE ERES TODOS.

P: ¿Y la mente?

Maharaj: Intelectualmente lo sabemos todo, pero ignoramos la Realidad debido a la presión de la mente, que equivocadamente la tomamos como verdadera. Con la Meditación, el Conocimiento puede ser puesto en práctica.

P: ¿Y qué sucede? ¿Cómo es una vez que conoces la Realidad?

Maharaj: Después de conocer la Realidad, te quedas en silencio en tu Ser sin ser. Es una especie de intoxicación espiritual. En ese momento, estarás completamente despreocupado del cuerpo. No quedarán trazas de un ego que diga: "Soy el hacedor".

P: ¡Entonces soy *Brahman*!

Maharaj: No eres ni hombre, ni mujer, ni *Brahman*.

DECIR "YO SOY *BRAHMAN*", ES TAMBIÉN ILUSIÓN.
LAS PALABRAS SÓLO TE INDICAN TU ELEVADO VALOR,
TU GRANDEZA.

P: ¿Cómo puedo combinar este conocimiento con el vivir en el mundo?

Maharaj: ¡No hay combinación! ¿Quién combina?

P: ¿No se ve uno alterado por vivir en el mundo?

Maharaj: ¿Antes de ser, había alguna alteración? ¿Quién altera a quién? Estamos aplicando el intelecto y tratando de entender este conocimiento intelectualmente.

TÚ ERES EL PADRE DEL MUNDO Y
EL PADRE DE LAS PALABRAS.
SON EL REFLEJO *DEL QUE VE*,
LA PROYECCIÓN
DEL QUE VE
SIN *EL QUE VE*, NO PUEDES VER LO VISTO.
TODO EMPIEZA CONTIGO Y TERMINA CONTIGO.

48. ¿Quién quiere Darshan?

P: Maharaj, me temo que no voy a poder estar aquí mucho tiempo porque quiero ir a ver a la Madre Amma.

Maharaj: Si sientes que vas a obtener felicidad con la Madre Amma, ve con Amma. No restrinjo tus actividades. Si no estás contento aquí, OK, eres libre de ir donde quieras, pero ir a Amma es un tipo distinto de conocimiento. Estás buscando felicidad en y para la forma corporal.

EN NUESTRO LINAJE,
DAMOS CONOCIMIENTO DIRECTO A

**TU REALIDAD INVISIBLE,
NO A TU FORMA CORPORAL, QUE NO ES TU IDENTIDAD.**

¡Has de ser estable y constante! Si sigues cambiando continuamente de esposa, echarás a perder tu vida espiritual. Ve donde quieras, pero quédate ahí. Si encuentras paz con un Maestro, quédate con ese Maestro.

La inestabilidad y la mente vacilante son malsanas para tu vida espiritual. La estabilidad es más importante, de modo que puedas llegar a salirte del círculo del conocimiento relacionado con el cuerpo y te deshagas de los problemas y la depresión. En realidad, puedes tener fe en y adorar a un ídolo, una piedra, cualquier ídolo. No importa lo que sea mientras te mantengas leal al mismo.

**EL PODER NO ESTÁ EN NINGÚN HOMBRE O MUJER,
ESTATUA O PIEDRA.
EL PODER ESTÁ SÓLO EN TI.
TÚ ERES EL ÍDOLO MÁS IMPORTANTE, EL ÚNICO ÍDOLO.
POR LO TANTO, SE FIEL A TI MISMO.**

Lo más importante es una fuerte auto-implicación. Todos esos viajes no son buenos, esperando felicidad en otra parte, subestimando tu Ser sin ser. No tiene sentido.

**COMO NO CONOCES AL VIAJERO
QUE ESTÁ BUSCANDO LA PAZ,
ESTÁS DESCUIDANDO TU PODER INTERIOR.**

P: Cuando repito el Mantra, el cuerpo empieza a sentirse débil.

Maharaj: Es una consecuencia de las vibraciones. Te sientes débil porque no puedes tolerar tu propio poder ¡No te preocupes! Continúa recitando.

P: Al principio, cuando recibí el Mantra, la iniciación fue tan poderosa que me sentí completamente arrasado por él. Como resultado, olvidé el Mantra y, como sabe, tuve que pedirle que me lo diera otra vez. Luego hubo paz y armonía. Ahora ha habido un cambio y no siento la misma paz mental, sino una ligera perturbación en su lugar.

Maharaj: Son efectos del cuerpo. No debería ser así. No estás recordando lo que te dije, lo que he estado martilleando una y otra vez ¡Escúchame! ¿La mente de quién? ¿Los sentimientos de quién? ¿La armonía de quién? ¿La alteración de quién? Esos son elementos externos. Eres víctima de tus propios conceptos.

**TODAVÍA TE CONSIDERAS A TI MISMO COMO ALGUIEN,
SEPARADO Y EXTERNO AL SER SIN SER.**

¿Quién está esperando felicidad? ¿Quién quiere paz? ¿Quién es temeroso? ¡No eres el cuerpo! ¿Eres tú este cuerpo? La ciencia espiritual dice que tú no eres el cuerpo. Mientras estés apegado a él, experimentarás esos sentimientos ¡Sal del círculo vicioso!

HAS DE MANTENER LA DISCIPLINA DE LA MEDITACIÓN

Es el único camino para llegar a la Convicción. Te sientes deprimido porque todavía tienes mucho amor y afecto por el cuerpo.

P: ¿Si estás realizado, tienes sentimiento de depresión?

Maharaj: Permanecerás intacto incluso para los sentimientos. Si un perro ladra, no vas a luchar con él. Del mismo modo, la mente, el ego y el intelecto, están ladrando porque les prestas atención. Prestar atención a los pensamientos y sentimientos, darles importancia, causa sufrimiento. Lo bueno y lo malo han de ser lo mismo para ti. Si sigues prestando atención a los ladridos, sufrirás.

El Mantra tiene un poder enorme, sin embargo, sólo cuando eres sincero, la Realidad se abrirá. Con estas palabras sagradas le estás recordando al Espíritu su Identidad: Identidad no Identificada, Identidad Invisible, Identidad Anónima. Lenta, silenciosa y permanentemente, estás imprimiendo tu Verdad Última [El Maestro da una palmada]. En el momento en que tengas la Convicción, estarás distanciado del conocimiento relacionado con el cuerpo y todo empezará a desplegarse.

Espera y observa, espera y observa. Es como regar una planta. El agua no fluye inmediatamente. Se va absorbiendo, absorbiendo hasta que comienza a fluir. Lo mismo pasa con la meditación - absorber, absorber y luego – Ya te he contado los resultados. Deja toda tu mente, ego e intelecto en el ashram, después no habrá miedo.

SI TIENES ALGO EN TU BOLSILLO, TENDRÁS MIEDO DE LOS LADRONES. SI NO TIENES NADA, NO TE PREOCUPARÁS POR QUE TE ROBEN. VACÍA TUS BOLSILLOS Y NO TEMERÁS A LOS CARTERISTAS.

P: ¿Puede decirme por qué ir a ver a alguien para recibir el *Darshan* no es tan buena idea?

Maharaj: ¿Quién quiere el *Darshan*? ¡Ten tu propio *Darshan*! Dátelo tú mismo.

SIN TI, NO PUEDE HABER *DARSHAN*.

Para decir *Amma* se requiere tu Presencia. Para decir *Dios* se requiere tu presencia. Eres el padre de Amma, la madre de Amma. Sin tu Presencia no puedes ver a Amma porque el mundo es tu proyección.

ESTÁS DANDO IMPORTANCIA A LO VISTO, Y NO AL QUE LO VE.

Sin *El que Ve*, ¿quién puede ver lo visto? Mediante las palabras sagradas, serás capaz de identificarte a ti mismo. Necesitas un número de teléfono para abrir una cuenta. Has olvidado el número. El Maestro te lo ha dado de nuevo.

NECESITAS APRENDER ESTE CÓDIGO DE CORAZÓN PORQUE ES LA LLAVE MAESTRA, CON LA CUAL PUEDES MANTENER ABIERTA TU CUENTA.

Estoy tratando de convencerte de tu propio poder. Te sientes débil y dependiente de otros porque estás apegado al cuerpo. Sientes que ir de aquí para allá para obtener un *darshan* te dará fuerza. Todo está dentro de ti.

TODOS LOS DIOSES Y DIOSAS ESTÁN EN TI.
EL MUNDO ES TU PROYECCIÓN ESPONTÁNEA.

A menos que conozcas al viajero, tus viajes carecerán de significado. Cuando conozcas al viajero, los viajes finalizarán.

Si poco a poco vas llegando a conocer a Dios, o comoquiera que le llames, y encontrando paz en tu hogar ¿Por qué ir a otros? ¿Por qué ir a otra parte?

¿POR ESPERANZA?
¿QUIÉN TIENE ESPERANZA?
NO HAY ESPERANZA.
SÉ FUERTE Y TEN VALOR.

¡Escucha, escucha! ¡Recita, recita! Después todo se volverá claro. Cómo pienses, te comportes y actúes, depende completamente de ti. Si vas por el camino equivocado, es asunto tuyo. Eres la Verdad Última, no eres la forma corporal. Las palabras espirituales son sólo indicadores, no la Verdad Última.

Haz más Auto-indagación. Sondea profundamente y pregúntate qué es exactamente lo que quieres. Explora los miedos, la depresión, la tensión y el miedo a la muerte.

P: El miedo a la muerte ya no estará ahí nunca más. En todo suele haber un intenso miedo a la muerte. Sé que no hay muerte, lo que soy no muere, lo que soy no nació y lo que soy no se ve afectado por ambos. Simplemente esa experiencia llegó.

Maharaj: La cuestión de la muerte nunca surge porque eres no-nacido.

No visites lugares y Maestros por simple costumbre, o para poder decir a otros que has estado allí. Has de saber por qué estás visitando un sitio y otro. La Auto-indagación es esencial ¿Por qué vas a Amma? ¿Quién espera felicidad? Sin la Presencia, eres un cuerpo muerto. Le estás dando mucha importancia a lo visto ¡Válete por ti mismo! ¿Cuánto tiempo más vas a seguir en busca de bendiciones?

¡BENDÍCETE A TI MISMO!
NO LA RECIBAS DE NADIE MÁS.
RECIBELA DE TI MISMO.
ERES TOTALMENTE INDEPENDIENTE Y COMPLETO.

49. Estás cubierto de cenizas

Maharaj: Cada día me repito a mí mismo y le digo a todos lo mismo: "No tomes mis palabras literalmente". Lo que el Maestro está tratando de transmitir es lo que importa, la esencia, el significado, su sentido. No estamos aquí para debatir ni para estudiar las palabras exactas que se han dicho, ni para comparar las enseñanzas o hacer un estudio comparativo de los Maestros ¡Escúchame!
**NO TE ESTOY HABLANDO A TI,
ME DIRIJO AL
OYENTE SILENCIOSO E INVISIBLE QUE HAY EN TI.**
P: ¿La presencia del Maestro y la conversación, son sólo una especie de juego?
Maharaj: En la primera etapa, el Maestro es necesario para dar Conocimiento Directo y recordar al discípulo que él también es un Maestro. Muestra la Convicción de que no hay diferencia entre los dos. El Maestro empieza el proceso de convencer al discípulo y después el discípulo continúa con el proceso convenciéndose a sí mismo.

El Maestro habla desde lo Último. Ha trascendido las limitaciones de la forma corporal y está libre de la ilusión. El Maestro SABE porque su Conocimiento es Auto-conocimiento, Conocimiento de primera mano. El Maestro le recuerda al discípulo su verdadera Identidad estimulándole diciendo, por ejemplo:
**"EL MAESTRO REGENERA TU PODER".
"HAS OLVIDADO TU VERDADERA IDENTIDAD".
"NO ERAS EL CUERPO, NO ERES EL CUERPO Y
NO VAS A SEGUIR SIENDO EL CUERPO".
"ESTÁS CUBIERTO DE CENIZAS,
DEBAJO ESTÁ ARDIENDO EL FUEGO.
EL MAESTRO RETIRA LAS CENIZAS".**
De hecho, no hay *Tú*, ni *Yo*, ni *Él*, ni *Ella*, ni *Maestro*. Tenemos que jugar al Maestro y discípulo a fin de retirar las capas de ignorancia e ilusión, y volver así a la Fuente, dejando al descubierto la Realidad.

P: Si se discrimina entre Ser y ego, ¿no es un tipo de dualidad?
Maharaj: El mundo es proyectado por tu Presencia Espontánea. La mente, el ego y el intelecto son nuestros hijos. Por si mismos, no tienen Realidad independiente.

P: Si la mente y su contenido son ilusorios, ¿no significa eso que las palabras, incluyendo el conocimiento dado por el Maestro, tampoco son verdaderas? Ranjit Maharaj y Siddharameshwar Maharaj dicen que el conocimiento es la ignorancia más grande.

Maharaj: Los Maestros están más allá de la mente. Hablan desde la *Realidad sin pensamientos*. Hablan desde la profundidad insondable de la Realidad. No estamos hablando sobre el conocimiento relacionado con el cuerpo, que es ignorancia. El Conocimiento del Maestro es Conocimiento del Ser sin ser, no conocimiento de segunda mano obtenido en libros o de la experiencia. Incluso cuando lees un libro espiritual, lo lees como si fueran historias sobre alguien o algo distinto, diferente de ti.

El conocimiento de los libros no es suficiente. El Conocimiento ha de tener su fuente en el interior. Cuando el conocimiento relacionado con el cuerpo se disuelva, las puertas del Conocimiento se abrirán para ti.

P: ¿Qué es la iluminación?

Maharaj: La iluminación es la CONVICCIÓN de que "No eras el cuerpo, no eres el cuerpo y no vas a seguir siendo el cuerpo". Es la Convicción de que estás más allá de *Brahman* y *Paramatman*, de que eres el Ser sin ser:

ES SER, LIBRE DE TODO CONTENIDO Y DEL CONOCIMIENTO RELACIONADO CON EL CUERPO.

El Ser sin ser es aquello que sólo puede ser señalado pero no descrito. "Eres la Espontánea, Invisible y Anónima Identidad no Identificada".

P: Es imposible parar completamente el flujo de pensamientos, la mente ¿Está de acuerdo en que es suficiente saber con seguridad que eso es ilusión?

Maharaj: Primero has de ser un Maestro de la mente, por ejemplo, ser testigo del flujo de pensamientos sin ser afectado por ellos. En la etapa avanzada, no habrá pensamientos. El pensador ilusorio desaparecerá.

P: ¿Podría confirmarme que yo soy la base de todas las experiencias, pero como un vacío, sin acción, ni tiempo, ni espacio, ni ningún tipo de percepción?

Maharaj: Otra vez esas palabras: vacío, tiempo, espacio, acción, percepción; son sólo reflejos de tu Presencia Espontánea. En la etapa Final [no hay etapas, pero se usan para enseñar], no hay experiencias ni experimentador, ni testimonio ni testigo. No hay nada. Es el estado de no saber, sin conocimiento. Eres desconocido para ti. Nisargadatta Maharaj solía decir: "¿Cómo eras antes de ser? Permanece así". Sin necesidades ni requerimientos, sin Maestro ¡Sin Conocimiento!

TU NI SIQUIERA CONOCIAS LA PALABRA CONOCIMIENTO.

P: Como Nisargadatta Maharaj solía decir: "Todo lo que se puede

percibir o concebir, no es eso".
Maharaj: Sí, sí. Es fácil de entender intelectualmente, pero el Conocimiento ha de ser absorbido, de modo que pueda ser aplicado a tu vida diaria. Es un conocimiento práctico. Además has de SER la Convicción de que eres la Realidad Última, la Realidad Final, de modo que cuando llegue el momento de dejar el cuerpo, no quede apego.

50. *El proceso de fusión se dirige hacia la Unidad*

Maharaj: Observa y espera ¡El proceso de fusión ha comenzado! Experimentarás muchas cosas que te harán fuerte. No pienses, incluso no trates de identificar lo que es y lo que no es la Realidad Última preguntándote: "¿Es esto? o ¿Es eso?" Olvídate de las palabras *Último* o *No Último*. Elimina esas palabras.

Tu Presencia Espontánea es lo Último, tu Espontánea e Invisible Presencia es lo Último y mucho más. Las experiencias han aparecido sobre tu Presencia Espontánea.

Cualquier cosa que experimentes durante el proceso de disolución, cualquier cosa que suceda es correcta, está bien. Pero no te preguntes si está pasando o no, ya que interferirá en el despliegue espontáneo.

ES EL PROCESO DE FUSIÓN QUE SE DIRIGE HACIA LA UNIDAD.

A lo largo del proceso de fusión que te disolverá, ocurrirán distintas experiencias. En la Última etapa, el testigo, lo presenciado y el testimonio, serán completamente disueltos. Cuando suceda, no serás capaz de ser testigo de nada. Sucederá. Este es el resultado de la meditación.

P: ¿Funciona realmente la meditación como algo que elimina los recuerdos y el conocimiento relacionado con el cuerpo?

Maharaj: ¡Por supuesto! La razón por la que pongo énfasis en la meditación es porque se han impreso muchos pensamientos desde la infancia hasta hoy. El proceso de fusión llevará algún tiempo, por eso hago énfasis en la meditación. Es esencial.

EL PROCESO DE FUSIÓN LLEVARÁ ALGÚN TIEMPO, POR ESO LA MEDITACIÓN ES ESENCIAL.

Has de tener una intensa dedicación hacia ti mismo y por el Maestro, porque él te ha mostrado tu Identidad no Identificada.

P: ¿Es necesario el Maestro, es realmente importante?

Maharaj: Es sólo gracias a los Maestros que tenemos las enseñanzas. Sin mi Maestro, Nisargadatta Maharaj, no sería capaz de de decir ni una sola palabra y estaría aún yendo de un sitio a otro por esos templos de Dios, buscando paz y felicidad. Gracias a los Maestros, tenemos ahora una base sólida. Lo que Nisargadatta Maharaj dice es:

"NO HAY NADA EXCEPTO TU SER NO IDENTIFICADO. CUANDO ME VEO A MÍ MISMO, NO HAY NADA AHÍ".

P: ¿Puede contar más, Maharaj?

Maharaj: ¿Qué más quieres que te explique? No hay nada más que decir. Está claro como el agua: Excepto tu Ser sin ser, no hay nada ¿Para qué seguir buscando otra cosa, algo más, en otro sitio, cuanto todo el poder está en ti?

No hay nada más que decir. La puerta del Conocimiento se abrirá, estará abierta de par en par. Esta dedicación, esta Convicción es lo que Nisargadatta Maharaj expresa perfectamente.

¿Recuerdas la historia del joven mendigo cuyo tío le dijo que era millonario y se convenció después de que le mostrasen las pruebas? Aceptó inmediatamente su nuevo estatus. Del mismo modo, el Maestro dice: "Tú eres *Brahman*, *Atman*" ¿Por qué no lo crees? En algún lugar entre bastidores, hay una vocecita que dice: "¡No! ¿Estás de broma?" No es fácil convencerte, es por eso por lo que necesitamos la práctica de la meditación. El resultado de la meditación será la disolución de las capas ilusorias.

CUANDO LAS CAPAS ILUSORIAS SEAN DISUELTAS, TE ENCONTRARÁS CON TU PERFECCIÓN, "¡ASÍ QUE YO SOY ESO!"

Todas estas capas se disolverán espontáneamente. Ten fe en el Maestro y en lo que te dice. Ten una fe fuerte en que te está mostrando tu Identidad.

EL MAESTRO ES PERFECTO, POR LO TANTO, HAS DE RESPONDERLE CON LA MAYOR REVERENCIA PORQUE TE HA MOSTRADO TU VERDAD ÚLTIMA.

La fe en el Maestro no es una fe ciega. Es sólo gracias a él que tú has sido capaz de *pillar* la Realidad, sólo gracias al Maestro. Te das cuenta de que si no hubieses encontrado al Maestro, lo más probable sería que fueses todavía un turista espiritual, viajando de aquí para allá. Todavía estarías buscando un tipo de conocimiento u otro, buscando todavía alguna persona, el Gurú, uno u otro Maestro.

NO HAY NADA APARTE DE TU SER SIN SER. PÁRATE EN TU MAESTRO INTERIOR. PÁRATE EN TU GURÚ INTERIOR

¡SÉ FUERTE!

[El Maestro gesticula con el puño apretado] ¡Acéptalo! Es un hecho evidente.

P: ¿Cuál es la mejor manera de aceptarlo?

Maharaj: Lenta, silenciosa y, permanentemente.

51. No hay "Mi Pasado"

Maharaj: En nuestro Linaje servimos el cóctel del Conocimiento, Meditación y *bhajans*. Es muy potente. También damos un poco de edulcorante en forma de historias. El Conocimiento es como los antibióticos. A veces los antibióticos producen acidez. Para absorber el Conocimiento, se prescribe una pastilla antiácido. Después el antiácido puede causar algo de debilidad, y para la debilidad se necesita un tónico. El tónico son los *bhajans*. Los *bhajans* son el complejo vitamínico B.

ESTE CONOCIMIENTO ES MUY FUERTE, TIENES QUE DIGERIRLO.

Para facilitar la digestión, la meditación será de ayuda, tanto como las canciones devocionales, los *bhajans*. La combinación de los tres es importante.

P: Vienen en el mismo paquete. En *Yo Soy Eso*, Maurice Frydman dice que este Linaje es el mejor de todos, ya que combina Devoción, Conocimiento, Acción y Meditación, refiriéndose a ellos como "El Camino Real hacia la Liberación", porque lleva directamente a la Realización.

Maharaj: Es una mezcla, un medicamento fuerte, que hace fuerte la espiritualidad. Con esta medicina espiritual, no serás seducido por los pensamientos de nadie, de modo que:

INCLUSO SI DIOS APARECE ANTE TI, SABRÁS QUE PARA QUE ESTO SUCEDA, TU PRESENCIA HA DE ESTAR PRIMERO.

Veo desde mi Presencia. Si mi Presencia no estuviese ahí, ¿podría Dios ser visto? ¡No! Esta no es una charla del ego, es lógica, es una conversación Espontánea. Pero para tener el Conocimiento, necesitas hacer algo de esfuerzo deliberado.

P: ¿Por qué? ¿Por qué tenemos que hacer un esfuerzo si sabemos que *Soy Brahman*?

Maharaj: Porque no es fácil. Es muy fácil hablar utilizando el conocimiento literal. Tienes que absorber el Conocimiento. Esa es la parte difícil.

P: ¿Porque usted nos está condicionando y limpiándonos el cerebro?
Maharaj: Sí, sí. Pero aquí, con las disciplinas, estamos limpiando todos recuerdos, de modo que tu Realidad pueda aparecer.
P: Como lavar el cerebro ¿Lavar todo, todo mi pasado?
Maharaj: ¡No hay *mi pasado*! El esfuerzo deliberado es especialmente necesario al principio, de modo que se esté plenamente alerta, concentrado en toda regla.

Después de una intensa meditación y una profunda Auto-indagación e investigación, Bhausaheb Maharaj supo que estas disciplinas eran necesarias. Comprendía muy bien la psicología y la conducta humanas. Tuvo grandes revelaciones de las debilidades del ser humano.

LLEGARÁS A CONOCER LA REALIDAD ÚLTIMA MEDIANTE EL USO DE LAS HERRAMIENTAS DEL CONOCIMIENTO, EL MANTRA Y LOS *BHAJANS*.

Bhausaheb Maharaj dio instrucciones a Gurudev Ranade, un filósofo erudito, para que seleccionara los *bhajans* que tuviesen el más alto significado.

P: ¿Lo que está diciendo es que el cóctel de Conocimiento, meditación y *bhajans* es un método probado que, si lo seguimos, nos garantiza la iluminación?
Maharaj: Funcionará. Es inevitable, mientras hagas algo de esfuerzo.

En la etapa inicial sienes que practicar esas disciplinas deliberadamente. Estas prácticas son ilusión, tanto como lo que decimos sobre *Brahman*, *Atman*, *Paramatman*, Dios. En la etapa avanzada, no necesitarás ninguna disciplina ya que la práctica continuará por sí sola, sin tu conocimiento.

Así que les pido a todos que sean serios, porque a menos que sean serios respecto a conocer la Realidad y simplemente sigan leyendo y usando el intelecto como antes, no lo van a lograr. Bhausaheb Maharaj estuvo cantando *bhajans* cada mañana, temprano, y meditando durante largos períodos a lo largo del día, sin fallar.

P: ¿Era necesario todo eso?
Maharaj: Has de estar alerta para no olvidar tu Identidad. Has de ser constante al principio, de modo que puedas estar con el Ser sin ser todo el tiempo.

P: Puedo entender la necesidad del Conocimiento y la meditación, ¿pero los *bhajans*? Posiblemente porque no acostumbramos a cantarlos en occidente, de modo que no los veo como una parte importante de la práctica.

Maharaj: Cantar *bhajans* es una parte del proceso de tener Convicción para establecer tu Verdad Última. Al Espíritu le gustan los *bhajans*, los *bhajans* espirituales. Estas canciones devocionales ayudarán a abrir la

puerta del Conocimiento y la Realidad se abrirá espontáneamente.
LA REALIDAD SE ABRIRÁ ESPONTÁNEAMENTE.
El Espíritu es tan sensible que hace bailar a la gente. Los Maestros solían bailar, eran movidos por el Espíritu. No se levantaban de pronto y decidían bailar, no, eran movidos. Durante los *bhajans*, Nisargadatta Maharaj, cumplidos los setenta, bailaba. Sucede espontáneamente. Los *bhajans* son una parte del proceso espiritual. Son necesarios y alimentan el Conocimiento.

P: Las palabras son extremadamente poderosas, hermosas y edificantes. En sí mismas son casi como la meditación. Para nosotros es importante entender las palabras. Son muy fuertes cuando entiendes el significado.

Maharaj: Sí, muy emotivo, muy emotivo.

P: Hoy estaba cansado cuando vine, pero cuando empecé a cantar, el cansancio se fue. Su significado es tan potente.

Maharaj: Todo está conectado con el Ser sin ser. Como dije, Bhausaheb Maharaj le dio instrucciones a su discípulo Gurudev Ranade para que seleccionase los *bhajans* con más alto significado. Alto significado en el sentido de que elevaran y tocaran el fondo de tu corazón. De este modo, su significado se imprime profundamente.

Todos y cada uno de los *bhajans* tiene un significado elevado que se refleja en el Conocimiento de tu Ser sin ser. Por lo tanto, la lectura, el Conocimiento, la meditación y los *bhajans* sirven todos a un solo propósito. El principio que encierra todo ello es establecer en ti la Verdad Última ¡Los cimientos son perfectos!

P (2): Canto *bhajans* con bastante frecuencia y encuentro que es una buena *Sadhana*. Hacen al Espíritu más abierto y receptivo.

Maharaj: Los *bhajans* son muy importantes porque:
EL ESPÍRITU INTERIOR SE SIENTE ESPONTÁNEAMENTE FELIZ CON LOS *BHAJANS*.
Incluso aunque no conozcas el idioma, puedes cantarlos. Lee su significado, su idioma es excepcionalmente elevado. De modo que sí, los *bhajans* son muy importantes.
LAS PALABRAS QUE ENCIERRAN LOS *BHAJANS* SE ADENTRAN MÁS Y MÁS PROFUNDO EN TU SER SIN SER, VEINTICUATRO HORA AL DÍA, SIETE DÍAS A LA SEMANA.
P (2): Puedo entender lo de la espontaneidad. Es como cuando oyes una música que remueve algo dentro y antes de que te des cuenta, estás balanceándote de un lado a otro.

Maharaj: Cuando estás más y más cerca de la Identidad no Identificada, la individualidad va siendo absorbida, poco a poco.

Cuando esto sucede, no puedes luego retirar la parte de la individualidad que ha sido absorbida ¡No! ¿Recuerdas lo que te conté sobre el cubo de agua vertido en el mar? Incluso si tratas de recogerlo, no puedes.

P: Ti se ha mezclado con el mar? El proceso de la Unidad, si puedes llamarlo así, es irreversible ¿Ya no regresa el individuo, por así decirlo?

Maharaj: No hay individualidad. Sólo usamos algunas palabras para comunicarnos ¡Sal del círculo ilusorio! Estamos hablando de espiritualidad con el fin de salir de la ilusión y desaparecer. Pero algún concepto ilusorio indirecto, oculto, quedará aún. Los conceptos han surgido por la ilusión. Con la práctica, comenzarás a notar esos conceptos ocultos, escondidos, como cuando dices *mí* y *tú* ¡Presta atención!

SI LA BASE O LOS CIMIENTOS SON DÉBILES, UNA PEQUEÑA SACUDIDA PODRÁ APARECER Y DESTRUIRLO TODO.

Es por eso por lo que lo más importante es construir una base sólida. Sé que la meditación es una ilusión, el *Naam* es también ilusión, y el Conocimiento y los *bhajans* también, porque todas estas prácticas vienen por el conocimiento relacionado con el cuerpo. Aun así, tenemos que usarlos para establecer tu Verdad Última.

52. *Este es un largo sueño*

P: ¿De dónde vienen las preguntas? ¿De dónde vienen todas estas preguntas? ¿Por qué esas preguntas? ¿Cuál es la fuente de las preguntas?

Maharaj: Tú eres la Fuente. Tu Presencia Espontánea aparece con preguntas y respuestas. Tu existencia es Espontánea. Tu existencia es Espontánea. Para que existieras, el espíritu hizo clic con el cuerpo. Las preguntas, todas las preguntas y las necesidades aparecen espontáneamente.

Antes de ser, no había preguntas, ninguna, nada. Eras completamente desconocido para ti. Eras completamente desconocido para el mundo. Así que te conoces gracias al cuerpo: "Soy alguien", y a través de él surgen las preguntas intelectuales: "¿Quién soy Yo? ¿Dónde estoy? ¿De dónde vine?" Por tanto, todas las preguntas son preguntas relacionadas con el cuerpo. Las preguntas se disolverán después de dejar el cuerpo.

La ciencia espiritual dice que tu Identidad no es el cuerpo. El cuerpo no es tu identidad y no va a seguir siéndolo. Sólo es una aparición espontánea. No hay ninguna razón para ello. Es como un sueño, no podemos decidir qué sueño vamos a tener. El sueño es espontáneo. El sueño de hoy puede no ser el de mañana, que igualmente será un sueño.

TODAS LAS PREGUNTAS SON ESPIRITUALES, INTELECTUALES, PREGUNTAS DEL EGO. EN LA ETAPA FINAL NO HAY PREGUNTAS, NO HAY NADA.

Antes de ser, no tenías ni experiencias ni preguntas. Eras desconocido para ti. Gracias al cuerpo tienes alguna información y algún conocimiento, por lo tanto, ese conocimiento es ilusión. El cuerpo no es tu identidad permanente. Al dejar el cuerpo, no quedará nada, no quedará ninguna pregunta.

Las preguntas son creadas de forma espontánea y las formulas gracias al cuerpo, al ego y al intelecto. Nos apartamos de la Realidad cuando hacemos preguntas. Hacemos preguntas como si fuésemos *personas* separadas ¿Pero quién o qué suministra la energía para que surja la pregunta? ¿Quién experimenta las preguntas? ¿Quién es testigo de la pregunta? ¿Quién le suministra poder a la pregunta?

ESO ERES TÚ.
LA VERDAD ÚLTIMA,
LA VERDAD FINAL.
NO PUEDE SER DESCRITA CON PALABRAS.

Mi Maestro dijo: "Si quieres compararte con algo, compárate con el cielo" ¿El cielo tiene preguntas? ¿Pregunta el cielo de dónde viene? El cielo está en todas partes. Del mismo modo, tu Presencia, tu Presencia Espontánea, está en todas partes, pero te estás considerando como la forma corporal, y es por eso por lo que hay tantas preguntas.

P: Gracias Maharaj. Usted habló sobre conocerse a uno mismo en un sentido real que no es intelectual ni mediante las palabras ¿Podría contarme otra vez lo que quiere decir con un sentido real?

Maharaj: De nuevo te aviso: Sólo estamos usando PALABRAS. No hay *real* ni *no-real*.

DISCRIMINAMOS PORQUE TENEMOS UNA FORMA CORPORAL.

¿Hay alguien que pueda hablar de lo real y lo no-real? ¡No! Nadie existe, no hay nada ahí. Es sólo el niño no-nacido quien hace preguntas al cuerpo sobre lo real y lo no-real. Tú eres el niño no-nacido, por tanto, la realidad y la no-realidad están simplemente conectadas con el pensamiento lógico.

NADA HA SUCEDIDO.
NADA VA A SUCEDER.

**HACES PREGUNTAS SOBRE LA ILUSIÓN,
HABLAS SOBRE EL NIÑO NO-NACIDO.
TU PRESENCIA ES COMPLETAMENTE INIDENTIFICABLE.
ES IDENTIDAD NO IDENTIFICADA.**

Estás tratando de identificar la Realidad mediante el cuerpo, y como te he dicho muchas veces, el cuerpo no es tu identidad permanente. Se desvanecerá como una nube de humo. Este Conocimiento, esta Realidad, ha de imprimirse, absorberse en tu interior, de modo que después de conocer la Realidad, permanezcas despreocupado, desinteresado, sin implicarte con el mundo, igual que no te preocupas por un sueño.

**ESTE MUNDO ES UN SUEÑO.
ES UN LARGO SUEÑO.**

El rey Bhartri estaba perdido en un largo sueño. Tenía muchas esposas, pero Pingala era su favorita, el amor de su vida. Ella le había dicho: "Si algo le sucediera alguna vez a mi amado, quiero morir".

El rey decidió comprobar si su amor era verdadero. Un día le envió un mensajero para que le informase de que al rey le había matado un tigre durante una cacería.

Al oír la horrible noticia, a Pingala se le partió el corazón y se quitó la vida. Cuando el rey supo la tragedia, se volvió loco de pena y se llenó de remordimiento: "¡Oh! ¿Qué he hecho? ¿Cómo voy a vivir sin mi Pingala? Quiero que vuelva. No puedo vivir sin ella". Había jugado a aquél juego tan imprudente, cruel y peligroso, y ahora su querida Pingala había muerto.

Pasó sus días afligido en el campo crematorio, llorando y gimiendo en voz alta por su querida Pingala. Mucha gente se unió a él en su tristeza sin fin.

Un día, pasó un yogui cerca del rey en el campo crematorio. Este yogui dejó caer su olla de barro, rompiéndose en pedazos. El yogui empezó a llorar, sollozando muy alto, incluso más alto que el rey, que estaba llorando cerca.

El rey estaba contrariado: "¡Para de sollozar!" ¡Por el amor de Dios, para de llorar! Te compraré cien ollas nuevas". "¡No, no!" sollozaba el yogui, "quiero mi vieja olla". "¡Qué tontería!" dijo el rey, "lo que se ha ido, se ha ido".

El yogui paró de llorar y dijo: "¡Oh sabio rey! Si sabes eso ¿por qué estás todavía llorando? Tu Pingala se ha ido y nunca volverá".

El rey contestó: "No puedes comparar mi pérdida con la tuya. Yo he perdido a mi amada, a mi hermosa Pingala, a la que amé tan tiernamente, con todo mi corazón. Tú sólo has perdido una olla de barro sin valor".

Y el yogui contestó: "Los dos estaban hechos de tierra, y lo que viene de la tierra ha de regresar a ella". Entonces creó un centenar de Pingalas idénticas y le pidió al rey que señalara cuál era su especial Pingala. Naturalmente el rey no fue capaz de identificarla. Entendió que Pingala era parte del sueño que él había proyectado desde su Presencia Espontánea.

Súbitamente el rey se iluminó. Entendió que había estado llorando por un sueño, por algo ilusorio e impermanente. Estaba avergonzado porque había tomado un sueño por la Realidad. Poco después renunció a su reino, se hizo discípulo del yogui, y despertó a la Realidad.

53. ¡Sé independiente y vuela!

Maharaj: El Maestro no te está dando nada que no te pertenezca. Sólo te está recordando lo que ya está en ti, pero que de algún modo fue olvidado. Ya conoces la Realidad, ahora sólo tienes que moverte con precaución.

Cuando un hijo o hija se va a la universidad, los padres le pedirán que tenga cuidado en su nuevo entorno, con una atmósfera diferente. Le dirán que estudie y no se distraiga con el entorno nuevo y excitante. Del mismo modo, has de estar muy alerta en todo momento ante posibles amenazas y dificultades, hasta que el cuerpo físico se disuelva.

P: Estuve deprimido durante un tiempo. La ilusión me rodeaba. Solía visitar diferentes iglesias y templos, y exploré diferentes creencias religiosas. Realmente no sabía qué estaba haciendo ni buscando. Medité a mi manera, pero estaba rodeado por *maya*.

Maharaj: No hay *maya*. *Maya* es un concepto, igual que *Brahman* es un concepto.

Mientras te veas en la forma corporal, las cosas atractivas estarán cerca y te afectarán. La espiritualidad pueda ayudarte en cada momento de tu vida ¡Disuelve los conceptos!

TU EXISTENCIA ES INVISIBLE, AUNQUE LA SIENTAS. COMO CUANDO TU PRESENCIA ERA INVISIBLE ANTES DE SER.

P: Estoy encantado de haberle encontrado, Maharaj, porque me mantiene en lo directo y lo principal. Ahora sé que puedo venir y verle cuando lo necesite. Cuando la distancia entre nosotros empiece a aumentar, será el momento de estar en su presencia. No quiero sentir este tipo de separación.

Maharaj: Sí, pero recuerda que el Maestro no es la forma. No dependas de la forma del Maestro. El Maestro no tiene forma. Has de tener una fe completa en ti mismo y en tu Maestro, pero no en el Maestro en la forma física. Este *cuerpo* [señalando a su pecho] no es el Maestro, aquello que habla es el Maestro. El Hablante Invisible hablando y el Oyente Invisible oyendo, es el Maestro. Los cuerpos son diferentes, el Espíritu es uno.

EL MAESTRO NO TIENE FORMA.

Él te ha dado poder ¿Cuánto tiempo vas a permanecer a su lado bajo el cobijo de sus alas?

¡VUELA CON TUS PROPIAS ALAS!

El Maestro te lo ha dado todo ¡Sé independiente y vuela!

Cuando yo era joven, no entendía todo lo que decía mi Maestro, Nisargadatta Maharaj, pero después, reflexionando, lo entendí. Él dijo: "Si tienes que hacer algo, hazlo solo. No esperes ayuda de nadie. No tienes que estar en el cielo de nadie, has de ser fuerte y

TOMA REFUGIO EN TU PROPIO SANTUARIO.
VÁLETE POR TI MISMO".

El Maestro te aconseja una y otra vez, a veces expresando un pequeño enfado. Pero no es un enfado real, es sólo *amor fuerte*, como un padre procurando hacer fuerte a su hijo. Lo que el Maestro quiere transmitir es más importante. Mírate a ti mismo como sin forma y mira al Maestro como sin forma, entonces no habrá separación.

54. *Graba la Realidad como un tatuaje*

P: Usted habló sobre una base sólida ¿Puede explicarla?

Maharaj: La idea a la que se llega tras saber que no eres el cuerpo es "¿Quién soy Yo?" Practica primero la Auto-indagación. La ciencia espiritual dice que "Tú eres la Verdad Última", esa es la teoría, el conocimiento teórico. El siguiente paso es encontrar cómo establecer esa Verdad. El Conocimiento se establece mediante la meditación. De este modo, tu base será fuerte. Base significa que estás convencido de que el cuerpo no es la Realidad.

La siguiente pregunta puede ser: "¿Cómo lo acepta uno?" La base espiritual ha de estar limpia antes de plantar alguna semilla. Luego haces la práctica, que te dará la fuerte confirmación que se necesita para desapegarte y despreocuparte del cuerpo. El resultado final es: Felicidad y Paz Excepcionales.

LAS CAPAS ILUSORIAS SON COMO VELOS,

VELOS SUTILES.
CUANDO TODO Y TODAS LAS CAPAS DESAPAREZCAN, ESA SERÁ LA BASE, LOS CIMIENTOS.

Así que lee algunos libros, recita el Mantra y escucha lo que dice el Maestro, que está convenciéndote de que eres la Verdad Última.

COMO ERES LA VERDAD ÚLTIMA, TE DARÁS CUENTA DE QUE TODO ESTÁ DENTRO DE TI, QUE NO HAY NADA EXCEPTO TÚ.
TODO SURGE DE NADA, Y SE DISUELVE DE NUEVO EN NADA.

No necesitarás ya estar en contacto con cosas materiales, ni la ayuda de nada material para tener felicidad. Cuando ya no necesites la felicidad, habrás alcanzado tu destino ¿Qué hacen todos esos entretenimientos de ahí fuera? ¡Hacen dinero!

TÚ ERES LA FUENTE DEL MUNDO.
SIN FORMA. SIN *YO*.
ESTÁS EN TODAS PARTES.
ESTA VERDAD HA DE SER ESTABLECIDA.

Eres la Medicina Definitiva. Más allá de tu Ser sin ser, no hay nada. Incluso aunque sepamos la Verdad, la influencia del conocimiento relacionado con el cuerpo crea expectativas sutiles ¡Estate alerta! ¡Comprométete!

P: ¿Tiene el karma alguna importancia?

Maharaj: La gente pregunta mucho sobre el karma. Es una ilusión carente de significado. Te he dicho muchas veces que antes de ser no había nada. Nada significa nada, y aun así la gente sigue diciendo: "Vale, no había nada, pero ¿qué pasa con el karma?" Antes de ser no había nada. Todo eso del karma y *prarabdha*, es ilusión ¡Olvídate de esas ilusiones!

P: En la vida práctica puede que no haya karma para los Maestros Realizados, pero para la gente corriente hay malas semillas ¿Karma?

Maharaj: Antes del conocimiento relacionado con el cuerpo, no había nada. Tienes que olvidarte de todo. Esas son las influencias de impresiones y aspectos ilusorios. Son capas sobre la Verdad Última, las capas sobre la Verdad Última.

¿Un cuerpo muerto puede tener alguna ilusión? ¡Escucha atentamente! La base es: "No soy el cuerpo, no era el cuerpo y no voy a seguir siendo el cuerpo". Todo viene de ti y se disuelve de nuevo en ti.

Después de conocer la Realidad, olvídate de tu existencia. Para ello necesitas una fe total en el Maestro.

OLVÍDATE DEL PASADO.

PASADO, PRESENTE Y FUTURO SON CONCEPTOS.
DEJA DE CONSIDERARTE COMO LA FORMA CORPORAL.
ESA ES UNA GRAN ILUSIÓN, UN GRAN PECADO.

Debido a que tienes un cuerpo, necesitas a Dios. Hemos creado la palabra D-I-O-S con nuestra imaginación. Puedes volar con tus propias alas, pero no haces ningún esfuerzo para ello. Tus expectativas sobre milagros muestran que todavía te consideras a ti mismo como la forma corporal.

TIENES QUE GRABARTE LA REALIDAD
COMO UN TATUAJE.
ADHERIRLA COMO UN TATUAJE,
DE MODO QUE NO DESAPAREZCA.

Elimina todos los conceptos que has ido acogiendo desde la infancia hasta hoy. Borra todos los archivos malos y erróneos. Limpia tu disco duro. Guarda los archivos buenos para ti.

P: A veces siento que no tengo control sobre lo que sucede en mi vida.

Maharaj: Por eso necesitas la meditación. Cuando todo termina, ahí estás tú. No hay principio ni fin. Hablamos así sólo con la finalidad de entendernos. Toda la discusión espiritual es con respecto al niño no-nacido. Nada está sucediendo porque eres no-nacido.

CUANDO LA PRESENCIA INVISIBLE EN TI DESAPARECE,
VA A TODAS PARTES.

¿Dónde va Dios después de que el cuerpo sea incinerado? ¡A todas partes! Cuando todo se disuelve, no queda nada.

55. *Disfruta de los dulces del Conocimiento*

Maharaj: Cuando el espíritu hizo clic con el cuerpo, lo hizo bajo la presión constante de todo tipo de ilusiones. Para disolverlas son necesarias varias disciplinas. Por el camino tendrás experiencias que son, sin duda, etapas progresivas, pero han de ser consideradas igualmente ilusión. Cuando no quede ningún *Yo*, no habrá nada que describir.

NO HABRÁ NADA QUE DESCRIBIR
PORQUE NO HABRÁ
NADA QUE DESCRIBA O EXPERIMENTE.

Este es un Conocimiento muy sencillo. Después de conocer esta Realidad, no queda nada que buscar. Eres libre.

P: ¿La gente sigue buscando después de pasar por aquí? Me parece difícil que lo hagan, sus enseñanzas lo dicen todo.

Maharaj: Sucede. Es el hábito que tienen de hablar de cosas ilusorias y comparar Maestros como Nisargadatta Maharaj, Siddharameshwar Maharaj y Ramana Maharshi.

NO HAY ESCLAVITUD. YA ERES LIBRE.
LA GENTE DICE QUE QUIERE LA SALVACIÓN.
ESO ES UN CONCEPTO.
ERES LIBRE.

La Convicción ha de estar ahí: firme, fuerte, sólida, inamovible. Estoy siempre martilleando lo mismo. Es un hecho evidente: "Excepto tu Ser sin ser, no hay Dios, ni *Brahman*, ni *Atman*, ni *Paramatman*". Permanece tranquilo y en silencio.

P: ¿Hay algún otro aspecto devocional aparte de los *bhajans*?

Maharaj: Devoción significa implicación. Se te ha dicho que no eres la forma corporal, que eres la Verdad Última, la Verdad Final, *Atman*, *Brahman*, que eso es tu Identidad no Identificada. Tienes que aceptarlo completamente, absorberlo del todo ¡Absorbe!

ACEPTACIÓN ES DEVOCIÓN.
ABSORCIÓN ES DEVOCIÓN.

Con la Auto-convicción es muy fácil. Has de estar convencido de que *El que Ve* es lo Último. *El que Ve* es la Verdad Última.

ESO ERES TÚ. SIN NECESIDAD DE DECIRLO.

P: ¿Por qué sin necesidad de decirlo? A menudo lo digo en voz alta como un recordatorio: "Soy *Brahman*, Soy *Brahman*".

Maharaj: Para decir algo, has de tener ego. Con saber ese algo, es suficiente, así que quédate callado.

P: OK. Supongo que si digo algo, conlleva dualidad también.

Maharaj: Absorberás este conocimiento con ayuda del Mantra, la Meditación y los *Bhajans*. Todos estos santos dieron enseñanzas sin ataduras. Eres un pájaro libre.

UNA CIERTA INTENSIDAD ES BUENA AL PRINCIPIO.

P: ¿Eso se debe a que la práctica es nueva y habrá algún tipo de resistencia a ella?

Maharaj: Sí, sí. Desde la infancia hasta hoy has sido acosado por la ilusión, de modo que tendrás que luchar un poco.

AL MISMO TIEMPO, PUEDES
DISFRUTAR DEL CONOCIMIENTO.
NO ES CONOCIMIENTO ÁRIDO.

Te he dado una bolsa de dulces, ahora tienes que consumirlos, comértelos. No tienes que preguntar cómo es este dulce ¡No! ¡No preguntes!

P: Lo que está diciendo es que no pregunte su significado, no hagas la disección del Conocimiento que ha sido compartido. Simplemente chúpalo.

Maharaj: Sólo has de comértelo. El Conocimiento te ha sido dado.

Conocimiento significa Realidad. Ambos, Conocimiento y Realidad, son UNO y el mismo.

CONOCIMIENTO SIGNIFICA REALIDAD.
ES EL DESTINO FINAL.
NO HAY NADA MÁS ALLÁ.

Esta es la ideal final de nuestra discusión. Utilizo palabras para tratar de convencer al Oyente Invisible que hay en ti.

P: ¡Entiendo! Utilizamos ayudas, herramientas para llegar (no para llegar, porque ya estás), para ayudarnos a conocer y establecernos en la Realidad Última.

Maharaj: Antes de venir aquí has estado buscando aquí y allá. Puede que tengas algunas sugerencias de libros que te han dado indicaciones, o de Maestros que te han dado pistas. Ahora que has llegado al destino, puedes tirar esas indicaciones. Ya no te van a ser de utilidad.

P: Sí, le sigo. Maharaj, iba a hacerle una pregunta relativa a los *bhajans*. Estoy peleándome con el marathi incluso escrito fonéticamente ¿Cuándo vuelva a casa es posible tratar de cantarlos en inglés?

Maharaj: Por supuesto, del modo que lo encuentres más fácil. Es lo mismo, el mismo proceso.

P: ¿Son más potentes cantados en marathi que en inglés?

Maharaj: El lenguaje lo creamos nosotros. En los *bhajans*, las palabras no son tan importantes como el ritmo. El ritmo crea unas vibraciones dentro de ti, como una atmósfera. Cuando estás cocinando algo, puede que añadas un poco de sal, este condimento, esa especia, y así, dándole una atmósfera ¿Conoces las *gunas*?

P: ¡Sí, las tres *gunas*!

Maharaj: Las *gunas* sólo están conectadas con el cuerpo. Estoy hablando de más allá de eso pero, sólo para entendernos, hay tres *gunas*. La *Sattva guna* se aplica a alguien que está dispuesto para la adoración, la devoción, la oración y la devoción a Dios. Devoción y cantar los *bhajans* crean una atmósfera *sátvica*.

P: ¡Así que es por eso por lo que lo hacemos!

Maharaj: Te lo he dicho. Cuando cantas los *bhajans*, olvidas la forma corporal. El ritmo crea una vibración que le gusta al Espíritu ¡Recuerda no tomar las palabras literalmente!

P: Los sé, lo sé. Soy consciente de una tendencia que a veces trata de enganchar lo que usted dice, de modo que pueda ponerlo en un compartimento ¿Sabe lo que quiero decir?

Maharaj: La *Raja guna* trata de encontrar placer mediante distintas causas materiales. La *Tama guna* se refiere, por así decir, con el pensamiento criminal, con los conceptos criminales. Pero todas las gunas están relacionadas sólo con el cuerpo.

Hablo de más allá de eso. En realidad, no hay *gunas*. Esto se denomina *Nirguna*. Ahora, olvida todo lo relativo a esta conversación. Ves que todo el lenguaje espiritual y el conocimiento espiritual están conectados sólo con el cuerpo. Todo es conocimiento relacionado con el cuerpo, conocimiento relativo al cuerpo. Estoy hablando de más allá de eso, más allá del conocimiento, sin conocimiento, nada.

**CONOCIMIENTO SIGNIFICA
AUTO-CONOCIMIENTO,
Y DEVOCIÓN SIGNIFICA
LA PERFECCIÓN
DE ESE CONOCIMIENTO.**

56. ¿Quién cuenta los años?

P: ¿De verdad necesitamos un Maestro o Gurú?
Maharaj: Para abandonar todos los conceptos, se necesita un guía.
**CONOCEMOS EL MUNDO ENTERO,
PERO NO NOS CONOCEMOS A NOSOTROS MISMOS.
PODEMOS SABERLO TODO ACERCA DEL MUNDO,
PERO NO NOS CONOCEMOS A NOSOTROS MISMOS.**
Podemos hablar y hablar sobre algo, sobre trabajo o temas espirituales, pero
**NO ESTAMOS PENETRANDO EN NUESTRO
PROPIO CAMPO DE REALIDAD.**
La estamos ignorando. Por lo tanto
**EL MAESTRO ESTÁ LLAMANDO LA ATENCIÓN
DEL OYENTE INVISIBLE.
TÚ ERES LA VERDAD ÚLTIMA,
ERES LA VERDAD FINAL.
EL CUERPO NO ES TU IDENTIDAD.**
Estoy soltando lo mismo cada día. El cuerpo no es tu identidad. El *Yo* nunca permanece. Incluso si tratas de salvarlo con la ayuda de un médico, tal vez lo máximo que pueda hacer sea retrasar la muerte, pero no podrá hacer nada para evitarla.

¡Auto-indaga! ¿Cuál es el secreto de la muerte? Conforme vayas más y más profundo, encontrarás que no hay nada a lo que temer. No hay muerte para ti ¿Conoces la historia de la soga y la serpiente?

P: ¡Sí! Una vez tuve una experiencia similar. Vi una enorme serpiente negra en el suelo de una habitación oscura. Estaba realmente asustado. Corrí en busca de ayuda. Un amigo encendió la luz para ver a la terrorífica serpiente, y la verdad se reveló. No era más que un grueso cinturón de color negro que estaba como enroscado en el suelo. El miedo desapareció instantáneamente y empecé a reír.

Maharaj: Esa fue una buena experiencia. Cuando hay luz y ves que no es una serpiente sino una soga, ya no tienes miedo. Lo mismo pasa con el miedo a la muerte. "Soy no-nacido, de modo que ¿por qué he de tener miedo a la muerte?"

NO HE NACIDO EN ABSOLUTO.
EL CUERPO NO VA A SEGUIR SIENDO MI IDENTIDAD,
POR QUE YO SOY EL TESTIGO DE TODO.

P: Así que durante más de treinta años he estado viviendo con todos esos conceptos…

Maharaj: ¿Quién cuenta los años?

P: ¡Está bien! Supongo que la edad también es un concepto.

Maharaj: ¡Correcto! Cuando el Espíritu hizo clic con el cuerpo, entraron los conceptos. Nadie piensa sobre los hechos. En su lugar, nos quedamos bajo la presión de los pensamientos y aceptamos la ilusión más que la Realidad que somos. Has de conocer la Realidad.

P: ¿Y usted, como Maestro, me ayudará a hacerlo?

Maharaj: Has de tener algún valor para conocer la Realidad. Nada es imposible [señala a las imágenes de los Maestros del Linaje: Bhausaheb Maharaj, Siddharameshwar Maharaj, Nisargadatta Maharaj y Ranjit Maharaj].

TODOS ESTOS SANTOS SON
DEL MISMO ESPIRITU QUE TÚ.
ESTOS GRANDES SANTOS
TIENEN EL MISMO ESPÍRITU QUE ESTÁ EN TI.

P: Cuando veo estas imágenes de los Maestros aquí, en la sala, y siento su presencia, me vienen en ese momento la meditación de *La vía de la hormiga* de Bhausaheb Maharaj; la seriedad y fuerza de *Yo soy Eso* de Nisargadatta Maharaj; *Yo soy Él* y *Todo es Cero* de Ranjit Maharaj; y *La vía del pájaro* de Siddharameshwar Maharaj. Y de usted, el ir más allá de todo de modo directo, realista, sencillo, directo a la yugular, radical y absoluto.

Maharaj: Las enseñanzas son las mismas, sólo la expresión es diferente.

De todas formas, deja de subestimar al Espíritu. Aceptas que eres un hombre o una mujer, y cada día estás dependiendo de algo o de alguien. Dependemos de Dios, dependemos de Dios. Decimos: "¡Oh Dios, bendíceme, bendíceme! La gente habla de Dios ¿Qué Dios? ¿Han visto a Dios? ¡No! ¿Tú has visto a Dios? ¡No! No le has visto. Sin embargo, todos dicen que Dios está ahí, pero *Dios* no tiene ninguna forma.

TODOS DICEN QUE DIOS ESTÁ AHÍ, PERO DIOS ESTÁ AHÍ SÓLO PORQUE TU PRESENCIA ESPONTÁNEA ESTABA ANTES.

Nos hemos convertido en víctimas de las palabras, esclavos de los conceptos. Disfrutamos jugando con las palabras.

P: ¡Es verdad! Yo también soy culpable.

Maharaj: Has de aceptar esta verdad y no ceder ante la presencia de pensamientos ilusorios como: "¿Qué va a pasar? ¿Qué es lo que va a pasar?" etc. Nada ha sucedido, nada está sucediendo y nada va a suceder. El secreto ya no será más un secreto, estará expuesto. Es muy fácil, pero te has encerrado en el círculo de los conceptos, en un globo. Es un círculo vicioso. Has de salir del círculo del conocimiento relacionado con el cuerpo.

P: ¿O pinchar el globo?

Maharaj: ¡Correcto! ¿Qué dicen todos esos miles de libros espirituales? Has de encontrarlo mediante la Auto-indagación. Indaga, pregúntate: "Después de leer tantos libros, después de acercarme a varios Maestros, después de viajar a tantos sitios diferentes ¿Cuál es el resultado?"

¿CUÁL ES TU CONCLUSIÓN?

P: ¿Conclusión? En realidad no lo sé. Supongo que todavía estoy intentando hacer que funcione.

Maharaj: Por ejemplo, cuando haces Auto-indagación, busca si los libros que has leído te han traído paz, valentía, si te han llevado a alguna conclusión. Si tu voz interior dice que no, esa respuesta te llevará al Conocimiento. Has de hacer esas preguntas. Ha de haber una parada total, de otro modo sólo navegarás sin rumbo, nadarás en el mar de miles de palabras.

P: Ya veo lo que quiere decir.

Maharaj: Si tu Maestro Interior dice que no, significa parada total.

HA DE HABER UNA PARADA TOTAL.

Entonces tendrás que cambiar de carril y coger la vía directa al Auto-conocimiento ¡Es muy simple!

SI TU BÚSQUEDA ESPIRITUAL NO TE HA LLEVADO A LA AUTO-INDAGACIÓN Y AL AUTO-CONOCIMIENTO, LA CONCLUSIÓN ES QUE TODO HA SIDO UNA GRAN ILUSIÓN.

Tratamos de conocernos a través de la forma corporal. Tratamos de saber mediante la forma corporal.

EL CUERPO ES SÓLO UN MEDIO.
LA VERDAD EVIDENTE ESTÁ DENTRO DE TI.

Lo estás ignorando. Eres la Verdad Final.

EL MUNDO ES PROYECTADO POR

**TU PRESENCIA ESPONTÁNEA.
LO MISMO SUCEDE A LA INVERSA,
CUANDO SE ELIMINA EL MUNDO PROYECTADO.
ACEPTA LA REALIDAD.**

P: Creo que empiezo a escuchar lo que está diciendo. La última moneda empieza a caer y me siento emocionado.

Maharaj: Estamos bajo muchas impresiones y presiones del cuerpo, desequilibrio de la mente, falta de paz, lucha y confusión ¿Por qué?
**PORQUE NO ACEPTAMOS LA REALIDAD.
PORQUE NO ACEPTAMOS LA REALIDAD.**
Y todo eso se acabará cuando te conozcas a ti mismo en un sentido real.
**CUANDO TODO DESAPARECE, TÚ ERES.
CUANDO TODO DESAPARECE,
AHÍ ESTÁS TÚ.**
Estoy tratando de convencer al Oyente Invisible de diferentes maneras, utilizando distintas palabras, de que tú eres la Verdad Última, *Brahman*, *Atman*. Hay muchas palabras diferentes para la Realidad, por eso se da el *Naam Mantra*.

Bhausaheb Maharaj encontró que era muy fácil para cualquiera decir "Yo soy Brahman", pero no era viable. Bhausaheb dijo:
**CONOCEMOS LA VERDAD A TRAVÉS DE LAS PALABRAS.
NO LA CONOCEMOS DIRECTAMENTE.
CONOCEMOS LA VERDAD
A TRAVÉS DE PENSAMIENTOS ILUSORIOS.**

P: Y si sólo conocemos la Verdad a través de palabras ¿significa eso que no es Auto-conocimiento Directo? ¿No podremos conocernos en lo que usted llama sentido real?

Maharaj: ¡Correcto! Permanece tranquilo y en silencio. No estés sometido a las impresiones de pensamientos ilusorios.

57. *Los archivos buenos están dañados*

Maharaj: Como dije, el primer paso para ti [señalando a un nuevo visitante] es practicar la meditación ¿Por qué? Porque tu ordenador portátil está atestado con los bytes equivocados. Los archivos buenos están dañados, de modo que tenemos que limpiar el portátil completamente. Para ello, la meditación es lo más importante, tan necesario como bañarse diariamente o lavar la ropa.

Tu cuerpo espiritual necesita ser limpiado cada día con la

meditación. La meditación es como el jabón con el que te lavas cada mañana y cada noche. Es el jabón que limpia el cuerpo espiritual.

Utilizamos un acercamiento científico, que te muestra cómo absorber el Conocimiento que ya tienes.

P: Maharaj, cuando dice "científico" ¿qué quiere decir?

Maharaj: Bueno, científico quiere decir sistemático. Es un método probado que ha sido utilizado y da resultado. En la etapa inicial, te pido que no te mezcles con personas que te puedan aconsejar mal y distraerte.

P: ¿Porque la falta la falta de experiencia con la práctica te hace vulnerable?

Maharaj: Necesitas ser fuerte, así que mantente en buena compañía. Un chico de tu edad estuvo aquí durante un tiempo. Prestó mucha atención a las enseñanzas. De pronto cambió porque visitó a sus viejos amigos. Lo siento por estas personas. Tras ser mostrada la Realidad, son influenciados por otros y una vez más son influenciados por circunstancias ilusorias.

P: Encuentro difícil de creer que después de escuchar estas enseñanzas tan elevadas y oír la más alta Verdad, por así decir, puedas dejarlas de ese modo.

Maharaj: ¡Sucede! No lo tires todo por un sueño ilusorio ¿Para qué? El Maestro siempre te está avisando. Hay muy, muy pocos devotos que aceptan la Realidad.

MUY, MUY POCOS DEVOTOS ACEPTAN LA REALIDAD.

Una vez que te he mostrado la Realidad ¿por qué ha de seguir habiendo la necesidad de ir de aquí para allá? No tienes ninguna discapacidad. No eres dependiente en absoluto. Eres independiente. Para mantener la Realidad, la meditación, los *bhajans* y el Conocimiento, son esenciales. Entonces serás completamente valiente. Sabrás que estás llevando esto [Maharaj señala a su jersey] igual que el cuerpo te está vistiendo.

CUANDO NO HABÍA CUERPO NO HABÍA NADIE.
NO HABÍA NECESIDADES
PORQUE SOMOS DESCONOCIDOS
PARA NUESTRO SER SIN SER.
ES UN HECHO EVIDENTE.

¿Alguna pregunta?

P: ¿Está diciendo que no hay necesidades?

Maharaj: Todas las necesidades están relacionadas con el cuerpo porque una vez que tuviste el cuerpo comenzaron todas las necesidades: comida, Dios, felicidad, tristeza, paz.

ANTES DE SER: NI NECESIDAD DE PAZ,
FELICIDAD O TRISTEZA.

NI MIEDO AL NACIMIENTO NI A LA MUERTE.

P: ¿Meditar regularmente es de ayuda?

Maharaj: Es la base. Todo el mundo tiene conocimiento espiritual literal. La meditación es necesaria para absorber el conocimiento ¡Es una oportunidad! ¡Es un tiempo de oro! Si lo ignoras, se irá ¡Apunta alto!

P: Encuentro que la gente en el trabajo y en la vida en general, puede apartarte de...

Maharaj: ¡Has de ser indiferente! Mantente fuerte e ignora a la gente difícil. Se comportan de acuerdo con las circunstancias con las que se criaron, con sus impresiones únicas.

**TAL COMO ERAS ANTES DE SER
Y DESPUÉS DE QUE LA EXISTENCIA SE ACABE,
ASÍ ES LA REALIDAD ÚLTIMA.
ERES TOTALMENTE INCONSCIENTE DE TU EXISTENCIA,
TOTALMENTE INCONSCIENTE DE TU EXISTENCIA.**

P: ¿No es posible recordarlo?

Maharaj: Es un hecho claro. La gente se equivoca y piensa que estoy hablando sobre memoria ¡No! Las palabras no han de ser entendidas literalmente. De lo que hablo no tiene nada que ver con la memoria. El recuerdo se produce después de la existencia ¿Dónde estaba el recuerdo antes de ser? Para recordar, ha de haber algo ahí que recuerde.

Tu Presencia es Invisible, Anónima, no Identificada, de modo que la cuestión de la memoria nunca surge ¿Se recuerda el cielo a sí mismo? ¡Míralo! Las gafas del conocimiento te han sido dadas.

**LAS GAFAS DEL CONOCIMIENTO SON TUYAS.
CON ELLAS PUEDES VERTE
PORQUE TÚ ERES LA VERDAD FINAL.**

Es un hecho evidente que el mundo es proyectado por tu Presencia Espontánea y le damos más importancia a lo proyectado que al proyector.

Eres la Verdad Última ¡Absorbe el Conocimiento! Por ahí hay muchas palabras, muchos libros, los cuales pertenecen a y son parte del mundo ilusorio. Todo el conocimiento transmitido mediante el lenguaje es ilusión. Es conocimiento literal, árido. No te servirá.

**EL CONOCIMIENTO REAL ES AUTO-CONOCIMIENTO.
MÁS ALLÁ DE LAS PALABRAS,
MÁS ALLÁ DE LOS MUNDOS.
ESTÁS MÁS ALLÁ DE LAS PALABRAS Y DE LOS MUNDOS,
MÁS ALLÁ DE LA IMAGINACIÓN,
MÁS ALLÁ DE MÁS ALLÁ
¡MÁS ALLÁ DE TODO!**

58. La Unidad no tiene ni padre, ni madre

Maharaj: Shankaracharya tenía ocho o nueve años cuando le dijeron que su madre había muerto. Les pidió a todos sus parientes y a la gente del pueblo ayuda para llevar su cuerpo al lugar del funeral. Decía: "¡Por favor, ayúdame!", pero nadie quiso ayudarle. En aquella época había mucho odio hacia las personas santas.

La madre tenía una constitución pesada y él era muy delgado, un chavalín. Tuvo que llevar el cuerpo por sí mismo. Para ello, tuvo que cortar a su madre en partes manejables. Utilizando un cuchillo afilado, cerró los ojos e hizo lo necesario. Luego, él mismo llevó los trozos a la pira funeraria ¡Fue una proeza excepcional!

Compuso la letra de *Chidananda Sivoham Sivoham*. La canción tiene un significado profundo. Es excepcional, realmente un resumen de nuestra filosofía: ni madre, ni hermana, ni hermano, ni Maestro, ni discípulo, nada. Ni testimonio ni testigo, ni experiencia ni experimentador. Todo es ilusión.

La Verdad Última está en ti, aunque algunos apegos del cuerpo no te dejan estar cerca de tu Ser sin ser. No es imposible. Esta canción, *Chidananda*, llega al interior del cuerpo.

**DESPUÉS DE ESCUCHAR
ESTA CONVERSACIÓN ESPIRITUAL,
SIGUE UN PROCESO DE FUSIÓN.
SÓLO ENTONCES HABRÁ UNA PAZ COMPLETA.**

El ego, el intelecto y la mente se fusionarán completamente, entonces habrá amor y afecto por el Ser sin ser, amor espiritual, amor espontáneo. No habrá odio ni dualidad, sólo calma total y silencio. Los cuerpos son diferentes, pero el espíritu es uno.

**LA UNIDAD NO TIENE PADRE, NI MADRE,
NI HERMANO, NI HERMANA,
NI MAESTRO.
ESAS SON RELACIONES DEL CUERPO.**

Las relaciones se formaron cuando tuviste un cuerpo: Dios, *Brahman*, *Atman*, Maestro, hermano, hermana, madre.

**TODAS ESAS RELACIONES SON
RELACIONES DEL CUERPO.
TU PRESENCIA ES UNA PRESENCIA EXCEPCIONAL.
LAS PALABRAS NO PUEDEN ALCANZAR
TU PRESENCIA EXCEPCIONAL.**

¡Quédate tranquilo! ¡Quédate en silencio! Olvida todo lo que te han contado sobre el *karma*. En la etapa final, cuando dejes el cuerpo, en ese momento, una felicidad excepcional surgirá dentro de ti. No puede ser explicado con palabras. Habrá calma y silencio, absorción total, total, total.

Las personas santas como Shankaracharya encararon muchas dificultades. Hay muchas reglas en todas y cada una de las religiones. Hasta cierto punto están bien, pero lo que enseñan no es la Verdad Última. Lo que estoy diciendo es que el Poder está en ti ¡Este poderoso Espíritu está dentro de ti! Tiene un poder tremendo que estás ignorando. Por eso estamos llamando la atención de este Poder que hay en ti.

USA EL PODER QUE ESTÁ EN TI PARA SALIR DE LA IGNORANCIA.

Después de escuchar este Conocimiento, absórbelo total y completamente. Todos estos santos afrontaron muchas dificultades, pero tenían bien establecido el Conocimiento, la Perfección ¡Alcanza esa Perfección! No la ignores. No te la tomes a la ligera. Has de saber que lo que estás haciendo con la forma corporal no es la Verdad Última.

Este cuerpo tiene el tiempo contado ¡Sé serio! No es difícil ni imposible. Se necesita una total humildad. No digas: "¡Oh, soy una persona, alguien, algo! Es mucho mejor decir:

"MI PRESENCIA ESTÁ EN TODAS PARTES. MI PRESENCIA ESTÁ AHÍ, EN TODOS Y CADA UNO DE LOS SERES".

Los cuerpos son diferentes, las acciones son diferentes, pero las acciones se producen sólo a causa del Espíritu.

Ni ego ni mente. Puedes usar la mente, el ego y el intelecto cómo y cuándo sean necesarios, pero no seas víctima o esclavo de ellos. La mente, el ego y el intelecto tienen correlaciones. Los pensamientos vienen a la mente, el intelecto da instrucciones: "¡Haz esto!", y el ego dice: "¡Sí!" Están interconectados, si no, no podrías vivir tu vida. Son un instrumento para el conocimiento. No son la Verdad Última. Han de ser utilizados cómo y cuándo sean necesarios y a continuación, olvidados.

59. *Di ¡Boo! al fantasma de la Muerte*

P: Maharaj, quiero preguntarle sobre la muerte y el morir. En realidad, usted no habla de la muerte.

Maharaj: No hay muerte, sólo para el cuerpo. Todos quieren sobrevivir con el cuerpo, desde el animal más grande al más pequeño de los insectos ¿Por qué? Porque quieren al cuerpo. Disfrutan de la dulzura. Por ejemplo una hormiga, si viertes un poco de agua cerca de una hormiga, huye como si su vida dependiera de ello. Los seres humanos hacen lo mismo que la hormiga.

El Espíritu sólo se conoce a sí mismo a través del cuerpo. Se apega a esa identidad y no quiere dejarla. El concepto de la muerte se arrastra hacia ti lentamente y entonces, un día, queriendo o sin querer, tendrás que dejar el cuerpo. El cuerpo tiene un tiempo limitado. Tú eres no-nacido. Así que ¿quién muere? ¿Quién vive? Simplemente Auto-indaga.

NADIE NACE, NADIE MUERE.

Tienes una oportunidad de oro para asegurarte de que cuando dejes el cuerpo, sea un momento muy feliz.

P: ¿Cómo puedo asegurarme?

Maharaj: Practica la Auto-indagación y llega a conocerte en un sentido real, entonces verás que no hay muerte y podrás decir ¡boo!, dar una patada, al fantasma de la muerte. Cada momento de tu vida es precioso, nunca se va a repetir. Ahora es el momento de descubrir.

¿Cómo se ve la existencia del mundo? Surgió de la no-existencia. La existencia desaparece en la no-existencia ¡Mírate! ¿Qué es eso? Al final serás muy valiente "¡Ah, no va a pasar nada!" Nada ha sucedido ¿Por qué temer a una sombra? Debido a tu Presencia Espontánea hay una sombra espantosa que te tiene asustado. Es tu propia sombra, tu esencia.

P: Estoy escuchando lo que dice y las cosas se están poniendo en su sitio con muchos ¡Ajá!, momentos tales como "No soy el cuerpo". Le creo, pero todavía tengo algo de miedo a la muerte.

Maharaj: ¿Quién tiene miedo? ¡Auto-indaga! No es cuestión de creer. Mucha gente reivindica tener conocimiento espiritual. Dicen que no son el cuerpo, que son *Brahman*, *Atman*, PERO cuando sucede algo inesperado, como un accidente o una enfermedad, o sufren al final de su vida, todas esas Verdades se desvanecen. Se mueren temblando "¡Ooh, ooh!", con miedo. Es demasiado tarde para hacer nada.

SIGNIFICA QUE LA CONVICCIÓN DE QUE "NO ERES EL CUERPO" NO LLEGÓ MUY PROFUNDO. NO ARRAIGÓ Y POR LO TANTO, NO FUE UNA REALIDAD, NO HUBO CONVICCIÓN REAL.

Cualquier conocimiento espiritual que tengas, debe ser un Auto-conocimiento auténtico. El Auto-conocimiento ha de ser práctico, para que cuando llegue el momento de dejar el cuerpo seas fuerte, valiente e intrépido. No ha de quedar ningún apego al cuerpo.

No eres el cuerpo, no eras el cuerpo y no vas a seguir siendo el cuerpo ¡Es un hecho evidente! Por tanto, acepta esta Verdad.

P: Se necesita un tiempo para absorber completamente y aceptarlo de modo práctico.

Maharaj: ¿Por qué tiempo? No hay tiempo ¿Había tiempo antes de ser? Asumes que eres una mujer y que naciste en tal y tal año. Cuentas los años y dices que tienes cincuenta y tantos años. Aceptas esa ilusión. Luego, cuando comparto contigo el Conocimiento que mi Maestro compartió conmigo, no lo aceptas.

¡Piensa en tu existencia! Echa una ojeada, mírate. Nadie piensa, se acepta todo a ciegas. Si no eres el cuerpo ¿qué eres? Eres no-nacida. Practica la Auto-indagación y encontrarás que no tienes nada que ver con el cuerpo.

¡DISCRIMINA!
REPITO: ESTO NO ES UNA IDEA,
ES LA VERDAD.
NUNCA NACISTE ¿CÓMO PUEDES MORIR?

No hay nacimiento ni muerte. Cuando conoces la Realidad, ves que tus miedos no tienen fundamento. Se construyen con la falsa auto-identificación, con los apegos del cuerpo, con la ilusión. Pero ahora lo sabes.

Hay una historia de un niño llamado Nachiketa. Era un poco travieso y muy curioso, siempre estaba haciendo preguntas a su padre. Sus preguntas nunca acababan. Su padre era una persona santa, como un ermitaño y su hijo le estaba volviendo loco poco a poco con tantas preguntas.

Cuando se acabó su paciencia, el padre llamó a Yama, el Dios de la Muerte, para que viniese y se llevase a su hijo. Cuando vino Yama, el padre dijo: "Por favor, llévate a este niño. Me está acosando todo el día con preguntas". Yama se lo llevó y por el camino el niño empezó a hacerle una retahíla de preguntas. Le decía: "Si tú eres el Dios de la Muerte ¿qué significa la muerte? Si te llevas el alma de la gente común ¿quién se va a llevar la tuya?"

Yama contestó: "Te daré lo que quieras, pero por favor para de hacer tantas preguntas". El niño dijo: "No, no, no voy a parar de preguntarte hasta que respondas".

Este es un ejemplo sobre la necesidad de conocer la Realidad. Estamos todo el tiempo haciendo preguntas sobre cosas que no han sucedido. Preguntamos sobre la evolución de las cosas, el futuro, sobre el destino del niño que no ha nacido, el niño no-nacido ¡Has de conocer la Realidad!

Tu presencia es Silenciosa, Invisible, Anónima, no Identificada. Tu presencia es la misma antes de ser y ahora, y será la

misma después de la existencia. La única diferencia es que tienes un cuerpo. Eres aquello que sostiene el cuerpo, pero no eres el cuerpo.
**ERES EL SUSTENTO DEL CUERPO
PERO NO ERES EL CUERPO.**

60. *¿Dónde estaba tu familia antes de ser?*

Maharaj: Estás viviendo como una oveja cuando deberías rugir como un león "¡Yo soy Eso!" ¿Por qué tener miedo o estar deprimido? Si algo sucede, sucede. Viene y va. Estás sufriendo por la implicación, por el exceso de implicación ¡Ignora las cosas pasajeras! No te rasques las picaduras o sufrirás.

P: He tenido un montón de picaduras en la vida y me he implicado en la vida familiar y los asuntos mundanos, me he implicado en exceso, como usted dice. Ahora que he tomado el *Naam Mantra* y estoy haciendo la práctica ¿cómo puedo manejar las relaciones familiares?

Maharaj: Hazlo como antes, como siempre, con normalidad. Las relaciones familiares no tienen que ser un obstáculo o barrera para la espiritualidad. Sé normal ¿Cuándo te encontraste por primera vez con la familia? La *familia* vino con la existencia y con todos los demás conceptos. Cuando el Espíritu hizo clic con el cuerpo, vinieron todos los conceptos: la gente, la familia, los lugares del mundo. Lleva a cabo tus obligaciones normales. No hay problema.

P: Pienso que puede que necesite distanciarme de la familia por el bien de la práctica.

Maharaj: ¡En absoluto! La mayoría de estos santos tuvieron familia [señalando a las imágenes de los Maestros] y estaban casados, con hijos y atendían sus negocios. Ranjit Maharaj estuvo trabajando en una tienda hasta los setenta y tres años. Nisargadatta Maharaj tuvo una tienda durante muchos años. Siddharameshwar Maharaj era también un trabajador y, antes de él, Bhausaheb Maharaj. Todos ellos se hicieron cargo de sus obligaciones y de su vida familiar sin ningún problema.

A través del Maestro, se te recuerda tu Realidad. El Maestro está llamando la atención de aquello que es lo Último en ti, sin el conocimiento relacionado con el cuerpo. El cuerpo no es lo Último, lo importante es el Espíritu. Si el Espíritu se va, el cuerpo muere.

¿Muerte? ¿Un cuerpo muerto? ¿Qué valor tiene el cuerpo muerto? ¿Qué relación tendrás entonces con tu madre? ¿Quién es la madre? ¿Quién es el padre? ¿Quién es el hermano? ¿Quién es la hermana? ¿Quién es Dios? ¿Quién es el Maestro? ¿Quiénes son la mujer y los hijos?

**TODAS LAS RELACIONES SON SÓLO
RELACIONES DEL CUERPO.
ES UN HECHO EVIDENTE,
UN HECHO EVIDENTE.**

Después de la muerte ¿qué significado tienen las relaciones? ¿Dónde están? ¡No hay ninguna! Ni relaciones ni vida familiar. Por lo tanto, las relaciones se deben sólo al conocimiento relacionado con el cuerpo.

**ESTE CUERPO ES UN CUERPO HECHO DE ALIMENTOS.
MIENTRAS LE SUMINISTRES COMIDA, VIVIRÁ.
EN EL MOMENTO EN QUE DEJES DE DÁRSELA,
SERÁ SU FINAL.**

P: ¿Qué pasa si hay un conflicto entre las enseñanzas y las relaciones familiares? Por ejemplo que la familia no esté de acuerdo con las enseñanzas.

Maharaj: ¿Cuándo te encontraste con la familia? Es fácil de entender. En el momento en que tuviste el cuerpo, empezó la familia. Tras dejar el cuerpo ¿dónde está la relación? En el *Chidananda Sivoham Sivoham*, se dice que ni madre ni padre, ni hermana ni hermano, ni amigo, ni muerte, ni Maestro ni discípulo, nada, nada.

**EL MUNDO ES TU REFLEJO ESPONTÁNEO.
TU PRESENCIA ESPONTÁNEA
ESTÁ DETRÁS DE TODO.**

Sin tu Presencia, no puedes ver, no puedes hablar, no puedes hacer nada. Sólo conócete a ti mismo en un sentido real. Este es un mundo soñado. En el gran drama del mundo, el director es invisible ¡Tú eres el director!

P: ¿Quiere decir no preocuparse por la familia y enfocarse en conocerse a sí mismo en un sentido real?

Maharaj: ¿Por qué estar preocupado por la familia? No hay conflicto ni problema.

P: Pero a veces hay molestias. Incluso los miembros más cercanos de la familia pueden poner las cosas difíciles.

Maharaj: Eso se debe a que hay demasiado apego por el cuerpo, demasiado apego y amor. La espiritualidad no te dice que tengas que ignorar la vida familiar. El Maestro no ha huido de las obligaciones familiares. La familia no es un obstáculo, no es una barrera, no es un bloqueo.

61. ¿Quién está sufriendo?

P: Una vez visité a un Maestro. Habló sobre el *cuerpo del dolor* para describir el dolor personal y el dolor colectivo. Dijo que todo nuestro dolor emocional es recogido y almacenado, y como resultado se convierte casi en una especie de entidad, como una bola de dolor que llevas contigo. Continuó diciendo que la única manera de evitar que este dolor nos dañase era vivir completamente en el presente, porque el *Ahora* tiene mucho poder.

Maharaj: Todo eso es conocimiento relacionado con el cuerpo ¡Imaginación! ¡Tú no eres el cuerpo! El cuerpo, en sí mismo, no tiene poder ¿Cómo puede haber una entidad del cuerpo del dolor? Suena como si alguien hubiese creado un pequeño monstruo para asustarte ¿El cuerpo del dolor de quién? ¿El *Ahora* de quién?

¡Eres no-nacido! Este es un largo sueño. No hay pasado ni futuro. No hay presente ni *Ahora*. Todo el poder está en ti. Como decía mi *Sadguru*, Nisargadatta Maharaj: "Excepto tu Ser sin ser, no hay Dios, ni *Brahman*, ni *Atman*, ni *Paramatman*, ni Maestro".

P (2): Pero Maharaj, parece que me muevo de un problema a otro, físico o emocional, que provoca sufrimiento.

Maharaj: Los problemas crecen porque le damos mucha importancia al cuerpo. Eso es conocimiento relacionado con el cuerpo, como cuando afrontas problemas en un sueño y luego, tras despertar, los problemas se han ido. Los santos siempre encararon sus problemas con valor. Debido a su fuerte Convicción, no se preocuparon demasiado por sus problemas, incluso afrontando graves pérdidas, enfermedades y tragedias inesperadas.

Piensa en la historia del Santo Jnaneshwar. Su padre y su madre se arrojaron al río Ganges y dejaron a sus hijos en la indigencia, todo porque el padre se había convertido en *sanyasin* y, en contra de la ley de los *Brahmines*, había vuelto con su familia. "Según tú he cometido una falta pero ¿por qué castigas a mis hijos?" El padre dijo que era él el que debía ser castigado y suplicó que sus hijos no lo fueran. Los *Brahmines* ignoraron sus súplicas y por eso sus padres se arrojaron al río sagrado, con la esperanza de que a los niños les iría mejor y serían atendidos. Eran cuatro niños pequeños, tres hermanos y una hermana.

Los estrictos Maestros religiosos no permitieron que los cuatro niños mendigaran. La gente sentía mucho odio en aquellos tiempos. Sufrían mucho y pedían humildemente: "Por favor, ayuda". Los huérfanos fueron ignorados por sus parientes, tratados como parias.

Nadie les ayudó. Viajaron a varios lugares buscando un sitio en que les diera la bienvenida y les alojaran. En algunos lugares encontraron líderes religiosos estrictos que no les aceptaron.

Jnaneshwar se acercó a los *Brahmines* instruidos para tratar de limpiar el nombre de la familia. "Dios está en todas partes, en todos y cada uno de los corazones", proclamó. Los *Brahmines* le pidieron que lo demostrara y dijeron: "Vale, haz que este búfalo recite los Vedas". En el momento en que Jnaneshwar puso su mano en la cabeza del animal, comenzó a cantar los Vedas ¡Y también los *Brahmines*! Una gran multitud se reunió para escucharlo y ser testigos del milagro. La gente estaba tan sorprendida del poder que tenía, que se inclinaron ante él. Los rígidos clérigos se vieron forzados a aceptar la grandeza y el poder sobrenatural de Jnaneshwar.

Esta historia muestra la importancia de la lucha.

SI ESCUCHAS A LA FUENTE DE TU CONOCIMIENTO CON FE COMPLETA, HABRÁ UN SURGIR ESPONTÁNEO DEL PODER QUE MORA EN TI.

¡Ten la determinación de Jnaneshwar! Ahora tienes la madurez, el Conocimiento, la Realidad, no bajes de nuevo al nivel del cuerpo. Utiliza el cuerpo como un instrumento, como un intermediario.

Tienes un cuerpo y, por lo tanto, vas a tener problemas físicos, mentales y espirituales. Todos piensan que su problema es el más grande, pero si miras la imagen completa, siempre hay alguien que sufre más que nosotros.

Contempla tus problemas como una prueba para tu vida espiritual. Lleva el Conocimiento a la práctica. No le des una importancia excesiva a los problemas que vienen y van igual que las nubes. Las cosas insoportables se vuelven llevaderas cuando la Verdad ha enraizado. Tienes un buen conocimiento pero no ha sido puesto en práctica, ese es el verdadero problema. El descubridor se ha perdido. Tienes muchos activos, pero no los usas y no te dan beneficios debido a la falta de planificación. Tienes que utilizar tus bienes y tus activos, y con una buena planificación disfrutarás de los beneficios.

P: Usted dijo que el conocimiento relacionado con el cuerpo debe ser completamente disuelto.

Maharaj: ¡Espontáneamente!

P: Maharaj, quería decirle que he tenido experiencias de "Yo soy Eso, Yo soy todo".

Maharaj: Eso está muy bien porque este tipo de experiencias espirituales son un paso adelante. No estoy diciendo que sean la Verdad Última pero son un paso adelante que nos anima.

LAS EXPERIENCIAS SON PROYECTADAS POR TU PRESENCIA.
CUANDO EL EXPERIMENTADOR Y LA EXPERIENCIA SE DISUELVEN, AHÍ ESTÁS TÚ.

Sucederá espontáneamente y adquirirás la Convicción de que no tienes nada que ver con el mundo. Sabrás que cualquier cosa que suceda en el mundo ilusorio, tanto buena como mala, no tiene nada que ver contigo.

El QUE VE PERMANECE SEPARADO DE LO VISTO.

Si digo "Yo soy *Brahman*", es el reflejo *Del que Ve*. La existencia *Del que Ve* en el mundo es Espontánea, sin forma.

P: Mientras haya conocimiento relacionado con el cuerpo, la Presencia Espontánea es imposible de comprender.

Maharaj: *El que Ve* es uno, los sueños son distintos ¿Tienes ego en todos esos sueños? ¡No! Simplemente te olvidas ¡Olvida este sueño también! Lo que ves es la proyección o reflejo *Del que Ve*, no algo bueno o malo. Todavía te estás viendo separado de la Realidad.

Cuando aceptes la Realidad Espontáneamente, serás capaz de afrontar cualquier problema con valor. En la vida humana no es posible escapar de los problemas, el cómo los manejes depende de ti. La gente se hace devota, lee libros, pero no practica la Autoindagación.

Los problemas que describes son lo que tú has visto. Ignoras *Al que Ve*. Sin *El que Ve*, no puedes ver nada.

CREAMOS LOS CONCEPTOS, Y LUEGO TRATAMOS DE VIVIR DENTRO DEL CÍRCULO DE ESOS CONCEPTOS.

Puedes hablar de nadar pero no nadar.

P: Maharaj, me he dado cuenta de que he estado leyendo durante veinte años y, de pronto, he parado. De pronto me di cuenta de que no sabía por qué estaba leyendo.

Maharaj: Tienes que saber cómo ese conocimiento de los libros te está ayudando, en otro caso es un ejercicio inútil.

Cuando conoces la Realidad, tienes un completo cambio interior. Si eres agresivo, te vuelves tranquilo y callado. Puedes revisar los cambios que se han producido de modo que puedas saber dónde estás. Nisargadatta Maharaj decía: "Les estoy convirtiendo en Maestros, no en discípulos". La Esencia Magistral ya está en ti.

LA ESENCIA MAGISTRAL YA ESTÁ EN TI.

62. *Picor en los pies*

Maharaj: ¿Quieres seguir viajando de nuevo, tentado de mendigar en cualquier otro sitio? Si quieres ir a algún sitio, ve profundamente dentro de ti.

**VE HACIA DENTRO Y QUÉDATE
AL ALCANCE DEL SER SIN SER.
RUEGA A TU SER SIN SER.
¡MÍRATE! TRATA DE VER *AL QUE VE*.
MIENTRAS TRATAS DE VERLE,
EL QUE VE DESAPARECERÁ.**

Encontrarás que todo sentido de individualidad desaparecerá y no quedará nada. No te conocías antes de ser, no te conocías en la forma corporal ni mediante palabras. Has de rendirte a ti mismo. Si hay algún ego por ahí, conocimiento relacionado con el cuerpo o miedos y dudas ocultos, etc., tendrán que ser limpiados y disueltos.

EL CONOCIMIENTO CON EGO CREARÁ PROBLEMAS.

Vuelve tu atención hacia el interior y préstasela a tu Ser sin ser. Cuando estás buscando, el Buscador desaparecerá. Ya te lo he dicho, no saber es saber.

NO SABER ES SABER.

Todas las palabras están relacionadas con el cuerpo ¡Compárate con el cielo! ¡Sé tu propio Maestro, el Maestro de los Maestros! La Esencia Magistral está en ti, pero el cuerpo impacta en la mente, el ego no te va a dejar ser tu propio Maestro. Necesitas valentía espiritual, valentía interior, una fuerte implicación, sólo entonces serás intrépido ¡Deja que las cosas le sucedan al cuerpo! No te preocupes en absoluto.

Contempla tu cuerpo como si fuera el hijo del vecino. Tienes fiebre, pero sabes que no te está pasando a ti. Es el hijo del vecino el que la tiene. Contempla tu cuerpo como al hijo del vecino. Te da lástima, pero tú estás en tu casa. Puedes ver el cuerpo de esta manera porque el cuerpo no es la Verdad. Estás ignorando este hecho. Todo está ya dentro de ti ¡No seas un turista!

P: Di la vuelta a la montaña de Arunachala y lo encontré muy beneficioso ¡Una energía intensa!

Maharaj: ¿Qué has alcanzado yendo a Arunachala? ¡Un buen y extenuante ejercicio! Todos estos viajes simplemente añaden más y más ego, y te apartan de ti mismo. Estás viajando lejos de ti todo el tiempo, en lugar de viajar hacia ti mismo.

NO TE ESTÁS ACERCANDO A TU PROPIO MAESTRO.

**NO VALORAS TU PROPIA PRESENCIA.
TU PRESENCIA ES INESTIMABLE,
INCOMPARABLE.
¿POR QUÉ IR DE AQUÍ PARA ALLÁ?
LA VERDAD ÚLTIMA ES EL BUSCADOR,
QUE ESTÁ BUSCANDO.**

Tú eres la Verdad Última. Tú eres Eso que estás buscando. El Buscador que está buscado es la Verdad Última.

63. *"Soy Alguien" es muy peligroso*

Maharaj: Tienes el Conocimiento, pero no está establecido, no está sujetado.

P: ¿Cómo puedo fijarlo, asegurarlo de forma sólida y permanente, pegarlo a mí como con pegamento?

Maharaj: Te lo he dicho, la única manera es tener una base sólida. La Meditación es la base. Tienes que practicar para dar vida al Conocimiento. Meditación, devoción, Conocimiento, oración, todo esto te dará una base sólida.

**NO PUEDES ESTABLECER UNA BASE SÓLIDA
SI EL CONOCIMIENTO RELACIONADO CON EL CUERPO
NO SE HA DISUELTO.**

El preguntador, el Preguntador Invisible que está preguntando, pregunta muchas cosas porque olvidaste tu Identidad. Haces muchas preguntas, pero al mismo tiempo ignoras al Preguntador. Tienes muchas preguntas porque tu conocimiento está basado en el cuerpo.

El Maestro dice que tienes que practicar la Meditación. Meditación es concentración. Concéntrate en el Concentrador, esa Presencia Invisible, la Verdad Invisible, la Verdad Final.

P: Supongo que al principio estamos adivinando, que imaginamos la Presencia.

Maharaj: Sí, correcto, porque cuando preguntamos "¿Quién soy Yo?", utilizamos nuestro intelecto. Intelectualmente sabemos que "Yo soy *Brahman*", pero esta Verdad no está establecida y por lo tanto nos sentimos deprimidos y las preguntas surgen. El propósito de la Meditación es pensar en tu Ser sin ser. Mediante el constante pensar en tu Ser sin ser, al cabo de un tiempo, el pensador desaparece. Medita sobre el Meditador, la Presencia Invisible que tú eres.

P: ¿Eso no es dualidad? ¿Meditación, meditador, no es dualidad?

Maharaj: No hay dualidad. La Meditación es sólo el proceso porque el Meditador, el Meditador Invisible en ti, olvidó su Identidad.

ESE MEDITADOR ES TU MAESTRO.
EL MEDITADOR INVISIBLE ES TU MAESTRO.

Te preguntas "¿Cómo puedo ser Dios?" a causa de la fuerza de tu ego y el apego al cuerpo. Estamos bajo la enorme presión del ego. Si le prestas mucha atención a los términos que el ego dicta, te hará caer. El ego, con su poder de mando que viene de forma natural al creer que es alguien, es muy peligroso. Sólo podrás conocer la Realidad cuando el ego se disuelva.

CONÓCETE A TI MISMO EN SENTIDO REAL,
NO COMO UNA PERSONA.
TU PRESENCIA ESPONTÁNEA ES EL
ÚLTIMO DESTINO, LA PARADA FINAL.

Disuelve todo lo demás. Implícate con tu Ser sin ser. La espiritualidad casual o la discusión árida, no te ayudarán; visitar tantos lugares diferentes, no te ayudará; visitar tantos Maestros, no te ayudará.

VISITA A TU PROPIO MAESTRO,
ESO TE LLEVARÁ A CASA.

No sabemos lo que es *Brahman* porque lo conocemos por los libros. Somos del todo inocentes e inconscientes de la Realidad. No sabemos quién es Dios. No es culpa nuestra, pero después de conocer la Realidad, el concepto de Dios será disuelto.

SABRÁS QUE SIN TU PRESENCIA,
INCLUSO HABLAR DE DIOS ES IMPOSIBLE,
NO IMPORTA QUE SEAS CAPAZ DE VERLE.
TODAS Y CADA UNA DE LAS IMÁGENES DE DIOS
SON SÓLO TU REFLEJO.

Vamos en busca de milagros y nos acercamos a diferentes Maestros que puede que los hagan. Los milagros no son la Verdad Última. Tu Presencia Espontánea es un milagro. A menos que tu ego se disuelva, no serás capaz de conocerte a ti mismo ¡Mantén la práctica! Eso significa olvidar cualquier cosa que se asocie a "Soy alguien" y a "Soy un cuerpo separado".

SÉ LEAL A TI MISMO ¡SÉ LEAL!
ERES TU PROPIO CONSEJERO,
EL TITULAR DE TU CONFIANZA.

Esta mañana, uno de los devotos más ancianos, con problemas cardiacos, se cayó. Dijo que estaba bien y se levantó. No había miedo. Este es un ejemplo de valor, un ejemplo vivo de Conocimiento Absorbido.

En ti hay un poder tremendo, que a su vez infunde una enorme confianza. Nos estamos insultando a nosotros mismos con esa falta de fe y de confianza. Por eso son necesarias estas conversaciones, de modo que puedas ser un devoto de verdad, un verdadero discípulo.

Tras la Convicción Espontánea de que "Yo soy *Brahman*", sin necesidad de decirlo, podrás ver tu cuerpo como antes, pero al mismo tiempo la Convicción, la Realidad, están ahí. "No soy el cuerpo, no tengo nada que ver con el cuerpo, estoy más allá de él, más allá...". No es una deducción lógica, no estoy suponiendo, es la Realidad.

Tu Presencia Invisible es la Realidad, pero debido a la influencia del cuerpo, no lo aceptas. Con todos esos pensamientos con los que te entretienes, estás tratando de averiguar cuáles son verdad ¡No hay verdadero ni falso! Todo está dentro de ti. Ahora depende de ti.

P: No sólo yo, creo que mucha gente tiene resistencia cuando viene a hacer la práctica y cosas así.

Maharaj: La práctica es necesaria. Tú creas las dificultades. Quieres milagros pero no estás preparado para hacer ningún esfuerzo. Cuando hayas crecido, no necesitarás la espiritualidad.

P: ¿La práctica para quién, para el ego?

Maharaj: Esas preguntas son intelectuales. La práctica es necesaria al principio para olvidar el conocimiento relacionado con el cuerpo.

P: ¿Es necesaria para disolver el ego?

Maharaj: Se disolverá espontáneamente. Tienes el conocimiento, pero no el conocimiento práctico. Todavía estás haciendo preguntas relacionadas con el cuerpo. El preguntador ha de mirar al preguntador, al Preguntador Invisible ¡No puedes suponer! La plena Convicción Espontánea, "Soy *Brahman*", no es intelectual. El intelecto aparece con el cuerpo.

P: ¿No se puede saber intelectualmente?

Maharaj: Sin el intelecto, porque está conectado con el conocimiento relacionado con el cuerpo. La práctica es necesaria para eliminar los conceptos ilusorios.

**HAS DE SEGUIR TOMANDO LA MEDICINA
HASTA QUE TE RECUPERES COMPLETAMENTE
DE LA ENFERMEDAD.
CUANDO TE HAYAS RECUPERADO DEL TODO,
NO LA NECESITARÁS MÁS.**

64. *"Tú" estás perturbando la paz*

Maharaj: La etapa de purificación comienza con la Meditación. Purificación significa que todos los conceptos se disolverán lenta, silenciosa y permanentemente. Al principio habrá mucho que hacer respecto al cuerpo. Aparta la espiritualidad por un momento y contempla los hechos.

OLVIDA LA ESPIRITUALIDAD.
ANTES DE SER,
NO SABÍAS NADA
SOBRE EL MUNDO, LA FAMILIA O DIOS.

Todas las necesidades y demandas se originan sólo por el conocimiento relacionado con el cuerpo. Si no hay cuerpo, no hay familia, ni necesidad de marido o esposa, ni hijos ni padre, ni Maestro ni discípulo, ni Dios. En el momento en que el Espíritu hizo clic con el cuerpo, empezaste la enorme lista de lo que querías: "Quiero felicidad, quiero paz" y así. Eso son conceptos ¿Quién quiere paz? No sabes lo que es paz. "Quiero paz". Quieres paz de la mente. Eso son conceptos, sólo conceptos ¿Cuándo te encontraste con la paz?

HAY PAZ.
ERES TÚ QUIEN ESTÁ PERTURBÁNDOLA.
LA PAZ ESTÁ AHÍ,
PERO TÚ LA ESTÁS PERTURBANDO.

P: Cuando estoy trabajando en el mundo, me quedo absorto en él. Me olvido del Ser sin ser y me siento molesto ¿Cómo puedo estar…?

Maharaj: Eso es hablar a nivel mental. En el momento en que comprendas que el mundo es ilusión, verás que ese malestar y depresión sólo están sucediendo a nivel mental. A veces hay inquietud cuando lo que esperamos no está yendo según lo planeado.

Esposa, hijo, hija, padre, cualquiera, todos están en el círculo de la expectativas. Si te mueves dentro del círculo [de acuerdo con las expectativas], serás visto o percibido como una persona agradable. Si te sales del círculo, entonces "¡Oh, no es una persona agradable!"

Si tus padres dicen que eres un buen chico, tú contestas que lo eres; pero si tus padres te dicen que eres un chico malo, te sientes mal. Todo eso es mental Es lo que está funcionando a nivel mental.

NO HAY MAL
Y NO HAY BIEN.

Este tipo de cosas sucede al principio. Después todo se disuelve durante el proceso de fusión, de mezcla. Se supone que absorberás completamente la Realidad en ti. Para que esto suceda, son necesarias una implicación y devoción totales. Después ya no habrá más problemas.

¿TENÍAS ALGÚN PROBLEMA HACE CIEN AÑOS?
¿HABRÁ ALGÚN PROBLEMA DESPUÉS
DE DEJAR EL CUERPO?

P: Usted dijo ayer que el Espíritu no se conoce a sí mismo ¿Qué puedo hacer yo para ayudar al Espíritu a conocerse?

Maharaj: No hagas ningún esfuerzo, tu Existencia Espontánea está ahí. Espíritu es sólo una palabra que utilizo para que te conozcas. Lo que quiero transmitir es lo más importante. Es tu historia, la historia del Oyente. Lee el libro *Yo soy Eso*.

A veces, en algún momento delicado, si eres vulnerable y sucede algo que te desafía, como una enfermedad, una molestia o sentirte atraído, puedes sentir que pierdes tu equilibrio, temblor y una sacudida en tu base. Como resultado, la Convicción se derrumba.

Si puedes, echa también un vistazo al libro *Dasbodh*. Fue escrito por Swami Ramdas, un eminente santo y poeta Marathi. Hay una excelente traducción de este libro realizada por el Dr. Ghaisas. Da varias directrices: Los Nueve Tipos de Devoción, cómo acercarse y ver tu Ser sin ser. Con cada lectura tendrás más información.

Sí, el Preguntador es la respuesta a todas las preguntas. El Preguntador es la respuesta a todas las preguntas.
ESTÁS IGNORANDO AL PREGUNTADOR.
NO ESTÁS SEPARADO DE TU PROPIA IDENTIDAD.

Es sólo gracias al cuerpo que dices: "Esto es *Brahman*, esto es *Atman*, esto es Espíritu". Estas palabras se crearon sólo con la finalidad de comunicarnos, discutir, de modo que podamos prestar atención y dirigirnos al Espíritu Anónimo e Invisible.
TÚ ERES ESE ESPÍRITU, ESE *YO*,
QUE NO NECESITA SER NOMBRADO,
DESDE EL CUAL EL MUNDO ES PROYECTADO.

Por lo tanto, tu Presencia estaba antes de todo. Antes de todo, tu Presencia estaba ahí. No puede ser definida. Estamos tratando de imprimir la Realidad, la Realidad del Oyente. El Oyente no tiene forma. Si pretendes compararlo con algo, es como el cielo. El cielo no conoce su propia existencia. Esto es muy sencillo. No te calientes la cabeza, no tensiones tu cerebro ¿El cerebro de quién? ¿Quién soy yo? ¿Quién no soy?
CUANDO TODO EL PROCESO DE PENSAR SE DETIENE,
AHÍ ESTÁS TÚ, EN EL ESTADO SIN PENSAMIENTOS.

Depresión, confusión, inestabilidad mental, mente, ego, intelecto, forman parte del cuerpo sutil que has abrazado. Tienes que salir de él con la Convicción de que "Yo no era el cuerpo, no soy el cuerpo y no voy a seguir siendo el cuerpo".
LA CUESTIÓN DEL NACIMIENTO Y LA MUERTE
NUNCA SURGE.
SOY NO-NACIDO.

Es un hecho evidente que eres no-nacido. Nos estamos considerando como la forma corporal, por eso es difícil. Todo el tiempo nos estamos considerando como la forma corporal. Te estás subestimando y el resultado es que vas mendigando por ahí, buscando alguien que te bendiga. Tu ego crea problemas. Tu ego te está golpeando, diciendo que es alguien. Se necesita humildad.

EL CONOCIMIENTO CON EGO NO TIENE SENTIDO.
SE NECESITA UNA FUSIÓN COMPLETA.

Todos estos santos eran muy humildes, muy, muy humildes. No se distinguían a sí mismos diciendo: "Soy un gran Maestro". Por lo tanto, el ego es un bloqueo, un obstáculo en el camino a tu Conocimiento de la Realidad. Tienes conocimiento, pero es con ego. El ego sutil está ahí diciendo: "Soy alguien". No es humilde.

Todo será fácil con la humildad. Primero respétate a ti mismo y luego respeta a los demás. Respétate a ti mismo y luego respeta a los demás. Respetarse no se refiere al cuerpo o al estatus.

LA VERDAD ES: "NO SOY NADA".
¿POR QUÉ HA DE HABER EGO?

Todos los santos son muy piadosos, muy tranquilos y silenciosos. No muestran enfado, alteración o conflicto ¡Sigue su ejemplo! Esa será la Reacción Espontánea que surgirá cuando te veas a ti mismo en un sentido real. Habrá una paciencia ilimitada en todas las ocasiones, no importa que alguien esté enfadado o diciendo cosas buenas o malas. Nisargadatta Maharaj solía decir: "Si alguien dice algo bueno, no soy feliz. Si alguien dice algo malo, no soy infeliz".

Felicidad e infelicidad están relacionadas con el cuerpo. Se necesita un tiempo porque queda algún ego físico y mental ¡No mires atrás! Olvida el pasado, no trates de recordarlo, porque tu Presencia Espontánea es tu objetivo.

Lo cual también significa: "No vayas a ninguna parte". Has de alcanzar la posición más alta. En la vida espiritual, la posición más alta significa olvidar Espontáneamente tu identidad corporal. Tras conocer la realidad, serás intrépido.

OLVIDA EL PASADO.
OLVÍDALO TODO.

SEGUNDA PARTE:

AUTO-CONOCIMIENTO

65. *El Espíritu no conoce su propia Identidad*

P: Maharaj, usted dijo que el Espíritu no conoce su propia Identidad.
Maharaj: ¡Correcto! El Espíritu sólo se conoce a sí mismo en la forma corporal ¡Sí! Tenemos una forma corporal. En ella hay sentimientos de felicidad y paz. Hay una necesidad de encontrar felicidad y paz, pero básicamente, no éramos el cuerpo, no somos el cuerpo y no vamos a seguir siendo el cuerpo. Por lo tanto el espíritu no conoce su Identidad, eso es lo Último.
EL ESPÍRITU NO CONOCE SU PROPIA IDENTIDAD, EL ESTADO SIN ESTADO ES LO ÚLTIMO.
Éste es un cuerpo material, y como cuerpo material necesita todo tipo de cosas, de todo. Sus necesidades no tienen fin. Debido a que tenemos un cuerpo, y por lo tanto en una forma diferente. Las necesidades materiales crecen tanto como el cuerpo busca felicidad y paz. El cuerpo piensa que es alguien, independiente, alguien distinto [distinto de la Identidad del Espíritu], por lo que las necesidades aparecen con la forma corporal.
**DESDE QUE TIENES UN CUERPO, QUIERES COMIDA, NECESITAS ENTRETENIMIENTO.
ANTES DEL CUERPO MATERIAL,
NO QUERÍAS NI NECESITABAS NADA.
NO NECESITABAS NADA EN ABSOLUTO.**
Así que mientras estés en la forma corporal, en este cuerpo físico, estarás buscando lo que te dé paz, pero lo que buscas lo estarás buscando fuera de ti. Estar *en el cuerpo* significa que estás bajo mucha presión y tensión. No puedes encontrar paz ni felicidad duraderas por las presiones, miedos y tensiones del cuerpo. Incluso las cosas más pequeñas crean conflicto y tensión, lo cual lleva a más tensión.
P: ¿Cómo puedo poner fin a esos sentimientos de presión del cuerpo?
Maharaj: Para superarlos, has de convencerte de esta manera:
AUNQUE TENGO EL CUERPO,

NO ESTOY PREOCUPADO POR EL CONOCIMIENTO RELACIONADO CON EL CUERPO.
ANTES DE ESTE CONOCIMIENTO, MI EXISTENCIA ESTABA AHÍ, PERO SIN FORMA ALGUNA.

P: ¿Cómo se siente no teniendo cuerpo?

Maharaj: ¡Sin forma! No sabemos qué tipo de existencia había. Está más allá de la imaginación, más allá del intelecto. La ciencia espiritual dice muchas cosas, los libros también, y en realidad no sabemos nada sobre lo que había antes del conocimiento relacionado con el cuerpo.

EN ESE ESTADO NO SABÍAS NADA, NO NECESITABAS NADA, PORQUE NO TENÍAS FORMA.

En el momento en el que el Espíritu hizo clic con el cuerpo, comenzaron todas las demandas y necesidades: queremos felicidad, queremos paz, una vida libre de tensión, una vida sin miedo. Todas esas necesidades estás conectadas sólo con el conocimiento relacionado con el cuerpo.

En el momento de la Convicción, cuando SEPAS que "No soy el cuerpo, no voy a seguir siendo el cuerpo y no era el cuerpo", en ese momento, todo se disolverá, simplemente. Es un hecho evidente. Mientras estemos preocupados por la forma corporal, todas esas exigencias desaparecerán. Necesitamos Maestros, necesitamos un Dios u otro.

DIOS ES LA PALABRA QUE SE DA AL PODER DESCONOCIDO.
DIOS ES SÓLO UNA PALABRA.

No sabemos qué es Dios pero tenemos una imagen, un retrato de Dios administrando el mundo. Eso es un concepto.

P: ¿Cómo un Dios que nos enjuicia y castiga por nuestros pecados?

Maharaj: Un Dios que existe y administra el mundo. Que castiga a aquellos que lo hacen mal y recompensa a los que lo hacen bien. Eso son conceptos, sólo conceptos, para dar un poco de confort y felicidad, una felicidad momentánea ¿Qué es la Realidad?

HAS DE DESENTERRARLA DE DENTRO DE TI.
¡BUSCA! ¿CUÁL ES TU REALIDAD?

Antes del conocimiento relacionado con el cuerpo, antes de ser, no sabíamos ninguna de esas palabras. No sabíamos nada sobre quién era Dios ni quién era *Brahman*. En el momento en que el cuerpo desaparece, todo desaparece.

¿PARA QUÉ TE SIRVE TU CONOCIMIENTO?
¿TIENE ALGUNA IMPORTANCIA?
NO ¡NINGUNA! NO TIENE IMPORTANCIA PORQUE

PRIMERO, PARTIENDO DE NADA, LO VES TODO.
DESPUÉS, NADA DESAPARECE EN NADA.
NADA DESAPARECE EN NADA ¡SIN FORMA!
¿CUÁL ES TU FIGURA ENTONCES?

P: Maharaj, ¿está diciendo que el conocimiento que tenemos de los libros, etc., es conocimiento relacionado con el cuerpo y no verdadero conocimiento?

Maharaj: No tienes forma. El cuerpo es sólo una parte externa, un cuerpo hecho de alimentos.

ESTÁS TRATANDO DE CONOCER LA VERDAD ÚLTIMA DESDE LA PERSPECTIVA DE LA FORMA CORPORAL.

Utilizas libros, el lenguaje y las palabras para encontrar tu Realidad. Consideras esas palabras como si fuesen ciertas, la verdad ¡No lo son! Las palabras son sólo indicadores.

TU PUNTO DE VISTA CAMBIARÁ CON LA CONVICCIÓN.

Que el cuerpo es impermanente, es un hecho. No necesitamos ningún conocimiento o espiritualidad para saberlo. Todos los días nos enteramos de gente que *muere* y de gente que *nace*. Esta vida es un largo sueño. No hay nacimiento ni muerte ¡Olvida la espiritualidad! Piensa y pregúntate: "¿Cómo era este mundo cuando yo no tenía la forma corporal? ¿Cómo fue?" ¡No lo sabes! "No lo sé" es la respuesta perfecta. No saber significa que: "No tengo forma, no soy consciente y no sé quién soy". Cuando el cuerpo desaparece, todo se va, todo desaparece, igual que desaparece un sueño.

En sueños puedes ver cualquier cosa, el sol, la luna, gente y, a veces, incluso a ti misma como un hombre en lugar de como una mujer. Una vez despiertos ¿qué le pasó a esa gente? Todo se esfumó: gente, lugares, acontecimientos, escenario, simplemente se desvaneció.

ESTA VIDA ES COMO UN SUEÑO.
DESPIERTO SIGNIFICA QUE TE CONOCES A TI MISMO EN UN SENTIDO REAL.
ESE ES EL ESTADO DESPIERTO.

Has de tener la Convicción de que no eras, no eres y no seguirás siendo el cuerpo. Estoy martilleando este punto de partida todo el tiempo. Una vez que haya sido establecido, permanecerás completamente despreocupado de la *apariencia del mundo*. Es fácil, fácil de decir, pero tienes que absorberlo.

SI ESTÁS ENTRE UNA MUCHEDUMBRE,
SERÁ IGUAL QUE SI ESTUVIERAS SOLO.

Te daré un ejemplo: Maurice Frydman y un embajador americano amigo suyo, fueron una vez a Sri Ramana Ashram y pasaron la noche allí. Maurice durmió tranquilamente, pero su amigo no pudo dormir. Por la mañana, le dijo a Maurice: "¡Cuánta gente! Había demasiado ruido". Maurice contestó: "¿Qué ruido? Yo dormí profundamente". Maurice no se enteró de ningún ruido. Durmió con toda tranquilidad porque estaba completamente despreocupado del mundo, mental, físico o cualquier otro. Su amigo prestaba más atención a lo externo y puede que también llevase algún bagaje psicológico consigo. Se sintió inquieto y alterado.

P: ¿El ruido venía de su propia mente?

Maharaj: Sí, no había ruido en absoluto. Era un ruido interno de la mente. Se quejó a Maurice, el cual dijo que no se había enterado. Este ejemplo muestra que habrá problemas si les prestas más atención a lo externo que a tu Presencia Espontánea. Si haces caso omiso de lo que sucede interna y externamente, si no haces caso de ello, sólo entonces, la Realidad será revelada. Así que has de decirte a ti mismo una y otra vez:

**"NO ME PREOCUPA.
NO TENGO NADA QUE VER CON EL MUNDO
PORQUE MI PRESENCIA ES ANTERIOR AL MUNDO".**

66. *Uno entre un billón*

Maharaj: Hay una historia marathi sobre Lakshmi, la diosa de la riqueza. Llama a tu puerta pero no la reconoces. Coges la escoba y dices: "¡Márchate!" Del mismo modo, el Maestro aparece con el Conocimiento, pero como no sabes lo que significan los Maestros, minimizas su importancia diciendo: "¡OK, hay un Maestro en Nashik!"

En términos generales, el noventa y nueve por ciento de la gente viene aquí diciendo: "Deme el Mantra, deme el Mantra ¡Aquí está mi hijo! ¡Aquí está mi hija! ¡Bendígalos!" Están deseosos de conseguir el Mantra porque buscan milagros. Tras recibir el Mantra esperan tener dinero, trabajo o casarse. Muy poca gente está realmente interesada más allá de esas expectativas.

Hay una historia de Shiva. Miles de personas se congregaron en el templo de Shiva. Bailaban y cantaban: *"Oh Shiva, Om Nama Shiva"*.

Uno de los viejos sabios, Narada, le preguntó a Shiva: "¿Por qué no les das *darshan* a esta gente? Son simples devotos. Se están convirtiendo en *Uno con Eso*. Están cantando tu nombre y rogándote ¿Por qué les ignoras? Eres cruel. Deberías ir con ellos".

Shiva contestó: "Iré aunque me va a costar un esfuerzo, pero con una condición, les esperaré a cinco millas. Diles que vengan". Narada fue al templo y anunció: "¡Oh devotos! Shiva ha venido al mundo y va a daros *darshan*, así que venid conmigo". La mitad de la gente dijo "¡Qué hombre más tonto! Para Shiva es imposible venir al mundo ¡Qué tonto! Otros dijeron "Puede que esté ahí. Vamos a probar".

El cincuenta por ciento fue con Narada. Por el camino encontraron vendedores de cobre, utensilios y cántaros de cobre. Este reclamo les tuvo ocupados del todo. La mitad del grupo dijo: "¡Oh, son muy buenos! Me los llevo ahora a casa". Se marcharon y dijeron adiós. El resto del grupo continuó el viaje hasta que se encontraron expuestas unas vasijas de plata. Algunos exclamaron: "El cobre estaba muy bien, pero esto es plata y es muy bonita". Como resultado, la mitad de ellos abandonaron el grupo, prefiriendo llevarse las vasijas a casa con ellos. De nuevo el grupo avanzó hasta que una persona vio algo brillante en las inmediaciones: "¡Oh, mirad! ¡Oro! ¡Vasijas de oro! ¡Qué suerte! Voy a comprar algunas". Ya sólo quedaba una fila de personas. Todos menos uno entraron emocionados en una joyería de alta categoría. Allí emplearon el tiempo en examinar diamantes relucientes.

Al final, sólo un devoto llegó al encuentro. Shiva dijo: "Ves, todos los devotos tenían expectativas. Buscaban algo. Vine aquí sólo para uno, para un devoto auténtico".

La moraleja de la historia es la misma. Todo el mundo va al *Math*, templo o ashram, pero no están interesados en la espiritualidad. Van a muchos sitios, probando algo aquí y allí. En realidad sólo están de vacaciones, visitando India durante cinco o seis meses, viviendo en ashrams, pero no están interesados en el Conocimiento. Van de ashram en ashram, de norte a sur.

Nisargadatta Maharaj solía decir: "Son turistas, no buscadores". No son buscadores de verdad. Por lo tanto,

TE PIDO QUE NO SEAS UN TURISTA.
ÉSTA ES UNA OPORTUNIDAD PARA TI.
SI MALGASTAS TU OPORTUNIDAD,
NO APARECERÁ DE NUEVO.

Una cosa más, te encontrarás con problemas y dificultades.
LOS MAESTROS REALIZADOS LLEGAN DESPUÉS DE GRANDES DIFICULTADES.
¡TAN RARO ES EL CONOCIMIENTO!
HAY MUCHOS MAESTROS,
PERO EL MAESTRO QUE HACE QUE
LOS DISCÍPULOS SE ILUMINEN
ES MUY RARO.

Nisargadatta Maharaj dijo: "No os estoy haciendo discípulos, os estoy haciendo Maestros". Un Maestro así es muy, muy raro. No tenía florituras, ni publicidad ni encanto.

Es muy difícil encontrar un Maestro así.

**TRAS ENCONTRAR UN MAESTRO ASÍ,
NO MALGASTES LA OPORTUNIDAD.**

No dejes que se escape entre tus dedos.

Cuidado con *Maya* y las atracciones externas. Todo el mundo está tentado de ir aquí y allá en busca de felicidad mundana. Siempre hay fuerzas externas tratando de distraerte de la Realidad, que te hacen tropezar. Para evitar esas serpientes, te hemos dado consejos para ser precavido.

Bhausaheb Maharaj recomendaba los *bhajans* de primera hora de la mañana, de medio día, de la tarde y hacer meditación. No hay reglas o condiciones, excepto que te mantengas en contacto con tu Ser sin ser. Las prácticas son ilusión, lo sé, pero sin ellas no puedes mantenerte en contacto con tu Ser sin ser. Serás atacado de una forma u otra por el conocimiento relacionado con el cuerpo. Por tanto

**MANTENTE ALERTA
Y VIVE UNA VIDA ARMONIOSA.
NO TENDRÁS DIFICULTADES.**

67. *¿Quién es bueno y quién es malo?*

Maharaj: Tienes mucho apego al cuerpo y a todas las asociaciones y relaciones que tienen el cuerpo como base: mi marido, mi esposa, mi hermano, mi hermana, mi hijo, mi hija, mis parientes, y así. Cada uno tiene un Dios distinto. Las religiones tienen treinta y tres millones de dioses, pero nadie los ve.

**NADIE VE.
NADIE MIRA CON LOS OJOS ABIERTOS,
CON EL OJO DEL CONOCIMIENTO.**

Hay mucha gente espiritual con caras largas ¿Por qué? ¡Sé feliz! Nisargadatta Maharaj solía decir: "Esta gente santa con todo su conocimiento, nunca deberían estar serios". Sé feliz, porque has comprendido que esta vida es ilusión y la espiritualidad también es ilusión. Esto es un sueño y eso es un sueño, los dos son falsos. Ríete de todo y todo se volverá calmado y silencioso. ¡Sé fuerte, sé fuerte!

**PERMANECE SIEMPRE EN CONTACTO CONTIGO.
PERMANECE SIEMPRE EN CONTACTO CON TU
SER SIN SER.**

No tengas una fe ciega. Averigua: "¿Quién soy yo? ¿Por qué esta vida?" La gente dice: "El último *prarabdha*, este *prarabdha* ¿El *prarabdha* de quién? ¿Qué significa buena fortuna? ¿Qué significa mala fortuna?" ¡No hay fortuna! ¿Bueno o malo? Ese es el círculo del conocimiento relacionado con el cuerpo.

AVERIGUA QUIÉN ERES.
ESO ES CONOCIMIENTO DIRECTO,
SIN COMPLICACIONES.
¡UN SECRETO EVIDENTE!

Te has apegado al cuerpo y tienes mucho amor y afecto por él. Sabes que el cuerpo no es tu identidad y necesitas tener esa Convicción. A fin de establecer la Convicción, tienes que practicar las disciplinas de la meditación y los *bhajans*. Entonces lenta, silenciosa y permanentemente, toda la Verdad será absorbida. Y luego… ¡Ajá!

Te consideras a ti mismo como dependiente, sin darte cuenta de que eres totalmente independiente. Si quieres compararte, compárate con el cielo o el espacio. Estás más allá del cielo y del espacio. El cielo tiene algunos límites, tú no.

NO ACEPTAMOS LOS HECHOS, LA REALIDAD
DEBIDO A LA PRESIÓN DEL AMOR Y AFECTO
POR EL CUERPO HECHO DE ALIMENTOS.

Aceptas a ciegas los pensamientos, los pensamientos ilusorios. Si dependes de los pensamientos de alguien, significa que no crees en ti. No tienes fe en ti. No conoces tu poder, tu tremendo poder. En su lugar, estás siempre esperando la ayuda de otro para que te cuide ¿Por qué?

TODO ESTÁ DENTRO DE TI.
TÚ ERES LA FUENTE.

Has de absorber el Conocimiento hasta el punto en que permanezcas completamente despreocupado del mundo, tranquilo y en silencio, olvidando y perdonando. Habrá paciencia, no lucha u odio ¿Por qué luchar? ¿Por qué odiar? ¿Quién es el enemigo? No hay enemigo ¿Quién es malo? ¿Quién es bueno? Se supone que habrás cambiado totalmente.

Hay una historia en el *Mahabarata*, cuando Krishna hizo un encargo a dos hermanos. Le indicó a uno de ellos cómo llegar a un poblado y buscar si había mala gente viviendo allí que hubiese cometido pecados. Hizo como se le había dicho, visitó muchas casas, comprobando la mala fama de la gente. Una vez recorrida toda la aldea, regresó e informó a Krishna: "Nadie es pecador. Todo el mundo es bueno. No he encontrado ni una sola persona que hubiera cometido pecados o se hubiera metido en asuntos turbios que les llevaran a cometerlos".

Entonces Krishna le dijo al otro hermano que visitara el poblado y buscara si alguno había hecho algo mal o cometido pecados. Cuando al final regresó, compartió con Krishna lo que había encontrado: "¡Todos son malos! ¡No he podido encontrar ni una sola persona buena!"

Estos dos puntos de vista diferentes ilustran el verdadero Conocimiento. No hay ni *bueno* ni *malo*. Todo depende del punto de vista, de la postura adoptada.

SI PRESTAS ATENCIÓN A LO VISTO, SERÁS CONDUCIDO A LA ILUSIÓN.

Mientras lo ilusorio sea tomado como real, existirá la dualidad de bueno o malo, verdadero y falso.

QUÉDATE CON *EL QUE VE*.

Tras la iluminación, cuando te conozcas en un sentido real, cambiarás del todo. La sensación será de estar en todas partes. Mi Presencia, la Presencia Espontánea, la Presencia Invisible está en todas partes y en cada ser. Cuando llegue el momento, no veras a los demás en la forma corporal.

EL MISMO ESPÍRITU AQUÍ, EL MISMO ESPÍRITU AHÍ. NO HAY NI BUENO NI MALO.

Cuando esto sucede y ves tu Presencia en todas partes, no habrá celos ni enemistad. Tratarás a todos como iguales. La meditación cambiará tu punto de vista, tu perspectiva. Verás a todos como yo los veo. Estos cambios tienen lugar en tu interior. Te dará una Paz y una Felicidad excepcionales. Es simple y profundo al mismo tiempo, porque no estarás viendo a los demás como si fuesen diferentes. Krishna dijo: "Estoy en todas partes. Mi Presencia está en cada ser". Tu visión cambiará en ese modo. Se producirá un cambio así.

P: En *Yo soy Eso*, creo recordar que Nisargadatta Maharaj decía algo sobre eso. Decía: "No hay bueno ni malo". La gente quedó muy impresionada porque nunca habían pensado sobre ello.

Maharaj: ¡Sí! Bueno y malo están en función del conocimiento relacionado con el cuerpo.

P: Estaban completamente impresionados. Con todas las guerras y problemas del mundo, todos los asesinos y ese tipo de cosas...

Maharaj: Debido a que nos estamos considerando como la forma corporal, vemos bueno y malo. El hecho es que nunca fuiste el cuerpo, no eres el cuerpo y no seguirás siendo el cuerpo. Esa es la Verdad Última. No hay nacimiento ni muerte. Son conceptos, todo conceptos. No hay nacimiento, ni muerte, ni salvación ni esclavitud.

P: ¿Ni guerras ni cielo?

Maharaj: No hay nada. Como te dije, todo viene de nada y será absorbido, mezclado, con nada. Es un hecho evidente. Todos los recuerdos desaparecerán con el cuerpo. Lo sabemos, pero estamos aún bajo las impresiones y presiones de este cuerpo.

Aunque conocemos la Realidad, no la aceptamos. Tienes que pasar por el proceso de disolución del conocimiento relacionado con el cuerpo. La primera lección es la meditación, después todo se desplegará, porque tu existencia es Existencia Espontánea.

TU EXISTENCIA ES ESPONTÁNEA.
NO ERES PARTE DE ESTAS IDEAS LOCAS
Y EQUIVOCADAS IDEAS COMO:
"NACERÉ EN AMÉRICA, INGLATERRA O CHINA,
O EN CUALQUIER OTRO SITIO".
NO PUEDES HACER ESAS COSAS.

Abraza la Realidad y no la forma corporal. Para ello, has de tener una fe y dedicación fuertes, hasta el punto en que si el así llamado Dios aparece ante ti, no te inmutes.

DIOS ES EL REFLEJO
DE TU PRESENCIA ESPONTÁNEA.

P: ¡No había oído nada parecido antes! ¡Es asombroso!

P (2): ¡Admito todo lo que usted dice! Sabe, Maharaj, estas palabras que acabo de decir, surgieron intuitivamente. Fueron dichas espontáneamente, sin siquiera haber pensado en ellas.

Maharaj: Como todo lo que ves en un sueño, el mundo, Dios.

P: ¿Dónde está este Dios?

Maharaj: Tu Presencia es esencial para decir Dios, para decir lo que sea. Si tu Presencia no está ahí ¿cómo puedes ver a los dioses y diosas? Tu Espontánea Presencia Invisible se encuentra detrás de todo.

LA REALIDAD ESTÁ MÁS ALLÁ DE LA IMAGINACIÓN,
MÁS ALLÁ DEL INTELECTO.

Verdad Final, Verdad Última, Verdad Excepcional, puedes usar cualquier palabra. Las palabras actúan sólo como un medio, como un canal o instrumento.

P: ¿Para comunicar?

Maharaj: Hemos hecho nacer a las palabras, creado un alfabeto, juntado las letras, hecho y dado significado a las palabras. Por lo tanto, el conocimiento literal no es suficiente.

P: ¿Unas pocas palabras pueden llevarnos más cerca?

Maharaj: En esas palabras se pueden encontrar algunas indicaciones. Llevan un mensaje. Pero básicamente hemos inventado los alfabetos y le hemos dado sentido a las palabras. El Espíritu está en la forma corporal, tenemos que usar las palabras para comunicarnos.

No podemos conocernos a nosotros mismos mediante

palabras, libros ni con la mejor literatura. Somos anteriores a las palabras, anteriores al lenguaje. Sólo podemos conocernos mediante el Auto-conocimiento. El principio de la espiritualidad es: Conócete a ti mismo en un sentido real.

"SOY TOTAL Y COMPLETAMENTE NO-NACIDO".

Sólo entonces, te volverás intrépido. Eres como el cielo. Pese a que hemos construido todas estas paredes, el cielo todavía está ahí. Cuando las paredes se derrumben ¿dónde se irá el cielo? Este es el modo de convencerte. La Llave Maestra te ha sido dada, ahora tienes que utilizarla. Esta es la Verdad del Oyente.

ESTA ES LA VERDAD DEL OYENTE.
EL OYENTE INVISIBLE, ANÓNIMO,
QUE VE A TRAVÉS DE ESTOS OJOS,
QUE ESCUCHA A TRAVÉS DE ESTOS OÍDOS,
QUE SABOREA CON ESTA LENGUA.
EL ESPÍRITU HACE QUE
TODOS LOS ÓRGANOS FUNCIONEN.

Si el Espíritu no estuviese ahí, no serías capaz de ver por esos ojos u oler por esa nariz ¡Nada!

¿Cuál es la conclusión de todo este conocimiento? Excepto uno mismo, no hay nada. No hay nada más allá de la Realidad Última, así que no busques pensamientos, sentimientos, experiencias u otro Gurú.

P (2): Al principio, resultaba extraño porque las palabras salían de mi boca sin mi conocimiento y estaba muy sorprendido al escucharme a mí mismo decir que acepto todo lo que usted dice.

Además, esta mañana, durante la meditación, había una percepción intensa de lo que usted acaba de decir, que sólo hay Espíritu. Mis ojos estaban cerrados y apareció una luz que se convirtió en un fuego brillante. El mensaje era que este puro fuego sagrado está siempre encendido, siempre ardiendo brillante. Era como la eterna llama del Espíritu.

Maharaj: Estás teniendo buenas experiencias, pero no son la Verdad Última.

68. *Palabras pulidas*

Maharaj: Todas esas palabras y conceptos, te están condicionando. Los pensamientos ilusorios están relacionados sólo con el cuerpo. El Maestro está llamado la atención del Silencioso e Invisible Oyente. Tú eres la Verdad Última, eres no-nacido, pero debido a las impresiones que deja el conocimiento relacionado con el cuerpo, el conocimiento del cuerpo hecho de alimentos, el conocimiento material, estamos ignorando la Realidad.

La mente no es más que el flujo de pensamientos. Estás siendo testigo del flujo de pensamientos. Estás siendo testigo del sueño. Éste es un largo sueño. Estás malgastando cada día con tantos sueños, diferentes tipos de sueños.

EL QUE VE ES EL MISMO.
EL AMBIENTE DE CADA SUEÑO ES DIFERENTE.
ESTE ES EL SUEÑO DE HOY.
MAÑANA HABRÁ UN SUEÑO DIFERENTE.

No le des ninguna importancia a lo que sucede en este sueño. Esta es la Convicción que has de mantener. Es la Verdad Última. Es la Verdad Final, porque eres no-nacido.

TODO LO QUE PUEDES VER ES ILUSIÓN.
SIN *EL QUE VE*, NO PUEDES VER NADA.
SIN TU PRESENCIA,
NO PUEDES DECIR NADA
SOBRE *BRAHMAN*, *ATMAN*, DIOS O MAESTRO.

Tu Presencia está detrás de todo. Es una Presencia Espontánea, Invisible, Anónima.

P: ¿Se refiere a *detrás* de la Presencia?

Maharaj: ¡No tomes mis palabras literalmente! No hay *detrás* ni *delante*. Son palabras, sólo las uso para comunicar, para tratar de poner en palabras el Conocimiento. Escucha estas enseñanzas, mis palabras son muy importantes: Presencia Espontánea, Presencia Invisible, Presencia Anónima. No hay nombre para esto.

PARA ESTO, NO HAY NOMBRE.

No puede ser definido ni descrito. Sin este Poder sin nombre, no podemos ver.

ES LA ESPONTÁNEA IDENTIDAD NO IDENTIFICADA.
TU PRESENCIA ES IDENTIDAD NO IDENTIFICADA.

Esta Presencia vale mucho. Es inestimable. No te subestimes. Todos los santos piadosos, los santos magistrales, son secundarios para ti. Sólo pueden aparecer después de ti. Tu Presencia viene antes.

Para decir algo, lo que sea, tu Presencia es esencial. Por ejemplo: "Él es mi padre". Para decir "Él es mi padre" se necesita tu presencia. "Esto es Dios", para decir Dios, se necesita tu Presencia.

EL MUNDO SURGE ÚNICAMENTE DE TU PRESENCIA.
SIN TU PRESENCIA ¿QUIÉN PUEDE DECIR
QUE EL MUNDO ENTERO ES VERDAD O MENTIRA?
¿QUIÉN PUEDE DECIR ALGO?

Tu Presencia es Invisible, está en todas partes y no puede ser definida con palabras. Las palabras son meros transmisores de conocimiento. Somos los inventores de las palabras y al final les hemos permitido que nos condicionen.

P: Creo que para mucha gente las palabras y el lenguaje se han convertido en sus Maestros. Hemos permitido que millones de palabras nos controlen, confundan y condicionen. Nos han atrapado las palabras en lugar de la Verdad, o bien pensamos que las palabras son lo mismo que la Verdad.

Maharaj: Porque tenemos la forma corporal. Todas esas palabras *Brahman*, *Atman*, *Paramatman*, están OK hasta cierto nivel, como indicadores, pero luego carecen completamente de significado. La gente va aquí y allá, encontrando diferentes Maestros, leyendo más libros espirituales y, al mismo tiempo, lo que realmente hacen es añadir más y más ego.

HABLAS SOBRE *BRAHMAN*, *ATMAN*, *PARAMATMAN*, PERO PARA TI SON SÓLO PALABRAS. NO SABES LO QUE SIGNIFICAN. NO ESTOY HABLANDO SOBRE EL CONOCIMIENTO DE *BRAHMAN*, *ATMAN*, *PARAMATMAN*. ESTOY HABLANDO DE TU CONOCIMIENTO.

Eres el arquitecto de tu propia vida, de tu vida espiritual. De ti depende cómo des forma a tu vida espiritual. Estoy tratando de simplificar esta Realidad, usando palabras sencillas, sin ninguna complicación.

Todas tus preguntas surgen de tu conocimiento relacionado con el cuerpo: "Soy alguien, soy un Maestro, soy una persona experta". Son pensamientos del ego ¡No eres nada! Todo surge de nada y se disuelve en nada ¿Qué dices?

P: Sí, completamente. Y la forma de comunicar las enseñanzas es muy simple ¡Sin adornos ni tonterías!

Maharaj: Tienes que ser fuerte, porque ahí fuera hay muchos conceptos y palabras para confundirte. Nos perdemos en ellas: nacimiento, renacimiento y futuro, vida pasada, vida futura, salvación, cielo e infierno, tantas palabras, Mumbai, California, etc. ¿Qué quieres decir con salvación? ¿Qué quieres decir con cielo e infierno?

Se han creado innumerables palabras y luego, tratamos de encontrarles significado a través de más palabras. Cualquier conocimiento que adquieras desaparecerá con el cuerpo.

Haz una simple pregunta: "¿Te será de alguna utilidad este conocimiento en el momento de dejar el cuerpo?" Si todavía queda algún miedo sutil ¿para qué sirve el conocimiento? ¿Para qué sirve este conocimiento pulido? Significa que has estado coleccionando monedas de colorines que ya no tienen valor en el mercado. Has acumulado un puñado de dólares o de libras, pero son billetes falsos. No los puedes usar.

Así que tienes un montón de conocimiento sobre espiritualidad, *Brahman*, *Atman*, Dios, incluso puedes hablar sobre ello y dar conversaciones elocuentes, pero

ASEGÚRATE DE QUE EL CONOCIMIENTO ES REAL Y PRÁCTICO, DE OTRO MODO, CARECERÁ DE SIGNIFICADO.

Puede que conozcas esta historia sobre Albert Einstein, el famoso científico. Solía hacer una gira y dar conferencias en varias universidades de los Estados Unidos. Iba siempre acompañado de su chófer, Harry, que asistía a cada una de las conferencias, sentándose al fondo de la sala. Un día, después de que Einstein finalizara su conferencia, Harry dijo: "Profesor, he escuchado sus conferencias muchas veces, estoy seguro de que yo puedo dar una perfectamente".

"¡Muy bien!" contestó Einstein, "La próxima semana vamos a Dartmouth. No me conocen, así que tú puedes dar la conferencia y yo seré Harry". Harry la impartió perfectamente, sin una sola palabra fuera de lugar, mientras que Einstein se sentó en la última fila, vestido con uniforme de chófer, quedándose dormido. Justo cuando Harry iba a bajar del estrado, un ayudante de investigación le detuvo y le hizo una pregunta muy difícil, que implicaba muchas ecuaciones y cálculos complejos. Harry dijo enseguida: "¡Oh, es fácil! Es tan fácil que le voy a dejar a Harry, mi chofer, que conteste".

Esta historia es para ilustrar que cualquiera puede citar de libros y Maestros como si fuera un loro, pero no puede responder preguntas a menos que ellos mismos tengan Auto-conocimiento.

SÉ UN MAESTRO DE LA REALIDAD, NO UN SIMPLE MAESTRO DE FILOSOFÍA O ESPIRITUALIDAD. UN PROFESOR PUEDE ENSEÑAR HABLANDO DE LA VERDAD, MIENTRAS QUE EL MAESTRO LA VIVE.

Nisargadatta Maharaj le dijo una vez a un visitante, Doctor en filosofía, que hacía muchas preguntas: "¡Niega lo que has leído y escuchado! Resta todo lo que has leído alguna vez desde la infancia y luego simplemente escucha".

SI NO QUIERES SABER NADA, TODOS ESOS LIBROS ESPIRITUALES ESTÁN DISPONIBLES.

Estamos hablando del niño no-nacido. Nada sucedió. Nada está sucediendo.

P: Maharaj, en el desván de casa debemos tener cientos de libros, todos sobre temas espirituales. Los pusimos allí hace pocos años porque dejamos de prestar atención a ese tipo de libros. Ahora sirven de aislante y mantienen la casa caliente en invierno.

Usted decía que cuando mueres, todos esos libros no serán de ayuda. Podrías tenerlos junto a ti en el lecho de muerte, pero no te van a ayudar aunque los hayas leído todos.

Maharaj: Has de moldearte a ti mismo a la luz de toda esa espiritualidad. De nuevo repito lo mismo, la meditación es la base. No puedo insistir suficiente en la importancia de la meditación. Teniendo en cuenta la sensibilidad del Espíritu, la meditación imprime la Realidad sobre él: "Eres *Brahman*, eres *Brahman*".

Recitar el Mantra es muy efectivo. Te pondré un ejemplo. Cuando un policía está tratando de detener a un delincuente, puede que al principio éste diga: "No he hecho nada". Luego, tras presionarle un poco, puede que se rinda y admita su delito: "¡Oh, OK, OK, se lo contaré todo, confesaré!"

Del mismo modo, al principio, se siente como si te estuvieras torturando con "Soy *Brahman*, soy *Brahman*". Hay una amenaza para tu existencia. El ego se alza, reacciona y se rebela, pero luego se rinde y lo acepta: "¡Sí! YO SOY *Brahman*! Entonces se te abrirán todos los secretos.

Has de utilizar el software antivirus todo el tiempo, de modo que ningún virus se atreva a entrar en tu ordenador portátil. Así que practica y olvídate del pasado.

NO HAY PASADO, NI PRESENTE, NI FUTURO.
NO HAY BUENO NI MALO.
LAS COSAS QUE NOS PARECEN TOLERABLES
DECIMOS QUE SON BUENAS.
LAS COSAS QUE NOS PARECEN INTOLERABLES
DECIMOS QUE SON MALAS.

Lo que no es tolerable es *Yo Soy*. *Yo Soy* es intolerable. Para ello [para hacerle frente], la Presencia exige entretenimiento. Cuando un niño nace, le damos miel y otras cosas dulces. No podemos soportar la existencia, no podemos estar sin entretenernos.

¿QUÉ TIPO DE ENTRETENIMIENTO
TENÍAS ANTES DE SER?
NO HABÍA NADA.

Ahora es otra historia. Queremos comida, esto, lo otro, muchas cosas; bañarnos cada día, lavarnos los dientes. Antes de ser no había que hacer nada, no había dientes ni cepillo, no era necesario el jabón, ni los dulces ni la comida. No había exigencias. No sabíamos nada de Dios, *Brahman*, *Atman* y *Paramatman*.

ESTE CONOCIMIENTO ES MUY SENCILLO.

**PERO SE HA VUELTO COMPLICADO
POR UN SINFÍN DE LIBROS.**

Nisargadatta Maharaj solía decir: "La esencia de todo es que tú eres la Verdad Última, la Verdad Final". Hablando de libros, solía decir: "Lee libros, pero no dejes que te ahoguen. Léelos, pero no te hundas con ellos".

**MIENTRAS LEAS ESOS LIBROS ESPIRITUALES,
HAS DE SABER QUE ES LA HISTORIA
DEL LECTOR INVISIBLE,
LA HISTORIA DEL LECTOR INVISIBLE.
NO HAY DUALIDAD
NI INDIVIDUALIDAD.**

Ni dualidad ni individualidad. Ve cada vez más profundo dentro de ti, verás y encontrarás una felicidad excepcional, y exclamarás: "¡Oh, qué tonto era! Todo lo que hacía era utilizar un sistema de creencias". Si echas un vistazo a tu pasado, verás que lo que sabías era una tontería, que lo que hacías era una bobada. Cuando eres adulto y piensas sobre lo que hiciste en el pasado cuando eras niño, te sientes ridículo. Eso es lo que haces. Ahora que eres adulto, te conoces.

69. *Dios Todopoderoso*

P: ¿Qué quería decir Nisargadatta Maharaj cuando decía que: "Tienes que ir más allá de *Yo soy Dios*"? Si todo es Dios ¿Cómo podemos ir más allá de Dios?

Maharaj: Dios es un concepto. Dios, *Brahman*, *Atman* y *Paramatman*, son conceptos creados por nosotros. No sabes lo que es Dios o lo que quieres decir con Dios ¿Qué quieres decir con *Brahman*? En el momento en que tu Presencia aparece en el mundo dices: "¡Oh Dios, bendíceme! ¡Por favor, hazme un favor!".

¿Dónde estaba Dios antes de tu existencia? ¿Sabías algo de Dios? ¡No! Nada ¿Y de *Brahman*? Nada. El mundo surge de nada. El mundo entero surge de nada y se fundirá con nada ¿Me sigues? No quedará nada.

El Espíritu hace clic con el cuerpo y ves el mundo. El cuerpo es la causa y el mundo la consecuencia. Si no hay cuerpo, no hay consecuencia. El cuerpo no puede funcionar independientemente, necesita el Espíritu para funcionar, como un ventilador necesita electricidad. Para cualquier movimiento, para que se produzca cualquier movimiento, cualquier acción relacionada con el cuerpo, algún espíritu, algún poder es necesario.

P: ¿Este poder es *Brahman* o Dios?

Maharaj: Bueno, son nombres: *Brahman, Atman, Paramatman,* Dios. Son los nombres con los que llamamos al poder, pero es TU PODER. Este poder no conoce su propia Identidad, no la conoce. Damos esos nombres como *Brahman, Paramatman,* Dios, etc., sólo para hacer posible que lo identifiquemos, sólo para saber.

**TU IDENTIDAD NO IDENTIFICADA ESTÁ MÁS ALLÁ.
ESTA IDENTIDAD NO IDENTIFICADA,
ESTA IDENTIDAD ANÓNIMA, LA IDENTIDAD INVISIBLE,
NO PUEDE SER DESCRITA.**

Utilizo varias palabras para convencerte de que eres la Verdad Última, y tú usas varias palabras para convencerte de lo mismo, sin usar el ego. Este no es un pensamiento lógico, ni intelectual. No hay conceptos mentales. No hay mente, ni ego, ni intelecto.

P: ¿Qué pasa con el *Yo Soy,* con hacer un esfuerzo para asegurarse de estar con ese sentimiento de *Yo Soy*?

Maharaj: ¿Por qué estar con ese sentimiento? No has de hacer ningún esfuerzo, *Yo Soy* es Espontáneo, ya estás en el *Yo Soy,* de modo que no tienes que hacer nada.

P: Pero Nisargadatta Maharaj dijo que teníamos que quedarnos con el *Yo Soy.*

Maharaj: De nuevo estás interpretando las palabras literalmente. El Maestro utiliza las palabras para indicarte algo. Da indicaciones mediante palabras ¡No seas una víctima de las palabras! Tenemos que liberarnos de esa atadura ilusoria.

**TRATAS DE COMPRENDER EL CONOCIMIENTO
CON LA MENTE.
TU CONOCIMIENTO ES ANTERIOR A LA MENTE.**

No hay atadura en absoluto, ya eres libre e independiente.

P: Con su gracia, Maharaj, seré libre.

Maharaj: Te he dicho que ya eres libre, pero estás siempre pensando que eres dependiente, discapacitado, y esperas que alguien te dé la gracia. Debido a que no somos conscientes de nuestra propia importancia, nos estamos considerando como la forma corporal. Eso no es más que ilusión, porque antes de ser no tenías forma corporal y no vas a seguir siendo la forma corporal.

Es una verdad evidente, un hecho evidente, muy simple, pero no le estás prestando atención a tu Ser sin ser, no se la prestas.

**TIENES UN PODER TREMENDO,
PERO TE ESTÁS CONSIDERANDO
COMO LA FORMA CORPORAL.
ESA NO ES TU IDENTIDAD.**

¿CÓMO PODRÍA SERLO SI ESTÁ CAMBIANDO TODO EL TIEMPO?

Eres un niño pequeño que crece, se hace joven, se vuelve mayor y un día u otro [El Maestro da una palmada] tendrás que dejar el cuerpo ¡Piensa en ello seriamente! Entiéndelo y convéncete.

Tenemos mucho apego por el cuerpo. Estas obligado a estar así debido a la larga relación con él. El apego al cuerpo ha de estar ahí porque, como te dije, el Espíritu sólo se conoce a sí mismo a través del cuerpo. Por lo tanto, el Espíritu, *Brahman*, no quiere dejar el cuerpo.

P: ¿La razón por la que piensa que es el cuerpo se debe a que cree que es algo más, distinto del Espíritu, algo separado del Espíritu?

Maharaj: Puedes decirlo como quieras. El Espíritu está apegado. Todo lo que sabe es: "Soy el cuerpo. Soy alguien". Pero no eres nadie. Es un hecho, no eres nadie. Al cuerpo le gusta decir que es alguien.

NO ERES NADIE.

Igualmente, decir *Brahman* es una ilusión.

DECIR "YO SOY *BRAHMAN*" ES ILUSIÓN.

Quieres darle un nombre, pero no hay nombre.

ERES SIN NOMBRE.

P: Entiendo. Es una identidad equivocada. Nos hemos identificado con el cuerpo desde la infancia y pensamos que es nuestra identidad, lo cual nos mantiene en el círculo del conocimiento relacionado con el cuerpo. Luego, incluso cuando buscamos nuestra verdadera Identidad, cuando la buscamos en nuestro interior o en libros o donde sea, seguimos estando dentro del círculo mientras sigamos identificados con el cuerpo, atrapados en el círculo del conocimiento relacionado con el cuerpo.

¿Significa que el conocimiento que encontramos tiene su fuente en el mundo ilusorio, adquirido por esta persona ilusoria, esta mente ilusoria, este ego ilusorio, por mí?

Maharaj: ¿Por qué lloras por lo perecedero cuando tu Identidad no es perecedera? Tu poder eterno es más grande que todo eso. Tienes un poder tremendo, el poder, la fuerza, de crear el mundo. Le estás dando importancia a lo visto en lugar de *al que Ve*. Para decir *Dios* es necesaria tu Presencia. Eres el padre de ese Dios. No eres consciente, no conoces Tu Poder. El cuerpo sólo tiene importancia debido a tu Presencia.

Conoce el secreto de tu vida. Todos los secretos están dentro de ti solamente. Desde el momento en que no te das cuenta de tu importancia, corres de aquí para allá. Trata de entender tu valiosa existencia, la Presencia. Lo que te estoy diciendo es un secreto abierto. Es la historia del Oyente. Tú, el Oyente, no tienes forma. No tienes nada que ver con el mundo.

ERES DIOS TODOPODEROSO.
ERES DIOS TODOPODEROSO.
ERES EL TODOPODEROSO DIOS.

[Sigue un largo silencio]

P: Maharaj, me siento aniquilado cuando dice esas palabras. *Me* tocan poderosamente. Siento que penetran y van muy profundo por todo el cuerpo. El peso de la verdad, el poder, el significado parece explotar dentro y fuera de mí. Me siento asombrado y humilde a la vez. Es difícil de explicar.

Maharaj: ¡No hay interior ni exterior! No tienes nada que ver con el mundo. No te preocupes por el mundo, despreocúpate del ambiente en general.

Las nubes vienen y se van, los pensamientos vienen y se van. Puedes aceptar aquellos pensamientos que te sean de utilidad. Si no lo son, puedes tirarlos. El flujo de pensamientos es la naturaleza de la forma corporal que surge de los cinco elementos. Los pensamientos vienen, varios pensamientos vienen y proclaman las tres gunas (*tamas, sattva, raja*). El cuerpo pertenece a los cinco elementos, de modo que los altibajos están obligados a estar ahí.

Esto es sólo ciencia espiritual, algo de información que no es importante para nosotros. Estamos más allá de las *gunas* porque no somos el cuerpo. Es sólo lenguaje utilizado con el propósito de entendernos. Puede darte indicaciones y convencerte de la Realidad, pero la ciencia espiritual es limitada. El resultado final es:

TU IDENTIDAD NO IDENTIFICADA
ES DIOS TODOPODEROSO.
TU IDENTIDAD NO IDENTIFICADA
ES DIOS TODOPODEROSO.
ABRAZA ESTA REALIDAD.

70. *El universo está en ti*

P: La pasada noche estaba recitando el Mantra, cuando apareció una imagen de notas musicales. Estaban flotando. Sentí dentro algo conmovedor, una oleada de felicidad. Todos los Maestros del Linaje estaban reunidos, en pie, delante de mí. Estaban también muy felices y dando palmadas. Su energía era invisible, pero interiormente sabía que era la Presencia de los Maestros.

Sólo quería contárselo. Iba a preguntarle sobre cantar los *bhajans* ¿Debo cantar los *bhajans* regularmente, cada día, como la meditación?

Maharaj: ¡Sí, práctica diaria! Todo ello es necesario para absorber conocimiento, pero sólo en la etapa inicial. *Etapa inicial* quiere decir hasta que llegues a tener la Convicción. Hasta que eso suceda, has de practicar la meditación y los *bhajans*. Luego será espontáneo.

PARA ESTABLECER LA VERDAD, NECESITAS UNA BASE. Y SI TU BASE NO ES PERFECTA, NO SERÁS CAPAZ DE CONOCERTE A TI MISMO EN UN SENTIDO REAL.

Si sigues esta disciplina, se proyectará automáticamente en tu interior. Lo que estoy contando es el Conocimiento del Oyente, del Invisible y Anónimo Oyente que ya está en ti y del que no eres consciente.

P: ¿No soy consciente?

Maharaj: No le estoy hablando a la forma corporal de Michael, me dirijo al Oyente Anónimo, al Oyente Invisible que hay en ti. Lo que estoy diciendo está dirigido al Maestro Invisible que hay en ti, el cual no tiene forma ¿Me sigues? Eso es el Oyente Invisible, el Oyente Anónimo.

Después de oír y morar en el Conocimiento, la Realidad se imprimirá automáticamente y el Conocimiento será grabado. Luego, en la Última Etapa, cuando entiendas del todo, dirás: "Sí, he encontrado aquello por lo que estaba luchando ¡Lo tengo!" La Realidad es de tu propiedad. Olvidaste tu riqueza, lo que es tuyo.

LA REALIDAD ES TU PROPIEDAD, NO ES PROPIEDAD DE *BRAHMAN*, *ATMAN* O DIOS.

El Silencioso Oyente Invisible en ti ha sido llamado con diferentes nombres, *Brahman*, *Atman*, *Paramatman*, Dios, Maestro. Son sólo palabras, pero te has apegado a ellas. Toda una vida de pensamientos ilusorios se ha imprimido en ti. El *Naam Mantra* y la meditación, son el mejor modo de eliminarlos.

P (2): ¿Es correcto que me inicie usted si mi Maestro es Nisargadatta Maharaj? ¿Es un problema?

Maharaj: Ningún problema. Todo es uno.

P (2): ¡Exacto! El problema es que él no está en su cuerpo.

Maharaj: No hay individualidad. Cielo indio, cielo europeo, cielo ruso, cielo australiano, no hay diferencia ¿Hay algún desacuerdo, enfrentamiento o conflicto entre el cielo de India y el cielo de América? ¡En absoluto!

No hay seres individuales, todos somos Uno: Nisargadatta Maharaj, Ranjit Maharaj, yo, tú. La única diferencia radica en la forma corporal. Decimos que Nisargadatta Maharaj es alguien distinto, Ranjit Maharaj es alguien distinto y Siddharameshwar Maharaj es alguien distinto.

LOS CUERPOS ESTÁN SEPARADOS
LA VERDAD ÚLTIMA ES UNA.

No tiene sentido crear un problema respecto a los diferentes Maestros ¿Por qué haces un problema de ello?

P (2): ¿Qué pasa con la intensidad de la conexión con el Maestro? Si el Maestro no está en su cuerpo, pero uno está muy seguro y es cien por cien devoto ¿es tan buena y tan potente esa conexión como con un Maestro vivo?

Maharaj: No hay diferencia entre el Maestro Interno y el Maestro Externo. Si un templo se derrumba, el cielo está todavía ahí.

P (2): Necesito no tener ninguna duda ¿Es correcto que me inicie?

Maharaj: Esas dudas aparecen debido a las impresiones de pensamientos ilusorios. Mientras te veas a ti mismo como *Soy la forma corporal*, habrá dudas y preguntas. En el momento en que se disuelva tu forma corporal, tu conocimiento relacionado con el cuerpo hecho de alimentos, en ese momento serás instantáneamente el vasto universo. El universo entero está en ti.

P (2): ¿El mundo entero está en mí? ¿Cómo?

Maharaj: Ves el mundo gracias a tu Presencia Espontánea. Por tu Presencia Espontánea ves el mundo. En el momento en que esa Presencia desaparezca, todo desaparecerá. Estás diferenciando entre un Maestro vivo y un Maestro no-vivo ¿Dónde se fue todo? ¿Qué pasó? [Da una palmada].

Nos estamos limitando a esta forma corporal. Es una ilusión, no va a permanecer constante; en cambio, el Espíritu no irá a ninguna parte.

SI UNA CASA SE DERRUMBA,
EL CIELO NO VA A NINGUNA PARTE,
PORQUE NO TIENE FORMA.
TÚ NO TIENES FORMA.

Otra vez repito lo mismo. Para tener esta Convicción, tienes que someterte a la práctica. No hay Convicción porque tienes mucha fe en la forma corporal, en los sentimientos del cuerpo.

INCLUSO AUNQUE DIGAS: "SOY *BRAHMAN*",
LOS SENTIMIENTOS DEL CUERPO ESTÁN AHÍ.
LA CONVICCIÓN NO SE ENCUENTRA O SE TIENE EN EL
CUERPO O CON EL CUERPO,
ES ESPONTÁNEA.

P (2): Es necesaria una disciplina estricta hasta que se llega a la Convicción Absoluta.

Maharaj: ¡Completamente!

P (2): ¿Fortalecer la Convicción Absoluta de que *no soy el cuerpo*?

Maharaj: Espontánea Convicción Absoluta, Espontánea.

P (2): ¿Sólo sucede por sí mismo?

Maharaj: Ni intelectual ni mentalmente.

P (2): La Convicción no es mental, sino algo Espontáneo. No lo entiendo ¿Llega de algún modo?

Maharaj: Es como aceptar que éste es el cuerpo de un hombre. Eres un hombre. Una vez que conoces el cuerpo, empiezas a pensar que eres un hombre. No dices que eres una mujer porque tienes la convicción de que eres un hombre.

Del mismo modo, el Maestro dice que eres la Verdad Última, que eres *Brahman*, pero no lo aceptas debido a las impresiones de tu forma corporal. A menos que la forma corporal se disuelva, no serás capaz de conocerte a ti mismo en un sentido real.

Estamos durmiendo en un mundo de sueños. En el sueño te ves como hombre o mujer. Mientras te consideres como alguien distinto, todo conocimiento carecerá de sentido. Este cuerpo es una oportunidad para la vida espiritual, la felicidad espiritual. La felicidad se ha perdido.

Tu Presencia Espontánea es Anónima, Invisible, Identidad no Identificada.

LA PRESENCIA ESTÁ AHÍ, PERO NO TIENE FORMA ALGUNA, NO EN ÉSTA FORMA.

P (2): ¿Qué quiere decir Nisargadatta Maharaj cuando dice que: "El primer concepto es el sentimiento de *Yo Soy*? ¿Es algo que se originó o comenzó en el momento de la concepción del cuerpo humano?

Maharaj: ¡Correcto! En el momento en el que el Espíritu hizo clic con el cuerpo. En el momento en que ese Espíritu hace clic con el cuerpo, puedes ver el mundo. Antes de eso, no había conceptos ¿Dónde estaban los conceptos? Antes de nacer no había conceptos, no había ilusión, ni Dios, ni *Brahman*, ni *Atman*.

Son palabras pulidas, preciosas, pero no había palabras antes de ser. Todas estas conversaciones y palabras están llamando la atención de tu Presencia Espontánea ¡Recitar el Mantra hace lo mismo!

P (2): Durante la meditación, cuando uso el Mantra ¿estoy parando la mente?

Maharaj: ¡No hay mente! ¿Cuántas veces tengo que decírtelo? La mente es sólo el flujo de pensamientos. Después de practicar con el Mantra, de recitar el Mantra, olvidarás tu identidad externa. Lo que queda es sólo [recuerda que son sólo palabras, no la Realidad] *Yo Soy* sin palabras, sin sentimientos, sin testigo alguno. Al final, todo desaparece: el testimonio y el testigo, la experiencia y el experimentador, incluyendo *Yo Soy*.

P (2): Incluso habiendo leído a Nisargadatta Maharaj y estudiado sus libros, es muy diferente estar aquí en su Presencia y escuchar estas enseñanzas.

Maharaj: Se supone que tu base es fuerte. Necesitas conocimiento de base, fuertes cimientos. La meditación hará fuertes tus cimientos, muy fuertes. Con la meditación hay un proceso de ebullición a través del cual los conceptos son hervidos.

**EN EL MOMENTO EN QUE
TUS CIMIENTOS SEAN FUERTES,
SERÁ MUY FÁCIL PARA TI CONSTRUIR
TODO UN EDIFICIO SOBRE ELLOS.
SI LOS CIMIENTOS SON DÉBILES,
TODO TU CONOCIMIENTO SE DERRUMBARÁ.**

P (2): ¿Porque hay demasiadas grietas? ¿Hay demasiadas atracciones en el mundo?

Maharaj: Hay muchos tipos de atracciones: publicidad [poder], sexo y dinero. Tienes que dejar atrás todas las tentaciones y entretenimientos.

P: Creo que leí en algún sitio que Nisargadatta Maharaj tenía el hobby de escribir poesía devocional. La historia va de cuando Siddharameshwar Maharaj le dijo un día que dejase de escribir porque disfrutaba mucho. Tal vez se había vuelto muy inteligente, puede que el ego sutil estuviese involucrado en ello. Desde luego que paró inmediatamente, como hacía con todo lo que su Maestro le dijera.

Maharaj: ¡No pienses tanto! ¡Sé normal! ¡Sé natural! Este es tu Conocimiento, no lo agobies preguntando: "¿Dónde está *Brahman*? ¿Dónde está *Atman*? Hablar de *Brahman*, *Atman* y *Paramatman*, no es nada más que entretenimiento.

¿Alguna duda?

P: Creo que todas las dudas de las que soy consciente, se han ido, han sido limpiadas. Creo que tengo que recordar las cosas importantes que ha dicho: "Has de tener una devoción fuerte, ser disciplinado, lo cual te llevará a una Convicción fuerte". Así de simple.

71. Nada está sucediendo

P: Me siento realmente bien aquí, pero cuando regrese a casa no sé qué va a suceder.

Maharaj: ¿Qué pasará cuando te vayas a casa? ¿Qué puede pasar? No va a pasar nada, porque tu Presencia no es una Presencia física.

**ERES NO-NACIDO
NADA PASÓ,**

NADA ESTÁ PASANDO, NADA VA A PASAR.

Tu Presencia no es una Presencia física, ni Presencia mental, ni Presencia intelectual, la Presencia es Espontánea. Pero desde que tiene la forma corporal piensas que eres algo, alguien distinto. La Presencia no tiene ningún cuerpo, ninguna figura, ninguna forma.

No hay consciencia ni inconsciencia, ni ser consciente ni inconsciente, ni testimonio ni testigo, ni experiencia ni experimentador. Esta es la Verdad Final. Es un hecho evidente.

HAS DE ACEPTAR ESTOS HECHOS.

P: Cuando estás con otras personas que no entienden lo que usted acaba de decir, pero consideran que eres Chris o quien sea, al volver a casa, otras personas no reconocerán este estatus recién adquirido.

Maharaj: ¡Olvídate de otras personas! Habla de ti ¿Cuándo te encontraste con otras personas? ¿Cuándo te encontraste con otras personas? En un sueño hay mucha gente ¿Qué les sucedió? ¿Cuánta gente ha ido o vuelto del cielo o del infierno? ¿Los has contado? ¿Cuándo te diste cuenta de que había otras personas?

PARA QUE PUEDAS DECIR "OTRAS PERSONAS", TU PRESENCIA HA DE ESTAR AHÍ.
PARA TODO LO QUE DIGAS, SE NECESITA LA PRESENCIA.

Como te he dicho ya, el mundo es tu proyección. En el momento en que te despiertas por la mañana temprano [da una palmada], dices: "Yo". El mundo es proyectado instantáneamente. Reconócete a ti mismo, contémplate a ti mismo.

P: Con todo lo que ha sucedido y teniendo en cuenta mi edad, no creo que pueda cambiar mis hábitos porque están muy arraigados.

Maharaj: Nada ha sucedido. Tienes que motivarte. Tienes que motivarte a ti mismo ¡Olvídate de los hábitos!

Cuando conozcas la Realidad, tus hábitos cambiarán. Por eso, has de motivarte de una forma concreta, como: "Me veía a mí mismo como la forma corporal, ahora me he dado cuenta de que yo no era el cuerpo y no voy a seguir siendo el cuerpo. Mi cuerpo no es mi identidad. No soy nada y no tengo nada que ver con esta situación. Estoy despreocupado del mundo, así que me voy a olvidar de la base corporal".

EL MUNDO ES MI PROYECCIÓN ESPONTÁNEA.
SI VAS A AMÉRICA O CUALQUIER LUGAR DEL MUNDO, TU PRESENCIA ESPONTÁNEA ESTARÁ AHÍ.

Lo diré de una forma muy simple: A este cuerpo se le llama *hombre*. Si vas a América ¿olvidas que eres *hombre*? Este cuerpo se llama hombre o mujer ¿Si vas a América o a Londres dices que en India eras llamado hombre o mujer? Lo que te estoy diciendo es la

Verdad consolidada. Muy sencillo.
**TÚ ERES *BRAHMAN*, *ATMAN*, *PARAMATMAN*, DIOS,
LA VERDAD ESTABLECIDA.
¿DÓNDE ENCAJA LA CUESTIÓN DE
OLVIDAR TU IDENTIDAD?**

¿Te olvidas de que *Soy un hombre*? ¡No! No te olvidas porque este cuerpo llamado *hombre* es la verdad establecida que tú aceptaste. Ahora sabes que el cuerpo no es tu identidad.
***BRAHMAN*, *ATMAN*, *PARAMATMAN*, DIOS,
ES LA VERDAD ESTABLECIDA.
ES QUIEN TIENE EL CUERPO,
EL OYENTE DEL CUERPO,
EL EXPERIMENTADOR DEL CUERPO,
EL TESTIGO DEL CUERPO.
ESTOY LLAMANDO LA ATENCIÓN DE ESO.
POR LO TANTO, TÚ ERES ESO.**

¡Olvida todo lo que has leído y todo lo que has oído! Has llegado al Destino Final. Ríndete y absorbe la Verdad Última. Lo encuentras un poco difícil.

P: ¿Por qué es así? ¿Por qué es difícil de absorber la Verdad, Maharaj?

Maharaj: Porque con gran esfuerzo, has reunido muchos billetes falsos, billetes de colorines, pero falsos. Significa que has reunido pensamientos de muchos colores: "He leído al gran Ramana Maharshi, he leído a Jiddu Krishnamurti, he leído…". Pero todo el tiempo has estado añadiendo ego, ego, ego… un ego pulido, colorido. Tienes el conocimiento, aceptado. El conocimiento está ahí: "He leído este libro, hecho este curso, escrito este libro".
**¿QUÉ HAS OBTENIDO DE EXPLORAR TODO ESO?
¿QUÉ HAS OBTENIDO DE LEER
ESOS LIBROS ESPIRITUALES?**

P: ¡Buena pregunta! Supongo que he de pensar en ello.

Maharaj: ¡Auto-indaga! ¡Busca! ¿Qué es lo que sirve? ¿Qué sirve para tu Verdad Última? ¿Ese conocimiento te ha dado valor? ¿Tienes algún miedo?

P: ¡Claro! Todos tienen miedo de algo.

Maharaj: Bueno ¡Date prisa! Cuando llegue el momento de dejar el cuerpo, no ha de haber ningún tipo de miedo. No ha de haber ningún pensamiento de temor en ti. Si todavía lo hay, significa que lo que hayas leído, no tiene sentido, como coleccionar billetes falsos, de fantasía. Es importante saber esto ¿Entiendes?

P: Sí, Maharaj.

Maharaj: Tienes que olvidar todo aquello que hayas leído o escuchado alguna vez, su trabajo está hecho, fin. Escúchame:

**TIENES QUE OLVIDAR TODO
AQUELLO QUE HAYAS LEÍDO
O ESCUCHADO ALGUNA VEZ,
SU TRABAJO ESTÁ HECHO, FIN.**

Borrón y cuenta nueva ¡Acéptalo!

P: ¿Entonces no tengo que leer ningún libro más ni grandes tratados?

Maharaj: Ellos te trajeron aquí. Todas las lecturas y lo que escuchaste, te trajeron aquí. Ahora ya no habrá más tentaciones de buscar algo.

**EL MAESTRO HA PUESTO AL BUSCADOR ANTE TI.
ESTÁS VIENDO AL BUSCADOR.
ÉSTA ES LA PUNTA, EL FILO.**

Nada es imposible. No temas lo que vaya a suceder cuando regreses a América. Nada va a pasar. Haz algunas fotografías del ashram y recuerda las enseñanzas. Siéntate en soledad, concéntrate en este Conocimiento.

DEJA QUE TOQUE EL FONDO DE TU CORAZÓN.

No creo que tengas ningún problema porque te he dado entrenamiento comando.

72. *Lavado el cerebro*

Maharaj: Después de escuchar al Maestro, ha de haber una Convicción Espontánea, sin ego: "Soy la Verdad Última". Tu existencia espiritual está más allá de cualquier cosa. Se supone que esta Convicción ha de establecerse de modo permanente, porque es tu Verdad Última, Verdad Final, llamada *Brahman, Atman, Paramatman.*

Mientras permanezcas en el círculo de la ilusión y te mantengas separado, pensando en quién eres tú y quién es *Brahman*, como dos cosas diferentes, mientras dure, tendrás dificultades y experimentarás situaciones desagradables.

**QUIEN ERES TÚ Y LO QUE ES BRAHMAN,
NO SON DOS COSAS DISTINTAS.**

Puedes tener miedo, sentirte confuso y tener distintos estados de ánimo. Puedes sentirte triste o deprimido. La depresión viene del desequilibrio que está en función del conocimiento relacionado con el cuerpo. Por eso, lo diré otra vez. Acepta lo que el Maestro dice:

**HAS DE ESTABLECER QUE NO ERES EL CUERPO.
ES UN HECHO EVIDENTE. NO ERAS EL CUERPO,
NO ERES EL CUERPO Y NO VAS
A SEGUIR SIENDO EL CUERPO.**

El cuerpo que tienes no es la verdad última. El Oyente que hay en ti, el Oyente Anónimo, el Oyente Invisible, carece por completo de forma. No hay forma. Estás escuchando con la ayuda del cuerpo, pero el Oyente es Silencioso e Invisible. Estoy llamando la atención del Oyente Silencioso, Anónimo e Invisible.

P: ¿Quién está escuchando?

Maharaj: El Oyente invisible que hay en ti ¡Concéntrate! Eso es tu verdad última, la Identidad Última. Pero todo el tiempo, debido a la presión del conocimiento relacionado con el cuerpo, nos vemos como alguien distinto.

Hasta que llegue el momento en que todo el conocimiento relacionado con el cuerpo se disuelva, hasta entonces, te sentirás inestable, experimentarás cambios y fluctuaciones. Es una verdad abierta, una verdad abierta, la Verdad Final.

LA ERRÓNEA ASOCIACIÓN CON EL CUERPO EVITA QUE ACEPTES ESTA VERDAD.

P: ¿Cómo deshacerse de estas asociaciones?

Maharaj: La Meditación es el único camino. Es como borrar una película y eliminar las miles de imágenes que hay en ella. La Meditación limpia la película de los pensamientos ilusorios: "He nacido, voy a morir". Todos los conceptos se han de ir: felicidad, infelicidad, soledad, esperanzas y miedos, el pasado, los recuerdos, todo se ha de disolver.

EL CONCEPTO MÁS IMPORTANTE ES "VOY A MORIR" TODOS TIENEN MIEDO A LA MUERTE. NADIE LA QUIERE

El cuerpo ha de pasar por la muerte. Pero profundiza y pregúntate, busca: "Si soy no-nacido, si nunca nací ¿quién va a morir? ¿Quién está muriendo?" El nacimiento y la muerte sólo están relacionados con el cuerpo. El cuerpo no es mi identidad. Es una Verdad Abierta. Un día, el cuerpo será enterrado o incinerado ¡Garantizado! ¡Inevitable! ¡Olvídate de la espiritualidad!

Eso es racional, pensamiento lógico. Si aceptas que el cuerpo no es tu identidad, siguiendo esa línea de pensamiento, tampoco hay muerte. Esta deducción es incuestionable ¿Por qué tener miedo a la muerte?

ERES NO-NACIDO, SIN NECESIDAD DE DECIRLO.

Esta Verdad Final ha de establecerse por sí sola en ti, lo cual sucederá mediante la meditación, mediante la conversación, la escucha y la lectura.

LENTA, SILENCIOSA Y PERMANENTEMENTE, TU IDENTIDAD OLVIDADA SE ESTÁ IMPRIMIENDO EN TI,

GRABANDO EN TI:
SOY LA VERDAD ÚLTIMA,
SOY LA VERDAD ÚLTIMA.
SIN TENER QUE DECIRLO.
ESTA CONVICCIÓN SURGIRÁ EN TI.

Si sigues las instrucciones, la práctica te llevará a la Convicción, la Convicción de que eres la Verdad Final. Como te he dicho, la práctica es esencial porque a menos que prepares el terreno y lo limpies todo al cien por cien, no serás capaz de conocerte a ti mismo.

La gente viene aquí y dice siempre lo mismo: "¿Por qué debo recitar el Mantra y hacer meditación?" Y siempre respondo lo mismo: "Porque has olvidado tu Identidad".

LA PRÁCTICA ES ESENCIAL
PORQUE HAS OLVIDADO TU IDENTIDAD.
ERES *BRAHMAN*, ERES *ATMAN*,
ERES *PARAMATMAN*,
ERES DIOS, ERES EL MAESTRO.

Tienes que hacer estas prácticas hasta que sean espontáneas.

P: ¿Qué beneficio obtendré yo si hago las prácticas?

Maharaj: ¿Yo? ¡Olvida el *Yo*! El apego se irá y lo que quiera que seas o hagas, estarás distanciado, apartado y despreocupado de las actividades del cuerpo. Seguirás, como antes, actuando como un cuerpo, haciendo tu trabajo, pero nada te afectará. Te sentirás indiferente, total y completamente despreocupado del mundo.

P: ¿Porque sabes quién eres?

Maharaj: Porque la Convicción está ahí. Sabrás que: "Cualquier cosa que vea, no es mi identidad, incluyendo al cuerpo. Cualquier cosa que vea, es el mundo". Ver no es mi identidad, *El que Ve* es la Identidad. Sin *El que Ve*, no puedes ver el mundo.

CUALQUIER COSA QUE VEA,
NO ES MI IDENTIDAD,
INCLUYENDO AL CUERPO.
CUALQUIER COSA QUE VEA, ES EL MUNDO.
VER NO ES MI IDENTIDAD,
***EL QUE VE* ES LA IDENTIDAD.**
SIN *EL QUE VE*,
NO PUEDES VER EL MUNDO.

P: ¿Cómo es *El que Ve*?

Maharaj: Anónimo, Invisible, no Identificado. Se le conoce por diferentes nombres que indican y señalan a la Realidad Última. *Brahman*, *Atman*, *Paramatman*, Dios, Maestro, son sólo nombres que le damos para identificarlo, igual que a ti cuando te dieron el nombre

John y ahora estás pegado a ese nombre. Si mil personas dicen "John", respondes como John. Del mismo modo, el Maestro te dice, te sigue diciendo y te martillea todo el tiempo con:

TÚ ERES *BRAHMAN*,
TÚ ERES *PARAMATMAN*,
TÚ ERES DIOS.

Pero no lo aceptas tan fácilmente. La meditación te ayudará a aceptar tu Realidad Última.

LA MEDITACIÓN ES LA CONSTANTE REPETICIÓN
DE TU REALIDAD,
HASTA QUE AL FINAL TE IMPREGNE.

Te estamos danto tratamiento psicológico, martilleando lo mismo todo el tiempo: "Tú eres *Brahman*. Tú eres *Atman*", hasta que lo abraces por completo.

P: Estaba pensando que el proceso, no es que haya realmente un proceso, es en parte psicológico, en el que usted está sustituyendo la vieja perspectiva con una nueva. Está haciéndolo mediante una especie de limpieza del cerebro. No quiero decir que sea un lavado de cerebro, pero utiliza la técnica de la repetición mediante el martilleo, martilleo, martilleo. Es un hecho admitido que si le dice algo a alguien con suficiente frecuencia, va a creerlo ¿Sabe lo que quiero decir?

Maharaj: ¿No te lavaban el cerebro tus padres cuando eras un niño, reforzando la identidad de que eras un *niño* o una *niña*; o cuando te dieron el nombre de *John* o *Susan*; o cuando te dieron un tren de juguete o una muñeca? Cuando te dijeron que eras cristiano y pertenecías a la religión cristiana ¿no era lavado de cerebro? Y siguió y siguió con muchos conceptos que fueron aceptados ciegamente ¡Todo ilusión!

P: ¡Eso es verdad! Así, mientras íbamos creciendo, había también las impresiones de la escuela, los compañeros y la televisión. Y lo mismo pasó con mi identidad en el ámbito laboral, y como *esposo* o como *padre*, etc. Veo cómo se desarrolló el proceso y, para ser honesto, Maharaj, me estoy beneficiando de su lavado de cerebro. No me refiero al sentido de ser adoctrinado y volverme como un zombi ¡No!

Desde que llegué aquí siento casi físicamente lo que podríamos llamar *lavar el cerebro*, una limpieza y despeje de muchas cosas, conceptos sin sentido. Es difícil de explicar. Hay menos equipaje, me siento vacío en el mejor sentido, así que lo que quiera que sea que esté haciendo, siga haciéndolo porque funciona.

Maharaj: Imagina que un paciente sufre una pérdida de memoria y va a ver a un psicólogo. Le cuenta que no puede recordar nada y por ello se siente perdido y ansioso. El psicólogo trata de recordarle la identidad olvidada. Le dice al paciente su nombre, el de los miembros de su familia, su trabajo, sus aficiones, etc. Martillea al paciente con los hechos.

El Maestro también trata a *pacientes* que sufren de ilusión y se consideran hombre o mujer. El paciente puede decir cosas como: "He hecho cosas buenas y malas. Estoy bajo una gran presión. Mi madre está muriendo y no puedo afrontarlo. Me siento culpable porque hice daño a alguien". Siempre están bajo la presión de sentimientos y situaciones incómodas. En este caso, el Maestro es el psicólogo y convence al paciente de que el suyo es un caso de identidad equivocada.

**"ERES NO-NACIDO,
TODOS LOS PROBLEMAS SON ILUSIÓN,
PORQUE NO ERES NADIE Y NADA HA SUCEDIDO".**

P: Una vez que uno tenga la Convicción ¿los conceptos simplemente se irán?

Maharaj: Con la Convicción, los conceptos se disolverán completamente. Depende de ti. Mientras te consideres una persona, *soy alguien*, no vas a conocerte en un sentido real. Este cuerpo es sólo una cubierta, como la ropa. No va a permanecer. Olvida la espiritualidad, es un hecho evidente.

P: No sé qué decir.

Maharaj: No podemos conservar el cuerpo para siempre. Un día, queriendo o sin querer, perderemos esta identidad corporal. Se le llama *muerte*. Pero tú no vas a morir. Cuando llegue el momento de dejar el cuerpo, en ese momento, no habrá ninguna sensación de *estoy muriendo*, porque sabrás, sabrás de verdad, que: "No tengo nada que ver con este cuerpo. Mi cuerpo es sólo un cubierto externo, como la ropa". Si nos quitamos la ropa ¿sentimos que estamos muriendo?

73. *La Verdad Perdida te ha encontrado*

Maharaj: En sueños, cuando haces cosas buenas o malas, no hay ningún ego apegándose a ellas. Nisargadatta Maharaj dijo: "Si matas mil vacas en un sueño ¿te despiertas diciendo que hiciste algo malo? ¡No!" No eres el autor porque es un sueño. Cómo actuaste y cómo te comportaste era sólo un sueño. Como era un sueño, no te preocupas. No eres un asesino. No hay ningún ego que diga: "He hecho algo".

**NO PUEDES HACER NADA.
NO HAY NI HACEDOR NI LO HECHO.
NO HAY LO VISTO NI *EL QUE VE*.
NO HAY EXPERIMENTADOR NI EXPERIENCIA.**

NO HAY TESTIGO NI TESTIMONIO.

Este conocimiento es excepcional. Utilizamos varias palabras para explicar, sin ellas no podemos transmitir nada. Le hemos dado significado a las palabras.

**ANTES DE SER, NO HABÍA PALABRAS EN ABSOLUTO.
ERAS TOTALMENTE INCONSCIENTE DE *TI*.
NO TE PREGUNTABAS "¿QUIÉN SOY?"
PARA DECIR *YO SOY*, TU PRESENCIA ES NECESARIA.**

¡Escucha atentamente! Este Conocimiento es muy profundo. Tu Presencia no conoce su propia Identidad. Tienes un poder tremendo ¿Por qué comportarse como un cobarde?

P: ¿Cuándo tienes ese poder?

Maharaj: Tú dices: "¡Oh, no sé qué hacer! ¡No sé qué va a suceder!" Tú eres el Maestro, tu propio Maestro. Por tanto, cuando lo sepas, cuando te conozcas en un sentido real, todos los miedos, dependencias y tentaciones se acabarán. La búsqueda habrá terminado.

**EN REALIDAD NO HAY BÚSQUEDA.
ERES TÚ QUE ESTÁS PERDIDO.
PERO AHORA LA VERDAD PERDIDA
TE HA ENCONTRADO.
¡LA VERDAD PERDIDA TE HA ENCONTRADO!**

P: Hemos perdido nuestra propia verdad ¿Estábamos tan ocupados en nuestra búsqueda que nos olvidamos del Buscador?

Maharaj: ¿Dónde está John? ¿Dónde está John? ¿Dónde? Estás aquí. Estuvo aquí desde el principio. Todo el tiempo que estuviste buscando la verdad, te estabas buscando a ti mismo. Ahora lo sabes mejor.

P: Realmente es una broma.

Maharaj: Algunos pacientes olvidan su identidad y hay que recordársela y convencerles igual que te estoy tratando de convencer a ti.

**DENTRO DE TI HAS DE TENER UNA GRAN FE,
HA DE HABER UNA FUERTE CONFIANZA EN TI EN QUE,
TODO LO QUE TE HE DICHO ES TU HISTORIA,
ES LA VERDAD QUE TÚ ERES.**

Acéptala y reconocerla: "¡Ajá, es mi historia! ¡Por fin sé quién soy!" Siempre estamos pensando en el cuerpo. OK, puedes usarlo, pero no es lo Último, no es la Verdad Final.

P: Maharaj, últimamente he experimentado miedo e incluso un leve pánico.

Maharaj: Nisargadatta Maharaj solía contar esta historia: Una vez había una gran casa y el dueño decidió tener un inquilino. Pasado un tiempo, quiso echar al inquilino, que empezó a insultarle. Se había acostumbrado a la casa y estaba muy cómodo en ella, así que no la iba a dejar por propia voluntad, sin luchar.

En esta casa [señalando al cuerpo], hay muchos inquilinos, muchos conceptos ¿Por qué tener miedo? ¿Quién está teniendo miedo? ¿Miedo de qué? Antes de ser no había miedo. El miedo y el pánico de los que hablas son buenos.

**EL MIEDO ES UNA BUENA SEÑAL.
SIGNIFICA QUE EL PROCESO
DE LIMPIEZA HA COMENZADO.
UNO A UNO, LOS INQUILINOS SE MARCHAN.
Y TE VAN MACHACANDO MIENTRAS SE VAN.**

P: ¡Expulsar a los ocupantes que están escondidos en los rincones!

Maharaj: ¿Tiene miedo el cielo? Temes a tu propia sombra, estás asustado de tu propia sombra ¿Por qué temer nuestra propia sombra? ¿Quién teme? ¿Qué es el miedo? Profundiza y busca. Conoce el miedo y al que teme.

**LO QUE ES INCÓMODO E INAGUANTABLE
PRODUCE MIEDO.
PERO NO HAY MIEDO,
PORQUE NO ERES EL CUERPO.**

No te preocupes, todo irá bien, incluso los miedos ilusorios. Nacimiento y muerte están en función del conocimiento relacionado con el cuerpo. Tu Identidad Última es no-nacida ¿Por qué temer a una sombra, a tu propio reflejo?

P: ¿Qué quiere decir con sombra?

Maharaj: El mundo es proyectado por tu Presencia. Lo que es proyectado se refleja como tu sombra. Tu conocimiento relacionado con el cuerpo, tu experiencia, todo es tu sombra reflejada, porque detrás de ella está tu Presencia. El mundo es tu sombra Espontánea ¿Por qué temer esa sombra? Has aceptado esa sombra como la realidad y por lo tanto hay miedo.

P: ¿Entonces es sólo a causa del cuerpo que surgen esas sensaciones, el miedo y la preocupación?

Maharaj: Este cuerpo es un cuerpo material y le van a pasar muchas cosas. Los pensamientos vienen, viejos y nuevos pensamientos. A veces hay infelicidad y depresión. Pero tú no tienes absolutamente nada que ver con lo que está pasando en tu interior porque estás separado del cuerpo.

Puedes ver, mirar, ser testigo de la lucha que se está produciendo y haciendo evidente. Es sólo el cuerpo, el cuerpo de las tres *gunas*. En él hay todo tipo de cosas, pensamientos desagradables, pensamientos depresivos, pensamientos sutiles, buenos y malos pensamientos.

PERO TÚ ERES TESTIGO DE LOS PENSAMIENTOS.

**COMO LAS NUBES QUE VIENEN Y VAN.
EL SOL ESTÁ AHÍ TODO EL TIEMPO.**

En la espiritualidad dicen que está el sol y las nubes que vienen y van. A veces tienes dudas, a veces miedo ¿Por qué tener miedo?

**¿CUÁL ES LA CAUSA DEL MIEDO?
¿CUÁL ES LA RAÍZ DEL MIEDO?
EL GRAN MIEDO A LA MUERTE.
EL GRAN MIEDO A LA MUERTE.
¿QUIÉN MUERE?**

¿Por qué tener miedo? No hemos hechos nada malo. Si tu miedo es grande ¿podrá preservar tu cuerpo? No puedes preservar el cuerpo. No importa cuántos doctores tengas.

**ACEPTA ESTA REALIDAD PORQUE
EL CUERPO NO ES TU IDENTIDAD.
HEMOS CONSOLIDADO LA VERDAD ÚLTIMA.
TÚ ERES LA VERDAD ÚLTIMA.**

P: Así que cuando aparecen las emociones y pensamientos negativos, no debemos prestarles demasiada atención, sólo dejarles que pasen como las nubes. Porque si les prestas atención, se volverán más y más grandes, pero si les dejas pasar y sigues practicando el Mantra con determinación, no serás arrastrado por ellos.

Maharaj: ¡Correcto! Le prestas demasiada atención al conocimiento relacionado con el cuerpo. Hay muchas capas de pensamientos ilusorios. Cuando se hayan disuelto, verás la diferencia. No dejes que el miedo o cualquier sentimiento que surja te separen y te distraigan de la práctica del Mantra.

Eres como un escultor que da martillazos una piedra. Después de darlos, aparece una gran estatua. La estatua ya estaba ahí, lo que hacía falta era quitar las partes no deseadas, algunos trozos grandes. El Maestro te ayuda a eliminar esas partes no deseadas de modo que la Deidad pueda revelarse en toda su Pureza.

74. *Tú eres la Verdad*

P: ¿Quiero conocer la verdad?
Maharaj: Tú eres la Verdad.
P: Lo sé, pero...
Maharaj: El Conocedor es la Verdad. El que quiere saber, el que está esperando la Verdad. Eso es la Verdad. Debido a que desde la infancia hemos estado bajo las impresiones e influencias del cuerpo, nos parece

difícil absorber el Conocimiento. Hemos acumulado conocimiento mediante la escucha y la lectura pero no hemos absorbido el Conocimiento.

Sabes que eres *Brahman*, *Atman*, pero para absorberlo, necesitas meditación sistemática, utilizando el *Naam Mantra*. Luego, todas las ilusiones que nos envuelven, se disolverán.

¿Qué valor tiene el cuerpo? ¡Olvídate de la espiritualidad! Mientras la Presencia está ahí, todos se inclinan y dicen: "¡Oh, eres grande, eres grande!" Pero en el momento en que la Presencia o Espíritu desaparecen, la gente dice: "¡Llévatelo, llévatelo!". Es un hecho evidente.

NO HAY NACIMIENTO NI MUERTE
PARA TU PRESENCIA ESPONTÁNEA,
LLAMADA *BRAHMAN*, *ATMAN*, *PARAMATMAN*, DIOS.
ESTOY LLAMANDO LA ATENCIÓN
DEL OYENTE INVISIBLE DENTRO DE TI.

Eres la Verdad final, eres la Verdad Final, eres el Maestro. Pero la influencia del cuerpo ha de disolverse. Nada es imposible. Si *El que Ve* no está ahí ¿quién puede hablar de lo visto? Si *El que Ve* está ausente ¿Quién puede hablar del mundo?

Estamos mendigando todo el tiempo: "¡Oh, Dios, bendíceme! Maestro, bendíceme y haz algo por mí". Cuando llegues a conocer la esencia divina, no irás a mendigar bendiciones de nadie.

TE BENDECIRÁS A TI MISMO.
¡BENDÍCETE!
TE INCLINARÁS ANTE TI MISMO.
¡INCLÍNATE ANTE TI!

El Maestro te ha dado un nuevo par de gafas y tienes que llevarlas, porque eres la Verdad Final.

P: ¿Cómo disolver la mente?

Maharaj: Ya te he dicho que no hay mente. La mente está hecha sólo de conceptos ilusorios, a los que les hemos dado demasiada importancia y seguido sus instrucciones, que nos decían: "Haz esto, haz eso, esto, eso".

LO QUE SUCEDE ES QUE LOS PENSAMIENTOS
VIENEN A LA MENTE,
Y SON DESVIADOS AL INTELECTO.
EL INTELECTO LOS EVALÚA Y TOMA UNA DECISIÓN,
FINALMENTE
EL EGO PONE LOS PENSAMIENTOS EN PRÁCTICA.

Has estado obedeciendo ciegamente a este gobierno interno, siguiendo ciegamente sus instrucciones ¡Ya no más!

TÚ ERES EL MAESTRO,

TÚ ERES EL JEFE.
AHORA TÚ HAS DE PONER LOS TÉRMINOS.

P: Muchos de los pensamientos que tenemos cada día pueden ser evitados, el noventa y cinco por ciento de ellos, pero hay ciertas tendencias, que surgen de un modo cíclico, y cuando se producen, lo hacen tan rápido que la respuesta habitual se produce inmediatamente.

En ese momento, no podemos identificarnos con la Presencia y nos perdemos. Antes de comprenderlo, han pasado ya varios días. Los efectos se reducen gradualmente y pensamos: "¡Oh Dios! ¿Qué hemos estado haciendo? Reconozco que hemos estado perdidos durante unos cuantos días".

Maharaj: Por eso es necesario estar alerta todo el tiempo. El Conocimiento, la meditación y cantar [*bhajans*] son ayudas que nos sirven para estar atentos ante la ilusión. Son tus herramientas, tu equipo de trabajo.

CUANDO ESTÁS DÉBIL,
CUANDO NO ERES CONSCIENTE,
EL ENEMIGO CONSIGUE ACCEDER,
Y ENTRA POR LA PUERTA DE ATRÁS.

Si estás alerta, nadie se atreverá a entrar. Te lo he dicho, la meditación es el software antivirus. Has de instalarlo. De ese modo estarás siempre en contacto con tu Ser sin ser. Es una potente mezcla que te mantendrá fuerte hasta que haya Convicción Absoluta.

Si estás débil, la mente te atacará, el enemigo te atacará. Si estás fuerte y tienes, por así decir, la apariencia de un culturista, mostrando la fuerza de tus sólidos músculos, nadie se atreverá a luchar contigo.

Has de crecer fuerte espiritualmente. La fuerza está dentro de ti. Lo que falta es la fuerza de voluntad, confianza y valor. La Meditación regenerará tu poder.

¡Enséñate a ti mismo! Tienes la base. El Maestro te ha dado el poder, pero ahora depende de ti usarlo. Absorbe este Conocimiento ¡Eres la Verdad!

75. *¿El corazón de quién?*

P: ¿Hay algo más que necesite saber?
Maharaj: ¿Por qué? Después de llegar al destino ¿por qué necesitas más indicaciones? ¡No es necesario!
P: Tengo una pregunta sobre el corazón. La gente dice que los Maestros espirituales tienen un corazón abierto, y está también

Ramana Maharshi, que dice que la mente se disuelve en el corazón.

Maharaj: ¿El corazón de quién? No hay corazón en absoluto. Algunas partes sutiles del cuerpo necesitan alguna Presencia.

P: ¿Qué pasa con el corazón cósmico, con el corazón universal?

Maharaj: Le estás poniendo nombre a todo eso ¿Cuándo te encontraste con el universo? Todas esas palabras están ahí: corazón, universo, cosmos. Tenemos una Invisible Existencia Anónima, pero nos estamos midiendo en la forma corporal y, por lo tanto, tratando de limitar las cosas, usamos palabras como *corazón*.

P: Una pareja de visitantes dijo hace poco que el Maestro tiene un corazón abierto.

Maharaj: Al principio, se usa el corazón abierto porque están bajo la presión de la ignorancia. Tras llegar a la Verdad Última, tras tener la Verdad Última, tras la Convicción, no hay palabras de esas ¿Quién creó esas palabras?

P: ¿Y amor?

Maharaj: ¿Quién ama a quién? ¿Quién ama a quién? Amor, apego, lealtad fe, confianza, son palabras literales basadas en el cuerpo. La actividad es Espontánea. Te amas a ti más que a otros. Amor por uno mismo, amor, apego, atracción, todas ellas tienen su base en el cuerpo. Antes del cuerpo, antes de ser ¿sabías algo del amor, apego, confianza o fe? ¡No, nada!

Cuando el cuerpo desaparece ¿sobre qué iba todo ese amor? ¿Dónde se fue el amor? ¿Quién amaba a quién? ¿Quién es el que ama? ¿Quién ama? No hay objetos. Este objeto que amo... este alguien... este algo... amo esto, amo eso, soy alguien; todo eso es dualidad.

P: ¿Dios es amor?

Maharaj: Ese es un juego de niños. Ya no eres un niño.

P: ¿Dios te ama?

Maharaj: Nisargadatta Maharaj solía decir: "Sin tu Presencia, Dios no puede existir". Desde que llegaste a la existencia mundana, estás teniendo la ilusión de que eres alguien en el mundo. En ese momento empezaron todos esos términos, *amor y afecto*. Antes de escuchar este Conocimiento, considerabas que: "Estoy en el mundo, en el amor, el universo".

AHORA, CON ESTE CONOCIMIENTO, VES QUE ES EL UNIVERSO EL QUE ESTÁ EN TI.

Así es como llegó.

Te conté el ejemplo del mundo soñado. Estás durmiendo y el universo está ahí ¿Cómo llegó el universo a ese sueño? Ves el mar, el océano, el sol, la luna, el cielo, mucha gente, el bosque, el mundo entero proyectado ¿Cómo es posible? ¡Con un clic del *Yo*! Con un clic de la Presencia que hace brotar el mundo.

Lo mismo sucede aquí. Esta *vida* es un largo sueño: "El día que me senté junto al mar, mis vacaciones, mi esposa, mis familiares, mi hijo, mis amigos" ¡Es un largo sueño! ¡No hay relaciones!

P: Como en el *bhajan Chidananda*, "No soy…

Maharaj: En *Chidananda* hay algunas palabras que identifican la ilusión ¡Recuerda! No te enganches a ninguna palabra. "No soy" es también una ilusión. Para decir "No soy", ha de haber antes alguna Presencia ¿Dónde estaba *Chidananda* antes de tu Presencia? ¿Dónde estaban *Chidananda*, la felicidad y la infelicidad? Nisargadatta Maharaj solía decir que:

"LO REAL ES DESCONOCIDO PARA TI.
DE MODO QUE VIVE ASÍ
Y NO SERÁ UN PROBLEMA PARA TI".

Cuando antes de ser no te identificabas con ninguna forma, cuando antes de ser no te identificabas con ninguna forma, no tenía problema ¡Intenta vivir así! Sin apego, sin amor, sin universo, sin Dios, sin *prarabdha*, sin nada.

CUANDO TODO TERMINA,
AHÍ ESTÁS TÚ.
CUANDO TODO TERMINA,
AHÍ ESTÁS TÚ.

P: ¿Tenemos que vivir tal como éramos antes de ser?

Maharaj: Esas son sólo palabras. Es tu historia. Éstas son las indicaciones:

ESTOY LLAMANDO LA ATENCIÓN SOBRE
CÓMO ERAS ANTES DE SER.
ESAS SON SÓLO PALABRAS.
ES TU HISTORIA.
ANTES DE SER ERAS DESCONOCIDO.
POR LO TANTO *DESCONOCIDO*,
NO PUEDE SER EXPERIMENTADO.
NI CONOCIMIENTO NI CONOCEDOR.

P: ¡No!

Maharaj: Mente, ego, intelecto, conocedor, conocimiento, devoto, Maestro, Dios. Nos encontramos con las palabras cuando nos encontramos con el cuerpo. El cuerpo no es tu identidad, ni la mente, ego, intelecto, Maestro o Dios. Es una verdad evidente. Lee si quieres, pero no te ahogues en el océano de la lectura.

Convéncete y convence a otros. Decimos *otros* sólo para comunicarnos. No hay otros. No se conocen a sí mismos y por eso siguen pensando que son *otro*.

P: ¿Son otros porque no se conocen a sí mismos?

Maharaj: Son la causa y la consecuencia de cada mundo.

TÚ ERES LA CAUSA Y LA CONSECUENCIA
DE TODO TU MUNDO.
No puedes darte cuenta del mundo sin tu Presencia.
QUÉDATE TRANQUILO Y EN SILENCIO.
HAY UN EXCEPCIONAL SILENCIO AHÍ.
SIN LUCHA,
SIN TENTACIÓN,
SIN ENTUSIASMO.

P: ¿No va detrás de las cosas, de las ideas?
Maharaj: Calma. Parada completa ¡No más correr! ¡Fin! El correr se ha terminado.

Recuerda lo que te dije: "Cuando todo termina, ahí estás tú". Cuando todo termina, ahí estás tú:
SIN FIGURA, SIN CUERPO,
SIN FORMA.

P: Maharaj, tengo una *pregunta del cuerpo* más. Usted dijo que el Espíritu encuentra intolerable la existencia ¿Fue el Espíritu el que proyectó al buscador, al que realiza la búsqueda?

Maharaj: Esto es sólo para entendernos. El Espíritu no es diferente. Desde que tenemos el cuerpo, le pasan cosas desagradables. Se pone enfermo. Si no eres consciente de tu Identidad, es intolerable. Tras conocer la Realidad, el *Yo* se vuelve tolerable porque tú permaneces despreocupado.

LAS COSAS INSOPORTABLES
SE VUELVEN SOPORTABLES
CUANDO SE ESTABLECE LA VERDAD.

Tienes que vivir con el cuerpo como si fuera el hijo del vecino. A veces tratas de ser comprensivo, pero sabes que no tienes nada que ver con el hijo del vecino.

P: ¿El cuerpo ha de ser visto de un modo desapegado, como el hijo de un vecino? Esto es útil, crea distancia.

Maharaj: La Convicción está ahí. Sabes que es el hijo de mi vecino y que no tienes nada que ver con ello. Si sabes que es el hijo del vecino, no tienes que soportar el dolor.

¡Ten cuidado! ¡No seas un ratón de biblioteca! Recuerda que cuando leas libros espirituales, el contenido que está conectado con la Verdad Última, es sobre ti. Es tu historia: ¡Eso eres tú! Esa es la Convicción.

ESTA ES LA MEDITACIÓN:
ESPONTÁNEA, EN CONTÍNUA ALERTA DE
SER LA VERDAD ÚLTIMA,
LA IDENTIDAD ÚLTIMA.

76. Tratando de atrapar al "Yo"

P: He estado haciendo preguntas desde la infancia. Era budista zen y luego descubrí a Nisargadatta Maharaj y Ramana Maharshi. Durante años he estado tratando de concentrarme en el *Yo*, tratando de atrapar al *Yo*. Mientras trabajaba, comía, me reunía con otros, mientras escuchaba, siempre trataba de concentrarme en el *Yo*.

Hace poco tenía una intensa sensación de sufrimiento y más apego que antes. He tratado de apartarlo pero es muy difícil. He perdido un poco la esperanza a causa del sufrimiento y del ego, de este fuerte apego. Tengo muchas ganas de ser un devoto puro.

Maharaj: Necesitas meditación científica. Estás tomando muchas medicinas y pastillas diferentes. Tu conocimiento viene de leer libros y escuchar a Maestros.

**TANTA CONFUSIÓN ESTÁ SUCEDIENDO
POR FALTA DE BASE,
UNA FALTA DE BASE ESPIRITUAL.**

En nuestro linaje enseñamos cómo concentrarse en el Concentrador. Si practicas la meditación científica, tu confusión desaparecerá. Lo que ha sucedido se debe a la influencia del cuerpo, la influencia de leer varios libros, visitar a varios Maestros, que ha causado gran confusión. Cada Maestro tiene algo que decir y lo dice de forma diferente.

**LA MEDITACIÓN CIENTÍFICA SIGNIFICA QUE
NO HA DE HABER
UNA MENTE DISPERSA, UNA MENTE DIVIDIDA,
UNA FE DIVIDIDA.
SÓLO DEBE HABER UNA DIANA.
UN MAESTRO, NO DOS MAESTROS
O COMPARAR MAESTROS.**

Cambiar de Maestros no te traerá felicidad. Debes tener una fe fuerte en tu Maestro. Una fe fuerte en que tu Maestro Interior regenerará tu poder. Tu Maestro Interior te fortalecerá y enseñará espontáneamente. Pero no has de tener una mente vacilante. Medita con total fe y confianza ¿Qué es la meditación?

**MEDITACIÓN SIGNIFICA OLVIDAR TU IDENTIDAD.
RECITAR EL *NAAM MANTRA* CON POCO ENTUSIASMO
Y CON RESERVAS, NO ES MEDITACIÓN.
LO MÁS IMPORTANTE ES
LA CALIDAD DE LA MEDITACIÓN:
PLENA CONCENTRACIÓN, TOTAL IMPLICACIÓN.**

P: He sido devoto de Ramana Maharshi durante mucho tiempo. Cada año voy a Arunachala a hacer un retiro ¿Esto confunde? ¿He de decidirme por un Maestro?
Maharaj: Mira todos estos Gurús. Los cuerpos físicos son diferentes. Les identificas por la forma corporal. El Espíritu es uno. Ramana Maharshi, Nisargadatta Maharaj, Siddharameshwar Maharaj, hay muchos santos, pero el Espíritu es uno.

**HAS DE PONER MUCHA ATENCIÓN
SÓLO A ESE ESPÍRITU
Y NO A LA FORMA CORPORAL DE LOS SANTOS.**

Has estado haciendo varias prácticas y eso está bien, pero al mismo tiempo, esas prácticas te hinchan el ego y, a causa del ego, no tienes la felicidad que estás buscando. Te sientes apenado, deprimido y tienes también un poco de miedo.

Pero en el momento en que eres uno con la Verdad Última, no habrá ninguno de esos sentimientos.

**ERES NO-NACIDO.
NO TE CONSIDERES COMO LA FORMA CORPORAL.
ESA NO ES TU IDENTIDAD,
ES NUESTRA CUBIERTA EXTERNA.**

P: Es duro ser devoto. Es tan difícil ser un puro y buen devoto.
Maharaj: No hay dificultad. Has de tener fe total en tu Maestro, tanto si está vivo como si no. Leer libros y cambiar de Maestros no ayudará.

**HAS DE IR A UN MAESTRO REALIZADO.
NO A ALGÚN VIEJO MAESTRO
QUE LO SEA CON PROPÓSITOS COMERCIALES.**

Cuando aceptas a alguien como tu Maestro, se supone que has de ser completamente leal a él. Por lo tanto, en cualquier circunstancia de la vida, debes permanecer leal a tu Maestro. El Maestro está ahí para cuidarte. A veces hay pruebas.
P: ¡Demasiadas pruebas!
Maharaj: No debe haber mente dual o una fe débil en el Maestro, en ninguna circunstancia. Esta es la cualidad de la espiritualidad. La confusión y el miedo están contigo porque estás escuchando a diferentes Maestros, hablando del destino, del *karma* y *prarabdha*, etc. No hay destino ni *prarabdha*.

**TODOS ESOS PENSAMIENTOS SON
SÓLO APLICABLES AL CUERPO,
NO A TI.
¿POR QUÉ ACEPTAR LOS PENSAMIENTOS
ILUSORIOS DE OTRO
Y QUE AUMENTE TU PRESIÓN ARTERIAL?**

Tu búsqueda ha llegado al final porque no hay búsqueda.

Donde todo termina, ahí estás tú.
**CONCÉNTRATE EN EL BUSCADOR,
NO EN LA BÚSQUEDA.**
En el momento en que estás disperso, tu fuerza está dividida. Tu mente está dispersa como los rayos del sol ¡Sé el sol! El poder está dentro de ti pero tú estás disperso aquí y allí. Usando un solo dedo, no puedes hacer mucho, pero con cinco, puedes apretar el puño y pegar un puñetazo. El poder está dividido entre los diez dedos. Si todos los dedos se juntan, nadie se atreverá a atacarte.

La discusión árida sobre el conocimiento, no será de ayuda. Se necesita un conocimiento práctico. La teoría y la práctica siempre difieren. Teóricamente sabes cómo nadar, pero a menos que saltes al agua, no estarás nadando en el océano del conocimiento espiritual.

77. *Moneda falsa*

P: Una de las dificultades que veo es con nuestro *karma* pasado y nuestras tendencias, *prarabdha*. Claro que es identificación con el cuerpo, pero tenemos una tendencia a vivir la vida externa de una forma particular, lo cual puede causar problemas ¿Cómo puedo superar eso?

Maharaj: No hagas ningún esfuerzo deliberado. No hay *prarabdha* ¿El *prarabdha* de quién? Tu existencia es Existencia Espontánea.
**¿ANTES DE SER DECIDISTE EN QUÉ CUERPO
IBAS A NACER?
TODO LO QUE DICES ESTÁ CONECTADO
CON EL CUERPO SOLAMENTE.**
¿Qué sucederá tras dejar el cuerpo?
***PRARABDHA*, *KARMA*, INFIERNO, CIELO,
TODOS ESOS CONCEPTOS VINIERON CON EL CUERPO,
Y SE DISOLVERÁN CON ÉL.**
Todo lo que estamos diciendo sobre en el medio, entre *antes de* y *después de*, es ilusión. Estamos hablando del niño no-nacido.
**SI TU CUERPO NO ES TU IDENTIDAD
¿A LOS DESEOS DE QUIÉN TE REFIERES?**
El santo Kabir dijo: "Todo se va con el cuerpo". Por lo tanto, todo esto de lo que estamos hablando es para el *intermedio* niño no-nacido.
**DURANTE ESTE ESTADO ILUSORIO *INTERMEDIO*,
ESTAMOS JUGANDO.
DESDE EL ASÍ LLAMADO NACIMIENTO,**

HASTA LA ASÍ LLAMADA MUERTE,
porque nos estamos considerando como la forma corporal.
ASÍ QUE LO QUE HAS LEÍDO Y ESCUCHADO
¡OLVÍDALO! ¡ES MONEDA FALSA!

P: Maharaj, la Verdad es sólo vacío, como el cielo.

Maharaj: ¡Ah! Eso está bien, es muy bueno porque donde todo termina, ahí estás tú ¡Sin cualidad alguna!

P: Tengo una sensación de vacío, nada.

Maharaj: Es una especie de experiencia magnética. El Oyente Invisible en ti se vuelve uno con la Verdad Última y todo desaparece. Cuando sientes el vacío, tu identificación con el cuerpo desaparece. Es una buena señal. Tenemos que mantenerla con la Meditación.

P: ¿Tenemos que engancharnos a este vacío?

Maharaj: ¡No te enganches! Es Espontáneo. No hagas un esfuerzo deliberado para nada. Una vez, mi Maestro me dijo: "Si bebes un trago de veneno, no has de buscar su resultado. Se producirá automáticamente". Del mismo modo, cuando tomas el *Naam Mantra*, todo sucede espontáneamente. No has de tratar de averiguar qué va a suceder, ni siquiera tratar de hacer que algo suceda.

Al principio, has de recitar el *Naam Mantra*, el Mantra del Gurú, porque como te he dicho, es el software antivirus. Hay un montón de virus: conceptos, *prarabdha*, codicia, deseo, ilusión.

Hemos sido plantados en un único ambiente, pero hemos crecido en diferentes ambientes que han tenido influencia en nuestro cuerpo espiritual.

NO ERES EL CUERPO.
ESTAMOS MARTILLEANDO ESTO TODO EL TIEMPO.
EL *NAAM MANTRA* TE MARTILLEA
EN EL MISMO SENTIDO.

¿Más preguntas?

P: Estoy muy ocupado siguiendo sus enseñanzas.

Maharaj: ¡Muy bien! El Oyente Invisible está escuchando mi conversación. Está produciéndose una grabación espontánea. Sé valiente, ten valor.

OLVÍDATE DE TODO EL CONOCIMIENTO.
ESO ES CONOCIMIENTO.

No tener conocimiento es conocimiento.

P: Muchas veces rezo para tener ánimo y valentía ¿Puede usted darme valor?

Maharaj: El valor está ya en ti. Los cuerpos son diferentes, pero el espíritu es uno. Los vestidos son diferentes, pero el espíritu es uno. Es como si comparases el cielo de India con el cielo de China o el de América. El cielo es el cielo ¡Deja de considerarte en la forma corporal! Son palabras, palabras muy hermosas, valor, paz, valentía muy buenas.

¿PERO CUÁNDO EMPEZASTE A NECESITAR
VALOR Y PAZ?
SÓLO CUANDO TU PRESENCIA VINO A
LA EXISTENCIA
EN LA FORMA CORPORAL.

78. El árbol del néctar ha sido plantado en ti

Maharaj: Sólo recuerda lo que te he dicho, sólo recuérdalo. Olvida el pasado. Olvida el pasado. Sólo recuerda lo que hemos estado discutiendo estos días. Es tu historia. Nisargadatta Maharaj dijo: "No te estoy haciendo discípulo, te estoy haciendo Maestro", porque la Esencia Magistral ya está en ti. Estamos hablando de lo mismo una y otra vez ¡Lo mismo una y otra vez! Estamos discutiendo un principio.

EL *GITA* DESCRIBE MUCHOS CAMINOS DIFERENTES,
PERO TÚ HAS ALCANZADO YA TU DESTINO.
YA HAS CRUZADO LA LÍNEA DE META.

Conocerse a sí mismo en un sentido real es Autoconocimiento. Quédate tranquilo y en silencio. Deja todas tus preocupaciones en el ashram. Deja todas tus preocupaciones, tentaciones y dificultades en el ashram y vete. Vete rápido.

P: ¡Eso me suena bien!

Maharaj: Hay una última cosa. Te pedimos algo.

P: ¡Oh!

Maharaj: ¡Deja tu ego! ¡Deja tu intelecto! ¡Deja tu mente! Y luego te puedes marchar. La gente está preparada para pagar por las enseñanzas y las instrucciones espirituales, pero no para dejar sus egos, intelectos y mentes [El Maestro ríe].

No estoy presentando nada nuevo. Es un secreto abierto. Puedes fácilmente echar un vistazo dentro de ti, pero estás bajo la presión de varios pensamientos, pensamientos ilusorios. Vives bajo la presión de pensamientos ilusorios. Tu modo de vida está completamente controlado por las impresiones de todos esos pensamientos ilusorios, pero ahora que lo sabes, puedes cambiar tu modo de vida.

P: Voy a hacerlo.

Maharaj: Empieza por olvidar todo lo que has aprendido. Todo lo que has escuchado ¡olvídalo! Se ha ido. Olvida el pasado. Es la mente poniendo límites a las cosas: hace veinte años, este recuerdo; unos cincuenta años atrás, ese recuerdo. Algo sucedió hace veinte años y todavía hoy lo recuerdas, incluso vuelves a experimentar todo el dolor.

¡OLVIDA EL PASADO!
NO HAY PASADO, NI FUTURO, NI PRESENTE.

P: ¿Ni presente? Puedo aceptar que no hay pasado ni futuro ¿pero presente? ¿Qué pasa con el *AHORA*, el momento presente? ¡Ha de haber un presente!

Maharaj: ¿El presente de quién?

YA QUE NO ERES EL CUERPO
¿DE QUIÉN ES EL PASADO?
¿DE QUIÉN ES EL PRESENTE?
¿DE QUIÉN ES EL FUTURO?

Sin presente, sin pasado, sin futuro ¿Tiene el cielo presente, pasado o futuro? Nisargadatta Maharaj solía decir: "Si quieres compararte con algo, compárate con el cielo". Tu Identidad no Identificada es como el cielo. No hay sensación. Acepta esta Verdad, Tú Verdad.

¿QUÉ ESTAMOS HACIENDO AQUÍ?
NO ESTAMOS HACIENDO NADA.
ESTAMOS APARTANDO LAS CENIZAS
PARA QUE EL FUEGO PUEDA ENCENDERSE.

El fuego está ahí, pero cubierto por un montón de ilusión, montañas de ilusión. Mantén la llama ardiendo, el fuego espiritual. Mantén el Mantra en marcha, si no, estarás cubierto por las cenizas de la ilusión. El proceso de limpieza ha comenzado. La Meditación lo limpia todo. La Meditación lo limpia todo. Es el proceso de limpieza.

P: Perseveraré con la Meditación, Maharaj. Podré hacer una buena limpieza.

Maharaj: Has de tener un poco de valor para ello, pero nada es imposible. Presente, pasado y futuro están sólo en función del conocimiento relacionado con el cuerpo. La ciencia espiritual dice que tú no eres el cuerpo, no eras el cuerpo y no seguirás siendo el cuerpo. Es un hecho evidente.

PARA QUE TENGAS UN PRESENTE,
UN PASADO O UN FUTURO,
ALGO HA DE ESTAR AHÍ EN PRIMER LUGAR.
NO HAY NADA AHÍ.
ERES SIN FORMA.
NO HAY NADA.
ABRAZA TU PODER.

¿Por qué no abrazar tu poder? Sé natural, sé sencillo, sé humilde. Tú tienes la Llave, ahora tienes que usarla. Has de tener una fe completa en el Maestro y en ti.

Sé como los ejemplos de los santos y sus seguidores que te conté. Tenían una fe muy fuerte en su Maestro. No tenían formación ni cualificación ¿Cómo aparecieron las palabras espirituales y salieron de sus bocas? ¿Quién hablaba por ellas?

Vi a muchos occidentales llegar a Nisargadatta Maharaj. Hacían unas preguntas muy complicadas. Maharaj daba respuestas simples.

ESTO TE PUEDE PASAR A TI.
LO MISMO TE PUEDE PASAR A TI, A CUALQUIERA.
LOS CUERPOS SON DIFERENTES,
LOS CAMINOS SON DIFERENTES
EL ESPÍRITU ES EL MISMO. ES UNA VERDAD ABIERTA.

¿Te he convencido?

P: ¡Sí, Maharaj!

Maharaj:
AHORA TE TIENES QUE CONVENCER A TI MISMO.

Los pensamientos fluyen, es la naturaleza del cuerpo, pero no luches con ellos. Acepta los pensamientos que sean útiles ¿De acuerdo? [Da una palmada]

P: Estoy deseando que el Mantra se vuelva automático gradualmente.

Maharaj: El cien por cien del asunto es cuán grande es tu implicación ¡Depende de ti!

P: Cuanto más pongas, más sacas ¿Has de hacer esfuerzo al principio, especialmente al principio?

Maharaj: Tienes que hacer algún esfuerzo deliberado al principio. Luego se producirá espontáneamente. Todas tus acciones y reacciones serán Espontáneas. Estarás despreocupado del mundo.

PERMANECE DESPREOCUPADO DEL MUNDO.

P: Este es un buen momento para permanecer despreocupado del mundo, ya que no tengo nada más que hacer que repetir el Mantra.

Maharaj: Recitarlo es lo más importante. Recitarlo y sentarse a meditar.

P: Mucha gente no tiene el conocimiento de base. Tú estás bien instruido, de modo que tienes una buena base, una muy buena base.

Maharaj: Viene gente nueva, con diferente bagaje, de diferentes niveles. Tienen diferentes niveles de comprensión. Si no tienen mucha formación o no tienen un buen conocimiento de base, utilizo algunas historias para transmitir las enseñanzas. En ellas hay algo para cada uno.

Cada uno tiene su propio nivel de comprensión y son instruidos de acuerdo a su nivel. Es una técnica de los Maestros. Cuando Siddharameshwar Maharaj daba conversaciones, tenía que decidir cómo enseñar, dependiendo de quién estaba presente. Cuando llegaba alguien nuevo, inmediatamente cambiaba el tono de lo que decía. Los viejos devotos conocen la Realidad, pero cuando viene gente nueva, necesitan que se les hable de forma sencilla.

Siddharameshwar Maharaj solía decir: "Por ti tengo ego, he de bajar, de modo que yo soy Maestro y tú discípulo. No hay diferencia entre tú y yo. No hay diferencia entre tú y yo pero cuando te enseño, cuando hablo contigo, cuando conversamos, yo tengo el ego del Maestro y tú el del discípulo".

Así que no te preocupes, tienes una buena base. Deja aquí todas tu preocupaciones, todas tus dificultades, deja todo en el ashram ¡Tienes mucho equipaje!

P: ¡Literal y metafóricamente!

Maharaj: Deja todo tu equipaje y solo vete.

¡SÓLO QUÉDATE CONTIGO!
QUÉDATE SOLO CONTIGO.

P: ¿Quiere usted decir que es bueno no buscar resultados, es decir, hacer el Mantra sin expectativas?

Maharaj: Eso es correcto. No hagas Meditación con la esperanza de que tal vez tengas una experiencia, una señal, de que algo fuera de lo normal va a suceder.

P: ¿Como luces brillantes o algo así?

Maharaj: Será espontáneo. Vendrá a ti. Después de un tiempo, puede que sientas que tienes algún poder. Las expectativas sutiles están obligadas a estar ahí, sucede, pero has de dedicarle tiempo a la Meditación. Devoción sin expectativas. Sólo entonces encontrarás en tu interior a tu deidad.

LA DEVOCIÓN SIN EXPECTATIVAS LLEVA
A CONOCER LA DEIDAD QUE HAY EN TI.

Con distintas palabras estoy martilleando, estoy poniendo la Verdad Última en ti, estoy implantando la Verdad Última en ti.

AHORA TIENES QUE HACERLA CRECER
CON ABONO Y AGUA.
EL ÁRBOL DEL NÉCTAR HA SIDO PLANTADO EN TI.
¿CÓMO LO VAS A CUIDAR?
CON AGUA Y ABONO.
EL ABONO ES EL PODER DE LOS *BHAJANS*
Y LA MEDITACIÓN.

Después de escuchar todo esto, lee otra vez *Yo Soy Eso* ¡Será mucho más claro! Nisargadatta Maharaj era una personalidad muy poco frecuente. Las afirmaciones que hacía tenían mucha fuerza. Hablaba con una fuerza excepcional. Así que soy muy, muy afortunado. Es sólo gracias a él que estoy diciendo esto. Soy muy, muy afortunado por haber tenido una vinculación tan larga con mi Maestro.

P: Y ahora nosotros nos beneficiamos de esa asociación.
Maharaj: Estoy compartiendo el mismo conocimiento contigo. El lenguaje puede ser diferente, el acercamiento puede ser diferente, el principio es uno.

VEO MI FELICIDAD EN TI.
VEO MI FELICIDAD EN TU INTERIOR.
SI TÚ ERES FELIZ,
YO SOY FELIZ.

En algún punto ha de haber una parada total. No seas un viajero espiritual. He visto a mucha gente venir aquí, discutir las enseñanzas y luego decir: "OK, OK, ahora me tengo que ir a ver a otro". Así todo lo dicho ha sido en vano. Me siento triste por ello.
P: No lo sabe, puede que en unos años, por el camino, algo haga clic ¡Sí! Como usted está plantando semillas, lleva un tiempo.
Maharaj: Sí, has de tener paciencia.
P: Si son jóvenes, pasarán todo tipo de cosas, se casarán, etc.
Maharaj: Sé feliz y haz feliz a otros. Sigue realizado y ayuda a otros a salir de la ilusión.
P: Me doy cuenta de que usted no utiliza la palabra *alcanza* la realización, sino *sigue* realizado ¿Me equivoco si creo que *alcanzar* es como obtener una mercancía?
Maharaj: Otra vez, son palabras. Tú ya estás Realizado, pero no eres consciente de tu realización. Tú ya estás Realizado, pero no eres consciente de tu realización. Ya que olvidaste tu Identidad, estamos llamando la atención del Oyente Invisible, tu Verdad Última. El Conocimiento ya está en ti, es sólo que lo has olvidado.

79. ¿Necesitamos un Maestro?

P: Cuando usted se auto-realizó ¿por qué no empezó a enseñar en ese momento? ¿Por qué continuó con su trabajo? ¿Qué era más importante?
Maharaj: Sucedió en diferentes momentos. La Realización se produce espontáneamente. Es diferente de enseñar. Cuando Nisargadatta Maharaj se realizó, no enseñó durante un tiempo, lo evitaba. La primera razón es que es una gran responsabilidad, y en segundo lugar depende de las circunstancias y de cuántos devotos van a venir. Si tienen un compromiso y una devoción fuertes, sucederá.

¡La gente me obligó! Ranjit Maharaj había dejado su cuerpo y dijeron: "¿Quién será el próximo? Has de hacer algo ¿Qué pasará con nuestros hijos?" Sucedió espontáneamente.

P: Le estoy muy agradecido, Maharaj.

Maharaj: Todo sucede gracias a mis Maestros. Yo era un niño pequeño y luego, a los veinte, un joven que ganaba una o dos rupias al día ¡Y acabé así! ¡Todo un milagro!

Puede pasarle a cualquiera, depende de tu implicación. Hablas de *realización*, de *iluminación*, eso son palabras. Ya estás realizado, pero no eres consciente de ello. Todo está dentro de ti, pero no eres consciente, eso es todo.

TE ESTAMOS HACIENDO CONSCIENTE.
MEDIANTE LAS CONVERSACIONES
TE ESTAMOS HACIENDO CONSCIENTE.

No te subestimes. Ten un compromiso fuerte y una devoción profunda.

P: Maharaj, quería preguntarle qué significa la devoción.

Maharaj: Devoción significa completa implicación con tu Ser sin ser. Devoción significa completa implicación con tu Ser sin ser, sin ego alguno. Implicación espontánea con el Ser sin ser, no acción deliberada.

P: Algunos buscadores dicen que no necesitas un Maestro para Auto-realizarte ¿Hasta qué punto es necesario el Maestro?

Maharaj: Cuando el médico te receta un medicamento, no te dice que te tomes todas las pastillas a la vez. Puede que te prescriba una o dos pastillas en diferentes momentos del día. Del mismo modo, el Maestro está ahí para prescribir, instruir y darte una guía que seguir. Sin el Maestro estás intentando encontrar tu camino en la oscuridad. En la etapa inicial, se necesita al Maestro.

EL MAESTRO HACE LAS PRESENTACIONES ENTRE
EL BUSCADOR Y SU IDENTIDAD NO IDENTIFICADA.
LA IDENTIDAD NO IDENTIFICADA
ES PUESTA DELANTE DE ÉL
POR MEDIO DEL MAESTRO.

El Maestro está ahí para indicar y señalar a tu Realidad. Está ahí para mostrarte, para convencerte, de modo que puedas conocer la Realidad. Después preguntas: "¿Quién soy Yo?"

"¿QUIÉN SOY YO?"
NO ESTÁ EN EL ÁMBITO DE LA IMAGINACIÓN
O LAS CONJETURAS.
TU PRESENCIA ES ESPONTÁNEA.

P: ¿Qué pasa cuando el cuerpo muere? ¿Qué queda?

Maharaj: Ahora tienes el cuerpo. Antes de ser no había cuerpo. Después de que el cuerpo desaparezca, serás desconocido para ti mismo. Así que cualquier conocimiento, cualquier información espiritual que tengas, desaparecerá junto con el cuerpo. No quedará nada.

P: ¿Qué sentido tiene entonces el conocimiento espiritual?

Maharaj: El conocimiento espiritual es necesario porque has olvidado tu Identidad.

HAS OLVIDADO
CÓMO ERAS ANTES DE SER.

P: ¿Qué es entonces el conocimiento?

Maharaj: Estás dando saltos sin sentido, de una pregunta a la siguiente, sin parar.

P: Perdón Maharaj, creo que estoy emocionado de estar aquí.

Maharaj: Está bien, pero este conocimiento no es un conocimiento intelectual, es Conocimiento Directo. Conocimiento significa conocerse a uno mismo en sentido real. Nos conocemos en la forma corporal. Esa no es tu identidad.

CONOCIMIENTO ES AUTO-CONOCIMIENTO.
LA DEVOCIÓN ES LA PERFECCIÓN
DEL AUTO-CONOCIMIENTO.

P: ¿La Convicción es fe ciega?

Maharaj: Convicción sólo significa percatarse de la Verdad Última. Un ejemplo simple es: Este cuerpo es llamado *hombre*, así que he aceptado que este cuerpo es llamado *hombre*. Eso es Convicción Espontánea.

P: Tengo la sensación de que a fin de tener esa Convicción que usted ha estado diciendo, la meditación es crucial.

Maharaj: La Meditación es la base, porque sólo a través de ella, estos pensamientos ilusorios, pensamientos equivocados y conceptos equivocados, serán disueltos. Desde la infancia hasta hoy, *lakhs* de pensamientos ilusorios se han desarrollado en el cuerpo. Por lo tanto, la Meditación es necesaria para borrarlos. Al principio tienes que hacer un esfuerzo, después se producirá sin que te des cuenta.

80. *Visión del Maestro*

P: Me están pasando muchas cosas espontáneamente durante la meditación, a las que usted se refiere a veces como *señales* ¡Esta mañana los Maestros prepararon una pira para mí! Me lo he tomado como un guía para hacer un esfuerzo mayor con el fin de rendir completamente el ego, de modo que pudiera ser quemado con el resto de las ilusiones que soy.

Pero he estado hablando con otro devoto y él no parece tener experiencias de ningún tipo.

Maharaj: ¡Eso está bien! Al principio, cuando estás empezando, es diferente para cada uno. Puede que tengas experiencias o puede que no, depende, algunas personas no tienen experiencias al comienzo de la práctica.

Algunos tienen muchas experiencias, que vienen de sus meditaciones, de su total implicación, ya que están más y más cerca del Ser sin ser. Otros experimentan acontecimientos milagrosos.

Resumiendo, la ciencia espiritual dice que puedes experimentar a Dios de tres maneras, viendo, oyendo o por el tacto. Puedes ver a tu Maestro, con el que tienes un compromiso total. Puedes sentir el toque de tu Maestro, o puedes oír a tu Maestro hablando contigo.

CUANDO HAY UN COMPROMISO TOTAL, TU ESPÍRITU TOMA LA FORMA DE TU MAESTRO.

Te daré el ejemplo de una santa llamada Hemvabai, a fin de ilustrar la Unidad. Era discípula de Bhausaheb Maharaj. Padecía una peste que no tenía cura y se adentró en la selva para evitar expandir la enfermedad. Allí rezó a su Maestro. Rezó de un modo tan profundo, con tanta devoción, que Bhausaheb Maharaj se mostró ante ella en forma corporal. Se curó de la peste.

El Maestro le dijo que fuese al ashram de Bagewadi. Estaba nerviosa y le dio que sería tratada como un fantasma. Él dijo: "Cuando reces, Yo estaré ahí, invisible para todos excepto para ti". Hemvabai se fue al ashram y dijo a la gente que Bhausaheb Maharaj le había dado *darshan*. La gente de allí le puso a prueba. Se dio el *prasad* y poco después Bhausaheb Maharaj apareció y limpió la bandeja. Al final la gente tomaba el *darshan* de Hemvabai.

EL SANTO NO TOMA FORMA REALMENTE. CUANDO ESTÁS TOTALMENTE IMPLICADO CON TU SER SIN SER, LA FORMA ES PROYECTADA.

Esto no es la Verdad Última. Vale, es una buena experiencia, una señal, pero no es la Verdad Última. Hay muchos milagros produciéndose todo el tiempo.

Te contaré otro: Uno de los devotos más antiguos tuvo que hacerse una operación mayor. Su hijo le preguntó si tenía miedo de la operación. El contestó: "¿Por qué he de tener miedo? Soy el Maestro de la muerte". Durante la operación vio a su Maestro. Estaba con los doctores. Esto sucedió debido a la fuerza de su fe.

LOS MILAGROS NO SON LA VERDAD ÚLTIMA. SON EL REFLEJO *DEL QUE VE*, LA PROYECCIÓN *DEL QUE VE*. ES TU REALIDAD TOMANDO FORMA.

El Espíritu es muy sensible. Si piensas en tu Maestro seria y profundamente y te olvidas de tu Identidad, tu Maestro aparecerá ante ti ¡Puede suceder! Los santos Realizados no fomentan los milagros. Nisargadatta Maharaj dijo: "No reveléis estas cosas porque le dan a la gente un mensaje equivocado".

Los milagros suceden, suceden por tu Presencia Espontánea. Tienes una fuerza tremenda. Tienes una fuerza tremenda, un poder tremendo, pero subestimas ese poder y tratas de encontrar la Realidad en cualquier otro sitio ¡Sé independiente!

81. *Realidad sin palabras*

Maharaj: Estás vestido con muchos ropajes, con capas de ilusión. Has de eliminarlas una a una. Conocerás la clásica historia del discípulo que le preguntó al Maestro: "¿Cómo es *Brahman*?" El Maestro respondió: "Es como una cebolla".

Es como una cebolla o una col. Si quitas las capas una a una, al final no quedará nada. Del mismo modo, si quitas todos esos pensamientos ilusorios, no quedará nada. Pero en esa nada, está todo.

TODO ESTÁ AHÍ, EN ESA NADA.

De distintas maneras, con varios idiomas, con distintas palabras, distintas frases, estamos tratando de convencerte de la Realidad.

NO HABÍA NADA ANTES DE SER.

Cuando la existencia se disuelva, no habrá nada.

Todas estas conversaciones que tenemos son como hablar sobre el niño no-nacido. Hablar de esta filosofía y de *Brahman*, *Atman*, y de otras palabras, es como hablar sobre el niño no-nacido ¡Nada!

ESTAMOS HABLANDO SOBRE EL NIÑO NO-NACIDO.
ESTAMOS HABLANDO DE NADA.

Todo se va con el cuerpo ¿Cómo será *Brahman* entonces? Si el cuerpo ya no estará más ahí ¿cómo será *Brahman* para ti, para alguien? En el momento en que el cuerpo desaparece con la así llamada muerte ¿cómo será *Brahman*? ¿Dónde estará este *Brahman*, *Parabrahman*, *Atman*, Dios?

NO HABRÁN PALABRAS.
ÉSTA ES LA REALIDAD.
¿POR QUÉ APEGARSE A ELLAS?
TIENES MUCHO CARIÑO POR LAS PALABRAS.
TRATA DE ENCONTRAR LA REALIDAD,
TU REALIDAD.

LA REALIDAD SIN PALABRAS.

¿Por qué continuar enganchado a ellas? ¿Por qué este santo dijo esto, por qué el otro dijo aquello? No se trata de *decir*, lo más importante es lo que significa. La gente es adicta a las palabras ¿Qué queremos decir con *Brahman*? ¿Qué queremos decir con *Atman*, *Paramatman*, Dios, Maestro, *Maya*, *Brahman*? ¡Demasiadas palabras! Hemos creado las palabras, estamos creándolas.

Hemos hecho un alfabeto, a, b, c, d, y creado palabras. *PAPÁ* ¡Oh! Significa *padre*.

ESTAMOS AÑADIENDO PALABRAS,
DÁNDOLES SIGNIFICADO,
Y LUEGO HABLANDO Y LUCHANDO
CON LAS PALABRAS.

Las palabras sirven a un propósito de modo natural, sin ellas no podemos interactuar con otros, no podemos hablar unos con otros, pero hemos de profundizar en ellas.

VE MÁS Y MÁS PROFUNDO
EN EL SIGNIFICADO DE LAS PALABRAS.

Yo aparezco en este mundo como un hombre o una mujer ¿Eso es cierto? Tener el sexo de una mujer o un hombre es una cubierta externa ¿Verdadero o falso?

Digamos que el mismo metal, oro o plata, fue utilizado para crear dos estatuas: una de Dios y otra de un burro. Si tuvieras que ir a un orfebre y decirle: "¡Ésta es una estatua de Dios! ¡Debe ser más valiosa que la estatua del burro!" No te dará más por el oro *Dios* que por el oro *burro*. El valor está en el peso del oro o la plata y no en el nombre, figura o forma.

Igualmente la Verdad Última es la Verdad Última. Tú eres la Verdad Última. Te has de convencer a ti mismo. Te has de motivar. Te has de dar forma a ti mismo.

LA DIRECCIÓN TE HA SIDO DADA.
LAS INDICACIONES TE HAN SIDO DADAS.
PIENSA EN ELLAS, ÚSALAS
Y REGENERA TU PROPIO PODER.

No te descuides a ti mismo, no te subestimes. Ten valor para afrontar las cosas internas y externas. Las olas vienen y van, los pensamientos vienen y van. Acepta y rechaza, acepta y rechaza ¡Fácil! Eres tu propio Maestro.

P: Puedo entenderlo, pero hacerlo es otra cosa. Soy el Maestro de mi mundo, puedo entenderlo, pero ponerlo en práctica es muy diferente.

Maharaj: Significa simplemente poner el Conocimiento en práctica. Los hechos te han sido presentados. Los hechos han sido puestos ante ti. Los hechos evidentes están puestos delante. La Verdad abierta está ante ti. Lo demás depende de ti, lo que hagas con todo ello depende de ti.

**LA VERDAD ÚLTIMA ESTÁ ANTE TI.
ES TU VERDAD,
TU IDENTIDAD FINAL.**

Lo que pasa es que cuando lees libros, te influyen algunas palabras concretas. Las analizas: Ramana Maharshi dijo esto y Nisargadatta Maharaj lo otro. Haces un estudio comparativo de varias palabras, pero al mismo tiempo,

**ESTÁS IGNORANDO EL ESPÍRITU
QUE ESTÁ TRATANDO DE HACER
EL ESTUDIO COMPARATIVO.**

Tu Verdad Última te la indican distintas palabras ¡Acéptalo! ¡No juegues con las palabras!

82. *Ahora sonríes*

Maharaj: ¡Qué sencillo es éste Conocimiento!
P: Sencillo pero duro.
Maharaj: Estoy trayendo a tu atención lo que ya está en ti. Todo lo que tienes que hacer es aceptarlo con toda confianza, con toda confianza ¡Examínalo por todos los medios! No tengas una fe ciega. Examina todas y cada una de las enseñanzas del Maestro, distingue si te está dando información correcta o incorrecta.
P: Maharaj, soy consciente de lo que está pasando. Cuando surge algo desagradable, entiendo que he de estar con ello, sin miedo, de este modo simplemente se va.
Maharaj: Bien, correcto. La espiritualidad es entrenamiento comando, que es más que la instrucción del soldado ¿Has hecho las maletas? ¿Alguna pregunta final?
P: ¡No, ninguna! ¡Las dificultades se han ido, la tristeza se ha ido! [Risas]
Maharaj: Muy bien, muy bien ¡Sé normal! Completo silencio. No tienes que seguir pensando. Cualquier cosa que suceda, déjala que suceda. Estás viendo una imagen en una pantalla, por un momento eres feliz o infeliz a causa de la escena o la historia. Después, cuando te sales del auditorio, la olvidas. Este es un gran auditorio, con pensamientos fluyendo, imágenes fluyendo. Es un sueño. Observa el sueño olvídalo. Sé sencillo, humilde, sé común y corriente. Sé sencillo, humilde, sé común y corriente.

NO LE DES IMPORTANCIA

A LO QUE ESTÉ SUCEDIENDO ALREDEDOR.
NO TOMES NOTA DE LOS PENSAMIENTOS DE
CUALQUIERA
QUE ESTÉ A TU ALREDEDOR.

Tu felicidad es mi felicidad. Ahora sonríes y ríes, está muy bien. Cuando viniste estabas triste y muy serio.

Es muy sencillo, muy, muy sencillo, no te estreses y no te dejes llevar por las cosas atractivas. A veces te sentirás tentado, pero serás guiado y recibirás instrucciones de tu Maestro Interno: "No hagas esto, esto es *Maya*, ilusión. Aquí, haz esto". Es un poco como el juego de Escaleras y Serpientes.

EN LA ESPIRITUALIDAD,
TE PEDIMOS
QUE OLVIDES EL PASADO.
NO PIENSES EN EL PASADO, PORQUE
TU PRESENCIA ESPONTÁNEA ES TU OBJETIVO.
TU PRESENCIA ESPONTÁNEA ES TU OBJETIVO.

No seas un esclavo de los puntos de vista y pensamientos de otro. Olvídate del conocimiento de libros, del conocimiento literal. Sé una pizarra en blanco. Elimina todos tus archivos dañados, los archivos ilusorios, e instala tu nuevo programa. Cambia tu visión, tus gafas. Es tu historia. Estoy llamando la atención del Oyente Invisible en ti.

VE CONOCIENDO A TU SER SIN SER.
PARA ELLO, INSTALA EL PROGRAMA
"EL SER SIN SER",
Y DEJA QUE ÉL CUIDE DE
TODOS TUS ORDENADORES Y PORTÁTILES.

83. *La Realidad Última no tiene rostro*

Maharaj: Puedes vivir una vida sin miedo ¿Por qué hay miedo? Porque tenemos apego a este cuerpo. Supón que tienes mucho dinero en tu bolsillo y sales fuera. Tendrás un poco de miedo de que te roben, de modo que mirarás alrededor, ansioso y temeroso, con tu mano en el bolsillo. Tienes miedo de los ladrones. Si no hay nada en tu bolsillo, tus brazos estarán relajados.

ESTAS SON LAS ETAPAS DEL CUERPO,
NO LAS TUYAS.
TÚ ERES EL TESTIGO DEL NIÑO PEQUEÑO.
TÚ ERES EL TESTIGO DEL JOVEN.

TÚ ERES EL TESTIGO.

El testigo no cambia, lo atestiguado es lo que cambia. El cuerpo cambia, tú no.

TÚ ERES CONSTANTE.

Incluso cuando sabemos que *no soy el cuerpo*, a pesar de todo, todavía queda algún miedo, un miedo y una ansiedad sutiles sobre qué va a suceder. Si algo va mal con el cuerpo, imploras: "¡Oh, doctor, haga algo, deme una inyección para sobrevivir! ¿Por qué?

PORQUE ES LA NATURALEZA DEL ESPÍRITU.
PORQUE EL ESPÍRITU SÓLO SE CONOCE A SÍ MISMO MEDIANTE EL CUERPO.

Le llamamos Espíritu, *Brahman, Atman, Paramatman*, pero el Espíritu eres tú. Tú eres el Ser sin ser. La combinación del espíritu y el cuerpo, la ilusión de la mente, ego e intelecto, identificándote como alguien separado, ha contribuido a este sueño del mundo.

Cuando despiertas de un sueño, no lo tomas como real. Del mismo modo, no tomes este mundo como real. Es un mundo soñado ¿Me sigues?

P: A menudo he leído que todo es *Maya* y lo he entendido intelectualmente, pero el modo en el que usted lo está explicando ahora es tan con los pies en el suelo, que realmente lo entiendo. No sólo suena verdadero, sino práctico.

Maharaj: La Convicción llegará. Gradualmente, todas las capas ilusorias se fundirán del todo. El proceso de fusión ya ha comenzado. Lenta, silenciosa y permanentemente, el conocimiento relacionado con el cuerpo y el modo en que las cosas afectan al cuerpo irán a menos, se disolverán y desaparecerán.

P: ¿Qué habrá en su lugar?

Maharaj: Una Paz excepcional sin causa material. En este momento, estamos tratando de obtener paz y felicidad de causas materiales. Leemos las escrituras, eso es una causa material. Comemos buenas comidas, esa es una causa material ¡Temporal!

LA PAZ DE LA QUE HABLO,
NO PUEDE SER DEFINIDA.

Todos los conceptos son ilusión.

HAS DE DESCUBRIR CÓMO ERAS
ANTES DE LOS CONCEPTOS,
ANTES DEL CONOCIMIENTO
RELACIONADO CON EL CUERPO,
ANTES DE SER.

Nos sometemos a este proceso para descubrirlo. El proceso también es ilusión. El conocimiento también es ilusión, pero has de usarlo como una escalera o como una nota con una dirección, tras llegar al destino, puedes tirarla.

En *Yo Soy Eso* y en *Master of Self-Realization*, los Maestros tratan de convencerte a ti, el lector, de tu Verdad Última, de tu Verdad Final. A la luz de ese conocimiento, te has de convencer a ti mismo de que *Yo Soy Eso*.

ÉSTE ES UN CUERPO MATERIAL.
TU PRESENCIA ES INVISIBLE,
ESTÁ EN TODAS PARTES.

La Realidad Última, no tiene rostro. Has de tener Autoconvicción. Convencerte depende de ti. El Maestro ha puesto tu Identidad ante ti. Depende de ti aceptarla.

HAS DE CONVENCERTE A TI MISMO.
DEPENDE SÓLO DE TI.

Es como si alguien te trae un buen plato, no sólo querrás describirlo: "¡Oh, qué comida tan buena!" ¡Te lo comerás! Querrás acabarlo. Lo mismo con las enseñanzas, con el Conocimiento, no dices: "¡Oh, muy bien, muy bien! ¿Qué es lo siguiente?" Come lo que se te ha dado y digiérelo ¿Qué dices?

P: ¡Sí, del todo! ¡Lo estoy devorando todo!

Maharaj: Es un hermoso viaje. Va cada vez más profundo, dependiendo del devoto. Coge todas las enseñanzas. Cógelo todo ¡Coge toda la riqueza, no un simple par de rupias!

84. *El Maestro te muestra a "Dios" en ti*

Maharaj: Todo está dentro de ti, de modo que no tienes que ir a buscar a ningún sitio, ni física ni mentalmente. Has de practicar para alcanzar esta Convicción.

LAS EXPECTATIVAS QUE TIENES CON LA
ESPIRITUALIDAD
SERÁN COLMADAS POR *EL QUE LAS TIENE*,
QUE YA ESTÁ EN TI.

El que tiene las expectativas es llamado Dios, *Atman, Brahman, Paramatman*. Cuando el Espíritu hizo clic con el cuerpo, empezaron tus expectativas: "Quiero paz, felicidad total, una vida pacífica y libre de tensión".

Las expectativas empezaron en la infancia. El niño llora, llora porque no puede explicar o entender lo que pasa. En nuestro país, cuando un niño llora, le damos miel. Tras probar el sabor dulce, es feliz.

Del mismo modo, tras entrar en el así llamado mundo, esperamos muchas cosas que nos den felicidad, que nos den dulces ¿Por qué? Porque el Espíritu, la Presencia, encuentra la existencia insufrible, intolerable, inaguantable.

PORQUE ANTES DE SER, ANTES DE EXISTIR NO HABÍA FELICIDAD NI INFELICIDAD.

P: ¡Qué interesante! Esta mañana estaba meditando y la Presencia de Bhausaheb Maharaj estaba allí, y habló diciendo: "¡Renuncia a toda tu alegría y felicidad!" En ese momento no sabía qué hacer con ello ¿Por qué debo abandonar lo que es positivo en mi vida? Con seguridad la alegría y la felicidad no son un problema ¡No! Creo que las estoy guardando. Si él dijo: "¡Renuncia a toda tu alegría y felicidad!", debería haberle obedecido inmediatamente. Pero ahora lo he pillado. Antes de ser, no había ni felicidad ni infelicidad. Felicidad y alegría son conocimiento relacionado con el cuerpo ¡Han de irse!

Como barómetro indicador de la vida espiritual, he buscado paz, alegría, bendición y felicidad, sin entender que todo eso es parte del conocimiento relacionado con el cuerpo.

Maharaj: Ni felicidad ni infelicidad. Todos se esfuerzan por la paz, viajando de aquí para allá. Has hecho el camino hasta aquí para encontrar paz y felicidad. La felicidad te es desconocida. Tratas de encontrarla mediante el entretenimiento, dinero, sexo, poder e incluso mediante experiencias espirituales y todo eso. Pero a pesar de ello, de esas distintas fuentes de felicidad, se te escapa.

LA FELICIDAD TE ES DESCONOCIDA PORQUE NO TE CONOCES A TI MISMO. EL PRINCIPIO BÁSICO DE LA FELICIDAD EN TI PERMANECE ESCONDIDO, DESCONOCIDO PARA TI.

Aceptas este inaguantable conocimiento relacionado con el cuerpo, y la sutil forma corporal de la mente, ego e intelecto y luego buscas la forma de encontrar paz. Te acercas a los Maestros, vas a templos y lugares sagrados. Eso puede darte felicidad temporal y aliviarte como un analgésico, pero no es duradero.

Luego vas a visitar otro templo, y otro, como un circo ambulante. Alguien dice: "¡Ve aquí, ve allá! ¡Haz esto, haz lo otro!" Y aun así, a pesar de todo ese recorrido, de todo ese viaje, nadie te ha mostrado que Dios está dentro de ti.

NADIE TE MUESTRA A DIOS EN TI.

Ya no hay más necesidad de ir a buscar aquí y allá. Ahora estás en el destino, has alcanzado el Destino Final. Esa es la Verdad Última. Así que has de quedarte pegado a ello. Tienes que darle significado y tomártelo en serio.

EL VIAJE PREVIO HA DE SER OLVIDADO.
AHORA ESTÁS EN CASA.
YA NO NECESITAS LA DIRECCIÓN
O LA RUTA QUE TOMASTE.

El tiempo ha pasado, los años han pasado y se ha ido añadiendo confusión. Se ha añadido confusión cada día. Pero ahora, has llegado al Destino Directo que ya está en ti.

NO TIENES QUE IR A BUSCAR
PORQUE YA NO ERES UN CUERPO.
TODAS TUS PREOCUPACIONES
EMPEZARON CON EL CUERPO.
AHORA VE A LA RAÍZ.
TODO TIENE SU RAÍZ EN TI.

P: En mi cabeza, lo sé, pero tengo dificultades para ir a la raíz, estoy todavía muy apegado a Anthony.

Maharaj: El conocimiento que está en función del cuerpo no te dará felicidad. Si quieres, puedes decir: "Yo soy *Brahman*, *Atman*, *Paramatman*, Dios", pero es conocimiento relacionado con el cuerpo. No eres ni *Brahman*, ni *Atman*, ni *Paramatman*, ni Dios. Esos son nombres dados a la existencia. Son buenos nombres, pero tu Existencia está más allá de ellos, más allá de ellos.

ERES LA VERDAD ÚLTIMA, ERES LA VERDAD FINAL.
ERES EL PADRE DEL MUNDO.

P: Maharaj ¿cómo puedo entender esa Verdad Última que soy?

Maharaj: Damos algunos métodos, medicinas, para mantener tu cabeza fuerte.

P: ¡Suena bien!

Maharaj: ¿Tienes algún Maestro?

P: Ya no. Tuve un Maestro mucho tiempo y me gustaba sentarme a sus pies.

Maharaj: ¿Cuál es tu conclusión después de haber estado con este Maestro? ¿Qué comprendiste o entendiste?

P: No sé si entendí algo. Sólo sentía cuánto amor había. Era muy bueno estar con él. Sentía mucho amor viniendo del corazón.

Maharaj: El Conocimiento es esencial a fin de ayudarte a entender y comprender tu verdadera Realidad. Tras llegar al destino, olvida la dirección. Has de tener una fe fuerte, porque si tu fe es débil, los pensamientos continuarán obligándote a ir aquí y allí. Con el continuo flujo de pensamientos no hay estabilidad. Ese flujo es inquieto, te distrae y te anima a seguir yendo de aquí para allá.

P: ¡Es cierto!

Maharaj: ¿Cuánto tiempo vas a seguir yendo a diferentes Maestros? ¿Por qué vas a tantos Maestros? ¿Qué has alcanzado? Acércate a aquellos Maestros que te enseñen a Dios dentro de ti, como Ramakrishna Paramahamsa hizo con Swami Vivekananda ¡Excepcional! Él había hablado con muchos otros Maestros, antes de encontrar finalmente uno verdadero ¡Un hecho poco habitual!

Acércate al tipo de Maestro que te muestre a Dios en tu interior, como hacemos en nuestro extenso linaje. Está fortalecido con el sagrado *Naam Mantra*, la Llave Maestra. No encontrarás un Conocimiento Directo así en ningún sitio.

Así que detente ¡Para! Haz un esfuerzo sincero, de modo que no vuelvas a ser víctima de la mente.

QUÉDATE CON UN MAESTRO SOLAMENTE.

¡Ten un poco de fe! La mente siempre tiene la tentación de *escribirte un mensaje de texto*: "¡Ve aquí, ve allá! ¡Vamos, es hora de ponerse en marcha!" Es necesario un punto final.

¿CUÁNTO TIEMPO VAS A ESTAR BUSCANDO LA PAZ?

¿Quién quiere paz? ¿Quién quiere felicidad? Trata de descubrirlo. Hazle preguntas a tu Maestro Interior como: "Durante los últimos cincuenta años he estado esforzándome por tener paz ¿Qué he encontrado? ¿Quién estaba esforzándose?"

¡MÍRATE!
¡MÍRATE!
¡MÍRATE!

85. *Tu disco duro está saturado*

Maharaj: El concepto de muerte va llegando despacio, despacio, para asustarte. El cuerpo se hace más y más viejo. Actúa de acuerdo con tu edad espiritual. El Espíritu sólo se conoce a sí mismo a través del cuerpo y quiere vivir el mayor tiempo posible.

Sé tu propio Maestro, tu propio profesor. En el momento en que SEPAS perfectamente, no habrá ningún miedo a la muerte. Este cuerpo no te pertenece. Si algo va mal en él, no te has de preocupar. Cada día leemos en los periódicos sobre gente que muere, algún accidente, fulanito muere, xyz muere, no nos importa mucho. Si un familiar cercano muere, lloras, el llanto se debe a que tienes algún apego a esa persona.

Del mismo modo, tienes mucho amor y afecto por el cuerpo. Tratas de protegerlo y tienes una relación muy estrecha con él. No quieres que nada le vaya mal, y si eso sucede, haces todo lo posible para protegerlo. Harás grandes esfuerzos para protegerlo. Irás al médico para que te libre del sufrimiento y, por supuesto, también prolongar tu vida.

P: En mi tipo de trabajo veo mucho sufrimiento. Cuando la gente está muriendo, algunos que tienen fe la pierden y se preguntan: "¿Cómo Dios puede permitir tanto dolor?"
Maharaj: Hemos creado el mundo. En el sueño, ves mucho sufrimiento.

TODOS ESOS CONCEPTOS PEGAJOSOS QUE ESTÁN ADHERIDOS AL CUERPO, HAN DE SER FUNDIDOS.

Déjalos que se fundan y sitúate antes de ser. Permítete ser el Ser sin ser.

P: Creo que para mí, la fe es difícil, porque me estoy haciendo mayor y he pasado por muchas enseñanzas diferentes y aun así, mi mente no me da paz.

Maharaj: Todo eso son pensamientos ¡Olvida todo lo que has leído y escuchado! Eres como un gran ordenador. Debería estar completamente vacío. Tu casa está atestada, tu casa está atestada ¿Sí?

P: Es verdad. Mi mente es muy activa.

Maharaj: Olvida tu mente ¿Cuándo te encontraste con la mente?

ERES EL TESTIGO DE TU MENTE. ERES EL PADRE DE TU MENTE, PERO NO ERES LA MENTE.

Tú sabes qué pensamientos tienes dentro. Estás siendo testigo de los pensamientos de la mente, buenos y malos pensamientos. Dices: "Mi mente" pero no eres la mente. Dices: "Mi mente, mi mano, mi cuerpo". No eres el cuerpo. No eres el cuerpo ni la mano. *Mi dedo* significa que *No soy mi dedo*. Ves que todos hablan de *mi dedo, mi cuerpo*, señalas a *mi cuerpo*. Del mismo modo, mi mente, mi ego, mi intelecto, todas esas cosas, están completamente separadas de ti.

Dices: "Mi hijo, mi padre, mi hermano". Eres distinto de ellos porque estás siendo testigo de *Mi hijo, Mi padre,* etc., así que no eres eso. La mente, el ego y el intelecto son parientes. Vinieron más tarde, vinieron con el cuerpo. Estás siguiendo las instrucciones de todos esos parientes. Estás siguiendo las instrucciones de todos esos familiares, mente, ego, intelecto, que no son tú.

Si tienes alguna duda, aclárala. Esto es muy importante en la espiritualidad. No aceptes conocimiento con dudas. Ha de estar perfectamente claro. Si hay alguna duda, pregunta.

SI ACEPTAS EL CONOCIMIENTO Y TODAVÍA TIENES DUDAS, HABRÁ CONFUSIÓN.

Si aceptas el conocimiento con dudas, habrá confusión.

P: Creo que en mi caso, deshacerme de las dudas no es fácil. Soy viejo. He recorrido muchas vías diferentes y ninguna de ellas ha sido realmente lo que estaba buscando.

Maharaj: Primero has de convencerte a ti mismo. Eres un buen médico. Sabes lo que es bueno y lo que es malo. Así que siendo un buen médico, puedes curarte a ti mismo, puedes curarte a ti mismo. Eres tu propio médico, conoces tu situación con todos los inconvenientes y problemas ¿Qué hacer? ¿Qué no hacer?

Primero tienes que eliminar todos los bytes erróneos de tu ordenador. Todo ha de ser borrado. Si el disco duro está lleno de información, no puedes intentar nada nuevo.

P: Es verdad, está saturado. El disco duro está lleno y no funciona adecuadamente.

Maharaj: Abarrotado de pensamientos. De modo que recuerda lo que he estado diciendo y trata de encontrar qué es la Verdad Última. Luego vendrá la comprensión de que "Soy la Verdad Última, sin forma corporal alguna".

P: Maharaj ¿Puede ayudarme a vaciar mi disco duro?

Maharaj: Si estás interesado, no hay problema. Lo que sucede es que mucha gente viene a mí con un problema u otro y les digo todo lo que te he dicho a ti, pero luego, cuando se van, encuentran otro Maestro que influencia sus mentes inestables de nuevo. Lo siento mucho por ellos, porque pierden una oportunidad.

P: Creo que yo soy diferente, porque virtualmente he abandonado y estoy decepcionado porque no he podido encontrar lo que estaba buscando ¡Soy serio! Me refiero a este asunto. He recorrido medio mundo. Después de ver su sitio web, algo resonó en mí, de modo que no voy a ir a ningún sitio más. Este es el final.

Maharaj: Esta es la última parada, el final. OK, hoy te daré algunas instrucciones sobre cómo meditar y cómo hacerte feliz sin causa material alguna. No hago nada especial,

TE MUESTRO LA VERDAD ÚLTIMA QUE ESTÁ EN TI.

Luego no habrá necesidad de ir a ningún otro sitio. Como en la historia del pequeño mendigo, cuando supo que era rico dejó instantáneamente de mendigar. Te lo digo para convencerte.

Cuando sepas que lo que estás buscando es el Dios, el *Brahman*, *Atman*, *Paramatman*, que ya está en ti, encontrarás que Dios, el Maestro, *Brahman*, *Atman*, son tu reflejo, tu proyección sin el cuerpo.

**¿POR QUÉ TRATAR DE ENCONTRAR A DIOS
O AL MAESTRO FUERA,
CUANDO TÚ ERES TU PROPIO MAESTRO?**

Nisargadatta Maharaj decía: "No te estoy haciendo discípulo, te estoy haciendo Maestro".

P: Ya lo he oído. Sí, es bonito. Te hace parar de correr, de perseguir

algo que supuestamente está ahí fuera. Sabes que ya está dentro.
Maharaj: Has de ser sincero sobre recibir el *Naam Mantra*.
P: Creo que soy sincero, pero claro, la mente viene y dice: "Puede que no seas realmente sincero".
Maharaj: La mente, el ego, el intelecto, todo ha de ser borrado.
P: ¡Suena bien, Maharaj!

Quería compartir con usted que el año pasado perdí a mi marido, con el que estuve muchos años. Supongo que mi corazón está todavía lleno de tristeza.
Maharaj: Les pasa a todos. Todos los que vienen a este mundo tienen que, queriendo o sin querer, dejarlo [Da una palmada]. Las relaciones se formaron junto con el cuerpo. Cuando no eras el cuerpo ¿había alguna relación? Cuando no éramos el cuerpo, no conocíamos a nuestro hijo, nuestro padre, madre, marido, esposa ni nada.

¿Tenías hermanos, hermanas o madre hace cien años? ¿Qué tipo de relación habrá dentro de cien años? Todas las relaciones son relaciones del cuerpo. Incluso la relación Maestro-discípulo es una relación del cuerpo.
P: Cuando la mujer de Nisargadatta Maharaj murió, él siguió enseñando como siempre.
Maharaj: ¡Qué valor! Lo mismo pasó en el caso de Gurudev Ranade, cuando le dijeron que su único hijo había muerto. Estaba a punto de dar conferencia ante un gran auditorio en la universidad. Dio la conferencia a pesar de todo. Después dijo: "Dios me dio un regalo, ahora lo quiere recuperar". Incluso en ese caso, que está más allá de la imaginación, su habilidad para controlar lo que debía estar sintiendo era impresionante.
P: Es una historia maravillosa. Poderosa.
Maharaj: ¿De dónde viene esa valentía? Sale de la espiritualidad, porque SABES. Sabes que el mundo es ilusión. Para tener esa valentía, está la disciplina de la meditación. Confiere un gran valor y abre el Conocimiento.

**TODO ESTÁ DENTRO DE TI.
LA REALIDAD SE ABRIRÁ.
NO TIENES QUE IR DE NUEVO A OTRO SITIO.**

86. *Son sólo p-a-l-a-b-r-a-s*

P: He estado estudiando y siguiendo las enseñanzas de Nisargadatta Maharaj durante años, pero me siento atascado. No parece que esté realizando ningún progreso.

Maharaj: Tienes expectativas de hacer progresos espirituales con la ayuda del conocimiento basado en el cuerpo. A través del intelecto y el ego sutil estás esperando progresos espirituales. Incluso cuando estás con un gran Maestro como Nisargadatta Maharaj, tienes que aceptar lo que él dice, no basta con ir detrás del conocimiento literal.

A MENOS QUE ELIMINES EL CONOCIMIENTO BASADO EN EL CUERPO, PUEDES ESTAR CON UN MAESTRO DURANTE CIEN AÑOS, Y ESO NO SIGNIFICARÁ NINGUNA DIFERENCIA.

Has aceptado la identidad mente-cuerpo y, mediante ella, esperas que haya algún progreso hacia la Verdad Última. No lo tendrás. Estos son hechos evidentes: "Tú no eres el cuerpo, no eras el cuerpo y no vas a seguir siendo el cuerpo. Excepto tu Ser sin ser, no hay Dios, ni *Brahman*, ni *Atman*, ni *Paramatman*, ni Maestro".

SÓN SÓLO PALABRAS ¡BUSCA SU SIGNIFICADO!

¿Qué tipo de progreso esperas? ¿Milagros, publicidad, dinero, sexo? ¿Qué progreso? A menos que te conozcas en un sentido real, tu así llamado *progreso*, no tendrá ningún significado.

AQUÍ, PROGRESO REAL SIGNIFICA QUE LA VERDAD ESTÁ TOTALMENTE ESTABLECIDA EN TI, CON EL RESULTADO DE QUE NO TIENES EXPECTATIVAS.

Ni felicidad ni infelicidad, ni experiencia ni experimentador, ni testimonio ni testigo. Si te has de comparar con algo, compárate con el cielo. El cielo no tiene un sentimiento propio de *Yo Soy*. El sentimiento de *Yo Soy* es también ilusión, porque tu Identidad está más allá de eso, más allá de la imaginación. No hay límites, así que ¿qué progreso estás esperando? Progresar es conocimiento relacionado con el cuerpo.

¿QUIÉN ESPERA PROGRESOS? SI BUSCAS MILAGROS O QUIERES VER A DIOS, NO SUCEDERÁ. TODO ESTÁ DENTRO DE TI. TODO ES PROYECTADO POR TI.

En el momento en que te despiertas, ves el mundo. El mundo es fresco, la Presencia es fresca. La Presencia desaparece, el mundo desaparece.

P: Cuando medito, no tengo ninguna de las señales de las que usted habla, lo que me hace sentir que estoy muy al principio ¡Sin progreso!

Maharaj: Absorber es seguir, incluso cuando sientes que no está pasando nada.

NO ESPERES NINGUNA EXPERIENCIA.

TU PRESENCIA ES UNA GRAN EXPERIENCIA.

¿Quién quiere progreso? Ahora lo sabes. Ya no serás más una persona ¿Qué progreso tiene el cielo? El cielo no tiene individualidad. Del mismo modo, te conocías a ti mismo en la forma corporal, pero ahora lo sabes. Cuando el Maestro pone ante ti la Verdad Última, poco a poco, estarás menos preocupado con el conocimiento relacionado con el cuerpo.

Si el ego dice: "Estuve con Nisargadatta Maharaj durante diez años, veinte años" ¿Qué aprendiste? ¿Qué has aprendido? ¿Llegaste a aprender o pensar en el Maestro como una forma corporal? Es el ego el que dice: "Estuve con Nisargadatta Maharaj o con algún otro Gurú famoso". Esto sucede porque estás pensando algo así como: "¡Tengo que conseguir un poco de poder del Maestro!" Tienes que discriminar. No esperes nada.

En la etapa inicial eres un devoto. Después, en la última etapa, eres una deidad.

DEVOTO Y DEIDAD. DEVOTO Y DEIDAD.
NO HAY SEPARACIÓN.
DEVOTO Y DEIDAD. NO HAY SEPARACIÓN.
LA DEIDAD CONOCE A TRAVÉS DEL DEVOTO.
LA DEIDAD RESIDE DENTRO DEL DEVOTO.

Estás viendo a la deidad y al cuerpo como dos entidades separadas porque aún te consideras una persona. Eso está OK al principio. En la etapa avanzada te darás cuenta de que eres la deidad. Realizarás la deidad.

P: ¿Por qué es importante el Maestro?

Maharaj: Porque el Maestro convierte – esto son sólo P-a-l-a-b-r-a-s, el Maestro convierte al Oyente en la Forma Última. El Maestro ya está en ti. Te consideras un devoto hasta que conoces la Realidad. El Maestro dice: "Tú eres la Deidad".

La gente que está con el Maestro durante muchos años con expectativas, muchas o pocas, no lo entenderán. No lo entenderán porque están buscando algo así llamado realización, en forma de milagros, poder y todo eso, para el ego.

HAS DE IR AL MAESTRO,
CON TOTAL HUMILDAD
Y RENDIRTE.

La Presencia Espontánea no está dentro del círculo del conocimiento relacionado con el cuerpo. El cuerpo es sólo la parte externa.

NO HAY NACIMIENTO NI MUERTE.
ERES NO-NACIDO.

¿Durante cuánto tiempo vas a seguir siendo un devoto,

buscando, mirando, deseando, enganchándote? Te has de rendir al Maestro sin tener ninguna expectativa. Te has de rendir al Maestro, después habrá una absorción total.

**EL MAESTRO UTILIZA DIFERENTES PALABRAS
PARA TRATAR DE CONVENCERLE
PERO AÚN ASÍ, EL DEVOTO NO LO ACEPTA.**

Te lo repito, leer libros espirituales y vivir con el Maestro durante largos períodos, no te va a ayudar a encontrar lo que el Maestro trata de transmitir, lo que él quiere decir.

Imagina que quieres ir a un sitio. Tienes la dirección, así que en tu camino al sitio, pasas por ciertos puntos de referencia, como una piscina o una estatua. Estás en el camino correcto para llegar a tu destino. Una vez que llegas, ya estás ahí. Una vez que has llegado, no se necesita avanzar más.

Cuando hablas de progreso, ha de haber alguna individualidad. El progreso está relacionado con el cuerpo, pero tú no eres el cuerpo ¿Tiene el cielo algún progreso? Es como es. Todo está dentro de ti. No tienes que buscar porque NO HAY CAMINO.

**TODOS LOS CAMINOS PARTEN DE TI Y LLEGAN A TI,
PORQUE SIEMPRE ESTÁS CONTIGO.**

Todos los caminos empiezan y terminan contigo, porque siempre estás contigo [El Maestro ríe] No se necesita mantenimiento. Siempre está ahí.

**TIENES QUE SEGUIR ADELANTE,
SEGUIR ADELANTE Y
RENDIRTE AL MAESTRO.**

Si pones este proceso en práctica, encontrarás felicidad en tu interior.

VE MÁS Y MÁS PROFUNDO.

87. *Justicia de Insectos*

P: No quiero marcharme. Es difícil. Aquí soy feliz. No quiero volver a casa.

Maharaj: Estamos ya contigo.

**TU CASA NO ES AMÉRICA, INDIA O INGLATERRA.
TU CASA ES EL MUNDO.
TU PRESENCIA ES COMO EL CIELO,
MÁS ALLÁ DE LÍMITES.
ESTÁS EN TODAS PARTES.**

P: Puedo sentir la conexión entre nosotros, Maharaj.

Maharaj: Serás bienvenido cuando vuelvas. Estamos expresando nuestro Conocimiento. No es un tipo especial de conocimiento ni conocimiento de libros. Es una oportunidad para todos ustedes de conocerse a ustedes mismos. Este es el resultado final, la Vedad Final.

No debe haber ninguna tentación de ir a algún sitio, porque este es el final. Así que acepta completamente y con total confianza esta Verdad. Acepta esta Verdad con total Confianza. Es la Realidad, tu Realidad. Ya no te preocuparás más por el cuerpo porque no tenías cuerpo antes de ser. No vas a seguir siendo la forma corporal. No vas a seguir siendo la forma corporal ¿Correcto? ¿Por qué preocuparse?

Esto significa que hay una deducción lógica. No eres esto, no eres eso (*Neti, Neti*) no eres... ¿Quién soy? Soy la Verdad Última. Es un proceso de inducción y deducción. Lógica, inducción, deducción, lógica. No es esto, no es testo, esto es... Te ayudará.

Aceptas la Verdad. No seas víctima de los conceptos.
**VIVIMOS CON CONCEPTOS,
DESDE EL PRINCIPIO DE LA EXISTENCIA,
HASTA SU FINAL.
PERO PARA EL SER SIN SER
NO HAY PRINCIPIO NI FINAL.**

Antes de ser eras totalmente inconsciente de toda esta ilusión. Durante el lapso de la existencia, has estado bajo la presión de todos esos conceptos y atascado en el círculo del conocimiento relacionado con el cuerpo.

**TIENES QUE ABANDONAR TODOS LOS CONCEPTOS
PORQUE NO SON LA VERDAD ÚLTIMA.
SI NO LO HACES,
TE TENDRÁN ATRAPADO PARA SIEMPRE,
HASTA EL FINAL DE LA EXISTENCIA.**

Tu Presencia estaba ahí antes de ser, pero era una Presencia Invisible. Después de que la existencia termine, tu Presencia estará todavía ahí, invisible. De modo que no has de preocuparte más del cuerpo ni del mundo. Es un hecho evidente ¿Por qué tener miedo? Sabes que el cuerpo no es tu identidad ¿Por qué tener miedo?

Estoy haciendo hincapié en las mismas enseñanzas una y otra vez, porque todavía confías en que *eres alguien*, lo cual te causa problemas todo el tiempo. "Soy alguien más, hombre o mujer. Soy *Brahman, Atman, Parabrahman,* Dios y todo eso". El sinfín de conceptos sigue creándote problemas, como un insecto que sigue picándote. La picadura es difícil de esquivar del todo porque has sido entrenado para reaccionar de esta forma desde la infancia. Viene de una necesidad de proteger el cuerpo. Esta conducta ha de ser desaprendida.

En India contamos la historia de la justicia de insectos. Un gran insecto hizo su casa en un muro. Luego capturó una inocente cría de insecto y la puso dentro del agujero en el muro. El insecto grande empezó a hacer el sonido "¡Whoo, whoo, whoo!" para meter miedo al insecto preso y luego picarle. El insecto prisionero experimentó de pronto un miedo fuerte y real por primera vez en su vida. Rápidamente aprendió cómo protegerse a sí mismo haciendo el mismo sonido y a devolver la picadura.

Así aprendió el insecto la nueva conducta. Del mismo modo, aprendimos nuestra conducta y, a causa de la vulnerabilidad y el miedo, el ego empezó a protegerse. Condicionamientos e impresiones se imprimieron en el Espíritu como capas ilusorias.

Como resultado, el instinto de supervivencia se vuelve más y más fuerte a lo largo de la vida: "No quiero morir, tengo miedo, etc.". Por este condicionamiento, el Espíritu empieza a aceptar el conocimiento equivocado y dice: "¡Yo soy Yo! ¡Soy alguien! ¡Soy muy importante!" Es una identidad equivocada ¡Sal de este mundo ilusorio! No hay nacimiento ni muerte.

P: Usted decía que el estado de existencia es intolerable y por eso necesitamos felicidad y salir fuera en busca de paz.

Maharaj: La felicidad, infelicidad, paz, tentación y los conceptos de nacimiento, renacimiento y muerte, vinieron en el momento en que empezó la existencia. Antes de ser, no eras consciente ni de todo ni de nada. [El Maestro da una palmada].

**ESTOY LLAMANDO LA ATENCIÓN,
DIRIGIENDO TU ATENCIÓN,
A CÓMO ERAS ANTES DE SER:
SIN FORMA, TOTALMENTE DESCONOCIDO,
SIN DARTE CUENTA EN ABSOLUTO,
NI CONSCIENTE NI INCONSCIENTE.**

P: Sin conocimiento, sin conceptos, sin problemas.

Maharaj: Sin experiencia ni experimentador. No había problemas. Los problemas vinieron cuando empezó la existencia. Eres y tienes Identidad antes de ser. Desde el momento en que empezaste a considerarte *alguien*, una forma, una forma corporal, surgieron todos los problemas.

**ASÍ QUE ¡SAL!
¡VE HACIA DELANTE!
¡TEN VALOR!
LAS COSAS QUE NO SON ACEPTAS
SIN PREGUNTAR.**

¿Por qué aceptas todo eso cuando sabes que es ilusión? Ten fuerza, ten valor ante ello. Tienes una fuerza y un poder inmensos, pero no usas ese poder ¿Qué hacer, qué no hacer? ¿Qué pasará, qué no pasará? ¿Por qué preocuparse? ¿Qué pasará? No pasará nada. Nada ha sucedido, nada va a pasar ¡Nada!

P: Todavía no lo entiendo, pero creo que está diciendo que si continúo practicando con el Mantra, el Conocimiento vendrá.

Maharaj: ¡No te preocupes! Las conversaciones y conferencias de Nisargadatta Maharaj eran muy conmovedoras, pero al mismo tiempo, yo no era capaz de entenderlas completamente. Él solía decir: "¡Escúchame! ¡Escúchame!" Con el tiempo, gradualmente, entendí lo que decía.

¡Auto-conocimiento! ¡Conocimiento de tu propia Identidad! ¿Qué quiere decir conocimiento? Conocerse a sí mismo en un sentido real, eso es Conocimiento. Conocerse a sí mismo en un sentido real es Conocimiento. Todo lo que sabemos sobre nosotros es en la forma corporal. Esa no es nuestra identidad. Nunca fuiste un cuerpo. No vas a seguir siendo un cuerpo.

Sea cual sea el cuerpo que tengas, tendrá un final. No es tu Verdad Última. Un día u otro, tendrás que dejar el cuerpo, lo quieras o no. Por lo tanto, este cuerpo no es tu identidad y todos los conceptos, los conceptos relacionados con el cuerpo, son ilusión.

Sencillo, conocimiento sencillo. El Conocedor es también ilusión. Ha de haber un conocedor que conozca el conocimiento.

NO HAY CONOCEDOR NI CONOCIMIENTO.

¡Escúchame, escúchame! Concéntrate en lo que te estoy diciendo y grábalo en tu interior. Tu Maestro Interno es una buena grabadora. La grabadora está siempre en marcha ¡Grábalo!

P: ¿Qué pasa con la meditación?

Maharaj: Te dije que la meditación es imprescindible, meditación y *bhajans*. La meditación y los *bhajans* te ayudarán a fundir y disolver esos fuertes conceptos y pensamientos ilusorios. Muy sencillo. No estreses tu mente, no estreses tu cerebro. Si haces la práctica, no has de ir a ningún otro sitio. Si continúas hablando del *último prarabdha, el último karma, el siguiente karma,* significa que todavía estás mal guiado.

Hay muchos Maestros en el mundo cuyas enseñanzas son engañosas. Dicen que has nacido debido a tu *karma* pasado, y anticipan todo tipo de cosas ilusorias e imaginarias y tratan de presionarte.

TUS DÍAS ERRANTES HAN TERMINADO
¿ESTÁ CLARO?

P: Muy claro. Gracias Maharaj.

Maharaj: ¡No te preocupes! Déjalo todo aquí. Deja todo tu ego y tu intelecto. Eres un pájaro libre ¡Vuela! El cielo es el límite.

P: ¿El cielo es el límite? [Riendo] ¡No hay límites! ¡Más allá del cielo! ¡Más allá!
Maharaj: Puedes volar con tus propias alas e ir a cualquier sitio porque eres omnipresente. Eres omnipresente.

88. *Bendícete a ti mismo*

P: ¿Qué pasa con las experiencias durante la meditación? Cosas como luces, destellos, luces blancas, luces de diferentes colores, diferentes fenómenos, las visiones que puedes tener durante la meditación ¿Son parte del cuerpo, aspectos de la mente? ¿Está bien que pasen?
Maharaj: Todas las experiencias son etapas progresivas, no son la Verdad Última. Sin la Presencia del experimentador, nadie puede experimentar nada. Sin la Presencia del experimentador ¿quién está teniendo la experiencia? Necesitas tu Presencia Espontánea para decir: "Esta es una buena o mala experiencia".

SIN TU ESPONTÁNEA PRESENCIA INVISIBLE, NO PUEDES SER TESTIGO DE LO QUE SE VAYA A EXPERIMENTAR.

Por lo tanto, tu Presencia es lo más importante. Está teñida con la forma corporal y esa es la ilusión. La meditación es la primera lección para eliminar o disolver la forma corporal. Superarás todo el conocimiento material con esta práctica.

P: Tal vez podría usted hablar sobre el concepto de auto-identificación con el cuerpo. Siddharameshwar Maharaj dijo: "Aquello que no tiene ataduras está siendo atado". Y usted dijo que: "El Espíritu hizo clic con el cuerpo". Suena como si la mente le tendiera una emboscada al cuerpo y que, de algún modo, la mente necesita ser convencida para suicidarse, y esa es la práctica.

Maharaj: Todos Los santos dicen la Realidad. En lugar de analizar sus afirmaciones, presta atención y acepta lo que quieren transmitir. No estamos aquí para analizar lo que dijeron Siddharameshwar Maharaj, Ramana Maharshi y otros Maestros. Lo más importante es lo que trataban de transmitir, esa Realidad, y cómo está conectado con tu Ser sin ser.

No cites las palabras de nadie, no somos analistas. Analizar lo que los Maestros han dicho y comparar sus afirmaciones es causa de debate. No estamos aquí para debatir nada. No estamos aquí para analizar lo que dijeron varios santos. Estoy dando martillazos al ego. Es el ego el que disfruta con estas comparaciones y análisis.

Lo que los Maestros transmitieron, la Realidad que compartieron a través de sus afirmaciones, discursos y de sus consejos, es lo más importante, verdaderamente importante.

P: Que es la Convicción.

Maharaj: ¡Por supuesto!

P: De nuevo, la Convicción de que todo es irreal parece ser lo más...

Maharaj: No es una convicción intelectual, será una Convicción Espontánea, igual que este cuerpo es llamado hombre y ese es llamado mujer. Tú no sueñas como si fueses mujer y ella no sueña como si fuese hombre, porque se tiene la Convicción de que este cuerpo es llamado hombre o mujer.

Del mismo modo, tu Verdad Última es *Brahman*. Esta es la Convicción, de modo que incluso cuando hablas, discutes o estás completamente involucrado en hacer algo, sigues sabiendo que: "Estoy más allá de eso. Mi Presencia está más allá de eso. Ya no estoy conectado con la forma corporal". Eso es Convicción Espontánea.

P: Así que, realmente, todas las preguntas, todo este análisis, todo eso ¿será realmente disuelto o respondido a través de la meditación?

Maharaj: No se trata de analizar. Toda esa confusión, todo ese conflicto, toda esa ilusión, se supone que será disuelta completamente ¿Cuándo se disolverá? A medida que te acerques más y más a tu Ser sin ser. Lo cual significa: "Ya no tengo ninguna conexión con el cuerpo. No tenía ninguna conexión con el cuerpo, por lo tanto el cuerpo no es mi identidad. Esa es la Verdad Última".

Esto será aceptado espontáneamente. Se llama Convicción. Aunque estés viviendo en la forma corporal, estás totalmente despreocupado de ella. Esta es una oportunidad de oro, mediante la cual puedes entender, mediante la cual puedes ser iluminado. Auto-iluminación, Auto-realización.

NADIE TE ESTÁ BENDICIENDO.
NADIE TE ESTÁ DANDO LA GRACIA.
BENDÍCETE TÚ.
TE HAS DE BENDECIR A TI MISMO.
TE HAS DE DAR TÚ MISMO LA GRACIA,
PORQUE TÚ ERES LA VERDAD ÚLTIMA.

Eres total y completamente independiente. El que es dependiente dice: "Voy a ver a un Gurú famoso que me bendecirá y me dará la gracia". Todo eso es imaginación procedente del condicionamiento, del lavado de cerebro, de la cultura ¡Ilusión todo!

Despacio, silenciosa y permanentemente, será comprendida la Realidad de que tú eres la Verdad Última. Después de tener esta Convicción, no habrá ningún miedo al nacimiento y la muerte, porque SABRÁS que eres no-nacido.

P: ¿Hablar con usted fortalece la Convicción? ¿Prestarle atención a usted y a sus enseñanzas nos dará fuerza?
Maharaj: Estoy compartiendo el Conocimiento que compartía mi Maestro, Nisargadatta Maharaj.
P: Sí, gracias. Es una gracia maravillosa.
Maharaj:

MANTÉN, ALIMENTA Y PRESERVA
LO QUE HAS APRENDIDO.

Retén y mantén lo que has oído. Tu implicación es lo más importante. La discusión árida sobre el conocimiento espiritual solamente, no te será de ayuda. Has de hacer efectivo el Conocimiento de una manera práctica. Practica en el sentido de presionar a tu Identidad. Vuélvete sobre tu Identidad, tu Identidad Invisible, llamada *Brahman*, *Atman*, *Paramatman*, Dios, Maestro.

El Conocimiento Espiritual te dará el valor para afrontar problemas, materiales o de otro tipo. Todos los problemas están relacionados con la forma corporal, problemas físicos, mentales, intelectuales, lógicos, egoístas, hay muchos problemas. Todos ellos están conectados con la forma corporal.

Antes de ser no había problema, ni familia, ni mundo, no cabía preguntarse por la familia.

LA VIDA FAMILIAR COMENZÓ EN EL MOMENTO
EN QUE EL ESPÍRITU SE ENCONTRÓ CON EL CUERPO.
¿POR QUÉ DAR TANTA IMPORTANCIA A LA FAMILIA?
OK, CUIDA DE TU FAMILIA,
PERO NO HA DE HABER
TANTO APEGO EN ELLO.

Cumple con tus obligaciones y lleva tus responsabilidades sin expectativa alguna. No estés demasiado implicado en la familia de modo que te distraiga de la Realidad y te traiga de vuelta a la Ilusión. Es mejor no conectar o enlazar los problemas familiares con la espiritualidad. Sólo recuerda lo que hemos discutido, recuerda y absórbelo.

P: Sí, lo haremos. Las enseñanzas son muy claras. El modo en que las expone es muy sencillo.

Maharaj: Ahora has de coger el Conocimiento y ponerlo en práctica. No mezcles la vida familiar con la espiritualidad. La espiritualidad tiene sus propios aspectos, y la familia tiene los suyos.

LA VIDA ESPIRITUAL NO TIENE CONEXIÓN
CON LA VIDA FAMILIAR.

¿Dónde estará tu familia cuando tu cuerpo desaparezca? ¿Dónde estará tu familia? Antes de ser, no había nada. Les digo lo mismo a todos. Antes de ser no había nada, ni familia ni mundo

¡Nada! Cuando el cuerpo se disuelva, no quedará nada.
**LO QUE QUIERA QUE VEAMOS ENTRETANTO
ES LA PROYECCIÓN DE TU PRESENCIA ESPONTÁNEA.
LO QUE SEA QUE VEAMOS EN EL LAPSO DE SER
Y LA DISOLUCIÓN DE LA EXISTENCIA,
ES LA PRESENCIA ESPONTÁNEA,
LA PROYECCIÓN DEL MUNDO.
TÚ ERES EL PADRE DEL MUNDO.**

P: Entonces, lo que experimentamos y las cosas por las que pasamos ¿son nuestra proyección?

Maharaj: Sí, por supuesto, porque sin tu Presencia, no puedes experimentar nada.

P: ¿De modo que debemos entender que creamos todo aquello por lo que pasamos?

Maharaj: Tu Realización ha de ser Espontánea, natural, no una comprensión intelectual. Realización significa conocerse a sí mismo en un sentido real. Es la absorción de la Realidad, el Conocimiento, tu Conocimiento.

Estás totalmente separado del mundo, separado de la familia y separado del cuerpo. Sin la Presencia, no puedes ver el mundo. El cómo eras antes de ser y cómo serás tras la disolución del ser, eso, es tu Identidad Espontánea, Identidad Invisible, en la que no hay ni palabras ni mundos.

**DONDE NO HAY NI PALABRAS NI MUNDOS,
AHÍ ESTÁS TÚ, ESPONTÁNEO, INVISIBLE.**

Tu Presencia Espontánea ha hecho nacer a todos y cada uno. A menos que te veas a ti mismo, no puedes ver el mundo.

P: ¿Y esa es la Convicción?

Maharaj: Tras saber esto, la Convicción Espontánea aparecerá en ti. Será Espontáneo: "Soy la Verdad Final, la Verdad Última, llamada *Brahman*, *Atman*, *Paramatman*, Dios. La cual es mi Invisible Identidad Anónima. Serás totalmente intrépido.

89. ¿Quién se enamora?

P: Estuve durante diez años o así con un Maestro Sufí. Practicaba meditación y en mi corazón sentía una conexión muy cercana con este Maestro. Después me interesó el budismo zen y estuve meditando con monjes durante unos meses, y noté que en general era muy beneficioso. Pero a pesar de todo, seguía teniendo la necesidad de algún otro, algo más, y así fue como encontré a Siddharameshwar

Maharaj.

Maharaj: ¿Cuál es tu conclusión después de todos esos esfuerzos y prácticas?

P: El ego ha de ser completamente aniquilado junto con la mente y cuando eso suceda, no quedará nada sino amor, el divino, el Ser. Creo y me siento muy devoto a eso y a la práctica.

Maharaj: Todos esos esfuerzos, todos esos ejercicios, todo ese conocimiento, están relacionados sólo con el cuerpo. Verás, básicamente, no eras el cuerpo, no eres el cuerpo y no seguirás siendo el cuerpo.

En el momento en que el Espíritu hizo clic con el cuerpo, fueron necesarias todas esas filosofías ¿Por qué? Para tener paz, felicidad, una vida libre de tensión y miedo. Todo el mundo hace muchos esfuerzos leyendo budismo, zen, al Maestro Sufí, otras religiones y filosofías. Hay una enorme cantidad de conocimiento espiritual por ahí.

PERO TU IDENTIDAD ES IDENTIDAD NO IDENTIFICADA.
ANTES DE SER,
NO NECESITABAS NINGÚN TIPO
DE CONOCIMIENTO ESPIRITUAL.

Esas necesidades vinieron después, con la existencia. Todas esas religiones, filosofías y prácticas están conectadas con el cuerpo. No importa que sean antiguas o modernas, son conocimiento relacionado con el cuerpo, sin excepción.

P: Entonces, en verdad, lo que sea que identifiquemos como algo que tenga que ver con el conocimiento relacionado con el cuerpo, cualquier cosa material ¿he de descartarlo? No hay nada que sopesar ni considerar o saber, excepto la cuestión fundamental: "¿Qué es anterior a eso?"

Maharaj: Sólo conócete a ti mismo. Lo que sabemos de nosotros es en la forma corporal ¿Cuál es tu Identidad fundamental?

CUANDO TE CONVENZAS DE QUE NO HAY NADA
EXCEPTO TU SER SIN SER,
NO HABRÁ NECESIDAD DE NINGÚN CONOCIMIENTO.

P: El concepto que llegué a entender con el sufismo y otras prácticas espirituales estaba más allá de las palabras. En realidad, la base de muchas de esas prácticas era enamorarse del Maestro. Ser uno con el Maestro mediante el amor, lleva a ser libre.

Maharaj: ¿Quién se enamora? Tú no eres una persona. Desde que empezamos a considerarnos personas, la excesiva cantidad del así llamado conocimiento, comenzó a proyectar muchos conceptos. Basta con conocerte a ti mismo.

El Conocimiento, el conocimiento espiritual o cualquier otro, tiene sus limitaciones. Es un mensaje sencillo que transmite que: "Excepto tu Ser sin ser, no hay nada". No tienes forma alguna. Tu Ser sin ser no tiene forma.

De lo que hablamos, consideramos que tiene forma, como: "Soy un Maestro, discípulo o devoto". Tenemos el ego de *Soy alguien*. Pero después de tener la Verdad Última, comprendes que no eres nadie, porque eres todos. Así que deja de considerarte como la forma corporal.

P: Una diferencia que encuentro en esta vía, su vía, Maharaj, es que el Maestro te lleva a comprender lo que está en ti, lo que naturalmente eres. Con las otras orientaciones que he experimentado, era como si te fundieses con algo externo a ti.

Maharaj: Utilizamos muchas palabras, pero detrás de todas está tu Presencia.

**SIN TU PRESENCIA NO PODRÍAS DECIR
NI UNA SOLA PALABRA.
TÚ ERES ANTERIOR A TODO.
EL CONOCIMIENTO VINO DESPUÉS.**

90. *Olvida todo lo que has leído*

P: No soy una persona muy relajada. Estoy pensando y pensando todo el tiempo, preguntando ¿Por qué? ¿Por qué? ¿Por qué?

Maharaj: ¡Para de pensar! No hay un por qué en absoluto. No hay preguntas. Mejor para de pensar. Pensar es la causa de tu depresión, la causa de tu sensación de aburrimiento. Hay tanto pensamiento porque eres muy, muy sensible.

P: Soy muy sensible, y sé que mi *sensibilidad* es también ilusión. Es sólo la conciencia del cuerpo y la mente. Pero lo hago, estoy siempre analizando las cosas, ya sabe.

Maharaj: Olvida todas esas palabras, todos esos conceptos: conciencia, cuerpo, mente ¡Olvídalo! Todo lo que has oído y aprendido tienes que olvidarlo ¡Olvídalo todo completamente!

**OLVIDA TODO LO QUE UNA VEZ
ESCUCHASTE Y APRENDISTE.**

P: ¿Limpiar la pizarra? ¡Eso suena fantástico! Me siento como si llorase porque nunca antes había estado tan cerca de la comprensión. Siempre leo libros, leo, leo, leo, sin sentido.

Maharaj: Cualquier cosa que veas es ilusión. Cualquier cosa que veas es ilusión. Pero *El que Ve* no es ilusión. En ausencia *del que Ve* ¿cómo puedes ver el mundo? En ausencia *del que Ve* ¿cómo puedo decir *yo puedo ver, yo puedo ver?* ¿Quién es *El que ve?* El que ve es el Ser Invisible de tu interior, tomando imágenes de lo que ve.

P: Puedo sentir la verdad en sus palabras. Disolver...

Maharaj: Relájate. Deja de pensar. No estreses tu mente o tu intelecto. Sólo sé muy, muy humilde y sencillo. Olvida todo lo que has leído y escuchado antes.

P: ¡Se acabaron los libros para mí!

Maharaj: Olvida todas las palabras espirituales. Conciencia, mente y ego...no hay nada. Eres anterior a todo eso, anterior a todo.

P: ¿Cuánto tiempo debo meditar?

Maharaj: No hay límite de tiempo. Tras llegar al destino ¿por qué preguntas cuánto tiempo has de meditar? Las indicaciones se usan para encontrar el camino. Después de llegar al destino, ya no necesitas la dirección. La meditación es así. Después de tener la Convicción, la meditación no es necesaria.

P: Usted ha aclarado muchos conceptos. Ahora mismo estoy abrumado por hablar con usted y por esta verdad y esta claridad. Mientras trabajo con lo que me ha dicho, estoy seguro de que surgirán preguntas.

Tengo esta experiencia y ahora he perdido interés por el mundo.

Maharaj: Toma nota de tus preguntas para la próxima vez. Esto es una especie de entretenimiento mental, entretenimiento físico, entretenimiento espiritual. Tu Identidad está más allá de eso. Como tienes la fijación de que "Yo soy el cuerpo", necesitas mucho entretenimiento, como visitar lugares, ir al cine, salir a cenar. Todo este entretenimiento es para hacer soportables los sentimientos del cuerpo ¿Tenías algún entretenimiento antes de ser? Antes de ser eras desconocido para ti. Después de que el cuerpo se disuelva, seguirás siendo desconocido para ti ¿Ibas al cine antes de ser?

LA EXISTENCIA ES INSOPORTABLE PORQUE NO TE CONOCES A TI MISMO EN UN SENTIDO REAL.

Conocerte a ti mismo en el cuerpo físico, el cuerpo mental, el cuerpo espiritual, es ilusión. El mundo es ilusión porque es proyectado por tu Presencia Espontánea.

Pero no prestas mucha atención a la Realidad. Prestas más atención a la forma corporal, a la forma mental. Estás pensando, siempre pensando y creando grandes problemas durante todo el camino, haciéndoles enraizar en el pensamiento, la depresión, el aburrimiento, la falta de interés, el cuerpo, todo eso. Se gasta mucha energía en el nivel mental, el nivel intelectual, el nivel físico. Tu Identidad está más allá.

SE GASTA MUCHA ENERGÍA

EN EL NIVEL MENTAL.

P: Me gustaba mucho comer, ahora ya no, todo se ha ido. Tomo cada día como viene y no me preocupo demasiado ¡La experiencia fue como una explosión!

Maharaj: Los seres humanos están luchando con asuntos insignificantes, insignificantes ¡Son desgraciados! Mira cómo eras antes de ser ¡Sin individualidad! Después de que el cuerpo se disuelva, después de dejar el cuerpo, no hay luchas ¡Para de pensar! No pienses demasiado. El pensamiento viene después, junto con los problemas, estrés, confusión y luchas. Antes del conocimiento relacionado con el cuerpo, no había pensamiento ¿Quién está pensando? El Pensador Invisible está ahí.

**NO TE ESTÁS CONCENTRANDO
EN EL PENSADOR
A TRAVÉS DEL CUAL ESTÁS PENSANDO.
TE CONCENTRAS SÓLO EN PENSAR.
TE CONCENTRAS EN EL PENSAR
EN LUGAR DE EN EL PENSADOR.**

En ausencia del Pensador, no puedes pensar. El Pensador es la Identidad no Identificada. El Pensador no tiene figura. Invisible, no Identificada.

P: Todavía me veo a mí mismo como una persona.

Maharaj: Todo está dentro de ti, pero sigues olvidándolo, volviendo una y otra vez a la base del conocimiento del cuerpo ¡Sé normal! ¡No pienses demasiado!

P: ¡Lo sé y lo hago! Pero ahora lo entiendo algo mejor. Tener un destello de la verdad no es la Realidad Última. No importa por lo que haya pasado, no es la Realidad Última. Yo soy la Realidad Última ¡Incluso si soy llevado al cielo a ver a Dios!

No importa por lo que haya pasado. Entiendo que todo forma parte de la ilusión. Todo es parte del juego. Ahora lo entiendo, tomé aquella experiencia y me hice a mí mismo la experiencia. Ahí es donde me equivoqué.

Maharaj: Ahora has de absorber esta comprensión, absorberla del todo dentro de ti.

P: También me he dado cuenta de lo útil que puede ser la Auto-indagación ¿Quién es infeliz? ¿Quién es el Pensador? Sí, tengo una gran parte de mi mente despejada.

Maharaj: No hay mente. Hablas de la mente una y otra vez. La mente es tu bebé. Tú has hecho nacer a la mente.

**PREGÚNTATE.
NO LE PREGUNTES A NADIE.
TU MAESTRO INTERIOR ES MUY PODEROSO.**

Pregunta a ese Maestro: "He leído muchos libros, medito durante seis u ocho horas ¿Cuál es el resultado? ¿Cuál es el resultado?" Hazte tú mismo la pregunta, eso te llevará al conocimiento.

Lo que estás haciendo hasta ahora a través del conocimiento que tiene su base en el cuerpo, es ilusión. Este *Yo* está creando muchos problemas. Tus problemas no desaparecerán hasta que el *Yo* sea eliminado. Muchos problemas vienen con el *Yo*. Cuando no hay *Yo*, no hay problemas.

P: Me siento renovado. Gracias Maharaj.

91. Mi Maestro es grande

Maharaj: ¿Cuánto tiempo vas a estar sin extremidades, diciendo: "¡Oh Dios, oh Dios! ¡Dios, ayúdame!"? Dios no tiene existencia sin tu Presencia. Sin tu Presencia, Dios no tiene ningún tipo de existencia.

TÚ HICISTE NACER A DIOS.

Tú hiciste nacer a Dios. Tu Presencia es necesaria para decir *Dios*. Eres muy importante, no te subestimes.

Vive como un hombre común, un hombre humilde, sin ego. No has de estresar tu mente ni tu intelecto. Vive una vida sencilla. Después de conocer la Realidad, se irá cualquier sentido de individualidad ¡Sin ego!

P: ¿Sin necesidad de entretener a la mente?

Maharaj: Somos entretenidos por muchos conceptos diferentes que hemos creado: *Brahman*, *Atman*, Dios, *maya* y todo eso. Vamos con el pecho hinchado, orgullosos, diciendo: "Soy *Brahman*". Toda esta conversación es sobre nada. Estamos hablando del niño no-nacido.

Nisargadatta Maharaj solía decir: "Si pasan cosas buenas, no soy feliz. Si pasan cosas malas, no me desanimo. Si alguien habla de modo elocuente, no me impresiona. Ningún pensamiento se me puede aplicar, porque no soy el cuerpo en absoluto".

Has de saber que no eres el cuerpo. Tu Presencia es como el cielo o el espacio. El cielo no conoce su propia identidad ¿se venga el cielo si abusas de él? El cielo no conoce su propia existencia. El cielo no conoce su propia Presencia.

P: ¿Sirve de algo ofrecer nuestras acciones a *Brahman* o recordar que *Brahman* es todo?

Maharaj: ¿Qué acciones había antes de ser? Las acciones y reacciones vinieron después de la existencia, no antes. No hay acción. Necesitas un actor para cualquier acción. No hay actor en absoluto ¡No hay actor! Atiende, ya te he dicho que no eres el cuerpo. Es muy fácil y muy difícil a la vez.

Por lo tanto, ha de haber en ti una fe completa, e igualmente, ha de haber una fe completa en tu Maestro. Ambos, Nisargadatta Maharaj y Siddharameshwar Maharaj, tuvieron mucha fe en sus Maestros. Podían haber dicho: "Mi Maestro es grande". Nunca hubo ningún tipo de compromiso.

HAS DE RENDIRTE AL MAESTRO.
TEN UNA FE COMPLETA EN TU MAESTRO.
DEJA QUE TE TOQUE "MI MAESTRO ES GRANDE".

P: ¿Creer en él sin reservas?

Maharaj: Los que visitaban a Nisargadatta Maharaj le hacían preguntas difíciles. Maharaj contestaba inmediatamente. Él lo atribuía siempre a su Maestro diciendo: "Es sólo por la gracia de mi Maestro, Siddharameshwar Maharaj, que estoy hablando". Lo mismo sucede aquí y ahora. Es sólo por mi Maestro, Nisargadatta Maharaj, que hablo, sólo por él.

P: ¿Las preguntas sirven sólo para erradicar las dudas?

Maharaj: Hay preguntas porque el cuerpo está ahí. Antes del cuerpo no había preguntas.

P: ¿Entonces no hay necesidad de hacer preguntas?

Maharaj: ¡Haz preguntas! El Maestro habla sobre la vida espiritual, tu existencia, la Existencia Espontánea, tu propia historia. Te has de convencer a ti mismo.

P: ¿Qué es la Convicción?

Maharaj: Convicción significa lo que tú no eres.

CONVICCIÓN SIGNIFICA LO QUE TÚ NO ERES.

En este momento nos conocemos a nosotros mismos en la forma corporal. La forma corporal no es tu identidad. Una vez que lo sabes, la Convicción significa: "Estoy más allá de la forma corporal". Lo que tú eres no puede ser definido.

LO QUE TÚ ERES NO PUEDE SER DEFINIDO.

92. *Entrenamiento Comando*

Maharaj: La práctica diaria es esencial. Has de estar siempre en guardia. Debes estar siempre alerta y mantener tu defensa. Por eso te estamos dando entrenamiento comando. No debe haber ningún tipo de tentación porque no hay nada más que saber.

Antes de ser no tenías forma alguna. Antes de ser no tenías forma alguna. Y después de que el cuerpo se disuelva, no vas a tener forma alguna. Completamente sin forma.

El conocimiento espiritual está para ser escuchado, de modo que todos tus recuerdos sean eliminados.

ES NECESARIO ESTAR ALERTA.
¡SÉ INQUEBRANTABLE!

No seas esclavo de los pensamientos de otro. Hay muchos los incondicionales de algo por ahí, que tratan de imprimir sus ideas en ti para que hagas esto o lo otro.

P: ¿Está diciendo que no nos dejemos intimidar?

Maharaj: La gente explota la espiritualidad. Se ha convertido en una profesión. Sé cauteloso y ten cuidado de aquellos que, en el nombre de la espiritualidad, se aprovechan de los buscadores vulnerables, les sacan dinero. Tras la Convicción, tras conocer la Realidad, sé firme, no te dejes influenciar por otros, por nadie. Tras tener este Conocimiento, has de mantenerlo continuamente.

P: OK, OK.

Maharaj: Dices OK, OK. Protégete. En el momento en que te vayas de aquí, habrá a tu alrededor todo tipo de influencias disputándose tu atención. Sé fuerte, estate alerta, constantemente, con disciplina, con determinación, con valor. No te mezcles con las compañías equivocadas.

SÉ TU PROPIO GUARDIA DE SEGURIDAD.

P: Las veinticuatro horas.

Maharaj: De modo que si en algún momento te distraes, estarás alerta.

SE NECESITA MUCHO TIEMPO
PARA HACER CRECER UN ÁRBOL,
PERO SÓLO CINCO MINUTOS PARA TALARLO.

Nisargadatta Maharaj me dijo una vez: "Si alguien bebe un trago de veneno, no necesita pensar cuáles serán sus efectos, porque se producirán espontáneamente".

Del mismo modo, esta gota de néctar en forma de *Naam Mantra*, te llevará a la Realidad. Ya está en ti. No has de pensar en ello. La forma corporal que envuelve al Oyente Invisible, será borrada. Es un hecho que tú no eras el cuerpo, de modo que todos los conceptos ilusorios se disolverán. La Realidad se abrirá.

P: Tuve un sueño la pasada noche, Maharaj, soñé que me iba a morir. Había una pequeña lágrima a punto de caer de mi ojo. En esa lágrima, podía ver imágenes del sufrimiento de la *condición humana*, como si fuera a través de años y años. Era sobre el conocimiento relacionado con el cuerpo. Había consciencia de lo que estaba pasando y tanto la lágrima como la muerte, eran vistas como lo que eran, ilusión.

Dentro del sueño sabía que lo que me estaba pasando era el efecto de la meditación y la práctica, auto-revelándose en el estado de

sueño. Y por supuesto, el propósito de la práctica es estar despierto al hecho de que no eres el cuerpo, que nunca fuiste el cuerpo, que no hay muerte, que eres no-nacido.
Maharaj: ¡Correcto!
P: Y la muerte del cuerpo debería ser en realidad un acontecimiento feliz, no uno triste.
Maharaj: La Realidad ha de ser absorbida. Cuando llegue ese momento, olvidarás todo lo relativo a tu identidad corporal. Como Nisargadatta Maharaj solía decir: "Este es un cuerpo hecho de alimentos". Así que sigue con la meditación. Continúa con el proceso de limpieza.
P: Estoy practicando la meditación en firme y siendo disciplinado.
Maharaj: Como te dije, el Espíritu es muy sensible. Es como si lanzas una pelota contra la pared, volverá hacia ti con el doble de fuerza. Del mismo modo, cuando estás meditando, volverá, rebotará con el doble de fuerza. La Convicción regresará con el doble de fuerza. Pero es necesaria una meditación fuerte. Si lanzas una pelota con toda la fuerza, inmediatamente rebotará. Del mismo modo si meditas con toda la fuerza, rebotará con el Estado sin Pensamientos. Es muy simple.

Por lo tanto, recitar el Mantra es una obligación, después será espontáneo. Incluso en el sueño profundo habrá meditación. Sentirás, verás una vibración con la recitación del Mantra. Es espontáneo. Puedes escuchar con el oído interior, no con este oído sino con el oído interior. A menudo hay experiencias milagrosas relacionadas. Hay una felicidad excepcional. Mantén la continuidad de la práctica.

93. *Eres más sutil que el cielo*

Maharaj: Vamos a por nuestro repaso de la Realidad.
P: Sí, Maharaj. Usted estuvo hablando sobre tener malas compañías. Malas compañías son el ego, el intelecto y la mente, así que en ti mismo puedes seguir teniendo malas compañías.
Maharaj: El ego, la mente y el intelecto son las malas compañías incorporadas al cuerpo, el cuerpo físico y el cuerpo espiritual. Publicidad, dinero y sexo son malos amigos. Codicia, deseo y celos son también malos amigos. Te pueden distraer de la Realidad y originar conflictos basado en el cuerpo.

Este tipo de conversación es para principiantes. Tú ya no eres un principiante.
P: A veces hay una sensación de progreso y pienso: "¡Oh, he hecho esto!" Lo veo y soy testigo de lo que está ocurriendo. Lo veo como

ilusión, y sé que no soy el hacedor, que mi Presencia Espontánea ha de estar primero para que suceda lo que sea.

Maharaj: Sí, tu Presencia es esencial para todo: para decir algo, hacer algo, cualquier cosa. Si tu Presencia no está ahí ¿quién hablará sobre el mundo? ¿Quién hablará del ego? ¿Quién hablará de Dios? ¿Quién hablará del Maestro y del discípulo?

**TU PRESENCIA INVISIBLE, ANÓNIMA,
NO IDENTIFICADA,
ESTÁ EN TODAS PARTES
Y TÚ ERES MÁS SUTIL QUE EL CIELO
PORQUE EL CIELO ESTÁ DENTRO DE TI.**

Estás durmiendo, el sueño comienza y de repente tu Presencia pone la atención en la proyección. Instantáneamente, el mundo entero es proyectado. El mundo del sueño viene de ti, porque solo está dentro de ti. El mundo del sueño viene de ti porque es tu Conocimiento el que está en tu interior. Del mismo modo,

**EL MUNDO SURGE DE TI ESPONTÁNEAMENTE
Y TE HACES VISIBLE.
POR TANTO, TODO TIENE SU FUENTE EN TI.
CONTEMPLA TODO COMO
VINIENDO DE TU INTERIOR.**

Tú eres el Maestro. Tú eres tu propio Maestro. Eres lo Último. Es una verdad evidente.

P: ¿Entiendo que el cuerpo ofrece una oportunidad para Autorealizarse?

Maharaj: ¡Correcto! El cuerpo es una oportunidad para realizarse. Es como una escalera, un medio, llámalo como quieras. Por sí mismo, el cuerpo no puede funcionar. Por sí mismo, el Espíritu no puede funcionar. La combinación de ambos es crucial, significativa, importante. La combinación del Espíritu y el cuerpo te permite decir *Yo*.

**PARA DECIR *YO*,
HA DE HABER UN CUERPO,
ASÍ COMO
LA PRESENCIA ESPONTÁNEA A LA
QUE LLAMAMOS *ESPÍRITU*.
CUANDO SE JUNTAN AMBOS, DICES *YO*.**

Usemos el sencillo ejemplo de la cerilla y la caja. Por sí misma, la cerilla no puede producir fuego, ni la caja por sí sola. Pero con una rascada, un clic, hay fuego. Para ese fuego es necesaria la combinación y un esfuerzo directo.

El fuego está en todas partes, pero es desconocido, invisible. Del mismo modo, tu Existencia Espontánea está en todas partes,

aunque sólo te conoces a ti mismo a través del cuerpo.
P: Maharaj, usted dice a menudo: "Ésta es la historia del Lector Invisible, del Oyente Invisible.
Maharaj: Cuando lees algún libro espiritual, tu atención debe estar en saber que lo que estás leyendo es tu historia, la historia del Lector, el Conocimiento del Lector y no el Conocimiento o la historia de *Brahman*, *Atman*, *Paramatman*, Dios, Maestro.

ES TU HISTORIA.
ESCUCHA LO QUE SE DICE CON TU HISTORIA, DESCRIBIÉNDOTE.
ES LA HISTORIA DEL OYENTE,
LA IDENTIDAD DEL OYENTE,
LA IDENTIFICACIÓN DEL OYENTE.

Puedes usar las palabras que quieras. Recuerda, es un hecho evidente que tú no eres el cuerpo. Éste es un cuerpo hecho de alimentos. Has de darle comida para que sea eficaz. Si no lo alimentas, ya puedes decir "Ta-ta", (adiós).

94. *El buscador es la Realidad Última*

P: He sido un buscador durante los pasados veinte años, pero nunca me he encontrado con alguien que me ayudara en mi búsqueda. La única vía de ayuda que he tenido ha sido sobre todo a través de libros. Maharaj, usted es la primera persona, el primer Maestro que he encontrado. Durante los últimos veinte años he estado leyendo libros, eso es todo.
Maharaj: Después de leer esos libros ¿en qué punto te encuentras?
P: He llegado a entender finalmente que no soy una persona, no soy una mente y no soy un cuerpo; y que hay algo alrededor mío, alrededor. No, no fuera, aquí alrededor, que es el verdadero camino. Algunas veces puedo sentirlo muy, muy fuerte, pero a veces no tengo esa sensación. Estaba meditando esta mañana y era muy potente. Podía sentir el poder, la presencia. El cuerpo casi no estaba ahí. Pero cuando volví a mi rutina diaria, pareció esfumarse.
Maharaj: Muy bien. No necesitas hacer mucho esfuerzo. Es de suponer que lo que has entendido a través de tus lecturas se transformará en Convicción. Tenemos el cuerpo y mediante él adquirimos y reunimos mucho conocimiento ¿Cuál es el propósito del conocimiento? Lo que llamamos conocimiento se ha formado a partir de conceptos ilusorios.

INCLUSO DESPUÉS DE LEER ESOS LIBROS

**ESPIRITUALES,
NO ENCONTRAMOS LA REALIDAD
PORQUE EL ASÍ LLAMADO CONOCIMIENTO
ES UN CONOCIMIENTO BASADO EN EL CUERPO.
HAY EGO.**

La Convicción ha de establecerse completamente. Sólo entonces llegarás a conocer la Verdad Última.

**LO QUE SEA QUE ENCUENTRES,
RECUERDA QUE EL *BUSCADOR* EN SÍ MISMO
ES LA REALIDAD ÚLTIMA.
EL BUSCADOR ES EN REALIDAD LA VERDAD
QUE ESTÁS TRATANDO
DE ENCONTRAR.
EL BUSCADOR ES EN SÍ MISMO LA REALIDAD. DIOS.**

En todas partes hay conceptos. Sin el cuerpo, no puedes ser, y sin tu existencia, no puedes reconocer a Dios. Si tu Presencia Espontánea no está ahí, nadie puede hablar de Dios. Tu Presencia es necesaria para que seas capaz de decir *Dios*. Lo cual significa que el concepto de Dios fue creado por ti, sólo para tu felicidad. Pero eres desconocido para ti mismo. Eres desconocido para tu Poder, estás descuidando tu poder, tu energía. Estás subestimando tu energía.

**DIOS ES UN CONCEPTO QUE HEMOS CREADO
PARA NUESTRA FELICIDAD.**

La Convicción vendrá con la meditación. Concentración significa concentrarse en el Concentrador, hasta que ambos desaparezcan. Cuando olvides tu cuerpo, habrá un Silencio Excepcional. Lo que se tenía como objetivo estará completamente en contacto con el Ser sin ser.

En resumen, tú eres la Verdad Final, la Verdad Última. Has de tener esta Convicción. Es el camino más corto hacia la Verdad Última, la Verdad Final, la Verdad Desnuda.

**NO PUEDES ENTENDER
LA REALIDAD INTELECTUALMENTE.**

Lo entendemos todo intelectualmente, pero el entendimiento intelectual no sirve para nuestro propósito. Ha de ser una Convicción Total al cien por cien. Y para ello, todos los conceptos o el conocimiento relacionado con el cuerpo ha de ser disuelto. No tendrás ninguna dificultad puesto que tienes una buena base.

P: Sabe, Maharaj, todo eso viene a mí espontáneamente, porque no es que yo supiera algo. Soy cristiano y nunca pensé en esto en mi religión. Jesucristo dijo lo mismo muchas veces, por ejemplo: "Antes de que Abraham fuese, Yo soy". Ahora lo comprendo. Sucede espontáneamente.

Maharaj: "Pertenezco a esta religión, a esa religión". No hay religión. No había religión antes de ser. Todas las religiones han sido creadas para consolidar la paz social.

P: Me gusta ir a la iglesia cuando está tranquila y sentarme en silencio. Con frecuencia puedo sentarme por un rato largo y hacer mi propia meditación.

Maharaj: No es un problema. No hay ninguna diferencia. Cuando vayas a la iglesia, recuerda que no hay nada excepto tu Ser sin ser.

NO HAY NADA EXCEPTO TU SER SIN SER.

No busques nada más, no busques algo más. No hay nada.

TODO ESTÁ EN TI.

Eres como el cielo. Tu presencia es como el cielo. El cielo no tiene sensaciones. El cielo no tiene miedo. El cielo desconoce tanto si nació como si no. Por lo tanto, tu Identidad es completamente no-nacida.

P: He leído todos los libros de Nisargadatta Maharaj y las enseñanzas de su Maestro Siddharameshwar Maharaj, también el *Dasbodh*. Intelectualmente, los he leído todos. De verdad que gané mucha fuerza con ellos. Ninguna noche me voy a la cama sin haber leído algo de ellos, al menos un poco.

Maharaj: Muy bien, soy feliz. Ahora, ese conocimiento que has comprendido intelectualmente, ha de ser absorbido espontáneamente en tu Ser sin ser. Tienes una buena preparación, una buena base. No te será difícil.

P: Busco durante todo el tiempo que estoy despierto.

Maharaj: La total auto-implicación es esencial.

95. *Has hecho que el "Lector" esté separado*

Maharaj: No dependas de conocimientos de libros, de conocimiento libresco. Tienes suficiente conocimiento literal. Leer libros espirituales, libros de filosofía, seguidos de discusión árida, puede darte una felicidad momentánea, entretenimiento, pero nada más. Todo el conocimiento espiritual de libros, el conocimiento literal, es conocimiento árido.

Sí, está relacionado con la Identidad no Identificada, pero cuando estás leyendo, estás separando al lector del conocimiento de que "Yo soy el lector".

**CUANDO ESTÁS LEYENDO,
HAS DE SABER QUE LEES
EL CONOCIMIENTO DEL LECTOR.**

**CUANDO ESTÁS ESCUCHANDO,
HAS DE SABER QUE OYES
EL CONOCIMIENTO DEL OYENTE.
ES TU CONOCIMIENTO.
HAY UNIDAD, NO DUALIDAD.**

Lee como si alguien escribiese tu biografía: "¡Oh, es mi biografía, mi historia!" Este es el modo en que no habrá separación ni dualidad.

En esos libros espirituales estás leyendo tu propia historia, no una historia sobre algo diferente, algo separado llamado *Brahman* o *Atman*, *Paramatman* o Dios. Esos son conceptos que indican la Realidad, tu Realidad. Es muy importante saber cómo leer y cómo escuchar. Es la historia más grande jamás contada ¡Tu historia!

**TODOS LEEN LIBROS, PERO EN LA FORMA CORPORAL,
CON LA MENTE,
EL EGO Y EL INTELECTO.
LUEGO ANALIZAN LAS PALABRAS Y COMPARAN
LAS ENSEÑANZAS Y LOS MAESTROS.
ESO ES CONOCIMIENTO ÁRIDO.
DEJA AL LECTOR INVISIBLE LEER LOS LIBROS.
DEJA AL OYENTE INVISIBLE
ESCUCHAR AL MAESTRO.**

A menos que haya la Convicción de la Unidad, el conocimiento es inútil.

**EL AUTOR DEL LIBRO,
LAS PALABRAS.
Y EL LECTOR, SON UNO.**

Esto es la Realidad. Puedes ir hablando y hablando sobre lo mismo, utilizando diferentes palabras. Estoy poniendo ante ti tu Realidad, no la Realidad de *Brahman*, *Atman*, *Paramatman* o Dios.

"ESO" NO TIENE FORMA ALGUNA.

Conocimiento ¿A dónde señala el Conocimiento? No trates de analizar o desmenuzar las palabras. Hay tantas palabras por ahí, que fácilmente podemos perdernos en un laberinto.

Tienes una buena base. Tienes unos buenos cimientos. Tienes madurez y Convicción pero te estás *viniendo abajo* teniendo ego mediante el análisis y las comparaciones entre todo lo que lees. El Hablante Invisible en mí y el Oyente Invisible en ti, son Uno y el mismo.

**EL HABLANTE [el Maestro en este caso],
QUE ESTÁ DANDO EL CONOCIMIENTO,
SIMPLEMENTE ESTÁ IMPARTIENDO
EL CONOCIMIENTO DEL HABLANTE INVISIBLE.**

**SE SUPONE QUE EL OYENTE ESCUCHA
EL CONOCIMIENTO DEL OYENTE INVISIBLE.**

¡Olvida la identidad mundana! Como te dije, no eras el cuerpo y no vas a seguir siéndolo. Cualquier cosa que escuches, cualquier cosa que leas, viene sólo de tu Presencia.

Al ser, comenzaste a identificarte con *Dios*, diciendo: "Dios es grande". Antes de ser no conocías la palabra *Dios* ¿Qué es *Brahman*? ¿Qué es Dios? Dios es un concepto. No sabías nada sobre *Maestro* y *discípulo*. Los conceptos vinieron en el momento en que el Espíritu hizo clic con el cuerpo.

**ESTOY LLEVANDO TU ATENCIÓN A AQUELLO
QUE ES ANTERIOR AL CONOCIMIENTO
RELACIONADO CON EL CUERPO.**

Tras llegar al destino, deshazte de la dirección. Nisargadatta Maharaj solía decir: "Este no es un camino, es la Verdad Última, la Verdad Final, el Destino Final".

**TÚ ERES EL DESTINO FINAL.
NO HAY CAMINO.
DONDE TODOS LOS CAMINOS TERMINAN,
AHÍ ESTÁS TÚ.**

Cuando mi Maestro le decía a la gente que olvidasen todo lo que habían leído y luego hablasen, lo que quería decir era que no quería que hablasen desde dentro del círculo del conocimiento de libros, del conocimiento literal.

**EL CONOCIMIENTO ES
CONOCIMIENTO MATERIAL
PORQUE ÉSTE ES UN CUERPO MATERIAL.
EL CUERPO ES UN CUERPO MATERIAL.**

Tú eres la Verdad Última. Ahora convéncete a ti mismo.

96. *Las Gafas de Dios*

P: Si usted dice que el despertar es súbito ¿significa que no es profundo?

Maharaj: No es eso. Has de tener una fe total en ti mismo. Cuando llegues a conocer la Verdad Última, que "Soy el Ser sin ser", la puerta estará abierta y no será necesario ningún esfuerzo.

Cuando llegas a saber que "Soy rico y no un mendigo", eso es realización súbita. El cambio sucede instantáneamente. El mendigo no lleva a cuestas sus historias sobre ser un mendigo durante los siguientes quince años. La persona que una vez fue un mendigo, se fue.

P: ¿Desapareció esa persona?

Maharaj: ¡Se fue! No habrá ninguna persona. No te consideres a ti mismo como la forma corporal. Es un hecho evidente. Olvida la espiritualidad. Ya te he dicho que primero eras un niño pequeño, luego más y más viejo. Los cambios se aplican sólo al cuerpo ¡No hay persona!

P: Entonces, como un niño, piensas que estás en un viaje. Incluso al madurar piensas que tú estás en un viaje espiritual, cuando en realidad no hay un *Tú* previo. Es una identidad equivocada. No hay viaje...

Maharaj: Es la historia del ciervo y el almizcle.

P: ¿Saltando por ahí buscándose a sí mismo?

Maharaj: Así es. Usamos muchas historias para establecer la Verdad Última. Todas esas historias son para establecer tu Verdad Última. Tú eres la Verdad Final. Eres no-nacido.

P: ¿Está usted establecido en la Verdad Última?

Maharaj: ¿Qué puedo decir? No hay *Tú* ni *Yo* en absoluto. Es un reflejo. Por la gracia de mis Maestros no estoy pensando. Las respuestas instantáneas aparecen espontáneamente. También te puede pasar a ti [dice alzando la voz]. Lo que te estoy contando te puede pasar a ti también, pero a menos que estés absorto en ti mismo, te parecerá difícil. El Maestro te está dando unas gafas para que las lleves, las gafas de Dios, ojos para ver a través del mundo ilusorio.

No tomes mis palabras literalmente. Las palabras son sólo un medio necesario. De lo que estamos hablando es de la historia del Oyente. Pero el Oyente es Anónimo e Invisible. Cuando digo algo, estás escuchando. Se estás produciendo un análisis espontáneamente ¿Quién es el analista? ¿Quién discierne? Sucede espontáneamente.

Estoy llamando la atención de ese analista que está analizando mis pensamientos, los cuales estás cuestionando ¿Quién ha creado los pensamientos? Detrás de los pensamientos está tu Presencia Invisible. Desde esa Presencia, los pensamientos son proyectados instantáneamente.

Yo digo algo y luego las preguntas vienen, las respuestas vienen, los pensamientos vienen ¿Cómo empezó ese proceso de pensar? Empezó por tu Presencia Espontánea. Los pensamientos son proyectados por tu Presencia Espontánea. Por esa Presencia, los pensamientos son proyectados. Empiezas a pensar "Soy alguien". No eres nadie.

P: ¿Durante cuánto tiempo se necesita un Gurú?

Maharaj: Tanto tiempo como tú seas discípulo. La Presencia del Gurú está ya en ti, pero te ves a ti mismo como un cuerpo. Te consideras a ti mismo como la forma corporal. Por tanto, es necesario un Gurú.

Tienes una dirección y esa dirección te trajo hasta aquí. Después de llegar al ashram, ya no necesitas la dirección. Ha servido para su propósito.

HAS LLEGADO.
HAS LLEGADO AL DESTINO
PORQUE TÚ ERES LA VERDAD FINAL,
ERES LA VERDAD ÚLTIMA.
DESGRACIADAMENTE,
NO ACEPTAS LA VERDAD ÚLTIMA,
Y ESE ES EL PROBLEMA.

El mismo principio, la misma cosa, es puesta delante de ti una y otra vez, con diferentes palabras, con diferentes frases, utilizando diferentes historias, pero el principio es uno: "Excepto tu Ser sin ser, no hay Dios, ni *Brahman*, ni *Atman*, ni *Paramatman*, ni Maestro".

Eres tu propio Maestro. Eres tu propio *Paramatman*. Pero dado que te limitas a la forma corporal, no eres consciente de tu Verdad Última.

Tienes que plantarte sobre tus pies. No estás discapacitado. Todo ese conocimiento relacionado con el cuerpo te ha hecho verte a ti mismo como incapacitado, desventajado, incapaz. El Maestro dice: "No estás incapacitado en absoluto. Puedes caminar usando tus piernas. Quita esas extremidades artificiales. Has de aprender a valerte por ti mismo".

¡Has de tener valor! Es la falta de valor y la falta de confianza lo que te lleva a los problemas "¡Oh, soy débil!" ¡Salta y nada! Es el único modo en que puedes ser fuerte. El profesor de natación lanza al niño al agua y después, en un momento, está nadando. Su confianza crece. El Maestro está creando confianza en ti.

EL MAESTRO ESTÁ CONSTRUYENDO
LA CONFIANZA EN TI.
TIENES TODO EL PODER
PERO NO ERES CONSCIENTE DE ELLO.
NO ERES CONSCIENTE DE TU FUERZA.
PUEDES AFRONTAR CUALQUIER DESAFÍO.

Ten valor, así: "Deja que todas las circunstancias vengan a mí, las encararé de frente". Así es como debes ser. No huyas de las circunstancias difíciles. Los pensamientos vienen y van, vienen y van.

ESTÁS EN LA ORILLA DEL RÍO
VIENDO CÓMO FLUYE.
ESTÁS EN CALMA,
INALTERADO,
EN PAZ.

97. ¿Debo abandonar mi trabajo?

P: ¿Cuando estamos en la búsqueda, nos es útil desengancharnos de nuestras actividades, digamos por ejemplo, abandonar mi trabajo?
Maharaj: No te preocupes con esas cosas. Esto no tiene nada que ver con las actividades del cuerpo. Puedes hacerlo con normalidad.
P: No, pero mi trabajo requiere pensar, de modo que tengo que funcionar como cuerpo-mente.
Maharaj: Mientras te consideres alguien, una persona, todas esas preguntas seguirán viniendo ¡No eres nadie en absoluto!
**NO ERES NADIE Y COMO NO ERES NADIE,
ERES TODOS.
COMO NO ERES NADIE, ERES TODOS.**
Has tenido este conocimiento relacionado con el cuerpo toda tu vida. Has sido condicionado por un constante fluir de conceptos, tantos pensamientos sin fin a toda velocidad, como un tren expreso. Eso pasa. Pero ahora has de tener valor y parar ¡Para de pensar tanto! ¡Concéntrate! Concéntrate en el Concentrador. Todo está dentro de ti. Es una verdad evidente. Puedes aceptarlo o rechazarlo.
P: ¿Pero por qué no renunciar a algo?
Maharaj: La Verdad completa, en su totalidad, está dentro de ti ¡Ten absoluta confianza en ello! ¿Por qué estas preguntas? Estás tratando de curar alguna debilidad, alguna debilidad de la mente, una confianza débil. A menos que la debilidad sea eliminada, seguirán viniéndote en contra todo tipo de dificultades.

Crees que eres débil ¡No eres débil en absoluto! Nada es imposible para ti ¿Por qué transigir? ¡Ten valor! ¡Ten fe en ti mismo!
**ESTO ES LA VERDAD,
LA VERDAD EVIDENTE,
LA VERDAD FINAL.
CUALQUIER VERDAD QUE HAYA,
LA ESTOY PONIENDO ANTE TI.**
Estoy compartiendo el conocimiento dado por mi Maestro. Estoy poniendo ante ti tu propio conocimiento. Puedes aceptarlo o no, depende de ti.

Nisargadatta Maharaj solía decirme lo mismo: "Has de tener valor. No malgastes tu vida. Escúchame. Escúchame", eso decía.
**EL OYENTE INVISIBLE LO GRABA TODO
SIN TU CONOCIMIENTO,
Y LUEGO,
ESE CONOCIMIENTO
TE SERÁ EXPUESTO Y REVELADO.**

Yo tenía fe en mi Maestro, por eso ahora te estoy hablando desde la Experiencia Directa. Entendí que nunca nada es imposible.

P: La primera vez que encontré a Nisargadatta Maharaj en *Yo soy Eso*, una de las frases que me hicieron dar un salto fue cuando dijo a algunos visitantes de América o de donde fuese: "¡Estoy más allá de eso! Más allá del mundo, más allá del cielo, más allá del universo, más allá de todo". Y pensé ¡Wow! ¡Es realmente impresionante! Y que él tuviese esta Convicción, era todavía más impresionante. Esto es lo que hizo conectar.

P (2): Yo encontré a Ramakant Maharaj mediante Facebook y mi amigo a través del sitio web. Sus enseñanzas son realmente absolutas. No son para todos porque como usted dice: "Todo el conocimiento relacionado con el cuerpo se ha de ir". Pero por otra parte, si alguien está maduro, las enseñanzas son de lo más adecuado.

Maharaj: El tiempo es muy corto. Todos y cada uno de los momentos de tu vida son valiosos.

¡QUÉDATE CONTIGO!
NO TE DEJES ATRÁS
HASTA EL FINAL DE TU VIDA.

Trata de conocerte a ti mismo en un sentido real ahora, de otro modo, los conceptos, ilusiones y pensamiento te mantendrán bajo presión. Tu vida terminará en confusión y conflicto.

Ten valor para afrontar el concepto de muerte. No hay muerte para ti, sólo para el cuerpo. Tu vida debe ser intrépida, puede ser intrépida ¡Sólo elimina el ego! El conocimiento literal no es de utilidad. El conocimiento literario no es útil. Es sólo un conocimiento pequeño. Tú no eres pequeño, eres grande ¡Eres todopoderoso! ¡Eres grande! Por lo tanto ¡encuentra tu grandeza! Descubre tú mismo, deja al descubierto tu propio Conocimiento. Encontrarás Gran Conocimiento en abundancia.

EL CONOCIMIENTO INTELECTUAL
NO ES SUFICIENTE.
HAS DE IR A LA RAÍZ.
VE MÁS Y MÁS PROFUNDO.

Los libros te pueden dar un alivio temporal del dolor mundano, pero necesitas ir a la raíz y encontrar quién eres. Ve a la Fuente y Realiza tu poder. Te estás subestimando todo el tiempo. Escúchame y acepta lo que te estoy diciendo.

ERES GRANDE.
ERES TODOPODEROSO.

Este es el momento de ser serio, mirar adentro, ir a la raíz. El momento de la muerte debería ser un momento feliz.

98. En el cielo no hay "Yo"

P: Tengo una pregunta sobre trabajar en el ego, hacer un esfuerzo para disolverlo ¿Qué puedo hacer?
Maharaj: Mientras nos veamos a nosotros mismos como la forma corporal, surgirán todas esas preguntas.
P: Aunque lo intento, parece imposible hacer nada para librarme...
Maharaj: Sucede automáticamente. Nisargadatta Maharaj dice que si tomas una gota de veneno, no necesitas preguntar cuáles serán las consecuencias.
DEL MISMO MODO, ESTE CONOCIMIENTO ESPIRITUAL ES COMO UNA GOTA DE NÉCTAR QUE AUTOMÁTICAMENTE SEGUIRÁ SU CURSO. SE DIRIGE AL OYENTE INVISIBLE, NO A TI.
No traigas al *Yo*. No necesitas pensar sobre qué pasará o dejará de pasar.
P: ¿Funciona por sí mismo?
Maharaj: Está dirigido al Oyente Silencioso, no a ti.
P: Yo sólo quiero desaparecer.
Maharaj: Ten cuidado de no mezclarte con ese *Yo*. Eres como el cielo.
P: Sí, lo sé. Incluso más allá del cielo...
Maharaj: El cielo está en todas partes. El cielo inglés, americano, el cielo indio, no son diferentes. Dándole nombres hemos dividido el cielo: cielo inglés, cielo americano o cielo ruso, pero no hay ninguna diferencia por que el cielo es el cielo. Igualmente, con el conocimiento espiritual, *Brahman* es *Brahman*. No se trata de que el *Brahman* de James sea diferente del *Brahman* de Michael, porque *Brahman* es *Brahman*.

La Verdad Última se llama *Parabrahman* o *Atman*, pero discriminamos con el uso de la mente y el intelecto ¡No uses tu mente! ¡Olvídala! La mente viene después. No tiene existencia propia independiente. Tú le das poder a la mente. Es sólo por tu poder que la mente funciona.
LA MENTE FUNCIONA CON TU PODER. ES SÓLO TU PODER LO QUE HACE QUE LA MENTE FUNCIONE.
El ego funciona con tu poder. Si no hay poder ¿qué le pasará a este cuerpo? El hecho es que tú eres la Verdad Final y por lo tanto eres no-nacido. A fin de tener esta Convicción has de pasar por este proceso. El Conocimiento ha de ser absorbido. Si tienes alguna duda o preguntas, no te las guardes para ti. Aclara todas las dudas.
P: Sé todo eso. Sé que es lo Último, completamente, pero todavía

queda algo de sutil individualidad.

Maharaj: Cuando dices "Yo sé eso", es ilusión. Antes de ser, no sabías nada. Antes de ser, no sabías que eras *Brahman*, *Atman* o *Paramatman*, Dios. No sabías nada. Era como: "No sé". "No sé" es la respuesta perfecta. Eres tu propio Maestro y serás capaz de responder a todas las preguntas.

P: No puedo disolverme y me frustro. Sé que no existo. Este "no existo" es como un pensamiento. Viene el *Yo* y el "no existo" se marcha.

Maharaj: ¡Para de pensar! ¡No hagas nada! ¡Sé! El veneno está actuando, la gota de néctar está dentro ya. No te preocupes por lo que puede pasar o no pasar o por sus consecuencias. La mente es una mente alocada. La mente está muy loca.

SE VUELVE SILENCIOSA DURANTE UN TIEMPO, Y LUEGO ENCUENTRA UN CAMINO PARA VOLVER. ES COMO LA COLA DEL PERRO METIDA EN UN TUBO PARA QUE ESTÉ RECTA, PERO EN EL MOMENTO EN QUE SE QUITA EL TUBO, SE CURVA OTRA VEZ.

P: Cuando la mente se vuelve silenciosa, no creo que se disuelva, puede que sólo se esconda.

Maharaj: ¡Escúchame! Estoy danto martillazos a lo mismo:

LA MENTE NO TIENE EXISTENCIA POR SÍ MISMA. NOSOTROS HEMOS HECHO NACER A LA MENTE.

¿Dónde está la mente? Para esta discusión utilizamos la mente. Nació en el momento en que el Espíritu hizo clic con el cuerpo y empezaste a decir: "Ésta es mi mente". Hemos hecho nacer a la mente. Es un hecho evidente.

P: ¿Pero este Yo? Cuando dice "mi mente", "mi ego" ¿este Yo es ego?

Maharaj: Las palabras son la causa de toda esta confusión. Y como te dije, no había palabras antes de ser ¿Por qué le das tanta importancia a esas ilusiones? *Yo* es también una ilusión y es por eso por lo que te digo: "Ni *Yo*, ni mente, sólo cielo… ni *Yo*, ni mente, sólo cielo" ¿El cielo tiene ego?

El impacto de todo este conocimiento relacionado con el cuerpo ha de disolverse. Para ello se te ha dado la práctica de la meditación, de modo que lentamente, lentamente, lentamente llegues a la Verdad Última: "¡Ah, eso soy! ¡Yo Soy Eso!"

Me conozco en la forma corporal. Este cuerpo es un cuerpo hecho de alimentos ¿Quién actúa en este cuerpo hecho de alimentos? Este cuerpo hecho de alimentos no va a sobrevivir. Tiene una edad límite, un tiempo limitado. Si quieres conocerte en un sentido real, has de ir al sitio apropiado.

¿Hay preguntas? Estoy aquí para responder cualquier pregunta.
P: ¡Es mucho para absorber! Yo sólo quiero matar al *Yo.*
Maharaj: Esta es una conversación sin sentido.
**NO HAY NADA PARA MATAR.
TE LO HE DICHO,
EL *YO* ES ILUSIÓN.**

Haz tu práctica y desarrolla tu conocimiento de base también. Lee *Yo Soy Eso* una y otra vez y *Master of Self-Realization*.

Las notas de las conferencias de Siddharameshwar Maharaj fueron tomadas por Nisargadatta Maharaj y se convirtieron en el libro *Master of Self-Realization*. En aquello días, no había grabadoras. Parte de las conversaciones puede que se perdieran, pero Nisargadatta Maharaj se las arregló para poner por escrito la mayoría de ellas porque tenía una buena base. Era capaz de comprender lo que Siddharameshwar Maharaj trataba de transmitir, por lo que es un libro muy efectivo.

Todo este Conocimiento es muy sencillo, es un conocimiento muy sencillo, pero la gente lo ha hecho tan complicado que ahora parece como si perteneciese a otro, no a ti.
**TU CONOCIMIENTO SE HA VUELTO AJENO,
EXTRAÑO.
¡NO PERTENECE A OTRO!
¡TE PERTENECE A TI!
¡ES TU CONOCIMIENTO!**
P: A veces me siento muy conectado con lo que usted dice y cada una de sus palabras, pero otras veces no es tan claro.
Maharaj: Como te dije, esto sucede debido a que hay muchas impresiones en tu cuerpo sutil, lo cual produce un desequilibrio de pensamientos. Pero recuerda que la mente, el ego y el intelecto, vinieron después.

En este mundo, compárate con un actor. Actuamos como un hombre o una mujer en el drama de la vida, pero no eres ni hombre ni mujer. De este modo, trata de convencer a tu Identidad Anónima, Invisible, no Identificada.

99. Amor por uno mismo

Maharaj: Maurice Frydman puso mucho esfuerzo en el libro *Yo Soy Eso*. Tenía unos setenta años. Era un hombre pequeño y frágil que tenía un gran dominio sobre muchas enseñanzas espirituales y que había estado con Ramana Maharshi, Krishnamurti, el Dalai Lama, Gandhi, etc. Su última parada fue Nisargadatta Maharaj. Encontró que el Conocimiento de mi Maestro era excepcional y se sintió obligado a dar a conocer al mundo estas enseñanzas. Solía llevar su grabadora de cinta y su cámara de filmar con él, y empleaba horas escuchando las traducciones al marathi, inglés e hindi. Era muy, muy humilde. OK ¿Preguntas?

P: Por ahora no. He estado absorbiendo, tratando de digerir las cosas ¿Ayer habló usted sobre el amor por uno mismo?

Maharaj: El amor por uno mismo tiene que ver con el cuerpo. Antes de ser no había ni amor ni afecto. No había nada. Es a causa del cuerpo por lo que amas, por lo que más amas es a ti mismo.

P: ¿Debemos trascender el amor por uno mismo o estar con él?

Maharaj: No debe ser un amor orientado al cuerpo, orientado a la mente o amor orientado al ego.

AMOR ESPONTÁNEO POR UNO MISMO SIGNIFICA TENER UNA PAZ COMPLETA.

Utilizamos palabras para tratar de imprimir la Realidad. Cuando tuvimos el cuerpo, nos encontramos con el amor. Cuando tuvimos el cuerpo, nos encontramos con el amor, el afecto, el ego, el intelecto y la mente. Antes de eso, no había nada.

Es natural, el amor ha de estar obligatoriamente porque estamos apegados al cuerpo y le tenemos mucho afecto. Tenemos relaciones del cuerpo con nuestra madre, esposa, marido, hermana, hermano y padre, por lo tanto, el afecto está obligado a estar presente. Si alguien cercano *desaparece* y muere súbitamente, te sientes triste. Es completamente natural. Imagina que muere un amigo cercano, tu padre, hermana o madre, es natural que sientas algo de tristeza debido a ese amor, ese amor arraigado. Aunque sabemos que este amor relacionado con el cuerpo no es permanente, incluso así, este sentimiento ha de estar.

Con la espiritualidad, el apego es sólo temporal. En seguida sabemos que el mundo es ilusión. Todo el mundo va a tener que dejar este mundo, lo quiera o no. Por el Conocimiento de la Realidad o la Verdad Última, obtienes valor. Dices: "OK, sucede". Y por un segundo, tienes esta sensación: "Hoy es él, mañana puedo ser yo". Tu apego ha de disolverse.

EL NO-APEGO SUCEDE ESPONTÁNEAMENTE CUANDO LA VERDAD ÚLTIMA SE HA ESTABLECIDO EN UN SENTIDO REAL.

Sentido real significa que no es en el nivel de la mente ni del cuerpo, tampoco intelectual. Todo eso viene y va, viene y va ¡Sé el testigo!

Supón que amas a alguien en un sueño y en ese sueño ella muere. Cuando esto sucede, comienzas a llorar. Pero tan pronto como te despiertas, dices: "¡Oh, era sólo un sueño!" ¿Qué ha pasado con ese sueño y con tu amada? En el sueño llorabas y llorabas, pero al despertar, fue rápidamente olvidado.

Espiritualidad significa despertar de la ilusión, de los pensamientos y sentimientos ilusorios. Significa tener la Convicción de que el mundo entero es ilusión, incluyendo el cuerpo hecho de alimentos. Todo el conocimiento relacionado con el cuerpo hecho de alimentos ha de ser disuelto. Uno no ha de hacer un esfuerzo deliberado, sólo comprender, tratar de comprender.

SÓLO TIENES QUE CONOCER LA REALIDAD,
ACEPTAR LA REALIDAD,
TU REALIDAD.

Antes del conocimiento relacionado con el cuerpo, tu Presencia estaba ahí. Después de que se disuelva el conocimiento relacionado con el cuerpo, tu Presencia estará ahí, pero no tendrá forma alguna. Si quieres hacer comparaciones, compárate con el cielo. En un terremoto, las casas que estaban en pie se derrumban ¿Le pasa algo al cielo?

El cielo parece no estar ahí cuando vivimos dentro de unos muros que parece que lo bloquean. El cielo está presente, pero decimos: "Esto es un templo, esto es un ashram, esto es una cocina, esto son habitaciones". Le damos nombres: "Esto es Inglaterra, esto es Rusia" ¿Puedes llevar un poco de América a India? ¡No! Los nombres te crean problemas y producen separación e ilusión.

SAL DE ESOS COMPARTIMENTOS.
SI HAY UN TEMBLOR ENORME, TODAS LAS CASAS
SE DERRUMBARÁN.
PERO ¿QUÉ LE HA PASADO AL CIELO? ¡NADA!
¡NO SE HA VISTO AFECTADO!

Del mismo modo, tu Existencia Espontánea no se conoce a sí misma, no importa si *Soy* o *Eres*. Esa es la última etapa: ni *Soy*, ni *Eres*. Sólo escúchame. Debido a la identidad del cuerpo nos conocemos unos a otros, pero si la identidad del cuerpo desaparece, la Existencia Espontánea sigue siendo como el cielo.

Para entenderlo, has de mantener la práctica, paso a paso. Poco a poco lo sabrás todo. El Conocimiento ha de ser fortalecido con la Convicción ¡Convicción! ¡Convicción! Luego habrá una Paz completa. Estarás hablando, haciendo tu trabajo, ocupándote de tu familia, pero sin implicación, desapegado y casual.

100. Ha de haber una parada total

P: Maharaj, es muy importante para mí ser iniciado por usted y tener el *Naam Mantra*.
Maharaj: Antes de nada ¿tienes ya un Gurú o Maestro?
P: ¡Lo tengo! Mi Gurú es Nisargadatta Maharaj y usted es su discípulo. Para mí es el único modo de obtener la iniciación de este Linaje y por eso he venido a verle.
Maharaj: Darte el Mantra no es problema pero sólo si tu intención es someterte a una disciplina estricta. Sin meditación no serás capaz de entender la Verdad Última.

Tú ya sabes: "Soy *Atman, Paramatman, Brahman,* Dios, todo". Sin embargo, para establecer la Realidad en tu interior, es necesaria una intensa dedicación. Algunas personas toman el Mantra y no se concentran, no lo toman en serio. Después se van a otra parte debido a una mente errante y a la falta de Convicción.

El Mantra no es una herramienta milagrosa, no es una varita mágica. La varita mágica está en ti. Estamos regenerando tu Poder. El Poder está ahí, pero no eres consciente de él. Hay un Poder tremendo en ti.
P: Durante la meditación ¿debo concentrarme en el Mantra y tener la sensación de que soy *Brahman*?
Maharaj: ¡No sientas! No sientas durante la meditación. No tienes que sentir. No hagas ningún esfuerzo deliberado, ha de ser Espontáneo. No hagas nada, sólo sigue haciéndola. No pienses nada como: "Soy *Brahman*, soy *Atman*", sucederá automáticamente, espontáneamente.

Cualquier Mantra que te sea dado, simplemente recítalo. Repite el Mantra. No pienses: "¿Qué hará por mí?" No pienses nada en absoluto. Sucederá automáticamente, sucederá espontáneamente. Es la Llave Maestra.

El conocimiento está en ti, no fuera de ti. Todo el mundo tiene conocimiento, pero no eres consciente de la Realidad, por lo tanto, vas mendigando bendiciones: "¡Oh Dios, ayúdame, bendíceme, haz algo!" Y vas a diferentes lugares a ver a varios Maestros.

Hemos creado palabras muy, muy dulces, como Brahman, Atman, Parabrahman, Dios, pero no dejan de ser sólo palabras. Palabras hermosas, historias hermosas en libros espirituales.
¿DE QUIÉN ES ESTA HISTORIA?
¿QUÉ HAY DETRÁS DE BRAHMAN?
VE MÁS Y MÁS PROFUNDO
¡NO TENGAS UNA FE CIEGA!
P: No sé qué ha pasado durante los *bhajans*, pero no podía parar de

reír. Me venía más y más arriba, lleno de tanta felicidad que la risa explotó. Trataba de contenerme, pero no podía parar.
Maharaj: ¡Está bien! Los *bhajans* dan mucha Felicidad Espontánea. Las vibraciones son muy fuertes, con profundo significado.
P: Me gustan mucho los de la tarde, hay una línea que dice: "Medita siempre en el Gurú, que es lo Absoluto. No te olvides de adorarle porque es el único que da la comprensión correcta". Y luego, algo como: "Él es todo el conocimiento. Canta los *bhajans* porque él es el iluminador" ¡Simplemente maravilloso!
Maharaj: La meditación y los *bhajans* juntos son una buena combinación. *Bhajans* y meditación son lo más importante porque con los *bhajans* el Espíritu interior obtiene Felicidad Espontánea. Bhausaheb Maharaj dijo:

"LLEGARÁS A CONOCER LA REALIDAD ÚLTIMA A TRAVÉS DEL MANTRA Y LOS *BHAJANS*".

Nisargadatta Maharaj dijo: "Ha de haber una parada total de toda esta búsqueda. Ésta es la parada completa, lo Último, la Verdad Final". No tendrás la tentación de ir a ningún sitio más. Tras la Realización, no serás empujado o dirigido en una dirección diferente. Cuando realices la esencia Divina, que el Maestro está en ti, sin ego, intelecto ni mente, será espontáneo. Eres *Brahman*. Eres anterior a eso, eres anterior al mundo.

LO QUE DIGO, DE VERDAD SUCEDE EN EL TRASFONDO, INVISIBLE, SILENCIOSA Y PERMANENTEMENTE. ¡DATE CUENTA!

Una mente errante no es el camino. Has de tener una fe total, una fe fuerte en ti mismo y no ir con ningún otro Maestro. Una fe y una dedicación completas son esenciales ¿Qué libros has leído?
P: ¡Un montón! Muchos de Nisargadatta Maharaj, partes del *Dasbodh* y del *Yoga Vasistha*, que me gusta mucho.
Maharaj: Tienes una buena base. Aquello que leas has de ponerlo en práctica ¡El conocimiento espiritual intelectual es sólo un pasatiempo!

HAY MUCHOS LIBROS ESPIRITUALES POR AHÍ. EL OYENTE O EL LECTOR DE ESOS LIBROS ES LA REALIDAD ÚLTIMA.

No lo tomes como una historia más de *Atman* y *Brahman*.

Cuando lees libros espirituales, has de tener la comprensión, la Convicción, de que "Esta es mi historia", por ejemplo, tu historia como Realidad sin forma. Es un hecho evidente que tú no eres la forma corporal. El cuerpo es la cubierta externa, con un límite de tiempo, y fin.

Has de ser consciente de tu Verdad Última Todo está dentro de ti, pero no eres consciente de esa Realidad. Te estoy recordando, llamando la atención del Oyente Invisible en ti, que tú eres *Brahman*, *Atman*, *Paramatman*. Pero la mente, el ego y el intelecto no te dejan tener fe en ello, diciendo: "¿Cómo puedo ser *Brahman*? Soy esto y lo otro".

P: Es muy importante para mí oírle decir esto. Me da ánimo y fuerzas el oírlo directamente de usted. Así que muchas gracias.

Maharaj: Nisargadatta Maharaj tenía un poder excepcional. Estoy compartiendo el mismo conocimiento con todos. Es el momento adecuado, el momento correcto. Ni un solo momento regresará nunca. Además, has de salir de esos pensamientos ilusorios, porque en la Realidad eres no-nacido, nunca naciste. Así que nacimiento y muerte sólo se aplican al cuerpo que tú no eres ni fuiste.

Antes de cien años no tenías cuerpo. La muerte le pasa sólo al cuerpo que tú no eres ni fuiste. Dentro de cien años no conocerás tu cuerpo, lo cual quiere decir: ¿Cómo eras antes del conocimiento relacionado con el cuerpo? y ¿cómo serás cuando el conocimiento relacionado con el cuerpo se disuelva? ESO es tu Verdad Última, la Verdad Final, *Brahman*, *Atman*, Dios, el Maestro. Puedes usar cualquier palabra.

**CÓMO ERAS TÚ ANTES DEL CONOCIMIENTO
RELACIONADO CON EL CUERPO
Y CÓMO SERÁS DESPUÉS DE QUE
EL CONOCIMIENTO
RELACIONADO CON EL CUERPO SE DISUELVA,
ES TU VERDAD ÚLTIMA, VERDAD FINAL.**

101. *Adicto a las palabras*

Maharaj: Después de escuchar al Maestro, has de salir del mundo de los conceptos. Se necesita dedicación para esta tarea. Hay muchos libros. Leer no es suficiente, si estás leyendo libros espirituales, al mismo tiempo has de mantener la práctica.

**RECUERDA SIEMPRE QUE EL OYENTE / LECTOR
DE LOS LIBROS
ES LA REALIDAD ÚLTIMA.**

No veas esos libros espirituales como si fuesen sólo historias de *Atman*, *Brahman*. Cuando leas libros, has de tener la comprensión, la Convicción de que "Esta es mi historia", [no en la forma corporal]. Es un hecho evidente que tú no eres la forma corporal. El cuerpo es la cubierta externa con un tiempo limitado, y fin.

Tú eres como yo. [Lo mismo que yo. Gesticula con la mano]

¡Olvídate de esto! [Señala a su ropa] ¡El cuerpo es sólo una capa, un cubierto! Has de aceptarlo así.

**CUANDO EL MAESTRO TE DICE ALGO,
HAS DE ACEPTARLO COMO TU VERDAD, TU REALIDAD,
PORQUE ES TU HISTORIA.**

Has de escuchar y comprender de esta manera: "Ésta es mi historia", como si alguien te contase la historia de tu vida desde el comienzo hasta ahora.

**LO QUE TE ESTOY CONTANDO
ES TU BIOGRAFÍA, TU HISTORIA.
ASÍ HAS DE ABSORBER EL CONOCIMIENTO,
DE MODO QUE TE CONOZCAS A TI MISMO
DE DENTRO A FUERA.**

Todos los libros espirituales dan indicaciones. La mayoría de los buscadores dependen del conocimiento de libros. Esto puede darte felicidad hasta cierto punto, pero cuando llegue el momento de dejar el cuerpo, la profundidad del conocimiento será puesta a prueba. Hace poco, un devoto sufrió una pérdida. Estaba agitado y tembloroso. Sus cimientos [Conocimiento] eran débiles. Siempre estoy recalcando esto a todos los que vienen: "Tus cimientos han de ser fuertes".

**¿POR QUÉ MOLESTARSE CON LA MEDITACIÓN,
EL MANTRA Y LOS *BHAJANS*?
PORQUE SON LA PRIMERA PIEDRA,
LA CUAL ES NECESARIA PARA
ESTABLECER LA REALIDAD,
DENTRO DE LA INVISIBLE IDENTIDAD
NO IDENTIFICADA.**

Nisargadatta Maharaj solía decir que, mientras algunas personas encuentran difícil de entender el lenguaje del Maestro, aquellos discípulos que son discípulos reales, verdaderos discípulos, son capaces de entender sus enseñanzas. El niño entiende el lenguaje de la madre. La madre sabe lo que el niño necesita ¡La madre lo sabe!

Por lo tanto, sé simple, sé humilde y no estreses tu cerebro. Estoy poniendo ante ti tu Verdad, la Verdad Final, tu Verdad Última ¡TUYA! La Verdad del Oyente Invisible, del Oyente Anónimo. Sin complicaciones, sin confusión, sin conflictos.

Desde la más tierna infancia, han aparecido muchos pensamientos y conceptos personales. Hay muchos pensamientos dentro de ti. No has cometido ningún crimen o pecado en tu vida pasada ¿Quién es culpable? ¿De quién es el *karma*? ¿De quién es el *prarabdha*? Hemos creado palabras y pensamientos imaginarios sin fin, que se han impreso en nosotros y hemos aceptado a ciegas.

TE ESTÁS AHOGANDO EN UN MAR

DE PALABRAS, PENSAMIENTOS Y CONCEPTOS ILUSORIOS
¡TODO ESO ES IMAGINACIÓN!

Para la espiritualidad, se necesitan unos cimientos perfectos, una base sólida, de modo que la Unidad esté ahí en cualquier cosa que leas, escuches o estudies. Sin unos cimientos, la dualidad continuará. Todo el conocimiento que ahora tienes está relacionado con el cuerpo, todo es conocimiento relacionado con el cuerpo. Te estás agarrando intelectualmente al conocimiento. Tu lectura es una lectura intelectual, hecha con el ego sutil: "Soy alguien [distinto] y estoy leyendo este libro. Soy alguien [distinto] y estoy leyendo este libro".

Estás tratando de entender y asir con tu conocimiento y comprensión con base en el cuerpo. Estoy llevando esto a tu atención porque es muy importante. Cuando estás leyendo un libro sobre un aspecto de *Brahman*, *Atman*, *Paramatman*, Dios, lo estás leyendo por medio del conocimiento relacionado con el cuerpo. Puede que lo entiendas, pero:

**AUNQUE LO ESTÁS ENTENDIENDO TODO INTELECTUALMENTE,
NO ESTÁ ESTABLECIÉNDOSE EN TI,
PORQUE NO ERES UNO CON LA VERDAD ÚLTIMA.**

Cuando estás leyendo, estás separado de ESO. Estás separado de ESO cuando estás escuchando y cuando te acercas a distintos Maestros ¡Te has separado a ti mismo de la Verdad Última!

**TU PUNTO DE PARTIDA Y TU FUNDAMENTO
TIENEN SU BASE EN EL CUERPO.
VIENES DE UN CONOCIMIENTO CUYA BASE
ES EL CUERPO.**

Eso significa que el conocimiento espiritual que estás adquiriendo es apilado en lo alto de la frágil e ilusoria base del cuerpo.

**EN TUS BÚSQUEDAS ESPIRITUALES,
ESTÁS USANDO LA MENTE, EL EGO Y EL INTELECTO;
CUANDO LA REALIDAD ÚLTIMA
ESTÁ MÁS ALLÁ DE ELLOS.**

No paras de preguntar: "¿Cuándo aparecieron la mente, el ego y el intelecto?" No Auto-indagas ni te percatas que la mente, el ego y el intelecto vinieron después, junto con el ser, y por lo tanto, no te sirven, no te sirven como instrumento para encontrar la Verdad Última.

**¿CÓMO PUEDE ENCONTRAR LA MENTE
LO QUE ES ANTERIOR A ELLA?**

En el momento en que el espíritu hizo clic con el cuerpo, empezaste con el "Yo soy". Y por el "Yo soy" vinieron todos los conceptos. Por lo tanto, tu base está formada por conceptos ilusorios.

Una cosa es simple y clara, si reflexionas sobre ella: Antes de ser, no nos encontramos ningún digamos *Brahman*, *Atman*, *Paramatman*, Dios, felicidad o paz. No había nada. Todos esos términos y condiciones comenzaron a existir cuando tu Presencia comenzó a existir junto con el cuerpo, cuando el Espíritu hizo clic con el cuerpo.

La Presencia por sí sola no conoce la felicidad, la paz o la existencia; es la combinación del cuerpo y la Presencia, como por así decir, un ventilador y la electricidad, lo que causa la ilusión. El cuerpo no puede decir *Yo*, el Espíritu no puede decir *Yo*. La luz está encendida y el ventilador gira debido a la electricidad.

Del mismo modo, cuando el Espíritu hizo clic con el cuerpo, instantáneamente dijiste *Yo*, y junto con el *Yo* aparecieron las expectativas, exigencias y necesidades: "Quiero felicidad. Quiero paz. Quiero algo más".

ENTONCES, TRATA DE CONOCERTE A TI MISMO.
¿DÓNDE ESTABA TU PRESENCIA
ANTES DEL CONOCIMIENTO
RELACIONADO CON EL CUERPO?
¿CÓMO ERA TU PRESENCIA?

Antes del conocimiento relacionado con el cuerpo, no sabías nada y no tenías nada. A la luz de esto, has de tener la Convicción de que "La forma corporal no es mi Verdad Última".

¿Qué pasa con el cielo y el infierno? Hay mucho miedo alrededor de estos conceptos. De nuevo, no sabías nada del cielo o el infierno antes de ser. Adquiriste el conocimiento espiritual después.

¿PARA QUÉ SIRVE EL CONOCIMIENTO ESPIRITUAL
CUANDO NO HAY CONOCEDOR?
SI NO HAY CONOCEDOR,
¿PARA QUÉ TE SIRVE
EL CONOCIMIENTO ESPIRITUAL?

El Conocedor ilusorio se encontró con el cuerpo. El Conocedor es Invisible, sin forma, sin figura. No hay ni *conocedor* ni *no-conocedor*. Por lo tanto, el conocimiento espiritual es ilusión.

P: Si todo el conocimiento espiritual que tenemos es ilusión, entonces ¿cómo puedo encontrar la Verdad Última?

Maharaj: Has olvidado tu Identidad. Cuando el Espíritu entró en contacto con el cuerpo, olvidaste tu Identidad. Por lo tanto, se requiere el Conocimiento para establecer dentro de ti la Verdad de que: "Eres la Verdad Última. Eres la Verdad Final".

EL CONOCIMIENTO ACTÚA COMO UN ASCENSOR,
PARA LLEVARTE
A LA ÚLTIMA PLANTA.

Una vez que estás en ella, ya no lo necesitas.

No dependas del conocimiento que tiene el cuerpo como base, que desaparecerá junto con el cuerpo. No eres ni *Brahman*, ni *Atman*, ni Dios. De hecho, no eres nada. Tu base ha de ser fuerte.

¡HAY MUCHO CONOCIMIENTO ESPIRITUAL POR TODAS PARTES!
LO QUE LEAS HA DE SER UN CONOCIMIENTO PODEROSO.

La gente que lee libros sin parar, puede que sean Maestros de los libros, Maestros de filosofía, pero ese conocimiento tiene un tiempo limitado. En el momento en que el cuerpo se va, todo se va, por lo tanto el Conocimiento es también ilusión. El Conocimiento no es la Verdad Final, es sólo un medio.

¿QUÉ ES CONOCIMIENTO?
CONOCIMIENTO SIGNIFICA CONOCERSE A SÍ MISMO EN UN SENTIDO REAL.

Te conoces en la forma corporal: "Soy un hombre. Soy una mujer. Soy *Brahman*" ¡Esta ilusión, esa ilusión, otra ilusión! "Estoy haciendo esta actividad, la otra actividad, añadiendo ego, ego, ego". Estás completamente atrapado en los conceptos egoístas. "Haré esta actividad. Hice aquello". No puedes hacer nada.

NO PUEDES HACER NADA CON EL CUERPO PORQUE EL CUERPO NO ES TU BASE.
SI ENCUENTRAS TU BASE, TUS FUNDAMENTOS SERÁN PERFECTOS.

P: ¿Cuál es mi fundamento?

Maharaj: Tu fundamento será establecido después de quitar todo el conocimiento relacionado con el cuerpo. Estoy martilleando lo mismo. ¡Escucha atentamente! Antes de ser no había necesidades. Paz, felicidad, miedo, *Brahman*, *Atman*, todos los conceptos vinieron después.

Es una cosa muy sencilla, de modo que echa una ojeada y pregúntate: "¿En qué punto me encontraré después de leer todo ese conocimiento relacionado con el cuerpo?" Nos hemos vuelto adictos a esos conceptos. Nos hemos convertido en víctimas de nuestros propios conceptos, firmando a ciegas esto y aquello: "Soy un hombre, soy una mujer. He hecho cosas malas, he hecho cosas buenas" ¡Ahora es el momento de despertar y Conocer la Realidad!

¡CONOCE LA REALIDAD!
LA REALIDAD HA SIDO PUESTA ANTE TI.
ES UN SECRETO ABIERTO.

Trata de salir del círculo. No estás en esclavitud. El Conocimiento es limitado, sólo es de utilidad mientras estás vivo. No hay conocimiento, ni conocedor, ni conceptos. Esta es la Verdad Final. Ni discípulo ni Maestro, ni Dios ni devoto. La ilusión comenzó cuando te encontraste con el mundo. Ahora sabes que el mundo entero es tu Proyección Espontánea. Para ver el mundo, se requiere tu Presencia.

NO ESTÁS DENTRO DE NINGUNA PALABRA.
NO ESTÁS DENTRO DEL UNIVERSO.
EL UNIVERSO ESTÁ DENTRO DE TI.

En el momento en que la Presencia hace clic, ves el mundo. Sin tu Presencia, no puedes ver el mundo. Estoy llamando la atención de esa Presencia, la Presencia Invisible, la Presencia no Identificada. Eso Eres Tú [señalando al visitante].

Nacimiento y muerte no tienen nada que ver contigo. Esto es Realidad, tu Realidad. Le digo lo mismo a todos: "No analices el significado literal de las palabras. Deja de analizar los libros preguntando: "¿Qué es esto? ¿Qué es eso? Ramana Maharshi dijo esto, Nisargadatta Maharaj dijo eso". No compares los libros, los Maestros ni las enseñanzas.

Lo que quieren transmitir más allá de lo que dijeron, es lo importante ¡Nada de comparaciones! No estás estudiando conocimiento espiritual.

ESPERAMOS CONVICCIÓN,
NO ESTUDIO.

Mucha gente viene aquí preguntando cuál es el significado de esto y lo otro. Preguntando ¿por qué? ¿Por qué? ¿Por qué? ¿Qué vas a alcanzar con tu estudio comparativo? Eso no te va a servir. Has de salirte de todo este mundo ilusorio.

CONCÉNTRATE EN EL CONCENTRADOR.
NO NADES ENTRE LOS SIGNIFICADOS LITERALES,
DEJA DE AHOGARTE EN
UN OCÉANO DE PALABRAS.
YA NO SERÁS MÁS UN ADICTO.

102. ¿Para quién son todas estas lecturas de libros?

P: No parece muy entusiasmado con nosotros y nuestras lecturas de libros espirituales ¿No es de utilidad para la práctica leer libros espirituales?
Maharaj: Por supuesto que puedes leer libros, libros que te den conocimiento. Pero mientras leas esos libros espirituales, has de

establecer que tu Verdad Última no está separada de ti. Lo que estás leyendo es la historia del Lector.

El Lector no tiene forma alguna. Cuando leas cualquier libro espiritual, léelo de tal manera que sepas que lo que estás leyendo es tu historia, la historia del Lector Invisible. Al final es tu historia, sin forma alguna. Sólo entonces el Conocimiento podrá ser establecido.

P: Eso significa que uno no se ha de separar del contenido del libro. Tenemos tendencia a leer de tal manera que es la persona, por así decirlo, la que está recopilando información, como si fuese un ejercicio intelectual. Eso es dualidad. Lo que está diciendo, Maharaj, es que el lector es invisible ¿Es como el Oyente Silencioso hablándose a sí mismo, como Dios hablándole a Dios?

Maharaj: Cuando lees algún libro como *Master of Self-Realization*, o *Yo Soy Eso*, te están dando un mensaje que es el mensaje del Lector, tu Verdad.

Esta frase, dada por mi Maestro, ha de ser la conclusión de todo lo que has leído: "Excepto tu Ser sin ser, no hay Dios, ni *Brahman*, ni *Paramatman*, ni Maestro". Ésta es la esencia, el principio de todos los libros espirituales y filosóficos.

**EL PRINCIPIO HA SIDO TEÑIDO
POR DISTINTAS PALABRAS E HISTORIAS SIN FIN,
LAS CUALES HAN OSCURECIDO EL PRINCIPIO ESENCIAL
QUE INDICA AL CONOCIMIENTO DEL LECTOR.
EL LECTOR NO TIENE FORMA ALGUNA.
EL LECTOR ES EL LECTOR INVISIBLE.**

Como estoy hablando contigo sobre algo, estás escuchando. No sólo estás escuchando, sino que también estás analizando. Y no sólo estás analizando lo que se dice, estás siendo testigo de eso que está analizando. De forma instantánea las cosas suceden y tú vuelves a ser el testigo. Estoy llamando la atención de ese Testigo, del Testigo Invisible en ti, que ha sido llamado *Brahman*, *Atman*, *Paramatman*, Dios, Maestro.

Después de haber leído un buen número de libros, debe haber una conclusión ¿Cuál es el resultado? ¿De qué utilidad fue todo ello?

**HA DE HABER UNA CONCLUSIÓN.
HAS DE LLEGAR A UNA CONCLUSIÓN,
DE OTRO MODO ESTÁS MALGASTANDO
UNOS MOMENTOS PRECIOSOS.**

Reunir conocimiento, acumular conocimiento, es conocimiento árido y no te será de ayuda en el lecho de muerte.

¿PARA QUIÉN SON TODAS ESAS LECTURAS?

P: Supongo que me gusta leer libros espirituales.

Maharaj: Si todo lo que haces es leer libros, si lo único que haces es leer libros, lo único que pasa es que quieres convertirte en *Maestro de los libros*, un Maestro literario, no un Maestro de la Realidad. Eso no te ayudará.

¿Para qué quieres seguir sabiendo más y más, añadiendo más y más ignorancia? Los libros ya han indicado que tú eres la Verdad Última. Tienes que establecerte en esa Verdad Última ¿Para qué esta ansia de leer más y más, una vez y otra y otra?

P: ¡Entiendo! He de dejar que esos libros espirituales hablen al Oyente Invisible en lugar de a la mente.

Maharaj: ¡Sí! Porque ya no eres más una persona individual ¡Ahora ya lo sabes! ¡No seas un ratón de biblioteca! Eres la Verdad Última, la Verdad Final.

CUANDO LEAS EL CONTENIDO, QUE ESTÁ CONECTADO CON TU VERDAD ÚLTIMA, HAS DE SABER QUE TÚ ERES LA VERDAD ÚLTIMA.

Es tu Conocimiento, no conocimiento de libros "¡Sí, Yo Soy Eso!" Esa es la Convicción. Esa es la Meditación. Es necesaria una alerta continua, Espontánea, de que tú eres la Verdad Última.

P: Usted dice a menudo que no tenemos que tomar las palabras literalmente, o compararlas con lo que hemos leído en cualquier otra parte. Supongo que nos quedamos atrapados y enganchados a ellas.

Maharaj: El Conocimiento está ahí, el problema es cómo interpretarlo y cómo ponerlo en práctica. Si no utilizas el conocimiento de la forma adecuada, te creará problemas. Cualquier cosa en exceso es veneno.

P: Algunos libros como *Yo Soy Eso* y *Master of Self-Realization*, llaman la atención del Oyente Invisible mucho más que otros. Eres uno con el contenido porque le hablan a uno directamente desde la Realidad Última, por así decir.

Maharaj: Sí, sí.

P: Gracias por ello, Maharaj. Lo que usted ha dicho sobre el lector separándose a sí mismo del conocimiento del Lector es realmente útil. Lo que usted ha señalado es una sutil diferencia, pero cuanto más reflexiono sobre ello, mayor es la diferencia. Entiendo que he leído muchos grandes clásicos espirituales, y me digo a mí mismo: "¡Es maravilloso!", pero una parte de mí está separada. Hay dualidad porque aunque me podría identificar con el contenido, realmente no sentía que era "mi historia", no completamente.

Su acercamiento es de mucha ayuda, Maharaj, para hacer conscientes de que estos libros sobre *Brahman* no son las historias de Brahman, pero "mi historia" porque "Yo soy *Brahman*" [sin decirlo, sin ego]. Ser uno con la Verdad que está siendo expresada es lo que, creo, que usted está diciendo. Es difícil de explicar. Volveré a hablar con usted sobre ello, pero algo profundo se ha producido.

Maharaj: ¡Muy bien, muy bien!
P: No es sólo en relación con los libros. Ahora le estoy escuchando, al Maestro, y a lo que está contando como mi historia. Es tan Real y está siendo aceptado total y completamente. Sé que es la Verdad. Lo siento muy hondo. Me siento Uno con la Verdad que usted está transmitiendo.
Maharaj: ¡Muy bien! Tienes una profunda implicación. Sigue yendo más y más profundo.

103. 'Yo Soy'

P: ¿Qué es exactamente *Yo soy*, en palabras sencillas, y qué no lo es?
Maharaj: Yo soy es una indicación de tu Espontánea Presencia Anónima, que no tiene forma ni color alguno. Se le han dado nombres, *Atman*, *Paramatman*, Dios, sólo para entender, para comunicar. La Realidad está más allá de la imaginación. No ha de haber ninguna confusión. Suena como si algunas personas hubiesen creado una habitación especial para el *Yo soy*. En la etapa avanzada, *Yo soy* es también ilusión.

De nuevo hay que ser claro, no hay *Yo soy*, no hay *Tú eres*, son sólo p-a-l-a-b-r-a-s. Antes de ser, no sabías lo que *Yo* o *Tú* eran.
**TE ESTÁS MOLDEANDO A TI MISMO ARTIFICIALMENTE, DICIENDO: "SOY ALGUIEN",
Y A LA LUZ DE ESTE CONOCIMIENTO
DE SER ALGUIEN,
PIENSAS Y MEDITAS EN EL *YO SOY*.**
Al darle nombres, estás limitando la Realidad, encerrándola. Recuerda que *Yo soy* es un concepto. Utilizamos palabras simplemente para tratar de entender, intercambiando palabras mediante las cuales invitamos al Invisible Oyente Anónimo que hay en ti. Todas las palabras se usan con el propósito de entender.
**TRATA DE CONOCER TU IDENTIDAD.
TRATA DE CONOCER TU IDENTIDAD NO IDENTIFICADA.
EL CONOCEDOR DESAPARECERÁ.
MIENTRAS TRATAS DE CONOCER LA VERDAD ÚLTIMA,
EL CONOCEDOR DESAPARECERÁ.
NI CONOCIMIENTO NI CONOCEDOR.**
P: La comprensión es que el *Yo soy* es muy profundo...
Maharaj: ¿Quién está entendiendo eso? [Maharaj ríe]. Yo estoy entendiendo ¿Quién entiende eso? Todo eso requiere la Presencia, pero tu Presencia no tiene forma ni figura. No tiene forma. Ni existencia ni

no-existencia, ni ser consciente ni no serlo, ni conciencia ni no-conciencia, ni conocedor ni conocimiento, etc.

Estás despreciando lo que ya existe en ti, lo *Sin-forma*, Invisible, Identidad no Identificada. Tú eres Eso. Eres *Brahman*, *Atman*. El *Yo* es como el cielo ¿Dice el cielo "Yo soy"? El cielo es totalmente inconsciente de su existencia. Del mismo modo, tu Presencia es totalmente inconsciente de su existencia.

Todas esas palabras son conocimiento relacionado con el cuerpo. La existencia es también ilusión ¿Quién dice existencia y no-existencia? Cuando te encontraste con el cuerpo creaste un gran campo ilusorio: existencia, no-existencia, conciencia, no-conciencia, consciencia.

**ESTÁS VAGANDO POR EL CAMPO
TRATANDO DE EXTRAER CONOCIMIENTO
¡SAL DEL CAMPO!
¡SÉ VALIENTE, TEN VALOR!**

P: A veces pienso que la práctica del *Yo soy* ha sido tomada de forma demasiado literal y puede que haya crecido desproporcionadamente. Además, hay mucha confusión en torno a ello más de 30 años después de la muerte de Nisargadatta Maharaj. Puede que se haya inflado en algo...

Maharaj: Lo que sucede cuando los buscadores, devotos o discípulos leen libros, es que en la base de sus lecturas hacen un cuadrado, y luego esperan las respuestas desde dentro del cuadrado. Has de dejar todo eso.

**LO QUE SEA ENTENDIDO
A PARTIR DEL CUERPO, ES ILUSIÓN.**

Te has llevado a ti mismo al terreno de la confusión, usando palabras que confunden. Eres víctima de tus propias ideas, de tus propios conceptos: *Yo soy*, *Tú eres*, *Él*, *Ella*, *Brahman*.

P: Cuando permanecemos en el *Yo soy* ¿Cómo he de estar? ¿He de ir más allá?

Maharaj: Olvídate de toda la conversación espiritual. Decir *Yo* es ego ¿Por qué tratas de permanecer en, o como, *Yo*? Eso significa que estás teniendo ego y diciendo: "¡Soy alguien, alguien, alguien distinto! ¡Yo soy!" Eso significa que piensas que eres alguien distinto y vas a seguir así, *Yo* [cierra los ojos]. Eso es dualidad.

No has de hacer ningún esfuerzo. Al principio has de aceptar que tu *Yo soy* existe y que conoces al *Yo soy* sólo a través del cuerpo. Es un hecho evidente que el cuerpo no es tu identidad. Pero mientras permanezcas en el *Yo soy*, te consideras a ti mismo como alguien distinto y, con el ego sutil, estás en el *Yo soy* y dices *Yo*.

TRATAS DE EXPERIMENTAR EL *YO*,

DE SER *BRAHMAN*, *ATMAN*, Y PARA HACERLO, HAS DE SER ALGUIEN DIFERENTE, ALGUIEN DISTINTO.

P: Entonces hay dualidad, división.

Maharaj: Inmediatamente, si tratas de estar así ¿Por qué hacerlo? Quiero estar como John: "Soy John". Tú ya eres John ¿Por qué ser *Soy John*? John es el nombre que se le ha dado a este cuerpo, no es tu Realidad Última. Del mismo modo, tu Presencia Espontánea, tu existencia, no tiene figura. No hagas ningún esfuerzo. No tomes el sentido literal de las palabras espirituales, en su lugar, trata de tomar lo que quieren transmitir.

Eres tu propio Maestro. Cualquier cosa que escuches o leas, hasta cierto punto, es de utilidad, pero después de llegar al destino final, no necesitas una dirección. Así que no tomes en sentido literal lo que el Maestro dice. Lo que quiere transmitir es lo más importante. Has creado un globo ¡Pínchalo!

TODO LO QUE HAS DE ENTENDER ES QUE EL CUERPO NO ES TU IDENTIDAD.
CUANDO MEDITAS, TE HACES PASAR POR ALGUIEN DISTINTO, Y POR ESO LA MEDITACIÓN ES DUAL.

El *Yo soy* es sólo una indicación ¿Por qué analizarlo tanto? Toda la meditación, la concentración, el conocimiento, la Auto-indagación, son sólo distintos peldaños, parte de un proceso en el camino a la Verdad Final. Tras tener la Convicción de que no eres el cuerpo, no hay nada más que hacer. Tú reacción será acción Espontánea.

Tú ya eres *Yo soy*. Sólo tienes que conocerte en un sentido real. Excepto tu Ser sin ser, no hay *Yo Soy* ¿Por qué estar en este pequeño mundo, este mundo literal del *Yo soy*? Ya estás ahí, juntos, las veinticuatro horas ¿Por qué permanecer en algo que ha sido creado artificialmente o de conjeturas imaginadas?

No luches con las palabras. Son sólo indicadores de la Verdad Última y de cómo esa Verdad es tu Identidad. Pero la Verdad es Invisible y Anónima. Deja de imaginar, de suponer. No utilices la lógica o el intelecto.

ERES PRESENCIA LAS VEINTICUATRO HORAS, ASÍ QUE NO HAY NECESIDAD DE TRATAR, DE SER, DE PENSAR EN *YO SOY* EN ABSOLUTO.

Estás más allá de más allá.

104. 'Yo Soy' es ilusión

P: He estado haciendo mi meditación regularmente y tratando de estar en el *Yo soy*.

Maharaj: Cuando llegas a conocer la Realidad ¿para qué quieres tratar de y estar en el *Yo soy*? Quédate tal cual ¡Así de fácil! No hagas nada. No hay hacedor ni lo hecho, así que no hagas ningún esfuerzo deliberado. Estás en todas partes. No lo hagas, no trates de permanecer en la *Yo soy-dad*. Eso está OK, pero es un juego de niños, y ya no eres un niño. Todos saben que *Yo soy* es la base.

**¿CUÁNTO TIEMPO VAS A SEGUIR DICIENDO:
"ÉSTA ES LA BASE,
ÉSTA ES LA BASE"?**

P: Nisargadatta Maharaj dijo que *Yo soy* es el primer concepto y...

Maharaj: Recuerda siempre que las palabras son sólo un medio, un instrumento que se usa para indicar algo. De nuevo he de repetir lo mismo: No tomes las palabras que utiliza el Maestro de modo literal. No tomes las palabras de modo literal o lógico.

¿Qué es el cuerpo? Sólo una señal de ser, *Yo soy*, un tipo de sensación *Yo soy*. Sientes el *Yo soy* y por esa sensación espontánea ves el mundo. Por la mañana temprano, en el primer momento, tienes esa sensación. Al principio no tienes un cuerpo y luego, instantáneamente, ves el mundo. Por lo tanto *Yo soy* es una indicación. *Yo soy* es el indicador de tu Espontánea e Invisible Identidad no Identificada. Esta es la frase perfecta. Por ese Espíritu Espontáneo, el *Yo soy* es.

**YO SOY ES EL INDICADOR DE TU
ESPONTÁNEA E INVISIBLE
IDENTIDAD NO IDENTIFICADA.**

Individualidad, dualidad, estamos luchando con las palabras ¡No luches con las palabras! Estoy poniendo ante ti la Verdad Última. Olvida todo lo que has oído y leído.

**¿CÓMO ERAS ANTES DE SER?
¿QUÉ SABÍAS SOBRE *BRAHMAN*, *ATMAN*,
PARABRAHMAN, DIOS?
¡NADA!
¿QUÉ SABÍAS SOBRE *YO SOY*?
¡NADA!**

P: Usted habla sobre disolver el conocimiento relacionado con el cuerpo ¿eso incluye el *Yo soy*?

Maharaj: La sensación de *Yo soy* es Espontánea, porque es conocimiento relacionado con el cuerpo. Es Espontánea porque a través del conocimiento relacionado con el cuerpo sabes que *Yo soy*.

Antes de ser no eras consciente del *Yo soy*. Así que sólo es una sensación de *Yo* donde no hay cuerpo, ni intelecto, ni conocimiento, nada.

Antes de que el Espíritu tocara el cuerpo, eras inconsciente y desconocido para ti. Esta es tu Identidad ¿Por qué quieres permanecer en el *Yo soy*? Lo haces muy artificial. Ya estás ahí. Tu Presencia ya está ahí. Si lo estás intentando es que todavía hay ego. Eres la Verdad Final pero has olvidado tu identidad, por eso estás tratando de estar en el *Yo soy* psicológica y mentalmente.

P: En cierto sentido el *Yo soy* puede evaporarse, disolverse...

Maharaj: *Yo soy* señala a tu Presencia Espontánea. Ya te he dicho que para decir *Yo soy* se requiere tu Presencia.

EL *YO SOY* ES PROYECTADO POR TU PRESENCIA.
TU PRESENCIA ES DESCONOCIDA,
ANÓNIMA,
INVISIBLE,
NO IDENTIFICADA.

P: Creo que hay una confusión relativa a la Presencia y sobre lo que exactamente significa *Yo soy*.

Maharaj: ¡Le estás dando demasiada importancia! Son sólo palabras: *Yo soy*. Estás luchando con las p-a-l-a-b-r-a-s. Eres anterior a las palabras, antes del *Yo soy*.

P: ¿Entonces la Presencia es anterior al *Yo soy*?

Maharaj: Sí, sí, por supuesto. Tu Presencia es, como dice el santo Tukaram: "Anterior, anterior, anterior. Antes del cielo, Dios y todas las deidades. Cuando no había cielo ni luz, tu Presencia estaba ahí. Cuando no había cielo ni luz, tu Presencia estaba ahí. Somos anteriores a Dios y a todas las deidades". Tukaram era una persona poco instruida, sólo llegó al segundo o tercer curso. Su educación fue muy pobre ¿Cómo surgió la Verdad en él?

LA VERDAD APARECIÓ
DESDE DENTRO DE ÉL.
LA VERDAD PUEDE APARECER
DESDE DENTRO DE TI TAMBIÉN.
PERO NO TE ESTÁS CONCENTRANDO.
NO ESTÁS PRESTANDO SUFICIENTE ATENCIÓN,
ESTÁS MÁS INTERESADO
EN JUGAR CON LAS PALABRAS,
Y EN LO QUE ESTÁ PASANDO
EN LA FORMA CORPORAL.

¿Quién creó el lenguaje? ¿Conoces esta historia de Bhausaheb Maharaj? Gurudev Ranade solía escribir en inglés y leerlo luego en voz alta a su Maestro. Bhausaheb Maharaj no sabía inglés y sin embargo podía señalar una frase y decir: "¡Esta frase está equivocada!". Gurudev Ranade decía: "¿Cómo lo puede saber?" La respuesta de Bhausaheb Maharaj era: "¿Quién creó el lenguaje? El lenguaje es eterno. Estás poniendo unas palabras junto a otras, pero el significado se encuentra en su interior. El Espíritu Todopoderoso conoce el lenguaje, el lenguaje no es una barrera".

P: Mi experiencia es que incluso aunque la práctica del *Yo soy* se suponga que es una puerta de entrada, ha demostrado ser un escollo. Siento que puedes quedar también atrapado en las palabras *Yo soy*, porque a pesar de todo, es sólo un concepto. Usted, Maharaj, no habla realmente de ningún concepto, va directamente a lo Absoluto, donde usted está. Es un modo eficaz de clarificar todo de golpe.

Utilizando pocas palabras, simplifica el Conocimiento más elevado. Su Acercamiento Directo funciona, y junto con el método de martillear y repetir, hay una gran claridad. Las enseñanzas tienen también un elemento no verbal, porque su Presencia es muy fuerte.

105. *Más allá de las palabras, más allá de los mundos*

Maharaj: Antes de ser, no había nada. Eras completamente desconocido para ti mismo. Tras dejar el cuerpo ¿qué va a quedar? ¡Nada! ¿Entonces por qué quieres hablar sobre el conocimiento relacionado con el cuerpo?

ESTA EXISTENCIA VIENE DE NADA Y SERÁ REABSORBIDA EN NADA.

Yo soy es un concepto. Deja de considerarte a ti mismo a la forma corporal: De lo que estoy hablando está más allá de *Yo soy*, antes de *Yo soy*. La Verdad es la verdad y es la misma para todos. De donde vienes, no había cinta métrica ¿Por qué quieres seguir hablando del conocimiento relacionado con el cuerpo?

P: He estado practicando la meditación en el *Yo soy* y soy capaz de volver mi atención al sentimiento de ser yo, de ser *Yo soy*, con independencia de cualquier identidad social o condicionada. Hay una sensación de dicha. Pero esta sensación de dicha viene y va, por eso estoy desanimado ¿Qué puedo hacer?

Maharaj: Todos los sentimientos son sentimientos basados en el cuerpo.

P: ¿Así que la Presencia Espontánea que siento como yo, no es real?

Maharaj: Te conoces a través del cuerpo. Antes del cuerpo, antes de ser, no te conocías.

SE NECESITA TU PRESENCIA PARA DECIR *YO SOY*.
TU PRESENCIA ES ANÓNIMA, INVISIBLE, SIN FORMA.
NO HAY EXPERIENCIA NI EXPERIMENTADOR.

P: ¿La experiencia de no tener figura, simplemente sucede por sí misma? ¿Sería una experiencia como ser libre, libre de todo?

Maharaj: Eres totalmente libre. Te consideras a ti mismo cautivo sólo debido al conocimiento relacionado con el cuerpo.

P: Supongo que es una experiencia de antes del *Yo soy*.

Maharaj: ¡Correcto! Tu Presencia Espontánea es anterior al *Yo soy*. Antes de ser eras desconocido para tu Presencia.

P: ¿Soy desconocido para ella?

Maharaj: ¡Desconocido para la Presencia!

LA PRESENCIA ES ILOCALIZABLE.

En el momento en que te encontraste con el cuerpo, empezaste a saber *Yo soy*. En resumen, eres Realidad. Eres la Verdad Última, la Verdad Final, sin ninguna forma corporal.

P: ¿Se necesita algún esfuerzo al principio para identificarse con eso?

Maharaj: Al principio has de hacer algún esfuerzo para conocerte en un sentido real debido a tantos pensamientos y conceptos que te envuelven. Estás abarrotado de pensamientos ilusorios, así que para borrarlos, necesitas algo de ayuda del conocimiento espiritual, así como de la disciplina de la meditación.

P: A veces medito en la sensación de *Yo soy*, otras veces medito en *¿Quién soy yo?*

Maharaj: Cuando te preguntas a ti mismo quién eres tú, la respuesta es el Preguntador.

P: ¿El Preguntador es en sí mismo la respuesta?

Maharaj: El preguntador es el Invisible Preguntador Anónimo. Mediante la forma corporal estás haciéndote la pregunta de quién eres tú, porque olvidaste tu Identidad.

POR LO TANTO, CUANDO HACES LA PREGUNTA
"¿QUIÉN SOY YO?",
LA RESPUESTA ES
"TÚ ERES TODO, TÚ ERES LA VERDAD ÚLTIMA,
ERES LA VERDAD FINAL",
PORQUE NO ERES EN NINGUNA FORMA.

Sin tu Presencia Espontánea no puedes decir ni una sola palabra. Así que tu Identidad está más allá de eso, más allá de ser, es anterior de ser.

P: Mi pregunta es ¿diría usted que meditar en el *Yo soy* sirve de algo para entenderlo o no?

Maharaj: Al principio está OK, pero si te concentras en el *Yo soy* significa que estás usando el cuerpo para ayudarte. No eres el cuerpo ¡Es un hecho evidente! Eres la Presencia Invisible. Tu presencia estaba ahí sin ningún conocimiento basado en el cuerpo.

CONCÉNTRATE EN EL CONCENTRADOR
A CONTINUACIÓN, EL CONCENTRADOR DESAPARECERÁ.

De este modo, no habrá ningún *Yo soy*. Practica pero no lo conviertas en un problema. No te compliques.

P: Supongo que estoy un poco confuso en relación con este enfoque.

Maharaj: *Yo soy* y *Yo*, son conceptos. Está OK cuando nuestro enfoque es físico. Pero tú ya eres *Yo*, así que en realidad no necesitas prestarle tanta atención para recordar o conocer el *Yo* porque ya eres *Yo*. Mucha gente dice: "Tengo que meditar en el *Yo soy*", olvidando que es sólo un indicador de tu Identidad no Identificada.

YO SOY ES SÓLO UN INDICADOR
DE TU IDENTIDAD NO IDENTIFICADA.

Le digo lo mismo a todos: "No tomes las palabras literalmente". Nosotros creamos las palabras *Yo* y *Yo soy*, y les hemos dado un significado para comunicarnos, a fin de indicar, señalar o identificar algo. Pero son sólo palabras. Las palabras te están extraviando.

TU EXISTENCIA,
TU PRESENCIA, ESTÁ MÁS ALLÁ.
MÁS ALLÁ DE LAS PALABRAS,
MÁS ALLÁ DE LOS MUNDOS.

Mírate de forma espontánea, el meditador desaparecerá sin que te des cuenta. La forma desaparecerá, y con ella, la memoria y el *Yo soy*.

CUANDO TODO DESAPARECE,
AHÍ ESTÁS TÚ.
EN FORMA INVISIBLE.

P: Así que hay un punto en el que todo se va, como nadar en la luz o algo así.

Maharaj: Puedes usar las palabras que quieras, mientras mantengas en mente que eres la Verdad Última, que eres la Verdad Final. Eres *Brahman*, *Atman*, eres *Paramatman*, eres Dios, eres el Maestro.

AL FINAL, LO MÁS IMPORTANTE ES QUE
ESTA REALIDAD SEA TOTALMENTE ABSORBIDA.

Tras la Absorción, no quedará ninguna individualidad en absoluto. No quedará nada.

P: ¿De verdad? ¿Eso es paz o dicha, o no-dicha?

Maharaj: La paz pertenece a la experiencia. La paz y el silencio tienen que ver con la experiencia, la dicha también. Antes de ser no había paz, ni felicidad, ni infelicidad, ni depresión. No había nada.

NECESITAMOS PAZ Y SILENCIO
PORQUE TENEMOS UNA FORMA CORPORAL.
CUANDO TODO EL CONOCIMIENTO DESAPARECE,
AHÍ ESTÁS TÚ,
PORQUE EL CONOCIMIENTO, TAMBÍEN, ES ILUSIÓN.

P: Supongo que para mí es un camino realmente largo.

Maharaj: No hay *camino* y no hay *largo*. Tu Presencia Espontánea es un milagro. Eres desconocido para ti. Mediante el cuerpo empezaste a conocerte a ti mismo y luego quisiste sobrevivir con el cuerpo tanto tiempo como fuese posible.

P: ¡Cierto! Y una vez que eso ha sido visto o comprendido ¿se va todo?

Maharaj: Tras la Realización, no habrá ningún miedo, ni muerte, ni nacimiento, porque comprenderás que *Soy no-nacido*. Recuerda una cosa, toda esta conversación, todo lo que estamos hablando ahora, es sobre el niño no-nacido.

TODA ESTA CONVERSACIÓN ES SOBRE
EL NIÑO NO-NACIDO.

P: ¡Después de todas mis luchas! [Ríe] ¡Suena fantástico! Supongo que una vez que sabes que no eres el cuerpo, una vez que sabes de verdad que no eres el cuerpo, que estás más allá de él…

Maharaj: ¡Para de suponer! No hace falta suponer ¡Sé espontáneo! ¡Permanece espontáneo! Cuando supones, vuelves a tener la forma del cuerpo.

P: ¡Sí! OK.

Maharaj: Sé sencillo, permanece sencillo. Tu Presencia es muy sencilla, sin conceptos, sin imaginación, sin suposiciones, sin actividad intelectual alguna.

TIENES UN BUEN CONOCIMIENTO,
PERO HAS DE APLICARLO,
PONLO EN PRÁCTICA.
ESO SE LLAMA CONVICCIÓN.

Tras la Convicción, no tendrás problemas ni preguntas. Tú eres el preguntador y, por lo tanto, las respuestas están en ti ¡Quédate en silencio! Mírate y mira cómo eras antes de todo este conocimiento relacionado con el cuerpo.

NO HABÍA PREGUNTAS NI RESPUESTAS,
NI FELICIDAD NI INFELICIDAD,
NI NACIMIENTO NI MUERTE.
TODO SE DISOLVERÁ
EN LA LUZ DE LA REALIDAD.

Surgirán una Felicidad Espontánea, Silencio Espontáneo y Paz Espontánea.

**NO TIENES FORMA.
NO TIENES FORMA.
NO VAS A SEGUIR TENIENDO FORMA.
NO HAY FORMA,
NI INDIVIDUALIDAD.**

P: Me gustaría tener más preguntas, pero he alcanzado el estado en que ninguna de ellas se produce.

Maharaj: ¡Eso es bueno! Es una señal de que el Conocimiento está siendo absorbido, de la fusión del Conocimiento. Contempla estas conversaciones, te será de ayuda.

P: ¡Estoy enardecido! De verdad aprecio sus enseñanzas.

Maharaj: Es por la gracia de mi Maestro, Nisargadatta Maharaj, que estoy compartiendo estas enseñanzas, las mismas que él compartió conmigo.

P: Gracias Maharaj. Soy muy afortunado por haberle encontrado.

106. *Un Maestro hasta los huesos*

Maharaj: Recuerda lo que te he dicho y practícalo. En teoría sabes y entiendes, pero el Conocimiento ha de ser aplicado y vivido de modo práctico. La recitación del Mantra y los *bhajans* penetrarán profundamente, de modo que los conceptos ilusorios se disolverán con su vibración.

**YO TE ESTOY CONVENCIENDO.
TÚ TAMBIÉN HAS DE CONVENCERTE A TI MISMO.**

Convéncete de que no eres el cuerpo. Esto te hará valiente y preparado para afrontar cualquier problema con toda la fuerza y poder. No descuides tus responsabilidades ni deberes familiares ¡Vive la vida con felicidad! Practica lo que lees. El conocimiento teórico no es suficiente Haz meditación y escucha tu voz interior.

**SÉ SENCILLO Y CONÓCETE A TI MISMO
EN UN SENTIDO REAL.**

Cuando el cuerpo de Bhausaheb Maharaj fue incinerado, algunas personas dijeron que el *Naam Mantra* podía escucharse saliendo de los huesos. El *Naam Mantra* estaba sonando a través de los huesos. El Mantra se había hecho uno por completo con su cuerpo. Todo su cuerpo, todas y cada una de sus partes, estaba espontáneamente recitando el Mantra.

**LOS MILAGROS SUCEDEN SÓLO POR TI,
SÓLO DENTRO DE TI.**

Cuando el Conocimiento haya sido llevado a la práctica y

absorbido por todas y cada una de las partes de tu cuerpo, tu identidad física desaparecerá.

En la espiritualidad te has te mantener vacío, totalmente en blanco. La gente solía visitar a Siddharameshwar Maharaj y decirle: "Soy *Brahman*". Y el Maestro respondía: "¿Entonces qué haces aquí?"

Utiliza el Mantra para liberarte de todos los conceptos. *Lentamente* significa que cuando recitas el Mantra, no es tan fácil eliminar los conceptos. Por eso se hace despacio, silenciosa y permanentemente. Elimina uno cada vez: "Esto no es verdad, esto no es verdad, esto no es verdad", como eliminando obstáculos que bloquean una carretera. Conoces la espiritualidad intelectualmente, pero no prácticamente.

**HAS DE DARLE UN GRAN VALOR
TANTO AL MANTRA COMO AL GURÚ.**

El Gurú juega el papel más importante. Puede guiarte porque tiene experiencia del proceso de primera mano.

**EL MAESTRO REALIZADO LO SABE TODO,
CADA DETALLE, PORQUE ÉL MISMO
TUVO QUE PASAR POR ELLO.
POR LO TANTO, CON SU
CONOCIMIENTO PRÁCTICO,
PUEDE IMPRIMIR EN TI
EL CONOCIMIENTO, LA REALIDAD.**

Todo lo que sabes ahora, ha sido conocido sólo mediante palabras. Tienes conocimiento literal. Cuando estás recitando el Mantra, los pensamientos vienen y puede que no te concentres muy bien. Está OK, el Mantra empezará a trabajar lentamente. El conocimiento relacionado con el cuerpo se disolverá y el Conocimiento será absorbido. La Medicina Definitiva necesitará algún tiempo para digerirse

**CUALQUIERA PUEDE DECIR
"TODO ES ILUSIÓN",
PERO ACEPTAR ESTE HECHO,
ES UNA HISTORIA DIFERENTE.
LA GENTE NO LO ACEPTA.**

De este modo el Conocimiento será absorbido. A veces, para que el agua llegue a la planta, se ha de perforar un túnel. Sólo entonces el agua podrá ser absorbida, absorbida.

**SI DIGO QUE "TODO ES ILUSIÓN",
NO ES ACEPTADO.**

De este modo, el Conocimiento será absorbido, se irá absorbiendo, absorbiendo lentamente, hasta que se llene de agua.

Primero tienes que acercarte a un Maestro que esté Realizado, en segundo lugar, has de tener una fe completa en él. Siddharameshwar Maharaj dice que has de dar un paso hacia el Maestro: "Ha de haber cooperación". Tienes que ir hacia delante. No es tráfico de una sola dirección. Has de aceptar totalmente el Conocimiento. La fe a medias no es ni suficiente ni práctica. Has de tener una fe completa.

ESPERAMOS A LA VERDAD EN LA FORMA CORPORAL.

Cuando el Conocimiento Espiritual detone y explote dentro de ti, habrá silencio, intoxicación espiritual: "¡Oh!" Tras conocer la Realidad estarás muy calmado y silencioso. Si resurge un enemigo del pasado, responderás de forma diferente a la que solías hacerlo,

PORQUE TE VES A TI MISMO EN TODOS.

Olvidarás el conocimiento relacionado con el cuerpo y, siempre y cuando estés implicado y mantengas a los pensamientos a raya, te llenarás de Felicidad Espontánea. Se necesita una implicación total para permanecer en la Verdad Última.

Hay muchos Maestros que explotan a los buscadores, porque saben que están buscando la felicidad. Lo sabemos, pero tenemos que mantener una actitud de indiferencia. Nisargadatta Maharaj no criticaba a Ningún Maestro. Tras la iluminación no hay sito para malos sentimientos como celos o ira.

TODOS NO SON DEVOTOS, PERO EL MAESTRO TIENE EL DEBER DE COMPARTIR LAS ENSEÑANZAS.

Cuando la gente, libre de problemas, deja el ashram, soy feliz. Mi deseo es sacarte de la ilusión. No tengo expectativas, sólo tu paz y felicidad. Todos los santos se sacrificaron para hacer que otros se iluminasen.

Si, tras conocer la Realidad, todavía esperas algo, sea dinero o beneficio material de alguien, es una indicación de tu inminente caída ¡Sé cauteloso! El ego, *maya*, la mente, están tratando de encontrar de nuevo un lugar en el cuerpo espiritual. *Maya* está ahí para esclavizarte. *Maya*, la ilusión, es un concepto equivocado. Tú eres el Maestro. Tienes que vencer a la ilusión. Puedes decidir por ti mismo. Eres el Maestro.

ERES EL MAESTRO DE *MAYA*

Antes de la Convicción, la mente te daba órdenes, eso se acabó. Ahora tú tienes una naturaleza de mando. No vuelvas a ser una víctima, ni siquiera de Dios.

SABER QUE "DIOS ES MI BEBÉ" ES UN SIGNO DE REALIZACIÓN.

El Maestro te da valor. Estás reuniendo valor para superar

todas esas influencias ilusorias. El valor viene de tu implicación, de tu devoción, del *Naam*. Viene de observar la devoción de los Maestros. No estoy hablando de Maestros egoístas. Nadie te puede impresionar porque sabes qué es Dios y porque te has visto a ti mismo en un sentido real.

YA NO VAS A SER MÁS UN CUERPO.
CHIDANANDA SHIVOHAM SHIVOHAM.

Tras conocer la Realidad, debes continuar con el proceso de convencerte a ti mismo y absorber el Conocimiento. Siddharameshwar Maharaj solía decir: "Mastica el chocolate, mastica el chocolate de *Brahman*. Te dará felicidad".

Ningún hombre puede servir a dos Maestros ¡Respeta a los otros! Has de cambiarte a ti mismo interna y externamente. La Luz y el Poder te han sido dados. El poder es tuyo, pero no hagas un mal uso de él.

"Tu lengua es como una espada", dijo Nisargadatta Maharaj. Ten cuidado con cómo la usas. Te estoy diciendo que seas cauteloso porque con la devoción tendrás un pequeño Poder. Evita utilizarlo mal o el ego tomará posesión del cuerpo espiritual ¡Ten cuidado!

Puede que en la infancia aparecieran algunas impresiones de la espiritualidad, pero ahora que has crecido espiritualmente, tus experiencias serán maduras porque te has establecido en la Verdad.

LA VERDAD HA ENRAIZADO EN TI.
TUS CIMIENTOS ESPIRITUALES
SON EL RESULTADO DE
TU DEVOCIÓN Y TU IMPLICACIÓN.

Sabes que no tienes asuntos ni relaciones con el cuerpo: "Mi Presencia sin el cuerpo es la Verdad Última". Conoces la Realidad. Has de continuar y mantenerte en forma, como si hicieses yoga. Esto te hará estar espiritualmente en forma.

CONTINÚA PARA ESTAR
EN TU PROPIA VERDAD ÚLTIMA.

Tu Presencia Invisible es muy sensible. Atrae todo instantáneamente como un imán. Tu Presencia Invisible es muy sensible. Has de estar alerta. Ten cuidado con las cosas externas ¡Los efectos son instantáneos! Sigue estando en esta atmósfera, de modo que no te veas afectado. De este modo serás indiferente a todo ¡Permanece indiferente! Si algo pasa en el trabajo, no tendrá un impacto tan fuerte en ti ¡Vigila!

"ESTOY DESPREOCUPADO DEL MUNDO"
ES LA CALIDAD DEL SABIO ILUMINADO.

Estamos definiendo: "Esto es bueno, esto es malo", aunque antes de ser no había bueno ni malo. Después de saber esto, las

preocupaciones simplemente se evaporan.
SI ACEPTAS COMPLETAMENTE LA VERDAD, SERÁ COMPLETAMENTE ABSORBIDA POR TI.
No tendrás otros pensamientos, ni segundos pensamientos, ni dudas, ni sospechas.
LA CONVICCIÓN ESPONTÁNEA ES: "SOY AQUELLO QUE HE ESTADO BUSCANDO".
Y esa Convicción te mantendrá tranquilo, sin lucha, sin dudas ¡Líbrate de las dudas! Una duda como un mosquito creará problemas. Habrá un silencio tremendo, total y completo silencio. Nada va a suceder. No hay diferencias. Conviértete en tu propio profesor, tu propio Maestro, valiéndote por ti mismo. Ya no vas a ser dependiente nunca más. Eres independiente. No esperes milagros ni la ayuda de nadie.
EL MILAGRO ESTÁ EN TI.
SIN TU PRESENCIA, NO PUEDES VER NINGÚN MILAGRO.

P: Usted dice que no debemos esperar ayuda ¿No nos está ayudando el Gurú?

Maharaj: El Gurú no te está ayudando. Te está mostrando la Verdad Última que has olvidado. Ya eres rico. Todo está ya en ti.

P: Siento que el Gurú es mi padre.

Maharaj: Siddharameshwar Maharaj dijo: "No esperes nada de *maya*, la ilusión". Tú has hecho nacer a *maya* ¿Qué es *Brahman*? Tú has hecho nacer esos nombres. Todos esos conceptos tienen su raíz en el cuerpo. Antes de ser ¿qué sabías de *maya*? Utilizamos esas palabras pulidas con el fin de entendernos.

P (2): Maharaj, después de estar un tiempo en su presencia, me siento bien durante un par de meses, pero luego empiezo a venirme abajo.

Maharaj: Todavía te ves a ti mismo como un individuo. Sólo hay Unidad. No hay diferencia entre el Maestro y el discípulo. Acepta esta verdad. Mientras te consideres separado del Maestro, esos sentimientos estarán ahí obligatoriamente. Has de estar en contacto con tu Ser sin ser las veinticuatro horas.

Tus propios conceptos crean cenizas. El fuego está siempre ahí. Barre las cenizas con la escoba del Conocimiento. Tu Presencia Espontánea es signo del Maestro. Cuando dices que "Mi Maestro está en India", creas conceptos y te creas problemas. El Maestro no está separado de ti. No tiene forma corporal, es como el cielo.
PUEDES ESTAR EN CUALQUIER LUGAR DEL MUNDO.
EL MAESTRO ESTÁ EN TODO EL MUNDO.
Las gafas del Conocimiento te han sido dadas. No pienses: "Soy diferente y estoy separado de mi Maestro". Se necesita una total auto-implicación. El Maestro revela tu Identidad, revela tu Poder.

¡DEJA DE SER UN DISCÍPULO Y EMPIEZA A SER UN MAESTRO!

"Estoy muy lejos de mi Maestro" ¡No pienses así! Permanece siempre en contacto con tu Ser sin ser: "¡Mi Maestro dice que está ahí!"

Contempla lo que has oído. Mantén vivo ese fuego, si no lo haces habrá más cenizas. ¡No caigas en la tentación! Tu Presencia Espontánea no tiene palabras. Tu Verdad Última no tiene palabras, nada. ¡Ahora, mantenlo! Recuerda las conversaciones, lee, haz meditación ¡Sé humilde! ¡No luches! ¡Permanece sencillo!

Mantente a distancia de *maya*. No te conviertas en víctima de tus propias ideas y conceptos ilusorios. Si tomas unas sencillas precauciones, ninguna de ellas se atreverá a acercarse. Tienes un Poder Excepcional, el Poder Magistral. Este Círculo de Poder está contigo.

107. Rodéate de tu Maestro Interior

Maharaj: Es realmente sencillo: Vamos a dejar este cuerpo ¿Qué pasará después?

LA CIENCIA ESPIRITUAL DICE QUE NO VAS A IR A NINGÚN SITIO. VAS A IR A TODAS PARTES.

Swami Ramdas dice: "Después de que tu cuerpo sea incinerado, no vas a ir a ninguna parte". Eres como el cielo ¿Qué le pasa al cielo si un edificio se derrumba? ¡Nada! El cielo está en todas partes. Del mismo modo, el Hablante Invisible, el Oyente Invisible, no va a ir a ninguna parte. Cuando el cuerpo se va, el Espíritu del Oyente no va a ninguna parte.

Si el Espíritu no va a ninguna parte, es que eres inmortal. La Presencia del Oyente es Espontánea, Invisible. Todo el tiempo estamos tratando de suponer cómo es esa Presencia, utilizando el intelecto y preguntando: "¿Por qué esto? ¿Por qué lo otro? ¿Por qué? ¿Por qué?" No es culpa tuya, ya que vivimos cada día con la ayuda del ego, la mente y el intelecto.

Pensamiento, intelecto, examen profundo; después el intelecto pasa instantáneamente sus instrucciones al ego para poner en marcha los pensamientos. Éste es el proceso, el funcionamiento natural. Por sí mismo, el cuerpo no puede hacer nada. A través del cuerpo, ves el mundo entero.

La parte invisible que está en cada ser es el poder llamado *Brahman*, *Atman*. Instantáneamente este poder atraviesa el intelecto, luego el intelecto decide si los pensamientos son buenos o malos, como si fuese el portero. Todo esto tiene que ver con el cuerpo porque somos desconocidos para nosotros mismos. Antes del cuerpo no había conocimiento. Bueno y malo son diferentes para la gente. Lo que quiero transmitir es:

EL MUNDO ENTERO ES TU PRESENCIA ESPONTÁNEA.
ESTA ES LA CONCLUSIÓN.
TÚ ERES LA VERDAD ÚLTIMA,
LO NO-NACIDO.

Cuando el cuerpo se vaya, estarás despreocupado de él y no tendrás miedo. El cuerpo es el medio mediante el cual puedes conocerte a ti mismo. El miedo a la muerte será eliminado. La mente no creará ningún miedo, se habrá ido.

¿Cuál es la conclusión de la espiritualidad?

TÚ ERES LA VERDAD ÚLTIMA.
DONDEQUIERA QUE VAYAS,
RECUERDA QUE TÚ ERES LA VERDAD ÚLTIMA.

Cuando viajes y visites algún lugar, has de saber que el Visitante Invisible en ti es la Verdad Última. Conócete en un sentido real. Sabiendo esto tendrás una vida tranquila y simple ¡No descuides a la familia! Practicar la espiritualidad y olvidarse de la familia es espiritualidad egoísta.

TODOS LOS PROBLEMAS COMENZARON
CUANDO TE VOLVISTE CONOCIDO PARA TI MISMO.
POR LO TANTO QUÉDATE CONTIGO.
QUÉDATE SIEMPRE CONTIGO
Y NO CON LA MENTE,
EL EGO Y EL INTELECTO.
ENTONCES TENDRÁS UNA PAZ
Y
ESTABILIDAD REALES.

Una mente indecisa es siempre peligrosa. Una mente sospechosa es siempre peligrosa. Echarán a perder tu vida espiritual.

¡RODÉATE DE TI!

El mundo estará ahí durante tanto tiempo como tengas Presencia. Cuando el cuerpo se haya ido ¿quién va a hablar sobre Dios? La mente, el ego y el intelecto no aceptan la Realidad debido a su propia prepotencia.

P: El ego no lo pone fácil.

Maharaj: Esas son palabras que no tienen Presencia propia. Es debido a tu Presencia que ves el ego, la mente y el intelecto ¿Dónde irán todos ellos cuando el cuerpo se vaya? No midas las cosas con la forma corporal. Estás viéndolas desde la perspectiva del cuerpo. Todas esas palabras son ilusión.

¿Quién creó este mundo soñado?

IGUALMENTE, TÚ ERES EL PADRE DEL MUNDO SOÑADO. ERES EL PADRE DE ESTE LARGO SUEÑO DEL MUNDO.

P: ¡Es difícil vivir con esta Presencia!

Maharaj: No es difícil. Simplemente vive una vida normal. Sabes que es un sueño. Actúas y reaccionas. La cuestión de ser un hacedor nunca surge.

SI EN UN SUEÑO HACES COSAS MALAS, NO ACEPTAS SU AUTORIA. DEL MISMO MODO, COMO USAMOS EL EGO PARA HACER ALGO BUENO O MALO, SUFRIMOS LAS CONSECUENCIAS. EN ESTE SUEÑO, SI ALGO SUCEDE, NO TE PREOCUPARÁ EN ABSOLUTO.

Cuando surjan estas preguntas, será el principio de la Autoindagación. Has de encontrar las respuestas en tu interior, utilizando la discriminación. No has de resolver las preguntas mediante prácticas ascéticas. Los *Sadhus* se torturan a sí mismos ¿Qué tratan de alcanzar? ¿Para quién están haciéndolo? ¿Para el cuerpo? La mente se ha de disolver, ser completamente eliminada, no ha de quedar nada por hacer excepto vivir una vida simple y humilde ¡Vive una vida simple y humilde!

ERES EL ARQUITECTO DE TU PROPIA VIDA ESPIRITUAL. DEPENDE DE TI CÓMO ACTÚES O NO ACTÚES A LA LUZ DE ESTE CONOCIMIENTO.

Los santos están gritando, gritando a todos los que corren tras la felicidad y la paz. La paz y la felicidad no están separadas de ti.

CORRES DE AQUÍ PARA ALLÁ. PORQUE NO CONOCES AL CORREDOR.

El ego, por orgullo, no te está permitiendo *Quedarte Contigo*. Rinde a este ego que te está impidiendo conocerte a ti mismo.

P: Hay también orgullo en el conocimiento intelectual.

Maharaj: No había intelecto antes de ser. El ego, la mente y el intelecto tomaron posesión de todo tu cuerpo, lo administraron y se pusieron a dirigir el espectáculo.

LOS SERES HUMANOS VIVEN COMO ESCLAVOS, SIGUIENDO LAS INSTRUCCIONES DEL EGO, LA MENTE Y EL INTELECTO. ELLOS USAN SU PODER. TÚ ERES EL PROPIETARIO, EL PODER. TÚ ERES EL QUE SUMINISTRA ESE PODER.

108. Eres un "Sadhu". Eres un Maestro

Maharaj: Tu historia está escrita en todas partes. Eres la Verdad Última. Los libros espirituales señalan que tú, como Lector Invisible, eres la Verdad Última. Pero leer, en sí mismo, no es suficiente, porque al cuerpo le estás añadiendo conocimiento relacionado con el cuerpo. Estás leyendo, leyendo y leyendo y confundiéndote a ti mismo.

El principio que hay detrás de la espiritualidad es identificarte a ti mismo. El Conocimiento es necesario para olvidar tu identidad corporal, y por eso, es esencial un proceso.

Leer libros no es suficiente. La gente lee miles de libros y aún así no hacen ningún progreso. Necesitas una confianza total, una fe total, una implicación total. Si el propósito no está claro en cuanto a por qué lees libros, es una pérdida de tiempo.

Haz fuerte tu mente para el último momento, en el que a menudo hay un miedo tremendo. La Espiritualidad enseña cómo ser fuerte y te recuerda que eres no-nacido ¿Durante cuánto tiempo vas a estar leyendo? ¿Qué has obtenido de todos esos libros?

**NO ESTOY DICIENDO QUE NO LEAS LIBROS,
PERO LÉELOS CON LA COMPRENSIÓN
DE QUE ESTÁS LEYENDO TU PROPIO CONOCIMIENTO.
ES EL CONOCIMIENTO DEL LECTOR.
EL LECTOR NO TIENE FORMA.**

¡Cambia internamente! Hay muchos Maestros que no están enseñando nada más que el conocimiento que han obtenido en los libros y luego cobrando por ello.

**¿POR QUÉ COBRAR? TÚ ERES LA VERDAD.
YO NO ESTOY HACIENDO NADA POR TI.
SÓLO ESTOY PONIÉNDOTE DELANTE
TU VERDAD FINAL, QUE ES DE TU PROPIEDAD.
TU PROPIEDAD TE ES DESCONOCIDA,
POR ESO TE LA ESTOY MOSTRANDO.**

¿Por qué he de cobrar por algo que ya te pertenece, por algo que simplemente olvidaste? Necesitas una fe fuerte en ti mismo y en tu Maestro.

**LO DESCONOCIDO ENTRÓ EN LA EXISTENCIA
Y SE VOLVIÓ CONOCIDO MEDIANTE EL CUERPO.
LO DESCONOCIDO SE HIZO CONOCIDO.
LO CONOCIDO SERÁ ABSORBIDO EN LO DESCONOCIDO.
¡ENSEÑANZAS SENCILLAS!**

¡Pregunta a tu Maestro Interior! La Santa Janabai era devota del Santo Namdev. Ella tenía una fe incondicional y solía decir: "Me he agarrado a Dios y me veo a mí misma en cada ser" ¡Eso es Convicción!

SE NECESITA UNA IMPLICACIÓN TOTAL.

Has de ser práctico en la vida porque lo más simple puede causar problemas. Has de ser práctico.

P: Mis dudas se han ido, Maharaj. Ha respondido a mis dudas. Ahora sólo hay silencio, martillearme a mí mismo y practicar.

Maharaj: ¡Bien! Hay tantos conceptos que tienen el potencial de causar enfado y malestar emocional. Se han de ir todos, ya que te distraen de tu Realidad.

ESTE CONOCIMIENTO ACTÚA COMO LAS BANDAS DEL PAVIMENTO PARA REDUCIR LA VELOCIDAD, DE MODO QUE CUANDO LA EMOCIÓN SURGE, EL IMPACTO SEA REDUCIDO.

Leer libros y un poco de meditación, no es suficiente. Has de ir más y más profundo en tu Ser sin ser. La Esencia Magistral está en ti. Eres un *Sadhu*, eres el Maestro, pero le estás prestando atención a lo externo.

No hay nada excepto tu Ser sin ser. Eres Dios Todopoderoso. Éste es tu Conocimiento, tu derecho. Hazte merecedor del Conocimiento y luego acéptalo por completo, de modo no egoísta.

ACÉPTALO DESDE EL FONDO DE TU CORAZÓN ESPIRITUAL, A TRAVÉS DEL CUAL ESTÁS ESCUCHADO. SÉ VALIENTE, OLVIDA EL MUNDO: "¡Y A ESE *YO*!" CONTEMPLA TU SER SIN SER, Y *EL QUE VE*, DESAPARECERÁ. CONTEMPLA TU SER SIN SER, Y *EL QUE VE* DESAPARECERÁ.

El que Ve se desvanecerá como un cubo de agua lanzado al mar. Te has de lanzar tú mismo al océano espiritual ¡Eres no-nacido!

P: Usted dice que se necesita una voluntad fuerte. Yo necesito también una actitud feliz para con mi familia.

Maharaj: Te estás considerando a ti mismo como una persona individual y por eso vienen los pensamientos ¡Ilusión!

¡VIVE COMO SI FUESES ANTERIOR A LA EXISTENCIA!

¿Quién quiere felicidad? Mira el cuerpo como si le perteneciese a otro. El cuerpo es el hijo del vecino. Cuando el conocimiento sea completamente absorbido, serás capaz de tolerar todas las cosas desagradables que lleguen en tu camino.

109. Ni arriba ni abajo

Maharaj: El Conocimiento es necesario para minimizar esta dolorosa vida y disolver los conceptos, incluyendo "Yo soy *Brahman*". Todos esos procesos están para que puedas aceptar la Realidad espontáneamente.

P: ¿Por qué a veces siento que estoy cerca y otras veces es como si fuese para atrás?

Maharaj: Sientes altibajos. No hay ni arriba ni abajo. Estoy poniendo la Realidad ante ti. Cuando sientes altibajos es porque tienes mucha fe en el cuerpo. Has de continuar con el proceso hasta que tengas la Convicción. Sé tal como eras antes de ser.

**VAMOS DE LO CONOCIDO A LO DESCONOCIDO.
ANTES DE SER,
LO DESCONOCIDO SE HIZO CONOCIDO
MEDIANTE EL CUERPO.
Y OTRA VEZ LO CONOCIDO SE HARÁ DESCONOCIDO
CUANDO DEJES EL CUERPO.
TODOS ESTOS PROCESOS ESTÁN AHÍ
PARA ELIMINAR LA FORMA CORPORAL.**

Cuando sientas altibajos ¡concéntrate!

P: ¿Entonces no hay altos ni bajos?

Maharaj: Te he dicho que no tomes las palabras literalmente. Este conocimiento es simple, conocimiento directo. Se necesita la meditación durante tanto tiempo como te tengas la forma corporal. Tras dejar el cuerpo, no será necesaria la meditación. No debe haber otro sueño como éste.

**EL CONOCIMIENTO ESPIRITUAL
ES EL REY DE LA AUTO-CURACIÓN.
AUTO-CONOCIMIENTO SIGNIFICA AUTO-CURACIÓN.**

Siddharameshwar Maharaj solía decir: "¿Durante cuánto tiempo vas a hablar de éste ABC, de éste conocimiento preliminar, del *Brahman*, del *Atman*? Está ahí simplemente para tener unos buenos cimientos, una buena base".

**HAS DE DISOLVER LA MENTE, EL EGO Y EL INTELECTO
Y SER COMO ERAS
ANTES DE SER.
¡SIMPLE!**

Ya no eres un niño. No estás en la guardería ni en el colegio ¡Este es un curso de postgrado!

**¿DURANTE CUÁNTO TIEMPO HE DE SEGUIR
ENSEÑÁNDOTE EL ALFABETO?**

AVERIGUA CÓMO ERAS ANTES DE SER Y DESPUÉS, EL DOLOR DESAPARECERÁ.

¿Por qué hay dolor? Porque olvidaste tu Identidad.

TRAS DARTE CUENTA DE TU PODER TODOS TU DOLORES SE VAN A DISOLVER.

Cuento historias de este modo para diluir el Conocimiento, como dándole comida a un niño pequeño. Nuestras historias son una dieta diluida ¡DIETA DILUIDA! ¡Echa un vistazo! Mírate a ti mismo, a cómo eras antes de ser y a cómo vas a ser tras dejar el cuerpo.

ESTE CONOCIMIENTO ES EXCEPCIONAL.

El otro día vino aquí un chico vistiendo unos hábitos de color azafrán. Tenía en su oreja un corte recién hecho. Su Maestro le había indicado que lo hiciese porque era un signo de ser un *Sadhu*.

CUANDO NACISTE ¿VINISTE CON HÁBITOS DE COLOR AZAFRÁN Y UN CORTE EN TU OREJA?

¡Eso es conocimiento relacionado con el cuerpo!

EN NUESTRO LINAJE, NO NOS DAMOS IMPORTANCIA A NOSOTROS MISMOS COMO MAESTROS, SE LA DAMOS A LOS OYENTES.
ELLOS SON MAESTROS *EN POTENCIA*.
TODOS LOS MAESTROS DE NUESTRO LINAJE SON MUY HUMILDES.

El visitante vestido con hábitos era maestro de yoga e instructor de kárate. Le pregunté si su entrenamiento le había vuelto intrépido. La respuesta fue que no. Todavía sentía temor por algunas cosas. El yoga físico está OK para el cuerpo, pero al mismo tiempo, tiene el efecto de inflar el ego.

En nuestro Linaje, utilizamos un Acercamiento Directo para enseñar. Conocimiento Directo sin nada en medio. Muchos Maestros han dejado la huella de su conocimiento ilusorio en los buscadores que no conocían nada mejor. Puede que la suya sea una nueva versión, pero es sólo una versión más de la ilusión. En nuestro Linaje no existen los conceptos de *Brahman* ni *Atman*.

P: ¡Cuando el Maestro está cerca, el Conocimiento está cerca!

Maharaj: ¡No! ¡No es así! Yo no soy la forma, estoy ya en tu corazón.

LO QUE ESTOY PONIENDO ANTE TI, ES ALGO EXCEPCIONAL.

A la luz de la Realidad, has de romper el círculo de los conceptos ilusorios. No eres la forma, el Maestro no es la forma ¡Es un conocimiento muy simple! Antes de ser, carecías de forma corporal. A causa de la asociación con el cuerpo, aceptas la forma en ti y en los demás. Lo cual significa que aceptas una vida dolorosa.

Brahman, Atman son muñecas viejas, muñecas bonitas con las que todavía estás jugando ¡Aparta esas muñecas!

P: ¿Cómo puede tener tanta paciencia? ¿Puede darme un poco de poder extra?

Maharaj: ¡No es eso! ¿*Quién* está pidiendo poder? ¡Auto-indaga! El poder no está separado de ti. Sucederá dentro de ti, el Maestro Interior. Sucederá espontáneamente en ti y olvidarás tu identidad interna y externa ¡Olvida el poder como concepto!

¡ESCÚCHAME!
APARECERÁN EN TI PENSAMIENTOS SIN PENSAR.
¿POR QUÉ PENSAMIENTOS SIN PENSAR?
LOS PENSAMIENTOS ESTÁN CONECTADOS
CON EL CUERPO.
LOS PENSAMIENTOS SIN PENSAR
ESTÁN CONECTADOS
CON LA VERDAD ÚLTIMA.

Cada palabra tiene un profundo significado. Los pensamientos son pensamientos naturales. Están conectados con el cuerpo: pensamientos mentales, pensamientos egoístas, pensamientos intelectuales.

PENSAMIENTOS SIN PENSAR SIGNIFICA QUE VIENEN
ESPONTÁNEAMENTE
DESDE TU INTERIOR.

La experiencia excepcional de cómo eras antes de ser aparecerá en ti y serás llevado cada vez más cerca del Ser sin ser.

TODOS LOS SERES TIENEN MIEDO A LA MUERTE.
LOS SERES HUMANOS NO HAN
DE TENER NINGÚN MIEDO
PORQUE
PUEDEN CONOCER LA REALIDAD.

No ha de haber ningún sueño. La puerta del Conocimiento ha sido abierta. El secreto del Conocimiento es tuyo. Sé sincero y no tengas recelos. No apartes tu vista de la cima de la montaña. Tras conocer la Realidad ¡Mantenla! No hay nada más allá.

La gente se vuelve víctima de la espiritualidad, *Sadhus* vagando por un mundo de confusión. Teniendo una fe fuerte en tu Maestro, no habrá tentaciones.

AHORA TIENES UN ESTATUS Y NORMAS.
¡MANTÉNLOS!

Es importante cómo te comportas: se supone que todas tus acciones serán devocionales. Devoción al Ser sin ser con una Convicción Espontánea. Conoces el secreto abierto. Reinará el silencio, incluso en situaciones desagradables. Te estamos dando el valor para afrontar atmósferas desagradables.

Este cuerpo es una caja mágica ¡Una caja mágica! ¡Toda Verdad está en ti! Depende de ti cómo actúes y reacciones. No hay preguntas ni respuestas, ya que éstas eran para el cuerpo.

DE NADA,
A ALGO,
Y A NADA.

Algo es todo, sólo palabras otra vez... El principio básico de la espiritualidad es ayudarte a ser intrépido para el momento en que tengas que abandonar el cuerpo. La Convicción Espontánea de que "Soy no-nacido" hará que sea así.

No desatiendas al Espíritu o adoptes un acercamiento casual. Estate alerta, cauteloso, con una fe fuerte. No seas la víctima de nadie, incluyéndote ti mismo ¿Quién deja el cuerpo? No vas a ir a ninguna parte. Nuestra cultura crea líneas fronterizas: India, China, Inglaterra. Has de convencerte a ti mismo de que no hay fronteras.

110. *La pelota está en tu campo ¡Remata!*

Maharaj: Has de estar en el nivel más alto, por eso es tan importante que el conocimiento sea absorbido. Permanece arriba del todo. Todos están bajo la influencia del miedo, por eso es esencial la práctica de la meditación y recitar el *Naam*.

Tienes miedo del nacimiento, la muerte y el renacimiento. Te sientes culpable por cosas que supones que has hecho. No eres culpable. No has hecho nada.

NADA HA SUCEDIDO,
NADA ESTÁ SUCEDIENDO,
NADA VA A SUCEDER.

¿Por qué aceptar cosas que no sabes? No hay renacimiento. Tira todos los conceptos y acepta la Realidad de que eres la Verdad Última.

¿RENACE UNA LÁMPARA
QUE SE HA QUEDADO SIN ACEITE?

No eres el cuerpo ¿Por qué preocuparse? Quédate tranquilo, en calma, sin pensamientos ni buenos ni malos. La Presencia está ahí, la Presencia Silenciosa, la Presencia Anónima. Vislumbres del *Yo*, sólo *Yo*. Vislumbres del *Yo*, sólo *Yo*. No hay conciencia, sólo *Yo*, sólo *Yo*, algo que no puede ser definido con palabras.
P: ¿Como el *Yo* sin barreras?

Maharaj: No hay experiencia ni experimentador. He de emplear algunas palabras para comunicarme. Conoces el principio básico, ahora tienes que aceptarlo del todo ¿Quién renace? ¿El destino de quién?

"SOY INMORTAL"
NO HAY MIEDO A NADA.

Eras libre, eres libre y vas a seguir siendo libre. Ahora está en tus manos. La pelota está en tu campo ¡Remata!

OLVIDA TODOS LOS CONCEPTOS,
Y PERMANECE VACÍO.

La enfermedad puede venir de problemas de estómago, del mismo modo, la mente es causa de la enfermedad. Cualquier cosa que sientas, cualquier impresión recibida, es automáticamente reflejada.

P: Es difícil de aceptar.

Maharaj: La Verdad Final es fácil de aceptar, igual que aceptas que eres un hombre. Sólo lo encontrarás difícil si aceptas los dictados y las presiones de la mente, el ego y el intelecto.

A J. Krishnamurti le hicieron una vez una pregunta: "¿Cómo se supone que debemos vivir después de tener sesenta años de edad?" Y contestó: "Como un cuerpo muerto, sin consideración de la familia, del universo, de nada. Totalmente despreocupado". Un cuerpo muerto no tiene sentimientos, ni exigencias ni necesidades. No dice: "¡Oh, no quiero ser incinerado ni enterrado!" Ser enterrado o incinerado no supone ninguna diferencia para un cuerpo muerto.

ECHA TODAS LAS DUDAS,
TÍRALAS A LA BASURA.
MANTÉN TU ESTATUS EN EL NIVEL MÁS ALTO,
Y NO MIRES ATRÁS.

A los montañeros se les enseña a no mirar para abajo. Si miras abajo, te caerás ¡Olvida el pasado! Tu pasado se ha ido. No hay pasado ni futuro, ni presente. El cielo no tiene pasado, futuro o presente.

ESTA ES LA REALIDAD.
LA REALIDAD INESTIMABLE,
QUE TE HACE FUERTE
PARA AFRONTAR
TODAS LAS CIRCUNSTANCIAS DE LA VIDA.

Depende de ti aceptar o no la Realidad que te ha sido presentada. Este Conocimiento es un conocimiento abierto. En nuestro Linaje no se mantiene nada escondido. Es una Verdad abierta compartida libremente sin expectativas. No hay un abuso comercial del Conocimiento. Es tu propiedad. Estoy poniendo delante de ti tu Verdad. Puedes aceptarla o no, depende por completo de ti.

111. *Atrévete a vivir sin conceptos*

Maharaj: Excepto por el cuerpo, no hay ninguna diferencia entre nosotros. Somos lo mismo. El Espíritu es Uno. El Maestro conoce su propia Identidad. El Oyente ha olvidado su Identidad. Parece que hay dos cuerpos, dos identidades, pero el Espíritu es el mismo. El Maestro se conoce a sí mismo en un sentido real.
ÉL ESTÁ DENTRO DEL SER SIN SER.
El Oyente puede conocer su verdadera Identidad por medio del Maestro. El Maestro dice: "No analices lo que estoy diciendo. No tomes las palabras literalmente".
LO QUE ESTOY DICIENDO ES LA VERDAD ÚLTIMA. CONCÉNTRATE EN ESO.
No hay nada malo en leer libros espirituales mientras aceptes que son sólo indicadores de la Realidad.
TODO LO QUE SABES ES CONOCIMIENTO RELACIONADO CON EL CUERPO Y POR LO TANTO, ILUSIÓN.
Sin tu Presencia, no puedes decir: "Soy *Brahman*". Tu Presencia Espontánea es esencial. Sin ella, no puede haber acción ni reacción.

P: He estado contemplando bastante lo que usted estuvo diciendo sobre leer libros espirituales y creo que he hecho un descubrimiento. Cuando leía libros en el pasado, aceptaba que "Yo soy *Brahman*" y, si quiere, me quedaba con ese concepto. También tuve experiencias relacionadas con *Brahman*, las cuales consideraba y valoraba como altamente significativas.

Pero ahora entiendo que todavía había una separación entre la Realidad de *Brahman* y *mi* Realidad. Lo que usted dice, Maharaj, es que detrás de "Yo soy *Brahman*", de hecho detrás de todo, se encuentra nuestra Presencia Espontánea. Y esa Presencia Espontánea llegó primero. Ha de estar ahí para pronunciar "Yo soy *Brahman*".

En resumen, estaba apegado a las palabras o al concepto de *Yo soy Brahman*, como si fuese la Realidad. Ahora sé que mi presencia espontánea estaba primera y es la Realidad, la Realidad indefinible.

Maharaj: La Verdad Final, la Verdad Desnuda. Si el cuerpo no es mi Identidad ¿quién soy? *Brahman* y *Atman*...son sólo palabras ¿Quién soy? Esas palabras y nombres se usan para identificar la Invisible Presencia Espontánea. Sin tu Presencia Espontánea no puede haber acción, ni sensación, ni pensamiento, ni libros.
POR LO TANTO, CUALQUIER COSA QUE VES

Y QUE ENTIENDES, ES ILUSIÓN.
SI DICES: "HE VISTO A DIOS",
ES EL REFLEJO *DEL QUE VE*,
LA PROYECCIÓN *DEL QUE VE*.

Antes de ser, no sabías nada. Ahora decimos: "Esto se llama *Dios*, y eso se llama *fantasma*". Son capas sobre nuestra Realidad. "He hecho algo terrible y soy culpable", es otra capa de ilusión. No has hecho nada, no eres culpable de nada. Haz Auto-indagación y encuentra esto por ti mismo. O

CONÓCETE A TI MISMO Y
PERMANECE DENTRO DEL SER SIN SER.

¿Cuál es el propósito del conocimiento espiritual? Si quieres que este Conocimiento se abra, has de ser disciplinado. La Meditación limpia todo de ilusión. No puedes ver tu cara si el espejo está sucio. Igualmente tu espejo ha de estar perfectamente limpio. El Auto-conocimiento lleva a la Convicción, que es Auto-realización. Has de confiar completamente confianza. ¡Sin dudas!

EL SECRETO DE LA VERDAD FINAL,
CON TODAS LAS PRUEBAS,
ES PUESTO ANTE TI.
ES EL SECRETO DEL OYENTE,
EL SECRETO DEL HABLANTE.

¿Cómo podemos describir al Oyente? Invisible, Anónimo, no Identificado. Tenemos que usar algunas palabras. Has de aceptar y absorber el Conocimiento. No es difícil en absoluto.

P: Cuando pienso en vivir sin conceptos, tengo mucho miedo.

Maharaj: Tras conocer la Realidad ¿por qué estás nadando otra vez en el océano de los conceptos?

ESTE ES UN TERRENO DESCONOCIDO
¡DÉJALO ESTAR!

Explora, profundiza, auto-descubre, pero recuerda que no se le puede dar nombre, ni definir, ni comparar.

P: Recientemente, durante la meditación, no podía encontrar mi cuerpo. Estaba sobresaltado, tenía miedo.

Maharaj: Sucede, no te preocupes. Cuando estás implicado en el Ser sin ser, se producen muchas experiencias. Todas ellas son muy buenas, etapas progresivas.

Hay tres tipos de experiencias: el *Darshan* de ver, oír y ser tocado por el Maestro. Puedes ver al Maestro o las deidades. Puedes sentir a alguien tocándote. Puedes oír al Maestro hablando contigo. Esas experiencias suceden. Los Maestros se manifiestan por tu fe y Unidad con el Maestro. Toman forma y hablan contigo.

Por ejemplo, una discípula de Bhausaheb Maharaj estaba

enferma y le rezó a su Maestro. Bhausaheb Maharaj apareció y, a pesar de que ya no estaba en su cuerpo, la curó. La discípula tuvo una visión de su Maestro debido a su devoción.

ELLA SE HIZO UNO CON ESO, UNO CON LA IDENTIDAD DE SU MAESTRO.

Esta experiencia no tiene nada que ver con el intelecto. Es una etapa progresiva y alentadora. Estos milagros suceden de tu Presencia. Aquí estoy hablando de algo más avanzado, pero no importa, esas experiencias son indicadores de progreso. Los milagros suceden cuando tienes una devoción fuerte y no tienes dudas.

En la etapa final, aunque en realidad no hay etapas, los restos del conocimiento relacionado con el cuerpo, se habrán ido. Hasta ese momento, escucha sin recelos, sin una mente inquieta de la que surjan dudas. Estoy intentando mejorar mi nivel de convencerte de la Verdad Natural, la Verdad Desnuda, la Verdad Final. Se necesita una fe fuerte. Sé sincero, no digas una cosa y luego hagas lo contrario. Ante ti está expuesta toda la Verdad.

P: Hablando de experiencias, Maharaj, hoy vi a Nisargadatta Maharaj aquí, en el ashram.

Maharaj: ¡Bien, buen progreso! Significa que estás olvidando la identidad del cuerpo. Cada uno tiene diferentes experiencias durante el proceso de disolución, de fundirse y absorber el Conocimiento en el Ser sin ser.

P: ¿Cuánta gente realizada conoce?

Maharaj: ¿Qué quieres decir con Realizada? La gente dice: "¿Está él realizado?" Realizado significa Convicción Espontánea. No hay signos de Realización. De tu Convicción Espontánea, toda tu visión y todas tus acciones, cambian. No hay *un gran signo* de Realización. Son sólo palabras para entender.

TAL COMO ERAS ANTES DE SER, Y TAL COMO SERÁS TRAS DEJAR EL CUERPO, ESO ES LA REALIZACIÓN.

112. Conocimiento más allá de los milagros

Maharaj: Palabras dulces como *conciencia, iluminación, realización* y *Dios*, surgen de tu Presencia. No son tan importantes. Estoy poniendo delante de ti el *Antes de ser*. Pregúntate cómo eras antes de ser.

P: No puedes desentrañarlo, ni siquiera puedes imaginar cómo era.

Maharaj: Porque tu Identidad está más allá de la imaginación. Tu Presencia está más allá de la imaginación. Cuando imaginas algo, estás

teniendo ego con el cuerpo, cuando en realidad no eres el cuerpo.
P: Entonces, en el momento en el que hablas, estás participando en una ficción.
Maharaj: Utiliza las palabras para establecer tu Verdad Última ¡No juegues con las palabras! Escucha lo que el Maestro trata de transmitir. Tu Identidad no tiene nada que ver con el cuerpo. Tu Identidad está en todas partes. Ya no necesitas más el conocimiento relacionado con el cuerpo, con palabras tales como conciencia, iluminación o Dios. Sabes que esta conversación no tiene sentido. Ahora lo sabes. El conocimiento no es conocimiento. Todo viene de nada. Todo se disuelve en nada.
P: Es una broma cruel.
Maharaj: ¿Una broma cruel para quién? No hay pasado, ni futuro, ni presente. Ni pasado, ni futuro, ni presente. Los libros espirituales señalan a tu Verdad Última. Acepta eso sólo. La gente está influenciada y confundida por las palabras. No juegues con las palabras. Hacerlo es como jugar a las cartas para ser feliz un rato.
P: Al hacer algo ¿vale la pena ofrecer todas las acciones al *Sadguru*, a tu Maestro Interno o al Maestro mismo?
Maharaj: ¿Por qué lo ofreces? De nuevo crees que: "Soy alguien distinto y estoy ofreciendo algo a mi Maestro". Te consideras a ti mismo diferente de mí. No hay diferencia entre nosotros en absoluto.
P: El ego es muy astuto.
Maharaj: Sí, astuto.
P: Entra a escondidas por la puerta de atrás.
Maharaj: El ego, la mente y el intelecto están haciendo trampas contigo y te pillan. Has de estar alerta, por tanto, continúa con la meditación, el Conocimiento y los *bhajans*. De este modo, no serás engañado o estafado.
Las fuerzas externas están siempre ahí, tratando de engañarte. [Maharaj alza sus manos haciendo el gesto de *stop*] ¡Mantén el tráfico a raya! Ahora eres el controlador del tráfico.
P: Quiero hacerle tantas preguntas como pueda mientras esté aquí, pero ahora parece que no tengo más preguntas ¿Por qué es así?
Maharaj: Todas las preguntas han de ser resueltas. Nuestro Conocimiento es muy práctico. Además, si tienes una fe total y aceptas que la Realidad no está separada de ti, no es difícil. Tienes que aceptarlo.
Tu vida sigue generalmente el modelo de la ilusión. Tratas de encontrar paz desde la ilusión.

LA FELICIDAD ESTÁ ESTABLECIÉNDOSE EN TI.
TE CONSIDERAS SEPARADO
DE LA VERDAD ÚLTIMA.

ESTA CONFUSIÓN ES ELIMINADA
POR LOS MAESTROS REALIZADOS.

Estamos llamando la atención del Buscador. *Él* o *Ella* son la Verdad Última. El Buscador es la Fuente del mundo. Tras saber esto en un sentido real y práctico, no tendrás la necesidad de ir a ningún otro sitio.

Otra confusión es la que rodea los poderes sobrenaturales. La gente tiene una idea equivocada. Los milagros suceden por tu Presencia Espontánea.

ERRÓNEAMENTE ESTÁS DANDO CRÉDITO
A DIOS O AL MAESTRO
POR ALGÚN MILAGRO QUE PUEDA OCURRIR.
HAS OLVIDADO QUE EL MAGO ERES TÚ.
DENTRO DE TI,
HAY UNA CAJA MÁGICA.
¡TÚ ERES EL MAGO CON TU PROPIA CAJA MÁGICA!

El Maestro te hace valerte por ti mismo ¡Puedes hacerlo! Tienes agallas y al mismo tiempo sigues completamente los principios del Maestro.

TRAS LA CONVICCIÓN,
TODA LA BÚSQUEDA TERMINA.
TODA LA BÚSQUEDA EMPIEZA CONTIGO,
Y TODA LA BÚSQUEDA TERMINA CONTIGO.
AHÍ ESTÁS TÚ.

Tu Conocimiento está más allá de cualquier milagro. Algunas personas tienen miedo de la magia blanca o negra porque no conocen su propio poder.

NO HAY PODER FUERA DE TI.

Pero todavía no te das suficiente importancia a ti mismo. No siempre escuchas o aceptas lo que digo.

ESTE ES UN CONOCIMIENTO SIMPLE
QUE HA DE SER ACEPTADO CON
TU ENORME FUERZA DE VOLUNTAD.
EL PRINCIPIO ES QUE
TODO EMPIEZA CONTIGO
Y TERMINA CONTIGO.

P: Estaba en el sur de India y antes de conocerle, estaba haciendo algún tipo de *Sadhana*.
Maharaj: Cuando sabes eso, es la Realidad ¿Por qué quieres todavía volver al sur de India y permanecer sobre el hielo y torturar tu cuerpo?
P: Esta vez la práctica sucedió, como por sí sola.
Maharaj: Todas las prácticas tienen un propósito. Tú ya conoces la Realidad. Eso es diversión, un tipo u otro de entretenimiento.

Estás aquí porque quieres resolver el misterio, el misterio de tu Existencia Espontánea, porque eres desconocido para Eso. Todos tus problemas se resolverán tras conocer la Realidad. Nadie es bueno, nadie es malo. Esos son términos relacionados con el cuerpo. Todo desaparecerá. No quedará nada.

Todas las acciones han de ser acciones naturales sin ninguna auto-importancia. La no discriminación es una cualidad de las personas santas. Todo está en ti. Eres el profesor, el estudiante, el Maestro y el devoto ¡El adorador y lo adorado! Grábate esto. Si alguien dice: "Dios está parado en la puerta", contesta "Lo siento", e ignóralo.

**ÉSTE ES UN GRAN CONOCIMIENTO
SIN CONEXIÓN CON EL CONOCIMIENTO
RELACIONADO CON EL CUERPO.
"DIOS ES UN REFLEJO DE MI PRESENCIA.
MI PRESENCIA HACE APARECER A DIOS".**

113. Nadando en un mar de miedo

Maharaj: Has de quitarte el miedo a la muerte ¡No hay razón para temer! Eres no-nacido y, como en la historia de la soga y la serpiente, tienes miedo de una ilusión. Eres no-nacido, inmortal, por lo tanto no cabe preguntarse por el nacimiento y la muerte.

Cuando te llegue el momento de decir adiós al mundo, debería ser un momento feliz. Trata de conocer la realidad detrás de la *muerte*. ¿Quién está muriendo? Tu Presencia estaba ahí antes de que el Espíritu hiciera clic con el cuerpo, antes de ser.

Si la Presencia no estuviera ¿cómo podría haber nacimiento o muerte para el cuerpo? El Espíritu es no-nacido, está siempre ahí como Presencia. La Espiritualidad, la meditación, el conocimiento, la oración, etc., están ahí para establecer la Convicción de que "Eres no-nacido".

Lees diferentes libros espirituales sobre esto y lo otro, y luego analizas todo lo que se ha dicho ¿Para qué todo este análisis, cuando tú, el Lector Invisible, Sin Forma, eres la Verdad Última? A menos que el conocimiento relacionado con el cuerpo hecho de alimentos se disuelva, no serás capaz de conocerte a ti mismo en un sentido real y no habrá Convicción.

**HAS DE CONOCER EL PRINCIPIO DE LA
ESPIRITUALIDAD.
EL SABER ÁRIDO ES SÓLO**

ENTRETENIMIENTO ESPIRITUAL.

Estás nadando en un océano ilusorio de conceptos y miedo, de pecado y virtud. El principio de la religión ha sido sumergido por los seres humanos y convertido en un conjunto de normas. Este conjunto de normas ha sido creado con el propósito egoísta de regular la sociedad. Los líderes espirituales, los líderes de la iglesia han creado mucho miedo e ilusión en la gente, oscureciendo la Realidad, haciendo a la gente dependiente de ellos, de la religión y de Dios.

¡Olvida todas esas normas hechas por el hombre! Todas esas ilusiones han salido de tu Presencia. Todas las acciones del sueño ilusorio, son grabadas ¿Quién las graba? ¿Quién disfruta del sueño? ¡Busca! No hay ni serpiente ni muerte.

NO LE HAS DADO SUFICIENTE IMPORTANCIA *AL QUE VE*. ¡OLVÍDATE DE LO VISTO! SÓLO ES TU REFLEJO.

P: ¿Lo que está diciendo, Maharaj, es que volviéndote totalmente independiente, serás completamente autónomo, sin ningún condicionamiento?

Maharaj: Esta comprensión no es lógica, es una Comprensión Espontánea, Convicción, como saber que eres un hombre, sin siquiera pensarlo.

Tienes un conocimiento teórico, pero lo que hace falta es un conocimiento práctico. Y eso sólo sucede a través de la meditación.

P: ¿La meditación es como dar vida, como quitarle la luz al ego y llevar tu atención a la Realidad?

Maharaj: A través de las vibraciones, se está produciendo un proceso de limpieza. Si el espejo está sucio, no puedes ver tu imagen. Todos los conceptos ilusorios se disolverán y entonces: "¡Sí, Yo soy Eso!" Siempre nos consideramos discapacitados, incompletos. Eso no es verdad.

P: ¿Tenemos que ser independientes de todo aquello que refuerza la ilusión?

Maharaj: Ve más y más profundo...

P: ¿Podría decir *acepto* "antes de ser", en lugar de *excepto*, como en "Excepto tu Ser sin ser no hay Dios, etc.?

Maharaj:

ESTÁ JUGANDO CON LAS PALABRAS, PERMANECIENDO SECO Y SEGURO EN LA ORILLA, CON UN CONOCIMIENTO ÁRIDO.

No vivas una vida cobarde ¡Ponte a nadar! Bucea en el mar y empieza a vivir como un león ¡No tengas miedo del agua! Una persona que tiene miedo de cada momento es un cobarde.

P: ¿Debemos tener una actitud de "Éste es mi Poder" y al mismo tiempo "No es mi Poder", de modo que no sea mal empleado?

Maharaj: ¡Eso es discusión árida! La discusión árida no te servirá ¡Has de poner en práctica el Conocimiento!

114. Lee tu propio libro

P: Estoy digiriendo el Conocimiento.

Maharaj: Muy bien, es un buen signo. Ahora que conoces la Verdad Última, has de mantenerla. Continúa con la meditación, eso es lo más importante. Canta los *Bhajans* durante el día, te darán una felicidad espontánea. Haz estas prácticas regularmente. Son esenciales, tan necesarias como comer cada día.

El propósito de la espiritualidad es disolver el conocimiento con base en el cuerpo. Para que esto suceda, el proceso de limpieza ha de continuar. Has de refrescar cada día tu Convicción.

**NO LEAS NINGÚN LIBRO,
LEE TU PROPIO LIBRO.**

Tu portátil tiene una cuenta, una contraseña, un número de teléfono, todos los detalles que necesitas. Tienes un motor de búsqueda como Google o Yahoo. Todo esto se encuentra en ti. Todos los sitios web son *Uno* en ti.

P: A veces estoy muy distraído.

Maharaj: No le prestes atención a esa sensación. La meditación ayuda con la concentración. Todos los pensamientos se desvanecerán. Lentamente, lentamente todos se desaparecerán.

TÚ ERES EL PRINCIPIO DEL MUNDO.

Debido a toda una vida de impresiones, estas capas no van a ser eliminadas inmediatamente. Tardará algún tiempo. Sigue haciendo tu trabajo, trabaja bien y de modo eficiente.

**TEN LA VISIÓN DE QUE ESTÁS EN TODAS PARTES.
NI HOMBRE, NI MUJER,
TODO ES *BRAHMAN*.
LENTA,
SILENCIOSAMENTE,
LA ESTABILIDAD SERÁ ESTABLECIDA.**

P: Al principio es como vivir en una casa llena de ocupantes ilegales. Luego te das cuenta de que eres el propietario y que ellos son sólo inquilinos.

Maharaj: Cuando te des cuenta de que eres el dueño de la casa, querrás limpiarla. Primero has de deshacerte de los inquilinos que viven en el edificio y no quieren marcharse. En ese momento son necesarias paciencia y firmeza, porque abusarán de ti hasta que se les eche.

P: Después los inquilinos serán serviciales e incluso preguntarán: "¿Qué quiere jefe?"

Maharaj: Tendrán lugar unos cambios espectaculares. Espera y mira, lenta, silenciosa y permanentemente. Continúa con la meditación, es tu fundamento. No te pongas bajo la influencia de los conceptos de otros. Una mente débil es muy peligrosa ¡Tu sabes más!

La fuerza mental es muy importante de modo que no admitas a bordo los pensamientos de nadie. Ten auto-confianza de modo que nadie se atreva a acercarse. Incluso nadie se atreverá a enseñarte, porque tú eres la Verdad Última ¿Quién creó los *Vedas*, los *Upanishads*? Son tus bebés.

TODO EL CONOCIMIENTO ESPIRITUAL, VENDRÁ DE TU ESPONTÁNEA PRESENCIA.

Eres el Maestro del mundo. Es un hecho evidente ¡Sin el ego!

P: Los viejos hábitos son muy fuertes.

Maharaj: Es natural sólo por la larga asociación con el cuerpo. No te veas a ti mismo como un paciente necesitado de un psicólogo. Había una mujer que tenía dolor en sus articulaciones a las tres en punto cada día. Se le dijo que ignorase las tres en punto. Cuando siguió el consejo, su problema se desvaneció.

Del mismo modo, la gente normal son pacientes con problemas psicológicos. Debido a los numerosos conceptos ilusorios que han aceptado sin someterlos a consideración, tales como bueno y malo, pecado, infierno, culpable, etc., sentimos que hemos hecho algo equivocado y como resultado nos sentimos culpables y temerosos.

El Maestro dice: "No eres culpable en absoluto ¿Por qué firmas la confesión y admites ser culpable en la Corte Criminal?" Te has convertido en víctima de tus propios pensamientos y emociones, víctima de tu propio sueño. Y en ese sueño, estás llorando y llorando. El único crimen del que eres culpable es pensar equivocadamente que eres un *ser humano*.

ERES *BRAHMAN*, NO UN SER HUMANO. EL CRIMINAL ES UN SER HUMANO, PERO TÚ NO ERES UN SER HUMANO. POR LO TANTO, NO ERES CULPABLE ¡CASO CERRADO!

Supón que alguien te pide un préstamo y no te lo devuelve. Tú dices: "Te presté un dinero, ahora has de devolvérmelo". Se lo recuerdas constantemente, diciendo: "Te hice un préstamo. Vamos ¡Paga! Me estás haciendo trampa. Necesito el dinero".

Igualmente decimos: "¡No, no! Tú no eres el cuerpo en absoluto, eres el Espíritu. Eres *Brahman*, eres *Atman*. Estás tratando de ocupar mi sitio mediante engaño. Estás sentado en mi trono ¡Me estás engañando, estafándome! ¡Vamos, piérdete!

**¡ES UN GRAN PECADO
ACEPTAR LO QUE NO ERES
Y SEGUIR LLORANDO EN EL SUEÑO!**

115. Tu Historia

P: A menudo las relaciones más estrechas hieren a la gente.
Maharaj: Se supone que la persona espiritual no hiere los sentimientos de los demás. Puedes ignorar a alguien, pero no luches con nadie ¡Perdona y olvida! Todos tenemos la misma esencia, pero diferentes normas y crianza. Las atmósferas desagradables no serán duraderas. Eres un ser espiritual, no un ser humano.

Si aparece un tigre y corres, el tigre correrá detrás de ti. Si le miras cara a cara, el tigre correrá. Si alguien trata de insultarte, no te afectará. La espiritualidad te enseña que tu Maestro incorporado te dará instrucciones. Sucederá espontáneamente como resultado de tu meditación. Te vuelves uno con el Ser sin ser a través de la meditación. Cuando surja la tentación, tendrás una guía interior sobre cómo actuar.

**LA SIMPLICIDAD ES LA MEJOR POLÍTICA.
¡EVITA A LAS PERSONAS DIFÍCILES!**

Tu propio Maestro te enseñará cómo vivir en circunstancias difíciles. Este es el tipo más elevado de devoción, cuando las preguntas y respuestas fluyen como en un diálogo interno. No preguntes por qué hay problemas, eso es para los niños aprendiendo el ABC ¡Aquí te estás convirtiendo en Maestro del lenguaje!

Este es un modo de acercarte a tu Ser sin ser, escuchando, recibiendo indicaciones y siendo guiado. Este flujo Espontáneo es un signo de tu Realización.

P: ¿Qué quiere usted decir con "El Conocimiento del Lector" cuando habla sobre leer libros espirituales?
Maharaj: Cuando leas estos libros, léelos como si fuesen tu historia y no sólo una historia sobre *Brahman*. Es el Conocimiento del Lector, la Biografía del Lector, tu *Espiritugrafía* ¡Quédate tranquilo y en silencio! Utiliza cualquier cosa que escuches para refrescar tus

recuerdos, nada complejo.

¡QUÉDATE CONTIGO!
OLVÍDATE DEL MUNDO.
NO VAYAS BUSCANDO AQUÍ Y ALLÁ.

El Conocimiento Espiritual te enseña cómo vivir y actuar en este mundo. La meditación es efectiva para calmar el ego, el intelecto. Cuando veas que vienen esos sentimientos, ignóralos. No les prestes atención ¡Igual que ignoras a un perro ladrando! Te estás enseñando a ti mismo. Esto es *Auto-aprendizaje*.

Al principio, el discípulo trabaja en estar cerca del Ser sin ser, luego continúa yendo más y más cerca del Ser sin ser. Inicialmente, se requiere disciplina y un esfuerzo deliberado para ese ir acercándose, utilizando las herramientas de la Auto-indagación, la meditación, la recitación del Mantra, los *bhajans* y algunas lecturas espirituales, reflexionar y contemplar. El discípulo se enseña a sí mismo, Auto-aprendizaje.

Tras absorber la Realidad, el Despertar Espontáneo aparece dentro del devoto. El devoto ha Realizado la *Deidad* interior. Se ha *fundido con el océano*, por así decir, y ya no tendrá que hacer deliberadamente más esfuerzo o acción.

Todas las acciones ocurren espontáneamente desde ese momento, ya que el Ser sin ser y el devoto son UNO. Por lo tanto, cómo actuar y qué hacer en diferentes situaciones, es ahora automático y no se necesita un esfuerzo deliberado. Hay una Guía Interior, un flujo espontáneo de indicaciones. Lo llamamos Auto-aprendizaje sin esfuerzo deliberado. Antes de Despertar, para enseñarte a ti mismo, era necesario algún esfuerzo, ahora no. El devoto se ha vuelto un Maestro, un Maestro del Ser sin ser, un Profesor del Ser sin ser ¡Recuerda! Son sólo palabras. Busca el significado detrás de ellas, su esencia.

Ahora eres un *Profesor* de tu Ser sin ser. Eres un *Maestro* de tu Ser sin ser. Por tanto, usa tu Poder espiritual, tu Conocimiento espiritual en cada ámbito y camino de la vida, tanto de la vida familiar, como social y espiritual.

P: ¿Dice usted que no sea una víctima, que no escuche los conceptos de los demás?

Maharaj: Nisargadatta Maharaj dijo que tras conocer la Realidad, no serás distraído. Este es un mundo ilusorio con gente que trata de sacudir tu fe y confianza, volviéndote suspicaz de nuevo. Ahora que tienes la Realidad, mantenla con la meditación. Otra gente habla de conocimiento de libros: "Los *Vedas* dicen esto y lo otro", y pueden distraerte con su conocimiento a medias. Te harán caer ¡Cuidado!

Este es un Conocimiento simple, pero un Conocimiento esencial ¿Por qué necesitamos el Conocimiento? Porque el cuerpo no es nuestra identidad y somos desconocidos para nosotros mismos. Tenemos que conocernos en un sentido real.

**NECESITAS VALOR PARA DECIRLE
ADIÓS A ESTE MUNDO ILUSORIO.**

Conoces la Fuente Directa, la Verdad Última. Ahora has de hacer la digestión, absorber el Conocimiento con la meditación y la recitación constante. De este modo tus *recuerdos del cuerpo* serán constantemente refrescados por la Realidad.

Cuando Nisargadatta Maharaj habló sobre el Conocimiento, dijo: "Mastícalo como el chocolate y el chocolate fundido se refrescará por sí mismo".

P: Estaba leyendo uno de los libros de Ranjit Maharaj. Hablaba de no hacer nada, no hablar, no comer ¿Debemos hacer esas cosas o no?

Maharaj: ¿Por qué esos trucos imaginarios? Está OK para los principiantes, pero en este determinado nivel, cuando sabes que tu Presencia es invisible ¿Por qué hacer esa pregunta? No hay *Yo*, así que ¿quién está hablando sobre: "No estoy comiendo"?

**HAS RECIBIDO MUCHO CONOCIMIENTO,
NO BAJES UN PELDAÑO.
TRAS ESCUCHAR TODO ESTE TIEMPO,
ESPERO QUE TENGAS UNA BASE,
UN FUNDAMENTO.**

Pero si obtienes alguna felicidad de leer eso ¡léelo!

116. *Tú eres el Administrador*

Maharaj: El doctor necesita alguna información de sus pacientes, de modo que pueda aconsejarle y decidir qué medicinas prescribir. Eres tu propio Maestro. Todo este Conocimiento lleva a la Convicción. Si tienes una base sólida, fundamentos, un buen conocimiento de base, entonces todo lo que necesitas es un clic, un toque del Maestro.

Pero tienes que dar un paso adelante y rendirte, de modo que puedas ser guiado y tener la prescripción adecuada, conforme a tu madurez espiritual. Nada es imposible, y todo es fácil cuando los fundamentos son sólidos. De esta forma, el Conocimiento será expuesto automáticamente en tu Ser sin ser. Tu Conocimiento está ya ahí.

**ESTAMOS CAVANDO UN POZO, QUITANDO PIEDRAS,
QUITANDO EL BARRO, CAVANDO Y CAVANDO,
QUITANDO TODAS LAS PIEDRAS NO DESEADAS.**

Como te he dicho, la meditación crea una vibración en el

interior. Lenta, silenciosa y permanentemente todo será eliminado, a la luz de esa vibración.

NECESITAS TENER VALOR PARA LANZARTE A ELLO
ESTOY AQUÍ PARA PROTEGERTE.

Tienes también los tres vigilantes: el Conocimiento, la Meditación y los *Bhajans*, para protegerte las veinticuatro horas del día.

Lo primero que necesitas es un buen profesor, que te enseñe despacio, despacio, cómo ser un buen nadador. Luego has de lanzarte al océano de la espiritualidad. Vienen malos pensamientos, vienen malos conceptos ¡Continúa!

Cuando estás cavando un pozo, aparecen piedras y barro. Con paciencia y perseverancia, cavando y cavando, descubrirás finalmente agua pura. Por las vibraciones, todo lo innecesario, todo lo no deseado, será eliminado.

HAS DE CONVENCERTE A TI MISMO.
TÚ ERES EL ADMINISTRADOR.

Tú eres el administrador de tu propio Conocimiento espiritual.

En nuestro Linaje tenemos un método de meditación que se utiliza para adquirir Conocimiento espiritual práctico, el Auto-conocimiento. De este modo, el Conocimiento es transmitido de un modo organizado, paso a paso, sistemáticamente, científicamente.

Todos conocen distintos medicamentos que son accesibles, pero es sólo el doctor el que sabe cómo administrar la dosis. Puedes conocer la ley, pero necesitas un abogado para hacerla efectiva. Has estudiado muchos libros espirituales, pero no de un modo científico y sistemático.

Te estoy dando lo que ya tienes y has olvidado. Simplemente te lo devuelvo. Te he estado dando un Conocimiento sistemático. Lo único que faltaba era un método para organizar este Conocimiento. El Conocimiento no estaba ahí. Ahora tienes una fuerte Convicción. Todo está dentro de ti. Sólo tienes que ponerlo en contacto, haga clic en él y encenderlo. El fuego ya está ahí.

GRABA ESTE CONOCIMIENTO.
ABRAZA ESTE CONOCIMIENTO.
ACEPTA ESTE CONOCIMIENTO
COMPLETAMENTE.

Muy pocos devotos se implican. Algunos vienen al ashram por casualidad. Ni siquiera se inclinan. No me importa que no se inclinen ante mí, pero deben inclinarse ante mis Maestros, que eran grandes santos. No me respetes a mí, pero muéstrela respeto a ellos ¡Inclínate ante ellos!

P: Inclinarse es un tradición en cada iglesia, en cada religión.

Maharaj: Algunos visitantes han recorrido grandes distancias. He de compartir el Conocimiento con ellos. Al mismo tiempo espero, al menos, algún respeto por estos grandes santos que hay en las paredes.

P: ¿Alguien estaba hablando antes sobre el desapasionamiento?

Maharaj: Significa que no te sientes atraído por el mundo. Tras la Convicción, no hay más atracción. Tu Presencia está ahí, pero es una Presencia desconocida, no Identificada, Anónima, Identidad Invisible.

Tras conocer la Realidad, el desapasionamiento no tiene sentido. Cuando estabas dentro del círculo, esperabas dinero, posición y poder. Había ambición también. Tras conocer la Realidad, entiendes: "¿Quién va a usar todo ese dinero? ¿Durante cuánto tiempo? ¿Para qué sirve toda esa ambición cuando mi existencia no está basada en el cuerpo?" Y permaneces despreocupado del mundo.

Se supone que el Conocimiento te lleva a la Realización. Cuando el Conocimiento es absorbido, no queda nada, ni queda experimentador. Te fundes con tu Ser sin ser. Cuando el Conocimiento ha sido totalmente aceptado y absorbido, no quedan restos, todo se desvanece, nada puede ser visto. Todos los conceptos se habrán disuelto.

LA *ETAPA AVANZADA* SIGNIFICA QUE EL CONOCIMIENTO ESTÁ TOTALMENTE ABSORBIDO.

Pero todavía no estás del todo preparado para aceptar esta Verdad. La meditación es la base necesaria. Como te dije, si los cimientos son débiles, todo el edificio es débil. Tu valentía y poder irán creciendo de modo que en la última etapa no habrá ningún pensamiento. Habrá un Silencio Espontáneo, una intoxicación espiritual. Permanecerás en tu propio mundo.

Mientras tanto, todos los conceptos han de ser borrados y el ego ha de ser disuelto. Utiliza este Conocimiento para borrar la Ilusión. Todo el mundo es igual ¡No hay necesidad de competir! ¿Contra quién estás compitiendo? Con el despertar de tu Maestro Interior, todas las preguntas se disolverán automáticamente. Ésta es la auto-curación, auto-sanación, auto-enseñanza.

TU IDENTIDAD ES PUESTA ANTE TI POR MEDIO DEL MAESTRO.

Cuando llegues a conocer a tu Maestro Interior, sabrás que las diferencias no existen. No hay diferencias entre nadie y nada.

Mientras haya identificación con el cuerpo, con la que te identifiques a ti mismo como alguien individual, encontrarás diferencias. No hay diferencias ni distinciones. Acepta esta Verdad. Es la Verdad Final. Es tu historia. Ese es el propósito que hay detrás de la espiritualidad, de modo que puedas conocer tu historia.

117. *La Realidad ha de tocar tu corazón*

P: Recientemente, Maharaj, había tantos pensamientos agolpándose en mi, que no podía meditar.
Maharaj: No luches con ellos, simplemente déjales fluir. Es natural, va con el cuerpo. Sé su testigo, míralos y luego ignóralos.

Eres totalmente desconocido para el Ser sin ser y el Ser sin ser es como el cielo. El cielo no conoce su propia existencia. No tienes forma. El meditador ha olvidado su Identidad y se limita a sí mismo a la forma corporal. Nunca tuviste forma corporal. Verdad Final.

Tu Presencia Espontánea brilla y, por el reflejo *Del que Ve*, ves el sueño del mundo. Sin *El que Ve*, Anónimo, Invisible, no puedes ver el mundo.

**TODO VIENE DE TI.
LA PRESENCIA ESPONTÁNEA ES REFLEJADA,
PERO NO TIENE FORMA,
ES PRESENCIA NO IDENTIFICADA.**

P: ¿Hay cosas que te empujan más a la meditación? Mi jefe me pone de los nervios.
Maharaj: Todos los problemas físicos y mentales se disolverán con la meditación. Las investigaciones demuestran que un alto porcentaje de personas que meditan, se benefician de ello. Ha sido científicamente probado que la meditación reduce el estrés y alivia los problemas físicos, mentales y emocionales. El Conocimiento Espiritual ayuda con los problemas físicos.

Mediante estos discursos, estoy mostrándote la Identidad del Oyente Invisible. Tú eres la Verdad Última, la Verdad Final. Esta Realidad ha de tocar tu corazón.
P: ¿Y en algún momento lo abre?
Maharaj: En este mundo todo es ilusión. No dejes ninguna duda pendiente. Ten en *mente* que éste es un mundo ilusorio. Todo es verdadero y todo es falso en este sueño del mundo.

**RECUERDA, ERES LA VERDAD ÚLTIMA,
SIN FORMA ALGUNA.**

Lo sabes, pero estás todavía en el círculo de la ilusión, tratando de obtener paz y silencio de él ¿Quién quiere silencio? ¿Quiere silencio el cielo? A fin de tener la Convicción, son necesarias todas esas disciplinas. Estas conversaciones no son un circo o un show de palabras. Son la Realidad, señalando a tu Realidad Invisible.

La fuerza de tu ego no te permite alcanzar el Ser sin ser. Todo el mundo está escuchando en calma y silencio, pero dentro del círculo del conocimiento ilusorio, pensando todavía: "Soy alguien distinto, soy *Brahman, Parabrahman*". Estás abrazando una identidad que no es la tuya en absoluto.

ESTE ES UN LARGO SUEÑO Y NO VA A DURAR.

Desde la infancia has tenido miles de sueños ¿Dónde se fueron? ¿Quién atrapó esas imágenes? ¿Qué pasa después de la muerte? ¿Quién nace, quién muere?

HAZLE TODAS ESAS PREGUNTAS AL SER SIN SER.

Se supone que el Ser sin ser las ha de resolver.

El ego se ha de disolver por completo. Te has de rendir al Ser sin ser, sólo entonces la Realidad se abrirá paso desde tu interior. Tu Presencia Espontánea proyecta la Realidad. No es necesario el esfuerzo, lo más importante es tu implicación.

DESHAZTE DEL EGO.
Y ENTONCES, LA REALIDAD QUE
HA SIDO PUESTA ANTE TI
TOCARÁ TU CORAZÓN.
DEBE TOCAR TU CORAZÓN Y CONMOVERTE.

Has de sentir algo como:

"HE MALGASTADO TODO MI TIEMPO HASTA HOY.
PERO AHORA ES EL MOMENTO".

Después no te arrepentirás. Si no le prestas atención, el paso del tiempo te cogerá desprevenido y dirás: "¡Oh, qué he hecho, o qué no he hecho! Tuve la oportunidad de hacer algo y no le presté atención". Las atracciones del mundo ilusorio te han mantenido en el círculo.

118. *La cima de la montaña*

Maharaj: Cuando llegues a cierto nivel, ten cuidado. No dejes que ningún pensamiento te haga retroceder ¡Mantén apartado el conocimiento relacionado con el cuerpo!

PERMANECE EN EL *NO HAY NADA AHÍ*.

Ni desconfianza ni dudas. Mantén tu vista en el objetivo, la cima de la montaña ¡Si pierdes la concentración, oyes ruido o eres atraído por algo, no serás capaz de *volar hasta el cielo*! Tú ya estás en él, sólo has de convencerte. Si prestas atención a los pensamientos de los demás, estarás distraído al final de tu vida.

ÉSTA ES UNA CARRETERA DIRECTA. NO HAY DESVÍOS.
CON EL MARTILLEO DIRECTO,
SABRÁS QUE ERES LA VERDAD FINAL.

ERES LA VERDAD FINAL.

Una vez que tienes una posición espiritual, has de ser constante y estar alerta. Había un piadoso devoto, al que solía decirle: "Estás cerca de la cima". De pronto, tuvo un problema físico y dejó de venir al ashram. Tiró todo por la borda por un asunto sin importancia. No hay necesidad de que los problemas físicos o del cuerpo tomen el control. Has de permanecer como eras antes del cuerpo, antes de ser.

TUS PROPIOS PENSAMIENTOS,
TUS PROPIOS SENTIMIENTOS,
TE CREAN PROBLEMAS A TI MISMO,
SIN QUE TE DES CUENTA.

P: Usted dice: "Sé como eras antes, antes de ser". No lo puedo imaginar...

Maharaj:
ESE ESPÍRITU QUE NO PUEDE SER IMAGINADO,
ES ESPONTÁNEO, INVISIBLE,
PRESENCIA ANÓNIMA.

P: ¿Cómo debemos pensar que es?
Maharaj: ¡Está más allá del pensamiento!

TRAS CONOCER LA REALIDAD,
EL MUNDO ESTÁ DENTRO DE MÍ,
ACEPTA COMPLETAMENTE ESA VERDAD ÚLTIMA.
NO MENTAL,
NI FÍSICAMENTE,
SINO ESPIRITUALMENTE.

P: ¿Por qué en el Gita, Krishna no explica el *karma*?
Maharaj: Se explican muchas cosas ¿Qué *karma*?
P: Si haces algo malo...
Maharaj: No hay bueno ni malo. Lo que es malo para el animal es bueno para el matarife. Olvida los *Upanishads*, los *Vedas*, Krishna y Rama. Son entretenimiento espiritual. Estoy hablando de antes de ser. Todo ese conocimiento literal es conocimiento a medias. Sin tu Presencia ¿quién va a hablar sobre los *Upanishads*, el *Mahabarata* y los *Vedas*? ¡Quédate en lo anterior a Ser!

TRATA DE VER DENTRO DEL SER SIN SER.
TU PRESENCIA INVISIBLE ES
EL PADRE DE TODO ESE CONOCIMIENTO.

Estoy llamando la atención del Oyente Invisible en ti. Ante del conocimiento relacionado con el cuerpo ¿Conocías los *Vedas* o los *Upanishads*? Me ofreces *Namaskaram* ¿Quién es ese *me*? ¿Quién es? Es la Presencia Invisible ¡Deshazte de la ilusión! Todo ese conocimiento externo te incapacita.

¿Has visto a Dios, a cualquier dios?

P: ¡A veces!
Maharaj: ¿Sólo a veces, no siempre?
P: Algunos fenómenos.
Maharaj: Sin tu Presencia, no hay Dios. No estás aceptando esta Verdad.

**DESDE EL PRINCIPIO EL DEVOTO ES DIOS,
PERO CUANDO ENTIENDE QUE ES DIOS,
EL DEVOTO DESAPARECE
Y SOLO QUEDA UNO.**

Tras conocer la Realidad, has de borrar todos los conceptos. Mi Maestro solía decir: "Todo lo que has leído y escuchado, réstalo, y luego hablas".

**PIENSA DESDE FUERA DEL CÍRCULO,
DESDE FUERA DE LA RAÍZ DEL CUERPO.**

No estreses al intelecto. Es un Conocimiento muy, muy simple. Nos hemos convertido en víctimas, atrapados en nuestra propia red de conocimientos, *Brahman*, *Atman*, etc.

¿Quién dice estas cosas?

**ESTOY LLAMANDO LA
ATENCIÓN DEL PREGUNTADOR,
DESDE EL CUAL SURGE LA PREGUNTA.**

¡No asientas con la cabeza a menos que estés convencido!

P: ¡Puede que hagan falta cien años para ello!

Maharaj: Si has estado sentado en una cueva oscura durante años y de pronto tienes luz ¿vas a decir que no vas a usarla inmediatamente, que tardarás otros cien años? ¡No! El cambio es instantáneo, inmediato. Cuando veas la luz, no dudes, no lo retrases y permanezcas en la oscuridad. No hay mañana. No te limites a la forma corporal. Conócete a ti mismo en un sentido real. Hemos estado dependiendo de lo que hemos leído y escuchado.

**HEMOS ESTADO TRATANDO
DE CONOCER LA VIDA ESPIRITUAL
A TRAVÉS DEL CONOCIMIENTO FÍSICO.**

Todos esos dioses imaginarios se disolverán, junto con todos los conceptos, incluyendo cielo e infierno. La gente tiene mucho miedo de conceptos como infierno, aunque nadie lo ha visto nunca.

**TU MAESTRO INTERIOR
ES MUY PODEROSO.
COMPLACE A TU MAESTRO INTERIOR.
ÉL ES DIOS.**

Tu Maestro externo te ha dicho que eres Dios Todopoderoso, Omnipresente, la Verdad Última. No lo aceptas tan fácilmente. En alguna parte quedan dudas: "¿Cómo puedo yo ser Dios

Todopoderoso?"

HAS DE AVANZAR CON CONVICCIÓN, Y SENTIR QUE DICE: "¡SÍ SOY DIOS TODOPODEROSO!".

Necesitas una fe total en ti mismo y en el Maestro, y entonces avanzarás. Sin medias tintas ¡Ha de haber una completa implicación! Sabes cómo nadar ¡Salta y practica! Has de dar el salto con valentía, fuerza y agallas. Todo está en ti, pero no estás usando tu poder. Puedes controlar los malos pensamientos con la Llave Maestra.

CAMBIA TU PERSPECTIVA PARA VER A TU SER SIN SER.

Has de saber y sentir con valentía que: "No soy el cuerpo, soy *Mahatma*". Esta Convicción lleva al Conocimiento. Olvídate de los *Vedas*, ellos te trajeron aquí. El conocimiento literal indica que eres un Maestro, eres la Verdad Última. Tampoco hace falta ser tan serio ¡Sé feliz! ¡Sé feliz, porque conoces la Realidad! El Buscador ha encontrado lo que tú estabas buscando.

LO QUE ESTABAS BUSCANDO, HA SIDO ENCONTRADO EN TI. ¡ESTUVO AHÍ TODO EL TIEMPO!

"¡Fui en busca de Dios y me convertí en Dios!", dijo Swami Vivekananda. Vivekananda solía deambular preguntando a la gente: "¿Has visto a Dios?" No obtuvo respuesta hasta que llegó a Ramakrishna Paramahamsa y le hizo la misma pregunta. Ramakrishna contestó: "Sí, hijo mío. He visto a Dios. He visto a Dios como te veo a ti ahora, sólo que más claro. Dios puede ser visto. Uno puede hablar con él. Te puedo mostrar a Dios".

Swami Vivekananda no sólo estaba sorprendido, estaba asombrado. Sabía que las palabras de Ramakrishna habían sido dichas desde lo más hondo de él. "¡Oh! Esta es la primera vez que he oído a alguien decir eso", dijo Vivekananda.

Vivekananda supo intuitivamente que estaba cara a cara con un Maestro auténtico. Estaba cara a cara con la Realidad. Dios estaba mucho más vivo en él. Vivekananda no tuvo ninguna duda sobre este Maestro, ya que nadie antes le había hablado de esa manera, diciendo que:

"¡HE VISTO A DIOS Y TE LO PUEDO MOSTRAR!"

Eso es algo excepcional. Lo mismo contó Nisargadatta Maharaj: "No te estoy haciendo discípulo, porque el Maestro ya está en ti. Te estoy mostrando al Maestro en ti".

119. El Maestro es el Dios de Dios

Maharaj: Has de tener confianza, una confianza fuerte en el Maestro, que hará que te ilumines. Nisargadatta Maharaj solía decir que si no fuese porque su Maestro, Siddharameshwar Maharaj, llegó a su vida, él podría haber sido un hombre ordinario, corriendo sin rumbo fijo de aquí para allá, de un templo a otro.

Ha de haber respeto por el Gurú, el Maestro. El Santo Kabir dice: "Si mi Maestro y Dios aparecen ante mí, el respeto sería para mi Maestro, porque es sólo por Él que conozco a Dios". Así que has de darle importancia al Maestro, al Gurú.

EL MAESTRO ES EL DIOS DE DIOS.
EL MAESTRO ES EL DIOS DE DIOS.

Ahí puedes ver el Linaje [Maharaj señala a las imágenes de los Maestros, Bhausaheb Maharaj, Siddharameshwar Maharaj, Nisargadatta Maharaj, Ranjit Maharaj]. Eran personas normales pero no tenían ego, ni un gran intelecto, ni expectativas. Eran humildes. Cuando esta cualidad aparece en ti, es una señal de iluminación.

Si sucede algo desagradable en tu vida, la mente se vuelve inquieta y siente como "¡Oh! Algo está mal". De modo que la disciplina es muy fácil pero, al mismo tiempo, es muy difícil porque el conocimiento relacionado con el cuerpo, *el conocimiento relacionado con el cuerpo hecho de alimentos*, ha de ser disuelto totalmente. Este Conocimiento es un conocimiento muy simple, que está más allá de la imaginación. Tu intelecto no te ayudará ¿Cómo eras antes de ser? "No lo sé" respondes.

MIRA, NO HABÍA EGO, NI INTELECTO,
NI MENTE,
NI DIOS.
ES SÓLO DEBIDO A QUE ESTÁS
EN LA FORMA CORPORAL
QUE HAY UNA NECESIDAD DE DIOS.

Si no hay *nadie* ¿entonces, dónde está ese Dios, ese Maestro, este conocimiento del que hablas el cual has encontrado en los libros? Has olvidado tu Identidad y, por lo tanto, estamos llamando la atención de tu Silencioso Oyente Invisible, que es llamado *Brahman* o Dios.

El cambio tendrá lugar. Con una devoción fuerte, una voluntad fuerte y un pequeño sacrificio, no será difícil. Cada momento es muy importante. Es tu momento.

¡SÉ SERIO!

NO BUSQUES LA VERDAD ÚLTIMA DE UN MODO CASUAL.

Habrá una Paz Total y completa, sin causa material alguna. Paz Interior sin alteración de la mente, el ego, el intelecto ni de nada. Incluso si la atmósfera externa es desfavorable, estarás en paz. Incluso en el caos, un devoto iluminado tendrá Paz Completa porque en todo momento nada le preocupará ni le afectará.

TODO EL CONOCIMIENTO ES ABSORBIDO EN LA UNIDAD.
NO HAY DUALIDAD.

Las nubes vienen, las nubes se van. El sol es como es.

Podemos estar juntos, discutiendo sobre filosofía, durante meses y años. Lo único que obtendrás es *entretenimiento espiritual*, nada más que eso. Para tener una Convicción fuerte, necesitas practicar varias disciplinas, meditación, *bhajans*, oración y Conocimiento.

Has de ser muy serio, con mucho entusiasmo, con un punto de preocupación y ansiedad. Después de pensar y pensar sobre ello, un día, exclamarás: "¡Oh! ¡Ahora veo!"

Somos muy afortunados por haber tenido este Linaje de Maestros con un Conocimiento tan directo. Aunque hablaron sobre *maya*, *Brahman*, *Atman*, y *Paramatman*, había menos énfasis en estas palabras pulidas. Último *prarabdha*, futuro *prarabdha*, todas esas palabras te tienen dando vueltas, vueltas y vueltas en círculos, y te atrapan. El foco ha sido cambiado de esas palabras pulidas a lo práctico, al lenguaje directo.

TODO ESTÁ EN TI.
TODO ESTÁ EN TI.

A fin de tener la atención del Oyente Invisible, se usa el Conocimiento Directo. Con la atención puesta en ese Oyente Invisible en ti, te estamos diciendo:

ERES LA FUENTE DE LA FELICIDAD.
ERES LA FUENTE DE LA PAZ,
NO EN LA FORMA CORPORAL.

Gradualmente, día a día, tus apegos se aflojarán y reducirán. Tienes mucho apego por el cuerpo, mucho amor y afecto. Cuando todo se haya disuelto, conocerás la Realidad. Es un hecho sabido, un hecho evidente, una Verdad abierta, la Verdad Última, la Verdad Final.

Los Maestros de nuestro Linaje nos han mostrado cómo sucede. Nos han mostrado que la Auto-realización es posible. Sucedió en ellos y puede pasarte a ti.

Lenta, silenciosa y permanentemente con la práctica, los pensamientos ilusorios se disolverán, hasta que se desvanezcan del todo.

Es un proceso de limpieza, igual que tu portátil cuando está lleno de ficheros no deseados, los cuales has de eliminar debido a los virus. La meditación es el software antivirus. Este software antivirus puede controlar y defender, vigilar y mantenerte alerta.

Es necesario limpiar tu casa cada día. Del mismo modo, has de limpiar *esta casa*. Cada día, con la meditación, los *bhajans* y el Conocimiento, luego será muy fácil. Pero has de ser devoto:

DEVOCIÓN,
EXTREMA DEVOCIÓN,
EXCEPCIONAL DEVOCIÓN,
SE NECESITA UNA IMPLICACIÓN EXCEPCIONAL.

Nisargadatta Maharaj solía decir: "Una espiritualidad casual no será de ayuda, la espiritualidad casual no te servirá para tener una paz completa". Todo está dentro de ti, pero andas todavía buscando aquí y allá, tratando de encontrar algo distinto, algo diferente, algo más. Mientras estés siempre tratando de encontrar, encontrar esto, encontrar lo otro, estás olvidando 'Al que trata de Encontrar'.

HAS OLVIDADO AL QUE TRATA DE ENCONTRAR.
EL QUE TRATA DE ENCONTRAR ES
LA FUENTE DE ESTE MUNDO.
PERO EL QUE TRATA DE ENCONTRAR
ES INVISIBLE,
ANÓNIMO.
NO PUEDE SER DEFINIDO CON PALABRAS.

Es posible tener Convicción, pero has de tener una fe y un valor fuertes. Habrá dificultades, es inevitable que las haya. Por eso has de tener una fe total, unos cimientos perfectos, fuertes.

Es un Conocimiento muy simple. Conocimiento sin complicaciones ni complejidades. Es un Conocimiento Directo. No hay necesidad de ir aquí y allá, de leer más y más libros que te confunden más y más. Puedes leer libros, pero no te vuelvas adicto a las palabras.

QUÉDATE CON EL PRINCIPIO.
TÚ ERES EL PRINCIPIO
QUE ESTÁ DETRÁS DE TODAS LAS PALABRAS
Y TODOS LOS LIBROS.

Del mismo modo, eres tu propio profesor, eres tu propio guía y el arquitecto de tu propia vida. Mira a tu Ser sin ser ¿Cómo puedes ver al Ser sin ser? La Llave Mágica te ha sido dada ¡El *Naam Mantra*, la Llave Maestra, te ayudará a ver tu Ser sin ser!

120. El Maestro enciende el fuego

P: ¿Cuándo usted da el *Naam Mantra*, da al mismo tiempo la energía Shakti?

Maharaj: Si aceptas por completo el *Naam* y al Maestro, el Mantra traerá algún poder. Si no hay desconfianza o dudas, esa Energía que ya está en ti, explotará.

EL PODER ESTÁ YA DENTRO DE TI.

Todo lo que se necesita es un toque. A través del Maestro, estás recibiendo un cierto contacto. Es como te conté, el fuego está ahí, todo lo que se necesita para hacer fuego es que el la cerilla toca con la caja. En el momento en que la cerilla roza la caja, ves el fuego.

P: Y si aceptas el *Naam*, la iniciación y al Maestro completamente...

Maharaj: Tu poder surgirá espontáneamente porque tu Presencia es espontánea. Cada acción y reacción está conectada con tu Presencia Espontánea. Es una línea directa con tu Verdad Última. Recitar el Mantra es un poco como una tortura espiritual al principio: "Soy *Brahman*, soy *Brahman*, soy *Brahman*". Pero ahora, te rindes: "Sí, soy *Brahman*".

Tukaram dice: "La gente se está ahogando. Trato de ayudarles, pero no quieren mi ayuda". Igual que ignoras los sueños, has de ignorar también a los demás porque ahora sabes más.

CON GRAN ESFUERZO,
HAS LLEGADO A CIERTO NIVEL
NO RETROCEDAS AHORA.

Estás cerca de la cima de la montaña. No prestes atención al ambiente externo ¡Ve directo al cielo! No pierdas la concentración.

Un grupo de chicos estaban aprendiendo tiro con arco, incluyendo a Arjuna, el gran arquero. Unos cuantos pusieron un loro de juguete en un gran árbol a mucha distancia y preguntaron si alguien podía ver al loro. Lo único que podían ver era el cielo, ya que la diana estaba muy lejos. Hubo mucho alboroto y se habló mucho de esta tarea imposible. Entonces le preguntaron a Arjuna si podía verlo, y contestó: "Sólo puedo ver el ojo, no veo al loro". Eso tiene un gran significado, un profundo significado... "Sólo puedo ver el ojo". Apuntó al ojo y dio en el blanco, lo cual ilustra que hay muchos devotos, pero tal vez sólo uno que tenga Auto-convicción.

Todos dicen: "Soy *Brahman*, soy *Brahman*". Todos son *devotos*, pero carentes de la fuerte devoción, esa necesaria y total concentración – total concentración, total concentración, total concentración. Así, lenta, silenciosa y permanentemente, concéntrate en tu Ser sin ser. A cada momento, la vida va disminuyendo, más y más, así que no te lo tomes a la ligera o de modo casual.

MI MAESTRO ME DIJO: "ERES LA VERDAD FINAL", POR LO TANTO, SOY LA VERDAD FINAL.

No hay ego, sólo una sensación espontánea. Has de aceptarlo. Ten una fe fuerte en ti mismo y en el Maestro.

NO LIMITES AL MAESTRO A LA FORMA CORPORAL. TU MAESTRO ES PARTE DE TU PRESENCIA ESPONTÁNEA.

Tu Maestro es parte integrante de tu Presencia Espontánea, de tu Anónima Presencia Espontánea, que no puede ser definida con palabras ¡Echa un vistazo dentro! ¿Quién está escuchando y hablando? Meditación estricta. Total concentración ¡Sólo dos horas de práctica!

P: ¿Cuándo recitamos el Mantra debemos enfocarnos en su significado?

Maharaj: No en un nivel intelectual, sino espontáneo. Has de confiar completamente. El uso excesivo de la mente, el ego y el intelecto echará a perder tu vida espiritual.

PERMANECE SIEMPRE CONTIGO. ESTÁTE SIEMPRE CONTIGO. ESTO SIGNIFICA QUE NO TE METAS EN AMBIENTES EQUIVOCADOS.

Las palabras espirituales harán efectiva la Realidad en ti, automáticamente. Como el veneno, las consecuencias ya se están produciendo dentro de ti en consecuencia. Es una gota de néctar "¡Yo Soy Eso!" Toda ilusión será disuelta. Acepta lo que te he dicho. No te subestimes. Todo está en ti.

P: Unos dos días después de recibir el *Naam Mantra*, apareció Bhausaheb Maharaj. Estaba sorprendido porque no tenía conexión con él. De hecho, sabía muy poco sobre este Maestro en concreto. Sentía una fuerte conexión con Siddharameshwar Maharaj y Nisargadatta Maharaj.

La primera vez que vi a Bhausaheb Maharaj, apareció en una meditación, con una figura gigantesca elevándose por encima de mí. Puso una corona en mi cabeza y dijo: "Ésta es tu legítima herencia". Entendí que se refería al Conocimiento. Luego, durante otra meditación, apareció vestido de azul profundo, sobre un fondo también azul marino. Había una sensación de que algo se abría en mí. Bhausaheb Maharaj habló: "La Gracia está pasando a través de ti". Tenía una clara visión del Maestro y una fuerte sensación de una potente energía que era transmitida.

Estoy seguro de que están pasando un montón de cosas como consecuencia directa del *Naam Mantra*. Por ejemplo, a veces tengo episodios de risa espontánea, otras veces lloro espontáneamente. Las lágrimas caen como un torrente. Tanto las risas como las lágrimas no

tenían relación con ningún estado de ánimo, como estar feliz o triste. Así que, ahora mismo, están pasando muchas cosas y eso es fantástico. La sensación con lo que está pasando es realmente poderosa e interesante. Quiero manifestar mi gratitud a los Maestros por su fuerte Presencia y pedirles que continúen ayudándome en el proceso.
Maharaj: No necesitas pedirles ayuda. La ayuda ya está ahí.
LOS MAESTROS ESTÁN DETRÁS DE TI, TRABAJANDO INVISIBLEMENTE EN EL FONDO.

Has tenido buenas experiencias porque estás profundamente implicado.

Al tomar el *Naam*, estás recibiendo la ayuda y el poder de los Maestros del Linaje. Eres Uno con los Maestros. Cuanto vas cada vez más y más profundo, lo encontrarás muy interesante. Puedes llevarlo a diferentes niveles, depende de tu trasfondo.

¡Soy feliz! ¡Disfruta de tu espiritualidad!

121. Maya No Quiere Que vayas a la Realidad Última

Maharaj: Puedes tener una gran devoción, pero cuanto más te acerques al Ser sin ser, en determinado momento crítico, si pierdes la concentración, puedes caer exactamente como antes. Aún la más pequeña duda puede echar a perder e incluso arruinar completamente tu posición, el punto en el que estás.
MAYA NO QUIERE QUE ALCANCES TU VERDAD ÚLTIMA

Has de estar alerta, de otro modo, lo que has ganado, se perderá.
UTILIZANDO VARIAS HISTORIAS, ESTOY TRATANDO DE *HABLAR* CON EL DESTINO, LA CIMA DE LA MONTAÑA ¡NO MIRES ATRÁS! ¡NO MIRES ABAJO!

Si algo se interpone entre tú y tu objetivo para atraerte y hacerte picar el anzuelo, el resultado será que perderás la concentración. Como en el juego infantil Escaleras y Serpientes, resbalarás hasta el fondo. También en el mundo, un simple desliz, hará que te despeñes ladera abajo.
¡TE ESTOY DANDO LA ALERTA, AVISÁNDOTE! MOSTRÁNDOTE CÓMO ESCAPAR DE ESAS SERPIENTES

LLAMADAS PENSAMIENTOS ILUSORIOS, AVARICIA, EGO, MENTE, ETC.

Éste es un cuerpo material, de modo que es obligado que existan atracciones materiales y mundanas. Tras conocer la Realidad, no ha de haber ninguna tentación en absoluto.

Sé fuerte y valiente, ayúdate a ti mismo. Como eres tu propio Maestro, has de convencer a tu Ser sin ser: "Soy la Verdad Última sin ego alguno. Soy la Verdad Última, soy la Verdad Última, dice mi Maestro". Has de creer en tu Maestro, quienquiera que sea. Cree en tu Maestro.

ESTE CONOCIMIENTO SE SUPONE QUE HA DE ESTAR ENRAIZADO ÚNICAMENTE A TRAVÉS DEL MAESTRO. SI SÓLO LEES LIBROS ESPIRITUALES, EL CONOCIMIENTO NO SE IMPRIMIRÁ EN TI.

Este Conocimiento te ha de tocar, te ha de tocar en lo más profundo de tu corazón.

P: Maharaj, quería hacerle una pregunta sobre los bebés. Si tienes un recién nacido y digamos que le empiezas a enseñar el Conocimiento desde una edad temprana ¿podría este niño entender su estado natural o está todo predeterminado?

Maharaj: ¡Buena pregunta! Lo que se imprima en un niño es reflejado. El bebé viene como una pizarra en blanco. Supón que el niño viene al mundo en una familia criminal. ¿Se convertirá en un criminal? El Espíritu lo atrae todo como un imán. Todos y cada uno de los recuerdos, treinta años atrás, "¡Oh, lo sé!". Como una fotografía espontánea y automática, el Espíritu lo graba todo, todo el tiempo, incluyendo los sueños. El Espíritu en un niño está totalmente en blanco ¡Como un ordenador a estrenar! Así que sí, todo lo que se siente es reflejado. Las impresiones serán grabadas.

P: Entonces está diciendo que se puede influenciar a un bebé. Nisargadatta Maharaj parece decir que todo está predeterminado por los cinco elementos. Tanto si vas a iluminarte como si no, o hay diferencia.

Maharaj: No hay *predeterminado*.

¿QUIÉN PREDETERMINA?

De lo que hablas es de conocimiento relacionado con el cuerpo. Tú estás más allá ¿Quién determina?

P: La combinación de los cinco elementos.

Maharaj: ¿Había una combinación de los cinco elementos antes de ser? ¿Había alguna combinación?

P: Quiero decir tras la manifestación.

Maharaj: ¿Sabías antes algo sobre los cinco elementos? No sabías nada.

P: ¿Es todo conceptual?

Maharaj: Cuando enseñamos, tenemos ego. Mediante la enseñanza, tratamos de decirle al Oyente que eres la Verdad Última. Lo que estamos transmitiendo es lo más importante. Todo es grabado dentro de tu gran ordenador. Hay miles de programas almacenados. Desde la infancia hasta hoy, los paquetes de programas te han abarrotado, hasta el punto en que, a causa del condicionamiento, puedes responder instantánea y automáticamente.

Todavía conoces a cada una de las personas con las que has entrado en contacto desde la infancia. Eres como una Caja Mágica, eres un ordenador muy potente. Puedo seguir diciéndote el tremendo poder que tienes. No tienes necesidad de ir a ningún sitio más.

Eres la Verdad Última, la Verdad Final, así que no te consideres como la forma corporal. La meditación está haciendo posible el cambio. Estás en el camino correcto.

P: Pero a veces siento como si me estuviera volviendo loco.

Maharaj: Si le prestas atención a la mente, sólo te creará problemas. Cuando conoces a la *mente*, la ignoras, ya que trata de dirigirte por el camino equivocado. Sabes que sólo está haciendo trucos.

P: Eso te da una sensación de poder. *Maya* te está haciendo trucos.

Maharaj: No analices lo que diga el Maestro. El secreto de tu Presencia es lo que trata de transmitir. Eres la Verdad Última, la Verdad Final. Cada uno utiliza distintas técnicas y diferentes palabras para hacerlo.

P: ¿Cómo puedo investigar el *antes de ser*?

Maharaj: Antes de ser eras desconocido para ti mismo. Después representas el papel de hombre o mujer, puede que hagas un poco de Auto-indagación y luego dejas el cuerpo. No queda nada ¿Por qué la espiritualidad? Porque olvidaste tu Identidad ¿Cómo eras antes de ser? ¡Carecías de forma! ¡Sin forma! No tenías forma.

122. *Martilleando y martilleando más*

Maharaj: ¡Estamos martilleándote y martilleándote! Sentirás algún dolor porque estamos eliminando las partes no deseadas de la piedra. La piedra es *Bhagavan*, el Señor y la Deidad. El Maestro elimina las partes no deseadas del cuerpo ilusorio para hacer una buena estatua de la Deidad. El martilleo causa un poco de dolor ahora, pero valdrá la pena. Al final sonreirás y exclamarás: "¡Ah, soy feliz!"

¡IMPLÍCATE CONTIGO!

Ahora que tienes algún Poder y conoces la Realidad, puedes poner el Conocimiento en práctica. Habrá distracciones, bloqueos, obstáculos, dificultades, *maya* en diferentes formas tratando de derribarte. Estas atracciones materiales pueden originar un desequilibrio momentáneo, pero serás capaz de controlarte. Serás guiado por tu Maestro Interior. Tu Voz Interior dirá: "¡No hagas esto, haz eso!" o "¡Ten cuidado!", etc.

P: En mi vida profesional, hay muchos temas ocurriendo en la oficina. Me siento arrastrado por ellos.

Maharaj: ¡No te desanimes! Cumple con tus obligaciones y vuelve a casa. Ignora a la gente, incluso si te insultan.

SÉ HONESTO CON TUS DEBERES ESPIRITUALES.
SÉ HONESTO CON TU SER SIN SER.

Olvida la familia, tu círculo de amistades y la competitiva vida social. Así obtendrás la Perfección.

Yo solía tener clientes enfadados que venían al banco en el que trabajaba. Lo primero que hacía era darles una taza de té y tratar de que se calmaran.

P: ¿La vida práctica y profesional son de utilidad para la vida espiritual?

Maharaj: Por supuesto que la experiencia y la práctica te ayudarán a vivir el día a día. Con paciencia y sin prejuicios, desarrollarás una actitud positiva. Tu espiritualidad te ayudará a tener tacto en el mundo y te enseñará cómo usar el ego y el intelecto con moderación. Has de ser el juez de los pensamientos, cuáles mantener y cuáles no mantener.

P: ¿He de hacer juicios?

Maharaj: ¡Usa la discriminación! ¡Tú eres el Maestro! Tu existencia se encuentra más allá de la mente, el ego y el intelecto. No puede ser descrita con palabras.

¡PERMANECE ASÍ!
QUÉDATE EN LA VERDAD ÚLTIMA.

123. *Inclínate ante tu grandeza*

P: ¿Es necesario un Gurú o Maestro?
Maharaj: Sí, es necesario para mostrarte la Realidad. Eres como un pequeño mendigo hasta que encuentras al Maestro, el cual te dice que puedes caminar sobre tus propios pies.

Cuando haces un esfuerzo con la vida espiritual y la práctica, al principio puedes caer, pero te levantas de nuevo. El Maestro te anima a seguir intentándolo. Sueles desanimarte a ti mismo y deprimirte por tu falta de confianza, porque detrás están el ego, el orgullo y la dignidad. Esos son enemigos en el camino, en el camino espiritual.

En la cultura india, la gente hace reverencias cuando va a los templos. Su acción es tu acción.

**TIENES QUE RENDIRTE,
AUTO-RENDIRTE INTERNAMENTE.
INCLÍNATE ANTE TU SER SIN SER.
¡ERES GRANDE!**

Al hacerlo, tendrás una muestra de tu grandeza. Los grandes son siempre humildes, humildes y amables, eso es algo que distingue a los santos.

Lo que pasa en la vida es que la gente dice: "Tengo una posición, una dignidad". Eso es conocimiento árido. Este Conocimiento ha de tocarte. Ha de tocar en el fondo de tu corazón. Ha de tocar el fondo de tu corazón.

El Maestro te está avisando. El Maestro está para guiarte. El Maestro tiene una naturaleza de mando. El Maestro te da el Poder mediante su naturaleza de mando ¡Poder de mando! Lo que es dicho por su Poder, es puesto en práctica. Sé merecedor de ese Poder.

**TODO LO QUE SE DA, HA DE SER MERECIDO.
HAS DE ACEPTAR ESE PODER SIN DUDA ALGUNA.
SI LO ACEPTAS CON RESERVAS,
NO PODRÁ ALCANZAR SU OBJETIVO.**

Por lo tanto, todo está dentro de ti. Todos los secretos están abiertos para ti – SECRETO ABIERTO. Depende de ti cómo actuar y cómo reaccionar. El Maestro te da indicaciones, pistas, te avisa de las distracciones que reducirán tus posibilidades, y te avisa de los acontecimientos que te pueden desviar.

Pero la gente ignora la guía del Maestro. Los que dicen que son devotos, están ignorando las palabras del Maestro, porque la mente, el ego y el intelecto te hacen desconfiar. Toda la Verdad ha sido puesta ante ti, por lo tanto ¿Por qué tenemos dudas? Así, no vas a seguir las instrucciones de la mente, el ego y el intelecto.

**LA VERDAD ABIERTA,
LA PURA VERDAD, HA SIDO PRESENTADA
Y PUESTA ANTE TI.
TRATAMOS DE DAR NUESTRO NIVEL MÁS ALTO
PARA CONVENCERTE DE LA REALIDAD.**

El Oyente está bajo presión, por lo tanto, la meditación

produce la rendición.

¡Estoy tratando de convencerte! Decimos que "Dios es Grande", pero la persona que lo dice es más grande que Dios. Si un estudiante saca un diez, decimos: "¡Excelente!" Pero esa excelencia viene de tu excelencia. Decir "Bello" significa que el principio de la belleza está dentro de ti. Decimos "¡Muy bien!", lo que significa que la naturaleza del muy bien está dentro de ti. "¡Buen chico!" significa que hay bondad en ti.

Estás ignorando tus propias cualidades y no dándole importancia a tu Caja Mágica. Tras un período de concentración, la Llave de la Meditación abrirá tu Caja Mágica.

124. *Has de conocer el secreto, Tú Secreto*

Maharaj: Finalmente, tenemos mucho apego al cuerpo, mucho afecto que se ha de disolver. Sólo entonces serás intrépido. Cada ser es temeroso porque el Espíritu llamado *Brahman*, *Atman*, no conoce su propia existencia. Sólo se conoce en la forma corporal.

Cuando el Espíritu hizo clic con el cuerpo, aceptó que "Soy eso" y le gusta, disfruta y quiere sobrevivir mediante el cuerpo. Del cuerpo se derivan la paz y la felicidad. El Espíritu Invisible es totalmente inconsciente de su propia existencia.

LA EXISTENCIA DEL ESPIRITU, SÓLO SE PUEDE NOTAR MEDIANTE EL CUERPO

El cuerpo es un medio hecho de carne, sangre y huesos. El cuerpo crea una familia debido al Espíritu. Has de conocer este secreto, tu secreto.

**NO ES UN SECRETO DE DIOS,
O EL SECRETO DE *BRAHMAN*, *ATMAN* O *PARAMATMAN*.
ES TU SECRETO, SIN FORMA CORPORAL ALGUNA.
DE MODO QUE CONÓCETE A TI MISMO
Y PERMANECE TRANQUILO.**

Deja de batallar con las palabras. Esto no es un debate. La gente hace preguntas todo el tiempo, hablando y hablando, pese a que el mundo entero es ilusión.

**CONÓCETE A TI MISMO
Y PERMANECE TRANQUILO.**

¿Cómo puedes hablar sobre el niño no-nacido? El niño es no-nacido. El niño del que hablamos todo el tiempo es ilusión. Nada ha sucedido. Nada va a suceder.

EL MAESTRO TE CONVENCE DE TU REALIDAD,

LUEGO, TÚ HAS DE CONVENCERTE A TI MISMO.

El Maestro te persuade, luego tú has de convencerte a ti mismo, hasta que llegues a la conclusión, hasta que alcances la Convicción. El convencimiento lleva a la Convicción, el convencimiento lleva a la Convicción: "¡Sí! Después de tanto deambular aquí y allá, por fin estoy seguro". Sabes que eres el punto de destino. Eres la Verdad Última, la Verdad Final.

SABES QUE ERES EL PUNTO DE DESTINO.
ERES LA VERDAD ÚLTIMA, LA VERDAD FINAL.

¡Uno ha de ver *Al que Ve*! Pero *El que Ve* no puede ser visto porque *El que Ve* es invisible, Anónimo, no Identificado.

¿Qué queremos decir con Conocimiento Espiritual? Tus ojos espirituales son tu Conocimiento Espiritual. El *Yo* desaparece. No hay nadie: Ni *Yo*, ni tú, nada. Estás totalmente desapegado y despreocupado del mundo. Ni experiencia ni experimentador, ni testimonio ni testigo, ni dualidad – nada. No hay dualidad ni individualidad. Éste es un conocimiento poco común. Cuando todo desaparece, ahí estás tú.

Con Auto-implicación, con una profunda Auto-implicación, llegarás a ello. Sabrás de primera mano lo que ahora estoy diciendo, como Auto-conocimiento. Esto es Auto-conocimiento.

LO QUE ESTOY DICIENDO AHORA,
LLEGARÁS A SABERLO Y ENTENDERLO DIRECTAMENTE.
LA AUTO-IMPLICACIÓN TRAE AUTO-CONOCIMIENTO.

Cuando vi a Nisargadatta Maharaj por primera vez, yo no era capaz de entender lo que decía. Para mí era como un idioma extranjero, por eso él utilizó un acercamiento directo, debido a que mi capacidad mental y espiritual estaba por los suelos. Pero él siempre me animaba diciendo: "¡Escúchame, escúchame!" Y ahora éste Conocimiento ha sido expuesto. En su momento, la comprensión vendrá de modo natural, con facilidad.

P: ¿Qué edad tenía usted cuando encontró a Nisargadatta Maharaj?

Maharaj: Tenía alrededor de veintiún años, en 1962. Lo que sucede a menudo es que las circunstancias te obligan a ir a la Vedad Última. Si tienes una vida cómoda, no irás, pero si hay dificultades, la abrazarás. Un simple ejemplo es, digamos, cuando eres un niño y algo te asusta, gritas: "¡Hay un fantasma!" y corres hacia mamá. Abrazas a mamá porque ella es lo Último, es tu protectora. Lo mismo sucede con el Maestro y el discípulo. El Maestro es la madre. El Maestro es el padre. El Maestro es todo. El Maestro es Dios.

Nisargadatta Maharaj solía decir:

"SI SOY AFORTUNADO,
LA DESGRACIA SE PUSO EN MI CAMINO.

HUBO DIFICULTADES".

Realmente tuvo muchas dificultades en su vida, mucho sufrimiento y muchas pérdidas. Pero no huyó. Siempre permaneció firme y fuerte, sin importar lo imposibles que fuesen las situaciones que afrontaba. Tuvo muchas pruebas, e incluso al final, mi Maestro continuó enseñando hasta pocos días antes de morir. Tenía mucho dolor por su cáncer de garganta, tosía sangre, pero nunca se quejó. Esto muestra su grandeza.

La gente, en general, tiende a huir de los problemas. Si hacen meditación y otras prácticas, a menudo preguntan: "¿Por qué tengo estos problemas?", como si hubiese alguna conexión.

NO HAY CONEXIÓN ENTRE LA VIDA ESPIRITUAL Y LOS PROBLEMAS MUNDANOS.

No enredes el conocimiento relacionado con el cuerpo con el conocimiento espiritual. No están interrelacionados. Construye tus cimientos fuertes, muy fuertes, sólidos. Eso te llevará a la Convicción: A excepción de esto, no hay nada.

De modo que no permitas a nadie ni nada despistarte de este valioso conocimiento. Vendrán pruebas, permanece alerta y sé fuerte en todo momento. No dejes que la gente o las cosas te distraigan. Los demás pueden estar bajo la presión de la ilusión y pueden querer reforzar su ilusión contigo. No relajes la atención.

P: ¿He de seguir haciendo las cosas y al mismo tiempo tener cuidado de con quién empleo mi tiempo? ¡Sí!

Maharaj: Por supuesto, es lo más importante. Nisargadatta Maharaj solía advertir a sus devotos y discípulos: "No se mezclen con el tipo de gente que les alterará o distraerá de su principio" – El principio que es la Verdad Última. Has de estar alerta. Recuérdate a ti mismo "Lo sé". Si la mente es débil, será distraída, por eso les daba instrucciones para ser muy cuidadosos. Solía decir:

"NO SEAN TAN POCA COSA QUE EL MUNDO PUEDA METERLES EN SU BOLSILLO".

A menudo nos daba pequeños consejos. Eran muy buenos porque eran muy prácticos. Decía: "Tienen que respetarse a ustedes mismos". Tenía los pies en el suelo, era muy práctico. Recibí una educación sólo gracias a mi Maestro, que lo arregló por mí.

EN OTRO TIEMPO, YO ERA REALMENTE POCA COSA, MUY POCA COSA. PERO AHORA, SOY UN MILAGRO, REALMENTE SOY UN MILAGRO.

Conozco mi pasado. Lo que hoy soy, todo lo que soy ahora, es

todo gracias a mi Maestro. Es sólo por lo que hizo. Hubo cambios drásticos en mi vida sólo gracias a mi gran Maestro, Nisargadatta Maharaj. Ahora estoy compartiendo el mismo conocimiento con todos.
¿CUÁNTOS DE USTEDES ESTÁN DISPUESTOS A ACEPTARLO? DEPENDE DE USTEDES, TANTO SI ACEPTAN COMO SI NO. ES MI DEBER ABRIR EL SECRETO.

La cueva del tesoro ha sido abierta para ti. Tu tesoro perdido ha sido encontrado ¡Cógelo! Coge tanto como quieras. Coge todo lo que seas capaz de coger.

P: ¡Lo voy a coger todo, no sólo un poco! ¡Lo haré! Siento que he estado esperando tanto tiempo para encontrar este tesoro tan raro, que mi hambre y mi sed no tienen límite.

125. *Transferencia de Poder*

P: ¿Qué es la gracia? Hace poco escuché a algunas personas pedir su gracia.

Maharaj: La gracia es una especie de apoyo, de estímulo. La gente dice: "El *Sadguru* o Maharaj te darán la gracia o te bendecirán". Es querer asegurarse de que lo que deseas se materializará. Hay mucha superstición respecto a la gracia, incluso en la actualidad, sobre la gracia y la maldición.

Si alguien no obtiene lo que quiere, puede que diga: "¡Te maldeciré!" Pero en nuestro lenguaje espiritual, gracia significa que cualquier cosa que esperemos de nuestro Ser sin ser, se materializará. Sucederá. Por lo tanto, para complacer a Dios, para complacer al Maestro, el devoto muestra devoción y expresa amor. Estoy hablando de amor sin ego, sin expectativas, no amor egoísta.

El Maestro tiene un Poder tremendo. Te pondré un ejemplo, sólo con el fin de entender, luego olvídalo rápidamente. La filosofía india habla de la *Transferencia de Poder*. Como sabes, el poder reside en ti. Pero sólo para entendernos, este poder existe como *Transferencia de Poder*.

Tú ya tienes el Poder, la energía, pero lo has olvidado. El Maestro te muestra que tú tienes un Poder tremendo. Por lo tanto, te está dando la gracia con ese poder.
EL MAESTRO TE DA LA GRACIA CON EL PODER, EL MISMO PODER QUE ESTÁ EN TI.

No hay diferencia entre el Maestro y el discípulo, excepto por la forma corporal, por eso el Maestro te está convenciendo de tu Poder, mediante el uso de varias expresiones, repeticiones, discurso y diálogo.

SI ERES COMPLETAMENTE DEVOTO DE TU SER SIN SER, RECIBIRÁS LA GRACIA.

P: La dificultad reside en ser completamente devoto, especialmente cuando vives en el mundo con familia, con problemas en las relaciones y cosas que pasan todo el tiempo.

Maharaj: Nada está sucediendo. Éste es un largo sueño, un largo sueño. El santo Samarth Ramdas dice: "Éste es un largo sueño, dentro del cual decimos mi madre, mi hermana, mi esposa, mi hijo". Con mucha emoción y mucho sentimiento decimos: "Ésta es mi madre, mi padre, mi hermano, mi hermana, mi esposa, mi Dios". Decimos todo eso, pero no es nada. Todas esas relaciones están en función de la forma corporal.

Antes de la forma corporal, no había relaciones, nadie, no había hermano, nadie, no había hermana, nadie, no había Maestro, nadie, ni *Brahman*, ni *Atman*, nada, nada, nada. Puedes entender todo esto literalmente, pero ha de ser aplicado en la práctica. Sólo de ese modo, te llevará a la Convicción.

Puedes entenderlo lógica e intelectualmente, pero este Conocimiento ha de ser vivido. Has de vivir así. Nisargadatta Maharaj dijo:

"ESTOY VIVIENDO ESA VIDA, ESA VIDA ESPIRITUAL. NO ESTO HABLANDO INTELECTUALMENTE O LÓGICAMENTE. ESTOY HABLANDO DESDE EL CONOCIMIENTO VIVO".

Igual que estás viviendo la historia de Susan. Estamos contando tu historia. Tú eres Susan, de modo que cuando oigas el nombre, exclames: "¡Ésta es mi historia!" Es como leer tu biografía porque el Maestro te está contando no una historia imaginaria, sino una historia real, tu verdadera historia. Así que la gracia viene si estás totalmente implicado, completamente dedicado, cuando sabes que: "Estoy viviendo esa vida".

Todo este proceso de lectura, meditación, Conocimiento, oración, etc., existe con el único propósito de identificar tu Ser sin ser. Ahí están todas esas disciplinas, para que puedas llegar a la conclusión.

P: ¿Cuál es la conclusión?

Maharaj: ¡Que no hay nada ahí! Como una cebolla, tras retirar las capas una a una, no queda nada. Es un SECRETO ABIERTO. Estoy abriendo el secreto contigo. Éste no es un conocimiento que explique cosas indirectamente, dando rodeos. Es Conocimiento Directo.

Conocimiento Directo Viviente. Digiérelo, digiérelo.
**ÉSTE ES CONOCIMIENTO DIRECTO
CONOCIMIENTO DIRECTO VIVIENTE.**
P: Hay la necesidad de decir algo, pero no hay palabras.
Maharaj: ¡Permanece tranquilo! ¡Permanece en silencio!

126. *Entretenimiento Espiritual*

P: ¿Qué pasa con el *kundalini* y los *chakras*?
Maharaj: Éste chakra, ese chakra ¡No hay chakras! Ese saber árido es un entretenimiento momentáneo. No había *chakras* antes de ser ¿Qué quieres decir con *kundalini*? Eso es sólo algo relacionado con el cuerpo. Tú estás más allá de eso, más allá de eso.

No seas esclavo del conocimiento literal. Mira dentro de ti, todo está abierto. Hay miles de libros, miles de conceptos. Todo el mundo te pide que hagas esto o lo otro ¿Por qué? No hay ni hacedor ni lo hecho.
**ESTE CONOCIMIENTO ES EXCEPCIONAL
Y ES TUYO.
PERO EL EGO NO TE PERMITE RECLAMARLO.**
El ego te está frenando de romper el círculo de pensamientos ilusorios. Estás buscando todavía la salvación ¿Por qué *salvación* cuando ya eres libre? ¿Por qué *liberación*? No había liberación antes de ser. Estás atado por tus propios pensamientos y conceptos.
P: Pero tenemos que utilizar el cuerpo para conocer el Ser sin ser ¿no?
Maharaj: Has de utilizar el cuerpo, es un medio. El Espíritu sólo se conoce a sí mismo mediante el cuerpo. No sabe que "Soy *Brahman*, Dios".

Shankara dijo: "No soy el cuerpo, soy *Mahatma*". Vivió con su Convicción de ser *Brahman*. Esa Convicción lleva al Conocimiento. Tu Presencia es muy valiosa ¡No malgastes tu tiempo con esa charla del *kundalini* y los *chakras*!
P: ¿Cuál es el significado de *Upasana*?
Maharaj: ¡No eres un bebé! ¿Por qué lo quieres saber? Lo que has leído en los libros no es *Upasana*. No seas esclavo del conocimiento literal. No eres un principiante.
P: ¿El tiempo está sólo en la memoria?
Maharaj: ¿La memoria de quién?
P: El tiempo ha de estar en la memoria, porque sin memoria no hay tiempo.
Maharaj: Si te consideras a ti mismo como la forma corporal,

entonces hay memoria, tiempo, *karma*, etc. Pero antes de ser ¿había algún *karma*? ¿Habías leído el *Gita*?

**HAS DE INCLINARTE ANTE TI MISMO.
INCLINARSE SIGNIFICA INCLINARSE A *ESO*
POR MEDIO DE LO CUAL CONOCES TU SER SIN SER.
ES UNA ACCIÓN ESPONTÁNEA.**

Cuando hablas sobre *mukti*, *upasana*, *chakras* o lo que sea, estás hablando del niño no-nacido.

**OLVÍDA AL NIÑO NO-NACIDO
Y RECUERDA TU GRANDEZA.**

Te lo dije, tú eres el Mago, tienes la llave para abrir la Caja Mágica a todo el mundo que está dentro de ti. La práctica de la meditación, los *bhajans*, etc., están ahí porque olvidaste tu grandeza. Incluso después de conocer el Conocimiento, sigues queriendo ir a algún otro sitio. Eres rico con millones de rupias y aún así sigues diciendo: "Dame una rupia".

**EL PLATO DE ORO SE TE HA DADO YA,
Y TÚ ESTÁS USANDO ESE PLATO PARA MENDIGAR.**

El Conocimiento está ahí, la Realidad está ante ti, dentro de ti, a tu alrededor, en todas partes.

¡Cuántas veces he de decir lo mismo! Por eso es necesario martillear continuamente ¡Escúchame! No hay *prarabdha*, *karma* ni destino. A través de la meditación y sus vibraciones, podrás, como un polluelo, picotear el cascarón y romperlo ¡Eres *Brahman*, eres *Atman*!

**¿DÓNDE ESTOY? ¿DÓNDE ESTOY?
TANTA BÚSQUEDA,
CUANDO TODO EL TIEMPO ESTÁS AQUÍ**

Nisargadatta Maharaj solía decir: "No hay camino, ni muerte, no hay caminos, ni senderos, estás siempre contigo" ¡Martilleo directo! Eres la Última Estación. Si todavía estás tentado de ir a algún sitio tras conocer la Realidad, sólo estás añadiendo confusión ¿Durante cuánto tiempo vas a seguir visitando tantos sitios, cuando tú, el Visitante mismo, eres la Verdad Última?

**EL VISITANTE ES LA VERDAD ÚLTIMA.
TODO LO QUE TIENES QUE HACER,
ES VISITAR TU PROPIO SITIO.
ESTE NO ES UN CONOCIMIENTO INTELECTUAL,
ES LA REALIDAD.**

P: ¿Cómo tenemos que vivir? ¿Cuál es el mejor modo?

Maharaj: Ya te he dicho cómo vivir, como el cielo. El cielo no conoce su propia existencia. Es desconocido para sí mismo. Tu Presencia es una Presencia desconocida. Nisargadatta Maharaj solía decir:

"LO REAL TE ES DESCONOCIDO,

VIVE ASÍ
Y NO SERÁ UN PROBLEMA PARA TI".

¿Cómo vas a vivir? ¿Cómo serás cuando se disuelva el cuerpo? ¡Olvida también el pasado! ¡No hay pasado, ni presente ni futuro! Lo que has hecho hasta ahora, déjalo, ya te ha llevado a tu Destino Final. El Conocimiento no se preocupa de lo que estás haciendo o lo que estás comiendo. Cualquier cosa en exceso es veneno ¡No cojas los significados literales! No te quedes atrapado en limitaciones y luchas sobre lo que hacer o no hacer.

NO TENGAS EL EGO DE SER EL HACEDOR.
TÚ NO PUEDES HACER NADA.

P: Eso es algo difícil de recordar todo el tiempo.

Maharaj: No es difícil, es fácil. Si tu cuerpo quiere comida, aliméntalo, pero no en exceso ¡Demasiada libertad es exceso! Respétate a ti mismo y respeta a otros. Sé humilde y caritativo para mantener al ego sutil en jaque. Di "¡No!" al ego.

Todos los santos son humildes ¡Sé como ellos!

TODOS LOS SANTOS ESTÁN DENTRO DE TI.

Les estás apartando y haciéndoles diferentes de ti.

TODO LO QUE HAY ES UNIDAD.

Has de enseñarte a ti mismo, igual que te enseñas a hacer Hatha Yoga. Entiende que nada es imposible.

ACEPTA LA REALIDAD. ESTÁ DENTRO DE TI.
LA ESENCIA MAGISTRAL ESTÁ EN TI.
Y AL FINAL
PODRÁS DEJAR DE VAGABUNDEAR.

El Maestro te ha presentado a Dios, te ha mostrado a Dios, es por eso por lo que Kabir se inclinó ante su Maestro. No seas esclavo de los pensamientos de nadie.

P: Todavía me veo como *Yo* y a los demás como *Ellos*.

Maharaj: ¿Puedes ver *Al que Ve*? No puedes ver *Al que Ve* porque él es la Verdad Última. Ésta es una conversación en función del cuerpo. No hay Dios excepto tú. Dios no tiene existencia propia. Deja de imaginarte en la forma corporal, no eres el cuerpo sino el que tiene el cuerpo. No has de imaginar la forma corporal.

NO ERES UN CONSTRUCTOR DEL CUERPO,
SINO EL SUSTENTO DEL CUERPO.

¡Utiliza tu visión interna para ver! ¡Sé espiritualmente fuerte! Tu conocimiento relacionado con el cuerpo ha de disolverse completamente ¡Sigue recitando el *Naam*!

Eres el Proyector del mundo, no las proyecciones. El Preguntador es Invisible. El Preguntador mismo es la respuesta. No lo compliques:

DECIR ILUSIÓN ES TAMBIÉN ILUSIÓN.
NO HAGAS NADA.
ANTES DE SER NO HACÍAS NADA.
¿CÓMO PUEDES CONOCER TU PRESENCIA
SI NO PUEDES UTILIZAR TU CUERPO O TU MENTE?
¡SIMPLEMENTE MÍRATE!
MIRA A ESO QUE ES TESTIGO DE LOS PENSAMIENTOS.

Estás tratando de conocerte a ti mismo sobre la base ilusoria del cuerpo ¡Imposible!

Conócete a ti mismo tal como eras antes de ser ¿Cómo era eso? Responde "No lo sé". Ésta respuesta *negativa* viene de algo positivo.

"NO LO SÉ" SIGNIFICA "LO SÉ",
PERO NO TIENE FORMA ALGUNA.
EL SABER ES LA PRESENCIA, EL *YO SOY*.
SABES QUE NO SABES.

En palabras sencillas, es como el ejemplo del niño jugando, cuando uno dice: "¡Toc, toc! ¿Quién está ahí?" Y el otro responde: "¡Nadie!" En este caso, el que responde *nadie* o *ninguno*, significa que primero ha de haber *alguien* para poder decir *nadie*.

¡VIVE COMO ESA PRESENCIA,
ANÓNIMA, INVISIBLE, NO IDENTIFICADA!

A veces la gente viene aquí como si estuvieran viendo una sala de exposición. Se sientan como estatuas, completamente intactos e inamovibles. Es como si estuvieran recogiendo información de forma fría, estadísticas para hacer una encuesta. Sus egos no les dejan salir del círculo para maravillarse de la grandeza de mis Maestros. No muestran respeto por ellos.

Estas conversaciones, esta Realidad, debería tocar el corazón de la gente. Un visitante ha estado aquí durante una semana y no he visto ningún efecto en su cara. Todavía es una estatua y aún sigue aquí, pero no veo que tenga lugar ningún cambio. Sigue como una estatua.

127. *Cayendo otra vez en la zanja*

P: Uno ha de estar alerta, en guardia, siempre, según nos ha dicho, porque los impedimentos aparecen todo el tiempo en formas muy diferentes.

Maharaj: Durante el proceso de la espiritualidad, cuando estás muy cerca de tu Ser sin ser, sucede. Es probable que algunos pensamientos ilusorios, atracciones, algunas tentaciones, estén ahí y te puedan distraer en un momento crucial.

**ESTO PASA CUANDO TU PODER INTERIOR,
LO QUE ERES ORIGINALMENTE
ES EXPUESTO Y EMERGE LA REALIDAD.**

Se le llama *maya*. Pero en la Realidad, sólo hay el Ser sin ser, no hay *maya*, ni *Brahman*, ni *Atman*, ni *Paramatman*. Sucede así cuando estás cerca de la Unidad.

**CUANDO TE DIRIGES HACIA EL SER SIN SER
Y ESTÁS ABSORBIENDO EL CONOCIMIENTO,
YENDO MÁS Y MÁS CERCA DE LA UNIDAD,
EN ESE PRECISO MOMENTO,
APARECEN OBSTÁCULOS QUE PUEDEN CAUSARTE
CONFUSIÓN Y CONFLICTO.**

En ese momento, aparecerán algunas tentaciones o adversidades. Lo que sucede es que tras alcanzar cierto nivel de desapego se te puede hacer retroceder con alguna pequeña atracción que te ofrezca una felicidad momentánea.

Sabiéndolo o sin saberlo, en un segundo, te puedes olvidar de la Realidad, olvidarte de todo, y volver a caer en la zanja, sin pensar en las consecuencias. Luego, más tarde, cuando te des cuenta del error, te lamentarás y te arrepentirás: "¡Oh! ¿Qué he hecho?"

Hay muchos ejemplos de ello en la literatura espiritual. Un santo que perdió la gracia fue el gran santo Vishvamitra. La historia cuenta que hace seiscientos años, éste santo tenía una devoción intensa e inquebrantable ¡Era muy poderoso! Entonces, un día, se encontró con una mujer excepcionalmente hermosa y de pronto [Maharaj da una palmada], se sintió atraído, y lo echó todo a perder [Maharaj da otra palmada].

**ESTA HISTORIA MUESTRA LA NECESIDAD
DE ESTAR ALERTA TODO EL TIEMPO.
LA ILUSIÓN ESTÁ SIEMPRE AHÍ PARA ATRAPARTE.
ALGO SUCEDE,
YA SEA INOCENTE O DELIBERADAMENTE,
Y ENTONCES, DE PRONTO,
EL ESPÍRITU CAE EN LA TENTACIÓN
¡SIN NINGUNA RAZÓN PARA ELLO!**

Por una felicidad momentánea, echarás a perder todo: puede ser publicidad o dinero, puede que sexo. Sin pensar en las consecuencias, lo echas todo a perder y en un instante vuelves a la ilusión. Me siento muy apenado cuando esto sucede ¡Escúchame!

**ESTO NO DEBERÍA SUCEDER.
NO DEJES QUE EL MUNDO ILUSORIO VUELVA.
ESTÁS MUY CERCA DEL SER SIN SER,**

NO MIRES ATRÁS.

Es como cuando escalas una montaña y estás muy cerca de la cumbre, cerca de la cima de la montaña. No has de mirar atrás. Sigues subiendo más y más arriba, y así hasta que alcanzas tu meta. Si miras atrás, perderás tu posición y acabarás otra vez al pie de la montaña.

En ésta etapa avanzada, por lo tanto, se han de tomar algunas medidas de precaución. No puedo insistir suficientemente en ello.

**TRAS LA CONVICCIÓN,
NO PRESTES ATENCIÓN A NINGUNA CLASE
DE ATRACCIÓN O TENTACIÓN,
NO PRESTES ATENCIÓN A LA ILUSIÓN,
NECESITAS ESTAR EN GUARDIA.
Y NO LE DES IMPORTANCIA A *MAYA*.**

El Maestro te está avisando de que has de tomar medidas de precaución. Si utilizas estas medidas y pones la Realidad en práctica, permanecerás alerta y preparado para esos desafíos, pruebas y obstáculos.

**AHORA QUE TIENES LA CONVICCIÓN,
AHORA LO SABES BIEN.
YA NO ERES MÁS UN INDIVIDUO,
ENTONCES NO PUEDES SER TENTADO.**

P: Si estoy tentado o caigo de nuevo en la ilusión ¿significa eso que la Convicción no está realmente ahí, o que los fundamentos no son suficientemente fuertes?

Maharaj: ¡Correcto! Por eso has de ser serio con la práctica. Por eso es por lo que insisto en la práctica de la meditación. Necesitas una base perfecta, una base fuerte. La meditación es la base, es la base de todo. Te lo he dicho muchas veces, en la Última Etapa la meditación es también ilusión, pero es necesaria para disolver el conocimiento relacionado con el cuerpo y establecer la Realidad.

**HAS DE CONVENCERTE A TI MISMO,
SIN NINGÚN EGO, DE QUE: TU IDENTIDAD NO
IDENTIFICADA ES DIOS TODOPODEROSO.
TU IDENTIDAD NO IDENTIFICADA
ES DIOS TODOPODEROSO, *BRAHMAN*, *ATMAN*.
ABRAZA ÉSTA REALIDAD. ABRAZA ÉSTA REALIDAD.**

Estás abrazando al cuerpo hecho de alimentos en lugar de a la Realidad y, por lo tanto, dependes de todo. Antes de ser, no necesitabas nada. Antes de ser, no necesitabas nada. Cuando no hay forma corporal, no surge la cuestión de la felicidad, infelicidad, tranquilidad, vida libre de tensión o valentía. Ésta es toda la Realidad. Esa es la Verdad Final.

128. ¿Puede vaciar mi disco duro?

Maharaj: Las escrituras, libros, Maestros y otros, todos dicen: "Dios es así. Has de hacer esto o lo otro. Debido a tu *karma*, has de hacer tal y tal". Todo eso es conocimiento relacionado con el cuerpo.
**UN MAESTRO QUE TE MUESTRA
QUE DIOS ESTÁ DENTRO DE TI,
ES UN MAESTRO MUY RARO.**
Cuando tienes esta Convicción, tras establecer una Convicción completa, finalmente sabrás y dirás: "¡Sí! Todo lo que estaba buscando y tratando de encontrar, no tiene nada que ver con el cuerpo. Ahora SÉ que todo está dentro de mí ¡Yo Soy Eso!"
**¿POR QUÉ HE DE IR A NINGUNA PARTE
SI TODO ESTÁ DENTRO?**
Ésta no es una conversación con ego. Por tu Convicción Espontánea, es comprendido que: "Lo que estaba buscando, lo que trataba de saber, lo que trataba de encontrar, la felicidad que buscaba, está y estaba dentro de mí todo el tiempo". No hay más necesidad de ir a ningún sitio.
**¿POR QUÉ BUSCAR POR AHÍ
CUANDO ERES LA FUENTE DE TODO?**
Hay un cambio, un cambio definitivo tras la Convicción, porque estás convencido de que no eres el cuerpo. Hasta ese momento te considerabas como la forma corporal y con ella tratabas de encontrar a Dios, la felicidad y la paz.
**CON LA FORMA CORPORAL
TRATABAS DE ENCONTRAR A DIOS,
O LA PAZ Y LA FELICIDAD.**
¡Ve a la causa raíz! Quédate en la causa raíz porque el cuerpo no es algo permanente. Queriéndolo o sin querer, tenemos que dejar éste cuerpo. De modo que ¿quién quiere felicidad? ¿Quién quiere felicidad? El Espíritu encuentra intolerable al cuerpo. Le parece inaguantable. Cuando no había cuerpo, no existía la cuestión de tolerancia o intolerancia, felicidad e infelicidad, paz o ausencia de paz, porque nada hacía falta.
P: ¿No había necesidades, ni problemas ni nada que buscar?
Maharaj: Como te he estado diciendo, antes de que el Espíritu hiciera clic con el cuerpo, no te conocías a ti mismo. Eras totalmente desconocido para ti. No había ni *Yo*, ni *Tú*, ni *Él*, ni *Ella*. Todas las necesidades, exigencias y expectativas vinieron con el cuerpo.

Quédate en la causa raíz. Tras la Convicción, entenderás que: "Todo eso que no soy, las cosas que no soy, las he aceptado a ciegas, como si yo fuera alguien. El cuerpo no es mi Realidad, no es la Verdad Última". De forma inocente, no eras consciente de ello.

ACEPTASTE AL CUERPO COMO LA VERDAD ÚLTIMA, LO CUAL TE HIZO PENSAR QUE "SOY EL CUERPO". Y AHÍ EMPEZARON TODOS TUS PROBLEMAS Y PREOCUPACIONES.

P: Cuando llegan al cuerpo la enfermedad y la vejez, el desafío es incluso más grande. Con buena salud puedes mantener al cuerpo en segundo plano y estar más, por decirlo así, verdaderamente centrado en lo que eres.
Maharaj: Tu Presencia está más allá de todo esto conocimiento relacionado con el cuerpo. Has de mantener la práctica. Aquí administramos medicinas para mantenerte fuerte.
P: Creo que no es fácil para mí abandonar todas mis dudas.
Maharaj: Tu disco duro está lleno.
P: Mi viaje ha sido muy largo y he visto a muchos Maestros.
Maharaj: Tras alcanzar el destino, puedes olvidarte de las direcciones. Olvídate de tu viaje. Ahora has llegado al final.
P: Me siento viejo y cansado, y me pregunto si lo he abandonado todo demasiado tarde.
Maharaj: ¿Quién está cansado? ¿Quién es viejo?

¿QUÉ EDAD TENÍAS ANTES DE SER? ¿CUÁNDO EMPEZASTE A CONTAR LOS AÑOS?

Estos son todos pensamientos, ilusiones ¡Olvídalo todo! El ordenador ha de estar completamente vacío.
P: ¿Puede vaciar mi disco duro, Maharaj?

129. ¡Mírate! ¡Mírate!

Maharaj: Lánzate de todo corazón en la Auto-realización. Estas enseñanzas son directas. Has de ir haciendo Auto-indagación, no es suficiente pensar que "No soy el cuerpo". Has de saberlo en lo más profundo. Del mismo modo, en lo más profundo, has de saber que eres *Brahman*. El ahora es todo lo que tenemos, nunca se repetirá.
P: ¿Qué quiere decir cuando dice: "Cada momento de sus vidas es muy importante"? Lo dice muy a menudo.
Maharaj: Porque seguir con el conocimiento relacionado con el cuerpo puede conducirte a otro sueño como éste. Para tener la Convicción, has de utilizar todos y cada uno de los momentos para

conocer la Realidad, porque es natural que los obstáculos surjan todo el tiempo. Por lo tanto, has de estar alerta, para absorber la Realidad. Vishvamitra se distrajo por un momento y, en ese momento, lo perdió todo.

LA AUTO-REALIZACIÓN ES POSIBLE EN ESTA VIDA HUMANA PORQUE TIENES UN INTELECTO Y PUEDES CONOCER LA REALIDAD.

Por lo tanto ¡estate alerta! Más tarde será Espontáneo y te olvidarás del mundo relacionado con el cuerpo.

P: Parece muy difícil no distraerse ni por un breve instante.

Maharaj: Por eso es por lo que en nuestro Linaje tenemos la práctica de la meditación. Por esta vía, la Realidad que fue olvidada, es impresa y grabada en ti.

TIENES UNA AMISTAD EQUIVOCADA. HAS PUESTO TU AMISTAD EN EL LUGAR EQUIVOCADO Y TE HAS HECHO AMIGO DEL CUERPO. ES UNA AMISTAD ERRÓNEA. HAS DE SER TU PROPIO AMIGO, TU PROPIO AMIGO.

Cuando conduces, normalmente tratarás de evitar zanjas y baches. Si no lo haces, caerás o te quedarás atrapado. Del mismo modo, en la vida hay muchos baches y bloqueos que has de evitar para no dañarte a ti mismo.

Te has de enseñar a ti mismo de distintas maneras. Eres tu propio Maestro, por lo tanto, deja que Él te guíe. Si le ignoras, se producirán los accidentes. Has de maniobrar y realizar acciones preventivas ¡Este cuerpo es propenso a los accidentes!

P: Usted dice que no soy el hacedor, pero aún me siento culpable por algunas cosas que ocurrieron en el pasado.

Maharaj: Antes de ser, no habías hecho nada. No hay pecado, nada ¿Cómo puede haber un culpable? Eras totalmente desconocido. Ni vida pasada, ni vida futura.

Estás alegando que eres un pecador, que has hecho algo malo, que naciste. Has adoptado los conceptos de renacimiento, infierno y cielo. Todas son alegaciones falsas. Para anular todos esos conceptos, has de ver a tu Ser sin ser. Ve hacia dentro y trata de conocer la Realidad. Has ido fuera, a diferentes Maestros, en busca de felicidad.

NO TE ESTÁS ACERCANDO A TU PROPIO, FUERTE Y MUY PODEROSO MAESTRO.

Sucede por la falta de fe y confianza en ti mismo y, en

consecuencia, te lleva a la falta de confianza en el Maestro ¡Sé como esos Maestros! Puedes tener el Maestro que quieras, pero sé leal a él.
¡LLEGA A UNA CONCLUSIÓN!
¡MÍRATE!
¡MÍRATE!
Entonces la puerta escondida se abrirá. Si no hay esfuerzo ni implicación, escuchar solamente el conocimiento, no servirá para ese propósito.
HAS DE IR HACIA DELANTE.
DA UN PASO,
YO DARÉ EL SIGUIENTE.
No es tráfico en un solo sentido. Has de tener un interés profundo, no un interés comercial. Tómalo del Maestro. El Conocimiento se da gratis, pero ha de ser valorado. No esperamos nada, pero si vienes aquí, has de tomarte en serio el Conocimiento y apreciar que tiene un profundo significado.

P: He oído una extraña historia en el sur, donde hay una pareja conocidos como *Señor y Señora Dios* [Mr & Mrs *Bhagavan*], que cobran en euros por segundo y minuto. Invitan a los extranjeros diciendo: "Te daré paz o aquello que quieras".

Maharaj: Están sacando beneficio de los devotos, engañándoles con promesas de milagros.

Aquí tu felicidad es nuestro capital. Tu paz es nuestro capital, el capital del Maestro ¡Coge algo de nosotros! ¡Te estoy mostrando todo el elefante! Y cuando conoces la Realidad, como el ciego y el elefante, no te impresionará lo que diga nadie respecto a *Atman*, *Brahman*, *Paramatman*. Se te han ofrecido joyas, pero tú has cogido piedras y sigues mendigando.

CUANDO SE TE HA MOSTRADO
QUE TODO ESTÁ DENTRO DE TI,
¿POR QUÉ MENDIGAR?
¡ATENCIÓN, ATENCIÓN!
LA REALIDAD ESTÁ DENTRO DE TI.
No te distraigas del principio. Es por eso por lo que cada momento es importante, para que dejes de resbalar. Si te pierdes un momento concreto, una fuerza te hará caer. Los enemigos están esperando, buscando tus debilidades y desventajas. Te atacarán cuando tu guardia esté baja.

Por lo tanto, te pido que estés alerta, medita. Mantén a los soldados en servicio, de guardia día y noche, vigilando. Y asegúrate de que los guardias fronterizos estén alerta también. Si ignoran lo que hay alrededor, los intrusos entrarán en el país. Es un país muy grande y una vez dentro, será difícil deportarles. Tú eres el capitán, el coronel a cargo de los soldados, estate alerta todo el tiempo. Si te duermes, quién sabe lo que puede pasar.

**SI TE RINDES COMPLETAMENTE,
NO SERÁ DIFÍCIL,
PORQUE EL ELGO
SERÁ MANTENIDO BAJO CONTROL.
RESPETA TU SER SIN SER.**

¡Evita el orgullo! ¡Evita el ego! Sabes bien que el orgullo es un signo de ego.

130. *Ni países ni nacionalidades*

Maharaj: La ciencia espiritual dice que hay seis cualidades deseables. Puedes medir tu progreso y ver si las tienes. Son: perdón, paciencia, expectativa de realización, deseo de saber, devoción total y, por último, fe en el Maestro.

P: La gente de India, hablando en general, las tiene ¿no? Así que me preguntaba por qué en India no hay más personas iluminadas.

Maharaj: No tengas en cuenta a otras personas. No te preocupes por los demás. Preocúpate por ti. Te lo dije, éste es un sueño. La vida que vives en este mundo es un sueño.

**NO HAY INDIOS, NI AUSTRALIANOS,
NI INGLESES.**

Antes de ser ¿dónde estaban India, Rusia y Australia? ¿Tú dijiste que ibas a nacer en Australia o en China? Cuando tomas un cuerpo, empiezas a imaginar los países.

No sabías nada de ningún país antes de ser ¡Eres como el cielo! ¡Cambia tu punto de vista! Tu Presencia es la Verdad Última, como el cielo. De nuevo, con la forma corporal, te desconectas a ti mismo y quieres ver diferentes nacionalidades.

**NO NOS PREOCUPAMOS DE ESO.
NOS PREOCUPAMOS DEL SER SIN SER.**

Sin el Ser sin ser, no puedes ver India, Japón ni ningún sitio. El mundo está dentro de ti. En el momento en que te despiertas, ves el mundo. El mundo entero es un reflejo de tu Presencia.

La Proyección *Del que Ve* es Espontánea, no deliberada. Lo que sucede en este mundo es que nos vemos como seres humanos. Como te he dicho repetidamente, el cuerpo es sólo una envoltura, un cuerpo muerto. Todos los países salen de tu Presencia Espontánea.

Lo que estás viendo es el reflejo *Del que Ve* en forma de palabras y del mundo. Tu Presencia está detrás de todo. Trata de evitar

esos pensamientos ilusorios ¡Mírate!
**NO SOY EL CUERPO.
YO ESTOY HABLANDO
Y TÚ ESTÁS ESCUCHANDO.
EL CUERPO ES SÓLO UN MEDIO.
EL OYENTE ES EL SILENCIO INVISIBLE.
EL OYENTE ES INVISIBLE, ANÓNIMO.**

El poder sobrenatural está ya en ti. En medio hay un bloqueo del ego, la mente y el intelecto, que no te permite alcanzar la Verdad Última.

¡TODO EL MUNDO DEBERÍA ESTAR ILUMINADO!

No mires a otro sitio ¡Mírate! No hay India, ni China, ni países. Le hemos dado nombres al cielo: templo, lavabo, cocina, baño, comedor. En nuestra casa le hemos dado diferentes nombres a un único cielo. Encerramos al cielo dentro de distintos muros - templo, cocina, baño. Hacemos lo mismo con los países: "Éste es Australia, India, etc.". Hemos construido esos muros con nuestra imaginación. Éstas personas son indias y ésas australianas ¿Quién está discriminando? A eso me refiero.

Por lo tanto, has de tener la convicción de que no eres el cuerpo. Tras un tiempo, debes decir "¡Adiós!" al cuerpo, pero nunca a tu Presencia. El cielo es, ha sido y será, pero tú eres más sutil que el cielo. Las casas se pueden derrumbar, pero ¿muere el cielo?

Esto es muy, muy importante. MÍRATE y observa cómo el mundo es proyectado. Desde el ABC hemos creado el lenguaje y le hemos dado significado a las palabras. No me preocupan las palabras ni sus significados. Estoy llamando la atención de Eso, de la Verdad Última que tú eres.

**¡PIÉNSALO EN SERIO!
VE MÁS Y MÁS PROFUNDO EN EL SER SIN SER.
TODO EL SECRETO DE LA ESPIRITUALIDAD
ESTÁ ESCONDIDO EN TI. NO LO HAS ABIERTO.
POR SUPUESTO SON NECESARIAS
UNA IMPLICACIÓN Y FE FUERTES,
FE EN TI.**

Has te tener confianza, total confianza. No te preocupes con estudios comparativos de quién está o no iluminado o realizado. Tras conocer la Realidad, has de tener total confianza.

**¡OLVÍDATE DE LOS DEMÁS! ¿POR QUÉ?
PORQUE SON PERSONAS DEL SUEÑO.**

El cuerpo es perecedero, pero como no aceptamos este hecho, hacemos muchas preguntas. La meditación es la base, el ABC que disolverá la ilusión, de modo que la Verdad Final se establezca totalmente.

**PUEDES VISITAR A CUALQUIER MAESTRO,
PERO COMO HE DICHO MUCHAS VECES,
TÚ, EL VISITANTE INVISIBLE EN FORMA CORPORAL,
ERES EL MAESTRO DE LOS MAESTROS.
QUE TÚ ERES EL MAESTRO DE LOS MAESTROS
HA DE LLEGAR A SER TU CONVICCIÓN.
NO NIEGUES TU PROPIA GRANDEZA
Y LA AFIRMES EN OTRO.**

En la cultura india, te inclinas en los templos, ofreciendo respeto y rindiendo tu ego. Es una buena costumbre en cualquier religión, ir a la iglesia e inclinarse, tanto si estás iluminado como si no. A veces el ego no le deja a alguien inclinarse, como a algunos visitantes del ashram, que no quieren inclinarse ante las imágenes de los grandes santos de nuestro Linaje.

El conocimiento árido no sirve. Puedes ser un Maestro de las palabras, dando conversaciones Espirituales sobre la literatura espiritual que has aprendido con el corazón. Eso es sólo aprendizaje de memoria y no Conocimiento práctico.

**CONÓCETE A TI MISMO Y PERMANECE TRANQUILO.
¡PIÉNSALO!
¡PIÉNSALO!
PENSÁNDOLO, EL PENSADOR DESAPARECERÁ
¡Y AHÍ ESTÁS TÚ!**

Has de estar intoxicado de espiritualidad en tu vida diaria, lo cual significa que has de "¡Quédarte contigo! ¡Quédate en tu interior mientras estés actuando en el drama!" Es un buen drama en el que los niños dicen "Mi padre", los amigos dicen "Mi amigo" y el jefe dice "Mi empleado". Todo es uno pero con diferentes nombres.

**HAS DE VERTE A TI MISMO DE ESTA MANERA.
LA REALIDAD YA SE ENCUENTRA
EN TU INTERIOR,
PERO NO ESTÁS MIRANDO.**

P: Si digo que quiero ir a ver a otro Maestro ¿es un signo de que no he aceptado que todo está dentro de mí?

Maharaj: Eso pasa por la falta de fe y confianza en ti mismo; tal vez dudas, ego, orgullo. Sé práctico en tu vida diaria. Ve siempre más allá de lo visto, mira detrás de eso y quédate con tu Presencia Invisible.

Cuando veas que sucede algo, mira detrás de ello, sabiendo que "Nada está sucediendo". Cuando digas que algo está pasando o no está pasando, ve a la fuente: "¿Quién está diciendo eso?" Te has de entrenar de esa manera, de modo que tu actitud es "Nada está pasando".

ANTES DE SER ¿QUÉ ESTABA PASANDO O NO ESTABA PASANDO? DESPUÉS DE QUE EL CUERPO SE DISUELVA ¿QUIÉN VA A HABLAR DE LO QUE ESTÁ PASANDO O NO?

¿Quién decide lo que es bueno o lo que es malo? El entendimiento de cada uno es diferente. Nuestros puntos de vista son diferentes por el impacto del cuerpo y todas las impresiones que han sido absorbidas desde la infancia hasta hoy. Bueno, malo, correcto, equivocado, cómo ves el mundo, todo es conocimiento relacionado con el cuerpo y ha de ser disuelto.

VE MÁS Y MÁS PROFUNDO EN EL SER SIN SER.

Ya eres sin forma ¡No hay forma!

P: A veces no lo dudo y lo siento muy fuerte.

Maharaj: Es un Súperpoder que estás ignorando. A causa de las impresiones del cuerpo estás olvidando tu Realidad.

HAS DE DAR LA CARA POR LA REALIDAD, ENTONCES LAS PUERTAS SE ABRIRÁN Y EL CAMINO ESTARÁ DESPEJADO.

P: ¿Las puertas se abrirán?

Maharaj: Sólo son palabras que utilizo. No hay camino o puerta. Todo está ya abierto ¡Quédate tranquilo y en silencio!

P: Maharaj, si alguien te asalta, has de reaccionar.

Maharaj: ¡Por supuesto! Si una serpiente intenta morderte, correrás. Quieres proteger tu cuerpo y la serpiente quiere proteger el suyo. La intención es una y la misma. Todos tienen experiencias difíciles, el cómo reaccionar a ellas será algo espontáneo. Las instrucciones serán dadas por tu Maestro Interior.

P: Supongo que el ego se ha de disolver de modo que puedas oír la voz del Maestro Interior.

Maharaj: ¡No hay ego! ¿Cuál es tu estatus en el mundo? El cuerpo no tiene estatus. El cuerpo no tiene valor. Tú eres un Súperpoder con Poder Supernatural, pero todavía no te conoces. Si aún así sigues queriendo viajar:

CONCÉNTRATE EN EL VIAJERO QUE HAY EN TI. EL VIAJERO ES LA VERDAD ÚLTIMA, QUE NO ERES EN NINGUNA FORMA.

Este Conocimiento es verdaderamente excepcional, Realidad excepcional.

131. Echa una mirada dentro de ti

P: Usted dice que es muy importante estar alerta ¿Quién está alerta todo el tiempo?

Maharaj: Es Espontáneo, no un esfuerzo deliberado. Tu estado alerta será Espontáneo. No dependas de las historias, sólo recuerda el principio que hay detrás de las historias, lo que querían transmitir.

**TODOS LOS CONCEPTOS SE DISOLVERÁN
CUANDO TU SECRETO ABIERTO
SE PROYECTE ESPONTÁNEAMENTE.**

Éste es un mundo de ilusión en el cual pretendes ser un hombre o una mujer ¿Quién eras antes de ser? Digiere este conocimiento. Lánzate en la espiritualidad, lo cual significa total implicación.

**ECHA UNA MIRADA DENTRO DE TI.
EL PODER ESTÁ OCULTO DENTRO DE TI.**

Cada uno tiene diferentes experiencias de acuerdo con el nivel espiritual en el que se encuentra.

P: ¿Qué quiere decir con el nivel espiritual?

Maharaj: Significa cuánta implicación tienes y qué acercamiento, cuán en serio te lo tomas. No hay espiritualidad para convertirte en un experto espiritual, doctorado en el tema. El propósito de la espiritualidad es abandonar la ilusión y el miedo, de modo que podamos ser felices cuando llegue el momento de dejar el cuerpo.

Nadie muere, nadie nace. Un año, dos años, cincuenta años, ochenta años, son las edades del cuerpo material hecho de alimentos. El cielo no tiene edad.

Lo importante es *El que Ve*, no lo visto. Pones más énfasis en la ilusión que en la Realidad. Tratamos de conocernos a nosotros mismos a la luz de los conceptos. Sé decidido, como el polluelo saliendo a través de un cascarón duro como una puerta maciza, para poder ver el mundo. Del mismo modo, has de atravesar las capas endurecidas de conceptos ilusorios.

Aceptas todo este Conocimiento a través del intelecto. No es aceptado espontáneamente. No decidiste ser un hombre o una mujer, pero vives junto a ese nombre. Tu Maestro te ha dado el nombre de *Brahman*, pero todavía hay resistencia. Todo depende de ti. Cuando el momento pasa, pasa. Estás ignorando a tu Maestro Interior, tu propia existencia, tu propia Presencia.

P: ¿Por qué lo ignoramos?

Maharaj: Por la presión del conocimiento relacionado con el cuerpo.

Ahora sabes el secreto.
TODO VIENE DE NADA.
P: ¿No es natural pensar que "Yo soy el cuerpo"?
Maharaj:
CUALQUIERA QUE SEA EL CONOCIMIENTO QUE HAS REUNIDO HASTA HOY, RÉSTALO, Y ENTONCES HABLAS. SI LO HACES, VERÁS QUE NO PUEDES HABLAR.

132. El ardiente deseo de saber

Maharaj: Los pensamientos vienen a la mente, y el intelecto es inmediatamente informado. Luego el intelecto da instrucciones: "¡Haz esto!" Tú eres el Maestro, por lo tanto, puedes controlar la mente, el ego y el intelecto. Puedes parar los pensamientos en ese momento y no permitir que lleguen al intelecto. Si lo haces, no habrá acción. Pero si permites a los pensamientos que hagan su viaje hasta el intelecto, habrá un martillazo inmediatamente.

Tú eres el Maestro de todos esos elementos sutiles. Estás más allá de los cuerpos invisibles. Mediante la meditación, puedes controlar todas las cosas. De la meditación se derivan grandes beneficios que te harán estar alerta y te darán gran poder y fuerza. Si una persona no deseada se acerca a ti, puedes pararla. Si un pensamiento no deseado aparece, puedes pararlo: "El técnico soy yo, no la mente, el ego o el intelecto". De este modo, puedes controlarte a ti mismo fácilmente y como resultado, todas las actividades serán controladas espontáneamente.

P: Para la consciencia, el único valor que le veo en la vida, es encontrar su camino de vuelta a donde pertenece.

Maharaj: ¿Sabías algo de la consciencia o la inconsciencia antes de la existencia? ¿Ser consciente o no? Esas son palabras dulces sólo para que nos entendamos. Consciencia, realización, iluminación, Dios, mente, ego, intelecto ¡Tantas y tantas palabras! Todas ellas aparecen por tu Presencia. Estoy poniendo ante ti el *Antes de ser*. Pregúntate cómo eras antes de ser.

P: No lo sé. Ni siquiera me lo puedo imaginar.

Maharaj: Tu Presencia está más allá de la imaginación.

¡*Ésta es mi casa*! ¡*Éste es mi cuerpo*! Hay apego al cuerpo, una especie de convicción de que "¡Ésta es mi casa!", y de que estás en ella. Viene el ego y dice: "Soy el propietario de la casa". Estás realizando todas tus actividades a través de ésta casa.

Me estás mirando, estás comiendo, caminando, moviendo tus manos. Como sabes, el cuerpo en sí mismo no tiene ningún poder. Discutimos, preguntamos, escuchamos, pensamos, usamos la mente y el intelecto. Pero no olvides que son el Poder y el cuerpo combinados los que permiten la acción.

HAS DE TENER ESTA CONVICCIÓN.
AUNQUE ESTÉS EN ESTA CASA,
ESTÁ ALQUILADA.
SABES QUE HAY OTRO PROPIETARIO,
QUE ES LLAMADO *BRAHMAN*.

El propietario te está diciendo que dejes libre la casa ahora, porque en el futuro tendrás que dejar libre el cuerpo. Sin embargo, en lugar de saberlo, todavía hay mucho apego al cuerpo.

CONOCES LA VERDAD,
TODO EL MUNDO LA CONOCE,
PERO LA VERDAD NO SE HA VUELTO CONVICCIÓN,
NI CONVERTIDO EN UNA VERDAD ESTABLECIDA.

Si estás tentado de ir a algún sitio, la Convicción no está ahí.

P: El ego dice que "Soy el cuerpo".

Maharaj: Esa convicción enraíza a través del cuerpo y, por lo tanto, no hay Convicción ¡Hay dudas!

P: ¿Por qué estoy tan apegado al cuerpo?

Maharaj: Es natural, no es tu culpa. El Espíritu es muy sensible. Entiende que tu existencia, la Presencia, es la Verdad Última, no tu cuerpo. Todas las comodidades son para el cuerpo, no para ti. Escucha con total concentración porque tienes muchas preguntas.

P: ¿Es independiente el Espíritu?

Maharaj: Por supuesto, pero no se conoce a sí mismo. Sólo se conoce mediante el cuerpo. El propósito de estas conversaciones es transmitirte tu importancia. Has de tener la voluntad, una fuerte voluntad, de aceptarlo.

ESCÚCHAME EN SILENCIO
Y CON TOTAL CONCENTRACIÓN.
ESCÚCHAME CUIDADOSAMENTE.
ES EL PRINCIPIO DEL OYENTE, LA REALIDAD.

Pero el ego surge una y otra vez y con él, más preguntas. Has de escuchar con atención. Has estado leyendo libros ¡Piensa por un momento en todo lo que has leído y ha sido olvidado luego! Treinta años, cuarenta años de espiritualidad y todavía nada ¿Por qué lo haces?

P: Por experiencias espirituales tal vez.

Maharaj: Ésta es una conversación del cuerpo. No había experiencias antes de ser. Ahora, todo está al descubierto. Aceptarlo o no, depende de ti. Una actitud descuidada y un uso excesivo de pensamientos, sólo crearán dificultades y no te harán avanzar. La meditación significa que todo tu cuerpo, todo tu ser, está deseando SABER y por eso estás pensando constantemente en tu Ser sin ser.

HA DE TOCAR TU CORAZÓN.
HA DE DAR UN GOLPE EN TU CORAZÓN.
SE SUPONE QUE LA REALIDAD
HA DE TOCARTE PROFUNDAMENTE.

133. Enfado

P: Me he dado cuenta de que ahora no puedo tolerar algunas cosas que antes sí podía.

Maharaj: La tolerancia está conectada con el nivel del cuerpo y la influencia de la mente y el ego. Ahora que conoces la Realidad, identifica esas cosas que encuentras intolerables. Piensa sobre esas cosas que te activan y por qué algunas son intolerables. Recuerda, lo que piensas no es tu identidad. Aquello mediante lo que piensas es tu Identidad.

Debido a que la existencia es intolerable, necesitas mucho entretenimiento: casarte, tener una familia, comer un helado. Pero debido a que tienes un trasfondo espiritual y sabes que viene de la mente, tienes que minimizar el problema. No le dejes pasar. Es muy malo tomar nota de estos pensamientos. En la vida pasan muchas cosas, pero ahora conoces el arte de la administración.

El gran santo Eknath tuvo muchos desafíos en su vida. Desarrolló la tolerancia. Una persona solía escupir al santo Eknath cada vez que lo veía. Cuando esto sucedía, el santo Eknath se bañaba. Al final, después de escupirle unas cuarenta veces, su adversario se inclinó a los pies del santo y dijo: "No he sido capaz de hacerte enfadar". El santo dijo que era feliz porque tomó cuarenta baños auspiciosos.

Eso es tolerancia. Era una prueba para su vida espiritual. Siempre hay pruebas y cuando llegan, has de ver a los demás como tú mismo. No hay diferencia entre tú y cualquier otro. Amigos o enemigos son sólo palabras. Esta cualidad de verte en los demás es el camino. Estará ahí espontáneamente ¡No te enfades! ¡Pacifícate! La Espiritualidad muestra cómo actuar en situaciones difíciles ¡Reconoce que esta vida tiene un tiempo limitado!

SI IGNORAS EL HOY, LO IGNORAS PARA SIEMPRE.

De nuevo encontrarás que estás en otro sueño. Ésta es una oportunidad, utilízala del todo. No prestes atención a los pensamientos y emociones. Ahora es tu momento, sé consciente de ello o lo perderás y será una desgracia.

P: Debería saberlo, pero supongo que no me lo estoy tomando suficientemente en serio.

Maharaj: Con la espiritualidad tendrás fuerza y poder. Esos incidentes son momentáneos ¿Para qué estar enfadado?

¡SÉ FUERTE! HABRÁ MUCHOS DESAFIOS Y PRUEBAS EN EL CAMINO.

Te estoy dando entrenamiento comando, que te convertirá en un todoterreno, de modo que puedas actuar inteligentemente en cualquier circunstancia.

134. Tú has hecho nacer al mundo

P: Hay un sentimiento, una sensación de que el Maestro está reforzando algo que el discípulo ya conoce.

Maharaj: En la etapa inicial, el Maestro y el Discípulo son dos identidades, pero el Espíritu es Uno. Decimos *Maestro* y *Discípulo* con el fin de entendernos. Como olvidaste tu Identidad, es necesario el Maestro para señalarte tu Identidad sin Forma. El Maestro pone ante ti tu Verdad Última.

P: ¿Entonces no hay experimentador ni experiencia, sólo el experimentar?

Maharaj: Antes del conocimiento relacionado con el cuerpo no existían palabras así en absoluto. Tenemos que borrar todos esos términos y para ello, el Maestro es necesario.

P: ¿El *Yo Soy* es el punto de rotación? Parece que la única opción es ir hacia el ego o hacia la Verdad.

Maharaj: Es necesaria tu presencia para decir *Yo Soy*. Sin tu Presencia, no puedes decir ni una sola palabra. Todas las palabras vinieron con el cuerpo. Tras dejar el cuerpo ¿quién va a decir *Yo Soy*? *Yo Soy* es un indicador de tu Presencia Espontánea, sin forma corporal.

EL MUNDO ENTERO ES LA PROYECCIÓN DEL CONCENTRADOR, QUE ES ANÓNIMO E INVISIBLE. LA PROYECCIÓN ESPONTÁNEA DEL CONCENTRADOR.

No puedes advinar la naturaleza del Concentrador. No la

puedes imaginar o deducir. No puedes utilizar la lógica o la comprensión. Sólo contempla cómo eras antes de ser. "No lo sé" significa que te conoces a ti mismo, pero que te conoces carente de forma.

¡Puede no haber conciencia de ello! Has de fijar tu Identidad no Identificada a la luz de esas palabras.

P: Cuando usted dice *Antes de ser* ¿es lo mismo que *Antes de la Consciencia*? Significando que estamos separados de…

Maharaj: Utilizamos las palabras sólo para tratar de entender.

CADA VEZ QUE USAS PALABRAS ERES OTRO, NO EL QUE ERES.

Has de borrar todo el conocimiento relacionado con el cuerpo.

P: ¿Lo más íntimo es lo que está experimentando?

Maharaj: Has hecho nacer al mundo. El mundo es el reflejo *Del que Ve*. Sin *El que Ve*, no puedes conocer el mundo. Básicamente, conoces el mundo a través de las palabras, a través del alfabeto, reuniendo un grupo de letras ABC, dándoles luego sentido a las palabras.

P: ¿Está diciendo que, le hemos dado significado a cada cosa y lo llamamos conocimiento y todo eso es en realidad conocimiento relacionado con el cuerpo, no Auto-conocimiento? ¿Está usted abogando por un proceso contrario al de acumulación, o contrario al condicionamiento, para deshacerlo todo?

Maharaj: En pocas palabras: ¡Has olvidado tu Identidad! Has de conocer el Principio del Conocimiento. Lo que significa conocerse a sí mismo en un sentido real. Necesitas una base sólida para conocerte, para conocer la Realidad. También necesitas Convicción y confirmación del Maestro.

135. *Amor de corazón*

P: ¿Puedo entender que el amor de corazón y el Ser sin ser son uno y lo mismo?

Maharaj: El amor de corazón está conectado con el cuerpo. El amor de corazón vino con el cuerpo ¿Dónde está el corazón? ¿Dónde está el amor? ¿Dónde el afecto? Todas estas palabras vinieron con el cuerpo. No había algo así como *amor de corazón* antes de ser porque tu Presencia era desconocida.

Todo ese conocimiento es conocimiento relacionado con el cuerpo. Estoy conduciendo tu atención a antes del cuerpo, antes de ser. No hay corazón, ni amor, ni afecto. Decimos *El Ser sin ser* porque s*er* está conectado con el cuerpo. Ser sin ser significa sin cuerpo, sin mente, sin ego, sin intelecto. A eso se le llama Ser sin ser.

Yo Soy está conectado con el cuerpo, con los sentidos del cuerpo. Antes de eso, no había *Yo Soy*, ni ser. Por eso se le llama *Ser sin ser*.

**NO HABÍA CONOCIMIENTO, NI IGNORANCIA,
NI EXPERIENCIA, NI TESTIGO, NI EXPERIMENTADOR.
ERES COMO EL CIELO, QUE NO SABE QUE ES EL CIELO.
EL SER SIN SER ES COMO EL CIELO.
¡SIN IDENTIDAD!**

P: ¿Entonces no hay amor?

Maharaj: Ese amor vino con el cuerpo ¿El cielo ama? ¿Quién está ahí para amar si todo es Uno, si el Espíritu es Uno? No hay diferencias, ni separaciones ni personas individuales ¿Ama el cielo australiano al cielo indio? Todo lo que decimos del amor y el afecto vino con el cuerpo.

Mente, ego, intelecto, corazón, amor y afecto son conceptos ilusorios, los cuales utilizas porque te consideras como la forma corporal. Antes de ser, no tenías conexión con nada de eso. No sabías "¿Quién soy yo?" Todo está detrás de tu Presencia Espontánea, tu Poder Invisible. Tu presencia es Invisible. Son sólo palabras que uso para comunicar:

***EL QUE VE* NO SABE QUE LO PROYECTADO
ES SU PROPIA PROYECCIÓN.
LO QUE VE
EL QUE VE ES INVISIBLE,
ANÓNIMO, IDENTIDAD NO IDENTIFICADA.**

Por tanto, el conocimiento relacionado con el cuerpo se supone que ha de disolverse. Tu Presencia Espontánea no necesita ningún alimento. La Presencia no sabe que "Soy el cuerpo" o que "Soy alguien". Cuando el Espíritu hace clic con el cuerpo, dices "Yo soy". El Espíritu sólo se conoce a sí mismo mediante el cuerpo. Tu Identidad es Invisible, no Identificada. Has de tener Convicción. Olvida todo eso del amor y el afecto, sólo es conocimiento relacionado con el cuerpo.

El mundo entero es ilusión. Tu visión ha de ser algo así como:

**MI PRESENCIA ESTÁ EN TODAS PARTES, EN CADA SER.
POR LO TANTO ¿CÓMO VOY A ODIAR,
CON QUIÉN VOY A LUCHAR?
ESO SE DENOMINA REALIZACIÓN,
REALIZACIÓN ESPONTÁNEA.**

Si te miras a ti mismo, es muy fácil. Recuerda todo lo que has estado escuchando.

TODO ESTÁ DENTRO DE TI SOLAMENTE.

MÍRATE.
**RECUERDA ESTA PALABRA
Y APLÍCALA A TI MISMO.
ES TU CONOCIMIENTO.**

Tu ego sutil no te permite alcanzar la realización. La *Realización* ya está ahí, aunque desconocida todavía. Lo que se necesita es Realización con Convicción, Convicción de la Realidad. Eres la Realidad. La meditación es necesaria para alcanzarla. La simple escucha, sin acción, es inútil.

**EL CONOCIMIENTO, LA VERDAD QUE
ESTÁ SIENDO TRANSMITIDA,
HA DE TOCAR TU CORAZÓN.
DEBES ESTAR TAN CONMOVIDO POR ELLO,
QUE ALCANCE TU CENTRO.**

Cuando hablo aquí de *corazón*, estoy hablando sobre algo que es profundamente sentido, un *profundo sentimiento*. Si alguien te ataca verbalmente con un lenguaje injurioso, lo sientes profundamente. Tu corazón, tu auténtico centro, lo siente porque tu confianza y tu fe han sido heridas o traicionadas. De este corazón estoy hablando.

P: De lo que he leído, hay otro significado para corazón. Es algo consciente.

Maharaj: Cuando se te dice que "Eres *Brahman*", tu respuesta ha de ser como un profundo y significativo punto de inflexión.

**"¡SÍ! ESTOY TOCADO Y CONMOVIDO
PORQUE SOY *BRAHMAN*".
TE SIENTES TOCADO PORQUE
HAS VIVIDO DURANTE MUCHO TIEMPO
COMO UN HOMBRE O UNA MUJER.**

Cuando empezaste a saber que *Yo Soy*, de pronto abrazaste los conceptos y las demás personas. No has de hacer ningún tipo deliberado de esfuerzo. Es espontáneo ¡Olvídate de los demás!

LOS DEMÁS EXISTEN SÓLO POR TU PRESENCIA.

P: ¿Has de tomar una decisión consciente para olvidar a alguien?

Maharaj: ¡No! Es Espontáneo, será un proceso natural. Hasta ahora, te has considerado un hombre culpable. La meditación es el fundamento. Limpia y purifica todo. Luego, en la luz, en ese espacio limpio, será plantado el Conocimiento.

Los granjeros queman la tierra y la abonan, de modo que las semillas crezcan bien. Si hay otras cosas allí, cosas no deseadas, como piedras y malas hierbas, esas pequeñas semillas no tendrán la oportunidad de crecer.

**POR TANTO, HAS DE ELIMINAR LOS CONCEPTOS,
Y PLANTAR LA REALIDAD DEL CONOCIMIENTO.**

**CONOCIMIENTO SIGNIFICA REALIDAD.
DESPUÉS DE ESO,
HAS DE ANIMARLA A CRECER
CON LA MEDITACIÓN Y
LA ORACIÓN.**

Es fácil. Tu implicación es lo más importante. Es todo lo que se necesita.

**ECHA UNA MIRADA AL CONOCIMIENTO
QUE TRATO DE IMPLANTAR EN TI.
TOMA NOTA DE LO QUE HAS ESCUCHADO.
RECUERDA LO QUE SE HA DICHO.
TODO ESTE CONOCIMIENTO HA SIDO GRABADO
POR TU GRABADORA INTERNA.
NO HA DE QUEDAR NINGUNA DUDA POR PREGUNTAR,
TAMPOCO HAS DE SER MARTILLEADO
POR NINGÚN CONCEPTO.**

Tienes que rendir el ego, tener fuerza de voluntad y confianza. El ego es dignidad y orgullo ¿Por qué dejar que el ego te mande cuando no tiene existencia y no va a permanecer constante?

**EL CUERPO ES COMO LEÑA,
PARA SER ENTERRADO O QUEMADO.**

No luches con la vida. Sé pacífico y vive una vida pacífica. Todos los seres quieren una vida pacífica. Puedes tenerla si conoces a tu Ser sin ser. Si no tienes paz, cambia tu ruta y evita a la gente que altera tu paz. Podrían ser miembros de tu familia ¡Evítalos!

**TU PAZ ES LO MÁS IMPORTANTE.
ERES LA VERDAD ÚLTIMA, LA VERDAD FINAL.**

136. *Actúa en tu propia película*

P: Incluso ahora hay períodos de confusión.

Maharaj: Cuando haya confusión, pregunta: "¿Quién reconoce la confusión?" Realmente es una buena señal, porque muestra que conoces la Realidad, y cuando la conoces, puedes hacer volver la atención al Ser sin ser. Cuando te das cuenta de que hay confusión en ti, es una buena señal porque sabes lo que está pasando.

**EL CONOCEDOR ESTÁ ALERTA.
SIGNIFICA QUE ESTÁS SEPARADO DEL ALGO,
ESTE ALGO QUE ESTÁ PASANDO.**

Ahora estás separado del cuerpo porque sabes que: "El cuerpo está separado de mí". Si pasa algo en casa, lo sabes. Significa que estás separado de la casa, separado del cuerpo. Cuando hay algo que te disgusta, puedes cambiar tu ruta.

Antes, digamos, si te sentías deprimido, simplemente era algo que te pasaba. Ahora sabes lo que está pasando. Es una buena señal porque te estás acercando al Ser sin ser. Sabes que algo está pasando y puedes tomar medidas.

ES UNA FÓRMULA SENCILLA:
EL CONOCIMIENTO Y TÚ SOIS UNO.
NO HAY DIFERENCIA.

Tu Ser sin ser está separado del cuerpo, separado del mundo. Ha de haber cambios de humor porque el cuerpo pertenece a los cinco elementos. Cualquier desequilibrio en los cinco elementos es reflejado. Cuando te das cuenta, dices: "Algo está pasando". El cuerpo entero está hecho de los cinco elementos. Lo mismo sucede con las tres cualidades (*gunas*) cuando están desequilibradas.

La cualidad *Tama* es la más peligrosa: enfrentamientos con otros, saltarse la ley, delincuencia, etc. A *Sattva* le gusta la oración y la meditación, así que es buena para la espiritualidad. *Raja* busca placer, disfrutar y por tanto, distraerte de la Realidad. Si alguna de estas cualidades es llevada al exceso, habrá desequilibrio ¡Ahora, olvida las *gunas*!

ESTÁS MÁS ALLÁ DE LAS *GUNAS*

Estate alerta y consciente y estarás OK. Si te acercas más y más al Ser sin ser, estarás separado del mundo y estas cualidades no te afectarán. Todo está dentro de ti ¿Dónde estaban las *gunas* antes de ser? ¿Cuándo supiste ese tipo de conocimiento? Significa que estás más allá de eso.

P: ¿Quiere decir que puedo escoger la *guna*?

Maharaj: ¿Por qué escoger?

PARA ESCOGER,
HA DE HABER ALGUIEN AHÍ.
¡NO HAY NADIE AHÍ!
SÉ TAL COMO ERAS ANTES DE SER.
PERMANECE ASÍ.

¡No hay *gunas*! *Sattva* es buena para establecer la Verdad, pero no es la Verdad Última ¡Salte de las *gunas*! Es educación básica, una conversación de escuela de primaria ¡No hay *gunas* ni conocimiento relacionado con el cuerpo!

SÉ COMO ERAS ANTES DE SER -
LA VERDAD ÚLTIMA.

Se necesita una total implicación. Si quieres nadar en aguas profundas, tendrás que bucear profundo. Se te ha enseñado todo, por lo tanto, no tengas miedo. Has de crear confianza en tu Ser sin ser.

TIENES EL CONOCIMIENTO
¿DURANTE CUÁNTO TIEMPO VAS A PERMANECER EN LA ORILLA DEL RÍO?
¡AHORA PRACTICA!

P: ¿Qué pasa si alguien no sabe nadar, morirá?

Maharaj: No hay alguien, sólo tú, tu Espontánea Presencia.

CUANDO EL CONOCEDOR Y LO CONOCIDO DESAPARECEN,
AHÍ ESTÁS TÚ ¡SIN FORMA!

¿Por qué preocuparse de los demás? ¿Pensarás en ellos cuando llegue el momento de dejar el cuerpo?

¿TRAÍAS CONTIGO ESPOSA Y AMIGOS CUANDO LLEGASTE AL CUERPO?
¡OLVÍDATE DEL SUEÑO!
¡LA GRAN FAMILIA ES UN SUEÑO!
TU MARIDO ES UN SUEÑO,
TU ESPOSA TAMBIÉN.
TRAS EL DESPERTAR,
¿DÓNDE SE IRÁ TODO ESO?

Todas las preguntas y respuestas están dentro de ti, pero no les echas un vistazo. No estás mirando con el Ser sin ser. No entiendas literalmente lo que digo. Las palabras que uso son sólo para ayudarte a entender y señalarte a tu Ser sin ser.

VIVIMOS EN EL CÍRCULO
DEL CONOCIMIENTO MUNDANO.

Olvidaste tu Identidad y aceptaste cosas que no eres. Ten una conversación con el Ser sin ser ¡Haz hablar a tu Maestro Interior! Tú eres el Preguntador y también *El que Responde*. Eres el Maestro y el devoto. Cuando sepas que no hay nada, habrá paz y felicidad ¿Por qué luchar cuando no hay nada ahí? El mundo entero, incluyéndote a ti mismo, es ilusión ¿Por qué luchar?

No saber es Saber. Tras conocer la realidad, entenderás que estabas tratando de dar un martillazo, atacar, golpear, azotar y luchar con el aire. No hay necesidad de luchar, porque tu *Yo* es anterior a la existencia.

ÉSTA ES UNA OPORTUNIDAD DE ORO.
¡RÍNDETE POR COMPLETO!
EL CONOCIMIENTO PARCIAL
NO ES SUFICIENTE.

El conocimiento práctico significa que no huyes de los problemas, sino que los afrontas con la cabeza alta. Por ejemplo, no abandonas a tus padres. Abandonarles no es espiritualidad. Cumple con tu deber y cuídales ¿Por qué ir aquí y allá en busca de la espiritualidad? Sabes que el mundo entero es ilusión, por tanto, transformar en buenas lo que llamamos situaciones y circunstancias malas, es visto como un desafío y una prueba para tu Conocimiento espiritual.

Vive como si actuaras en una película. A veces la película es una tragedia, otras veces puede ser una comedia. A veces eres un villano, pero sea lo que sea lo que suceda, siempre sabrás que es ilusión.

**MIRA SÓLO A TU SER SIN SER
Y A CÓMO ERAS ANTES DE SER.**

137. ¿Quieres otro sueño?

P: Maharaj, las cosas estás bastante claras ahora. Tengo una mejor idea de la práctica.
Maharaj: Has de mantener la disciplina de la meditación. No quieres otro sueño. Cualesquiera que sean los conceptos que puedas tener en el momento de dejar el cuerpo, pueden ser reflejados. Esta reflexión es lo que se llama *renacimiento*, pero no hay renacimiento en absoluto ¡Ahora los sabes!

**EXIGE LO QUE LEGÍTIMAMENTE ES TUYO.
NO COJAS SÓLO UN POCO.
¡CÓGELO TODO!**

Eres tu propio Maestro. Se supone que tu pensamiento ha de ser un pensamiento positivo. Acepta la Realidad sin dudar ¿Qué sucederá? ¿Es verdadera o falsa? ¡No! Eso es conocimiento con desconfianza. Es una forma negativa de pensar, sentimientos negativos, dudas. Has de pensar positivamente. Acepta de todo corazón tu Verdad Última.

Mediante palabras, estoy tratando de convencer al Oyente Silencioso que hay en ti. El requisito básico sigue siendo el mismo: el conocimiento relacionado con el cuerpo ha de ser disuelto totalmente con la meditación. No hay forma de esquivarlo.

Acepta tu Conocimiento, tu Realidad. Ahora tienes la técnica que te mostrará cómo descubrir tu Ser sin ser.

**TIENES LOS HECHOS Y LOS DATOS A TU ALCANCE,
AHORA TODO LO QUE SE NECESITA,
ES TU IMPLICACIÓN SERIA.**

La meditación te dará el valor para aceptarlo. Puedes estar en cualquier parte del mundo, pero ten siempre en mente que sólo hay el Ser sin ser. No hay absolutamente nada más.

Tu Presencia es una Presencia Espontánea. No encontrarás nada imposible si tienes valor y una gran fuerza de voluntad. Conoces la Realidad, ahora tienes que disolver el conocimiento relacionado con el cuerpo hecho de alimentos ¡Sé espiritualmente fuerte! Sé intrépido porque eres no-nacido. Para establecer la Verdad, has de avanzar. Da un paso en mi dirección – este proceso requiere de circulación en los dos sentidos.

Has de tener una voluntad firme de querer conocer la Realidad y para no ser tentado de ir a otro sitio. Si todavía te atrae otro Maestro, significa que:

TE ESTÁS TERGIVERSANDO A TI MISMO.
TODO ESTÁ EN TI,
POR LO TANTO, NO HAY NECESIDAD
DE MENDIGAR MÁS.

P: Nisargadatta Maharaj dijo: "El hijo de una mujer estéril…"
Maharaj: Vagar en el círculo del conocimiento literal no te dará felicidad. No analices el conocimiento. Lo que el Maestro dice es correcto, pero lo que trata de transmitir es lo más importante. No es una competición espiritual, debate o argumento y contra-argumento.

DONDE TÚ ESTÁS ES LO ÚLTIMO.
ESO ES LO QUE IMPORTA.

Ya no eres un estudiante de tu Maestro. Éste es el resumen de Conocimiento espiritual. Es el principio, la base, la esencia del Oyente Invisible.

Piensa positivamente y grábatelo.

GRÁBATE ÉSTE CONOCIMIENTO.

¡No dejes que desaparezca! ¡Sigue con él y grábalo permanentemente! Si algo es grabado en una piedra, metal, latón u oro, será muy difícil de eliminar.

138. *Estás separado del mundo*

P: La pregunta es ¿cómo saber vivir una vida espiritual en el mundo y cómo ser consciente?
Maharaj: ¿Quién dice "saber"? Este mundo es un mundo soñado ¡Nada de emociones! Vive una vida simple, una vida tranquila. Nadie es un amigo y nadie es un enemigo. Para conocer la Realidad, has de practicar las disciplinas, después estarás completamente en paz. El Mantra crea vibraciones, las cuales borran los archivos del conocimiento relacionado con el cuerpo, incluyendo los conceptos pulidos como: *chitta*, *buddhi*, consciencia, atención, etc. ¡A la gente le

gusta jugar con nombres sofisticados!

**LOS NOMBRES NO SON LA VERDAD ÚLTIMA,
TÚ ERES LA VERDAD ÚLTIMA.**

El *Naam Mantra* hace desaparecer todo aquello que va más allá de lo necesario. Mi Maestro dijo:

**"EL CUERPO ES LO MÁS SUCIO.
EL QUE SOSTIENE EL CUERPO
ES TOTALMENTE PURO –
LA PUREZA LO MÁS PURA".**

El cuerpo es importante debido al Espíritu. Tras la Convicción, habrá una calma y tranquilidad completas, ni expectativas ni avidez. La señal de la Convicción es el Conocimiento Absoluto, la Omnipresencia.

**HEMOS OLVIDADO QUIÉNES SOMOS.
HEMOS ACEPTADO LA ILUSIÓN COMO VERDAD.**

El propósito de tu vida es crítico, crucial. Dale importancia al Ser sin ser porque tú eres la raíz del mundo. No sigas ningún concepto, *karma* o "búsqueda durante treinta años" ¿De qué sirve todo eso? Torturar tu cuerpo, hacer *Sadhana* ¿La *Sadhana* de quién? Aplica tu intelecto espiritual.

**TE ESTÁS SUBESTIMANDO A TI MISMO.
¡NO VUELVAS A SER UN ESCLAVO DE LOS CONCEPTOS!**

¿Qué has obtenido de hacer la práctica? ¿Felicidad, paz tal vez? Los beneficios son momentáneos.

P: Mi meta es hacer manifiesta la *Sadhana*.

Maharaj: ¿Quién quiere hacerla manifiesta? ¿Quién y qué era manifiesto antes de ser?

P: Algo le pasó a un amigo mío. Le conocía socialmente. De algún modo se volvió deshonesto. No me gusta la gente deshonesta. Se lo cuento porque ha aparecido justamente ahora en mi mente, en este preciso momento.

Maharaj: La vida social es la vida social. La vida espiritual es la vida espiritual. No están conectadas. No mantengas en la mente ese incidente. No pienses en ello. Éste tipo de energía, excitación o agitación debería ser momentánea. No lo guardes más.

**EL TRUCO ESTÁ EN OLVIDARLO RÁPIDAMENTE.
NO GRABRES LOS QUE SUCEDA
Y SIGAS REPRODUCIÉNDOLO UNA Y OTRA VEZ,
COMO UNA GRABACIÓN.**

No has de seguir recordando este tipo de incidentes. No sirve de nada. No cargues con los pensamientos, la excitación y el enfado ¡No es saludable!

SI LLEVAS CONTIGO TODOS ESOS RECUERDOS,

REVIVES LAS EXPERIENCIAS.

Las reproduces una y otra vez como una grabación ¡Te pasó algo hace diez años y todavía estás haciendo sonar la misma grabación una y otra vez! ¡No! Es una mala costumbre. Tu reacción no fue correcta, pero cargar el recuerdo contigo no es bueno ni inteligente. Trata de evitar el añadir ego, ego, ego. Aplica tu Conocimiento Espiritual.

P: ¿Cómo ser Realizado, Maharaj, se enfada usted?

Maharaj: Hace poco, un visitante del ashram vino inquieto. Quería echarme encima sus problemas personales. Me mantuve tranquilo y traté de calmarle. Para mí no era nada ¡Sin efecto! Ramakrishna Paramahamsa, el Maestro de Swami Vivekananda, estaba una vez acompañado. Cerca había un insecto, un escorpión. Su compañero dijo: "¿Por qué no lo matas?" Ramakrishna contestó: "Picar es su naturaleza. No sabe lo que hace". Si alguien te ataca verbalmente, simplemente olvídate. Sucede todo el tiempo ¡Ignóralos, olvídalos!

AHORA LOS SABES.
ERES DIFERENTE DE UN HOMBRE CORRIENTE
QUE NO SABE NADA SOBRE ESPIRITUALIDAD.
SI ACEPTAMOS LA NATURALEZA
DEL HOMBRE CORRIENTE,
NO HAY DIFERENCIA ENTRE AMBOS.

Te conté la historia de Eknath, el que fue escupido cuarenta veces ¡No sólo se bañó en las aguas sagradas cuarenta veces, sino que invitó a su adversario a comer!

Cuando pasan cosas desagradables, ha de haber un pequeño momento de excitación, de alteración, un momento de enfado. Pero has de controlarlo y olvidarlo al siguiente momento.

A la mente le gusta masticar una y otra vez las cosas negativas. Puedes herir en sueños, incluso matar, pero no asumes las emociones, la picadura. Del mismo modo, éste es un sueño, así que no cargues con ninguna agresión. Estás separado del mundo. La esencia Divina está contigo, la Esencia Magistral está contigo.

CUANDO TU DEVOCIÓN ES REAL Y COMPLETA,
INCLUSO SI TRATAS DE ENFADARTE,
NO SERÁS CAPAZ DE HACERLO.
ESTARÁS FIRMEMENTE ESTABLECIDO
EN LA REALIDAD.

Una vez, un visitante empezó a gritarle a mi Maestro. Agarró a Nisargadatta Maharaj por el cuello. Quería ponerle a prueba. Mi Maestro estaba tranquilo y en calma. Otros en la sala estaban alterados. Sucedió espontáneamente.

Todos los conceptos ilusorios se disolverán. Ese es el efecto

que tiene el *Naam Mantra*.
P: ¿Este Mantra es el mismo que el de Nisargadatta Maharaj?
Maharaj: Sí, se remonta a Dattatreya. El Mantra no es para uso comercial. Los médicos rurales usan muchos tipos diferentes de medicinas. No cobran porque creen que cobrar por las medicinas afecta al saber. Del mismo modo:
ESTOY COMPARTIENDO ESTE CONOCIMIENTO LIBREMENTE, PERO ESPERO QUE SIGAS LAS ENSEÑANZAS PARA SALIR DE LA ILUSIÓN, POR TU PROPIO BENEFICIO.
No seas esclavo de tu mente. La mente siempre está pidiendo, queriendo una casa nueva, un coche, vacaciones, dinero y más dinero.
¿QÚE HARÁS CON TODO ESE DINERO? ¿PUEDES HACER UNA TRANSFERENCIA AL BANCO DEL CIELO?
P: ¡Tal vez compraré una parcela en el cielo!
Maharaj: Si quieres hacer una ofrenda con significado, deposita aquí conmigo tu ego, mente e intelecto.

139. Silencio tangible

Maharaj: Ahora estás completamente despreocupado del cuerpo. Sabes que no eres el cuerpo en absoluto ¿Quién es el que sostiene el cuerpo? ¿Quién eres tú? *Ellos* dicen que es *Brahman*, *Atman*, *Paramatman*, Dios. Puedes darle muchos nombres. Tú estás más allá de cualquier nombre que se le haya dado.
ESTÁS MÁS ALLÁ DE ESO, ESTÁS MÁS ALLÁ DE ESO. ESTÁS MÁS ALLÁ DEL CIELO.
Tras conocer la Realidad, los conceptos ilusorios se disolverán espontáneamente. El Conocimiento Espiritual significa conocerse a sí mismo en un sentido real. Nos conocemos en la forma corporal.
UNA VEZ QUE LO SABES, EL CONOCIMIENTO BASADO EN EL CUERPO SE DISOLVERÁ COMPLETAMENTE.
Primero de todo, te concentraste en la meditación, ahora te estás moviendo lentamente a la etapa avanzada, donde olvidarás todo, incluido a ti mismo.
HABRÁ UN SILENCIO EXCEPCIONAL Y UNA PAZ EXCEPCIONAL.
P: Quería decir, Maharaj, que recientemente la Presencia de los Maestros durante la meditación ha sido muy fuerte. Nisargadatta

Maharaj ayer, hoy Siddharameshwar Maharaj. Es como si me estuviesen ayudando y dándome ánimos para practicar, allanando el camino y empujándome hacia delante de un modo amable y suave. Por ejemplo, Nisargadatta Maharaj abrió la puerta y dijo: "¡Pasa!" Haciéndome señas con la mano para ir hacia delante.

Maharaj: Los Maestros te ayudan y te guían todo el tiempo. A través de la meditación estás identificando espontáneamente tu Existencia Invisible. A través de la meditación estás identificando tu Identidad no Identificada.

A TRAVÉS DE LA MEDITACIÓN, ESTÁS IDENTIFICANDO LA REALIDAD NO IDENTIFICADA, LA CUAL ERES TÚ, SIN NINGUNA FORMA, SIN NINGÚN CUERPO.

Todos los pensamientos y todos los conceptos relacionados con el cuerpo se disolverán. Serás completamente intrépido. Puede que tengas dificultades, pero estarás trabajando y manejando tus responsabilidades, permaneciendo despreocupado por completo de las dificultades, como si estuvieses actuando en un sueño.

P: Hay una paz y silencio muy grandes ¡Un silencio tangible!

Maharaj: Habrá un silencio y una paz excepcionales que no pueden ser descritos con palabras.

La Verdad está más allá de "Yo soy *Brahman*", más allá de eso, más allá del silencio. Esto puede ser realizado a través del Ser sin ser. Cuando el yo desaparece, no queda nada. A eso se le llama El Ser sin ser. Mientras haya una traza del yo, podrás identificarlo. Cuando todo se va, es indescriptible.

P: Cuando escucho las conversaciones otra vez, Maharaj, hay un aumento de absorción de todo lo que ha dicho ¡Es tan bueno, maravilloso! Siento que lo que sucede es orgánico. Crece como una planta.

Maharaj: Es por la gracia de mis Maestros.

P: ¡Jai Guru! Estoy muy feliz y muy fuerte. La práctica se hace más fuerte y profunda. Todo está bien.

Maharaj: ¡Muy bien! Permanece fuerte y valeroso.

140. *Mézclate con el mar*

Maharaj: La cuestión básica a saber es que el Conocimiento ya está en ti. El conocimiento espiritual ya está en ti. Has de refrescarlo y eliminar los conceptos ilusorios. Para eso está la meditación. La meditación reduce las fuerzas de la mente, el ego y el intelecto.

**SE PRODUCIRÁN CAMBIOS,
SERÁN CAMBIOS ESPONTÁNEOS.
ESTÁ INCORPORADO EN TI,
PERO NO ERES CONSCIENTE DE ELLO.**

La Invisible Presencia Silenciosa estaba antes de ser. Tras la disolución del cuerpo, esa Presencia estará ahí, pero sin testigo o experiencia. La Presencia está en todas partes, pero estamos limitados por el cuerpo. Es sólo a causa del apego al cuerpo que tienes tantas preguntas.

**SI TE CONCENTRAS EN EL PREGUNTADOR,
ENCONTRARÁS LA RESPUESTA.
CONCÉNTRATE EN LA FUENTE,
DE DONDE SURGE LA PREGUNTA,
Y EN EL PREGUNTADOR
¿QUIÉN ES EL PREGUNTADOR?**

Al mismo tiempo, estás siendo testigo de la pregunta. Eso significa que eres ambos, la pregunta y el Preguntador. Eres ambos, el Oyente y el Hablante. Pero debido al cuerpo hecho de alimentos, olvidaste tu Identidad. Por eso es necesaria la meditación, para refrescar los recuerdos de la Realidad, de la Verdad Última.

Además de la meditación, necesitas el Conocimiento. El Conocimiento, como te he estado diciendo, significa conocerse a sí mismo en sentido real. Por tanto, tras el Conocimiento habrá Convicción: "Soy lo Último. Soy la Verdad Final".

El paso que sigue a la Convicción te llevará a la Absorción. El Conocimiento será absorbido en el cuerpo. Así que la Convicción significa que SABES y eso lleva a la Realidad: "¡Sí! Conozco la Realidad. Soy *Brahman*, soy la Verdad Última, pero sólo lo sabemos mediante las palabras. Ha de ser absorbido dentro de tu Ser sin ser.

**EL INDIVIDUO VA DETRÁS DE ELLO.
EL CONOCIMIENTO DE LA REALIDAD
HA DE SER ABSORBIDO.
EL INDIVIDUO SE IRÁ.**

No habrá más dualidad. Tu identidad desaparecerá. Todo viene de nada y se disuelve de nuevo en nada.

**EL CUERPO Y AQUELLO QUE VEMOS
DENTRO DEL LAPSO DE TIEMPO DE ESTA VIDA,
EL ALGO DENTRO DE LA NADA,
VUELVE A DISOLVERSE EN NADA.**

A causa del cuerpo, te veías a ti mismo, te conocías a ti mismo. Tratabas de obtener algo de felicidad y paz solo a través del cuerpo. Pero ahora lo sabes. Sabes que el cuerpo no es tu identidad, que es sólo el cuerpo hecho de alimentos, el cual sobrevivirá durante tanto tiempo como le estés suministrando comida.

LA CONVICCIÓN LLEVA A LA ABSORCIÓN,
QUE SIGNIFICA FUNDIRSE.
TODO ES ABSORBIDO
Y SE FUNDE EN LA UNIDAD.

El cubo de agua que se vierte en el mar, se vuelve uno con el mar, indisociable de él. Se vuelve el mar. Así que tras la Absorción viene la fusión. No puedes eliminar o extraer nada de ello, ni aun queriendo.

P: Vamos a ver si lo entiendo, Maharaj. Lo primero es la meditación y el Conocimiento, luego la Convicción, que viene tanto de que el Maestro nos convence de la Realidad como del propio Auto-convencimiento. Esto es Convicción *activa*, porque trabajamos en ella para aceptar la Realidad. Tras la Convicción, que significa realmente *saber* que no somos el cuerpo, atravesamos un período de Absorción, que significa que todo el Conocimiento es absorbido en el cuerpo. Y luego viene la etapa final o Convicción Espontánea, que sucede cuando sucede ¿Es más o menos exacto, Maharaj?

Maharaj: Sí, sí ¿Y cómo se absorbe este conocimiento? Sigo repitiendo lo mismo, que es haciendo lo básico, la meditación. La meditación reduce las fuerzas de la mente, el ego y el intelecto; y es por eso por lo que se da el Mantra secreto.

CUANDO RECITAS EL MANTRA,
ESTÁS LLAMANDO LA ATENCIÓN DEL RECITADOR.
¡ESCÚCHAME ATENTAMENTE!
A TRAVÉS DEL MANTRA,
ESTÁS DESVIANDO LA ATENCIÓN PUESTA EN EL CUERPO
Y RECORDANDO AL RECITADOR
QUE ERES LA VERDAD ÚLTIMA,
QUE ERES LA VERDAD FINAL.

Y tras recitarlo y llamar continuadamente la atención del recitador, se convierte… "¡Eso soy yo!"

Tu Presencia Espontánea se resiste al Mantra al principio, debido a la larga asociación con el cuerpo. Pero como sabrás a partir de ahora, tras recitarlo continuadamente, tras llamar continuadamente la atención de la Presencia Invisible, de lo Último… de pronto, sucederá "¡Eso soy yo!" En ese punto, *Ello* se volverá inmediatamente despreocupado del mundo.

Olvidarás tu identidad externa, olvidarás el *Yo*, lo olvidarás todo. También olvidarás tu Presencia. No te preocupará ningún conocimiento relacionado con el cuerpo. No necesitarás ni paz ni felicidad.

HABRÁ UNA FELICIDAD ESPONTÁNEA,

**UNA PAZ ESPONTÁNEA.
NO HABRÁ TENSIÓN NI MIEDO,
PORQUE SABRÁS QUE
"NUNCA NACÍ".**

Como te dije, tu Convicción lleva a la Absorción del Conocimiento. Tras la Convicción, la Absorción es lo más importante. Es una especie de fusión. Utilizas tu cuerpo pero sin expectativas, sin ningún apego, amor o afecto. Funcionarás espontáneamente.

**TRAS LA CONVICCIÓN VIVIRÁS UNA VIDA ESPONTÁNEA,
DONDE CADA ACCIÓN SERÁ ESPONTÁNEA,
NO DELIBERADA.
ES ALGO MUY SIMPLE.
TODO ESTÁ EN TI.
TODO ESTÁ EN TI.
EN POCAS PALABRAS:
SERÁS INOCENTEMENTE INCONSCIENTE.**

Este sencillo Conocimiento se ha vuelto complicado por la intelectualización y los libros. Es un conocimiento directo que va al grano y está interesado directamente en tu Ser sin ser. No hay necesidad de ir a ningún otro sitio para buscar, porque el Buscador mismo es la Verdad Última.

EL BUSCADOR MISMO ES LA VERDAD ÚLTIMA.

Hemos estado aquí y allá buscando al Buscador. El Buscador, el que encuentra, es la Verdad Última, pero está envuelto por el cuerpo, el cuerpo hecho de alimentos. Y debido a la larga asociación con el cuerpo, todo nuestro conocimiento es conocimiento egoísta. Ahora el ego se está disolviendo, disolviendo.

141. *Nada significa Nada*

P: ¿La Presencia de quién? Cuando eres un niño, creces, te vuelves más consciente y gradualmente, esperanzado, despiertas ¿Cómo podría describir la Presencia?

Maharaj: ¿Cómo ves todo el mundo? ¿Cómo ves al niño, al hombre o a la mujer, al mundo? Todo es el reflejo, la proyección de tu Presencia, de tu Presencia Espontánea. No hay individualidad, sólo una Presencia vastísima, en todas partes. Le hemos asignado una palabra *Presencia*, que como sabes, es también ilusión.

No te quedes atrapado en las palabras. Mira detrás de ellas. Si decimos *niño, ser consciente, consciencia, existencia*, sólo las estamos utilizando como un medio para comunicarnos. Del mismo modo,

Presencia es una palabra que te dirige a tu Identidad no Identificada. Está enviando un mensaje a tu Identidad no Identificada.

NO HAY PALABRAS,
NO HAY EXISTENCIA,
NO HAY PRESENCIA.

Cuando hablamos sobre la Presencia, utilizamos pensamientos egoístas, intelectuales y lógicos. No hay lógica, ni intelecto, ni mente, ni ego. No hay absolutamente nada.

PERO DE LA NADA, VES TODO.
CUANDO NADA SE DISUELVE, SE ABSORBE,
AHÍ ESTÁ.

P: ¿Entonces la Presencia Espontánea no puede ser definida con ninguna palabra?

Maharaj: La palabra se usa sólo para señalar, para la Convicción, sólo para conocer la Identidad propia del Oyente Invisible que es como el cielo ¡Tú ves el cielo y el mar! Es el reflejo *Del que Ve*. Tu Identidad está más allá de eso, más allá.

P: ¿Quién está despertando?

Maharaj: Nadie está despertando. No hay nada que preguntar en relación a la forma corporal. Ni despertar, ni consciencia, ni más allá de la consciencia, ni antes de la consciencia. Son palabras que utilizamos para entendernos, para la Convicción. No tenemos nada que hacer con esas palabras, nada que hacer con la individualidad. Todas estas explicaciones se utilizan para llamar la atención del Oyente Invisible, el Oyente Espontáneo que hay en ti, sin forma.

P: Usted dijo que todo viene de nada, y es de nuevo absorbido en nada ¿Qué es nada?

Maharaj: ¡Nada es nada! Nada no puede ser definido. Nada es nada. No puede ser definido ¿Qué es no saber? Es no saber ¡Te he dicho que estamos hablando del niño no-nacido!

ESTAMOS HABLANDO DE ESE NIÑO,
EL NIÑO QUE NO HA NACIDO.
NADA, NO HA NACIDO,
NO-NACIDO.

P: Pero tras la disolución, todavía hay algo ¿algo en la nada?

Maharaj: No, ni nada, ni algo, ni disolución. Todo eso son P-A-LA-B-R-A-S. De nuevo estás hablando a través de la información de tu cuerpo.

P: Sí, pero usted dijo que todavía hay algo. Cuando todo desaparece y no hay nada, hay un poco...

Maharaj: ¡Las palabras te atrapan todo el tiempo! No te las tomes tan literalmente. Dije "Ahí estás tú" en relación a la Convicción. Tenemos que usar algunas palabras.

P: ¿Y "Ahí estás tú" es la Presencia Espontánea?
Maharaj: ¡Sí! No puedes ver el mundo sin tu Presencia Espontánea, que es Invisible, Anónima, no Identificada. Le pido a todo el mundo que no analice las palabras, sino que se fijen en lo que tratan de transmitir. No te tomes literalmente lo que está siendo comunicado.
P: Nisargadatta Maharaj habla sobre cuando eres un niño pequeño, antes de que te identifiques con el cuerpo y el nombre, como un bebé. Hablaba bastante sobre ello, el estado *anterior a ser*, antes de identificarte con el cuerpo.
Maharaj: De nuevo lo que dijo no ha de ser tomado literalmente. Está simplemente señalando a la Presencia, para convencerte de la Presencia desde diferentes ángulos y dimensiones.
P: ¿Antes de *Yo Soy*? ¿Antes del cuerpo?
Maharaj: Te anticipas ¿Qué había antes de "*Yo Soy*"? Esa anticipación está relacionada con la forma corporal. No hay palabras.

LAS PALABRAS TERMINAN AHÍ.
NI LENGUAJE,
NI PALABRAS.

Incluso la *existencia* es anónima. No puede ser definida con palabras. Todas estas preguntas surgen a causa de la forma corporal.
P: La respuesta está en el silencio.
Maharaj: El silencio es la respuesta a todas las preguntas.

142. Escuchando con los oídos frescos

Maharaj: Para que haya conocimiento ha de haber un conocedor. A fin de decir *conocimiento*, ha de haber un conocedor. Cuando el conocimiento desaparece, el conocedor desaparece. El conocedor no tiene identidad. Cuando dices "Soy *Brahman*, soy *Atman*. Tengo conocimiento", significa que estás separado de la Fuente. El ego sutil te hace verte como algo distinto, algo aparte.

CUANDO EL CONOCIMIENTO Y
EL CONOCEDOR DESAPARECEN, AHÍ ESTÁS TÚ.
CUANDO EL CONOCIMIENTO Y
EL CONOCEDOR DESAPARECEN,
AHÍ ESTÁS TÚ.

El conocimiento está relacionado con el Conocedor. El Conocedor y el conocimiento no tienen existencia física.
P: Tengo fe en que si sigo recitando el Mantra, eso tranquilizará los fuegos de mi mente.
Maharaj: Mi, no es *Yo*. "¡*Mi* cuerpo!" Estás separado del cuerpo. *Mi*

esposa, *mi* hijo, estás separado de ellos. *Mi* Dios, *mi* Maestro, están separados de mí. Todo viene por tu Presencia. Por tu presencia estás diciendo *mi esto, mi lo otro*.

P: ¿Qué queda cuando la mente y el cuerpo se van?

Maharaj: Hay muchas palabras, hay miles de *lakhs* de palabras sólo para hacerte comprender. Estate alerta, pero:

**LA REALIDAD NO TIENE NADA QUE VER
CON NINGUNA PALABRA,
NI NINGÚN MUNDO.
LA REALIDAD NO TIENE NADA QUE VER CON NADA.**

El Maestro te está presentando a tu Realidad Última. Está imprimiendo en ti esa Última etapa, en la que estás totalmente despreocupado del mundo porque sabes que tu Presencia es totalmente Invisible, Anónima, no Identificada.

¡Lo sabes! Ahora lo sabes, pero todavía no lo aceptas del todo y esa es la desgracia de tu vida. Ahora los sabes todo, pero tienes que aceptar el Conocimiento y usarlo, ponerlo en práctica en tu vida diaria. Tienes un buen conocimiento, pero no lo estás poniendo en práctica.

En el momento en que aceptas la Realidad, todo se desvanece. Estoy hablando del momento en que aceptas la Realidad.

**ACEPTA TU REALIDAD,
NO LA REALIDAD DE *BRAHMAN*, *ATMAN*,
PARAMATMAN, DIOS.
TÚ ERES LA REALIDAD,
SIN FORMA.
CARECES POR COMPLETO DE FORMA.**

Los Maestros de nuestro Linaje están tratando de imprimir en ti la Realidad de la Verdad Última *¡Eso eres tú!* El Maestro está dentro de ti, pero no eres del todo consciente. No eres del todo consciente de tu importancia, de tu grandeza, así que lo único que hacemos aquí es mostrarte *Eso*. Estamos señalando y mostrándote tu grandeza, tu valor y tu importancia.

P: Estoy escuchando de un modo fresco, Maharaj, y cuanto más me martillea, cuanto más repite lo mismo una y otra vez, más fácil se vuelve para mí aceptar la Realidad.

Maharaj: El mensaje no es complicado. Lo estoy simplificando y poniéndolo ante ti, tu Verdad, no la Verdad de *Brahman*, *Atman*, *Paramatman*, Dios. Esas son palabras pulidas, muy bonitas.

Puedes plantarte sobre tus pies. No te falta capacidad en absoluto. Nunca te faltó. No eres dependiente, eres independiente ¡Deshazte de todas las muletas ilusorias!

143. Un Rey Sobre un Trono Real

Maharaj: Cuando Maurice Frydman llegó a Nisargadatta Maharaj, estaba involucrado en muchas buenas causas. Ayudaba a huérfanos, animales, y también estaba implicado en distintos tipos de trabajo social. Un día Maharaj le preguntó: "¿Durante cuánto tiempo vas a seguir ayudando a los demás? Ayúdales, pero no aumentes el ego con lo que haces. Nunca sientas que estás haciendo un buen trabajo o tu ego interno aumentará. Ve a la causa raíz y permanece ahí".

¿A quién vas a ayudar después de dejar el cuerpo? ¿A quién ayudabas hace cien años? Por eso siempre digo que hagas tu trabajo, pero no tengas ego. Auto-indaga y asegúrate de que el ego no está involucrado.

P: ¿Quiere decir que la Auto-indagación ha de continuar? He hecho mucha meditación en mi vida, pero reconozco que Auto-indagación no mucha.

Maharaj: La Auto-indagación lleva al Auto-conocimiento y el Auto-conocimiento lleva a la Auto-realización y viceversa. De modo que sí, haz Auto-indagación.

HAZ AUTO-INDAGACIÓN.

¡No seas cobarde! Todo está dentro de ti, pero has de mirar.

¡CONÓCETE A TI MISMO!

¡Se valiente como un león y ruge! ¡Compórtate como un rey! Compórtate como un rey sin ego. Eres un rey en su trono ¡No eres un mendigo, eres millonario!

P: Es bueno saberlo, Maharaj.

Maharaj: Eres millonario, pero no sabes cuáles son tus propiedades, tus activos.

ÉSTA PROPIEDAD, TU PROPIEDAD,
TE ES MOSTRADA
POR MEDIO DEL MAESTRO.

Eres millonario pero no eres consciente de tu riqueza. Se te ha mostrado tu Realidad por medio del Maestro. Te ves como un mendigo, pero eso es ilusión. El Maestro la elimina y te muestra la Realidad.

P: Maharaj, usted sostiene el espejo para mostrarme que soy un león y no un cordero.

Maharaj: ¡Sí! Estamos tratando de indicarte tu Identidad de un modo sencillo, usando palabras sencillas y un lenguaje sencillo. Un exceso de palabras y libros ha complicado este conocimiento tan simple.

¡Vive una vida práctica! La charla espiritual es muy, muy fácil. Has de vivir en ese estado, como el sustento del cuerpo. Cuando tengas la Convicción, vivirás así ¿Por qué ser esclavo de la mente, el ego y el intelecto cuando ellos son tus bebés? Deja de suministrarles alimento y energía, y al final se volverán mudos y serán silenciados.

DEJA DE SUMINISTRAR ALIMENTO Y ENERGÍA A LA MENTE, EL EGO Y EL INTELECTO, Y SERÁN SILENCIADOS.

Sigue convenciéndote a ti mismo.

¡CONVÉNCETE A TI MISMO!

Si lo haces, tu vida espiritual cambiará por completo. Tu vida espiritual cambiará del todo. No te apoyes en lo que otros digan sobre la Realidad. Escúchate, escúchate a ti mismo, no a otros. *Tú* quiere decir el Oyente Invisible, el Maestro Interno que es tu fuerza.

VISÍTA SÓLO UN TEMPLO, EL TUYO. EL TEMPLO INTERIOR.

P: Supongo que es ahí donde la meditación ayuda en el proceso de eliminar las impresiones que han sido construidas durante años.

Maharaj: ¡Sí, has de recitar el Mantra para mantener tu casa limpia! Los Maestros de este Linaje, recitaron todos el mismo Mantra. Nisargadatta Maharaj, Ranjit Maharaj, Siddharameshwar Maharaj, Bhausaheb Maharaj. Es el único medio, la única vía efectiva que te llevará de vuelta a tu Estado Original, y al Auto-conocimiento.

RECITA EL MANTRA, Y TE LLEVARÁ A TU ESTADO ORIGINAL.

Éste es un Acercamiento Directo. Utilizamos palabras para tratar de imprimir en ti tu Identidad Última. Todas las palabras son directrices, indicaciones que comunican un mensaje. Del mismo modo, todos los libros son como faros. Sus señales luminosas contienen un mensaje.

P: ¡La recitación del Mantra está ya sucediendo espontáneamente, Maharaj! ¡Está ahí cuando me levanto por la mañana y continúa a lo largo del día hasta que me duermo!

Maharaj: ¡Sí, espontáneamente! Mantén una fe fuerte en ti y en tu Maestro. Estoy poniendo ante ti la Verdad Final. No hay nada más allá. Puedes estar de acuerdo o no.

TRAS CONOCER LA REALIDAD ¿POR QUÉ IR A OTRO LUGAR?

Pero eso es lo que sucede, porque la gente tiene todavía mentes dispersas, o están buscando aún experiencias milagrosas.

Hay miles de Maestros, *lakhs* de Maestros en el mundo, que le sacan dinero a la gente como tú. Nosotros no cobramos nada, pero lo irónico es que estas cosas que son gratis, parecen no tener valor en la sociedad actual.

Bhausaheb Maharaj dijo: "En nuestro Linaje, no has de recibir dinero de los devotos". Nisargadatta Maharaj nunca cogió ni un penique ¡Nada! Cuando vinieron a verle los *occidentales*, les dijo: "No soy un comerciante". Era muy estricto.

P: La Verdad es gratis, el Conocimiento es gratis ¡Por supuesto, ha de ser gratis!

Maharaj: Con un pequeño esfuerzo, te estamos sacando de la zanja ilusoria. Pero algunas personas vuelven a saltar dentro ¿Qué hay que hacer?

Antes de irte, haz algunas fotos para que recuerdes esta atmósfera. Te darán un destello de la Realidad y te recordarán las enseñanzas.

P: Me he dado cuenta de que usted llega por un ángulo distinto cada vez. A veces oigo el mensaje y a veces no. Pero cuando es dicho de otra manera, está el efecto eureka, un momento *¡ajá!* ¡Es muy poderoso! Pero pienso, Maharaj, que usted sólo da un mensaje y lo hace de diferentes formas, hasta que finalmente, llega el entendimiento ¡Martillear, martillear, martillear!

Además, tenemos que hacer la parte que nos toca. Trabajar con nuestra Auto-indagación, hacer meditación, recitar el Mantra. Eso trabajará como usted dice, con nuestra cooperación. No es unilateral, eso lo entiendo. Yo también he de hacer el trabajo y luego obtener más ayuda del Maestro.

Como usted dice, no está creando discípulos, está creando Maestros. Estoy muy feliz por haberle encontrado, porque en la actualidad hay muchos Maestros con poca o ninguna sustancia ¡Usted destaca! Las enseñanzas son sólidas y fuertes, con todo el Linaje tras ellas. Son sólidas como una roca y puras, purísimas, y extremadamente poderosas.

Hay mucho interés en la Unidad en los Estados Unidos, pero no estoy seguro de que haya ningún Maestro fuerte en América ahora mismo, o en cualquier otro sitio, para el caso. Me siento afortunado por haberle encontrado. Gracias, Maharaj. Me inclino ante usted.

Maharaj: Mi Maestro está dándote ánimo, [mira una imagen en la pared de un sonriente Nisargadatta Maharaj], diciendo: "No te preocupes, estoy aquí". Mira la imagen de ahí, mi Maestro te está diciendo: "No te preocupes, estoy aquí".

**TE ESTÁ SUMINISTRANDO PODER,
Y YO TE ESTOY TRANSMITIENDO ESE PODER.**

Cuando te vayas y regreses a casa, sólo recuerda que eres la Verdad Última.

¡ERES LA VERDAD ÚLTIMA!

144. Esto no es una idea: Tú eres la Verdad Última

Maharaj: El conocimiento árido no se materializará en la práctica, porque está agarrado con la base del conocimiento relacionado con el cuerpo, y por tanto, enraizado a través del conocimiento material. Como discípulo, el Conocimiento Directo, no debe estar enraizado en y a través del cuerpo, ha de ser aceptado por el *Ser sin ser*, en la manera del *Ser sin ser*. En otras palabras ¡Por el Ser sin ser! Lo cual significa que el cuerpo es sólo un medio, mediante el cual puedes escuchar la historia del Oyente Invisible. [Maharaj da una palmada].

Aunque uses el cuerpo, los oídos y el intelecto, la Convicción que has de mantener es que éste Conocimiento es la Realidad del Oyente Invisible. No es la historia de ningún conocimiento con base en el cuerpo sobre *Brahman*, *Atman* ni *Paramatman*.

ES LA REALIDAD DEL OYENTE INVISIBLE EN TI.

Es tu Realidad, la Realidad Final. El oyente no tiene figura alguna, por tanto, no utilices el ego sutil para tratar de engancharte a la Realidad.

P: ¿Es conocimiento árido porque usas la mente y el intelecto para entenderlo, y de ésta manera se crea una dualidad y se vuelve conceptual? ¿Está trabajando la mente en lugar de...?

Maharaj: ¡Olvídate de la mente! La mente no tiene existencia, es sólo el flujo de pensamientos ¡Deja al Ser sin ser aceptar el Conocimiento!

P: ¿Entonces, de lo que está hablando está más allá del conocimiento?

Maharaj: Sí, sí. Más allá del conocimiento y más allá de las palabras. Decimo *más allá* sólo con el propósito de entendernos, igual que decimos *antes del conocimiento* o *antes de ser*. Son sólo palabras con el fin de entendernos, sólo para la Convicción, para la Realización. No hay *más allá*. No hay *antes de* no hay *nada*. Toda esta conversación es con el propósito de comunicar e ilustrar la Realidad ¿Alguna duda?

P: No, Maharaj, ninguna en absoluto. Siento que con la práctica estoy firmemente enraizado en la Realidad.

Maharaj: Todo lo que has escuchado desde hace tanto tiempo es la historia del Oyente, la Realidad del Oyente. Es la Verdad Última del Oyente, la Verdad Final. Tras un tiempo, como he dicho, la práctica será espontánea y automática. Cuando llegues a la etapa avanzada, se habrá absorbido todo el Conocimiento. No quedará nada.

CUANDO TODO EL CONOCIMIENTO SE HAYA ABSORBIDO, NO QUEDARÁ NADA.

P: ¿Cómo pelar una cebolla hasta el final?

Maharaj: Una capa, dos capas, tres capas, luego nada. Cuando todo sea finalmente eliminado, no quedará nada. Cuando todo desaparece, ahí estás tú. Toda la práctica va sobre esto, los pasos progresivos, las señales. Cuando llegas al destino, la estación de Término, todas las señales se desvanecerán. Utilizamos palabras sólo para convencer al Oyente.

P: Pienso que está dando unas enseñanzas que están más allá de las palabras.

Maharaj: Tú eres la Verdad Última, no hay *más allá*.

ESTO NO ES UNA IDEA, NO ES UN CONCEPTO.
ERES LA VERDAD FINAL.
ERES LA ESTACIÓN FINAL EN LA QUE
NO HAY PRINCIPIO, NI FIN.
NI PRINCIPIO NI FIN.

Si dices *más allá*, más allá implica que hay *algo* ahí ¿Más allá de qué? ¡No hay nada ahí! Donde todo termina, donde todo llega a la parada total, ahí estás tú. Ahí estás tú, sin forma.

CUANDO TODO TERMINA, AHÍ ESTÁS TÚ: SIN FORMA.

Sé fuerte, sé firme. No presiones a la mente ni estreses el intelecto. La Realidad no tiene nada que ver con ellos. Cuando dejes el ashram, déjalo todo aquí. Deposítalo todo aquí. Puedes leer libros si quieres, no hay problema mientras no ignores al Lector.

NO IGNORES AL LECTOR.
NO SUBESTIMES AL INVISIBLE LECTOR ANÓNIMO.

¿Alguna duda o pregunta?

P: Parece que desde que empecé con la práctica, están volviendo muchos de mis viejos hábitos y adicciones, volviendo de nuevo a la superficie.

Maharaj: Eso es bueno, muy bueno. Todo se está fundiendo, es el proceso de fusión. Podrás visualizar muchos cambios interiores. Lenta, silenciosa y permanentemente, los conceptos se irán, uno a uno; y habrá una indescriptible felicidad, excepcional, excepcional Paz. Encontrarás aquello que estabas luchando por encontrar desde hace tanto tiempo. ¡Sigue adelante, sigue adelante! Ve más y más profundo.

145. Secreto a voces

Maharaj: La Presencia no puede ser localizada. No tener conocimiento es conocimiento. No saber es saber.

P: ¡Ahora soy la Realidad Última!

Maharaj: Eso son sólo palabras. Ahora has de seguir a la Convicción. Ya estás ahí. Ese es el Secreto Abierto.

YA ESTÁS AHÍ.

Has estado ahí todo el tiempo, sin figura, sin forma, pero no eras consciente de ello. Éste es el Secreto Abierto. Siempre estuviste buscando algo externo, como comida para el cuerpo o pensamientos para la mente.

CON LA LUZ EN TU MANO, ESTABAS CORRIENDO TRAS LA OSCURIDAD.

Éste es el Secreto Abierto. Éste es tu momento. Ahora es tu momento. Ésta es una oportunidad de oro. Lo más importante es una implicación total. Una implicación total es lo más importante ¿Qué más necesitas? Deja de buscar más explicaciones.

¡CONTEMPLA TU GRANDEZA! USA TUS OJOS ESPIRITUALES.

No va a haber más búsqueda, porque el Buscador ha sido encontrado y expuesto. Ésta es la parte final de la espiritualidad, la parte final de la espiritualidad. Eres la Verdad Última, eres la Verdad Final. Eres Espontáneo, Autónomo.

P: ¿Dijo usted ayer que el Maestro habla desde lo más profundo de la espiritualidad?

Maharaj: Sí, es la Proyección Espontánea que procede de tu Presencia Espontánea. El secreto te será abierto a medida que identifiques la Identidad no Identificada anterior a la existencia. El secreto será abierto a medida que identifiques:

TU EXISTENCIA INVISIBLE ANTERIOR A LA EXISTENCIA. A MEDIDA QUE IDENTIFIQUES TU IDENTIDAD ANÓNIMA, NO IDENTIFICADA, EL SECRETO SERÁ ABIERTO.

Como te he dicho muchas veces, antes de ser, tu Presencia era Invisible, Anónima, no Identificada. No hay *Yo*. Ha de haber alguien para decir *Yo*. De hecho, alguien es nadie porque es todos. Has de tener una fuerte Convicción. No hay nada más allá de eso.

P: Maharaj ¿Cuándo realizó eso, cuándo realizó que era sólo el Ser sin ser? ¿Fue cuando estaba con Nisargadatta Maharaj?

Maharaj: ¡Olvídalo! Tras la asociación con el Ser sin ser, en la luz del Gurú o Maestro, el secreto se abrirá gradualmente, gradual y espontáneamente.

P: ¿Me equivoco si digo que al igual que el Silencioso Oyente Invisible, estas enseñanzas han de ser entendidas por los viajeros que han hecho un largo camino, los aspirantes que han estado buscando

durante cerca de medio siglo? Todo eso lo conocemos ya, pero no ha sido puesto en práctica. Usted es el factor para ello. Es como un ordenador. Hay un programa nuevo y hay que apretar un botón para activarlo ¿Maharaj, es usted quien presiona el botón para activar el programa?
Maharaj: Has de presionar el botón tú mismo para activar el programa. El interruptor está en tu mano. Puedes encenderlo o apagarlo.

146. La enredadera

Maharaj: El *Naam Mantra* es muy importante. La gente dice: "Tengo el conocimiento ¿Para qué necesito el *Naam Mantra*? Está OK, pero
SI QUIERES CONOCERTE A TI MISMO PERFECTAMENTE, EL *NAAM MANTRA* ES EXTREMADAMENTE IMPORTANTE.
Si quieres identificarte a ti mismo perfectamente, el proceso del *Naam Mantra* es extremadamente importante. La humanidad tiene muchos conocimientos sobre *Brahman*, *Atman*, *Paramatman* y todas esas cosas, pero no es un conocimiento pragmático. Es conocimiento árido con la única finalidad de discutir.
P: Algunas personas afirman que tienen un conocimiento práctico, sin el *Naam Mantra*. Dicen que es suficiente con leer los libros de Nisargadatta Maharaj y seguir sus instrucciones. Aseguran que han encontrado el Conocimiento Absoluto, el Estado Absoluto, sin el *Naam Mantra*.
Maharaj: No se trata de encontrar el Estado Último, porque:
CUALQUIER COSA QUE SE HA ENCONTRADO, HA SIDO ENCONTRADO CON EL TELÓN DE FONDO DEL CONOCIMIENTO CON BASE EN EL CUERPO.
Aquí, [Maharaj señala a su cuerpo], el conocimiento con base en el cuerpo está dentro. Así que a menos que se disuelva, cualquier cosa que construyas encima, se va a derrumbar. Lo básico, el requisito fundamental, es disolver la base del cuerpo.
P: ¿Lo que está diciendo es que el conocimiento no puede ser construido sobre los cimientos con base en el cuerpo?
Maharaj: ¡Sí! La gente que se ocupa de la espiritualidad, sin el *Naam Mantra*, y dice: "¡Tengo el conocimiento!", está OK, pero eso sólo ofrece un alivio temporal.
P: ¿Hemos de disolver primero el conocimiento relacionado con el cuerpo? ¿Está diciendo que para hacerlo necesitamos la ayuda del Mantra?

Maharaj: ¡Sí! Uno ha de pasar por ese proceso. Te pondré un ejemplo de un gran filósofo y político, que tenía unos setenta años. Pasó cinco o seis meses discutiendo asuntos espirituales con Nisargadatta Maharaj. Estaba muy bien instruido en filosofía, los *Vedas*, Jnaneshwar, Tukaram, etc. Y un día anunció: "Sé muy bien lo que usted sabe, pero todavía no se ha grabado del todo en mí".

Nisargadatta Maharaj solía utilizar la analogía de una enredadera o planta trepadora para responder: "¿Conoces las enredaderas que crecen en las paredes? ¿Cómo crecen así? Pueden crecer porque las semillas fueron plantadas en el punto adecuado. La planta crece cerca de la pared y se agarra a ella para sostenerse, hacerse fuerte y crecer cada vez más alto.

EL CONOCIMIENTO ESPIRITUAL DEBE SER ENRAIZADO ASÍ SÓLO MEDIANTE EL MAESTRO, SÓLO MEDIANTE EL GURÚ.

Si tratas de plantar las semillas de enredadera en cualquier sitio, no florecerán". El Maestro está sembrando la planta de la Realidad en tu Ser sin ser. Esto es Conocimiento Directo desde el Hablante Invisible al Oyente Invisible. Son uno y el mismo.

En otra ocasión, Maurice Frydman, le dijo a su Maestro que podía entender el Conocimiento, pero estaba inseguro sobre cómo absorberlo y establecerlo. No lo obtenía en un *sentido real*. Nisargadatta Maharaj empleó de nuevo el ejemplo de la enredadera. El devoto ha de estar enraizado en el Maestro. El Maestro es la base y el soporte. El Conocimiento sólo puede ser establecido mediante el Maestro.

Has de seguir lo que el Maestro dice.

UTILIZA LA PRÁCTICA DEL MANTRA DEL GURÚ EN LA ETAPA INICIAL. HACE QUE LOS FUNDAMENTOS PARA TU PRÁCTICA ESPIRITUAL SEAN PERFECTOS.

Pero, por supuesto, cada uno tiene diferentes opiniones.

P: ¿Quería Nisargadatta Maharaj que la gente tomara el Mantra?

Maharaj: No, nunca le insistía a nadie en que debía hacer algo, tanto si era gente común, famosos, extranjeros o lo que fuesen. Nunca dijo: "Toma el Mantra y sé mi discípulo". Sucedía espontáneamente, como con el político que mencioné. Decidió por sí mismo y le dijo a Nisargadatta Maharaj: "Ahora quiero tomar el Mantra del Gurú". Para él, creció en importancia con el tiempo, hasta que se convirtió en necesario, en esencial.

P: ¿Hay otras maneras de llegar, de alcanzar lo Absoluto?

Maharaj: Hay otras maneras, por ejemplo, [Maharaj eleva el puño y lo mueve en el aire] si tienes una devoción fuerte, como el santo Eklavya. No es imposible llegar utilizando otro método, pero no es tan fácil. No lo conseguirás con una espiritualidad casual, sólo leyendo libros.

HAS DE SER CONDUCIDO:
"SÍ, QUIERO CONOCER LA REALIDAD.
TENGO QUE CONOCERLA".

Has de rendirte por completo al Maestro, quienquiera que éste sea. Eso también es muy importante.

P: ¿Maharaj, qué sucede si eres devoto de un Maestro que ya no está en su cuerpo?

Maharaj: Su Presencia puede no estar aquí en vida, puede no tener existencia, pero si la implicación es muy fuerte, entonces ese camino es posible. Sin embargo, una devoción perfecta raramente se produce. Es difícil porque no ha de haber ninguna clase de mente dual o quedar restos de dualidad.

P: Y Maharaj ¿usted quiere que la gente tome el Mantra?

Maharaj: No insisto en nada. Mucha gente viene a mí, pero no insisto en que tomen el Mantra, el Mantra del Gurú, y ser mis discípulos. No, en absoluto. Con ellos comparto abiertamente todos los secretos espirituales. No me guardo nada para mí mismo. Les doy todos los secretos.

Luego depende de ellos decidir los efectos del Conocimiento. Algunas personas están profundamente impresionadas, otras no tanto. Algunas personas sienten que es importante tomar la iniciación, mientras que otras no están interesadas. Es diferente para cada uno. También depende de su madurez espiritual.

147. El Mantra de incalculable valor

P: Hace poco encontré un pasaje sobre Nisargadatta Maharaj y el *Naam Mantra*. Nisargadatta dijo: "Tus padres te dan un nombre y te llaman por él. Del mismo modo, el *Naam Mantra* te ha sido dado. Es tu nombre real, tu Identidad real".

Y también: "El Mantra es muy poderoso y efectivo. Mi Gurú me dio el Mantra y el resultado son los visitantes de todo el mundo. Eso muestra su poder". ¡Nisargadatta Maharaj le daba una gran importancia! El Mantra parece haber sido ignorado y pasado por alto desde entonces. Las fuentes occidentales tienden a restarle importancia.

Maharaj: ¡Depende de ti realmente! Si le das un valor muy alto, te ayudará poderosamente. Si lo tratas descuidadamente, no habrá beneficios. Aquellos que tienen conocimiento de algo, entienden su verdadero valor.

**LO MISMO ES CON EL MANTRA.
DIFERENTES DISCÍPULOS
LE DAN DIFERENTE VALOR.
LES DIGO A TODOS QUE EL MANTRA
TIENE UN VALOR MUY ELEVADO.
AQUELLOS DISCÍPULOS QUE ACEPTAN
LO QUE EL MAESTRO DICE,
LE DAN POR TANTO UN ELEVADO VALOR.**

Los discípulos que tienen una fe total en el Maestro, lo valoran altamente y se benefician mucho. El Mantra es el Mantra, pero el valor puesto en él es enormemente diferente. "No tiene valor" para aquellos que lo toma descuidadamente. Depende de ti.

P: Un día o así, después de la iniciación, estaba meditando aquí, en la sala. Durante años no había hecho mucha meditación, pero ¡había hecho mucho automovilismo! Sea como sea, de pronto, durante la meditación, estaba en el asiento del conductor una vez más. Todo lo que podía ver era el parabrisas embarrado ante mis ojos ¡No podía ver nada en absoluto!

Pero con una sola suave *oscilación* de un *mágico* limpiaparabrisas, en un instante, la ventana quedó completamente clara. Era una claridad serena, pacífica, inmensamente poderosa, viva e insondable ¡Esta transformación no puede ser descrita con palabras! Para mí, esto revela el asombroso poder benevolente del Mantra. Ahora la claridad es constante. Estoy muy agradecido.

Maharaj: Si usas el Mantra del modo adecuado, apreciarás drásticos cambios produciéndose dentro, cambios espontáneos. Estos cambios se producen a nivel físico y mental. Experiencias espirituales también pasarán.

Tras meditar durante algún tiempo, los sabios hablan de tres tipos de experiencias mediante ver, oír o tocar. Es posible que veas a tu Maestro en forma física. Es posible que oigas a tu Maestro hablarte. Es posible que sientas el toque de tu Maestro.

**ES POSIBLE QUE OCURRAN ESTE
TIPO DE EXPERIENCIAS,
PERO NO SON LA VERDAD ÚLTIMA.**

Son etapas progresivas. Las etapas progresivas de cada uno son diferentes.

¡NO TE DETENGAS AHÍ!

A veces puedes experimentar poderes milagrosos o encontrarte a ti mismo diciendo algo y luego, poco después de que lo hayas dicho ¡pasa eso! El Poder se está regenerado en ti. Pero tampoco es la Verdad Última ¡No te detengas ahí!

Los cambios se producirán espontáneamente. Esto te llevará a la Verdad Última "¡Ah!" Calma total, sin deseos ni tentaciones. Sólo: "*Om, Shanti, Shanti, Shanti*". Es la etapa final. Tus actividades serán normales, pero sin ego. El *Yo* se ha ido. Olvida el pasado. Olvida el pasado ¡Lo que has escuchado es Tu Historia!

148. *La Muerte*

P: Maharaj ¿qué pasa con la muerte?

Maharaj: ¿Quién muere? ¿Muerte para quién? La muerte es ilusión ¿Por qué hablar de la muerte? Mejor hablar de quién eres. Es mucho más importante. Averígualo ahora que todavía tienes la oportunidad. Pregúntate: "¿Quién soy yo?" El concepto de la muerte se arrastra lentamente hacia ti, y luego, un día, queriendo o sin querer, tendrás que dejar el cuerpo ¡Es un hecho evidente!

El cuerpo tiene un tiempo limitado, pero tú no eres el cuerpo. Eres no-nacido. Cada día oímos de gente que están muriendo.

¡DESPIERTA! TIENES UNA OPORTUNIDAD DE ORO PARA ASEGURARTE DE QUE CUANDO DEJES EL CUERPO, SEA UN MOMENTO MUY FELIZ.

P: Usted mencionó hace pocos días cómo Bhausaheb Maharaj estaba dando palmadas con gran felicidad ¡en sus últimos momentos!

Maharaj:

¿QUIÉN MUERE? ¿QUIÉN VIVE? CONÓCETE A TI MISMO.

Estoy refrescando tu memoria. Este miedo de la muerte viene de tu identificación con el cuerpo. Desde el mismísimo principio, hemos sido condicionados para creer que hemos nacido y que vamos a morir. Y tenemos que aceptar ciegamente esa información, como un HECHO. Nos hemos vuelto tan profundamente apegados al cuerpo que ahora tenemos miedo de dejarlo. Encontramos muy difícil liberarnos.

Mucha gente afirman tener conocimiento espiritual. Dices: "No soy el cuerpo", soy *Brahman*, soy *Atman*, PERO, cuando sucede algo inesperado, como un accidente o una enfermedad, o estás sufriendo en tu lecho de muerte, todas esas verdades se desvanecen, como si fuesen simples afirmaciones. Y todo lo que puedes hacer es temblar lleno de miedo. Ahora estoy hablando en general. Eso significa que la Convicción de que "No soy el cuerpo" no ha enraizado. No es una Convicción real y tu Conocimiento *Espiritual* no es un Auto-conocimiento real. En algún lugar de los cimientos hay una grieta.

P: ¿Qué puedo hacer para asegurarme de que no hay grietas?

Maharaj: Para eso tienes la Llave Maestra. Sigue usando el *Naam Mantra*. Es un buen seguro. Si quieres conocerte a ti mismo perfectamente, el proceso del *Naam Mantra* es lo más importante. El Mantra que te he dado empezó con Dattatreya, tiene mil años de historia. Es más que palabras. Detrás de él hay ciencia y una larga historia. La humanidad tiene mucho conocimiento sobre *Brahman*, *Atman* y *Paramatman*, pero eso es un mero conocimiento árido para discutir y entretenerse. Por lo cual, el conocimiento con base en el cuerpo está aquí [El Maestro señala a su cuerpo].

A MENOS QUE EL CONOCIMIENTO BASADO EN EL CUERPO SE DISUELVA, CUALQUIER COSA QUE SE CONSTRUYA SOBRE ÉL, SE DERRUMBARÁ.

P: ¡Como construir castillos de arena!

Maharaj: La gente que dice "Tengo conocimiento sin el *Naam Mantra*", bueno, está OK, pero sólo está actuando como analgésico, puede que proporcionando un alivio temporal. Hay mucha leche [conocimiento] por aquí. Pero si añades sólo una pizca de sal, toda la leche se echará a perder. Eso significa que si tenemos una pequeña duda, ésta producirá un pequeño temblor, y luego una grieta, la cual irá seguida gradualmente por un terremoto. Después será sólo cuestión de tiempo que todas las construcciones se derrumben.

Si recitamos el *Naam Mantra*, nos dará luego una muy buena base, una base sólida, un buen punto de partida. Nuestros cimientos serán tan firmes y sólidos que nada les afectará o penetrará en ellos ¡Garantizado al cien por cien!

P: ¿Bueno, la meditación es la medicación prescrita para todos nosotros?

Maharaj: Ya te lo dije, la meditación en el *Naam Mantra* es el *antivirus para la ilusión crónica*. Necesitas el Mantra para disolver todo el conocimiento relacionado con el cuerpo, para limpiar y vaciar de ilusión tu disco duro, y para limpiar todo lo que sea. El Mantra regenerará tu poder al recordarte tu Realidad: "Yo soy *Brahman*, *Brahman* soy yo".

Cada momento de tu vida es muy precioso, nunca se repetirá. Ahora es el momento de descubrir si tus fundamentos son sólidos o no ¡Mira, examina, averigua! ¿Queda todavía alguna duda? ¡Haz Auto-indagación ahora! Si la retrasas y la dejas para el último momento, será demasiado tarde.

**ÉSTE ES UN LARGO SUEÑO,
UNA PELÍCULA LARGA.
ERES EL PRODUCTOR Y EL DIRECTOR,
EL ARQUITECTO DE TU PROPIA VIDA.
DEPENDE DE TI
DECIDIR EL ÚLTIMO ACTO DE TU PELÍCULA.**

P: Lo que está diciendo, Maharaj, es que ¿depende completamente de nosotros cómo va a ser el final, cómo va a ser la última escena? Podemos entrar navegando felizmente en el cielo azul, o con trepidación dejar que nos devore el ángel de la muerte.

Si queremos una salida cómoda, tenemos que confrontarnos en serio a nosotros mismos, empezando ahora, y encontrar si nuestro conocimiento es profundo o superficial.

Maharaj: Depende por completo de ti. El Auto-conocimiento ha de ser pragmático, de modo que cuando llegue el momento de dejar el cuerpo, seas valiente. No ha de haber ningún apego que te distraiga. Estoy martilleando esto una y otra vez.

**NO ERES EL CUERPO,
NO ERAS EL CUERPO
Y NO VAS A SEGUIR SIENDO EL CUERPO.
¡ES UN HECHO EVIDENTE!
POR TANTO,
DEBES ACEPTAR ESTA VERDAD.**

Si no eras el cuerpo ¿qué eres? Eres no-nacido. Encuéntrate a ti mismo y entonces sabrás, realmente SABRÁS que no tienes nada que ver con el cuerpo. Utiliza la discriminación, echa un vistazo, contempla ¡Piensa seriamente en tu Existencia!

Tu existencia no se conoce a sí misma. Estoy hablando de eso. Estoy poniendo ante ti una imagen clara de la Verdad Última, en pocas palabras, en palabras directas. Sin nada en medio. A fin de convencer a la gente, he de usar frases, sin ellas ¿cómo puedes ser convencido?

Ninguno de ustedes está pensando, simplemente están aceptando todo a ciegas Usteden conocen sus debilidades mejor que nadie. ¡Averigüen! si están en terreno frágil. Puede que hayan leído un gran número de libros espirituales. Puede que tengan fe y creencias preciadas, y piensen que están preparados. Eso está bien, pero asegúrense, estén seguros.

P: ¿Lo que está diciendo es que debemos examinarnos a nosotros mismos y asegurarnos de que nuestros pies están firmemente plantados en la Realidad?

Maharaj: Los Maestros de nuestro Linaje eran muy prácticos en su acercamiento. Hazte cuatro preguntas: "¿Soy totalmente valiente? ¿Soy totalmente pacífico? ¿Tengo felicidad completa? ¿Estoy libre de tensión? Si las respuestas a estas preguntas son un no, entonces parece que todos tus esfuerzos, todo tu conocimiento, ha sido en vano, para nada. Las monedas que estás comprando, han resultado ser de juguete, billetes falsos, moneda falsa. [El Maestro ríe].

Pregúntate "¿Dónde estoy?" antes de que sea demasiado tarde. Mejor afrontar estos fantasmas ilusorios ahora que esperar a que nuestros cuerpos estén cerca del final. En ese momento estarás temblado de miedo, yéndote "¡Oooh, oooh!". No habrá paz, sólo miedo.

P: Sí, lo entiendo. Conocimiento Espiritual Real, Auto-conocimiento - es necesario ser práctico. Ha de ser puesto en práctica en la vida diaria. Si se queda sólo en la teoría, en el conocimiento intelectual, como dice, básicamente no es de utilidad.

Maharaj: Ahora sabes que no hay nacimiento ni muerte. Sabes que eres no-nacido. Cuando conozcas la Realidad, verás que esos miedos sobrecogedores, carecen de base. El miedo que te ha seguido a todas partes y asustado desde el *nacimiento*, era una gran ilusión ¡Ahora el globo se ha pinchado!

¡HAS PINCHADO EL GLOBO!

P: Descubrimos que todos nuestros miedos están enraizados en el gran miedo a la muerte. Y ese miedo a la muerte es un concepto del cuerpo, conocimiento relacionado con el cuerpo, y por lo tanto, infundado, aire caliente.

No sé por qué me estoy riendo, pero resulta que todo nuestro pesado equipaje de temor y temblor que rodea la muerte, con el que hemos cargado década tras década, era completamente innecesario ¡Qué despilfarro! Nosotros, o yo, gastamos toda la energía en mantener a raya a un monstruo gigantesco. Esa bestia, ese monstruo, en primer lugar, nunca existió ¡Oh, bueno! Se ha ido. La ilusión se ha disuelto. Mejor ahora, que nunca.

Maharaj: La Auto-indagación lleva al Auto-conocimiento y a la Auto-realización. Por eso es muy importante el Auto-conocimiento real, porque sin él, el final será doloroso, sin piedad.

Pregúntate esto: "¿Por qué he de temer a la muerte?" A menos que conozcas la Realidad, el miedo está susurrando y multiplicándose. La valentía en el momento de la muerte es Conocimiento Real, Conocimiento Práctico, la Verdad Última. [El Maestro sonríe cálidamente].

ESTATE ALERTA, Y PREPÁRATE PARA ESE FELIZ Y PACÍFICO MOMENTO,

QUE ES LA META DEL BUSCADOR SERIO.
P: ¡El gran *Mahasamadhi*! Gracias, Maharaj.

149. *Tú eres antes de Dios*

Maharaj: Siddharameshwar Maharaj solía decir: "Si das un paso, levantaré tu pie y daré el próximo paso por ti". El amor unidireccional no es efectivo, ha de ser en los dos sentidos. Has de tener una fe fuerte en tu Maestro y permanecer leal a él.

Años después de que Siddharameshwar Maharaj muriese, Nisargadatta Maharaj solía decir: "Mi Maestro está vivo. Puede que no esté aquí físicamente, Pero mi Maestro está vivo. No soy una viuda".
P: ¿Cómo si estuviese todavía casado con Siddharameshwar Maharaj?
Maharaj: ¡Sí! Tenía una fe fuerte. Has de tener una fe fuerte en tu Maestro, quienquiera que sea. Sólo entonces el Conocimiento se hará efectivo, convertido y puesto en práctica. La fe a medias y la confianza a medias, sirven de poco.

INCLUSO SI DIOS APARECE ANTE TI, HAS DE TENER EL VALOR DE RECONOCERLO Y NEGARLO, Y DECIR: "NO, NO, MI MAESTRO ES MÁS GRANDE QUE TÚ, PORQUE ES POR MI PRESENCIA QUE TÚ APARECES COMO DIOS".

Ha de haber esa Convicción. Dios no puede aparecer sin tu Presencia. Tu Presencia vino antes, y luego Dios. La Convicción es: "Por mi Presencia Espontánea, tú apareces como Dios. Si mi Presencia no estuviese ahí ¿quién podría ver a Dios? Así que soy anterior a ti, Dios".

ESTE SENTIMIENTO ESPONTÁNEO NO ES UNA BROMA, ES LA FE FUERTE DE LOS MAESTROS.

El Gurú, el Maestro, es más grande que Dios. Kabir dijo: "Si Dios y mi Maestro aparecen ante mí, me inclinaré ante mi Maestro, no ante Dios, porque mi Maestro me mostró a Dios. El Maestro dice que éste es Dios, de modo que creo a mi Maestro. Tengo una fe completa en mi Maestro. Yo no sabía lo que era Dios, pero mi Maestro me enseñó: *Éste es Dios*. Por eso me inclino primero ante mi Maestro".

La espiritualidad casual no te ayudará. La gente dice: "He ido a ver a éste Maestro, es muy bueno. Luego fui a otro Maestro, que era incluso mejor, grande". Esos son visitantes, vagabundos, viajeros sin estabilidad. Has de hacer de éste el destino final.

SI UN MAESTRO TE MUESTRA LA REALIDAD ÚLTIMA,

**HAS DE ESTAR CON ESE MAESTRO,
TENERLE FIDELIDAD Y LEALTAD.
EL MAESTRO ES COMO UNA MADRE,
NO CAMBIAS DE MADRE.**

Es extremadamente importante sostener la Convicción de que no tienes que ir a ningún otro sitio. SABES que no hay nada más que encontrar.

**SI TODAVÍA QUIERES IR A VER A OTRO MAESTRO,
ES UNA SEÑAL DE QUE TODAVÍA
NO ESTÁS CONVENCIDO.
ESTÁS TODAVÍA VAGANDO, DEAMBULANDO.**

Estoy compartiendo el mismo Conocimiento que mi Maestro compartió conmigo. Seré feliz si alguno de ustedes se encamina hacia la Verdad Última. Ese será mi pago. Sé un Maestro de la Realidad y no sólo un Maestro de Filosofía o Espiritualidad. Un profesor puede enseñar al hablar sobre la verdad, mientras que un Maestro vive en ella. Éste es un Conocimiento práctico, vivo.

¡Sé fuerte! Ten una fe fuerte en el Maestro. El mismo Maestro existe dentro de ti.

**NO TE CONSIDERES DIFERENTE
O SEPARADO DE NINGUNA MANERA.
SÓLO HAY UN MAESTRO.
EL MAESTRO ES UNO Y EL MISMO.**

Todos los Maestros de nuestro Linaje eran muy sencillos y humildes. Nisargadatta Maharaj solía trabajar en el mostrador de una tienda. No decía: "¡Oh! Soy un Maestro. Tengo espiritualidad" ¡No! Tenía una humildad total. Sin embargo,

**NO ESPERES QUE TU EGO DE LA BIENVENIDA
A TUS INTENTOS DE SER HUMILDE.**

P: ¿Tan importante es ser humilde?

Maharaj: Tras conocer la Realidad, la humildad es un proceso automático. Tras conocer la Realidad, sólo hay...todo lo que queda es: "No soy nada. Nada".

P: Es justo lo contrario de lo que esperas. Tras un largo viaje y muchos esfuerzos, creo que ¡debería ser como ponerte una corona!

Maharaj: Cuando llega la Convicción, cuando surge espontáneamente, cuando sabes que no eres nada, entonces serás todo.

**CUANDO TIENES LA CONVICCIÓN DE QUE
"NO ERES NADA",
SIGNIFICA QUE "ERES TODO".**

¡Estate alerta! ¡Sé precavido!

P: ¿Y paciente?

Maharaj: Como esos Maestros, has de tener una fe fuerte. Eran personas comunes, pero aceptaron total y completamente el Conocimiento, la Realidad que les había sido dada por los Maestros. Son maravillosos ejemplos de fe fuerte, dedicación fuerte y fuerte implicación.

P: Por eso es tan importante que usted siga martilleándonos, repitiendo lo mismo una y otra vez.

Maharaj: Repitiendo lo mismo, porque es necesario.

P: Y al mismo tiempo me convenzo a mí mismo. Pero viniendo de usted, es muy efectivo.

Maharaj: Sí, pero has de estar alerta todo el tiempo. Es por eso por lo que Bhausaheb Maharaj trazó claramente la práctica de la meditación y los *bhajans*. Has de alertar a tu Presencia de que es la Verdad Última, veinticuatro horas al día. Se necesita un martilleo sin fin. Haz tus actividades normales, pero al mismo tiempo, has de estar siempre con "Sí, soy *Brahman*. Yo soy Eso".

P: Esta mañana estábamos leyendo el prólogo de Nisargadatta Maharaj en *Master of Self-Realization*, cuando habla de la devoción por su Gurú, Siddharameshwar Maharaj, y lo importante y especial que eso era. Básicamente decía que si no tienes una fe completa en el Maestro, estás perdiendo tu tiempo.

Maharaj: Y además una fe fuerte dentro de ti. Éste ha de ser tu último viaje. No ha de haber ninguna tentación de buscar otro Maestro. Has de estabilizarte y ser fuerte.

TU MAESTRO ESTÁ DENTRO DE TI.
TEN FE EN TU MAESTRO.
BUSCA AHÍ LA ESTABILIDAD.

P: ¿Qué quiere decir con "sé fuerte"?

Maharaj: Sé fuerte internamente. Sé decidido y ten valor. Cree que lo que estás oyendo es verdad y acéptalo. Sigue convenciéndote a ti mismo.

LA VERDAD ABIERTA HA SIDO PUESTA ANTE TI,
TU VERDAD,
TU ÚLTIMA,
TU VERDAD FINAL.

¡Quédate contigo! Ve más y más profundo dentro de ti. En la actualidad, hay tantos Maestros por ahí, que uno ha de ser cuidadoso y estar con un Maestro adecuado, un Maestro de verdad que se conozca a sí mismo, uno que esté Realizado.

¿CÓMO PUEDE ALGUIEN GUIAR A OTROS
A LA AUTO-REALIZACIÓN
SI ÉL MISMO NO ESTÁ REALIZADO?

P: ¡Cierto! Como el ciego conduciendo a otros ciegos.

Maharaj: Un Maestro de verdad, adecuado, es difícil de encontrar.

Vivekananda buscó y buscó un Maestro que pudiera mostrarle a Dios. Al final, encontró a Ramakrishna Paramahamsa, que le dijo que podía mostrarle a *Dios en él mismo*. Mi Maestro dijo lo mismo:

"NO TE ESTOY HACIENDO DISCÍPULO,
PORQUE EL MAESTRO YA ESTÁ EN TI.
TE ESTOY MOSTRANDO
AL MAESTRO DENTRO DE TI".

P: ¡Eso me gusta! Somos lo mismo, iguales. No nos está volviendo dependientes. Usted hace como un espejo, de modo que podamos vernos, nuestra verdadera Realidad.

Maharaj: ¡El Maestro es más que un espejo! Con un espejo hay un poco de oscuridad al fondo y sólo muestra una imagen.

EL MAESTRO TE MUESTRA EL MUNDO ENTERO,
LA PARTE DE DELANTE,
LA DE ATRÁS, EL LADO.
TODOS LOS LADOS ESTÁN ABIERTOS PARA TI.
¡LA REALIDAD CLARA!

P: ¿Si sigo al Maestro con fe total, luego me convertiré poco a poco en Maestro?

Maharaj: No te convertirás, ya eres el Maestro.

P: OK ¿El Maestro Realizado?

Maharaj: ¡Ten cuidado! Son sólo las palabras que usamos ¿Tú dices que te convertirás en Susan? Ya eres Susan. Las palabras son indicadores de la Verdad Última. Cada palabra tiene sus propias limitaciones. Tu existencia está más allá de todas las limitaciones.

P: ¡He vuelto a caer en la trampa de las P-A-L-A-B-R-A-S otra vez!

Maharaj: Éste Conocimiento es excepcional. Acéptalo. A la luz de las enseñanzas del Maestro, la Auto-convicción es lo más importante. La Auto-convicción es muy importante. En la escuela, el profesor te da algunas cifras, digamos, unas cuantas sumas para calcular. Tú intentas hacer las cuentas utilizando diferentes métodos para llegar a la respuesta correcta. Del mismo modo, el Maestro te está dando el Conocimiento. Depende de ti resolverlo, calcular, hacer la suma y alcanzar la verdadera Convicción, la Convicción real, la Convicción plena.

P: Sí, hemos cogido todas esas cosas que ha dicho sin que hubiese dudas, y lo hemos sumado todo. No hay discusión como tal ni debate.

Maharaj: Correcto, no hay debate. Aquí, el Conocimiento, no ha de ser puesto a prueba. No es un problema político ni filosófico. No es para debatir.

SÓLO SABER,
Y QUEDARSE EN SILENCIO.
SÓLO CONOCER LA REALIDAD,

Y ESTAR EN SILENCIO.

La Llave te ha sido dada. El secreto ha sido abierto. El Poder está ahí. Es tuyo. Ha sido liberado. Tienes que usar ese Poder tremendo.

**NO INSULTES A TU MAESTRO INTERIOR
DESCUIDÁNDOTE A TI MISMO.**

Convéncete de esta manera: Has sido ascendido a la categoría de *Capitán*. Antes eras un simple *grumete*. Después de tener el puesto de Capitán ¿necesitas seguir diciendo "¡Sí, Señor! ¡Sí, Señor!"? ¡No! Ya no eres un grumete. Del mismo modo, el Maestro te está dando un gran puesto, un puesto importante. Ya no hay necesidad del grumete y su "¡Sí, Señor!"

Tras conocer la Realidad, has de tener una fe completa: "Mi Maestro me ha mostrado mi Identidad. Lo soy todo. Soy la Verdad Última", sin decirlo. No hay ni *Yo* ni *Tú*, pero hay Convicción Espontánea.

**HAY UNA CONVICCIÓN ESPONTÁNEA
SIN *YO*,
SIN *TÚ*.**

150. *Hablan desde la Existencia Invisible*

Maharaj: Es importante para ti no contemplar o ver a estos sabios, Maestros incondicionales y grandes santos, en la forma corporal. Los secretos que desvelaron venían de su Realidad, de su propia Identidad, de su Identidad Invisible.

**LOS SECRETOS QUE SE HAN REVELADO
VIENEN DE SU IDENTIDAD INVISIBLE,
Y NO DE LA FORMA CORPORAL.**

Sus Verdades eran administradas, dirigidas a, y alcanzaron, la Identidad del Lector Invisible.

**HAN DE SER EMPAREJADAS.
ES UNA. NO HAY DUALIDAD.**

Todos los santos cuentan sus historias desde la Existencia Invisible. Tu Existencia Invisible es la misma que la de ellos.

P: ¿Qué significa estar Realizado?

Maharaj: Mucha gente me pregunta si estoy Realizado ¿Qué quieres decir con Realizado? Esa cuestión es irrelevante ¿Quién está Realizado? Cuando alguien dice: "Estoy realizado, estoy iluminado", indica una Presencia Espontánea sin pensamiento.

La gente está siempre tratando de distinguir, de comparar a los

Maestros ¡Deja de hacerlo! No es bueno para la espiritualidad. Sucede porque has leído mucho y tienes un buen fondo espiritual.

**HAS ESTADO COLECCIONANDO CONOCIMIENTO,
CAPAS DE CONOCIMIENTO.
PERO SEA LO QUE SEA DE LO QUE HABLES,
NO ES LA VERDAD ÚLTIMA.**

Si hablas de Siddharameshwar Maharaj, y criticas sus enseñanzas en relación con las de Nisargadatta Maharaj, por ejemplo, evidentemente no está bien ¿Por qué viniste aquí?

**AL ESPÍRITU NO LE GUSTA
ESTE TIPO DE CONVERSACIÓN,
HABLAR ASÍ DE LOS MAESTROS.**

Ya os lo he dicho, no están aquí para debatir, para medir ni comparar. Son personas intelectuales, y también devotos o discípulos. Eso tiene algunos inconvenientes. Si estás pensando en un nivel intelectual, es un inconveniente. No consideren a las deidades, a los Maestros espirituales como Ramana Maharshi y Siddharameshwar Maharaj de ese modo. Eso los distanciará del Espíritu.

P: Escucho lo que dice. El Maestro está hablando desde su Existencia Invisible, y nosotros estamos tratando de analizarlo con nuestras pequeñas mentes. Quería decir que también su Presencia es importante. Su Presencia, Maharaj, es muy fuerte, y no es verbal.

Así que las enseñanzas no son sólo sobre lo que usted quiere transmitir, sino que hay una especie de transmisión. O como usted dice, el Oyente y el Maestro son Uno, y esto se experimenta de algún modo que es difícil de explicar. Hay olas de claridad. No es fácil para mí describirlo, pero se deben a usted. Yo no soy Maestro todavía.

Maharaj: ¿Cómo puedes decir que no eres el Maestro? Tú ya eres el Maestro, pero no eres todavía plenamente consciente de que la Esencia Magistral está en ti. Has creado una red y te has enredado en ella. No hay obstáculos. Eres víctima de tu propia red de pensamientos, y ese es el único obstáculo.

Recuerda que los santos y los Maestros hablan y se expresan a su propio modo ¡Lo que desean transmitir es lo supremo! No compares a los Maestros. NO estamos preocupados por las formas corporales de Ramana Maharshi, Siddharameshwar Maharaj, Ranjit Maharaj o Nisargadatta Maharaj.

¿DÓNDE ESTABAN ESTOS MAESTROS ANTES DE SER?

Es sólo tras la existencia que empezaste a saber de las deidades y de todos esos Maestros.

**ERES EL MAESTRO DE LOS MAESTROS,
PORQUE SIN TU EXISTENCIA,
NO PUEDES RECONOCER TODAS ESAS DEIDADES**

**Y TODOS ESOS MAESTROS.
TU PRESENCIA ES ANTERIOR A TODO.
EL MUNDO ENTERO,
INCLUYENDO TODAS LAS DEIDADES
Y A TODOS LOS MAESTROS,
ES LA PROYECCIÓN ESPONTÁNEA
DE TU SER SIN SER.**

Para decir *Dios*, se necesita tu Presencia. Dices que Dios es grande ¿Quién le ha dado a Dios esa grandeza? ¡Tú se la has dado! ¡Le has puesto un cien!

**TÚ ERES EL EXAMINADOR,
TÚ ERES DIOS. DIOS ES GRANDE. TÚ ERES GRANDE.**

Pero has de ser sencillo y humilde.

P: ¡Lo entiendo!

Maharaj: Sí, pero has de aceptarlo completamente. Se supone que tu comprensión no ha de ser sobre una base física, ni mental, ni intelectual, ni lógica. Donde el conocimiento relacionado con el cuerpo termina, ahí estás tú.

**EL MAESTRO TE DA LA VISIÓN,
LAS GAFAS DEL CONOCIMIENTO,
PARA QUE PUEDAS VER TU SER SIN SER.**

El mundo entero es proyectado por tu Invisible Presencia Espontánea. No hay necesidad de ir a ninguna parte.

**ESO ES MUY FÁCIL DE ENTENDER.
PERO PARA QUE SEA ABSORBIDO,
HASTA QUE ESO SE PRODUZCA,
ES DIFÍCIL PARA TI
TENER LA CONVICCIÓN
EN EL CONOCIMIENTO.**

151. Círculos de Luz

P: Al principio, Maharaj, pasaban muchas cosas mientras recitaba el *Naam Mantra*. Estaba ocupado con muchas experiencias. Una que se ha mantenido conmigo, llegó poco después de recibir el Mantra. Estaba sentado en la sala de meditación cuando sentí la vaga presencia de una figura solemne deslizándose hacia mí.

Era Bhausaheb Maharaj, el Fundador del Linaje. Estuvo delante de mí, silenciosa y pacíficamente. El mensaje tácito que me daba, era sobre la importancia de hacer y tomarse la meditación en serio. Luego, esa energía se precipitó directo a través de mí y desapareció en un instante.

Maharaj: Durante el proceso de la meditación, cada devoto tiene diferentes experiencias. Como devoto, no busques ninguna experiencia ya que eso sólo te traerá frustración y desilusión ¡Si vienen, bien, y si no, también! Algunos ven círculos de luz, anillos brillantes, destellos, luces brillantes. Otros se sienten sin peso, o se experimentan a sí mismos volando en el aire. Diferentes experiencias para diferentes devotos.

En la etapa inicial es un signo de progreso. Las actividades egoístas se detienen espontáneamente con un simple clic del Mantra y el Conocimiento se abre. Se producen espontáneos flashes de luz. Incluso si tus ojos están cerrados, puede haber grandes destellos de luz, más brillantes que el sol. Es la *Luz del Espíritu, (Atma Prakash)*.

Éstas son las etapas que atraviesan algunas personas. Puede que te veas sin forma. Hay una paz y felicidad excepcionales, risas espontáneas, etc.

P: ¿Estas experiencias son parte del proceso de fusión?

Maharaj: Sí, el proceso de fusión está teniendo lugar. Tiene un efecto inmediato y directo.

LENTAMENTE, LENTAMENTE, LA IDENTIDAD DEL CUERPO SE FUNDE.
Y LUEGO SE VUELVE HACIA LA REALIDAD ÚLTIMA, EN LA QUE NO HAY NI EXPERIENCIA NI EXPERIMENTADOR.

Durante el proceso de la meditación, se producen experiencias. Pero no son la Verdad Final. Nisargadatta Maharaj las llamaba etapas progresivas. Son buenas.

SON HITOS,
HITOS EN EL CAMINO DE LA REALIZACIÓN.
PERO LOS HITOS NO SON LA VERDAD ÚLTIMA,
LA VERDAD FINAL,
EL DESTINO O TÉRMINO.

Has de llegar así, luego así, así, así, [avanzando lentamente], diría Nisargadatta Maharaj, hasta que alcances la última etapa. Esas son las etapas y los recién llegados a la espiritualidad, tienen diferentes experiencias.

Mi Maestro solía decir: "No reveles tus experiencias a nadie, porque esto puede crear una especie de competición. En segundo lugar, algunas personas pueden, por celos, desanimarte". Puede que haya algún problema de ego, de modo que si le cuentas a tu esposa sobre tus experiencias, puede que diga "Quiero estas experiencias también", etc.

Por eso él era muy estricto sobre este asunto, diciendo: "Los que están iluminados no deben discutir estas cosas con los que no las conocen". Tu experiencia puede no ser de utilidad para ellos y al contrario.

SI QUIERES PREGUNTAR ALGO SOBRE TUS EXPERIENCIAS, PREGÚNTALE AL MAESTRO: "¿DÓNDE ME ENCUENTRO?"

Si a pesar de todo te sientes tentado de confirmar tus experiencias, confírmalas con el Maestro, sólo con el Maestro, con nadie más. Cualquier otro, con conocimiento a medias, te distraerá o te confundirá.

Bhausaheb Maharaj tenía una profunda comprensión de la psicología que actuaba en la conducta humana. Sabía que tras la Convicción, de una manera u otra, el ego intentaría volver a entrar sin que fueras consciente de ello, y echarlo todo a perder.

Un gusano informático puede entrar en tu portátil, un virus se puede infiltrar sin que lo sepas, con el resultado de que todos tus archivos serán dañados. Por eso insistía en el Mantra y los *Bhajans*, para tener la mente ocupada. Has de estar alerta todo el tiempo.

Utiliza siempre el antivirus en tu portátil. Cada día, sin falta, has de hacer un escaneado para ver si el ordenador está libre de virus. Del mismo modo, todo este software de los *Bhajans*, Conocimiento y meditación, es el proceso del antivirus.

P: Tu práctica espiritual ha de ser regular y constante, porque el mundo entra todo el tiempo por diferentes vías, también por detrás, sin ser visto.

Maharaj: En los últimos cincuenta años, he visto a muchos fieles volver a caer en la zanja. Un hombre fue atraído por los milagros y dejó atrás a su Maestro. Sus últimos días fueron muy, muy desgraciados. Estaba confundido, recitaba los nombres de diversas deidades. Además se sentía culpable porque había abandonado a Nisargadatta Maharaj.

DEBES ESTAR CONTINUAMENTE EN CONTACTO CON TU SER SIN SER.
PERMANECE EN CONTACTO CON TU SER SIN SER.

Haz tu trabajo, pero debes estar continuamente en contacto con tu Ser sin ser.

P: Ese es un gran compromiso. Como se dice en occidente ¡A tiempo completo!

Maharaj: Eso pasará si tienes una fe fuerte, como Nisargadatta Maharaj.

P: Maharaj, para aclarar ¿Era todo perfecto antes de ser?

Maharaj: ¿Cómo puedes decir eso? Algunas personas preguntaron lo mismo, y les dije que simplemente estaban haciendo conjeturas ¿Qué significa perfecto? ¡Es conocimiento relacionado con el cuerpo! Antes de ser, no había *perfecto*. Ya te lo dije, no había nada. Has de verte por ti mismo. Te estoy mostrando una imagen, luego verás lo mismo, pero no se ve con el intelecto.

Nisargadatta Maharaj solía contar la historia sobre dos personas. Una de ellas estaba en lo alto de una colina, moviendo sus brazos sobre su cabeza. La segunda persona estaba al pie de la colina y preguntaba: "¿Por qué haces eso?" Y el primero decía: "¡Has de subir aquí! No puedes tener la experiencia desde ahí abajo ¡Ven aquí arriba y lo verás!"

Del mismo modo, no puedes tener la experiencia desde *aquí abajo*. Has de llegar a este estado, y luego averiguar *por qué está moviendo los brazos*. Sólo estás haciendo conjeturas.

LO QUE TE ESTOY CONTANDO
NO VIENE DE LAS SUPOSICIONES.
ES LA REALIDAD DEL OYENTE.
NO TRATES DE ADIVINAR INTELECTUALMENTE.
ES LA REALIDAD.

P (2): También yo tuve una pregunta que ahora veo que es una tonta conjetura: El Ser sin ser o *Parabrahman* ha de conocerse a sí mismo ¿No es así?

Maharaj: ¿Cómo puede conocerse a sí mismo? No tiene forma, sin forma. Es imaginación, conjeturas. Estás suponiendo y tratando de obtener el conocimiento mediante la mente y el intelecto, y por eso no lo obtienes.

P (3): Siento que estoy absorbiendo las enseñanzas, Maharaj. He observado que el Conocimiento estaba situado primero en el lóbulo frontal del cerebro, y ahora siento que ha ido más profundo. Lo siento más natural. Suena como si fuese imaginación ¿no?

Maharaj: Bajo la guía del Maestro, las capas de cebolla están siendo eliminadas. Eliminas una capa, OK; eliminas otra capa, OK ¿Qué queda al final? El Maestro te dice cuánto queda ¡Nada! De modo que todas las capas han sido eliminadas, se ha quitado toda la piel y no queda nada.

P: ¿Es más natural? Hablan de *nisarga*, natural.

Maharaj: No, no hay naturaleza. Es totalmente auténtico. No hay naturaleza. No hay naturaleza, es auténtico, Último, Final. Hasta que te convenzas, lo estarás malinterpretando.

ECHA UNA MIRADA AL ESPEJO,
Y MIRA CÓMO ERES.
TE PUEDES VER EN EL ESPEJO.

152. El pollo y el huevo

P: Por lo que he oído, usted no habla en absoluto del *Yo Soy*.
Maharaj: ¿Por qué quedarse en el mundo literal del *Yo Soy*, cuando eres Dios Todopoderoso? Tu Presencia Espontánea no tiene ningún foco de atención. Cuando haces un esfuerzo para estar en el *Yo Soy*, el ego sutil entra en juego.

Diré lo mismo otra vez, no entiendas literalmente esas palabras espirituales. Están señalando a tu Invisible y Anónima Identidad no Identificada ¡Pincha este globo ilusorio, esta ilusoria burbuja!

¿Conoces al "pollo"? ¿El pollo y el huevo? Dentro del huevo, el pollo picotea y picotea la dura cáscara con su pico, hasta que la rompe. El pico te ha sido dado en forma de Conocimiento. Estás en el círculo de la ilusión. Con este pico del Conocimiento, vas a salir del círculo.

**USANDO EL PICO DEL CONOCIMIENTO,
ROMPERAS EL CÍRCULO VICIOSO DE LA ILUSIÓN.**

El pollo, el pequeño pollito, se abre paso espontáneamente a través de la gruesa envoltura.

P: ¿El pico representa el Conocimiento que es utilizado para atravesar el cascarón?
Maharaj: La Verdad Última es así. Es lo que llamamos *Brahman*, *Atman* y *Paramatman*. Su acción es espontánea.

**CUANDO EL HUEVO MADURA,
SUCEDE EL AVANCE.**

Mira, el cascarón en sí es muy duro, pero el pequeño pollo se las arregla para romperlo. Del mismo modo, nos envuelve una ilusión muy dura, pero con el Conocimiento, el Conocimiento Último, la Verdad Espiritual picotea y picotea, hasta que finalmente sale.

**LA VERDAD ÚLTIMA ES ASÍ.
LO QUE LLAMAS *BRAHMAN*,
EL CONOCIMIENTO ÚLTIMO,
LA VERDAD ESPIRITUAL,
PICA POCO A POCO Y SALE.**

Por lo tanto, no te fuerces a ti mismo a estar con el *Yo Soy*, porque ya estás ahí, pero coloreado con la forma. Antes de ser ¿dónde estaba ese *Yo Soy*? ¿Dónde estaba el *Yo*? Como te dije, el *Yo* es como el cielo. Ésta es la Realidad.

Le damos nombres a la Realidad con palabras como América, India y Londres, y le damos nombres como *Brahman*, *Atman* y

Paramatman, cuando lo que todo el tiempo llamamos *Yo*, está ahí, Anónimo, Silencioso e Invisible. Así que no necesita poner tu atención en ello. Ya lo ERES. Permanece en cómo eras antes de ser.

EL SECRETO ABIERTO SE ENCUENTRA EN
"NO LO SÉ".

Te contaré una historia sobre un extranjero que visitaba India. Le preguntó al guía: "¿Quién construyó el Taj Mahal?" El guía contestó: "No lo sé". Fueron a muchos sitios y el visitante hizo la misma pregunta, y recibió la misma respuesta "¿Quiénes son estas personas?" "No lo sé" era la respuesta. Entonces, al ver un cuerpo muerto que era llevado por allí cerca, preguntó: "¿Quién es ese?" Y el guía contestó: "No lo sé".

ESTO SIGNIFICA QUE NO SABÍA EL NOMBRE DE NADA,
NI DE NINGUNA PERSONA.
TODO ES UN SUEÑO, Y POR LO TANTO,
"NO LO SÉ".
"NO SÉ QUIÉN MURIÓ".

El mundo entero es "No lo sé". Lo decimos con el fin de entendernos. Antes de ser, no había *Yo*. Tras disolverse la existencia, no habrá *Yo*. Aquello que siente a ese *Yo*, lo está sintiendo sólo a través del cuerpo. Así que le estás dando forma a ese *Yo* o *Yo Soy*, que no tiene identidad.

LE ESTÁS DANDO FORMA A LO QUE NO TIENE FORMA,
E IDENTIDAD A LA IDENTIDAD NO IDENTIFICADA.

P: De Nisargadatta Maharaj tengo la impresión de que el *Yo Soy* es la entrada y, como un túnel, uno ha de atravesarlo, como el pollo y el huevo. No han pasado muchas cosas en mi práctica. Recientemente, durante una meditación, surgió este concepto: "Quédate en la puerta, la puerta está abierta". Y en ese momento supe que la *puerta* se había convertido en un bloque, en un obstáculo. Cuando lo entendí, la puerta conceptual se disolvió. Ya no había puerta.

Maharaj: No hay puerta en absoluto. Hay muros porque hay cuerpos.

P: Quité la puerta y la atravesé. Quiero decir que la puerta desapareció.

Maharaj: Igual que el pollo, rompiste el cascarón. El Maestro te ha dado la llave, el Conocimiento necesario para abrir la puerta. Todos esos procesos están ahí, sólo para llamar la atención del Oyente o Lector Invisible. Antes de ser, no te conocías a ti mismo ¿Cómo eras? Dirás: "No lo sé". Tras dejar el cuerpo ¿cómo serás? Dices: "No lo sé". Eso es correcto.

AQUELLO EL QUE VE DE "NO LO SÉ",
ESTÁ DICIENDO:
"NO ESTOY EN NINGUNA FORMA".

Tu ser es también ilusión ¿Cuándo te encontraste las palabras ser y no-ser, ser consciente y no serlo, la consciencia? Este es un gran campo ilusorio. Has estado vagando, dando vueltas en el campo y tratando de extraer felicidad y conocimiento de él ¡Ahora sé valiente! ¡Ten valor! ¡Sal del campo y quédate fuera!

ERES LA VERDAD ÚLTIMA.
PUNTO,
FIN DE LA HISTORIA.

No eres el discípulo del Maestro, sino el Maestro de los Maestros. Cuando examinas tu identidad, no hay nada equivocado en ella o que falte. Es perfecta. Elimina las vestiduras externas, las vestiduras ilusorias, y mírate a ti mismo. Estás entero, completo.

¡Deja de viajar! Todo está dentro de ti. Visita tu propio sitio web, no el de otro.

VISITA TU PROPIO SITIO WEB.
LIMPIA TU PROPIA CASA.

¡Acepta la Verdad! El Maestro dice: "Eres la Verdad Última". Hasta que esa Convicción se haya establecido, necesitas luchar.

P: ¿Observar y esperar?

Maharaj: ¡No esperes! Sucede por sí solo.

SI ACEPTAS QUE ERES
LA VERDAD ÚLTIMA
¿DÓNDE ESTÁ LA CUESTIÓN DE ESPERAR?

Mantén la práctica de la meditación hasta que surja la Convicción, hasta que haya Convicción. Con algunas personas, sucede inmediatamente, para otras, puede llevar un tiempo borrar todas las impresiones. Te lo he dicho muchas veces:

A MENOS QUE TUS IMPRESIONES SEAN BORRADAS
NO VAS A PODER CONOCERTE A TI MISMO.

La gente dice: "Quiero ver a un Maestro vivo".

TÚ ERES EL MAESTRO VIVO.

Si quieres ir a ver a un Maestro vivo, un Maestro vivo genuino, ve. Pero quédate con ese Maestro. Sé leal.

Lo que sucede es que cuando un Maestro vivo deja la forma corporal, entonces la gente se va a buscar a otro Maestro vivo. Están siempre corriendo tras diferentes Maestros.

CONCÉNTRATE EN EL CONCENTRADOR.
DEJA DE IGNORAR A TU PROPIO MAESTRO VIVIENTE.

¡Ve donde quieras! ¿Durante cuánto tiempo vas a seguir deambulando?

NO HAY NINGÚN SITIO AL QUE IR
MÁS ALLÁ DEL CONOCIMIENTO DIRECTO
DE LA VERDAD ÚLTIMA.

P: Creo que lo que le pasa a los occidentales – puede que sea lo mismo que alguna gente de aquí, de India – es que nos gusta viajar y coleccionar Maestros, muchos Maestros diferentes. Es como reunir todos los ingredientes para hacer una gran sopa, y después remover todo junto.

Maharaj: Te has estado guiando apartado de la Verdad Última pensando: "Soy un hombre en el mundo. Soy alguien distinto, en forma de hombre o mujer". A menos que la individualidad se disuelva absoluta y completamente, no vas a poder conocerte a ti mismo en un sentido real.

He estado tratando de convencer al Oyente Invisible de que eres la Verdad Última.

**Y PUESTO QUE ERES LA VERDAD ÚLTIMA,
NO HAY NECESIDAD
DE IR A NINGUNA PARTE.**

153. ¿Dónde estaba el karma antes del primer nacimiento?

Maharaj: El Maestro trata de transmitir la historia del Oyente, la historia del Oyente Invisible, de modo que puedas absorber la Realidad. Pero en su lugar, quieres jugar con palabras pulidas, palabras dulces como *Brahman* y *Atman*, creadas por nosotros, cuya importancia es secundaria porque son conocimiento relacionado con el cuerpo. Lo esencial es la Convicción. Ha de haber Convicción, Convicción total.

**A LA LUZ DE TODO ESTE CONOCIMIENTO,
HAS DE ENSEÑARTE A TI MISMO,
PORQUE ERES TU PROPIO MAESTRO.**

Cada momento de tu vida es muy valioso, inestimable. Éste es el momento. No ha de haber fe ciega de ninguna manera. No aceptes aquello con lo que no estás de acuerdo. Nos rodean muchos conceptos, como renacimiento, último nacimiento, nacimiento espiritual, último *karma*, *karma* futuro ¿El *karma* de quién? La ciencia espiritual dice que hemos vuelto a nacer a causa de nuestro *karma* pasado ¡Piensa en ello!

**ANTES DEL PRIMERÍSIMO NACIMIENTO
¿DÓNDE ESTABA EL *KARMA*?**

No hay *Karma*, ni *Dharma*, ni religión. Hemos creado y dado forma a las religiones para fortalecer sociedades civilizadas.

Aquí, hablamos del Conocimiento Directo, hablamos claro del Conocimiento. Es tu Conocimiento, el cual te parece difícil de aceptar porque estás bajo la presión de esta atmósfera ilusoria.

Olvídate de *Brahman*, *Atman*, *Paramatman*, Dios y todas esas palabras pulidas ¿Cuántas veces he de martillearte con lo mismo? Tu Identidad es una Identidad Anónima, Invisible, no Identificada. Eres no-nacido. La cuestión de la muerte nunca surge.

**NADIE TIENE NINGUNA EXPERIENCIA
DEL NACIMIENTO Y LA MUERTE.**

En una ocasión, Nisargadatta Maharaj estaba hablando sobre este tema, cuando un devoto le hizo una pregunta sobre su pasado nacimiento y renacimiento. El Maestro contestó: "¿Cuál era el color del sari de tu madre cuando naciste? Olvídate del último nacimiento".

**SI NO PUEDES HABLAR SOBRE ESTE NACIMIENTO,
¿CÓMO PUEDES HABLAR DE TU ÚLTIMO NACIMIENTO
O DE TU NACIMIENTO FUTURO?**

Lo que sucede es que lo aceptamos todo a ciegas, lo firmamos, y decimos: "Sí, sí, quiero la salvación" ¿Pero quién quiere la salvación? Eres totalmente libre de cualquier esclavitud.

Puedes decir que el nacimiento y la muerte son cero, pero incluso para que puedas decir *cero*, se necesita tu Presencia. El Conocimiento es cero. Por lo tanto, a la vista de esto, has de convencer a tu Ser sin ser: No soy el cuerpo y no voy a seguir siéndolo ¿Quién soy Yo? Soy la Invisible Identidad no Identificada, en la que no hay nacimiento ni muerte. Soy totalmente no-nacido. Aunque poseo este cuerpo, no es la Verdad Última. El cuerpo es como estas ropas, una envoltura externa.

Al final de tu existencia corporal, se pondrá a prueba tu conocimiento. Has de ser intrépido y tener valor así: "No estoy muriendo. El nacimiento y la muerte le suceden al cuerpo. No soy el cuerpo en absoluto, y no lo era en absoluto". Sabes que el nacimiento y la muerte son sólo del cuerpo.

**ESTA ES LA MANERA DE CONVENCERTE A TI MISMO.
LA MANERA DE QUE CREZCAS EN
LA AUTO-CONVICCIÓN.**

Es un secreto abierto. Estoy poniendo ante ti tu propio secreto, el Secreto abierto. Es TU secreto. Cómo lo aceptes y hasta qué punto, depende de ti. Todo depende de ti.

**UNA VEZ QUE RECIBES EL CONOCIMIENTO,
Y TIENES LA CONVICCIÓN,
SI TODAVÍA TIENES LA TENTACIÓN DE IR OTRO SITIO
¡TEN CUIDADO!
SIGNIFICA QUE FALTA ALGO.**

Demuestra un desequilibrio de la mente, confusión y conflicto.

¡Date cuenta y ten cuidado! Las distracciones están en todas partes: Éste es un lugar auspicioso, ahí hay un río auspicioso. La gente cuenta el rosario diciendo: "*Ram, Ram, Ram*, recitando *Ram, Ram, Ram* ¿Por qué? Pasan las cuentas mil veces, *lakhs*. Las cuentas son como una parte del cuerpo. Hacen ejercicio con los dedos, eso es todo.

Luego tienes los que están quietos en el río, sin moverse, dañando sus cuerpos, con un brazo en alto durante años hasta que se marchita ¿Por qué? Todo es ilusión ¡Has de tener valor y ser intrépido!

NO CAIGAS DE NUEVO EN EL ERROR DE SER ESCLAVO DE TU MENTE, EGO E INTELECTO, PIDIENDO BENDICIONES A OTROS: "¡OH, DIOS, BENDÍCEME!"

¡Lo sabes! Ahora lo sabes. Sabes que Dios es un concepto.

DIOS NO PUEDE EXISTIR SIN TU PRESENCIA.
NO HAY DIOS SIN TU PRESENCIA.

¡Ahora los sabes, ahora lo sabes más! La cuestión del nacimiento y la muerte nunca volverá a surgir. Y cuando llegue el momento, en ese momento concreto, tendrás valor, de modo que no habrá miedo a la muerte. Esta es la señal de un Conocimiento enraizado, de la Convicción de tu Conocimiento. Cuando seas totalmente valiente, en ese concreto momento, será una señal de Convicción real.

Dices que: "He estado con muchos Maestros diferentes. He leído estantes llenos de libros". OK, OK, pero has estado añadiendo ego todo el tiempo, más ego, ego sutil. El hecho es que:

EL MUNDO ENTERO, INCLUYENDO A TODOS LOS MAESTROS, TODOS LOS LIBROS Y TODO EL CONOCIMIENTO ESPIRITUAL, ES UNA PROYECCIÓN DE TU PRESENCIA ESPONTÁNEA.

Por eso repito constantemente lo que Nisargadatta Maharaj dijo muy bien.

NO HAY NADA MÁS QUE TU SER SIN SER.
SÓLO HAY SER SIN SER, EL SER SIN SER.

Ésta es la esencia de todo el conocimiento espiritual.

Tras años de conocimiento árido, la gente dice: "Oh, por su gracia, Maestro", jugando todavía con las palabras espirituales y pidiendo aún bendiciones: "Por favor, Maestro, ponga su mano en mi cabeza y bendígame".

PON TU MANO EN TU PROPIA CABEZA.
¡BENDÍCETE A TI MISMO!
¡INCLÍNATE ANTE TI MISMO!

¿Por qué ser un esclavo de las palabras pulidas? ¡Sé serio! Serio sobre lo que has aprendido ¡Concéntrate! Sal de la trampa, del gran círculo vicioso y rinde todas las ilusiones. En resumen:

ERES LA IDENTIDAD INVISIBLE, ANÓNIMA, NO IDENTIFICADA.
TU IDENTIDAD INVISIBLE, ANÓNIMA, NO IDENTIFICADA, ES LA VERDAD ÚLTIMA
¿MÁS ALLÁ DE ESA? NADA.

Puedes ir a cualquier sitio del mundo y tu Presencia estará ahí. Dondequiera que vayas, hay cielo.

EL CIELO ES EL CIELO.
TU PRESENCIA ESTÁ MÁS ALLÁ DEL CIELO.

Sólo hay Unidad. No hay separación, ni diferencias. Sólo recuerda lo que te he dicho. Podemos seguir hablando y hablando, y yo martilleándote con lo mismo de diferentes formas, utilizando varias palabras. Pero ahora depende de ti.

La pelota está en tu campo. Todo el Poder está en ti.

TE HE PRESENTADO CON
LA PLATA DE ORO DE REALIDAD
¡NO HAY NECESIDAD DE VOLVER
A MENDIGAR NUNCA MÁS!
ERES EL DESTINO FINAL.
DONDE TODOS LOS CAMINOS TERMINAN,
AHÍ ESTÁS TÚ.

A fin de alcanzar la Verdad Última, has comparado una estación con otra estación. Había tantas maneras de donde elegir.

AHORA PUEDES TIRAR EL MAPA,
¡OLVÍDALO!
HAS LLEGADO A LA ÚLTIMA PARADA,
LA ÚLTIMA ESTACIÓN.

154. Convicción

Maharaj: Mi querido devoto, eres el Dios para el cual no hay nacimiento ni muerte, ni ir ni venir.

P: ¡Eso es muy edificante! Quiero esa Convicción. Puede que la Convicción sea más fácil cuando te haces viejo. Hasta cierto punto, uno sabe que no hay muerte, pero cuando el cuerpo enferma, entra el pánico.

Maharaj: Teniendo en cuenta la naturaleza del cuerpo material, este problema en concreto ha de surgir necesariamente.

UNA VEZ QUE TIENES EL CONOCIMIENTO DE LA REALIDAD, CUALQUIER ENFERMEDAD SERÁ SOPORTABLE.

Tendrás el valor de estar desapegado y desinteresado de lo que le pasa al cuerpo ¿Por qué?

PORQUE ANTES DE SER, LA IDENTIDAD INVISIBLE NO TENÍA ENFERMEDADES.

Con la existencia, empezaron los problemas con la enfermedad, mentales, físicos y psicológicos, y muchos otros, como la infelicidad y la depresión. Como sabes, todo ello empezó a causa del conocimiento relacionado con el cuerpo.

Si eres consciente de tu Verdad Última, dirás: "No estoy preocupado por esta enfermedad". Incluso si estás enfermo, la sensación de enfermedad será tolerable:

PORQUE LO SABES A LA PERFECCIÓN.

Los santos son Uno con la Verdad Última, por ello, no prestan demasiada atención a la enfermedad.

P: Hay desapego.

Maharaj: No hay apego en absoluto. El santo Kabir estaba sentado en meditación, cuando un perro fue merodeando hasta él y comenzó a morderle una pierna. Él no era consciente. Algunos transeúntes dijeron: "¡Oh! ¡Mira! Mira la sangre fluyendo". Kabir contestó: "¡Deja al perro que siga! No me preocupa el cuerpo. No me molesta". Eso es lo que sucede cuando estás absorto en lo Último.

CUANDO ESTÁS ABSORTO EN LO ÚLTIMO, NADA PUEDE MOLESTARTE.

Te daré otro ejemplo. Acababa de morir la esposa de Nisargadatta Maharaj. Poco después, un hermano del mismo Maestro, Ganapatrao Maharaj, vino desde muy lejos queriendo hablar con él sobre un aspecto de las enseñanzas. Una hora después o así, cuando terminaron de hablar, le dijo: "¡Oh! Mi esposa ha muerto!

Un valor así en circunstancias tan difíciles es una señal de Verdadera Convicción. Cualesquiera que sean las dificultades y las circunstancias, hay siempre una Paz Espontánea.

NO ESPERAS NADA DE NADIE. ESTA ES LA CUALIDAD, LA IMPORTANCIA DE ÉSTE CONOCIMIENTO.

Cuando tienes la Convicción, no te preocuparás más por el cuerpo. Todos los problemas se aquietarán, su rigor se verá reducido.

Antes de la concentración, antes de la Convicción, le prestábamos mucha atención al cuerpo. Lloramos y nos quejamos diciendo: "¡Ooh! ¡Ooh! Éste dolor, ese dolor. Nos quejamos mucho.

Tras la Convicción, le prestaremos poca atención a esas cosas. 'No soy el cuerpo' es lo que diremos". Es fácil, pero ha de ser Realidad.

HA DE ESTAR EN EL NIVEL DE LA REALIDAD ÚLTIMA, NO EN EL NIVEL LITERAL Y DE LOS LIBROS.

P: Iba a preguntarle sobre un problema de salud que tengo.
Maharaj: Cualquier problema que tengas, el Maestro no está aquí para resolverlo. La gente espera: "Oh, vamos a ver al Maestro. Él nos ayudará". A veces la gente espera milagros o algo mágico del Maestro. No estoy aquí para curar problemas de salud, sociales o personales.

Hay mucha gente inquieta por el pasado, el futuro y el presente.

TODA LA FELICIDAD VIENE DE NO RECORDAR EL PASADO.

El pasado se ha ido. El presente se irá. No hay pasado, ni presente, ni futuro. La mente y el intelecto no se requieren para la espiritualidad.

CON LA MANO EN EL CORAZÓN, HAS DE ACEPTAR QUE: "ESTA ES MI HISTORIA".

Tampoco es necesaria la educación. Nisargadatta Maharaj y Siddharameshwar Maharaj sólo llegaron al segundo curso en la escuela, y aún así se volvieron mundialmente famosos.

¿CÓMO PASÓ? SUCEDIÓ ESPONTÁNEAMENTE.

155. *No más viajando*

Maharaj: Primer Gurú, segundo Gurú, tercer Gurú, Gurú, Gurú, Gurú ¿Cuántos Gurús necesitas? Sólo necesitas un Maestro. Has de tener fe en un solo Maestro. Pon toda tu confianza en ese Maestro.

PUEDES ESTAR DURANTE CIEN AÑOS CON UN MAESTRO, PERO SI NO ACEPTAS Y TIENES FE TOTAL EN ESE MAESTRO, TODO HABRÁ SIDO UNA PÉRDIDA DE TIEMPO.

Has de tener una fe completa dentro de ti y, al mismo tiempo, fe en tu Maestro. Puedes tener cualquier Gurú porque en tu Gurú Interno, o Maestro, es donde has de poner la atención. Utilizamos las palabras *interno* y *externo* sólo para enseñar, para convencerte, así que una vez más no te tomes literalmente lo que se dice. Tu Maestro Interno, interior, tu Espontánea Presencia Anónima, tiene un vasto Conocimiento. Tu Maestro está regenerando tu poder.

Tras la Convicción, no ha de haber ningún tipo de tentación en ti, ninguna tentación de ir a ningún otro sitio a por más enseñanzas. He visto gente como tú antes. Toman el Mantra y se van a otra parte. Lo siento por ellos. Empleo el tiempo tratando de convencerles, y luego se van esperando encontrar a otro Maestro. Lamentablemente, sucede.

ENTRE MIL, PUEDE QUE HAYA UN BUSCADOR SERIO.

No hay nada más allá de esto. No hay nada más allá de este Conocimiento. Es la Verdad Final. "Eres *Brahman*, eres *Brahman*". Martilleo lo mismo cada día, pero no lo aceptas porque no quieres salir del mundo ilusorio al que te has vuelto tan apegado.

¡Olvida la espiritualidad! El cuerpo tiene un tiempo limitado. El reloj está haciendo tictac y un día, voluntariamente o no, tendrás que dejar el cuerpo. Es un hecho evidente.

**EL CONCEPTO DE LA MUERTE,
SE ACERCA CADA VEZ MÁS Y MÁS.**

¿Durante cuánto tiempo vas a seguir deambulando? Ya no eres un viajero porque tú eres el destino, la estación de Término ¡No más viajes!

P: Tengo la ligera sospecha de que la gente huye de sí misma, y es por eso por lo que continúan deambulando.

Maharaj: Se dice que durante un *lakh*, uno puede pensar sobre la espiritualidad, y durante un *krore*, sólo uno tendrá la Convicción en la Realidad. Uno entre millones puede estar convencido de la Realidad.

P: ¿Esa Convicción tan completa es muy rara?

Maharaj: Porque no estás ignorando tu individualidad, ni aceptando tu Realidad, por lo tanto, cualquier cosa que diga va al cubo de la basura.

**MIENTRAS LE PRESTES ATENCIÓN
A TU INDIVIDUALIDAD,
NO ACEPTARÁS TU REALIDAD,
Y EL DESEO DE VAGAR CONTINUARÁ.**

P: ¿Es porque somos lentos para cambiar, para hacer cambios?

Maharaj: ¡No! La gente no quiere hacer cambios interiores. Tienen las impresiones de muchos pensamientos.

P: ¿Hábitos?

Maharaj: No hábitos, sino sus fundamentos ilusorios. Estoy tratando de sacarlos de su zanja ilusoria, y todavía quieren volver a ella.

P: ¿Porque la zanja se ha vuelto demasiado confortable, demasiado familiar?

Maharaj: Es una Realidad muy simple ¡Estoy tratando de simplificarla!

P: ¿Por eso la fuerza para lograr este cambio, de modo que no se vuelve a caer de nuevo en la zanja?

Maharaj: Significa que has te tener una Convicción total. Has de aceptar la Realidad, tu Realidad. Una frase importante en marathi es que: "El Maestro dice que tras conocer la Realidad, has de tener una fe

completa, un fe fuerte".
"MI MAESTRO ME HA MOSTRADO MI IDENTIDAD.
SOY TODO.
SOY LA VERDAD ÚLTIMA, SIN DECIRLO".

No hay *Yo*, no hay *Tú*, sino que lo que hay es Convicción Espontánea. Eres el arquitecto de tu propio Conocimiento Espiritual, el arquitecto de tu propio Conocimiento Espiritual. Te he dado la Llave para abrir el secreto.

TIENES LA LLAVE, TIENES EL PODER,
AHORA HAS DE USAR ESE PODER.

P: Tras saber tanto como podemos de la literatura espiritual disponible, empieza la búsqueda del Gurú. Deseamos beneficiarnos del *darshan* de un Maestro Realizado.

Maharaj: Sí, para confirmar, para la Convicción. Mucha gente tiene alguna experiencia de la realización, pero es una realización con base en el cuerpo. Si hablas con ellos, hablan de forma grandilocuente del conocimiento espiritual. Es excepcional aquél que permanece en calma y en silencio. Totalmente en calma y en silencio, sin tentaciones, "*Om, Shanti, Shanti, Shanti*". Sin emoción, sin individualismo, sin búsqueda.

P: ¿Qué significa la realización?

Maharaj: Significa que tienes la Convicción de que el Conocimiento está totalmente establecido en ti. Si alguien te dice: "El Señor Krishna está ante ti", no serás tentado. Estarás desinteresado, indiferente. Si alguien dice que una gran deidad o un gran Dios están ahí delante, no les prestarás ninguna atención.

ÉSTA ES UNA SEÑAL DE REALIZACIÓN,
PORQUE SABRÁS QUE EL SEÑOR KRISHNA,
O ESOS ASÍ LLAMADOS DIOSES,
SON LA PROYECCIÓN DE TU PRESENCIA ESPONTÁNEA.

La Convicción está ahí ¿Por qué estar emocionado o curioso, o querer descubrir y encontrar algo más?

ES UNA CONVICCIÓN ESPONTÁNEA.
CUANDO TODAS LAS BÚSQUEDAS TERMINAN,
AHÍ ESTÁS TÚ.

Hace algunos años, vino una señora a verme. Era Doctora en Filosofía. Siempre estaba viajando de aquí para allá, buscando esto y lo otro. Tenía algunas buenas experiencias, milagrosas unas pocas. Yo le dije: "A menos que tu búsqueda pare, no vas a alcanzar el estado iluminado". Se puso a llorar, créame, estaba llorando. Sucede. No estoy criticando a la señora, pero sucede.

Puedes tener mucho conocimiento, conocimiento espiritual, pero no hay estabilidad en absoluto. Has de tener estabilidad, "Sí, eso es correcto". SABES que has llegado al destino. No sigas buscando, no busques más y más experiencias.

**TU BÚSQUEDA SE ACABÓ.
ÉSTA ES LA ÚLTIMA ESTACIÓN.
LA ÚLTIMA PARADA. SI EL CONOCIMIENTO,
LA REALIDAD NO SE ESTABLECE, ENTONCES,
LA ASÍ LLAMADA MENTE TE FORZARÁ A SEGUIR
VIAJANDO, SEGUIR BUSCANDO.**

P: Muy cierto, muy cierto.

Maharaj: De modo que este tipo de recaída sucederá si la mente, el ego y el intelecto, que son parte del cuerpo, del cuerpo sutil, no se han disuelto completamente.

Mucha gente tiene un buen conocimiento, y saben que son *Brahman*, pero esa Realidad no está enraizada, por eso causa inestabilidad. Si los cimientos no están bien, el edificio se hundirá. Si hay un pequeño terremoto, se hundirá. El terremoto es una pequeña duda, una pequeña duda, y con esa ligera duda, puedes acabar fácilmente en la casilla de salida, como en el juego de Escaleras y Serpientes.

P: ¡De la última a la primera!

Maharaj: [Riendo] Le das a una serpiente y te caes. Una duda es todo lo que se necesita. Tienes mucha leche [conocimiento], una pizca de sal la echará toda a perder. Una pequeña duda creará problemas. Has de convencerte a ti mismo porque eres el Arquitecto, el Maestro. Es Auto-rendición (*Atma Nivedanam Bhakti*). Has de rendirlo todo, rendición total, de modo que no quede nada: Ni *tú*, ni *Yo*. Has de plantarte sobre tus pies. La teoría y la práctica siempre difieren.

Todos los santos, Nisargadatta Maharaj, Siddharameshwar Maharaj, como he dicho, tenía poca educación, pero su simple y profunda devoción era suficiente.

Una devoción sencilla es suficiente. Nisargadatta Maharaj solía decir: "Los devotos sencillos pueden tener una perfección inmediata, pero el devoto con un trasfondo intelectual, está siempre pensando intelectualmente, lógica y comparativamente, preguntando: "¿Por qué esto? ¿Por qué eso? ¿Por qué? ¿Por qué? ¿Por qué?"

P: Muy hábil, usar la mente y todo eso, mantener al cerebro es la idea del hombre inteligente.

Maharaj: Lo más importante es una humildad total. La rendición total. Las fuerzas externas siempre tratarán de atraerte. En la vida humana, las tres tentaciones de publicidad, dinero y sexo estarán ahí, durante tanto tiempo como estés en el cuerpo. Mucha gente santa cayó, incluso tras una vida entera de devoción.

Aquí damos Conocimiento Directo, directo, un Conocimiento

muy directo. Pero incluso así, hay gente que viene aquí y después siguen todavía viajando. Son turistas espirituales, yendo y viniendo, yendo y viniendo.

P: ¡Haciendo la India!

156. *Deja de hacer tonterías*

Maharaj: Algunas personas vienen a este ashram y me cuentan que han estado aquí, allá y en todas partes en India. Una devota europea vino a mí con su *mala*. Pasaba las cuentas todo el tiempo. Le dije: "Ya no eres una niña, *Ram, Ram, Ram* ¿Qué sacas de ello? Es una pérdida de tiempo".

**EL ESPÍRITU QUE DICE "RAM, RAM, RAM",
NO PUEDES PASAR LAS CUENTAS DE *ESO*,
NO PUEDES "ALGO" CON *ESO*.**

¡Entretenimiento! La gente dice: "He pasado las cuentas mil veces". Mientras lo hacen, van añadiendo ego, ego sutil. Yo les digo que ya no son niños.

ESTÁS IGNORANDO AL CONTADOR.

Si no les gusta lo que digo, se van a otra parte, y siguen pasando las cuentas.

Las distracciones están en todas partes. Tras conocer la Realidad, ten cuidado con quién te mezclas. Si estás en la compañía equivocada, puedes ser influenciado de nuevo y regresar a la ilusión. La gente con conocimiento a medias te distraerá.

DESPUÉS DE ESTAR AQUÍ Y CONOCER LA REALIDAD, NO NECESITAS IR A NINGÚN SITIO MÁS.

La gente viene y trato de convencerles. A veces, después de irse, no vuelvo a saber de ellos. Espero que algunos continúen la práctica y permanezcan leales al Maestro.

Tras la Convicción, ten cuidado con quién te mezclas. Te contarán que la mente es real y que *Brahman* existe. Te contarán que hay *karma* pasado y *karma* futuro, *prarabdha*, renacimiento, etc. Y antes de que te des cuenta, te habrás vuelto a unir al circo, de nuevo en el tiovivo haciendo payasadas.

TRATO DE DAR LO MEJOR DE MÍ PARA SACARTE DEL CÍRCULO VICIOSO, PERO DE NUEVO QUIERES VOLVER A SALTAR A LA ZANJA. ¡DEJA DE HACER PAYASADAS!

P: Mire, en occidente es un poco diferente. Hablando en general, la gente joven puede estar interesada en asuntos espirituales, pero no exclusivamente. Hay excepciones, por supuesto, pero generalmente es la gente mayor la que está más comprometida.

Maharaj: Todo el mundo dice: "Deme el *Naam Mantra*", esperando algún milagro, cambios mágicos, así que he decidido poner algunos límites. No voy a dar el Mantra a cualquiera. Primero tendré en cuenta su grado de fe.

Primero han de ser aclaradas las dudas por el Maestro, de otro modo, incluso alguien que tenga Convicción, saltará de nuevo al círculo, al sueño, a la zanja ilusoria. Estoy compartiendo el mismo Conocimiento Directo con todos. Aquí no jugamos al escondite. Es tu momento. Cada momento de tu vida es muy, muy importante. No volverá.

**SABES QUE ERES LO ÚLTIMO,
ERES LA VERDAD FINAL, ERES EL DESTINO FINAL.
PRESTA ATENCIÓN A LA REALIDAD.
NO DESCUIDES TU REALIDAD.**

Vienes aquí para discutir, por entretenimiento espiritual, para probar tu intelecto y probar el mío. Quieres probar mi conocimiento e impresionarme con el tuyo. La gente viene aquí y sólo quieren utilizar su intelecto y mostrar lo que saben por los libros.

Lo mismo le pasó a Nisargadatta Maharaj. Vienen con sus egos, creyendo que son tan inteligentes y queriendo mostrar su inteligencia. Quieren probar que saben más que el Maestro. No tienen devoción.

P: En occidente hay menos devoción y se comprende menos, aparte de aquellos que adoran el concepto del *Dios de los cielos*.

Maharaj: No hay devoción al Ser sin ser.

**ES RARO, RARÍSIMO, INCLUSO QUE LA GENTE PIENSE
EN ELLO. PUEDE QUE UNO DE CADA MIL.**

Aquí vienen visitantes de todo el mundo. Hablan de Dios, discuten sobre las diferentes deidades y Maestros ¡Discusión árida!

NO SABEN NADA.

Están llenos de preguntas y dudas, las cuales vienen de todo lo que han leído en los libros, de sus experiencias y del conocimiento que han adquirido con diferentes Maestros. Están en el terreno de la confusión. Siempre le digo a la gente: "No asientas con la cabeza si tienes dudas". Dices: "Sí, sí", y dentro de ti sientes "No, no" o "No estoy seguro de eso", pero no dices nada.

**TODAS LAS DUDAS HAN DE SER ACLARADAS,
O DE OTRO MODO,
TE LAS LLEVARÁS CONTIGO Y SEGUIRÁS VIAJANDO.**

Tus días de viaje se han acabado. Lo sabes.

P: ¡Absolutamente, Maharaj!

TERCERA PARTE:

AUTO-REALIZACIÓN

157. *Mastica el chocolate*

Maharaj: Has de tener una fe fuerte en el Maestro, un fe fuerte, un confianza fuerte, una devoción fuerte ¡Eres un Maestro viviente! Con total concentración y total confianza, obtendrás Conocimiento Espontáneo, la Realidad. Lo más importante es una fe fuerte. Es la única forma en la que el Conocimiento puede ser absorbido. Veo gente que cambia de Maestro todo el tiempo. Eso no debería suceder.
**DE ENTRE TODOS LOS MAESTROS,
EL QUE TE ENSEÑA QUE DIOS ESTÁ DENTRO DE TI,
ES UN GRAN MAESTRO.
EL ES MAESTRO QUE DESTACA DE ENTRE TODOS ELLOS.**
Tras la Convicción, has de mantener continuamente la Realidad. Dices, OK, OK, pero en el momento que sales de aquí, algo va a intentar colarse. Por lo tanto, sé fuerte, estate alerta, sé constante, disciplinado, determinado, valiente.
**SE NECESITA MUCHO TIEMPO
PARA QUE LAS RAÍCES DEL
ÁRBOL ESPIRITUAL CREZCAN,
PERO EL ÁRBOL PUEDE SER TALADO EN MINUTOS.**
P: Lo que está diciendo, Maharaj, es que incluso en esta etapa avanzada, has de ser disciplinado, mantener la práctica y evitar mezclarte con compañías que te pueden influenciar negativamente y desestabilizarte. El árbol que empieza a crecer es como un niño que puede ser fácilmente empujado.
Maharaj: Este Conocimiento es un Conocimiento excepcional. Debe ser digerido y absorbido completamente. La Realidad ha sido plantada en ti. Ahora has de alimentarla y nutrirla con abono. Abónala con devoción y meditación. Si plantas algo, lo que plantes necesita agua y abono.
TE HE DADO LA PLANTA DEL NÉCTAR.

AHORA TIENES QUE CUIDARLA.
SI NO LA RIEGAS NI LA ABONAS, MORIRÁ.

Por lo tanto, mantenla bien y obtendrás muy buenos resultados ¡Frutos en abundancia!

Mantén la meditación y los *bhajans*. El ritmo de los *bhajans* crea vibraciones que permiten que lo *desconocido* sea *conocido*. Aquella Existencia Espontánea, la Presencia Espontánea, la cual es desconocida para ti, se volverá conocida. Mediante esas vibraciones, llegarás a conocer lo desconocido.

LLEGARÁS A CONOCER LO DESCONOCIDO.

Ahora que tienes la Convicción, serás indiferente a lo que suceda o no suceda en el mundo. Usarás tu cuerpo como antes, pero al mismo tiempo, SABIENDO que no es la Verdad Última, "No es mi Verdad". Has entendido y aceptado el principio subyacente, y has establecido bases sólidas. Tu base es ahora la Realidad, en lugar de lo ilusorio, y por lo tanto, lo inestable y movedizo, el conocimiento con el cuerpo como base.

AHORA LO SABES,
SIN SOMBRA DE DUDA,
QUE TODO LO QUE VES,
ES LA PROYECCIÓN *DEL QUE VE*,
QUE ES INVISIBLE.
AHORA SABES QUE TU PRESENCIA ESPONTÁNEA
ES INVISIBLE, ANÓNIMA,
IDENTIDAD NO IDENTIFICADA.

Tenemos que utilizar algunas palabras, y esas palabras describen aproximadamente la Realidad.

P: Me he dado cuenta de que usted usa palabras como *anónimo*, *espontáneo*, *no identificada* e *invisible*, palabras que aluden a aquello que está oculto, y se acercan a lo *desconocido*, a lo *no revelado*, por así decir. Encuentro que son muy útiles, ya que estas palabras no pueden ser fácilmente atrapadas por la *mente*. En lugar de eso, la desarman e impiden a la imaginación la evocación de los pensamientos y conceptos asociados que tanto le gustan.

Maharaj:
TRAS CONOCER LA REALIDAD,
TODOS LOS CONCEPTOS DESAPARECERÁN.

Antes de venir aquí estabas bajo la ilusión, y te considerabas como una persona individual. Tenías muchos problemas ilusorios. Ahora todo ha cambiado. Permanece en calma y silencio, totalmente en calma y silencio ¡Tus luchas se acabaron!

Ya no necesitas tener ningún tipo de Conocimiento adicional, ya que tu Presencia es Conocimiento Viviente.

ERES CONOCIMIENTO VIVIENTE.
ERES UN MAESTRO VIVIENTE.
AHORA LO SABES,
AHORA LO SABES.

Sabes que la Realidad está dentro de ti. Un discípulo le dijo una vez a Nisargadatta Maharaj: "Cada día veo el mismo sol, la misma gente, el mismo mundo". Maharaj contestó: "Cada día te ves primero a ti mismo, y luego ves el mundo". Eso es la Realidad.

Ahora que ya no eres más una persona individual, todos los conceptos como *El que Ve*, el *Conocedor*, etc., se irán. Han sido útiles para su propósito. Sólo eran necesarios para comunicar y entender. Tras conocer la Realidad, todos los conceptos desaparecerán. El Conocimiento Espiritual te ayuda a conocerte a ti mismo, a cómo eras antes de ser, y a cómo serás cuando la existencia se disuelva. El Conocimiento se utilizaba simplemente para identificar a tu Identidad no Identificada. Fue muy útil para deshacernos de la ilusión y los conceptos, la confusión, el conflicto, el miedo irracional a la muerte, etc.

ESTÁS EN LA ETAPA AVANZADA.
LO QUE SIGNIFICA,
LA ETAPA TRAS LA CONVICCIÓN.

No tienes nada que ver con ningún Conocimiento. No tienes nada que ver con ningún Conocimiento. El Conocimiento era el medio para conducirte a la Verdad Última ¡Ahora su trabajo ha terminado!

P: Cuando uno está establecido en la Realidad Última ¿necesita estar alerta todavía?

Maharaj: Tras la Convicción Espontánea, no ¡No! ¿Quién va a estar alerta o tomar precauciones? ¿La alerta de quién? Sólo puedes estar alerta si todavía te ves como un cuerpo, en la forma corporal. En este nivel, todo el lenguaje desaparece [Maharaj da una palmada], todo el proceso de pensamiento desaparece [Maharaj da otra palmada].

NO HAY PENSAMIENTO
NI PENSAR,
PORQUE EL PENSADOR
ES DESCONOCIDO.

En este nivel de *no saber*, no sabes que "Yo soy el pensador", de modo que todos los pensamientos se desvanecen. El Pensador no tiene forma, es Anónimo e Invisible. Cuando pones el nombre de Pensador o Conocedor, Maestro, Dios, *Brahman*, es sólo para saber, sólo para saber. Éste es un conocimiento raro, no es de libros, es Conocimiento Directo.

158. Lenta, Silenciosa, Permanentemente

P: Usted dice a menudo que no entendemos nuestro propio poder y que no somos conscientes de él, pero éste ser consciente no es físico.
Maharaj: Es Conciencia Espontáneo. Estás pensando algo sobre el ser consciente, dándole algún atributo, cuando la Realidad es Espontánea. Todo el proceso de pensar se basa en el conocimiento relacionado con el cuerpo: "Soy una mujer espiritual" ¿Eras una mujer espiritual antes de ser? ¿Y después de que el cuerpo desaparezca? ¡No! ¿Qué quedará cuando el cuerpo desaparezca? Dirás: "No lo sé".
"NO LO SÉ",
SIGNIFICA QUE NO TENGO FORMA.
¡Y LO SÉ!
Por tanto ¡ten paciencia! Se necesita un tiempo para absorber el Conocimiento. Ya te he dicho que la Convicción Espontánea vendrá con la meditación. Sigue haciendo meditación con determinación, pero sé paciente también.

Ésta es una historia sencilla: Unos pocos discípulos se quejaron a su Maestro, de que tras escucharle, no tenían el Conocimiento. El Maestro les hizo cavar una zanja en un jardín grande, de modo que el agua pudiera llegar a las plantas. Vertieron agua desde la parte más alta, pero no fluyó. Se impacientaron y abandonaron. Sin embargo, un discípulo decidido, siguió echando y echando agua hasta que al final se hizo un canal despejado hasta las plantas, que así pudieron absorber el agua.

Del mismo modo se necesita tiempo y paciencia para que el Conocimiento sea absorbido. Y para que eso suceda, has de continuar con la meditación. En el momento en que empieza a fluir, no necesitarás más práctica, será espontánea.

El agua empezará a fluir a causa de todo el Conocimiento y será absorbida por la tierra. El agua se absorberá en la tierra lenta y silenciosamente, succionando el agua que fluye.

La gente dice "¿Por qué no ha sucedido todavía? He practicado durante treinta años". La práctica ha de ser científica, no sentándose en el hielo o torturando el cuerpo y cosas así. Eso no es Conocimiento. El Conocimiento se abrirá Espontáneamente dentro de ti. Ya está ahí ¡Ten paciencia!

P: Una vez que el agua es absorbida por la tierra, surgirá una fuente con su sonoro borboteo.
Maharaj: Estoy tratando de convencerte utilizando modos diferentes. Te he estado diciendo que no te subestimes con pensamientos ilusorios

o dudas del tipo: "¿Cómo puede ser posible lo que dice el Maestro?" o "¿De verdad va a pasar?" ¡Ten valor! El Maestro te da valor, fuerza y poder, para que así seas capaz de afrontar cualquier problema. El Maestro dice que si los pensamientos te atacan, estarás alerta y no te afectarán.

SI EL MAESTRO TE DICE QUE ALGO SUCEDERÁ, SUCEDERÁ.

Por tanto, atente siempre a las instrucciones, a las enseñanzas dadas por tu Maestro, y no escuches a otros.

Nisargadatta Maharaj solía decir: "Mi Maestro es Grande". Es un signo de Realización. Tendrás pruebas, desafíos, tentaciones, pero si tienes fe y confianza dentro de ti y en el Maestro, ninguna atracción te desviará. A veces, pueden venir pensamientos negativos o depresivos, ha de haberlos. Cuando esto suceda, estarás alerta, preparado, y no les prestarás atención. Se te ha mostrado la Realidad, *¡la Realidad Clara!* No hay dudas, ni conflicto, ni confusión.

P: ¡La Realidad Clara! ¡Absolutamente! Soy fuerte, No hay problemas, como dice uno de los versos de los *bhajans*: "Tengo a Dios en mi bolsillo".

159. *¡Sé leal a ti mismo!*

Maharaj: Tienes mucha información y Conocimiento sobre el Ser sin ser. Ahora has de mantenerlo. Tu Presencia Espontánea está cubierta por el cuerpo, y eso no te permite salir del conocimiento relacionado con el cuerpo. Has de ser práctico. El amor y el afecto por el cuerpo, han de ser disueltos.

PERMANECE CONTIGO, NO CON EL CUERPO.

P: Es duro mantener eso durante mucho tiempo.

Maharaj: Has de olvidar todo lo que has acumulado y concentrarse en el Concentrador. Has de lanzarte dentro del Ser sin ser. No conocerás la Realidad Última a menos que los apegos materiales se disuelvan.

CUANDO ESOS APEGOS SE DISUELVEN ¡AHÍ ESTÁS TÚ!

Utiliza tu cuerpo para conocerte a ti mismo en un sentido real. El cuerpo es sólo el medio por el cual la Verdad Última puede ser conocida. Tú eres la Verdad Última. Tu Presencia Anónima está en todas partes sin forma alguna. No eres capaz de conocerte a ti mismo porque estás apegado a la forma ¡Ten mucho valor y una profunda implicación! Un acercamiento casual o a tiempo parcial no es suficiente.

El mundo es una proyección de tu Existencia, tu Presencia. Así que ríndete total y completamente. El ego es un bloqueo en el camino de la Espiritualidad.

**AHORA QUE TIENES TODO ESTE CONOCIMIENTO,
NO DEJES QUE EL EGO SUTIL LO ECHE A PERDER.**

El cuerpo puede venir, el cuerpo puede irse, pero tú no vas a ninguna parte. Cuando corres hacia la vejez, puede aparecer un miedo dentro. Si se muestra debilidad, surgirán problemas, así que saca fuerzas de tu devoción.

**A VECES TE CONCENTRAS EN EL MUNDO,
Y NO PRESTAS ATENCIÓN
E INCLUSO IGNORAS, A TU SER SIN SER.
QUÉDATE CON TU SER SIN SER TODO EL TIEMPO.**

Ésta es la ruta directa. No hay caminos. Cuando todos los caminos acaban, ahí estás tú. Eres el Destino Final.

**SÉ LEAL A LA REALIDAD,
NO A LO MATERIAL.**

P: Usted lo ha explicado ya todo, y el resto depende ahora de mí.
Maharaj: Todo ha sido presentado y puesto ante ti.

**AHORA HAS DE ACEPTARLO DEL TODO.
ECHA UN VISTAZO,
RECITA Y MEMORIZA
¡ESO SERÁ SUFICIENTE!**

La cuestión básica es disolver el ilusorio enganche al "Soy alguien". Todo es claro y simple. Es un hecho evidente que el cuerpo no es tu identidad, y no va a seguir siéndolo. Depende de ti supervisar los pensamientos. Ten cuidado de no ser víctima de tus propios pensamientos. Los pensamientos pueden echar a perder toda tu vida espiritual, del mismo modos que un pequeño mosquito puede traer una enfermedad a todo el cuerpo.

Lo más importante es permanecer leal a tu Realidad.

**HAS DE RENDIRTE A TI MISMO,
RINDE TU APEGO AL CUERPO,
DISUELVE CUALQUIER MIEDO,
UTILIZA EL VALOR QUE VIENE
DE SABER QUE ERES NO-NACIDO.
PON EN PRÁCTICA EL CONOCIMIENTO,
ABSORBE Y DISFRUTA.**

No estamos aquí para analizar ni hacer la disección de las palabras. Eso sólo crea confusión. No estamos aquí para discutir el panteón de deidades, ni para comparar a los santos y a los Maestros. Lo que el Maestro quiere enseñar y transmitir es Tu Historia, la

Historia del Lector.
**¿QUIÉN DIO A LUZ A TODAS ESAS DEIDADES,
DIOSES Y DIOSAS?
SI IMAGINAS QUE SON MÁS GRANDES QUE TÚ,
SIGNIFICA QUE HAS VUELTO A CAER
EN LA ZANJA DE LA IGNORANCIA.**

Te he dicho muchas veces que nada ni nadie es más grande que TÚ. Ya no eres un niño. El hábito que tienes de analizar y comparar, no es más que nadar a ciegas en el mar del conocimiento literal.

La Historia del Lector es la Edición Final. Tú eres la Edición Final, la Identidad Última, la Identidad Final, la Verdad Final. Cuando todo termina, ahí estás tú. Esa es la esencia, el resumen de todo el Conocimiento.

**EL SER SIN SER ES LA VERDAD FINAL.
ESE ES EL NÉCTAR.**

¿Durante cuánto tiempo vas a leer libros? Lee el Conocimiento del Lector. Conoce la Identidad del Lector. La mente penetró y echó a perder el conocimiento, complicando lo que es realmente una Verdad muy, muy simple.

**CUANDO LOS SANTOS ESTÁN CONTANDO TU HISTORIA,
HAS DE TOMAR, OÍR, ESCUCHAR
Y ENTENDER EL PRINCIPIO DE LA HISTORIA,
NO LA NARRACIÓN.
TOMA EL PRINCIPIO DE LA HISTORIA,
NO LA NARRACIÓN.
ÉSTE NO ES UN PROGRAMA DE ENTRETENIMIENTO.**

P: ¿Quiere decir que no son cuentos para dormir?

Maharaj: El Maestro dice: "Tú eres *Brahman*", y tú vuelves corriendo a la orilla del río. Tienes ego cada vez que empiezas a analizar el Conocimiento.

**¿QUIÉN ANALIZA ESAS HISTORIAS?
ESTE CONOCIMIENTO ES LA REALIDAD, LA VERDAD.
TU REALIDAD, TU VERDAD, ES NO-INTELECTUAL.**

No sabías nada sobre Espiritualidad y Filosofía antes de ser.

**ROMPE EL CÍRCULO.
EL CONOCIMIENTO ES IGNORANCIA.
ERES LO ÚLTIMO.
¿POR QUÉ VAS A QUERER VOLVER AL CUERPO?**

Los pensamientos son como bacterias, un virus que corrompe la simple pureza de la Realidad.

**SE REQUIERE UN GRAN ESFUERZO
PARA EXPULSARLO TODO.**

Siddharameshwar Maharaj dijo: "¡Sé serio! La espiritualidad no es un juego de niños!"
NO SERÁS CAPAZ DE CONOCER LA REALIDAD A MENOS QUE TENGAS MADUREZ ESPIRITUAL.

Has de tener paciencia. La mente tiene un gran interés en las historias ¡Son el límite de la mente! Nuestro solo y único interés está en el principio, en la esencia de las historias. Eso es lo más importante.

160. *Abraza tu Realidad*

P: ¿Dice usted de olvidar el mundo y pensar sobre el Ser sin ser?
Maharaj: En la etapa inicial, estás rodeado por el conocimiento relacionado con el cuerpo y por la ilusión. Ahora tienes más discernimiento y desapasionamiento. Ahora conoces la Realidad. Pero todavía queda algo de confusión e ilusión tratando de hacerte retroceder. Sigue en contacto CONTIGO. Mantente en forma espiritualmente, del mismo modo que mantienes el cuerpo en forma con ejercicio regular.

Necesitas una concentración total para mantener la salud espiritual. Tómate las cosas con ligereza. No dejes que te atrape nada de lo que hagas. Mantente distanciado y desconectado de cualquier ambiente.

"NO TENGO NADA QUE VER CON EL CUERPO".

Esta Realidad, este hecho, se supone que ha de ser aceptado del mismo modo que aceptas el hecho de que "Eres un hombre".
**LA REALIDAD NO ES UN CONCEPTO,
ES TU VERDAD, LA VERDAD FINAL.
HA DE GRABARSE PROFUNDAMENTE EN TU ESENCIA.**

Protégete de los conceptos ilusorios que encuentres en tu camino, tengan la apariencia que tengan.
**PROTEGE TU CONOCIMIENTO ESPIRITUAL,
TU CUERPO ESPIRITUAL.**

¡No entiendas literalmente mis palabras! Has de alcanzar la cima. No te dejes influenciar por nadie. No escuches a nadie que esté por debajo de ti que diga "¡Baja! ¡Ven conmigo!" ¡No pierdas la concentración y resbales hacia atrás! No puedes evitar la ilusión a tu alrededor, pero has de ser fuerte internamente. Pon en práctica tu Conocimiento.

La gente trata de integrar su vida espiritual en su vida familiar. La vida familiar es ilusión, conocimiento relacionado con el cuerpo. Krishna tenía cinco esposas ¿Eso te preocupa? La gente tiene la costumbre de interesarse por los asuntos personales y la vida familiar de los Maestros ¡Haz lo que los Maestros dicen, no lo que ellos hacen! No has de pensar en tonterías. Vive en sociedad, pero no aceptes pensamientos tontos.

Ésta es una oportunidad para salir del conocimiento relacionado con el cuerpo y abrazar la Realidad. Si no le das importancia a tu Realidad, a tu Verdad Última, habrá un nuevo sueño llamado *renacimiento*. Has de imprimir profundamente en ti tu Realidad, tu Verdad Última.

Ten cuidado de no ser víctima de los pensamientos de nadie. Ten el valor de comprometerte y nadar en aguas profundas. Encuentra el valor para nadar en aguas profundas y disfrutarás: "¡Sí! ¡Es estupendo!" No conoces tu propio poder ¡Tú eres todo!

TODO LO QUE SE NECESITA ES UN POCO DE VALOR.
NO ESTÉS A MERCED DE OTROS.
PON TU MANO EN TU CABEZA Y BENDÍCETE A TI MISMO.

Sé guiado por el Maestro. No hay diferencia entre tú y yo, excepto por el cuerpo ¿Hay alguna diferencia entre el cielo de Alemania y el de América? Tienes el poder de pensar, el poder de pensar espiritualmente ¡Úsalo! Usa tu discriminación espiritual. Nisargadatta Maharaj dijo acertadamente: "No te vendas por poco, no dejes que otros te metan en el su bolsillo".

Tienes toda esa gente alrededor pasando las cuentas del rosario, vistiendo hábitos de color azafrán y llevando guirnaldas. Lo único que hacen es decorar el cuerpo, decorar el cuerpo ilusorio.

SI QUIERES DECORAR ALGO,
DECORA A TU MAESTRO INTERIOR,
A TU OYENTE INTERNO,
CON EL CONOCIMIENTO ESPIRITUAL,
CON FE.
ESTO ES LO MÁS IMPORTANTE.

Es sencillo, muy sencillo. Se necesita mucha fuerza de voluntad y determinación.

¡SÍ! HE DE CONOCERME A MÍ MISMO.
ÉSTA ES LA PARADA TOTAL
¡ESTABLECE ESTA CONVICCIÓN!

Ahora que conoces la Realidad, no ha de haber ningún deseo de ir a cualquier otra parte ¿Por qué vas a querer poner en peligro tu nuevo estatus recién alcanzado? Tu postura ha de ser sólida:

"NO VOY A IR A NINGÚN OTRO SITIO.
HE ALCANZADO EL DESTINO".

No encontrarás paz alguna en una mente inquieta conducida en todas direcciones ¡Sé fuerte interiormente! Eres fuerte físicamente,

pero has de serlo espiritualmente.
¡RENDICIÓN COMPLETA!
¡RÍNDETE DEL TODO!
¡Sé humilde! Tu forma de ver el mundo ha cambiado con el Conocimiento.
ERES UNO CON EL SER SIN SER.
TE HAS VUELTO UNO CON TU SER SIN SER.
AHORA LO SABES: "MI PRESENCIA ES COMO EL CIELO, Y ESTÁ EN TODOS LOS SERES, NO HAY SEPARACIÓN.
¿CÓMO PODRIA HABER UN CIELO BUENO Y UN CIELO MALO?
¿QUÉ CIELO ES BUENO Y CUÁL ES MÁLO?"

¿Los puedes distinguir? ¡No! El cambio interno que está teniendo lugar es de extrema importancia. Tus percepciones y forma de ver han cambiado de forma espectacular.

AUNQUE TODAVÍA TIENES EL CUERPO, YA NO ESTÁS CONECTADO CON ÉL, PORQUE AHORA NO ESTÁS CONECTADO CON LA EXISTENCIA.

¿Qué va a pasar cuando el ser quede atrás? ¿Qué va a pasar cuando llegue el momento de dejar el cuerpo? ¡No va a pasar nada! Todo esto que decimos del cielo y el infierno es una conversación sin sentido cuando ¡nadie ha visto el cielo ni el infierno! Nisargadatta Maharaj solía decir:

"¿CÓMO PUEDES HABLAR DE RENACIMIENTO CUANDO NO SABES LO QUE VALES AHORA?"

Si no puedes hablar del presente ¿cómo vas a hablar de renacimiento? ¡No lo aceptes! Éste es el principio de la espiritualidad, que se supone que será absorbido espontáneamente. Medita hasta que tengas la Convicción.

PIENSA SOBRE TU REALIDAD ¡PIENSA EN TI!
AHORA TIENES EL ESPEJO DEL CONOCIMIENTO.

La meditación y los *bhajans* albergarán de forma segura a tu Ser sin ser. La continuidad es absolutamente esencial. Siempre va a haber fuerzas externas y un bombardeo de conceptos, que seguirán tratando de llevarte de nuevo a la ilusión. No tendrán éxito. Tu postura es firme, fuerte. Estas disciplinas te mantendrán alerta, de modo que el enemigo no se atreva a entrar. Los conceptos ilusorios no se atreverán a entrar. Has instalado el software antivirus para deshacerte de ellos. Ahora eres una fuerza muy poderosa a tener en cuenta. No tienes oposición.

161. Identifica a tu Ser sin ser

Maharaj: Bhausaheb Maharaj ideó un plan sistemático para contrarrestar el flujo sin fin de conceptos ilusorios que puede ataque. Conocía los escollos y la facilidad con que la distracción podía echar a perder la concentración. Estuvo haciendo meditación, meditando de pie, en el bosque. Nuestra práctica diaria de recitar el Mantra, la meditación y los *bhajans*, viene directamente de la experiencia de primera mano de éste Maestro. Conocía de sobra las debilidades y las trampas porque él mismo las había experimentado directamente. Nosotros nos beneficiamos de su sabiduría y sus hallazgos, y tenemos una práctica que es infalible.

Cuando hay pérdida de la paz, perturbación, desequilibrio de la mente, recuerdos, etc., cuando todo eso sucede, puede alterar potencialmente tu estabilidad. Para evitar que eso suceda, la meditación y los *bhajans* son esenciales para servir como un constante recordatorio de que "Eres la Verdad Última".

**JUNTO CON EL DISCERNIMIENTO,
LA MEDITACIÓN Y LOS *BHAJANS*,
TE AYUDARÁN A ESTAR ALERTA.**

¡Usa el discernimiento! Tu felicidad se encuentra más allá de las tres atracciones de publicidad, dinero y sexo. Tu felicidad es una felicidad Espontánea. No requiere ninguna causa material para estar ahí. Un Silencio Total y Espontáneo es el resultado de tu práctica.

**¡TÓMATE EN SERIO LA REALIDAD!
TRATA TU VERDADERO ESTATUS
CON EL MAYOR CUIDADO.
SI DEJAS QUE LOS PENSAMIENTOS ENTREN
INDISCRIMINADAMENTE,
PUEDEN CREAR OTRO SUEÑO.
MANTÉN LOS PENSAMIENTOS PELIGROSOS A RAYA.**

No quieres otro sueño como éste. El renacimiento es un concepto que ha sido plantado desde la infancia ¡Deshazte de él!

En el momento en que bajes la guardia, el ego te atacará. Por lo tanto, implícate en TI con total concentración ¡Plena concentración! Un día dejarás esta carne, huesos y sangre ¡Prepárate! Pasa tiempo en un cementerio o cerca de donde los cuerpos son incinerados ¡Éste puede ser un ejercicio práctico y útil!

**IDENTIFICA TU SER SIN SER.
ERES LA VERDAD FINAL.
ERES *BRAHMAN*, ERES DIOS.
NO ESTÁS SEPARADO DE TI MISMO.**

**TE CONSIDERAS A TI MISMO
COMO LA FORMA CORPORAL.
NUNCA FUISTE EL CUERPO.
TU PRESENCIA INVISIBLE HA ESTADO SIEMPRE AHÍ.
IDENTIFICA A TU SER SIN SER.**

Ahora tienes una maravillosa oportunidad para entender y saber realmente que no eres ni un hombre ni una mujer ¡Eres *Brahman*! La Convicción Espontánea aparecerá.

ABRAZA LA REALIDAD QUE ERES.

La mente, el ego y el intelecto no te están permitiendo aceptar la Realidad completamente ¿Qué es la Realidad? ¡Tú eres la Verdad Última! Grábatelo con la práctica. En esta etapa, no hay necesidad de estudiar más, de más enseñanzas. Ya no tendrás necesidad de todas esas palabras que vinieron después de tu Presencia, las palabras que hemos creado.

P: ¿No cree que las enseñanzas del Linaje, del *Parampara*, son de utilidad?

Maharaj: Están OK, pero ¿dónde estaba el *Parampara* antes de ser? Cuando te encontraste con el cuerpo, te encontraste con el conocimiento relacionado con el cuerpo.

**NO SABER, ES SABER.
NO SABER, ES SABER.**

¡Estúdiate a ti mismo! Haz tu propia indagación espiritual y encuentra tu propio Auto-conocimiento ¡No el conocimiento del *Parampara*! ¿Por qué quieres visitar de nuevo esas dulces palabras? ¡*Parampara*, *upasana*, *prarabdha*! ¡Encuentra tu propio Auto-conocimiento!

**NO SABES NADA DEL MUNDO,
NO SABES NADA DEL *PARAMPARA*,
NADA SOBRE LA ESPIRITUALIDAD.
AL FINAL, LA ESPIRITUALIDAD
ES TAMBIÉN IGNORANCIA.**

Convicción, Convicción Espontánea ¡Tampoco dejes que estas palabras te bloqueen! Todo es ilusión, las ropas de distintos conceptos.

**HAS DE SABER QUE ES UN SUEÑO.
ELIMINA ESTAS ROPAS LLENAS DE CONCEPTOS.**

Recuerda que todas las relaciones, marido, esposa, todas las relaciones del cuerpo están en función de él, nada más. Antes del cuerpo, sólo había cielo, y nosotros estamos más allá del cielo. No estamos preocupados por todo lo que se hace y sucede.

**NADA SUCEDIÓ,
NADA ESTÁ SUCEDIENDO,
NADA SUCEDERÁ.**

Sé valiente, pero no de un modo egoísta. Acepta, pero asegúrate de que lo que aceptas está basado en el razonamiento. Respeta a tu Ser sin ser, mediante el cual es proyectado este mundo. Esa no es tu identidad en absoluto, no la aceptes.

El *momento de morir* no ha de ser un momento desgraciado, ha de ser feliz, lleno de expectación y entusiasmo: "¡Vamos, vamos!"

ACEPTA LA REALIDAD, TU REALIDAD.
ERES LA VERDAD FINAL.
ERES LA ESTACIÓN DE TÉRMINO, EL ÚLTIMO DESTINO.
NO HAY NADA EN MEDIO.

Antes de venir al ashram, tenía una dirección que te trajo hasta aquí.

EL CONOCIMIENTO ESPIRITUAL ES
COMO ESA DIRECCIÓN.
TE FUE DADO
PARA QUE PUDIERAS LLEGAR A TU SER SIN SER.

Ha de haber una fuerte Convicción. Has de tener una gran fuerza de voluntad. Los Maestros tenían mucha fuerza de voluntad ¡Ten fe como Nisargadatta Maharaj! Si tienes ese tipo de fe, llegarás a la Realidad ¡Sé estable! Al principio la inestabilidad te despistará de tus raíces.

PUEDES IR A CUALQUIER MAESTRO REALIZADO,
PERO ES MÁS IMPORTANTE
QUE VAYAS, Y SEAS INSTRUIDO,
POR TU MAESTRO INTERIOR.

Los *Sadhus* dan vueltas a Arunachala muchas veces ¡Muy bonito! ¿Pero exactamente qué obtienen? ¿Por qué crearle problemas al cuerpo y ponerle bajo presión?

YA ESTÁS CONTIGO.
LOS LIBROS DICEN LO MISMO.
EL SER SIN SER ES TODO LO QUE HAY.
AHORA QUE LO SABES, HAS DE MANTENERLO.

No hay ninguna necesidad de hacer pasar al cuerpo pon ningún tipo de tortura o prueba de resistencia.

¡El mantenimiento es esencial! Si no continúas con la práctica y te olvidas de tu Realidad, la ilusión volverá. Fortalece tus cimientos y hazlos perfectos. Si tienes unos fundamentos perfectos, llegarás a conocer la Perfección, la Perfección Espontánea ¡La paz total!

Ésta identidad es una identidad momentánea. El reloj hace tictac para el cuerpo. El cuerpo tiene un tiempo limitado. Ten una implicación estricta y olvídate del mundo. Ahora depende de ti. Ten un solo deseo, el deseo de ser libre, en sentido real. Me estoy dirigiendo al Oyente Invisible en ti.

**AVANZA CON UN FUERTE DESEO:
"¡QUIERO CONOCER LA REALIDAD!"
DE OTRO MODO, EL MAESTRO NO APARECERÁ.**

Has de rendirte al Ser sin ser. Sé humilde, educado, respetuoso y pacífico. Ni celos, ni atracción, ni lucha, ni pelea ¡Pacífico! ¿Por qué luchar? ¿Quién está luchando? El Espíritu es Uno. El ego es peligroso y ha de disolverse completamente para que pueda haber calma.

Puedes medirte a ti mismo junto las seis cualidades sobre las que hablamos hace poco, para ver cuán profundamente ha sido absorbida tu espiritualidad. Estas cualidades son: perdón, paciencia, expectativa de realización, deseo de saber, devoción total y, por último, fe en el Maestro. Cuanto más y más te acerques, el mundo será olvidado. Si mantienes tus ojos abiertos y no aceptas nada a ciegas, llegarás a conocer la Realidad en ti. Sigue el consejo de Nisargadatta Maharaj:

**"NO SEAS TAN POCA COSA QUE EL MUNDO
PUEDA METERTE EN SU BOLSILLO".**

¡Algunos Maestros cobran cien dólares por enseñarte a respirar! No sigas a ninguno de ellos. No sigas a ciegas a nada ni a nadie.

**SÉ LEAL A TI MISMO.
RESPETA TU SER SIN SER.
DEJA DE BUSCAR
Y CONCÉNTRATE EN EL BUSCADOR,
QUE ES LA VERDAD ÚLTIMA.**

Ten una fe fuerte en tu Maestro, que te ha mostrado en ti la Esencia Magistral. Un día, puede que te veas hablando espontáneamente, del mismo modo que yo estoy hablando.

**EL FLUJO DE CONOCIMIENTO SERÁ ESPONTÁNEO.
HAS DE RESPETAR A TU SER SIN SER.
HAS DE RESPETAR LA REALIDAD.
"SOY LA VERDAD FINAL".**

162. *Uno con el Ser sin ser*

Maharaj: Escuchaste al Maestro. Luego contemplaste el Conocimiento, lo cual te llevó a la comprensión. Con intensa meditación, adquiriste la convicción intelectual. Todo eso es bueno y está bien. En la etapa avanzada, todo ha de ser absorbido. La meditación intensa te llevará a la Convicción Espontánea, una experiencia directa de la Verdad.

Ahora mismo, entiendes, lo sabes, pero al mismo tiempo, queda alguna duda por ahí, puede que una pequeña. ¡Eso está OK! La Convicción Espontánea sucederá. La Convicción Espontánea sucederá y tú dirás: "¡Sí, soy *Brahman*! ¡Tan seguro como sé que soy un hombre o una mujer!"

EL SUSTENTO DE ESTE CUERPO SE LLAMA *BRAHMAN* Y NO TIENE CONEXIÓN CON EL MUNDO Y EL CUERPO. ÉSTA ES LA CUALIDAD DE LA CONVICCIÓN.

Las señales de la espiritualidad son calma total, silencio y tranquilidad. Estas cualidades residen en el interior ¡No son para hacer demostraciones!

Tú ya estás CONTIGO, pero aun así, has de darle más importancia a tu poder oculto. Mantén la práctica de la meditación y la Auto-indagación. Es esencial al principio. Incluso aunque sepas que es una escalera y no la Verdad Última, sigues teniendo que ir más allá, sigue yendo más profundo y haciéndote la pregunta.

¿PARA QUIÉN ESTOY HACIENDO ESTA PRÁCTICA?"

P: Sé lo que está diciendo. Existe el peligro de que acabes perdiéndote en la práctica, y hay un montón de prácticas para elegir.

Hace poco visité a un Gurú, que tenía una práctica específica que teníamos que seguir. Yo tenía que seguir cinco reglas relativas al cabello: cómo llevarlo, no cortarlo, etc.

Maharaj: ¿Tenías cabellos Antes de ser?

**ERES DESCONOCIDO PARA TI MISMO.
NO TE CONOCES A TI MISMO.**

¡Olvídate del cabello! Antes de ser no había conocimiento material ni intelectual. Eras desconocido para ti. Esas reglas sin sentido sobre el cabello, están sólo conectadas con el cuerpo, la mente, el ego y el intelecto. Todo es un conocimiento material.

**EL AUTO-CONOCIMIENTO ESPONTÁNEO
ESTÁ CONETADO CON
LO MÁS HONDO DE TU REALIZACIÓN,
LO MÁS HONDO DE TU REALIZACIÓN,
SIN EL CUERPO ¡ESPONTÁNEAMENTE!**

Mis palabras son muy concretas. El conocimiento espiritual intelectual, y la mente, el ego y el intelecto son físicos, conocimiento intelectual.

**ESTE TIPO DE CONOCIMIENTO ES MATERIAL,
CONECTADO CON LAS PARTES SUTILES DEL CUERPO.
EL CUAL NO ESTABA AHÍ ANTES DE SER.**

Vino con el cuerpo y será disuelto con el cuerpo.

POR TANTO, TÚ HAS HECHO NACER A LA MENTE,

EL EGO Y EL INTELECTO
Y A TODO EL CONOCIMIENTO ESPIRITUAL.

Hay mucho que decir sobre lo *espiritual*. Cada vez que prestas atención a esas conversaciones espirituales, y a los que dice el último *Gurú del moda*, estás ignorando al Oyente Invisible que es la Verdad Última. No sólo te estás desestimando a ti mismo, te estás insultando ¡Implícate CONTIGO!

Cuando te lances al Océano de la Espiritualidad, tendrás diversión. Lo encontrarás muy interesante y divertido. No te sientes simplemente a la orilla del río, tratando ansiosamente de mantenerte seco y a salvo ¡Nada en el mar profundo! Encontrarás diversión en él "¡Sí, es estupendo!" Conocerás tu Poder ¡Tú eres todo!

NO ESTÉS A MERCED DE OTROS.
¡PON TU MANO EN TU CABEZA!

Bajo la guía del Maestro y con la meditación, has aprendido la técnica de la espiritualidad, la espiritualidad práctica.

Contar los años, torturando el cuerpo con diferentes prácticas, vestir hábitos de color azafrán y guirnaldas, y decorar el cuerpo, etc. ¿Para qué? ¿Qué vas a sacar de todo eso? ¡Nada!

SI QUIERES DECORAR ALGO,
DECORA A TU OYENTE INVISIBLE
CON EL CONOCIMIENTO ESPIRITUAL ¡CON FE!
¡ESO ES LO MÁS IMPORTANTE!

¿Cómo ser? Es muy, muy sencillo, todo lo que necesitas es tu voluntad:

¡SÍ, HE DE SABERLO!
ÉSTA ES LA PARADA TOTAL.
SE SUPONE QUE ESTA CONVICCIÓN HA DE ESTAR AHÍ ¡SÍ!

"¡Sí! Esta es mi dirección final ¡Ésta es mi Casa! ¡No voy a ir a ningún otro sitio! ¡Me quedo donde estoy!" ¡Sé fuerte interiormente! ¡Sé fuerte espiritualmente!

¡RÍNDETE DEL TODO, RENDICIÓN TOTAL!
¡TU VISIÓN DEL MUNDO HA CAMBIADO!
DESDE SIEMPRE,
LO ÚNICO QUE HA HABIDO ES UNIDAD.
SIGUE YENDO MÁS Y MÁS CERCA,
MÁS Y MÁS CERCA DEL SER SIN SER.

Este cambio interior que ha tenido lugar, significa que no tienes conexión con la existencia. Éste es el Principio de la Espiritualidad, que está siendo Absorbido Espontáneamente.

PIENSA EN TI.
SE TE HA DADO EL ESPEJO DEL CONOCIMIENTO.
ES TU ESPEJO.

Con la práctica continua y la absorción:
CONÓCETE A TI MISMO Y QUÉDATE CON EL SER SIN SER.
CONÓCETE A TI MISMO Y QUÉDATE CON EL SER SIN SER.

163. *A Plena Luz*

P: ¿El estado tranquilo es el silencio? ¿Cómo va a ser el silencio excepcional?
Maharaj: Estas preguntas y las respuestas están dentro de ti solamente. La ciencia espiritual habla de las cuatro etapas de la formación de la *Palabra* siendo creada, desde la etapa del silencio hasta la etapa verbal ¡Olvídalo! Todas las respuestas a tus preguntas han de ser encontradas dentro de ti solamente.
LA VIDA EN EL CUERPO ES DOLOROSA.
ANTES DEL CUERPO, NO HABÍA DOLOR,
PORQUE NO HABÍA DISTRACCIONES CORPORALES
NI CONSECUENCIAS.
AQUÍ TE AYUDARÁ LA ESPIRITUALIDAD.
P: ¿Entonces, el *Yo* real está más allá de Dios?
Maharaj: Como sabes, *Dios* es sólo un nombre dado a un poder sobrenatural. Tu Existencia Espontánea está más allá de todo, por tanto, no hay definiciones.
ESTÁS MÁS ALLÁ DEL CIELO.
P: Nisargadatta Maharaj dijo: "Dios existe para la adoración". Ahora lo entiendo por primera vez.
Maharaj: Algunas personas adoran una piedra o una estatua de Dios. La estatua no sabe que "Soy Dios". Y esas personas le dan importancia a la estatua porque no conocen su propia importancia, que ellos son, de hecho, Dios.
TÚ ERES DIOS, TÚ ERES EL DIOS AL QUE ADORAS.
ERES EL ADORADOR Y LO ADORADO.
El conocimiento relacionado con el cuerpo trajo muchos tipos de dolor. Hace cien años, no tenías conocimiento. Dentro de cien años no habrá conocimiento. Sin embargo, en este momento, dices con orgullo: "Tengo un buen conocimiento. Tengo mucho conocimiento".
¿DE QUÉ SIRVE ESE CONOCIMIENTO
SI NO TE HACE MÁS FUERTE Y
TE AYUDA A ENTENDER QUE "NO ESTOY MURIENDO"?
La espiritualidad te ayuda a entender que "El cuerpo es el hijo del vecino", porque has alcanzado la verdad de "¿Quién soy Yo?" El resultado es que estás despreocupado del cuerpo. La meditación te

confiere poder, y ese poder te ayuda a aumentar la tolerancia y la capacidad de resistir cualquier cosa que encuentres en tu camino.

El último momento ha de ser un momento feliz. Ese es el propósito de la espiritualidad. Depende de ti asegurarte de que haces que el último momento sea dulce.

INSISTO EN QUE PRESTES ATENCIÓN A TU SER SIN SER. AHORA TIENES TODO ESE CONOCIMIENTO ¡PRÉSTALE ATENCIÓN!

El ego sutil está en todas partes, haciéndonos preferir vivir en nuestro propio círculo, con todas sus expectativas y quejas como: "Mi vida debería ser así. Mi esposa debería ser así. Ella no está cubriendo mis expectativas", o "Mi marido debería encontrar un trabajo mejor", etc.

NO VUELVAS A TUS HÁBITOS ANTERIORES Y VAYAS BUSCANDO LA FELICIDAD EN LAS COSAS MATERIALES.

¡Ya lo sabes mejor! Conoces los límites. Cuando comes chocolate, tienes un momento de felicidad ¿Y luego?

Conócete a ti mismo y luego todo lo que es doloroso se disolverá. Es un Conocimiento muy, muy simple. Algunas personas emplean *lakhs* de rupias en su búsqueda de una respuesta a "¿Quién soy Yo?" Se rodean de los así llamados maestros, cuyo principal interés es comercial. Saben que los buscadores son a menudo ignorantes e incapaces de distinguir entre un Maestro verdadero y uno falso.

Necesitas madurez espiritual para conocer a tu Ser sin ser. Todos y cada uno de los momentos de tu vida son muy importantes. Te preguntas "¿Dónde estoy? ¿Dónde está James? ¿Dónde está James? ¡Tú eres James! Te estás buscando a ti mismo. James está aquí. Estoy poniendo ante ti los hechos y los datos.

Por eso es por lo que le damos reconocimiento a nuestro Maestro y decimos: "Mi Maestro es grande. Está más allá de Dios". Tú estás más allá de Dios. Cuando te encuentras con un Maestro Realizado, tu búsqueda llega al final. La Esencia Magistral ya está en ti. El Maestro simplemente te hace consciente de ello.

TEN UNA FE FUERTE EN TU MAESTRO, Y UNA FE FUERTE EN TI.

Dondequiera que estés en el mundo, quédate con tu Identidad no Identificada ¡Pon tu mano en tu cabeza y bendícete!

P: El *Yo* real está más allá de cualquier imagen de Dios.
Maharaj: ¡Sí!

DEBIDO A QUE NO TE CONOCES A TI MISMO.

Aquello sobre lo que se puede hablar, como la imagen de una

deidad (*murti*), está en función del conocimiento relacionado con el cuerpo, el intelecto y la lógica, y es un signo de ilusión.

AQUELLO SOBRE LO QUE NO SE PUEDE HABLAR, ES UN SIGNO DE REALIDAD.

Eras como el pequeño mendigo, eres rico, solo que no sabías lo acaudalado que eras. Ahora que conoces la Realidad, estás Iluminado.

El Maestro no es el cuerpo. El Hablante y el Oyente son uno con el otro. Haga uno con el otro. El reflejo *Del que Ve* ¡*El que Ve* es grande, le respetamos. *El que Ve*, no tiene forma, ni carne, ni huesos, ni sangre.

**LA MENTE NO ES.
EL EGO NO ES.
AHÍ ESTÁS TÚ.**

Por ahora, sólo puedes imaginar cómo puede ser el silencio ¿Cómo estarás sin palabras? ¿Cómo serás?

**LO DESCONOCIDO SE VUELVE CONOCIDO.
LO CONOCIDO SE DISOLVERÁ EN LO DESCONOCIDO.**

Te conoces a ti mismo mediante el cuerpo, porque TÚ eres desconocido para ti mismo. A continuación, el cuerpo se disolverá en lo desconocido. Es un conocimiento muy interesante si vas más y más profundo.

**INSISTO EN QUE VAYAS MÁS Y MÁS PROFUNDO
EN TU SER SIN SER.**

Con la meditación, la puerta que estaba cerrada para ti, se abrirá. Se abrirá de par en par. Una gran cueva de Conocimiento más allá de tu imaginación, se abrirá ¡Es la Llave Maestra! El mundo de la meditación es la Llave Maestra. Aplícala y entonces:

**ABRE, ABRE, ABRE,
HASTA QUE VEAS A TU SER SIN SER
A PLENA LUZ.**

164. *Haz que el Último Momento Sea Dulce*

Maharaj: ¿Por qué hacemos meditación, tomamos el Mantra, recitamos el Mantra, hacemos Auto-indagación, contemplación y leemos libros? Porque el último día, el último momento, se supone que ha de ser un momento feliz, un momento dulce. Nos preparamos para, y nos aseguramos que cuando llegue el momento en que el Espíritu se separe del cuerpo, no haya pensamientos de que "Estoy muriendo".

CUANDO LLEGUE ESE MOMENTO,

SABRÁS, CON TOTAL CONVICCIÓN, QUE "SOY NO-NACIDO".

La Convicción está ahí, ya está establecida, es real. Está ahí para que puedas tener un dulce y feliz estado de ánimo, para hacer feliz el último momento.

Es un Conocimiento muy, muy simple, sin lugar para argumentar y contra-argumentar. Esto no es un debate. No va de "¿Qué es verdad?" o "¿Qué es falso?", porque no hay ni verdadero ni falso. La Verdad Última significa que no hay ni *verdadero* ni *falso*. A eso se le llama la Verdad Última.

Durante semanas hemos estado hablando del niño no-nacido. Tanto si hemos hablado de espiritualidad o de filosofía, todo se refiere al niño no-nacido.

Nada ha sucedido. Hablamos de lo que no está sucediendo. Como discípulos, tenéis que ir a la raíz, a la base. La raíz es vuestro Ser sin ser. Permaneced ahí tranquilos y en calma, sin palabras, sin palabras. Antes de ser, no había palabras, no había palabras.

AHÍ PUEDES VER EL PRINCIPIO, EL SILENCIOSO, EL SILENCIOSO OYENTE INVISIBLE. MÁS ALLÁ DE ESO, NADA.

Incluso si estamos juntos hablando durante horas o años, el principio seguirá siendo el mismo. El principio permanecerá igual.

P: ¿Qué hay de la devoción, Maharaj? ¿Es necesaria tras la Convicción, tras la Realización?

Maharaj:

TRAS LA CONVICCIÓN TOTAL, DESPUÉS DE QUE LA VERDAD ÚLTIMA HAYA SIDO ESTABLECIDA, LA DEVOCIÓN HA DE CONTINUAR. HAS DE CONTINUAR CON LA DEVOCIÓN, PORQUE SOMOS EL SUSTENTO DEL CUERPO.

Es necesario, es absolutamente esencial, continuar con la devoción. Un devoto solía venir a verme. Escribía libros de filosofía. Era un hombre muy honesto y humilde. De pronto, se distrajo y fue llevado a la política. Se encontró a sí mismo profundamente involucrado en ella, hasta el punto de presentarse a las elecciones. Fue pillado en la inconsciencia, y sin darse cuenta de lo que sucedía, abandonó su espiritualidad, así. Su vida se volvió muy ajetreada con políticos, muy ajetreada como para encontrar sitio alguno para la devoción. Perdió su foco, su concentración.

TRAS EL CONOCIMIENTO, LA DEVOCIÓN ES ESENCIAL.

LA DEVOCIÓN TE MANTIENE HUMILDE.

P: Me siento feliz, Maharaj, porque ahora estoy en la última etapa, después de buscar durante unos cuarenta años ¡Ayer me sentía sin cuerpo!

Maharaj: ¿Qué etapa es esa de la que hablas? No hay etapas ¿Quién las cuenta? Treinta años, cuarenta años ¿Cómo puedes sentirte sin cuerpo cuando no hay nadie ahí? Sin tu Presencia, no puedes contar. Sin tu Presencia no puedes tener ninguna experiencia. Tu Identidad está más allá de la experiencia.

No hay duda de que este tipo de experiencias está bien, pero no es la Verdad Última, no es la Verdad Final. Recuerda que son pasos progresivos, hitos. Hoy puedes tener la experiencia de ser *Brahman*, y mañana la de ser Dios Todopoderoso. Buenas experiencias, pero experiencias al fin y al cabo. Para que tengas estas experiencias, cualquier experiencia, todavía ha de quedar ilusión ahí, un rastro de ilusión.

NO ERES NI *BRAHMAN* NI DIOS.
NO VAYAS DEAMBULANDO CON ESE TIPO DE EXPERIENCIAS ESPIRITUALES.

Es fácil apegarse a las experiencias espirituales, pero sencillamente, traerán al ego de vuelta. Estás separado de todo ello. "Tuve una experiencia maravillosa. Tuve una experiencia muy grande de *Brahman*, *Atman*, *Paramatman* y Dios". Eso traerá al ego de nuevo.

Careces por completo de forma, no hay experiencia ni experimentador. Cualquier cosa que experimentes, es algo que se suma a tu Presencia Espontánea, un añadido.

PERMANECE CON TU PRESENCIA ESPONTÁNEA,
EN LUGAR DE HABLAR SOBRE LA EXPERIENCIA.

P: Ni siquiera era consciente de ello ¿sabe? Estaba emocionado y fui arrastrado por mis grandes experiencias espirituales.

Maharaj: Si tienes alguna experiencia, es que no es la Verdad Última.

LA VERDAD ÚLTIMA
ESTÁ MÁS ALLÁ DE ESO,
MÁS ALLÁ DE ESO,
MÁS ALLÁ DE MÁS ALLÁ DE MÁS ALLÁ.
DONDE TODAS LAS EXPERIENCIAS TERMINAN,
AHÍ ESTÁS TÚ.

Hay mucha ignorancia en la gente que dice: "¡Oh, tengo el conocimiento, estoy iluminado!" Puede que hayan leído libros y escuchado las conversaciones de otros, pero muchos de ellos simplemente imitan a los Maestros y transmiten sus enseñanzas como loros, como en la historia del chófer de Einstein, Harry. Debido a tanto tiempo que había estado con Einstein, el chófer era capaz de hablar de modo fluido, pero Harry no podía ser nunca Einstein.

EINSTEIN ES EINSTEIN, NO EL CHÓFER.

Del mismo modo, tras leer la literatura espiritual, lo que dicen los Maestros, etc., puedes ser capaz de hablar sobre lo que has leído y lo que recuerdas de esas fuentes externas, pero cuando la gente empieza a hacer preguntas, no tienes ni idea.

Eso es lo que pasa cuando lees libros y visitas a los Maestros, omitiendo cualquier Auto-indagación y Auto-conocimiento. Puede que hayas coleccionado conocimiento, capas de conocimiento con las cuales puedes hablar, pero es conocimiento material, no la Verdad Última.

P: Sé que contar los años no tiene sentido, y sin embargo, la gente se vuelve más ansiosa conforme se hacen más viejos. Algunos, incluyéndome a mí, tratan todavía de comprender la Verdad con la mente y el intelecto.

Maharaj: ¡Olvídate de *más viejo!* La Presencia no tiene edad. No es ni viejo ni joven. Cualquier cosa sobre la que hayas leído o escuchado en el pasado, todo el conocimiento que has acumulado ¡tendrás que soltarlo! La gente no quiere hacer eso.

LA GENTE NO QUIERE ABANDONAR SU CONOCIMIENTO RELACIONADO CON EL CUERPO, O LO QUE VEN COMO SUS INVERSIONES ESPIRITUALES.

"¡Oh! ¡He pasado treinta años haciendo esto! ¡Mi cuarenta años de espiritualidad!" Por eso no aceptan fácilmente la Verdad Última. Quieren seguir como están, pero al mismo tiempo, quieren conocer la Realidad.

QUIERES SEGUIR EN EL MUNDO ILUSORIO, PERO AL MISMO TIEMPO, QUIERES CONOCER LA REALIDAD.

P (2): Llevo siendo estudiante de las enseñanzas de Nisargadatta Maharaj unas dos décadas. A veces siento que estoy dando vueltas en círculos. Sí, las enseñanzas son de lo más estimulantes, pero siento que me falta dirección, y que hay poco o ningún movimiento. Tengo la sensación de que he estado *llevando a cuestas* las enseñanzas y utilizando la espiritualidad como otro tipo de identidad. Ahora puedo verlo. El Maestro está todavía ahí fuera, separado, así que hay algo de dualidad.

Maharaj: Has leído los libros del Maestro, pero estás ignorando a tu Maestro Interior. Pregúntate a ti mismo: "Cualquier conocimiento espiritual que tengas hoy ¿te ayudará cuando des el último suspiro?" Mira, este tipo del así llamado conocimiento espiritual, es la ilusión más grande.

La comprensión intelectual no te ayudará. Jugar con las palabras del Maestro alimenta al ego sutil. La identificación con el nombre de cualquier Maestro, también lo alimenta. Tú no estás separado del Maestro.

LA ESENCIA MAGISTRAL ES UNA.
LA MISMA ESENCIA QUE ESTÁ
EN NISARGADATTA MAHARAJ,
ESTÁ TAMBIÉN EN TI.

Te estás identificando con y apegándote al nombre, incluso puede que a la forma del Maestro. El Maestro no es el nombre. El Maestro no es la forma, tanto si es Nisargadatta Maharaj, Ranjit Maharaj, Siddharameshwar Maharaj, Ramana Maharshi, Swami Vivekananda o Shankara.

¿DÓNDE ESTABAN ESTOS MAESTROS
ANTES DE SER?

Dices: "¿Qué quiere decir con esto, qué quiere decir con aquello?" Las palabras del Maestro son indicadores, no te dejes atrapar por ellas. Ten fe en lo que el Maestro dice y acepta su mensaje. Deja la mente atrás, deja de analizar y diseccionar las palabras. Quédate con el significado de lo que los Maestros están diciendo y tratando de transmitir. Deja de aferrarte a las palabras.

ÉSTA ES TU HISTORIA,
TU REALIDAD.
ACEPTA LA REALIDAD.

Ésta Realidad es infinitamente más importante que quedarse como eterno estudiante de la espiritualidad.

HAS ESTADO LEYENDO LIBROS CONTÍNUAMENTE.
PERO NO HAS LEÍDO AL LECTOR.

Los libros te han traído hasta aquí. Pero cualquier cosa que hayas leído, no es suficiente. Has de descubrir el principio que hay detrás de lo que estudias ¿Qué es lo que estás buscando? ¿Qué concepto te causa más problemas? ¿La muerte y el miedo a la muerte? Estás estudiando lo que éste Maestro dijo, o lo que dijo ese otro, y estás ignorando todo el tiempo al estudiante.

¡NO IGNORES AL ESTUDIANTE!

En lugar de enfocarte en estudiar, descubre quién está estudiando, Auto-indaga. Quédate contigo, con el Lector Invisible.

Tras leer los libros y escuchar el conocimiento de los Maestros, has de leer tu propio libro, tu propia historia.

LEE TU PROPIO LIBRO,
AUTO-DESCUBRE.
¡MÍRATE!

Mi Maestro ha dicho: "Lo real es muy desconocido para ti,

vive así y no será un problema para ti". Llega a conocer al Ser sin ser. Haz Auto-indagación, medita, recita el Mantra, canta los *bhajans*. Escucha las enseñanzas de tu Maestro Interior. Tú eres el Maestro.

P: Imagino que, la verdad sea dicha, estamos muy asustados, y puede que no queramos realmente dar el salto y convertirnos en Eso. No hay un convertirse, está ahí, y sentimos que tampoco hay vuelta atrás.

Puede que sólo nos guste reunir más y más conocimiento y acariciar el ego. Esto le da comodidad al falso ego ¿O puede que en realidad no queramos profundizar suficiente en las enseñanzas, y ver realmente el significado detrás de ellas?

Maharaj: ¡Ya te lo he dicho!

¡NO ES DIFÍCIL!

Tras conocer la Realidad, pasará como en la historia de la serpiente y la soga. Cuando sabes que es una soga, instantáneamente dices: "¡Oh, lo sé! ¿Por qué he de temer a la soga? Es mi ilusión". Todo cambia instantáneamente. Es lo mismo con lo del pequeño mendigo. Cuando supo que era millonario, no fue a mendigar al día siguiente.

P: Nosotros todavía vamos a mendigar al día siguiente, porque si no, esos cuarenta años parecerán haber sido una pérdida de tiempo, parecerán sin sentido, en vano, supongo.

Maharaj: Cuentas los años porque olvidaste al Buscador ¿Quién está contando los años?

P: Bueno, sé que todo es ilusión. Es sólo que estoy seguro de que el cuerpo se consume rápido, como una barra de incienso, por eso tengo una sensación de urgencia.

Maharaj:

TU MAESTRO INTERIOR ES TODOPODEROSO.

¡Quédate con esta Verdad! Cuentas los años, recordando todavía con cariño, sin dificultad alguna, todos los nombres y lugares ilusorios que has visitado con el cuerpo ilusorio, pero ¡qué fácil te resulta olvidarte del Maestro Todopoderoso que hay en ti!

¡ESTÁS OLVIDANDO AL MAESTRO TODOPODEROSO QUE HAY EN TI!

Siddharameshwar Maharaj dijo: "Si la gente es ciega, no podrán conocer la Realidad, que son Dios. Están ciegos. Dios está en ti. Dios lo hace todo a través de ti". El ego sutil no se ha fundido del todo: "Estoy haciendo esto y aquello".

COMO TE HE DICHO MUCHAS VECES, NO ESTÁS HACIENDO NADA. NO PUEDES HACER NADA.

NO HAY HACEDOR.

P: ¿Así, como Maestro y profesor, en realidad usted no está interesado en las historias de la gente, por ejemplo, en mi largo y arduo viaje espiritual?

Maharaj: Saben que cuando vienen aquí, que tras dejar el camino de la ignorancia, el cuerpo ilusorio, no hay diferencia entre el Maestro y el discípulo. El Maestro ya está en ti. Eres un león, eres un Maestro. Has tenido una larga asociación con el cuerpo, por eso no aceptas la realidad tan fácilmente.

P: ¡Veinticuatro horas de práctica continuada es toda una sorpresa!

Maharaj: ¡Pasas veinticuatro horas *pensando*, y te parece normal!
[Risas]

P: OK, entonces ¡práctica sin parar! La gente que viene aquí se queda sorprendida al principio, al darse cuenta de lo intenso que es. No es un juego a ratos o algo así. Además, su percepción de la meditación es que está separada de su vida, por ejemplo: "Meditaré cinco o diez minutos, una hora, dos horas". Y mientras tanto, el resto de su vida es completamente diferente.

Maharaj: El Conocimiento es simple, muy simple. Pero ha de haber un Maestro Realizado para guiarte, para martillearte, para indicarte, para llamar la atención del Oyente Invisible: "Eres la Verdad Última, eres la Verdad Final" ¡Martillear! ¡Martillear! Tras el martilleo de la gran piedra por el Maestro, la escultura será revelada. Una figura de la deidad será expuesta.

P: Martillear y martillear. Martilleando y cincelando ¡Necesito mucho martilleo!

Maharaj: La deidad reside en el interior de la gran piedra. El Maestro elimina las partes no deseadas. Puede que no te guste, pero has de permitirlo. Si quieres destapar a Dios, has de aguantar los martillazos. Has de ser valiente y permitir que el Maestro elimine las partes de la piedra no deseadas.

Te estás relacionando con el proceso de tu vida, por lo tanto, estás obligado a encontrar dificultades y resistencias. No des mucha importancia a esas dificultades o problemas.

P: Maharaj, sus enseñanzas son extremadamente radicales y profundas. Lo atraviesan todo, de forma directa, absoluta, pero al mismo tiempo, muy práctica, muy sencilla. Enseñanzas Elevadas Directas. Es un Conocimiento fresco, y no ha sido oído así antes. Esto traza un nuevo rumbo.

Maharaj: Es por la gracia de mi Maestro, Nisargadatta Maharaj.

165. Felicidad Excepcional

P: ¿Maharaj, puede decir algo más sobre la Realidad, el Estado sin Estado, la Realidad Última? Lo que usted dijo ayer era muy interesante.
Maharaj: Es único para cada uno. Cada uno tiene un trasfondo diferente, por lo tanto la Realidad, la Verdad Última, se va a desarrollarse de un modo único para cada uno de ustedes. He aquí un ejemplo: Cuando sabes la dirección, puedes alcanzar al destino. Cuando llegas, te produce una gran felicidad. Cuando SABES cuál es el destino, cuando has ido directamente al destino, hay felicidad, una felicidad que no puede ser explicada.

Cuando después de toda la implicación, la devoción, la práctica, el estudio, el Conocimiento, cuando de pronto lo entiendes: "¡Oh! ¡Es lo que estaba buscando! ¡Eso soy yo!", te olvidas instantáneamente del conocimiento relacionado con el cuerpo. Aun cuando eres el sustento del cuerpo, en el momento de la Convicción, de la Realización que "Soy la Verdad Final, la estación de Término", la felicidad que eso proporciona, no puede ser descrita con palabras. La felicidad de la que hablo es una Felicidad Excepcional, indescriptible.

Swami Ramdas dice: "Si una persona muda come un dulce como el azúcar de caña, no va a ser capaz de describir qué gusto tiene". Del mismo modo, tras la Convicción, no serás capaz de explicar. No puedes describir la Felicidad o cómo la disfrutas. Te quedas sin habla. No puede ser explicado porque la paz y la satisfacción, están más allá de cualquier descripción o explicación.

ESE ES EL LUGAR DONDE TODAS LAS PALABRAS TERMINAN.

Éste es el *lugar*. No tomes las palabras literalmente. No hay un *lugar en el que terminan todas las palabras*, ni hay *lugar* en absoluto.

No hay testigo ni testimonio, ni experiencia ni experimentador. Habrá una excepcional Felicidad Interior, Paz Interior. Te quedarás despreocupado por completo del cuerpo y de todas las palabras conectadas con el cuerpo.

EL MUNDO ENTERO ESTÁ CONECTADO CON EL CUERPO. EL MUNDO ENTERO ESTÁ CONECTADO CON EL CUERPO, Y CUALQUIER CONOCIMIENTO QUE ESTÉ DISPONIBLE, LO ESTÁ EN FORMA DE PALABRAS. ESAS PALABRAS, EN SÍ MISMAS,

ESTÁN TODAS CONECTADAS CON EL CUERPO.

Si el cuerpo está ahí, el conocimiento está ahí. Si el cuerpo no está ¿para qué sirven el conocimiento y las palabras? El Conocimiento nos da indicaciones, no es lo Último. Por lo tanto, todo existe para el cuerpo. En el momento en que el cuerpo se disuelva, todo se disolverá.

Todas las preguntas, son preguntas relacionadas con el cuerpo. Cuando no eras el cuerpo, no había preguntas porque no había presencia física. Eres la Presencia Espontánea, no hay individualidad. Presencia Espontánea, no hay individualidad, no hay *Yo*, no hay *Tú*. Cuando nos encontramos con el cuerpo decimos *Yo, Yo soy, Soy Atman, Brahman*. Nadie sabe qué es *Brahman* o *Atman*. Estos nombres como *Último, Verdad Última, Verdad Final, Ser sin ser*, son indicadores de la Identidad no Identificada del Oyente, la Identidad Invisible.

MÁS ALLÁ
NO HAY NADA.
NO HAY NADA MÁS ALLÁ.

Por lo tanto, sé fuerte y no empieces a acumular conocimiento otra vez ¿Para qué? ¿Qué utilidad tendrá? ¿Para quién estás acumulando? ¿Para quién estamos acumulando tanto dinero? ¿Satisfacción para quién, paz para quién?

LA REALIDAD ES INVISIBLE,
DESCONOCIDA, POR LO TANTO,
ESTÁS REUNIENDO DINERO
PARA EL NIÑO NO-NACIDO.
HAS DE CONVENCERTE DE ESTO.
ENTONCES NO HABRÁ ATRACCIONES NI TENTACIONES,
SÓLO UNA PAZ EXCEPCIONAL,
SIN CAUSA MATERIAL ALGUNA.

La naturaleza, la cualidad de esta paz, no puede ser explicada, igual que la persona muda comiendo dulce. Incluso si alguien dice "Su sabor es dulce" ¿qué significa *dulce*? Has de probarlo tú mismo. Lo que has de hacer es probarlo. No puedes depender de las palabras.

ESTÁS MÁS ALLÁ DE TODO.

Las palabras están alrededor de tu Presencia Espontánea. El mundo entero, el universo entero, están alrededor de tu Presencia Espontánea.

NO CAIGAS EN EL CONOCIMIENTO
RELACIONADO CON EL CUERPO.
SABES QUE TODO ESTÁ EN TI.
NO HAY NADA FUERA.
NO HAY NADA MÁS QUE ENCONTRAR.

Haz tu práctica, cumple con tus deberes ¡Hazlo! [Maharaj da

una palmada en su pierna] Hazlo sin ego alguno. Comparte este conocimiento con quienes estén interesados, pero si lo haces, hazlo sin nada de ego, sin ninguna clase de ego, porque no eres el cuerpo ¡Sé valiente! ¡Cruza los límites! La ciencia espiritual es limitada, crea un círculo y has de tratar de entenderte a ti mismo dentro de él.

AHORA QUE HAS SALIDO DEL CÍRCULO.
TE DAS CUENTA DE QUE TU IDENTIDAD
ESTÁ MÁS ALLÁ DE ÉL,
MÁS ALLÁ DE TODO.

Si tienes la Convicción, no habrá ningún tipo de lucha, discusión o argumentación. Es un hecho. Lo siento por la gente que viniendo desde tan lejos, escuchan el Conocimiento y luego, cuando se van, están todavía tentados de ir aquí y allá.

Ve a visitar a otro Maestro o lugar sagrado si quieres ¡Sin problema! ¿Pero qué vas a sacar de ir a cualquier otro sitio? ¿Qué vas a alcanzar? Encontrarse con Maharaj, luego encontrarse con alguien más, haciendo unos rituales u otros ¡Eso está OK! Está OK ir a cualquier otro sitio, mientras no tengas expectativas de sacar algo de ello.

Hace poco vino una persona de Tiruvannamalai, donde estuvo danto vueltas a la montaña de Arunachala sin parar. Le causó caos al cuerpo, torturó al cuerpo permaneciendo en cuevas durante largos períodos de tiempo.

¿ESTABAS EN UNA CUEVA ANTES DE SER?
¿TE ENCONTRABAS EN UNA CUEVA
ANTES DE SER?

Esa idea evolucionó desde la imaginación. Vino directamente de la imaginación. Se desarrolla un concepto y luego la gente empieza a dar vueltas a su alrededor. Se crea una tendencia y la gente comienza a seguirla, sin preguntarse cuál es su propósito.

Lo que estoy diciendo es que es muy, muy raro para alguien incluso preguntarse por la espiritualidad. De un *lakh*, una sola persona puede llegar a pensar en la espiritualidad. Es raro, muy raro. E incluso entre ellos, incluso aunque practiquen la espiritualidad durante veinte, treinta o cuarenta años, siguen todavía con sus miedos, el principal es el miedo a la muerte.

P: ¿Por qué no funciona su espiritualidad?

Maharaj: Porque su base es la base del cuerpo, y su espiritualidad es alimentada con el ego sutil: "He hecho este ritual, he hecho esta práctica". Además, están continuamente jugando y luchando con las palabras.

P: ¡Buscando los tres pies al gato!

166. La Realidad no tiene nada que ver con las palabras

Maharaj: ¿Por qué tanta lucha y conflicto para entender las palabras y su significado, el análisis intelectual, las comparaciones y las conclusiones? La Realidad no tiene nada que ver con las palabras, ni nada que ver con el intelecto. Está más allá de todo el conocimiento relacionado con el cuerpo.

NO PUEDES DECIR CÓMO ERAS ANTES DE SER.
NO HABÍA PALABRAS, NI CONOCIMIENTO, NADA.
LAS PALABRAS NO PUEDEN DESCRIBIR LA *NADA*.

El conocimiento espiritual está OK para la forma corporal, mientras la forma corporal exista. Cuando la forma corporal desaparezca ¿quién sabe lo que va a suceder? Tras la Convicción, llega el Conocimiento de forma rápida y penetrante, muy rápidamente, afilado. Cuando esto sucede, no hay más necesidad de paz y felicidad.

LA PAZ Y LA FELICIDAD SON PARA EL CUERPO,
PORQUE LA EXISTENCIA
EN LA FORMA CORPORAL ES INTOLERABLE.

En el momento en que te convences de que la forma corporal no es tu Verdad Última, cualquier cosa *negativa* que le pueda suceder al cuerpo, es vista con distancia, como algo que le ha pasado al hijo del vecino, no a ti. Lo sentirás porque este cuerpo es un cuerpo material. Pero al mismo tiempo, piensa que no estás implicado porque es el hijo del vecino, no tú.

EL DESAPEGO ES UNO DE LOS SIGNOS DE REALIZACIÓN.

P: Antes de esa etapa, hay un intenso sentido de posesión, de que la gente pose sus cuerpos, lo cual es muy importante.

Maharaj: ¡Oh, sí! Pero no hay propiedad, no eres el propietario. El propietario son los cinco elementos. Vives en régimen de alquiler. El cuerpo se endeuda, pide prestado agua y comida. El contrato está en vigor durante unos pocos años, luego se amplía: ¡Prohibida la entrada en cuanto dejes de suministrarle agua y comida!

P: ¡Después te echan de tu casa!

Maharaj: Es una jaula, no una casa. Estás en una jaula y masticando una zanahoria. Puede ser una jaula dorada, de plata, de bronce, la que encontremos en nuestro camino. Los ricos hacen jaulas de oro, y los pobres tienen una jaula de hierro.

P: Sigue siendo una jaula.

Maharaj: El sabio está dentro de la jaula. Es la *Jaula del Sabio*. En el momento en que tengas la Convicción, romperás la jaula. Te estoy dando valor:

¡HAS DE SALIR!
¡ABRE LA JAULA!
¡ABRELA DE PAR EN PAR!
¡ERES UN PÁJARO LIBRE!

Estos son los caminos de la Convicción, usando historias, distintas palabras, metáforas y analogías, pero ¡escúchame! Toda la ciencia espiritual habla sólo del niño no-nacido.

EN LA ETAPA INICIAL, LA GENTE ESCUCHA.
PERO LUEGO, NO HAY MUCHOS
QUE CONTINÚEN PROFUNDIZANDO
MÁS Y MÁS EN LA REALIDAD.
PREFIEREN MÁS HACER
LA DISECCIÓN DE LAS ENSEÑANZAS,
E IMPUGNAR LAS PALABRAS UTILIZADAS PARA ELLO.

Cuando llega el momento de la verdad, en general, la gente no está tan interesada en volverse hacia dentro y permanecer en calma. Están más cómodos con las viejas formas de conocimiento relacionado con el cuerpo. Encuentran más fácil debatir y discutir el significado de la Realidad ¡Eso no tiene sentido!

LA REALIDAD NO ES PARA DISCUTIR O DEBATIR.

Es por eso por lo que le hago a todos la misma pregunta: "¿Cuál es tu conclusión después de leer todos los libros espirituales?" Si eres intrépido, entonces OK, con suerte serás valiente cuando llegue el momento de dejar el cuerpo ¡Pero asegúrate! Si el miedo está todavía dando vueltas a tu alrededor, toda tu búsqueda literaria habrá sido una pérdida de tiempo.

TEMBLAR FRENTE AL MIEDO
NO ES CONOCIMIENTO.
EL CONOCIMIENTO HA DE SERTE DE UTILIDAD
EN TU LECHO DE MUERTE.

La espiritualidad te hace valiente, con el resultado de que tienes Paz y Felicidad Espontáneos. Igual que si no tienes dinero en tu bolsillo, no tendrás miedo de los ladrones ¡Déja que vengan los ladrónes! ¡Tus bolsillos están vacíos! Ahora que tienes la Convicción, te ayudará en ese momento. No habrá miedo, nada, sólo paz. Un día u otro, tendrás que dejar esta casa.

CADA DÍA TE HAS DE DECIR A TI MISMO:
"ESTA CASA NO ES MÍA" ¡OLVÍDALA!

Tienes una oportunidad para usar este cuerpo para conocer al Ser sin ser, y conocer cómo eras antes de ser. Cada momento en tu vida es muy, muy importante. Cada momento en tu vida es muy, muy importante. De otro modo, habrá otro sueño, otro sueño, otro sueño.

HAS DE SALIR DE ÉSTE CÍRCULO VICIOSO.
PUEDES HACERLO CON TU PROPIO PODER.
ROMPE EL CÍRCULO VICIOSO
CON TU PROPIO PODER.
¡PUEDES ROMPERLO!
PORQUE TÚ ERES LA REALIDAD ÚLTIMA.

¡No firmes nada a ciegas otra vez! Eres no-nacido. ¡Ten cuidado! No ignores la Realidad a causa de presiones procedentes de fuerzas externas, fuerzas físicas, fuerzas mentales, fuerzas lógicas y fuerzas intelectuales.

NO IGNORES LA REALIDAD.

Todos están tratando de imprimir sus propias ideas en el nombre de los Maestros. En general se espera que se asienta con la cabeza a lo que dicen y que tú digas: "Correcto, correcto" ¡Tú no! ¡Tú no, nunca más!

AHORA PUEDES DECIDIR
LO QUE ES CORRECTO E INCORRECTO,
AUTÉNTICO O NO AUTÉNTICO,
UTILIZANDO EL ESPEJO DEL CONOCIMIENTO.
A LA LUZ DE ESE ESPEJO DEL CONOCIMIENTO,
PUEDES DISCRIMINAR Y DECIDIR.

¡Tienes la Convicción! Puede que tengas que utilizar algunas palabras, sólo recuerda que estas palabras no son la Verdad Última.

NO SEAS DE NUEVO VÍCTIMA DE LAS PALABRAS.
NO CAIGAS DE NUEVO EN LA TRAMPA.
PASA ESO,
LO HE VISTO OCURRIR.

P: Maharaj, no voy a ser seducido por ningún libro o Maestro. No tiene que preocuparse por eso. Entiendo las limitaciones de su conocimiento relacionado con el cuerpo ¿Por qué voy a buscar conocimiento en libros cuando el Auto-conocimiento se está desplegando como nunca antes?

Maharaj: ¡Muy bien! Hemos creado las palabras y les hemos dado significado. Utilizamos palabras todo el tiempo. Como las palabras *Dios* y *burro*. Decimos que *Dios* es una deidad, mientras que *burro* es un animal ¿Qué pasaría si dijésemos que "Burro es una deidad"? ¡Nada! Sólo hemos cambiado las palabras, no la esencia o sustancia. Olvídate de las palabras ¡Quédate con la Realidad! Pásatelo bien, disfruta de tu espiritualidad.

¡QUÉDATE TRANQUILO Y FELIZ!

167. Ve al interior del Ser sin ser

Maharaj: Sigue martilleándote a ti mismo para disolver cualquier concepto ilusorio que esté todavía a tu alrededor. Deshazte de lo que aún queda. Dirígete hacia el Ser sin ser y quédate con él. Sigue rindiendo los conceptos ilusorios, sigue rindiendo el *ser* de Ser sin ser. Como digo,

LA REALIDAD ÚLTIMA NO SURGIRÁ HASTA QUE EL CONOCIMIENTO RELACIONADO CON EL CUERPO SE HAYA DISUELTO.

Sigue con las disciplinas, la meditación, recitar el Mantra. Cantar canciones devocionales elevará el Espíritu y te ayudará a olvidar el cuerpo.

Ahora estás en la etapa en que el fuego arde intensamente. Muestras gran seriedad. Estás más orientado que nunca antes para encontrar la Realidad y volver a la Fuente. Las dudas se han disipado y te has rendido a ti mismo. Con total Convicción, confianza en el Maestro y en ti mismo, nada puede pararte.

P: Eso es verdad, Maharaj. Estoy conducido. HE DE SABER. He de ir más y más profundo. Más y más está siendo revelado. Estoy en una persecución en caliente, por así decir.

Maharaj: Has recorrido todo el proceso: desde el Devoto a la Devoción y a la Deidad. La estatua de la Deidad dentro de ti sólo necesita ser descubierta más y más. Esto sucederá cuando la Absorción del Conocimiento tenga lugar lenta, silenciosa y permanentemente. Esto sucederá cuando los restos del yo se hayan desvanecido, cuando todo lo quede sea el Ser sin ser.

¡No dejes que vuelva la ilusión! Mantén la práctica. Eres como un montañero que está muy cerca de la cima. Casi estás ahí ¡No mires atrás! Si miras atrás, perderás tu concentración. No pienses en lo que está sucediendo ¡No estreses al cerebro!

Confía en que la planta del néctar va creciendo continuamente ¡No hagas ningún esfuerzo! La Convicción está ahí, haciéndose más profunda, enraizando y siendo absorbida, estableciéndose. Luego habrá una Convicción Espontánea, Iluminación, Realización, llámalo como quieras, sabes que los nombres no son importantes. Cuando llegue ese momento, lo SABRÁS, "Yo Soy Eso".

P: Maharaj, antes solía haber una sensación de estar separado de usted, pero ya no. Usted ha dicho muchas veces que: "El Hablante Invisible en ti, y el Oyente Invisible en mí, son Uno y el mismo".

Ahora LO SÉ, realmente lo sé. Es como si la fusión hubiese ocurrido. Ahora es como si fuésemos Uno, usted está en mí y yo estoy en usted.

Maharaj: Es una buena señal, una señal muy buena. El proceso de fusión se dirige hacia la Unidad. La Unidad siempre estuvo ahí, pero estaba escondida, cubierta por las cenizas de los conceptos ilusorios.

P: El otro día, Maharaj, sentí su Presencia muy fuerte durante la meditación. Su energía y poder eran muy fuertes.

Maharaj: ¡TU energía y TU poder! ¡Recuerda que son tu energía y tu poder! Viene de ti porque estás cerca del Maestro, hay una sensación de fuerza y poder ¡Sucede! Es la Esencia Magistral que hay en ti. Viene de tu Maestro Interior. Con la ayuda del Maestro Externo, has sido guiado para ir más y más cerca de tu Maestro Interior. Encontrarás que tu Maestro Interior es tu mejor amigo, siempre leal.

P: Usted utiliza la analogía del Maestro como un escultor, martilleando. Siento como si realmente eso hubiese estado sucediendo. Usted se las ha arreglado para deshacerse de las partes no deseadas que cubrían a la Deidad. No estoy diciendo que toda la ilusión se haya ido, pero casi. Usted ha martilleado y martilleado, hecho astillas y cincelado, yendo cada vez más profundo, hasta que el cubierto no deseado fue eliminado ¡Asombroso! ¡Hay sorpresa y emoción! Estoy convencido más del cien por cien, y tengo una fe inquebrantable en que esa Deidad interna será revelada espontáneamente en todo su esplendor.

Maharaj: Soy muy feliz porque tienes una devoción muy fuerte. Este tipo de espiritualidad excepcional es muy raro. Es por la gracia de mi Maestro, Nisargadatta Maharaj. Mira, no estoy haciendo nada, no te estoy contando nada nuevo, sólo te muestro y vuelvo a despertar aquello que YA ESTÁ EN TI. Es tu Conocimiento, tu Poder, tu Realidad, tu Verdad.

P: Además, Maharaj, cuando usted decía: "Estás cubierto de cenizas, por debajo el fuego está ardiendo", era lo adecuado. Los pensamientos se arremolinaban, como enfrascados en recordar cosas al azar. Pero ahora, todo eso se ha ido. Hay muy pocos pensamientos.

El sentimiento que hay por encima de todo, por así decir, es de vacío, junto con una inmensa paz y contentamiento. Las cenizas han sido retiradas, y ese fuego que había debajo está ardiendo con felicidad. Felicidad no es algo que en realidad lo describa. Está más allá de la felicidad, más allá de las palabras. Le estoy muy agradecido, Maharaj.

La mayor parte del tiempo, tengo intuitivamente el impulso de inclinarme ante usted con el mayor respeto y gratitud.

Maharaj: ¡Inclínate ante TI! Cuando te inclinas antes el Maestro, no te inclinas ante él, te inclinas ante el Ser sin ser, así qué ¡inclínate ante ti!

¡Inclínate ante ti! Acércate cada vez más al Ser sin ser.
QUÉDATE CON EL SER SIN SER.
ESTOY INCITANDO A TU MAESTRO INTERIOR.

Habla con tu Maestro Interior. Hazle preguntas y tendrás respuestas ¡Exige respuestas! Tu Maestro Interior responderá y te dará instrucciones. Tu esencia Magistral te guiará. Abraza al Ser sin ser. Abraza al Ser sin ser. Tu Maestro Interior ha vuelto a despertar.

ERES LA VERDAD ÚLTIMA.
ERES LA REALIDAD ÚLTIMA.
ERES LA REALIDAD FINAL.

No hay nada más que decir. Estamos más allá de las palabras. Ahora son redundantes. Te he dicho que el Conocimiento es Ilusión. Utilizamos esta espina ilusoria para eliminar la primera espina ilusoria. Ahora que el conocimiento ha servido a su propósito, no lo necesitamos más. Ha facilitado la eliminación de la ilusión, de la ignorancia. Ahora, la ilusión del Conocimiento, ha de disolverse:

EL CONOCIMIENTO TOTAL ES ABSORBIDO
EN LA UNIDAD.
EL CONOCIMIENTO TOTAL ES ABSORBIDO
EN LA UNIDAD.

El proceso desde la ilusión a la Realidad ha, por así decir, terminado, pero no tomes las p-a-l-a-b-r-a-s literalmente. No hay ni principio ni fin, ni proceso, ni ilusión.

QUÉDATE EN EL SER SIN SER.

¡Quédate tranquilo y en silencio! ¡Sé feliz! Disfruta del silencio y la paz excepcionales. Intoxícate con el néctar del Ser sin ser.

P: He oído lo que decía sobre inclinarse, pero todavía siento la necesidad de inclinarme ante usted, Maharaj, porque tengo un profundo sentimiento de gratitud que brota desde el interior todo el tiempo.

Maharaj: Está OK. Continúa con la devoción. Es importante mantener la devoción en marcha, nos hace humildes.

EL CONOCIMIENTO SIN DEVOCIÓN
ES ÁRIDO Y HUECO,
NO TIENE SIGNIFICADO.

Además, el Maestro le ha mostrado al discípulo que él es la Verdad Última, por lo tanto, es natural que surja esta especie de Gratitud Espontánea.

EXCEPTO TU SER SIN SER, NO HAY DIOS,
NI *BRAHMAN*, NI *ATMAN*, NI *PARAMATMAN*, NI MAESTRO.

Esta frase contiene la esencia de las enseñanzas. Mantenla cerca de ti.

CONÓCETE A TI MISMO Y QUÉDATE CON EL SER SIN SER.

Lo cual significa que has de SABER que tú eres Dios Todopoderoso, *Brahman*, *Atman* y *Paramatman*, sin decirlo.
ERES DIOS TODOPODEROSO, SIN DECIRLO.
ASÍ QUE QUÉDATE CON EL SER SIN SER,
QUÉDATE CON EL SER SIN SER.

168. Sé un Maestro de la Realidad

Maharaj: Sé un Maestro de la Realidad, no sólo un Maestro de Filosofía o Espiritualidad. Éste es un Conocimiento práctico, por tanto, sé tu propio profesor. Tú eres ambos, el que pregunta y el que responde. Cuando todo el conocimiento relacionado con el cuerpo haya sido olvidado, ya no habrá sitio para ningún tipo de discriminación o diferenciación: no habrá Maestro ni discípulo, hablante y oyente.
LAS CASAS SON DIFERENTES, PERO EL CIELO ES UNO.
LOS CUERPOS SON DIFERENTES,
PERO EL ESPÍRITU ES UNO.

De tanto en tanto, habrá perturbaciones, y es por eso por lo que necesitas estar fuerte. No tendrás ningún problema porque tu base es inamovible. Cuando llegue un ligero temblor, permanecerás firme. A veces habrá terremotos, pero no te afectarán, porque has tenido un intenso entrenamiento comando.

Este entrenamiento comando, te ha dado una naturaleza de mando, hasta el punto de que puedes darle la bienvenida a cualquier prueba y decir: "Deja que venga el temblor ¡Vamos, vamos!" Éste es el resultado de la meditación y la práctica. Eres poderoso, eres Todopoderoso.

P: ¡Sí! Me siento invencible, indestructible. La otra diferencia que percibo, son todas las cosas asombrosas que pasan en el interior ¡Maravilloso! ¡Es como una exhibición de luces cósmicas! Por ahora no siento la necesidad de compañía alguna.

Maharaj: Sí, se producen explosiones, como algo que esté en ebullición. Puedes ver las luces, las ondas. Puedes pasar por muchas experiencias milagrosas. Son pasos progresivos, están bien. Significa que la Verdad Última está siendo expuesto lentamente, y está saliendo. Este avance te da esa felicidad interior que hace natural que no quieras estar con otros.
ENTONCES, QUÉDATE CONTIGO,
Y MANTÉN LA COMPAÑÍA DEL SER SIN SER.
HABLA CON EL SER SIN SER.

Discútelo todo con el Ser sin ser. Cultiva esta amistad, esta devoción. Recuerda que tu Maestro Interior es tu mejor amigo. Ve más y más profundo ¡Déjale que toque tu corazón! Todas estas prácticas están sólo para establecer la Realidad Última, la cual ya está en ti. Están ahí para traerte la calma y el Silencio Último.

Eres la Verdad Final, la Verdad Última. No hay nada excepto el Ser sin ser. Swami Ramdas dice: "Todo lo que se dice en el *Dasbodh* es el resultado del pensamiento racional. Es un Auto-conocimiento racional".

P: Cuando meditamos en los cantos del *Dasbodh*, a veces me siento muy conmovido. Obviamente, no entiendo lo que dicen, ya que son en marathi, pero a veces me han hecho llorar.

Maharaj: Aunque no conozcas el idioma, tu Corazón Interno, la Presencia Interna, lo hace y es tocada.

P: A veces me dejo llevar. Tiene una energía, es vibracional.

Maharaj: Mi Maestro me enseñó cómo leer el *Dasbodh*, de modo que todas y cada una de las palabras fuera reflejada. Lo leí por la mañana temprano durante unos cinco años. Fui muy, muy afortunado por haber tenido relación con Nisargadatta Maharaj.

P: Y nosotros somos muy afortunados ahora ¿Qué hay de las plegarias, Maharaj?

Maharaj: Cantar canciones devocionales, rezar, hacer oración es muy bueno. Al Espíritu le gusta, produce felicidad y tranquilidad. Mediante ello, hay Unidad con la Verdad Última, porque la identidad externa es olvidada.

En esa devoción, no hay experimentador ni experiencia, ni testimonio ni testigo, y por tanto el Espíritu se hace uno con la Verdad Última. El *Gita* dice: "No estoy en el cielo, no estoy en el corazón de los santos. Donde mis devotos rezan, ahí estoy".

Ve más y más profundo, y todavía más, y encontrarás una felicidad excepcional. Una felicidad que está más allá de las descripciones.

**NO PUEDES ENCONTRAR ESTA FELICIDAD
EN LOS LIBROS.
PUEDES ENCONTRARLA DENTRO DE TI,
PORQUE TÚ ERES LA FUENTE DE LA FELICIDAD.
ERES EL MAESTRO DE LA REALIDAD.**

P: ¡Una enseñanzas raras!

Maharaj: Es por la gracia de mis Maestros. Lo que compartieron conmigo, puedo ahora compartirlo con ustedes.

**LA CUEVA DEL CONOCIMIENTO
ESTÁ AHORA ABIERTA PARA TI
¡ACÉPTALO!**

¡TOMA TANTO TESORO COMO QUIERAS!

P: He esperado tanto tiempo, que voy a coger todas las joyas ¡y el cofre también!
Maharaj: Has aprendido a nadar muy bien. Ahora has de bucear en aguas profundas y sumergirte en profundamente en el océano.

169. Realidad sin Pensamiento

Maharaj: No pienso. Hablo y respondo a sus preguntas sin pensar, hablando espontáneamente. El mismo poder está en ustedes. En el momento de la Realización, de la Convicción Espontánea, serán capaces de hacer lo mismo. Todos los santos, Ramana Maharshi, Siddharameshwar Maharaj, Nisargadatta Maharaj hablaron desde lo más profundo de la Realidad.
VIVÍAN LA VERDAD ÚLTIMA.
SE EXPRESABAN SIN PENSAR.
Tras la Realización, no habrá ni suposiciones, ni imaginación, ni magia, ni nada. La pura Verdad. La Realidad sin Pensamiento.
P: ¡Sin trucos!
Maharaj: ¡No! Nada en medio. Es muy simple. Estamos bajo la presión de este mundo ilusorio, mente, ego, intelecto, lecturas, interpretaciones erróneas, pensamiento equivocado, deducciones equivocadas, dudas, nubes formándose, más y más nubes formándose. Y de nuevo te encuentras moviéndote dentro ese círculo. Has de salir del círculo. En esta última etapa, has de estar fuera.
AHORA NO HA DE HABER
CONOCIMIENTO, NI CONOCEDOR.
NI EXPERIENCIA, NI EXPERIMENTADOR.
NI ANTES DE SER, NI DESPUÉS DE SER.
"ANTES DE SER" Y "DESPUÉS DE SER"
SON SÓLO PALABRAS.
NO HAY ANTES DE SER,
O MÁS ALLÁ DE SER.
¡ABANDONA TODAS
ESAS PALABRAS DULCES Y PULIDAS!
P: ¿Eso incluye al Ser sin ser? ¿Qué pasa con él?
Maharaj: ¡Por supuesto! Son sólo palabras. Se supone que tu postura ha de estar ahora muy clara.
P: A pesar de su simplicidad, la Realización todavía es un acontecimiento inusual.
Maharaj: De entre un *lakh*, puede que una persona piense sobre la

espiritualidad, y de entre un *krore*, puede que uno sea un devoto, en el sentido real de la palabra.

P: Debe haber miles de obstáculos en el camino de este despertar.

Maharaj: Sólo hay un obstáculo, una ilusión, y es hacerte pasar por un individuo, considerarte a ti mismo como una persona individual. No hay ilusión en absoluto, no hay obstáculo en absoluto. Si lo conviertes en un obstáculo, seguirá siendo un obstáculo. Escucha otra vez:

SÓLO HAY UN OBSTÁCULO, UNA ILUSIÓN,
Y ES HACERTE PASAR POR UN INDIVIDUO.

P: Nos convertimos a nosotros mismos en víctimas. Como usted mismo dijo: "Estás perturbando la paz". Soy la víctima de mis propios pensamientos.

Maharaj: Creamos redes y nos quedamos atrapados en ellas. No hay obstáculos para el niño no-nacido. No hay obstáculos. A veces el estado de ánimo cambia, puedes encontrar un poco de lucha, pero estarás alerta. Sabrás qué está pasando, y lo reconocerás también como una simple capa de experiencia,

PORQUE SABES
QUE ERES TOTALMENTE DIFERENTE DE TODO ESO.

P: Entonces, el entrenamiento comando nos ha hecho estar súper alerta, de modo que no nos pillen desprevenidos.

Maharaj: Las nubes vienen, las nubes se van. A veces hace sol, y otras está nublado, pero siempre es un momento que pasará, temporal, no permanente. La depresión, tristeza, mal humor, felicidad, paz, nubes, etc. A pesar de todo, estás en equilibrio. Eres equilibrado en y a pesar de todo.

Es como si estuvieses en un tren. El tren se va moviendo, moviendo. Los árboles se mueven, pero tú estás ahí, estás quieto. A veces, cuando viajas, ves cosas agradables y cosas desagradables. Cualquier cosa que veas, no tiene efecto sobre ti. Estás equilibrado.

EL TREN SE ESTÁ MOVIENDO, TÚ NO.
TÚ ESTÁS EQUILIBRADO.

¡No te desanimes! Es muy fácil si aplicas el Conocimiento a tu vida diaria. Es un Conocimiento práctico. Estás equilibrado incluso cuando los pensamientos fluyen, tanto si son *buenos* como si son *malos*. Los pensamientos depresivos, los pensamientos tristes, los pensamientos felices, todos son pensamientos ¡Ilusión! Debido a tu entrenamiento, estarás alerta en cualquier momento, porque sabes que no tienes nada que ver con ningún pensamiento. No serás víctima de ninguno de ellos.

TÚ ERES EL MAESTRO,
ASÍ QUE TÚ DECIDES CUÁNTA ATENCIÓN LE PRESTAS
A LOS PENSAMIENTOS QUE APARECEN.

**SABES QUE SI LE PRESTAS ATENCIÓN
A LOS PENSAMIENTOS NO DESEADOS,
HABRÁ DOLOR.
SI LOS IGNORAS,
¡NO HABRÁ DOLOR!**

Si, por ejemplo, una niña se cae, le prestas atención. Una vez que ella sabe que tiene tu atención, hará más dramático el hecho de haberse caído, llorará y seguirá llorando. Si se la ignora, no llorará. Es una psicología muy básica, pero es verdad. Por lo tanto, si eres comprensivo con cualquier cosa que suceda, será doloroso, pero si no prestas atención a todo eso que pasa, no habrá dolor. Depende de ti, tú eres el Maestro.

El momento en que el conocimiento relacionado con el cuerpo se disuelve, es el momento más feliz, el momento más tranquilo. Nisargadatta Maharaj dijo: "Yo no era un mendigo. Todo el sufrimiento, todo, era un sueño. Tras el despertar, la Realidad estaba ahí".

Las preguntas estarán ahí, hasta que puedas decir: "Todo es ilusión. No hay ni mente, ni ego, ni intelecto". Todo viene de nada y es absorbido de nuevo en nada.

**PARA EL CONOCEDOR
QUE ESTÁ REALIZADO
E ILUMINADO,
ESTOS PENSAMIENTOS,
SENSACIONES Y ESTADOS DE ÁNIMO
SON RECONOCIDOS COMO LO QUE SON.
NO LES PRESTAS NINGUNA ATENCIÓN
PORQUE YA NO ESTÁS PREOCUPADO POR EL CUERPO.**

Éste es el modo en que has de aplicar el Conocimiento. Te conoces a ti mismo en un sentido real. Ahora has de vivir a la luz de ese Conocimiento.

170. Disfruta del Secreto

Maharaj: No tendrás este tipo de experiencia directa en ninguna parte, porque aquí nadie está reivindicando ninguna clase de Auto-importancia, ni dando vueltas orgullosamente diciendo "Soy grande". Los Maestros del Linaje están transmitiendo su grandeza a otros, compartiendo su grandeza de un modo silencioso y humilde.

Del mismo modo, yo no reivindico ser un gran Maestro, simplemente estoy compartiendo con ustedes todo lo que mi Maestro

compartió conmigo ¡Sean felices! Ahora conocen el secreto.
DISFRUTAD DEL SECRETO DE TU VIDA
¿QUÉ QUIERES?
¡NADA!

Cumple con tus deberes y no te enredes con pensamientos ilusorios.

MANTENTE EN LA REALIDAD,
TU REALIDAD.
ERES LA REALIDAD,
ERES LA VERDAD ÚLTIMA.

Los pensamientos y sensaciones que experimentas son sólo sensaciones del cuerpo. Son como olas que vienen y van. Estás enraizado, anclado, equilibrado. Ves lo que está sucediendo como una película. Estas viendo las diferentes escenas, en las que a veces lloras y a veces ríes. Los que ves es sólo una película, el guión que se proyecta de tí. ¡Eres un mago!

LO QUE VES,
ES TU PROYECCIÓN.

No juegues con la mente ya que siempre está pidiendo algo. La mente está separada de ti. No tienes nada que ver con ella.

Los Maestros de nuestro Linaje, como Siddharameshwar Maharaj y Nisargadatta Maharaj, eran totalmente devotos de sus Maestros. Esta Auto-implicación, esta especie de devoción activa, es necesaria.

SI CONTINUAS TENIENDO UNA FUERTE DEVOCIÓN
A TU MAESTRO,
SURGIRÁ TODO DESDE EL INTERIOR,
Y TE INCLINARÁS,
PORQUE EL CONOCIMIENTO
EMPIEZA A FLUIR
DESDE TU INTERIOR.

Sin ser consciente de ello, puede que comiences a hablar. Éste es el tipo de despertar del Maestro Interior. Sin darse cuenta, todo el Conocimiento comenzará a fluir como un río. Sucede espontáneamente, sin necesidad de ningún tipo de pensamiento deliberado.

Si te pasa, la gente empezará a rezarte y a difundir que: "¡Es un 'Dios-hombre'!" ¡Lo que digo es un hecho, no ficción! Es lo que les sucede a los grandes Maestros.

SI TIENES COMPLETA DEVOCIÓN AL MAESTRO,
SIN DUDAS
¿CUÁLES SERÁN LOS EFECTOS?
LA GRANDEZA DEL MAESTRO,

SE DESVIARÁ HACIA TI.

P: ¿Es como una transferencia de poder?

Maharaj: Después, podrás como tu Maestro, empezar a tener experiencias milagrosas. Te sentirás una felicidad profunda y una paz excepcional. No habrá miedo, ni atracciones, ni alteraciones.

ES JUSTO COMO UNA ESPECIE DE INTOXICACIÓN, LA AUTO-REALIZACIÓN.

Te realizas a ti mismo sin ningún conocimiento material, objetos o causas. Es Autofelicidad, Autopaz, felicidad Autogenerada, paz Autogenerada.

AHÍ ESTÁS TÚ.
TÚ, SOLO.
NO HAY NADA MÁS.

171. *Mantén la compañía del Ser sin ser*

Maharaj: Tras absorber el Conocimiento, habrá una Convicción Espontánea. Ya estás Realizado, pero debido a la asociación con el cuerpo, sientes que eres diferente de la Realidad. Es muy importante saber esto. Es un obstáculo sutil que puede encontrarse en el camino.

ESO QUE SIENTES HA DE DISOLVERSE,
LUEGO TODO SE ESTARÁ CLARO.

P: Lo que usted dice es realmente interesante, Maharaj. Hace poco, meditando, fui consciente de ello. Estaba buscando lo que quedaba por rendirse, buscando restos del conocimiento relacionado con el cuerpo, y se presentó esto. Entendí que había una sensación, esa sensación alrededor del concepto de la realización, que se ha convertido en un obstáculo, exactamente como usted ha dicho ahora.

Maharaj:
HAS DE RENDIRTE
A TU SER SIN SER.

Luego no habrá ninguna diferencia ni separación porque eres un Maestro, y también un discípulo. Eres Dios y eres el devoto.

Todo está dentro de ti. Todo está dentro de ti solamente, porque como te he dicho, sin tu Presencia, sin tu Presencia Espontánea, no puedes ver el mundo. Como sabes, el mundo entero es una proyección de tu Presencia Espontánea.

TÚ ERES EL PADRE DEL MUNDO.

Junto con el cuerpo, muchos conceptos aparecieron dentro de ti. Los conceptos te están turbando, pero tras conocer la Realidad, la fuerza de los conceptos, será claramente reducida.

HAS DE TENER LA GUÍA DEL MAESTRO.
SIGUE LO QUE TE ESTOY DICIENDO.
SE REQUIERE UNA MEDITACIÓN CONSTANTE
PARA ELIMINAR TODOS LOS RECUERDOS.

P: He leído en alguna parte que estar en compañía de los santos es muy beneficioso.

Maharaj: Estar en compañía de los santos (*Santa Sangha*), o la asociación con los santos, significa realmente mantener la asociación con el Ser sin ser. No es una asociación física o basada en el cuerpo con los santos, sino sobre una asociación sin fin con tu Ser sin ser, sin el cual no puedes decir *Yo*.

De modo que esta conversación es sólo con el propósito de discutir. Se supone que el Conocimiento ha de ser absorbido. Tienes mucho Conocimiento que absorber. Desde diferentes ángulos y diferentes dimensiones, estamos diciendo lo mismo, martilleando lo mismo todo el tiempo. No hay nada aparte de tu Ser sin ser.

Así que ábrete a la Verdad Final.
ES TU VERDAD, LA VERDAD DEL OYENTE.
No es la verdad de *Brahman*, *Atman*, *Paramatman* o Dios.
NO PUEDES SABER,
ES IMPOSIBLE SABER
CUÁNDO SE ESTABLECERÁ POR COMPLETO
LA VERDAD FINAL.

La gente se baña en ríos auspiciosos. De norte a sur visitan los lugares sagrados, y hacen todo tipo de rituales y prácticas abnegadas. Torturar el cuerpo no es la Verdad Última. Hay muchos sanadores, sanación y muchas religiones.
TODAS ESAS PRÁCTICAS ESTÁN
BASADAS EN EL CUERPO.
ES REALMENTE ASOMBROSO QUE LA GENTE
PIENSE DE VERDAD
QUE LAS COSAS EXTERNAS
PUEDEN HACER QUE SE REALICEN.

Todo está dentro. Ahora lo sabes, y por tanto no vas a estar tentado de ir a ninguna parte. Eso no significa que no los visites, sólo que no ha de haber ninguna presión, ninguna expectativa como: "Voy a sacar algo de ir ahí", o "Después de ir a ese sitio, me iluminaré".

P: ¿Rishikesh?

Maharaj: ¡Ah, Rishikesh y sitios así! ¡Este año el Kumbha Mela será en Nashik! En India hay muchos lugares auspiciosos de norte a sur.
LA GENTE VA A LOS SITIOS
PERO IGNORA AL VISITANTE
ESTÁN IGNORANDO AL VISITANTE.

Ignoran al Visitante porque no tienen visión. El Maestro te da la visión, las gafas del Conocimiento para que veas a tu Ser sin ser, no a *otros* ¿Por qué ir aquí y allá, cuando sabes que el mundo entero es proyectado por tu Espontánea Presencia Invisible? Es por eso por lo que digo que las enseñanzas son fáciles de entender pero difíciles de absorber, porque todo lo que hay alrededor es ilusión.

**NO CAIGAS EN LA TRAMPA
DE LAS ATRACCIONES MUNDANAS
QUE ESTÁN EN TODAS PARTES.
RECUERDA QUE TÚ HAS CREADO ESAS ILUSIONES.
¡*MAYA* ES TU BEBÉ!**

Mantén constantemente la compañía del Ser sin ser.

172. *Tu felicidad es mi felicidad*

P: Entiendo que no puedo hacer nada sin el Ser sin ser. Trato de profundizar en este Conocimiento que ha venido a mí de forma intuitiva. El Ser sin ser es lo único importante. La mente sólo está montando historias todo el tiempo, tanto cuando estoy despierto, como cuando estoy soñando. Estoy observándolo, siendo testigo a un nivel profundo. El Conocimiento y la comprensión están haciéndose profundos, pero en cierto punto, vuelvo al cuerpo, así que lleva su tiempo ¿Se necesita la gracia para que se produzca la Convicción Espontánea?

Maharaj: No, es un sentimiento espontáneo, como ser un hombre o una mujer.

P: Maharaj, todo lo que usted dijo que podía pasar, está pasando.

Maharaj: ¡Nada está pasando!

P: Incluso así ¿cómo puedo hacer que la Convicción Espontánea sea firme, de modo que esté ahí todo el tiempo?

Maharaj: Se produce por el proceso de la meditación, del *Naam*, las canciones devocionales, etc. El Espíritu la aceptará espontáneamente.

**LA RAÍZ DEL PODER SOBRENATURAL
ESTÁ EN TI.**

P: A pesar de que la comprensión es muy profunda, una parte de mí todavía pregunta "¿Dónde está Dios?"

Maharaj: ¡Recuerda lo que te dije! Se llama *Dios* al poder sobrenatural, pero para poder decir *Dios*, tu Presencia ha de estar primero.

P: La mayor parte del tiempo, no siento forma alguna, sólo vacío. Pero cuando vuelvo al trabajo, vuelvo a la forma. Me vuelvo un poco impaciente a veces ¿Se tarda mucho en llegar a la Convicción Espontánea, Maharaj?

Maharaj: ¡No! Es instantáneo. En el momento en que entiendes, eso es la Convicción Espontánea. Soy muy feliz porque tienes unos buenos fundamentos.

P: ¡La bendición del Gurú está siempre ahí! Tuve una comprensión muy profunda, Maharaj, durante la celebración del cumpleaños de Siddharameshwar Maharaj. Supe entonces que la Gracia está siempre disponible. El Gurú, el Maestro, siempre está contigo si tienes ojos para ver. Es tan hermoso entender que todo es Uno. Me enseñaron a rezar y adorar a un Dios fuera de mí. Ahora he llegado a la conclusión: "¿Quién está adorando a quién?" Al rezar no pido nada, porque ¿quién está rezando a quién? Todo lo que hago es devoción, adoración, sólo eso. Sólo agradezco, rezo y adoro ¡Nunca pido!

Maharaj: El significado del proceso de la devoción, la meditación y el Conocimiento es muy importante,

PORQUE ESTÁS REFRESCANDO CONSTANTEMENTE TU REALIDAD, Y ESTANDO ALERTA.

P: La meditación es realmente importante porque me ha llevado a estar más y más cerca.

Maharaj: La meditación limpia todos los conceptos.

CON LA MEDITACIÓN HAS DE DAR LA BIENVENIDA AL MIEDO A LA MUERTE Y A LAS VIBRACIONES QUE LO ACOMPAÑAN.

P: Ahora puedo ver que todas las cosas son sólo parte de los cinco elementos, Así que trato de no prestar atención a lo que me rodea. No le doy importancia a nada de lo que veo. Esa especie de afferarse a las cosas está desapareciendo gradualmente.

Maharaj: ¡Bien! ¡Muy bien! Porque todas esas cosas no estaban antes de ser.

P: En el mundo hay dificultades, como relaciones de familia, el trabajo, ese tipo de cosas. Pero entonces me digo a mí mismo que si no cumplo con mis obligaciones, otros no se beneficiarán.

Maharaj: Puedes cumplir con tus obligaciones. Están separadas de la Realidad ¡Es un sueño!

LA VIDA ES UN LARGO SUEÑO ¡SÉ NORMAL!

P: Gracias, Maharaj. Le estoy muy agradecido por todo lo que me ha enseñando. Creo que nunca he tenido la felicidad y la alegría que ahora experimento.

Maharaj: ¡Tu felicidad es mi felicidad!

173. *Intenso anhelo*

P: Mediante el uso constante de la discriminación, he llegado a estar más y más desapegado y desapasionado ¿Cómo sabe cuándo está cerca, no quiero decir *Tú*, pero cómo sabes tú que la Auto-realización es inminente?
Maharaj: Tras una práctica firme, recitar el Mantra y usar la discriminación, las atracciones y las tentaciones son cada vez menores, porque sabes. Lo sabes. Y como los sabes, la lógica te dice que no serás conducido de nuevo a la ilusión. Luego es una cuestión de seguir estando alerta, desapegado, concentrándote y estabilizándote.
P: Sí pero ¿hay alguna señal?
Maharaj: Puedes examinarte a ti mismo, para ver qué cualidades están presentes en ti. Eso te dará una idea. La ciencia espiritual tiene una lista de seis cualidades o virtudes. Puedes revisar la lista y ponerles la aprobación o la equis. Pero no le prestes a la lista más atención de la cuenta. En resumen: tranquilidad todo el tiempo, seguida de la ausencia de tentación.

**VIVIR TRANQUILAMENTE
PORQUE LOS DESEOS SE HABRÁN IDO.
RESISTENCIA, DE MODO QUE
NO HAYA OSCILACIONES.**

Devoción y fe al Gurú y a ti mismo. Y por último, total indiferencia al mundo. Si quieres, puedes medir tu progreso con respecto a esas cualidades.

**LO QUE ES MÁS IMPORTANTE QUE ESTO,
ES SER DIRIGIDO POR UN DESEO:
EL FUEGO QUE ESTÁ CONSTANTEMENTE
ARDIENDO EN TI.
UN INTENSO ANHELO,
DE IR MÁS Y MÁS PROFUNDO,
DE ACERCARSE MÁS Y MÁS
AL SER SIN SER.**

Ríndete completamente y sin reservas. Ése es el mejor y más elevado modo de devoción. Haz la ofrenda incondicional del ego, absolutamente. Con esta rendición completa, no habrá tentaciones, ni atracciones mundanas, ni amor ni afecto relacionado con el cuerpo. Todo será espontáneo ¡Ilumínate!

174. No sé nada

P: La comprensión ha profundizado más esta semana. No existo. Realmente no existo. También entiendo que no hay nada a lo que agarrarse, ni nada que entender porque no sé nada. No hay nada que saber, nada a lo que asirse, sólo vacío, Sólo vacío. Y su belleza es que la semilla ya ha sido plantada y brotará por sí sola. Nadie va a hacer nada.

Maharaj: Es un brotar espontáneo.

P: Ahora las respuestas vienen por sí solas. La analogía del cielo, que usted utiliza, ha hecho más profunda la comprensión. El cielo no sabe lo que es. El cielo no es consciente de sí mismo, del mismo modo, no hay ni *Tú* ni *Yo*, nada de lo que ser consciente, sólo vacío.

¡Mi agradecimiento a todos los Maestros por la comprensión! Me ha llevado muchos años entenderlo, pero ahora realmente ha echado raíces. Lo que ahora entiendo, creo que es algo como anterior a mi concepción. No había nada. Lo mismo está pasando incluso ahora, y la respuesta está viniendo. No tengo más tensión, ni más anhelo consciente. Es simplemente como es. Es como es.

Maharaj: Porque tu Existencia Espontánea está más allá de todo.

P: Sí, la Presencia siempre está ahí. Antes sólo había libros, aunque con ellos gané comprensión intelectual. Pero ahora entiendo que no es intelectual, sino que es mucho más profundo.

La otra cosa que he encontrado de utilidad es lo que usted dijo sobre el veneno. Se convirtió en algo muy vívido para mí. Cuando el veneno fluye dentro del cuerpo, no es necesario preguntarse qué va a hacer. Sabes y aceptas que el veneno va a hacer su trabajo. Entonces, me lo tomé muy en serio y se ha convertido en la comprensión que el néctar, el Conocimiento está siendo absorbido. De modo que no hay necesidad de entender nada, ya que no hay nada a lo que agarrarse o asirse.

Maharaj: Es una Convicción excepcional. Una cosa es entender, pero la Convicción es algo más. La Convicción Espontánea es algo más: "Es que no tengo nada que ver con el mundo". Es justo como te dije:

**EL CONOCIMIENTO ESPIRITUAL
ES TAMBIÉN UNA GRAN ILUSIÓN.
ESTÁ SÓLO PARA
ELIMINAR LA ILUSIÓN PRIMARIA.**

Cuando leemos libros, añadimos ego.

P: Creo que es necesario leerlos al principio, de otro modo no tendríamos ni idea.

Maharaj: ¡Por supuesto! Es como una espina, luego los dos espinas se tiran.

TRAS LA CONVICCIÓN, NO NECESITAS CONOCIMIENTO.
EL CONOCIMIENTO ES TAMBIÉN ILUSIÓN.

P: El Maestro está realmente dentro, por lo tanto, todos los métodos son en vano, porque miran fuera. El Maestro está dentro, dándote todas las respuestas.

Maharaj: Eso es correcto. Se llama devoción al Ser sin ser, en la que hay una conversación que fluye. Las preguntas y las respuestas fluyen ¡Es una conversación fluida! Esa es la devoción al Ser sin ser.

LOS PENSAMIENTOS ESPIRITUALES NO SON PENSAMIENTOS EN ABSOLUTO.
ES LA REALIDAD,
EL FLUIR DE LA REALIDAD ESPIRITUAL.

El flujo se produce dentro, y entonces mediante la Realidad, todas las preguntas se disuelven.

P: Las preguntas se disuelven porque la comprensión se hace más profunda, y las respuestas vienen de dentro.

Maharaj: Me siento muy feliz con tu progreso.

P: Tampoco surge la cuestión de culpar a otros ¿Cómo puedes culpar a alguien, cuando sabes que todo viene de ti? Todo viene de ti. Así que no hay nadie a quien culpar, ni nadie para nada. Sólo el Ser sin ser. No siento que tengo más preguntas. Puede que vengan, no lo sé.

Maharaj: Se necesita un período sin preguntas, porque tras la Convicción, no debes someterte a ningún aprendizaje espiritual.

P: Pero se necesita la meditación porque hace más profundo el entendimiento.

Maharaj: Porque la meditación le está diciendo al Meditador Invisible que: "Eres la Verdad Última".

P: Eso es lo único que se ha de hacer, meditar y profundizar en la Verdad ¡Hay tanta felicidad después de haber estado luchando con esto durante décadas!

Reconozco que el Maestro Interior ha estado conmigo en cada paso del camino. Algunas personas me dieron libros, conversaciones, y al final, le encontré en internet y fui puesto en contacto con usted.

Maharaj: Tienes una base muy buena, buenos fundamentos, que han dado lugar a la Convicción. Ahora ya no tienes que hacer nada más.

NO TIENES QUE IR A NINGÚN SITIO.

Nisargadatta Maharaj solía decir:

AHORA TIENES QUE MASTICAR
EL CHOCOLATE DE LA PRESENCIA.

P: Siento que el profundizar ha de madurar. En el corto período de tiempo que he estado hablando con usted, las enseñanzas se han puesto en su lugar. Cuanto más hablamos, más me acerco al núcleo de la espiritualidad. Ya no necesito los libros nunca más.

Maharaj: Soy muy feliz cuando sé que un devoto o discípulo tiene total Convicción, una clara Convicción, una completa Convicción. Cuando uno alcanza esta etapa, la individualidad se ha ido y no hablarás más sobre la Presencia. Nunca mencionarás la Presencia ni habrá experiencia de la Presencia.

LA PRESENCIA TAMBIÉN SE DISUELVE EN LA ETAPA FINAL.

P: ¿Y se vuelve omnipresencia?

Maharaj: Sí, pero no eres consciente de ello.

P: Gracias, Maharaj. Le agradezco mucho su tiempo. Estoy seguro de que tiene mucha más gente con la que hablar.

Maharaj: ¡Es un placer! Me gustan los devotos serios. No espero nada de ellos, pero si uno tiene la Convicción, ese es mi activo, mi capital, mi placer.

175. *Desbordante de satisfacción*

P: Maharaj, he estado meditando durante años, pero es sólo desde que he escuchado sus enseñanzas y tomado el *Naam Mantra*, parece que estoy funcionando a toda máquina. Pasan tantas cosas que es realmente asombroso. Es difícil de describir, excepto decir que sobre todas las sensaciones está la de vacío. Y junto con el vacío, hay una gran felicidad. Y lo que describo no viene y va ¡es constante! Algunas noches no me puedo dormir porque ardo de contento, estoy despierto con una gran sonrisa en mi cara, en paz y llena de felicidad, bendecido.

Maharaj: ¡Muy bien! Es la fragancia que viene del Ser sin ser.

P: También hay una sensación de que algo muy sagrado está siendo tocado. Me siento tan conmovido que a veces se me saltan las lágrimas. Mi única respuesta es inclinarme. Es todo lo que puedo hacer. Me siento muy agradecido con usted, Maharaj, por todo. Tengo muchas visiones de los Maestros, y ayer escuché una voz diciendo: "Eres el Ser sin ser". Iba acompañada de una luz rosa. El mensaje y la luz rosada parecían venir de ambos lados, dentro y fuera. Pero sé que no hay ni dentro ni fuera. Así que simplemente me incliné. Era tan claro y tan significativo que me sentía realmente animado. Estoy yendo cada vez más profundo y cada vez más cerca. Tengo una confianza total en que *eso* es alcanzable.

Maharaj: Eso es tu Maestro Interior ¡Es excepcional! ¡Es la Verdad Última! ¡Y qué pronto! Es por la gracia de mi Maestro, Nisargadatta Maharaj. Estoy muy feliz con la seriedad de tu implicación, tu profunda implicación ¡Sigue, sigue avanzando! ¡Sigue avanzando! ¡Las bendiciones de mi Maestro están siempre contigo!

En el momento en que el conocimiento relacionado con el cuerpo se disuelva, no verás nada. Es una especie de intoxicación espiritual: "¡Ah! ¡Así que es todo eso!" [Maharaj mueve sus manos como si estuviera en trance]. Haz tu trabajo, y al mismo tiempo, bébete el conocimiento espiritual, el néctar.

P: Tengo un deseo real de adoración (*puja*) pero ¿cuál es el mejor modo? No quiero dejarlo ir, es algo hermoso que hacer.

Maharaj: Puja significa mantenerse siempre en contacto con tu Ser sin ser. Se supone que has de estar siempre en contacto con tu Ser sin ser. Eso es adoración.

ERES LA ADORACIÓN.
ERES EL ADORADOR.
ERES LO ADORADO.

¡Lo eres todo! Eres el Maestro y el discípulo. Eres Dios y el devoto.

P: ¿Por qué hacemos los *bhajans*?

Maharaj: Estás alertando a tu Ser sin ser, a causa de las fuerzas externas que están alrededor distrayéndote de la Realidad. Al Espíritu le gustan los *bhajans* y la oración.

Espiritualidad aparte, si alguien te aprecia y te da un cumplido, te hace feliz. Igualmente, El Espíritu obtiene gran felicidad cuando escucha los *bhajans*.

CUANDO ESTÁS COMPLACIENDO A TU SER SIN SER,
ESTÁS ALABANDO A TU SER SIN SER.

Le das la importancia a tu Ser sin ser, no a un Dios externo. Si alguien te alaba, te sientes feliz y con energía. Lo mismo pasa con el Espíritu cuando cantas. El Señor Krishna dijo: "Yo vivo en el corazón de los devotos". Las alabanzas dan alegría al Espíritu. Cuando los *bhajans* tocan la sensibilidad del espíritu, el Dios interior es adorado. Y luego quieres bailar. Estás feliz y tranquilo.

Al mismo tiempo, estás alertando a tu Ser sin ser, resultando que las fuerzas externas no serán capaces de atacarte o de distraerte de la Realidad.

P: Sólo vengo a uno o dos *bhajans* al día, pero aun así me hace muy feliz. Encuentro que es realmente fácil recordarme a mí mismo de esta manera. Si no lo hago, fácilmente puedo retroceder y caer de nuevo en algunos malos hábitos. Hay siempre tanta presión desde fuera, que los *bhajans* son realmente de utilidad. Recordarle a usted, Maharaj,

también ayuda mucho. Y sé que todo está dentro, sólo tengo que utilizarlo adecuadamente. La Convicción es muy, muy fuerte. Lo sé.
Maharaj: Veo mi felicidad en tu felicidad.
P: Parece que le veo como en la pantalla, usted está sonriendo todo el tiempo en la ella. Una gran sonrisa. Es fantástico, muchísimas gracias. Puede que aprenda algo de marathi para beneficiarme todavía más.
Maharaj: El lenguaje vino después. Ve más y más profundo en tu Ser sin ser, y allí, no encontrarás nada, porque todo vino de nada.
P: No sé cómo han ocurrido las cosas ¡pero es estupendo!
Maharaj: Esa grandeza está en ti. El Maestro no ha hecho nada. Te ha guiado hacia ti mismo, de modo que puedas ver que todo está dentro de ti, la Realidad. Ha eliminado las cenizas, ha puesto la ilusión al descubierto y te ha dado luz con la que ver.

TU PRESENCIA ESPONTÁNEA ES LA SILENCIOSA, INVISIBLE, Y ANÓNIMA IDENTIDAD NO IDENTIFICADA.

El proceso desde la ilusión hasta la Realidad ha, por así decir, terminado. No había proceso, no había principio ni fin.

TODO EL CONOCIMIENTO SE ABSORBE EN LA UNIDAD.

176. La Mente Ida

P: Algunas personas, cuando se iluminan, deciden no hablar o enseñar.
Maharaj: Depende de si hay un flujo espontáneo de Conocimiento. Algunas personas están realizadas, pero no revelan la Realidad. No todo el mundo es un profesor. Puede que haya muy pocos profesores, muy pocos, que fluyan con el Conocimiento.

Del mismo modo, mucha gente tiene conocimiento espiritual, pero ese conocimiento no ha sido absorbido. La realización intelectual no es realización. Ha de ser una Realización Espontánea desde dentro, de modo que puedas vivir la vida sin identidad alguna.

No hay mundo ni palabras para el Realizado. Estás completamente absorto en ti mismo. Cuando hablas, estás hablando como si compartieras una biografía, porque también conoces la Realidad, del todo, conoces la historia de tu propia vida. El Conocimiento fluye espontáneamente, con facilidad, sin esfuerzo deliberado, sin imaginación o deducción.

EL FLUJO ES ESPONTÁNEO.

Nisargadatta Maharaj dijo: "Si alguien hace una pregunta, le respondo espontáneamente, como si hablase de mi propia vida". Puedes contar la historia de tu vida porque conoces los detalles mejor que nadie. Del mismo modo,

**SI VIVES LA VIDA DE UN SER REALIZADO,
TU CONOCIMIENTO ES CONOCIMIENTO
DE PRIMERA MANO,
CONOCIMIENTO ESPONTÁNEO.**

No es conocimiento literal o conocimiento de libros. El Conocimiento del Maestro es absorbido en el Ser sin ser. No hay separación, es como si hablaras de tu Ser sin ser.

Tu nombre es James, y desde la infancia has vivido tu vida como James. Conoces tu vida del derecho y del revés. Del mismo modo, los que están realizados, las personas santas, hablan fluida y espontáneamente. No quedan restos de mente ni de intelecto. El Conocimiento fluye por ellos y son capaces de hablar con facilidad. Esto es lo que les sucede a algunos.

Por la gracia de mi Maestro, me dio algún poder, algún poder espiritual, es por eso por lo que soy capaz de hablar contigo.

**ME VES HABLANDO A TRAVÉS
DE ÉSTE INSTRUMENTO DEL CUERPO,
PERO ES MI MAESTRO QUIEN,
DE HECHO,
HABLA A TRAVÉS DE MÍ.**

No es difícil. Cualquier cosa que oigas, ya está en ti. El Espíritu de los grandes santos es el mismo Espíritu que el tuyo, que el de todos. Estabas ignorando a tu Presencia Espontánea a causa del cuerpo y sus efectos. Solías darle importancia a lo visto, ahora estás con *El que Ve*.

Tenías una dirección para ir a este ashram. Cuando llegaste aquí, dejaste de necesitar la dirección. Del mismo modo, te estoy dando una dirección en forma de meditación y Conocimiento.

**SI SIGUES LAS INDICACIONES DADAS
EN ESTA DIRECCIÓN,
TE LLEVARÁ A LO MÁS PROFUNDO DE TU
SER SIN SER.**

Tras la Convicción, tira la dirección. Mantén fuerte tu devoción.

**ESTA ES UNA OPORTUNIDAD DE ORO,
UN MOMENTO MUY IMPORTANTE.
DESPUÉS DE DEJAR EL CUERPO,
ESTA OPORTUNIDAD SE IRÁ.**

Tras la Convicción Espontánea ¿cómo vas a vivir? ¿Qué se supone que has de hacer? Todas tus acciones serán acciones espontáneas. Todo de tu conducta será una conducta espontánea, sin intelecto, de modo que puedes seguir como siempre y no desatender tu vida familiar o tu rutina diaria.

HAY CONVICCIÓN ESPONTÁNEA
INCLUSO EN EL SUEÑO PROFUNDO.

Todos tenemos amor y afecto por el cuerpo. Decimos que "No soy el cuerpo", pero todavía quedan algunos auto-conceptos sutiles alrededor.

TODAS Y CADA UNA DE LAS COSAS,
POR PEQUEÑAS QUE SEAN,
SERÁN ELIMINADAS CON LA MEDITACIÓN.
LA ESCOBA ESPIRITUAL LO ELIMINA TODO,

todas las bacterias, las bacterias sutiles, las bacterias más resistentes. A veces, no se eliminan las bacterias ni con agua hirviendo, ni con antibióticos. Las bacterias en forma de conceptos se extinguirán permanentemente con la meditación.

EL MANTRA TE CURARÁ.
HAS DE UTILIZAR EL MANTRA TODO EL TIEMPO.

Puedes recitarlo todo el tiempo. Después sucederá espontáneamente, sin conocimiento del recitador ni de lo recitado.

SIN TU CONOCIMIENTO,
EL RECITADOR INVISIBLE,
ESTÁ RECITANDO EL MANTRA.

Lenta, silenciosa y permanentemente, estás siendo llevado a la Convicción a través del Mantra.

LENTA,
SILENCIOSA Y
PERMANENTEMENTE,
LA REALIDAD SE ESTÁ IMPRIMIENDO EN TI
A TRAVÉS DEL MANTRA.

Todo tiene un propósito, como sabes. El propósito del Mantra es llamar la atención del Meditador:

ERES LA VERDAD ÚLTIMA.

La Realidad está impresa en ti ¿Qué es Realidad?

NO SOY EL CUERPO,
NO ERA EL CUERPO,
Y NO VOY A SEGUIR SIENDO EL CUERPO.

Sigue avanzando, sigue profundizando:

EL CONOCIMIENTO ESPONTÁNEO
COMENZARÁ A FLUIR.

177. Tu Historia:
La Historia Más Grande Jamás Contada

Maharaj:
TU HISTORIA TE HA SIDO CONTADA.
ES LA HISTORIA MÁS GRANDE JAMÁS CONTADA.
PORQUE TODO ESTÁ DENTRO DE TI.

No hay nada excepto tú. Quédate tranquilo y en calma ¡Sé feliz! Disfruta de la paz excepcional y del silencio excepcional.
QUÉDATE COMO ERAS ANTES DE SER.
QUÉDATE EN EL "NO SÉ".

Recuerda que no saber es saber.
¡NO SABER ES SABER!

Bendícete a ti mismo e intoxícate con el néctar del Ser sin ser ¡Disfruta!

P: De distintas maneras, siento que mi autobiografía ha terminado, y que la *Espiritugrafía* acaba de comenzar. El velo se ha levantado y la pureza sin adornos del Ser sin ser está brillando. Hay una enorme sensación de gratitud. Usted no sólo habla de la Realidad, sino que me la ha mostrado en *mí*.

Maharaj: Es por la gracia de mi Maestro, Nisargadatta Maharaj. No soy nada, sólo un esqueleto, un muñeco.

Al principio, el Maestro dijo: "Ya estás realizado. No hay diferencia entre tú y yo, excepto que yo sé que no soy el cuerpo, mientras que tú no. Solamente has de olvidar tu Identidad". Luego te contó tu historia, la *Historia del Oyente*, que volvió a despertar en ti.
EL ESPÍRITU
VIO SU REFLEJO
EN EL MAESTRO,
RECONOCIÓ SU HISTORIA Y RESPONDIÓ.
¡HE EMPEZADO A BAILAR DE NUEVO!

Te he mostrado tu Realidad Última, la Verdad Final. Ahora CONOCES tu Identidad.
MANTÉN LA PRÁCTICA Y LA DEVOCIÓN.
RECUERDA QUE LA DEVOCIÓN ES
LA PERFECCIÓN DEL AUTO-CONOCIMIENTO.

Ahora vete, deja tu mente, ego e intelecto atrás.
CONTINÚA ABSORBIENDO.
QUÉDATE TRANQUILO Y FELIZ.

La siguiente frase contiene la esencia de las enseñanzas. Tenla a mano:

Excepto Tu
SER
Sin Ser,
No Hay Dios,
Ni Brahman,
Ni Atman,
Ni Paramatman,
Ni Maestro.

~~~~~~~

Homenaje a Sri Nisargadatta Maharaj,
Y a Sri Ramakant Maharaj
Y todos los Maestros del Linaje.
Nos inclinamos ante el Ser sin ser.
¡Jai SadGurú!

GLOSARIO

Aarti - Ritual en el que se ofrece luz a las deidades.
Atman - El Ser Supremo.
Atma Nivedanam Bhakti - La mayor devoción, la Auto-rendición.
Atma Prakash - La Luz del Espíritu.
Bhajan - Cantos devocionales.
Bhakti - Devoción.
Brahman - Lo Absoluto, la Realidad Última.
Brahma - Dios creador de la trinidad hindú, junto con *Vishnu* y *Shiva*.
Brahmin - Sacerdote.
Darshan - Visión/es de lo divino.
Dattatreya - Primer Maestro o Gurú del linaje de los Nueve Maestros Navnath. Considerado como la encarnación de la trinidad de *Brahma, Vishnu y Shiva*.
Gita - Canción, texto sagrado que contiene enseñanzas, como el Bhagavadgita
Gunas - Atributos, cualidades. Las tres gunas son: **Rajas, Sattva, Tamas.**
Jiva - Alma individual.
Jnana - Conocimiento.
Jnani - Conocedor.
Karma - Acción, causa y efecto.
Kirtan - Cantos basados en textos antiguos que aquietan la mente, devocionales o no.
Krore - Diez millones.
Lakh - Cien mil.
Mahasamadhi - La Gran Fusión, el *samadhi* final. La meta Final de la búsqueda espiritual.
Mahatma - Gran alma.
Math - Establecimiento religioso o monástico.
Maya - Ilusión.
Moksha / Mukti - Liberación / emancipación.
Murti - Imagen o ídolo que simboliza la deidad.
Naam Mantra - Mantra empleado en el Linaje Inchegiri Navnath Sampradaya.
Namaskaram - Forma respetuosa de agradecimiento: Inclinarse ante lo divino que hay en alguien.

Neti-Neti	-	*Ni esto, ni esto*, método de indagación.
Nirguna	-	Lo Incondicionado, carente de atributos.
Parabrahman	-	La Realidad Suprema.
Paramatman	-	La Realidad Suprema.
Parampara	-	Maestro que se suceden dentro de un Linaje. Sucesión en sí entre Maestros.
Paramartha/Parmartha	-	Vida espiritual. Verdad Sublime.
Prarabdha	-	Destino, efectos acumulados de acciones pasadas.
Puja	-	Adoración, ritual de adoración.
Rajas	-	Excitable, actividad, inquietud, egoísmo. Una de las tres **gunas**.
Sadhana	-	Práctica espiritual.
Satsang	-	Encuentro en la Verdad.
Sattva	-	Esclarecedor, revelador, puro. Una de las tres **gunas**.
Sadguru	-	El más elevado Gurú Espiritual. El Verdadero Gurú.
Sadhu	-	Asceta.
Sampradaya	-	Tradición, linaje, sucesión de Maestros, Linaje de Sabiduría.
Samadhi	-	Unidad con el Ser. Absorción extática.
Sannyasin	-	Renunciante.
Shanti	-	Paz.
Shiva	-	El destructor - También conocido como **Mahadeva**, Gran Dios. En el nivel más elevado, **Shiva** es visto como ilimitado, trascendente, inmutable, sin forma. Uno de los dioses de la trinidad hindú, junto con **Vishnu** y **Brahma**.
Tamas	-	Moderación - Oscuridad, inercia, pasividad - Una de las tres **gunas**.
Upasana	-	Sentarse cerca. Adorar.
Vishnu	-	El Dios Preservador de la trinidad hindú, junto con **Brahma** y **Shiva**.
Vairagya	-	Desapasionamiento. Ausencia de deseos mundanos.
Viveka	-	Discriminación.
Yama	-	Dios de la muerte.
Yoga	-	Unión - Práctica para alcanzar la Unidad del espíritu individual con el Espíritu Universal.
Yogi	-	Practicante de yoga.

~~~~~~~

Sobre la editora

La búsqueda de Ann Shaw comenzó a finales de los 60 y ha continuado durante toda su vida. En la universidad, en el Reino Unido, estudió Teología, Filosofía, Religiones Comparadas y Sánscrito, especializándose en Filosofía India y Religión. Durante décadas ha practicado meditación, Auto-indagación, contemplación y ha realizado retiros en solitario. Se sumergió en una amplia variedad de literatura espiritual oriental y occidental, incluyendo místicos y Maestros tales como San Juan de la Cruz, Santa Teresa de Ávila, Thomas Merton, Søren Kierkegaard, Patanjali, Ramana Maharshi, Paramahamsa Yogananda, Jiddu Krishnamurti, Joel Goldsmith, Lao Tzu y el Taoísmo, Rumi y el Sufismo, D.T. Suzuki y el Zen, y otros.

Más adelante, en el camino *ilusorio*, las enseñanzas de Sri Nisargadatta Maharaj y Sri Siddharameshwar Maharaj, pusieron fin a la búsqueda. Cuando al final fue a ver a Ramakant Maharaj, discípulo de Nisargadatta Maharaj, supo con certeza que ¡había alcanzado el destino!

Su experiencia anterior en publicaciones y escritos de varios géneros la prepararon para la tarea de compilar *El Ser Sin Ser*.

El *Espontáneo Conocimiento Directo* que fluye de Sri Ramakant Maharaj, junto con la diligencia y comprensión de la editora, hizo que juntos realizaran un clásico espiritual lleno de energía.

En sus propias palabras: "Estaba completamente absorta en la realización de este libro, siendo guiada en su desarrollo tanto por el Maestro en persona, como por el (mi) Maestro Interior – el Ser sin ser".

"Este es un manual de instrucciones a través del cual el Maestro guía, empuja y conduce al lector hacia la Auto-realización Espontánea. *El SER SIN SER: Conversaciones con Sri Ramakant Maharaj*, es el más elevado Conocimiento, puesto en palabras sencillas. Estas prácticas enseñanzas se sirven de una presentación metódica para hacer posible la completa absorción de la Verdad Última".

www.ingramcontent.com/pod-product-compliance
Lightning Source LLC
Chambersburg PA
CBHW021113300426
44113CB00006B/134